LE PRIX DU CORPS HUMAIN

Collection « Droit, Société et Risque »

Sous la direction scientifique du Centre de Recherche sur les Relations entre le Risque et le Droit (C3RD), Faculté Libre de Droit, Université Catholique de Lille.

Ont vocation à être publiés dans cette collection, des ouvrages essentiellement universitaires, traitant des réactions de la société contemporaine face aux diverses sortes de risques. Ils peuvent appartenir aux disciplines juridiques, mais aussi économiques, de science politique, voire psychologiques.
Les risques envisagés peuvent être naturels ou technologiques, mais aussi sociaux, économiques, juridiques, politiques ou autres. Ils entraînent, selon leur nature, des réactions juridiques et sociales diverses allant du principe de précaution à la répression pénale, des mécanismes de stabilisation des marchés boursiers aux validations législatives, pour ne prendre que quelques exemples non exhaustifs.
Les ouvrages sont sélectionnés en fonction de leur originalité, de leur qualité scientifique, et de leur contribution au débat d'idées sur la place et le traitement du risque dans la société contemporaine. Dans le cas des thèses de doctorat, il sera exigé que le jury en ait autorisé la publication.

Dernières parutions

A. MAZOUZ, E. GARDOUNIS et A. DUMERY, *Les évolutions contemporaines du préjudice*, 2019.
Bernadette DUARTE (dir.), *Les pratiques religieuses alimentaires : limiter le risque discriminatoire*, 2015.
Sylvie HUMBERT et Franck LUDWICZAK (dir.), *Juste victime dans le procès pénal*, 2015.
Lina WILLIATTE-PELLITERI (dir.), *La médecine à l'épreuve du risque pénal*, 2014.
Alexandre DUMERY (dir.), *Les antennes-relais*, 2013.
Sophie MOREIL et Franck LUDWICZAK, *La rémunération des dirigeants,* 2013.
Frédérique AST, Bernadette DUARTE (dir), *Les discriminations religieuses en Europe : droit et pratique*, 2012

Alicia Mâzouz

Le prix du corps humain

Préface de Grégoire Loiseau

Lauréate du prix de thèse en droit interne et international de la famille et des personnes (AFDD – CNEPN – LEXIS NEXIS 2016)

Avec le soutien de la commission recherche de l'Université catholique de Lille

L'Harmattan

Ouvrage de la même auteure

Les évolutions contemporaines du préjudice,
L'Harmattan, collection Droit, Société et Risque, 2019

5-7, rue de l'Ecole-Polytechnique, 75005 Paris

www.harmattan.fr

ISBN : 978-2-343-19803-3
EAN : 9782343198033

« La nuque est un mystère pour l'œil »

Paul Valéry, *Mauvaises pensées et autres*

Remerciements

Le temps a passé depuis que les pages qui suivent ont été rédigées. Le chemin universitaire s'est poursuivi, parsemé d'embuches mais l'envie est restée intacte et l'accomplissement aujourd'hui au rendez-vous. Ceux et celles qui ont contribué à la réalisation de ce travail sont toujours là, un peu ou beaucoup à mes côtés. Je voudrais les remercier.

Merci à mon directeur de thèse, qui m'a ouvert le chemin de la recherche tout en m'avertissant très tôt des difficultés de la carrière universitaire. Je n'oublie pas nos échanges et vos mots dans les moments les plus décisifs.

Merci aux membres de mon jury pour l'honneur qu'ils m'ont fait de juger cette thèse et pour l'avoir tant marquée par leurs travaux respectifs. J'éprouve une pensée particulière pour le président de mon jury de thèse qui nous a quittés depuis.

Merci aux complices croisés au fil des années, sans vous nommer, je sais que vous vous reconnaîtrez , toujours près de moi, malgré une belle diaspora : les cyniques de Cergy et les alliés de la BNF, mes amies québécoises de l'autre côté de l'océan qui ne nous sépare jamais longtemps, mes amies de vingt ans qui restent là même quand elles s'en vont et puis toutes ces nouvelles rencontres qui vivifient les lignes et l'envie d'enseigner le droit autrement.

Merci à vous, mon sang, mes liens, mon arbre généalogique, merci pour toute la sève et l'encre que vous m'offrez.

Enfin, pour être le point de mes phrases, la virgule oubliée, la mesure de mes mots et plus encore, je ne peux pas manquer de te dédier ces pages.

SOMMAIRE

PRINCIPALES ABREVIATIONS

AJ fam. Actualité juridique Famille

AJ pén. Actualité juridique Pénal

APD Archives de philosophie du droit

Art. Article

Bull. civ. Bulletin des arrêts des chambres civiles de la Cour de cassation

Bull. crim. Bulletin de la chambre criminelle de la Cour de cassation

C. action soc. et fam. Code de l'action sociale et des familles

C. assur. Code des assurances

C. civ. Code civil

C. com Code de commerce

C. éduc. Code de l'éducation

CGCT Code général des collectivités territoriales

CGI Code général des impôts

Comm. centr. Commission centrale d'aide sociale

C. patr. Code du patrimoine

C. sport Code du sport

C. pén. Code pénal

CPC Code de procédure civile

C. pr. pén. Code de procédure pénale

C. propr. intell. Code de la propriété intellectuelle

CSP Code de la santé publique

CSS Code de la sécurité sociale

C. serv. nat. Code du service national

C. trav. Code du travail

CJUE Cour de justice de l'Union Européenne

D. Recueil Dalloz

DH Recueil hebdomadaire de jurisprudence Dalloz

Dr. fam. Droit de la famille

Dr. et patr. Droit et patrimoine

Dr. ouvrier Droit ouvrier

Dr. pén. Revue droit pénal

Dr. soc. Droit social

Gaz. Pal. Gazette du Palais

JAC Journal des accidents et des catastrophes

JCP E Juris-Classeur périodique (Semaine juridique), Edition entreprises et affaires

JCP G La semaine juridique, Edition générale

JCP S La semaine juridique, Edition sociale

J. Réadapt. Méd. Journal de réadaptation médicale

LPA Les petites affiches

Pol. soc. et fam. Politiques sociales et familiales

RCA Responsabilité civile et assurance

RD bancaire et fin. Revue de droit bancaire et financier

RDC Revue des contrats

RDSS Revue de droit sanitaire et social

Rec. Lebon Recueil des arrêts du Conseil d'État (Lebon)

RGDM Revue générale de droit médical

RID. comp. Revue internationale de droit comparé

Rec. Spécial acc. du trav. Recueil spécial des accidents du travail : revue de jurisprudence, de législation et de doctrine

RIDE Revue Internationale de Droit économique

RIDC Revue Internationale de Droit comparé

RLDC Revue Lamy Droit civil

Rev. Pro. Coll. Revue des procédures collectives civiles et commerciales

RPI Revue de propriété industrielle

RRJ Revue de la Recherche Juridique, droit prospectif

RSC Revue de science criminelle et de droit comparé

RTD civ. Revue trimestrielle de droit civil

RTD com. Revue trimestrielle de droit commercial

RTD eur. Revue trimestrielle de droit européen

PREFACE

On dit d'une œuvre, en droit d'auteur, que, pour être originale, elle doit porter l'empreinte de la personnalité de son auteur. De la thèse de Madame Mâzouz, on pourrait dire qu'elle s'imprègne de la personnalité de son auteur. Madame Mâzouz est une humaniste : elle regarde le droit, éprouve le sens du droit, à la lumière des valeurs du genre humain. Et c'est en humaniste qu'elle a investi le sujet de sa thèse pour confronter le corps à ce qui, à première vue, l'avilit : le prix. Madame Mâzouz n'a pas la naïveté de s'en effaroucher. Elle veut comprendre et faire comprendre, en restant fidèle aux idéaux de respect et de dignité, ce que la monétisation du corps humain signifie et implique.

L'étude de la vénalité du corps humain n'a donc rien d'une tribune à charge contre une patrimonialisation du corps. Sans être dans le déni de l'attraction du marché qui convertit les utilités du corps, de ses éléments et de ses produits en valeurs marchandes, Madame Mâzouz réfléchit aux moyens d'organiser leur circulation en restant attachée au principe de non-patrimonialité. Il ne s'agit pas, pour cela, de s'opposer à toute espèce de flux pécuniaire. Madame Mâzouz est par exemple favorable à une meilleure prise en charge des frais exposés par les donneurs d'éléments et produits de leurs corps. Elle reconnaît aussi qu'il puisse y avoir une valeur ajoutée par l'activité d'autrui dans le cadre, notamment, des opérations de collecte et d'usage thérapeutique ou des opérations de stockage de matière humaine. L'intransigeance – Madame Mâzouz l'a compris – risque de desservir l'essentiel, à savoir que le corps ne puisse pas être, pour la personne qui en dispose, une source de profit. Il ne faut rien lâcher à ce sujet au risque que le corps soit traité comme un objet de servitude.

L'étude de Madame Mâzouz ne s'en tient pas au demeurant à cet aspect des choses. Si le prix peut être une contrepartie – la monnaie de l'échange –, il peut également correspondre à la rémunération d'une activité ou à la compensation d'une déficience du corps. L'esprit est ici de montrer que la vénalité du corps humain n'est pas appréhendée uniquement comme un tabou. Le prix du corps est aussi une donnée objectivement intégrée par le droit quand il est en vue de chiffrer la fourniture d'une prestation corporelle ou d'évaluer une perte de fonctionnalité. Sa détermination dépend tout de même de son objet : s'agit-il d'un prix qui rémunère, qui indemnise ou qui compense ? Le traitement juridique est variable d'une situation à une autre.

La question de la monétisation du corps n'en reste pas moins présente à propos de certaines activités comme l'expérimentation biomédicale sur l'être humain, la prostitution ou la gestation pour autrui. Encore que le prix soit alors davantage celui d'une prestation dont le corps est l'objet, ces pratiques sont souvent associées à une patrimonialisation du corps lui-même. Et c'est d'ailleurs parce que la vénalité est diversement acceptée que le droit peine à se calibrer sur ces questions. Il autorise une indemnisation en matière d'expérimentation médicale mais en plafonne strictement le montant. Il tolère le commerce du corps – les revenus tirés de services sexuels sont imposés – mais condamne pénalement l'achat de ces services. Il interdit la gestation pour autrui mais doit fermer les yeux, à la demande de la Cour européenne des droits de l'homme, sur sa pratique hors du territoire national.

L'étude de Madame Mâzouz est, sur ces questions et sur d'autres, riche de réflexions. Elle porte des convictions sans toutefois imposer sa pensée. C'est une autre qualité de l'auteure : n'affirmant rien qu'elle ne soit en mesure d'argumenter, elle défend des idées dans un esprit ouvert à l'échange et à la discussion.

Il revient à présent au lecteur d'engager ce dialogue en confrontant ses idées à celles de Madame Mâzouz ou en se référant aux siennes. On ne doute pas à cet égard que la thèse de Madame Mâzouz sera lue et contribuera à son tour à l'élaboration d'autres études doctrinales. Son ouvrage est celui d'une jeune doctrine dont on peut attendre qu'elle fasse carrière comme on peut attendre que les qualités de l'auteure, aujourd'hui maître de conférences, tiennent à l'avenir toutes leurs promesses.

Grégoire Loiseau
Professeur à l'Université Paris 1 Panthéon-Sorbonne

INTRODUCTION

Le corps

1.- Matérialité indispensable, manifestation universelle de notre particularité humaine, le corps est « *parmi les évidences qui constituent notre existence* »[1]. « Prendre à bras le corps », « passer sur le corps » ou encore « avoir le diable au corps » sont autant d'expressions qui illustrent, par-delà la matérialité, l'omniprésence symbolique du corps. Il est pourtant le grand absent du Code civil de 1804. La notion de personne ayant « *absorbé la réalité du corps humain* »[2], la protection juridique du corps ne semble alors possible qu'à travers le prisme de la personne.

2.- ***Le corps de la personne.*** Le corps étant le support de la personne humaine, la protection de cette dernière était considérée comme suffisante. La rédaction de l'article 1112 du Code civil, dans sa version en vigueur avant la réforme de 2016 nous semble à cet égard, particulièrement éclairante. La violence, vice du consentement, y est définie comme ce qui fait impression sur une « *personne raisonnable* », comme ce qui peut lui inspirer la crainte « *d'exposer sa personne* » à un mal considérable et présent, sans que ne soit jamais fait expressément mention de l'atteinte éventuelle à son intégrité physique. L'article 1140 du Code civil qui définit la violence depuis la réforme de 2016 conserve dans sa définition cette « *crainte d'exposer sa personne* » et non son corps. S'il est pourtant incontestable que cette définition inclut une atteinte au corps, « *la personne joue le rôle d'un écran protecteur du corps* »[3]. Ainsi, reprenant l'affirmation de Molière[4] selon laquelle « *oui mon corps est moi-même, et j'en veux prendre soin* », la doctrine majoritaire considère le corps comme le « *substratum de la personne* »[5]. Pour le doyen

---

[1] RICHIR M., *Le corps, Essai sur l'intériorité*, Hatier, « Collection optiques philosophie », 1993, p. 5.

[2] GALLOUX J-C, « Le corps humain dans le Code civil », *in Le Code civil : un passé, un présent, un avenir,* Dalloz, 2004, p. 382.

[3] HERMITTE M.-A. , « Le corps hors du commerce, hors du marché », *APD,* T. 33, 1988.

[4] MOLIERE, *Les femmes savantes*, II, 7, Chrysale.

[5] CARBONNIER J., *Introduction, Les personnes, La famille, l'enfant, le couple,* PUF, vol. I, 2004, p. 381.

Carbonnier, « *parce qu'il est la personne elle-même, le corps échappe au monde des objets, au droit des choses même vivantes. Il a, en quelque manière, un caractère sacré* »[6]. On retrouve cette volonté d'extraire le corps du monde des choses sous la plume convaincue du Doyen Cornu : « *le corps humain n'est pas une chose ; c'est la personne même. Il s'agit de l'être, non de l'avoir…le corps est la personne en chair et en os, la personne incarnée* »[7].

3.- « *Censuré* »[8] dans le Code Civil, le corps est longtemps resté protégé par le seul Code pénal, avant que sa reconnaissance en droit médical impose au législateur de l'introduire dans le premier, marquant ainsi « *un moment copernicien dans l'histoire juridique du corps humain* »[9]. La loi n° 94-653 du 29 juillet 1994 introduisit ainsi, au sein du Livre premier du Code civil, un Chapitre II intitulé « *Du respect du corps humain* ». L'article 16, premier de ce chapitre nouveau, dispose que « *la loi assure la primauté de la personne* ». Ouvrir le chapitre relatif à la protection du corps humain par le rappel de la primauté de la personne ne nous paraît pas anodin. Ne s'agit-il pas de lier la personne et le corps afin d'assurer l'intégrité de ce dernier[10] ? Dans cette conception, le corps est intimement et irrémédiablement lié à la notion de personne[11]. Il n'est finalement qu'une transcription d'un état naturel[12], d'une réalité biologique[13]. Pourtant, cette réalité matérielle et biologique du corps est bien celle qui impose de dépasser les bornes de la personnalité juridique, pour mieux le cerner.

4.- ***Le corps au-delà de la personne.*** Une fois le masque de la personne levé[14], le visage apparaît dans toute sa réalité de chair,

---

6 *Ibid.*, p. 382 ; DECOQ A., *Essai d'une théorie générale des droits sur la personne*, LGDJ, « Bibliothèque de droit privé », 1960, p. 7 ; Dans le même sens MEULDERS-KLEIN M.-T, « La production des normes en matière bioéthique », *in De la bioéthique au bio-droit*, LGDJ, « Droit et société », 1994, p. 28.

7 CORNU G., *Droit civil, Les biens*, Montchrestien, 13ème éd, 2007, p. 29.

8 GALLOUX J.-C., « Le corps humain dans le Code Civil », *in Le Code civil : un passé, un présent, un avenir*, Dalloz, 2004, p. 382.

9 MATTEI J.-F, *La vie en question : pour une éthique biomédicale, Rapport au premier ministre*, La Documentation française, « Collection des rapports officiels », 1994, pp. 30-31.

10 GALLOUX J.-C, « Le corps humain dans le Code Civil », *in Le Code Civil : un passé, un présent, un avenir*, Dalloz, 2004, p. 383 ; BRIGNON J., *Rapport n°1062, sur le projet de loi, modifié par le Sénat, relatif au respect du corps humain*, Assemblée Nationale, 31 mars 1994, p. 6.

11 ROCHFELD J., *Les grandes notions du droit privé*, PUF, « Thémis droit », 2013, 2ème éd., p. 20.

12 CORNU G., *Droit civil, les biens*, Montchrestien, 13ème éd., 2007, p. 29 : « *le droit est ici naturel. La personne est physique […]. Le droit ne fait qu'entériner ce que le fait rend évident.* »

13 DE KONINCK T., *De la dignité humaine*, PUF, « Quadrige », 2002, p. 92 : « *l'être humain et l'animal sont des êtres naturels, perceptibles* ».

14 À travers l'étymologie du terme personne, *per sonare,* enrichie des analyses ethnologiques, le terme personne renvoie au son de la voix qui, traversant le masque

confrontant le droit aux limites d'une protection du corps exclusivement fondée sur la personnalité. Le corps humain ne peut être limité à la seule réalité biologique qui accompagne la personne juridique. Avant d'être lié par la naissance à la personnalité juridique[15], le corps humain est conçu et se développe en l'absence même de cette dernière. De l'autre côté de la vie juridique, lorsque le masque funéraire remplace celui de la personnalité, le corps se sépare également de la personne pour rejoindre le monde des choses[16]. Dépourvu de personnalité, le corps n'en demeure pas moins humain. Une étude sur le corps humain ne peut donc ignorer cette diversité.

5.- Par ailleurs, l'unité du corps de la personne peut voler en morceaux. Le droit fait alors face à une forme de « *redécouverte* » du corps[17]. Se séparant du tout, certains éléments du corps peuvent être volontairement recueillis, prélevés, mais aussi involontairement amputés. Ces choses, détachées du corps, sont-elles toujours une partie de celui-ci ? La transfusion sanguine comme la transplantation ont assurément renouvelé cette question. L'élément provisoirement extrait du corps pour en rejoindre un autre est marqué par son rattachement au corps passé, comme par son intégration à venir dans le corps nouveau. Les développements récents de l'impression 3D et les espoirs d'une création prochaine d'organes à partir des cellules souches hématopoïétiques de la personne invitent nécessairement à repenser le corps en dehors de l'unité qu'il forme. La cellule ou l'organe conçu à partir des cellules d'une personne en attente d'une transplantation n'est-il pas déjà partie prenante de ce corps ? La définition même du corps humain est marquée par les mutations imposées à celui-ci par la science.

Le corps doit donc être appréhendé de la manière la plus étendue, témoignant de sa diversité, de la simple rencontre de gamètes jusqu'aux cendres de la vie qui a été.

---

porté par les acteurs de théâtre antique, rayonne jusqu'au groupe. V. TERRE F., FENOUILLET D., *Droit civil, Les personnes*, Dalloz, « Précis Dalloz », 8ème éd., 2012, p. 10, n° 10.

15 HAUSER J., « Les bornes de la personnalité juridique en droit civil », *Dr. fam.*, sept. 2012, p. 12 ; ROCHFELD J., *Les grandes notions du droit privé*, PUF, « Thémis droit », 2ème éd., 2013, pp. 24 et s.

16 Pour la qualification de chose, v. *infra* n° 263 et s.

17 BAKOUCHE D., *Droit civil, Les personnes, La famille*, Hachette, « Hu droit », 2005, p. 21, n° 15.

Le prix

6.- Pour le juriste, la seule évocation du prix appelle nécessairement l'image du droit des contrats et en particulier du contrat de vente, le prix étant « la somme d'argent due par l'acquéreur au vendeur »[18], soit la contrepartie du transfert de propriété. Mais le prix ne dépasse-t-il pas le champ du seul contrat de vente pour irradier plus largement le champ contractuel ? En effet, « presque tous les contrats comprennent une obligation de somme d'argent, qui exprime le prix d'une chose ou d'un service »[19]. Le prix se dissimule alors sous une variété de dénominations – loyer, coût, rémunération, redevance, commission… – pour être toujours une contrepartie pécuniaire.

7.- Dans toutes ces hypothèses, la détermination du prix est intimement liée à la valeur économique. Le prix et la valeur entretiennent une relation particulière, leur proximité confinant parfois à la confusion. L'étymologie du mot prix, du latin *pretium*, renvoie à la « valeur d'une chose »[20]. Comme le souligne Pascal Blanque, « *le prix vient se surimposer, rejetant la valeur dans un arrière-monde ou, au contraire, l'attirant et la vidant de son sens en l'absorbant dans une pure manifestation phénoménale qu'est le prix* »[21]. Mais la valeur peut s'appuyer sur le prix, à l'instar de la « valeur de remplacement » définie comme le *« prix d'achat d'une chose équivalente à celle qui a été endommagée »*[22]. Finalement, le prix peut être le résultat de la valeur que l'on accorde à une chose ou un service, mais il est plus généralement le résultat d'une valeur conférée par l'échange[23] : le prix prend vie au contact de l'autre. Si le prix doit être considéré comme résultat d'une valeur d'échange, il faut alors convenir avec les professeurs Terré, Simler et Lequette que « *la possibilité même de cette évaluation [est] d'ailleurs le signe que les biens qui en sont l'objet sont dans le commerce* »[24]. Le prix ainsi défini,

---

[18] CORNU G. (Association Henri Capitant), *Vocabulaire juridique,* PUF, « Quadrige », 9ème éd., 2011.

[19] MOLFESSIS N., « Les exigences relatives au prix en droit des contrats », *LPA,* 5 mai 2000, n° 90, p. 41 ; BENABENT A., *Droit des obligations,* Montchrestien, « Domat droit privé », 16 ème éd., 2017.

[20] PIOCHE J., *Dictionnaire Etymologique du Français*, Le Robert, 1992.

[21] BLANQUE P., *La valeur, Substance, échange et prix*, Economica, 2012.

[22] MALAURIE P., AYNES L., STOFFEL-MUNCK P., *Les obligations*, LGDJ-Lextenso éditions, « Droit civil », 9ème éd., 2017, n° 245.

[23] V. notamment RICARDO D., *Valeur absolue et valeur d'échange*, Editions Allia, 2011, p. 43.

[24] TERRE F., SIMLER P., LEQUETTE Y., *Droit civil, Les obligations,* Dalloz, « Précis Dalloz », 11ème éd., 2013, p. 312, n° 281.

l'hypothèse d'une association avec le corps humain peut alors surprendre[25].

Le prix du corps humain

8.- « *Qu'est-ce donc que cette monnaie qui a le pouvoir unique de doubler toutes choses, comme l'ombre double les corps ?* »[26]. Comme une ombre, l'argent double le corps, le prolonge, le menace ou le protège. Le prix et le corps entretiennent une relation tumultueuse. Incontestablement, il existe une valeur du corps, une valeur individuelle, sociale, humaine : « *dans notre modernité, le corps est devenu une valeur suprême ; c'est par lui que l'individu s'expérimente, se produit, s'expose ; son corps est, tout à la fois, l'indépassable, l'inaccompli, ce qui est toujours à parfaire* »[27]. On doit prendre soin du corps d'autrui, impératif présent dans le concept anglo-saxon de « care ». Sans équivalent français, le concept partage néanmoins les racines des mots caresse ou charité, lesquels dérivent du latin *carus* – « de valeur » –, témoignant ainsi que « *l'autre est toujours un être de valeur* »[28]. Mais cette valeur du corps est-elle quantifiable, monnayable ? Généralement, la valeur symbolique conférée au corps humain, dominant les contingences pécuniaires, conduit à considérer que le corps n'a pas de prix[29]. En droit romain, cette sacralisation du corps avait d'ailleurs conduit à rejeter le principe d'une réparation du préjudice corporel de la personne libre. Privé de valeur pécuniaire, le corps verrait sa valeur symbolique préservée[30].

9.- Longtemps crainte car envisagée comme une atteinte à ce que la personne a de plus cher, de plus précieux, la relation entre le corps et l'argent doit aujourd'hui être repensée et pacifiée. Dans une société où tout se mesure à l'aune de l'avoir, refuser de donner un prix au corps en raison de sa sacralité, n'est-ce pas finalement s'empêcher de le protéger ? D'aucuns s'effraieront sans doute de cette interrogation, voyant apparaître

---

25 Pour ce même constat dans un domaine différent, v. BENABENT A, *La chance et le droit*, LGJDJ, « Anthologie du Droit », 2014, p. 5.

26 CARBONNIER J., *Droit civil, Les biens, les obligations*, PUF, vol. II, 2004.

27 EDELMAN B., « L'homme sadien », *Droits*, n°49, 2009, p. 108.

28 HIRSCH E. (dir.), *Traité de bioéthique, Tome I, Fondements, principes, repères*, Editions Erès, 2010, p. 87.

29 GROMB S., *Le droit de l'expérimentation sur l'homme*, Litec, 1992, p. 124.

30 KOUBI G., « Gratuité ? Sans prix certes, mais pas sans valeur ! », *in La gratuité, une question de droit ?*, KOUBI G., GUGLIELMI G.J. (dir.) L'Harmattan, « Logiques juridiques », 2003, p. 10.

les dangers d'une commercialisation du corps humain. Qu'ils se rassurent néanmoins, mêler au sein d'une même analyse appréciation pécuniaire et corps ne constitue pas en soi un abandon du corps au marché. Comme le soulignait justement René Savatier, « *les valeurs humaines transcendantes aux valeurs comptables, ont, néanmoins, un prix de revient comptable* » [31]. La prise en compte d'une valeur pécuniaire du corps est ici fondée sur une volonté de construction d'un régime de protection du corps humain, dont il convient de repenser les fondations. Mais, pour parvenir à cette rencontre du corps et du prix, encore faut-il préalablement s'affranchir de la méfiance nimbant traditionnellement cette relation.

Le choix d'une réconciliation de principe

10.- Le choix d'une réconciliation impose d'écarter les obstacles juridiques qui pourraient se dresser sur la voie de ce rapprochement. Ainsi il pourrait nous être opposé que le corps n'a pas de prix car il n'est pas en mesure de circuler et donc de se voir conférer une valeur pécuniaire. Ce premier argument écarté, il faudrait faire face à la prétendue extrapatrimonialité, ou gratuité, du corps humain.

11.- ***La circulation possible du corps.*** Si l'on peut librement disposer de son corps pour soi[32], en le transformant ou même en le mutilant, le droit semble retrouver sa force contraignante lorsqu'il s'agit de disposer de son propre au corps pour autrui. Une partie de la doctrine a pu considérer, et considère toujours, que le corps est indisponible ou exclu de la commercialité telle qu'elle était énoncée à l'article 1128 du Code civil avant la réforme de 2016[33]. Il en résulte que le corps ne pourrait circuler. Cependant, par-delà cette conception doctrinale d'une indisponibilité du corps humain, dont le professeur Alain Sériaux

---

31 SAVATIER R., « Les problèmes juridiques des transplantations d'organes humains », *D.*, 1969, I, Doct., p. 2247.

32 PRIEUR S., *La disposition par l'individu de son corps*, Les Etudes Hospitalières, « Collection Thèses », 1999 ; OROBON K., *Santé publique et libertés individuelles, L'exemple des conduites par lesquelles on peut se nuire à soi-même*, Institut Universitaire Varenne, LGDJ, « Collection des thèses », n° 83, 2013.

33 BAUDOUIN J.-L, LABRUSSE-RIOU C., *Produire l'homme : de quel droit ? Etude juridique et éthique des procréations artificielles*, PUF, 1987, p. 185 ; SERIAUX A., note sous Civ. 1re, 13 déc. 1989, *JCP*, 1990, II, 21526. L'auteur considère que « hors du commerce » doit être compris comme « indisponible ».

revendique la paternité[34], juge et législateur se montrent plus réservés. Le premier a pu ponctuellement témoigner de ses faveurs pour ce principe. Tel fut par exemple le cas du Tribunal de grande instance de Créteil qui, en 1984, refusa de qualifier de dépôt le contrat liant un Centre d'étude et de conservation des œufs et du sperme (CECOS) avec un patient décédé et qui, partant, refusa de procéder à une remise des gamètes à l'épouse du défunt. La juridiction justifiait sa décision par la considération que « *les règles du contrat de dépôt telles qu'elles sont définies par l'article 1915 et suivants du Code civil ne peuvent s'appliquer à la présente espèce qui concerne non pas une chose tombant dans le commerce mais une sécrétion contenant le germe de la vie et destinée à la procréation d'un être humain* »[35]. Mais c'est principalement l'arrêt rendu par l'assemblée plénière de la Cour de cassation relatif à la gestation pour autrui qui constitue, à ce jour, la décision la plus claire sur la reconnaissance du principe d'indisponibilité. La condamnation qui y est formulée de la gestation pour autrui, sur le fondement de l'indisponibilité, invita certains auteurs à envisager une condamnation plus générale de « *toutes les procréations assistées dès l'instant qu'un tiers y est impliqué* »[36], et donc la reconnaissance d'une indisponibilité des gamètes. Cependant, la réaction du législateur, quelques années plus tard, scella le destin de l'indisponibilité dans un tout autre sens. Loin d'être consacré, le principe d'indisponibilité du corps humain, de l'aveu même de ses partisans, est écarté en 1994 au profit du principe de non-patrimonialité[37]. Les travaux parlementaires témoignent assurément de ce recul de l'indisponibilité[38].

---

34 SERIAUX A., « Le principe d'ordre public de l'indisponibilité du corps humain », *in Le droit, la médecine et l'être humain. Propos hétérodoxes sur quelques enjeux vitaux du XXIème siècle, PUAM*, 1996, p. 148.

35 TGI Créteil, 1er août 1984, *JCP*, 1984, II, 20321, note CORONE S. ; Rapp. TGI Toulouse, 26 mars 1991, *JCP*, 1992, II, 21807, note PEDROT P.

36, « Réflexions sur les sources du droit et les "principes" d'indisponibilité du corps humain et de l'état des personnes (A propos de la maternité de substitution) », *RTD civ.*, 1992, p. 489.

37 SERIAUX A., « Le principe d'ordre public de l'indisponibilité du corps humain », *in Le droit, la médecine et l'être humain, Propos hétérodoxes sur quelques enjeux vitaux du XXIème siècle*, PUAM, 1996, p. 149 : « *le corps humain n'est pas, comme tel, déclaré indisponible. Seule une certaine manière d'en disposer se trouve prohibée par la loi* » ; CABRILLAC A., « Le corps humain », in *Libertés et droits fondamentaux*, Dalloz, 18ème éd., 2012, p. 197, n° 298.

38 CABANEL G., *Rapport sur le projet de loi, adopté par l'Assemblée Nationale, relatif au corps humain*, Sénat, Commission des lois constitutionnelles, de législation, du suffrage universel, du Règlement et d'administration générale, n° 230, Annexe au procès-verbal de la séance du 12 janvier 1994, p. 25 : « *la portée de l'indisponibilité n'est toutefois pas si générale qu'il y paraît à première vue dans la mesure où le projet de loi n'interdit pas à l'homme de disposer de son corps comme il l'entend et n'en déduit finalement qu'une seule règle impérative en vertu de laquelle le corps humain et ses éléments ne peuvent faire l'objet d'un droit patrimonial, autrement dit, ils ne sont pas des marchandises*

Le refus de consacrer le principe d'indisponibilité témoigne de la réalité d'un principe progressivement vidé de sa substance à mesure que se multiplièrent les exceptions. En 1970, Roger Nerson jugeait déjà dépassé le principe d'indisponibilité du corps humain[39]. Et si les contrats portant sur le corps furent dans un premier temps anodins, à l'instar du contrat conclu avec un coiffeur[40], ils devinrent de plus en plus conséquents[41], à tel point que parler aujourd'hui d'indisponibilité du corps humain n'est plus pertinent[42]. En effet, « *il n'apparaît plus raisonnable d'invoquer l'indisponibilité du corps tout en organisant le don du corps ou de ses éléments* »[43].

12.- Tout comme le principe d'indisponibilité, le principe d'un « *corps hors commerce* », constitutif selon Léon Mazeaud[44] d'un adage fort, apparaît en déclin. L'auteur considère ainsi que cet adage est « *mort* » et que le corps humain se trouve bel et bien dans le commerce[45]. Après lui, le Conseil d'État s'interrogea également sur la pérennité de ce caractère hors du commerce du corps à une heure où la « brevétisation » du vivant

---

et ne sauraient devenir objet de commerce ». Pour une analyse des travaux parlementaires sur cette question, v. également HENNETTE-VAUCHEZ S., *Disposer de soi ? Une analyse du discours juridique sur les droits de la personne sur son corps*, L'Harmattan, « Logiques Juridiques », 2004, p. 69.

39 NERSON R., « L'influence de la biologie et de la médecine moderne sur le droit civil », *RTD civ.*, 1970, p. 676.

40 Mais même dans cette hypothèse, le juge a pu décider d'octroyer des dommages-intérêts lorsque les cheveux avaient fait l'objet d'une coupe jugée excessive par rapport à la demande de la personne : Trib. civ. Seine, 17 juin 1931, *Gaz. Pal.*, 1931, 2, p. 429 ; *DH*, 1932, somm. 24.

41 La loi du 15 novembre 1887 autorise le don du corps à la science puis seront autorisés le legs des yeux avec la loi du 7 juillet 1949, et progressivement de nombreux actes de disposition sur le corps de la personne vivante : la loi du 22 décembre 1976 réglemente les prélèvements d'organes sur une personne vivante, la loi du 20 décembre 1988 pose le régime de l'expérimentation sur l'homme, avant qu'en 1994 n'interviennent les lois dites de bioéthiques.

42 GHESTIN J., LOISEAU G., SERINET Y.-M., *La formation du contrat, tome 2 : L'objet et la cause- Les nullités*, LGDJ, 4ème éd., « Traité de droit civil », 2013, p. 217, n° 281 ; BEIGNER B., « L'ordre public et les personnes », *in L'ordre public à la fin du XXème siècle*, REVET T. (dir.), Dalloz, 1996, « Thèmes et Commentaires », p. 25.

43 MONTAS A., « Le bon usage des mots », *in Le sens des mots en droit des personnes et droit de la santé*, Les Etudes Hospitalières, *RGDM*, n° spécial, 2008, p. 57.

44 MAZEAUD L., « Les contrats sur le corps humain (conférence prononcée le 4 novembre 1955 à l'Université de Montréal) », *La Revue du Barreau de la Province de Québec*, t. 16, n°4, 1956, p. 157.

45 *op. cit*, p. 160 ; HELLENBRAND M., *La protection du corps humain face au progrès scientifique et à l'économie de marché ou la défense et l'illustration de la non-commercialisation du corps humain*, Thèse Metz, 1994, non publiée ; BELLIVIER F., NOIVILLE C., *Contrats et vivant, Le droit de la circulation des ressources biologiques*, LGDJ, 2006, p. 78.

s'opérait[46]. Pour le professeur Grégoire Loiseau, la commercialité doit être entendue dans son acception large comme synonyme de l'échange, n'impliquant pas nécessairement une contrepartie monétaire : « *une chose peut être écartée des opérations proprement commerciales sans échapper nécessairement à toute circulation juridique* »[47]. Cette conception de la commercialité est partagée par Philippe Steiner[48], cette aptitude du corps à circuler légitimant alors le don d'organe sans contrepartie monétaire. Le corps peut donc circuler tout en demeurant préservé de la sphère marchande. Si la commercialité peut être définie comme « *l'aptitude à circuler d'un sujet à l'autre* »[49], alors le corps ne se trouve pas hors du champ de la commercialité.

Si les principes d'indisponibilité et de commercialité tels que définis précédemment ne peuvent à notre sens pas constituer des obstacles à l'existence d'un prix du corps humain, les principes de non-patrimonialité et de gratuité peuvent-il s'opposer à la reconnaissance d'un tel prix ?

13.- Les limites de l'extrapatrimonialité ou de la gratuité du corps humain. L'article 16-1 du Code civil précise en son troisième alinéa que « *le corps humain, ses éléments et ses produits ne peuvent faire l'objet d'un droit patrimonial* ». Le principe est repris à l'article 16-5 du même code qui frappe de nullité les conventions ayant pour effet de conférer une valeur patrimoniale au corps, à ses éléments ou à ses produits, ainsi qu'à l'article 16-6 rappelant qu'aucune rémunération ne peut être allouée à celui qui se prête à une expérimentation sur sa personne, au prélèvement d'éléments de son corps ou à la collecte de produits de celui-ci. Une telle condamnation se retrouve dans le Code de la santé publique, reprenant à l'unisson les interdits du Code civil[50]. Dès lors, un tel arsenal pourrait conduire à rebrousser chemin. Comment, dans un tel contexte, envisager un prix du corps humain ? En réalité, issus de la codification de 1994, ces articles intéressent principalement les usages des éléments et produits du

46 *Sciences de la vie, De l'éthique au droit*, Etude du Conseil d'État, La Documentation française, n° 4855, 1988, p. 17.

47 LOISEAU G., « Typologie des choses hors du commerce », *RTD civ.*, 2000, p. 47.

48 STEINER P., « Le don d'organes : une typologie analytique », *Revue française de sociologie*, 47-3, 2006, p. 480 : « *Le don d'organes est un commerce entre les êtres humains à l'occasion de la mort. Le terme de commerce est volontairement employé dans l'acception large qui était la sienne au XVIIIème siècle, lorsqu'il désignait aussi bien les relations entre les personnes, entre les sexes, entres les régions du monde, que des relations soient marchandes, épistolaires ou de l'ordre de la convivialité* ».

49 MOINE I., *Les choses hors commerce : une approche de la personne humaine juridique*, LGDJ, « Collection bibliothèque de droit privé », t. 271, 1997, p. 11.

50 Pour le principe général pour les éléments et produits, v. art. 1211-4 CSP ; pour le sang, v. art. L. 1221-1 CSP ; pour l'expérimentation biomédicale, v. art. 1121-11 CSP.

corps ou encore l'expérimentation sur l'homme. Ils tentent ainsi de décourager une mise en circulation, à titre onéreux, du corps ou de ses éléments et produits. Le principe de gratuité peut cependant être discuté, la loi prévoyant souvent une possibilité d'indemnisation du donneur[51]. Au surplus, il apparaît, une fois passée la cession initiale, que la gratuité n'est plus de rigueur[52].

14.- Par ailleurs, si l'on se tourne vers le corps en activité, instrument au service de l'existence de la personne, force est de constater que les principes de non-patrimonialité ou de gratuité se trouvent contrariés. Un passage de *l'avoir* au *faire* s'opère : plutôt que de tirer profit de son corps en tant que matérialité, l'individu en mobilise la force. Associé à l'esprit qui le met en mouvement, le corps devient l'une des composantes essentielles de l'activité rémunérée. Le corps ainsi placé au service de l'activité se découvre un prix. Un prix, de même, se révèle lorsque le corps se trouve atteint d'une déficience. Le prix, à défaut de rémunérer le corps comme *avoir*, compense cette fois l'atteinte à *l'être*. Davantage que d'un prix du corps humain, c'est plutôt des prix du corps humain qu'il s'agit.

15.- Dès lors, une contradiction entre ces prix du corps et un éventuel principe de non-patrimonialité ou de gratuité du corps humain apparaît. L'existence de ces prix pourrait être envisagée comme autant de dérogations au principe[53], car « *lorsqu'une pratique contractuelle affronte ainsi une règle qui l'interdit, il est tentant de voir dans les manifestations de la première de simples exceptions de la seconde* »[54]. Cependant, cette qualification d'exception ne nous paraît pas pleinement satisfaisante. L'exception doit en effet présenter des « *traits communs* »[55] avec la situation régie par le principe. L'exception se démarque du principe en vertu d'une singularité, d'une particularité de fait, que le droit se doit d'appréhender. Or, les usages du corps se distinguent nettement selon la situation dont il est question. Utilisation du matériel biologique dans le cas de la cession, mobilisation d'une force de travail dans l'activité ou atteinte au corps en cas de déficience : le caractère d'exception ne peut couvrir des hypothèses si éloignées de celles encadrées

---

51 LEBORGNE A., GOUBAU D., « La vigueur du principe de gratuité des éléments du corps humain », *RLDC*, n° 110, déc. 2013, p. 85.

52 HAUSER J., « La vie humaine est-elle hors du commerce ? », *LPA*, 5 déc. 2002, p. 19 ; BELLIVIER F., NOIVILLE C., *Contrats et vivant, Le droit de la circulation des ressources biologiques*, LGDJ, 2006.

53 CARBONNIER J., *Introduction, Les personnes. La famille, l'enfant, le couple, vol. I*, PUF, « Quadrige », 2004, p. 385, n° 198.

54 LOISEAU G., *Le nom, objet d'un contrat*, LGDJ, « Bibliothèque de droit privé », vol. 274, 1997, p. 15.

55 DE MOY J.-M., *L'exception en droit privé*, PUAM, « Centre Pierre Kayser », 2011, p. 17, n° 2.

par le principe[56]. Les usages du corps humain étant variés, les règles les régissant se doivent d'être plurielles car, comme le soulignait Paul Roubier, *« pour établir le régime juridique d'une seule relation de la vie en société, il est bien rare qu'une règle de droit isolée puisse suffire, et en général un faisceau de règles est nécessaire »*[57]. La protection du corps humain passe donc par une meilleure transcription juridique de la réalité de ses usages. De surcroît, si la qualification d'exception nous paraît inadaptée, elle peut se révéler préjudiciable. L'existence d'exceptions tend à fragiliser le principe[58]. Le champ des exceptions est en effet trop considérable pour ne pas nuire à la force du principe[59]. Le « *couple infernal* »[60] composé par la règle et l'exception doit donc être écarté au profit de principes distincts, non concurrents et complémentaires. Ces prix *a priori* perçus comme dérogatoires peuvent ainsi laisser place à un principe général « *qui en rendrait harmonieusement et logiquement compte* »[61].

La méthode retenue

16.- « *Situé à la frontière entre le monde des faits et le monde des valeurs, entre l'être et le devoir être, l'exercice de cet art suppose de connaître les hommes et les choses dont le droit procède. Cela implique une grande attention à l'histoire, aux mœurs, à la psychologie ou à l'économie, la pensée juridique devant tenir tous les fils de l'expérience*

56 Comme le souligne le professeur Thierry Revet à propos de la force de travail : « *placer sa commercialisation au même niveau que celle des organes et produits humains est, dès lors, incohérent : pour ces derniers, la commercialité constitue une solution profondément dérogatoire, appelant un contrôle strict et ne pouvant inverser la règle de la gratuité. Rien de tel ne se produit pour la force de travail. Elle est donc soustraite, par principe, au régime des éléments de la personne* ». REVET T., *La force de travail (Etude juridique)*, Litec, « Bibliothèque de droit de l'entreprise », n° 28, 1992, p. 64.

57 ROUBIER P., *Théorie générale du droit, Histoire des doctrines juridiques et philosophie des valeurs sociales*, Dalloz, « Bibliothèque Dalloz », 2005, p. 15.

58 À propos de la règle de l'indisponibilité du nom, le professeur Grégoire Loiseau constatait que la règle « *cesse d'être pertinente si, comme c'est le cas, on relève tant d'exceptions qu'elles en ruinent à peu près complètement la portée* ». V. LOISEAU G., *Le nom, objet d'un contrat*, LGDJ, « Bibliothèque de droit privé », vol. 274, 1997, p. 16 ; v. également HENNETTE-VAUCHEZ S., *Disposer de soi ? Une analyse du discours juridique sur les droits de la personne sur son corps*, L'Harmattan, « Logiques Juridiques », 2004, p. 69.

59 « *Près de 80 % des actifs étant des salariés, il serait bien singulier de considérer le contrat de travail comme une exception* ». REVET T., « L'argent et la personne », Sirey, *APD*, t. 42, 1998, p. 49.

60 TOURATIER C., « La règle et l'exception : avant-propos », *in La règle et l'exception*, Université de Provence, « Cercle linguistique d'Aix en Provence », Travaux 6, 1988, p. 7.

61 BAKOUCHE D., *L'excès en droit civil*, LGDJ, « Bibliothèque de droit privé », t. 432, 2005, p. 403, n° 451.

humaine »[62]. En ayant à l'esprit cette remarque du professeur Alain Supiot, engager une réflexion sur le prix du corps humain invite nécessairement, afin de mieux cerner les intérêts en présence, à voyager au-delà de la sphère juridique, pour mieux y revenir.

17.- Au-delà du droit. Si le droit est assurément « *un autre monde* »[63], où l'on est souvent tenté de « *réinventer le réel* »[64], il ne peut demeurer totalement hermétique aux considérations qui lui sont extérieures. Comme le souligne justement le professeur François Terré, « *autrefois les chemins de la pensée convergeaient ; il était possible aux savants, aux juristes, aux philosophes de parler le même langage, dans le cadre de la cité* »[65]. Aujourd'hui, bien souvent, « *les développements de la science favorisent un état de perplexité des juristes [...] parce que les limites extérieures à leur compétence [...] les [empêchent] de faire face à l'assaut des nouveautés* »[66]. Il nous semble ainsi nécessaire de se confronter à la diversité des matières afin d'anticiper les enjeux juridiques appelés à naître des évolutions actuelles et futures. Étudier le corps impose de démêler les arguments qui relèvent de la sphère intime, des croyances, de la raison médicale, de l'analyse psychologique... Confronter le corps au prix appelle nécessairement de s'intéresser à l'analyse économique. Prendre la mesure de ces intérêts permet de bâtir un droit plus adapté aux situations qu'il est appelé à régir. C'est alors avec un regard éclairé qu'il est possible de revenir au droit.

18.- Au-delà du droit français. Afin de mieux apprécier le droit français, un passage par la comparaison s'est rapidement imposé, bien que cette étude n'ait aucune prétention comparatiste. Les comparaisons ayant nourri notre étude sont principalement issues du droit canadien et, plus spécifiquement, du droit québécois. Droit fédéré tirant ses racines du droit civil, tout en étant influencé par le droit fédéral marqué par la *common law*, le droit québécois nous a permis d'enrichir notre réflexion à la lumière des évolutions notamment constatées en droit de la responsabilité ou relativement au traitement de la problématique de la gestation pour autrui. D'autres sources comparatives, factuelles ou juridiques, ont également trouvé place dans cette étude. Bien sûr, il ne s'agissait pas de céder à la

---

62 SUPIOT A., « La fonction anthropologique du droit », *Esprit*, n° 272, fév. 2001, p. 153.
63 HERMITTE M.-A., « Le droit est un autre monde », *Enquête*, n° 7, 1999, p. 17.
64 EDELMAN B., *Quand les juristes inventent le réel*, Hermann Editeurs, « Le Bel Aujourd'hui », 2007.
65 TERRE F., « Génétique et sujet de droit », *APD*, 1989, n° 34, p. 159.
66 *Ibid.*, p. 160.

tentation d'un « *tourisme juridique* »[67], consistant à emprunter anarchiquement les solutions issues de systèmes juridiques différents du nôtre. Nos recherches thématiques ont cependant conduit à l'observation des pratiques étrangères. Le choix a ainsi été fait de retenir celles présentant pour le droit français la plus grande pertinence. Des oppositions radicales, mais également des similitudes importantes, ont ainsi pu aiguiller nos choix.

19.- Revenir au droit privé. Riche de ces regards croisés, il convenait de revenir au traitement de ce sujet en droit interne privé, et plus particulièrement en droit des personnes, vers lequel il paraît naturel de se tourner lorsque la question du corps se trouve posée. Cette spécialité du droit privé, aux ramifications complexes et subtiles, ouvre néanmoins la perspective de terres juridiques plus vastes. Envisagé à la lumière du droit des personnes, le prix du corps humain dut également l'être à travers le prisme du droit des biens, du droit des contrats et de la responsabilité, du droit médical ou encore du droit du travail, de la sécurité sociale ou des assurances. Et si certaines problématiques liées au prix transcendent assurément la distinction traditionnelle entre droit privé et droit public, le champ de l'étude, déjà vaste, commande néanmoins d'inscrire l'analyse dans le seul champ du droit privé[68].

20.- À travers ce parcours juridique, la question d'une pluralité de prix peut progressivement apparaître. La valeur du corps se révèle. Pourtant, en dépit de cette diversité, il nous paraît nécessaire de conserver un intitulé au singulier : « le » prix du corps humain. Ce choix est en effet plus respectueux de la démarche consistant à envisager le principe même, au singulier, d'un prix du corps humain.

21.- Après analyse des différentes relations unissant le corps et le prix, trois situations principales apparaissent. Le prix peut, tout d'abord, être la contrepartie d'une mise en circulation du corps ou de ses éléments et produits. Il peut, ensuite, être la contrepartie d'une activité exercée par la personne, qui place son corps au service de celle-ci. Enfin, le prix constitue la compensation de la déficience, qui ne peut être réparée en nature.

---

67 LOIEAU G., *Le nom, objet d'un contrat*, LGDJ, « Bibliothèque de droit privé », vol. 274, 1997, p. 5.

68 Pour une étude récente de cette question en droit public, v. CATTO M.-X., *Le principe d'indisponibilité du corps humain, Limites de l'usage économique du corps*, LGDJ, « Bibliothèque de droit public », tome 299, 2018.

22.- A la lumière de ces différentes situations, s'il s'avère que la méfiance à l'égard du prix est loin d'être dénuée de tout fondement, il pourrait à l'inverse être constaté que cette crainte ne devrait pas être générale. Justifiée dans le cadre de la mise en circulation, la prohibition du prix est en effet dépourvue de tout fondement et de toute réalité pratique dans les autres hypothèses, où le prix est largement reconnu.

Aussi faut-il envisager d'écarter le prix du corps humain (**Première partie**) pour mieux l'accueillir (**Seconde partie**).

PREMIERE PARTIE.
LE PRIX ECARTE

23.- Le corps, valorisé par les progrès de la médecine et de la science moderne, est convoité. De nombreux éléments détachés du corps deviennent exploitables, transformables, échangeables. L'alchimie s'opère, le corps se transforme et se découvre une valeur. Cette utilité reconnue contraint ainsi le juriste à tracer les traits d'une protection pour le corps, attiré par l'échange.

Face aux enjeux économiques, deux conceptions s'opposent. Une première conception consiste à envisager que le corps puisse se voir reconnaître un prix. Le prix du corps humain peut être restrictivement défini comme la contrepartie pécuniaire d'une disposition, pour autrui, d'une partie du corps ou de l'intégralité de celui-ci.

La seconde voie possible est celle qui, tout en mesurant la valeur sociale du corps, refuse de lui conférer un prix. Dans cette conception, le consentement qui conduit à placer le corps dans l'échange, ne peut être influencé par l'allocation d'une contrepartie financière. Si la valeur du corps n'est pas ignorée, le droit conduit alors à la paralyser. Le législateur français a marqué sa préférence pour cette seconde conception. L'interdit du prix rejoint d'autres limites imposées par le législateur au *don* du corps ou de ses éléments et produits, dessinant progressivement les contours du permis et de l'interdit.

Si ce choix d'une prohibition du prix du corps se doit d'être préalablement justifié et défendu (**Titre I**), un nouvel instrument permettant d'organiser et de renforcer cet interdit doit être proposé : l'universalité de fait (**Titre II**).

Titre I.
Le principe d'une circulation sans prix du corps humain

24.- À la lecture des dispositions du Code civil et du Code de la santé publique, le principe d'une prohibition du prix du corps humain semble émerger. En particulier, l'article 16-5 du Code civil sanctionne par la nullité toutes les « *conventions ayant pour effet de conférer une valeur patrimoniale au corps humain* ». Pourtant, la portée de l'article 16-5 du Code civil est plus limitée qu'elle n'y paraît. Cet article refuse la possibilité de conférer une valeur pécuniaire au corps humain, qu'il soit attaché ou non à la personnalité juridique. Cependant, une fois le *don* consenti, les transferts de matériel biologique, comme son utilisation, peuvent donner lieu à des contreparties pécuniaires. La chaîne de circulation du corps humain n'est donc pas gouvernée par des règles homogènes. Un prix apparaît bien. Pour autant, ce prix n'est pas celui du corps humain. La valeur reconnue est en effet celle de l'activité d'autrui exercée à partir du corps humain ou de ses éléments et produits, et non une valeur patrimoniale du corps lui-même.

Aussi peut-on affirmer que le corps humain est préservé d'une cession initiale onéreuse (**Chapitre I**). Les contreparties pécuniaires obtenues par suite de cette cession ne remettent pas en cause le principe de prohibition du prix du corps humain, mais constituent la reconnaissance de l'activité fournie à partir du corps humain ou de ses éléments et produits (**Chapitre II**).

Chapitre I. Le choix d'une mise en circulation préservée de la vénalité

25.- Le corps entre dans l'échange par la force d'une volonté initiale. Cette volonté peut émaner de la personne de son vivant, qui consent au prélèvement ou au recueil d'éléments et produits sur son corps. Avant la naissance, la possibilité d'accéder à l'échange résulte de la volonté exprimée par les parents et plus particulièrement de la mère. Pour le corps du défunt, une volonté exprimée avant son décès peut s'imposer, le prélèvement pouvant également s'inscrire, en fait, dans le respect de la volonté des proches. Ce sont ces différentes volontés qui conditionnent la validité de la cession initiale et qui dont l'expression peut être provoquée, voire contraintes, par l'existence d'un prix. Par conséquent, tout en préservant la volonté, le droit borne son objet.

La cession de son corps est une forme particulière de disposition du corps. Elle impose un détachement en vue d'une utilisation de la matière corporelle. Cette particularité rejaillit sur les limites imposées au consentement. Il n'est pas permis de consentir à toute forme de mise en circulation du corps ou de ses éléments et produits. Le droit impose ainsi des limites strictes aux éléments susceptibles d'être mis en circulation (**Section I**), cet encadrement étant renforcé par la prohibition de toute vénalité (**Section II**).

Section I. La détermination des corps et des éléments et produits susceptibles d'une mise en circulation

26.- « *Le législateur a estimé qu'il fallait demander son consentement au "donneur", d'où certaines règles introduites dans le code civil ; mais il ne fallait pas pour autant lui donner des droits par trop individualistes, d'où les règles de santé publique visant notamment à énoncer les droits de ceux qui ont besoin d'un élément du corps* »[69]. Cet équilibre délicat entre l'expression de la volonté individuelle et les bénéfices collectifs marque incontestablement les dispositions relatives à la cession initiale du corps ou de ses éléments et produits. Pour mieux mesurer la portée de ces enjeux concurrents, il faut tout d'abord envisager

[69] THOUVENIN D., « De l'éthique biomédicale aux lois « bioéthiques » », *RTD civ.*, 1994, p. 717.

la reconnaissance d'une mise en circulation du corps ou de ses éléments et produits (**§I**) pour déterminer ensuite les éléments susceptibles de circuler (**§II**).

§I. La reconnaissance d'une mise en circulation du corps ou de ses éléments et produits

27.- Si le droit reconnaît la possibilité de céder une partie de son corps au service d'autrui le passage d'une libre disposition du corps pour soi-même à la disposition du corps pour autrui entraine néanmoins un encadrement plus strict (**A**). La finalité de la cession doit ainsi être nécessairement médicale ou scientifique (**B**).

A. Précisions terminologiques et définition de la mise en circulation

28.- Le droit reconnaît la possibilité d'une cession ou d'une donation des éléments et produits du corps humain, voire, dans une certaine mesure, du corps lui-même. Les termes de cession et de donation sont alternativement utilisés par le Code de la santé publique. Ainsi, le livre II de la première partie du Code de la santé publique s'intitule « *Don et utilisation des éléments et produits du corps humain* », alors que ce même livre s'ouvre sur un article L. 1211-1 mentionnant la « *cession* » des éléments et produits[70]. Ces termes alternativement utilisés ont pour trait commun de n'être pas employés dans leur sens juridique véritable. Les termes de « don » et de « cession » ne doivent en aucun cas prêter à confusion. Il n'existe pas, en l'état du droit positif, de droit de propriété sur le corps[71]. L'emploi du terme « donation » s'inscrit dans la volonté de marquer les échanges du sceau de la gratuité, sans « *qu'il faille dresser un acte notarié pour effectuer un don d'organe* »[72]. De surcroît, l'anonymat et la révocation à tout moment du « don » excluent la qualification de donation juridique telle

---

[70] CHARBONNEAU C., « Don et utilisation du corps humain », *in Droit médical et hospitalier*, LexisNexis, fasc. 32, p. 5, 1er septembre 2009.

[71] V. *infra* n° 255 et s.

[72] BELKHIRIA R.-J, « La gratuité de l'utilisation des éléments et produits du corps humain », *in Santé, argent et éthique, une indispensable conciliation ? Etude française et tunisienne*, L'Harmattan, « Collection logiques juridiques », 2005, pp. 199-218.

qu'entendue classiquement pour un bien[73]. Afin de marquer l'absence de propriété, Jean-François Mattéi a pu proposer l'emploi du terme « obtention »[74].

29.- La réalité que recouvrent la cession ou la donation est finalement celle d'une mise en circulation, soit d'un élément ou produit du corps, soit du corps dans son intégralité. La mise en circulation peut ainsi être définie comme une mise à disposition pour autrui de son corps, en tant que matérialité - et non en tant que force - ou de ses éléments et produits. L'expression « matériel biologique humain » pourra être également employée pour désigner les éléments et produits du corps, sans pour autant lui conférer une autonomie conceptuelle[75]. Il convient en outre de préciser que l'acte de cession doit être distingué du traitement thérapeutique. Les logiques s'entrecroisent parfois, comme lorsque l'élément recueilli est cédé à la suite d'une intervention médicale nécessaire à la guérison du patient. Dans ce cas, le premier temps est gouverné par les règles relatives à l'intervention médicale tandis que le deuxième temps, marqué par le prélèvement de l'élément, relèvera pour sa part des règles relatives à la mise en circulation. Dès lors, l'absence d'opposition du patient dûment informé de l'objet de l'utilisation ainsi que l'absence d'opposition des titulaires de l'autorité parentale ou du tuteur, s'il s'agit d'un mineur ou d'un majeur sous tutelle, seront requises afin de pouvoir utiliser ce déchet opératoire[76]. L'acte de soin ne constitue pas à proprement parler une utilisation du corps, mais davantage une préservation de celui-ci. Stéphane Prieur distingue ainsi à juste titre entre les actes qu'il qualifie de disposition et ceux qui pourraient se rattacher à

---

73 BELLIVIER F., NOIVIELLE C., « La circulation du vivant humain : modèle de la propriété ou du contrat ? », *in Code civil et modèles, Des modèles du code au code comme modèle,* LGDJ, « Bibliothèque de l'Institut André Tunc », t.6, 2005, p. 106.

74 MATTEI J.-F., *La vie en question : pour une éthique biomédicale, Rapport au premier ministre,* La documentation française, Collection des rapports officiels, 1994, p. 151 : « *Le mot cession appliqué aux parties et produits du corps humain dans le chapitre sur les "principes généraux" semble impropre, dans la mesure où la rédaction proposée par le code civil exclut tout droit patrimonial sur le corps humain. Le mot "obtention" conviendrait mieux* ».

75 GALLOUX J.-C., « L'indemnisation du donneur vivant de matériels biologiques », *RDSS,* 1998, janv.-mars, p. 1 ; CHIOCCARELLO A., *Le matériel biologique humain, Etude juridique sur l'utilisation à des fins scientifiques des éléments et produits du corps humain*, Thèse de droit privé, Université Paris Descartes, 2014.

76 Art. L. 1235-2 CSP.

des actes de conservation. La conservation en matière corporelle consisterait à permettre une atteinte sur son corps afin de le soigner[77].

La mise en circulation ainsi définie, il convient de préciser que l'autorisation à un acte de prélèvement s'inscrit nécessairement dans une finalité donnée[78].

B. Une cession nécessairement finalisée

30.- Si la disposition pour soi est libre, la disposition pour autrui est plus encadrée par le droit, car « *le droit ne peut s'immiscer dans la relation de soi à soi, mais seulement dans la relation de soi à autrui* »[79]. Ainsi, le choix d'une mise en circulation doit s'inscrire dans une finalité déterminée par la loi. Du vivant de la personne, les atteintes consenties sur le corps humain doivent présenter, comme y invite l'article 16-3 du Code civil, un intérêt médical pour la personne ou un intérêt thérapeutique pour autrui[80]. Le terme « thérapeutique » a été substitué au terme « médical » et ce afin de répondre aux revendications des praticiens réalisant des stérilisations contraceptives. En effet, la finalité de cet acte est assurément médicale mais non thérapeutique[81].

31.- Le livre II du Code de la santé public relatif au « Don et à l'utilisation des éléments et produits du corps humain » s'ouvre sur un article L. 1211-1 qui affirme avec force que *« les activités afférentes à ces éléments et produits, mentionnées au présent livre, y compris l'importation et l'exportation de ceux-ci, doivent poursuivre une fin médicale ou scientifique, ou être menées dans le cadre de procédures judiciaires conformément aux dispositions applicables à celles-ci »*. Si la finalité envisagée par le Code civil est celle du traitement de la personne

---

77 PRIEUR S., *La disposition par l'individu de son corps*, Les Etudes Hospitalières, « Collection Thèses », 1999.

78 *Ibid.*, p. 149.

79 BARBIER S., *La liberté de prendre des risques*, PUAM, « Collection de l'institut de Droit des Affaires », 2010, p. 157, n° 155.

80 Art. L. 1231-1 CSP : « *Le prélèvement d'organes sur une personne vivante, qui en fait le don, ne peut être opéré que dans l'intérêt thérapeutique direct d'un receveur* ».

81 KLEIN N., « La justification des atteintes médicales du corps humain », *RGDM*, n° 39, juin 2011, pp. 117-123 ; BAKOUCHE D., *Droit civil, Les personnes, La famille*, Hachette, « Hu droit », 2005, p. 23 ; MATHIEU B., *La bioéthique*, Dalloz, « Connaissance du droit », 2009, p. 115.

ou d'autrui, la finalité du Code de la santé publique est plus large, qui inclut également la cession en vue d'une recherche[82].

32.- Au-delà du corps de la personne, pour le défunt, le don du corps doit également poursuivre une finalité médicale ou de recherche et ne semble pas pouvoir être réalisé en vue d'un projet non inscrit dans cette finalité[83]. Le corps du défunt est mis au service de la recherche (don de son corps à la science) ou du prélèvement d'organes[84]. De même l'embryon, s'il n'est pas détruit, ne peut faire l'objet que d'un don à un autre couple, ou être éventuellement utilisé dans le cadre d'un projet de recherche autorisé par l'Agence de biomédecine[85].

La disposition s'inscrit donc toujours dans une finalité médicale, de traitement, de soins pour autrui ou de recherche : « *des usages purement mercantiles, fantaisistes ou même prétendument artistiques ne pourraient ainsi pas légitimer une cession initiale* »[86]. Ces précisions opérées, il convient de préciser quels éléments sont susceptibles de faire l'objet d'une mise en circulation.

§II. La détermination des éléments susceptibles d'une mise en circulation

33.- La cession est nécessairement le résultat de l'expression d'un consentement, émis dans les limites fixées par la loi. Afin de mesurer l'équilibre délicat qui s'opère entre l'aptitude à consentir et l'interdit de disposer, une distinction peut être opérée entre la cession du corps dans son intégralité (**A**) et la cession des éléments et produits (**B**).

---

[82] Comme le souligne à juste titre Amélie Chiocallero, trois séries d'objectifs peuvent gouverner la recherche : « *soit scientifiques stricto sensu, soit lucratifs, soit thérapeutiques* ». Bien souvent, ces objectifs seront imbriqués.

[83] Sur la question de la plastination, v. *infra* n° 355 et s. et Annexe n° 1.

[84] Sur cette question voir CARAYON L, *La caractérisation des corps, Étude sur l'humain avant la naissance et après la mort,* Thèse de droit privé, Université Paris I Panthéon-Sorbonne, 2016 ; V. également MAZOUZ A., « La présence des morts et le droit », *in Dialogues entre le droit et la mort,* LACROIX M., MAZOUZ A., MENES-REDORAT V. (dir.), Editions Yvon Blais, 2016.

[85] Art. L. 2151-5 CSP.

[86] CHIOCCARELLO A, *Le matériel biologique humain, Etude juridique sur l'utilisation à des fins scientifiques des éléments et produits du corps humain,* Thèse de droit privé, Université Paris Descartes, 2014, p. 14.

A. La mise en circulation du corps dans son intégralité

34.- A titre liminaire, il convient d'opérer une distinction entre d'un côté les pratiques telles que l'esclavage, qui consistent à exploiter la force de travail et, de l'autre côté, l'utilisation du corps en tant que matérialité. De même, l'expérimentation biomédicale ou la gestation pour autrui ne doivent pas être abordées sous le seul angle de la cession du corps[87]. Une fois cette distinction rappelée, force est de constater que le corps lié à la personne juridique n'est pas susceptible d'être intégralement cédé. Une mise en circulation encadrée n'existe que pour le corps avant la naissance (**1**) et pour celui du défunt (**2**).

1. Le corps avant la naissance

35.- Avant la naissance de l'enfant vivant et viable, un corps existe déjà. Ce corps est constitué dès les premiers instants du développement de l'ovocyte fécondé, alors même qu'il n'est finalement qu' « *une structure liminaire* »[88]. Les termes d'embryon et de fœtus sont employés pour désigner ce corps avant la naissance de l'être vivant et viable[89]. En France, la définition de l'embryon et du fœtus est uniquement médicale, au contraire de la loi canadienne sur la procréation assistée[90]. Il est ainsi généralement considéré que la période embryonnaire s'achève à la fin de la huitième semaine de gestation, laissant place à la période fœtale. Mais les scientifiques eux-mêmes confessent que cette limite est « *arbitraire car aucune modification majeure évidente ne distingue le fœtus de la 9e semaine de gestation*

---

87 V. *infra* n° 493 et s.

88 FRYDMAN R., « La procréatique », *Pouvoirs*, n° 56, 1991, pp. 65-72.

89 V. les articles 725 et 906 du Code civil ; v. également BELLIVIER F., LABRUSSE-RIOU C., « Les droit de l'embryon et du foetus en droit privé », *RIDC*, vol. 54, n° 2, avril-juin 2002, p. 580.

90 Loi sur la procréation assistée L.C. 2004, ch. 2. « Embryon : *organisme humain jusqu'au cinquante-sixième jour de développement suivant la fécondation ou la création, compte non tenu de toute période au cours de laquelle son développement est suspendu. Est également visée par la présente définition toute cellule dérivée d'un tel organisme et destinée à la création d'un être humain* ».
« Foetus : *organisme humain à compter du cinquante-septième jour de développement suivant la fécondation ou la création jusqu'à la naissance, compte non tenu de toute période au cours de laquelle son développement est suspendu* ».

de l'embryon de la 8e semaine »[91]. Dans le cadre de cette étude, le choix sera fait de ne pas distinguer entre le corps du fœtus et celui de l'embryon.

Bien que dépourvu de personnalité juridique, ce corps ne peut être librement cédé. À partir de la naissance de l'enfant vivant et viable, le corps se lie à la personne juridique. Les règles relatives à la cession subissent cette mutation. Il ne s'agit donc pas de savoir si les parents peuvent librement céder leur enfant d'ores et déjà né, mais de se demander si le corps, détaché de personnalité juridique, peut faire l'objet d'une telle cession.

36.- Une première précision s'impose, dans l'hypothèse d'une interruption prématurée du développement de l'embryon. Suite à plusieurs scandales relatifs aux conditions de conservation de corps d'embryons décédés[92], le Conseil consultatif national d'éthique (CCNE) a eu l'occasion de rappeler les bonnes pratiques à suivre[93]. Notamment, en vertu de la loi n° 2004-800 du 6 août 2004 relative à la bioéthique, il a pu être rappelé que toute conservation ou tout prélèvement sur le fœtus exigent le consentement des parents. Par ailleurs, le fœtus doit être remis aux parents qui en font la demande dans les dix jours[94] du décès ou doit être inhumé ou incinéré[95]. Cette absence possible de conservation, par principe, laisse peu de place à la cession du corps de l'embryon. Le CCNE envisage cependant une exception pour « *la conservation sine die de fœtus porteurs d'anomalies morphologiques majeures qui permettent la préservation de la mémoire scientifique et médicale* »[96]. Tout en précisant néanmoins que ces pratiques sont obsolètes « *en raison des possibilités de photographies numériques et de radiographies par scanner* »[97]. Ce faisant, le CCNE semble ne pas vouloir

---

91 LARSEN, SHOENWOLF, BLEYL, BRAUER, FRANCIS-WEST, *Embryologie humaine,* De boeck, 2011, p. 5.

92 LALANDE F., GRASS E., *Inspection de la chambre mortuaire de l'hôpital Saint-Vincent-de-Paul*, IGAS, Rapport n° 2005-149, octobre 2005, p. 1 : « *353 corps entiers et 87 corps partiels (dont 20 têtes) de fœtus et de nouveaux nés ont été trouvés à l'intérieur de casiers gris, de cristallisoirs et d'autres récipients, dans les différentes pièces qui constituent la chambre mortuaire de l'hôpital. Les corps baignaient dans le formol, les plus anciens étant placés dans des enveloppes plastiques thermo soudées. Ces corps avaient, pour la plupart, fait l'objet d'une autopsie et étaient éviscérés. Sur certains le cerveau avait été retiré, sur d'autres on avait enlevé la colonne vertébrale. Les conditions de conservation étaient parfois très mauvaises* ».

93 CCNE, *A propos de la conservation des corps des foetus et enfants mort-nés, Réponse à la saisine du Premier Ministre*, Avis n° 89, 22 sept. 2005.

94 Art. R. 1112-75 CSP.

95 Art. R. 1112-76 CSP.

96 CCNE, *A propos de la conservation des corps des foetus et enfants mort-nés, Réponse à la saisine du Premier Ministre*, Avis n° 89, 22 sept. 2005.

97 *Ibid.*

condamner les collections existantes[98] tout en décourageant la constitution de collections nouvelles.

Les contours de la cession doivent être éclairés par une distinction majeure entre les deux modes de conception du corps : la conception *in utero* (**a**) et la conception *ex utero* (**b**). Si ces deux modes de conception doivent être placés sur un pied d'égalité en raison de la finalité commune qu'ils poursuivent, ils réservent cependant une place différente au développement possible d'une cession du corps dans son intégralité.

a. Les limites posées à la cession du corps dans l'hypothèse d'une conception in utero

37.- Lorsque le corps est conçu puis se développe au sein de la mère, la volonté susceptible de permettre une cession est celle de la mère. Une cession n'est pourtant pas concevable dans cette hypothèse. En vertu du droit applicable, la femme ne peut faire que deux choix : poursuivre sa grossesse ou l'interrompre. Pour parer toute tentative d'instrumentalisation, l'article L. 1241-5 du Code de la santé publique prévoit que « *les tissus ou cellules embryonnaires ou fœtaux ne peuvent être prélevés, conservés et utilisés à l'issue d'une interruption de grossesse qu'à des fins diagnostiques, thérapeutiques ou scientifiques* ». Le législateur a également pris soin de préciser que lorsque ces prélèvements ont lieu à des fins autres que de diagnostiquer les causes de l'interruption de grossesse, ils doivent s'effectuer dans le cadre d'un protocole mis en place avec l'Agence de la biomédecine. Cet encadrement s'inscrit ainsi dans la prohibition d'une « fabrication de corps » en vue de la seule recherche médicale[99]. L'assistance médicale à la procréation, en extériorisant la conception, ouvre un nouveau champ de possibles à la cession.

---

[98] Le musée Dupuytren au sein de l'Ecole de médecine de l'Université Paris V dispose ainsi d'une collection de pièces fœtales importantes. Bien qu'il fut un temps ouvert au public, la vocation première de cette collection est la diffusion de connaissances auprès des étudiants.

[99] LAFONTAINE C., *Le corps marché, La marchandisation de la vie humaine à l'ère de la bioéconomie*, Seuil, « La couleur des idées », 2014, p. 101.

b. La volonté du couple et la mise en circulation strictement encadrée

38.- L'intervention médicale qui permet de distinguer entre le temps de la conception et celui de la gestation permet de conférer une place importante à l'autre membre du couple au sein du processus décisionnel. En effet, les choix quant au développement du corps ne relèvent plus exclusivement de la mère dès lors qu'existe une dissociation entre la conception et la gestation. Le processus d'assistance médicale à la procréation insiste sur la volonté d'un couple à procréer. L'assistance médicale contribue à réintroduire une égalité dans le couple. L'autre membre du couple est impliqué dans le processus de création mais aussi dans le choix du sort des embryons. Ainsi, contrairement au choix d'interruption volontaire de grossesse qui appartient *in fine* à la femme[100], l'article L. 2141-4 du Code de la santé publique prévoit la destruction des embryons surnuméraires en cas de désaccord entre les parents sur leur sort. Le décès d'un des parents d'intention interrompt également le processus d'insémination[101].

39.- Témoignage d'une prise en considération de la volonté des parents au moment même de la réalisation de l'insémination, l'insémination *post-mortem* n'est en effet pas reconnue en France[102]. Au contraire, d'autres pays, tels que l'Espagne, ont choisi d'autoriser l'insémination *post-mortem,* généralement dans un délai encadré[103]. Cette disparité de cadres juridiques induit des difficultés lorsqu'il est question d'apprécier les demandes d'exportation de gamètes formulées par des femmes qui souhaitent avoir recours à une technique de procréation, après

---

100 L'article L. 2212-4 du Code de la santé publique précise pour L'IVG que « *chaque fois que cela est possible, le couple participe à la consultation et à la décision à prendre* ».

101 Art. L. 2141-2 CSP ; v. également TGI Rennes, Ordonnance de référé, 15 octobre 2009, *Gaz. Pal.,* 20 nov. 2009, note PIERROUX E. ; *JCP G.*, 2009, n° 44, p. 11, note BINET J.-R. ; CA Rennes, 22 juin 2010, n° 09/07299, *JCP G.,* 2010, 1670, note MIRKOVIC M.

102 Sur la question du transfert d'embryons *post-mortem*, v. notamment BAKOUCHE D., « Le transfert d'embryons *post mortem* », *in Ruptures, mouvements et continuité du droit, Autour de Michelle Gobert,* Economica, 2004, p. 153.

103 Pour une étude comparée des dispositions applicables voir GIROUX M., COURDURIES J., *Le recours transnational à la reproduction assistée avec don, Perspective franco-québécoise et comparaison internationale,* Rapport scientifique d'une recherche réalisée avec le soutien du GIP Mission de recherche Droit et Justice (convention n° 215.03.24.25 et n° 215.04.01.26 et Avenant n° 1 à la Convention n° 215.03.24.25), juillet 2017.

le décès de leur conjoint, dans un pays qui l'autorise[104]. Sur cette question, le Conseil d'État a infléchi sa position[105]. En effet, s'il a considéré que l'exportation pouvait être limitée par le droit français sans que cela constitue une atteinte à l'article 8 de la ConvEDH, le Conseil d'État a néanmoins précisé que « *la compatibilité de la loi avec les stipulations de la convention européenne de sauvegarde des droits de l'homme et des libertés fondamentales ne fait pas obstacle à ce que, dans certaines circonstances particulières, l'application de dispositions législatives puisse constituer une ingérence disproportionnée dans les droits garantis par cette convention.* » Ainsi, en l'espèce, la demande de la requérante qui souhaitait obtenir le transfert des gamètes de son mari, recueillies et conservées par un établissement français avant le décès de celui-ci, vers un établissement espagnol, en vue d'une insémination, a été entendue favorablement par la haute juridiction administrative. Les juridictions doivent ainsi tenir compte « *de certaines circonstances particulières* » pour accepter[106] ou refuser[107] une telle demande d'exportation. A la lumière des différentes décisions rendues, on peut regretter l'incertitude juridique qui gouverne à présent ce contentieux. A la violence du décès pour la femme, s'ajouterait ainsi la violence de ne pas voir considéré sa situation comme présentant un caractère suffisamment particulier afin de pouvoir prétendre à une insémination *post-mortem.*

40.- La conception *ex utero* ouvre un champ plus large à la cession[108]. La vigilance du législateur doit être à la mesure de cette extension des possibles. Tous les embryons n'ont pas vocation à rejoindre le corps de la femme dans le cadre du projet parental. Ils peuvent être conservés en vue d'un futur projet parental ou en cas d'échec de la gestation. Les parents peuvent également faire le choix qu'il soit mis fin à la conservation des embryons[109]. Ces différentes possibilités ne laissent pas place à une cession.

---

104 L'article L. 2141-11-1 du Code de la santé publique encadre plus spécifiquement les importations et les exportations de gamètes.

105 CE ass. 31 mai 2016, n° 396848 : *Lebon* 208, *concl.* BRETONNEAU A. ; *AJDA.*, 2016, 1398, chron. DUTHEILLET DE LA MOTTE L. et ODINET G. ; *AJ fam*, 2016, p.439, note SIFFREIN-BLANC C. ; *D.*, 2016, p. 1472, note FULCHIRON H. ; *ibid.* p.1477, note HAFTEL B. ; *JCP.*, 2016, n° 864, note VAUTHIER J.-P et VIALLA F. ; *RFDA.*, 2016, p. 754, note DELVOLVE P. ; *ibid.*, 2017, p. 855, note PREVOST-GELLA J. ; *RTD civ.*, 2016, p. 600, note HAUSER J.

106 TA Rennes, 11 octobre 2016.

107 TA Toulouse, 13 octobre 2016.

108 BELLIVIER F., LABRUSSE-RIOU C., « Les droit de l'embryon et du foetus en droit privé », *RIDC,* vol. 54, n° 2, avril-juin 2002, p. 581.

109 Art. L. 2141-4 CSP.

41.- En revanche, d'autres choix s'offrent au couple, susceptibles de constituer une forme de cession. Les parents peuvent choisir de confier les embryons surnuméraires à un autre couple dans l'impossibilité de concevoir un enfant[110]. La mise en circulation contribue alors au développement du corps dans l'hypothèse spécifique d'une impossibilité du couple d'accueil à concevoir un enfant. Cette pratique demeure encore marginale en France puisqu'en 2010 seuls 107 couples ont confié leurs embryons à l'accueil et 71 couples ont pu ainsi recevoir des embryons[111]. Entre 2012 et 2015, le nombre de couples ayant pu recevoir un embryon a évolué mais assez lentement. Il oscille entre 117 et 170 couples selon les années[112].

42.- Par ailleurs, le couple peut accepter que les embryons surnuméraires soient utilisés à des fins de recherche[113]. En France, depuis 2004, les recherches sur l'embryon sont autorisées à titre expérimental et exceptionnel, mais uniquement à partir d'embryons initialement conçus dans le cadre d'un projet parental[114]. En cela, le système français se distingue de certaines réglementations qui permettent de concevoir des embryons aux seules fins de recherche[115]. En droit français, la révision des lois dites de bioéthique intervenue en 2011 a maintenu la prohibition d'une telle pratique[116]. La loi n° 2013-715 du 6 août *2013 tendant à modifier la loi n° 2011-814 du 7 juillet 2011 relative à la bioéthique* a cependant reconnu le principe de l'autorisation de la recherche sur l'embryon, qui n'était jusqu'alors qu'une dérogation[117]. Cependant, la recherche ne peut s'exercer

---

110 Art. L. 2141-4, L. 2141-5 et L. 2141-6 CSP.

111 Agence de la biomédecine, *Rapport Annuel 2011*, p. 69.

112 Agence de la biomédecine, *Rapport Annuel 2016*, p. 69.

113 En Europe, l'Allemagne, l'Italie et l'Irlande posent une interdiction générale d'utilisation de l'embryon à des fins scientifiques. La Cour européenne des droits de l'Homme a ainsi été saisie par une requérante italienne qui contestait cette violation d'une liberté de recherche. CEDH, 28 mai 2013, deuxième section, Adelina Parrillo c/ Italie, requête n° 46470/11.

114 L'importation de cellules souches embryonnaires à partir d'embryons originairement conçus dans le cadre d'une procréation médicalement assistée est conforme au Code de la santé publique. V. CAA Paris, 3ème Chambre, formation B, 9 mai 2005, 03PA00950, *Rec. Lebon ;* BELLIVIER F., « Peut-on évaluer la loi de bioéthique ? », *Raison-publique.fr*, 15 mai 2012.

115 L'Etat de New-York a été le premier en 2009 à autoriser et à financer la production d'ovules aux seules fins de recherche. Voir. LAFONTAINE C., *Le corps marché, La marchandisation de la vie humaine à l'ère de la bioéconomie*, Seuil, « La couleur des idées », 2014.

116 TESTART J., « La recherche sur les cellules souches embryonnaires », *in La liberté de la personne sur son corps,* MUZNY P. (dir.), Dalloz, « Thèmes, Commentaires, Actes », 2010.

117 LEROYER A.-M., « Embryon - Recherche - Cellules souches, Loi n° 2013-715 du 6 août 2013 tendant à modifier la loi n° 2011-814 du 7 juillet 2011 relative à la bioéthique en

que dans un cadre strict. Il nous semble que le caractère exceptionnel de la recherche doit être absolument maintenu. L'embryon est avant tout conçu pour et dans le cadre d'un projet parental et ne peut qu'à titre infiniment subsidiaire servir la recherche. D'autant que le développement des recherches sur les cellules souches issues du cordon ombilical ou les cellules souches de l'adulte est suffisamment prometteur pour envisager, à terme, la disparition de la recherche sur l'embryon.

L'utilisation du corps dans son intégralité reste donc limitée lorsqu'il est question de l'embryon, limitation qui se retrouve également pour le corps du défunt.

2. Le corps humain après le décès

43.- Comme pour l'embryon et le fœtus, la mort est une notion avant tout médicale[118]. Le droit a cependant progressivement reconnu plusieurs critères permettant de prononcer le décès. Pour les besoins de la procédure de don d'organes[119], l'article R. 1232-1 du Code de la santé publique précise que « le *constat de la mort ne peut être établi que si les trois critères cliniques suivants sont simultanément présents ; 1°Absence totale de conscience et d'activité motrice spontanée ; 2°Abolition de tous les réflexes du tronc cérébral ; 3°Absence totale de ventilation spontanée* ». Une fois la mort définie, le corps du défunt est voué à disparaître. L'inhumation conduit à une progressivité du processus tandis que l'incinération en constitue une accélération par l'intervention de l'homme. Par conséquent, biologiquement, le corps du défunt n'est nullement voué à circuler. Cette vision doit cependant être nuancée.

44.- ***Le don du corps à l'enseignement et à la recherche.*** La disparition du corps n'est pas toujours immédiate. En particulier, avant l'inhumation, une matérialité corporelle survit au décès de la personne. Cela est particulièrement vrai lorsque l'individu a choisi d'autoriser une

---

autorisant sous certaines conditions la recherche sur l'embryon et les cellules souches embryonnaires (JO 7 août 2013, p. 13449) », *RTD civ.*, 2013, p. 895.

118 Trib. Seine, 28 août 1889, *DP*, 1892, 2, 533 : « *une personne doit être considérée comme morte du point de vue de l'ouverture de la succession, à l'instant où les battements du cœur ont cessé, où le lien vital qui relie toutes les parties de l'organisme a été rompu et où le fonctionnement simultané des différents organes nécessaires à la vie a été définitivement paralysé* » ; IACUB M., « La construction de la mort en droit français », *Enquête,* 1999, n° 7, p. 39.

119 Ces critères ne s'appliquent pas en dehors de cette situation. V.CE, Ass., 2 juill. 1993, req. n° 124960, *Milhaud, D.*, 1994.74, note PEYRICAL J.-M. ; *RTD civ.*, 1993, p. 803, obs. HAUSER J.; *JCP*, 1993, II, 22133, note GONOD P.

utilisation de son corps à des fins d'enseignement et de recherche. Cette mise en circulation est néanmoins temporaire, puisqu'une fois le corps mis au service de la pédagogie, il devra être restitué à la famille, si elle le souhaite, et dans tous les cas faire l'objet d'une inhumation. Cette mise en circulation a la particularité de nécessiter une volonté clairement et formellement exprimée par la personne elle-même, cette volonté s'inscrivant dans le cadre de la loi de 1887 relative à la liberté des funérailles. En effet, l'article R. 2213-13 du Code général des collectivités territoriales précise que la déclaration de « don du corps » doit être écrite en entier, datée et signée de la main de l'intéressé. A la suite de cette déclaration, la personne doit porter en permanence une carte de donneur. Les mineurs et les majeurs incapables sont exclus de cette cession.

45.- ***Renouvellement critiquable de la cession à la lumière du procédé de plastination.*** En outre et de manière plus durable, le corps peut faire l'objet d'une transformation ou d'une conservation particulière. Le procédé ancien de momification en constitue une illustration. Le développement récent du procédé de plastination renouvelle la question de la cession du corps après la mort, ce procédé consistant en effet à transformer la matière humaine « périssable » en matière quasi éternelle. Les corps ainsi modifiés semblent pouvoir prétendre à l'immortalité[120]. Le corps quitté par la vie peut ainsi être maintenu dans la sphère des vivants. La conservation parfaite du corps, sans contrainte de décomposition, ne portant plus atteinte à l'hygiène et à la salubrité publique présente donc un potentiel déroutant. Ce procédé confère une nouvelle utilité au corps, utilité très contestable. La question suivante se pose alors : peut-on céder son corps en vue de sa plastination et de son exposition publique ? Dans le cadre de l'exposition « *Our body, à corps ouverts* », le juge des référés avait été sollicité pour faire interdire une exposition de corps plastinés. La décision finalement tranchée par la Cour de cassation conduisit à restreindre le champ de la cession. L'exposition de corps plastinés à des fins commerciales porte, selon la haute juridiction, atteinte au respect, à la dignité et à la décence tels que définis par l'article 16-1-1 du Code civil[121].

Avant la vie et après celle-ci, le corps peut donc faire l'objet d'une cession mais uniquement dans un cadre très limité et contraignant. La finalité médicale demeure au cœur de la mise en circulation. Cependant,

---

120 La plastination est une « *technique également appelée imprégnation polymérique, qui consiste à préserver les tissus biologiques en remplaçant les différents liquides organiques par de la silicone* » ; v. LOISEAU G., « Des cadavres mais des hommes », *JCP G.*, n° 25, 15 juin 2009, p. 23.

121 Cette décision fera l'objet de développements par la suite, v. *infra* n° 350 et s.

une distinction de taille s'opère lorsque le corps est associé à la personnalité juridique.

B. La mise en circulation des éléments et produits du corps humain

46.- Suivant l'évolution biologique du corps, le droit est graduel. La mise en circulation d'éléments et produits du corps est très limitée avant la naissance (**1**) et après celle-ci (**2**). Le champ des possibles s'étend en revanche après la mort (**3**).

1. Les éléments et produits du corps de l'embryon

47.- Lorsque le fœtus se développe *in utero*, les possibilités de prélever des éléments et produits sont inexistantes (**a**). Mais si l'embryon ne fait pas l'objet d'une gestation ou si son développement est interrompu, une utilisation possible de ses cellules laisse place à une éventuelle cession (**b**).

a. Le corps de l'embryon *in utero*

48.- Le prélèvement d'éléments ou produits sur le corps en développement *in utero* présente un intérêt médical limité, en particulier pour la transplantation. La taille des organes n'est pas suffisante pour permettre une transplantation. En revanche, le prélèvement de cellules souches embryonnaires pourrait présenter un intérêt médical ou de recherche. Toutefois, un prélèvement aurait pour conséquence de porter une atteinte injustifiée au développement du corps. D'une manière générale, et cela peu important les évolutions scientifiques à venir, aucun prélèvement ne peut être effectué sur ce dernier s'il existe un risque pour le développement du corps, y compris dans une finalité médicale ou thérapeutique. Quand bien même ne serait-elle pas dépourvue de tout risque, l'amniocentèse échappe à cet interdit, le prélèvement étant effectué en vue de diagnostiquer une éventuelle pathologie du fœtus[122].

---

[122] Le diagnostic pratiqué durant la grossesse comporte lui-même un risque d'atteinte au développement du fœtus de l'ordre de 0, 5 à 1 %. V. CCNE, *Avis n°107, Avis sur les problèmes*

49.- D'aucuns se sont ainsi inquiétés d'une possible ponction *in utero* de cellules afin de soigner un autre enfant du couple, avant que la grossesse ne soit finalement interrompue. Mais « *cette éventualité est aujourd'hui peu vraisemblable en raison de l'intervention médicale peu déontologique qu'elle supposerait* »[123]. L'encadrement très strict du diagnostic préimplantatoire constitue un obstacle de taille face à de telles dérives. En effet, dans certaines conditions, fixées par l'article L. 2131-4 du Code de la santé publique, un diagnostic préimplantatoire peut être réalisé à partir des cellules prélevées sur l'embryon *in vitro*. Ce prélèvement sans conséquence sur le développement futur de l'embryon permet d'accéder à l'information génétique et de sélectionner les embryons qui sont préservés de l'affection redoutée par le couple et les médecins[124]. Ce prélèvement permet à un couple dont « *la probabilité de donner naissance à un enfant atteint d'une maladie génétique d'une particulière gravité reconnue comme incurable* » est forte, d'éviter d'avoir recours à une interruption médicale de grossesse. Cette reconnaissance d'un diagnostic préimplantatoire (DPI) témoigne selon les termes employés par le CCNE « *d'une démarche de compassion que le législateur a été fondé à autoriser* »[125]. Bien que concernant peu de naissances[126], ce diagnostic préimplantatoire se présente donc comme une solution à l'inquiétude de certains couples craignant de donner vie à un enfant gravement handicapé, handicap qui a pu déjà affecter la famille, lors d'une précédente naissance[127].

50.- Adossé à ce diagnostic, un autre procédé s'est développé, faisant redouter une instrumentalisation du corps. L'article L. 2131-4-1 du Code de la santé publique prévoit la possibilité d'avoir recours à un diagnostic préimplantatoire afin de sélectionner un embryon compatible génétiquement avec un précédent enfant atteint d'une maladie grave et dont le « *pronostic vital peut être amélioré de façon décisive* ». Grâce au prélèvement du sang du cordon ombilical, expérimenté pour la première fois en 1988

éthiques liés aux diagnostics anténatals : le diagnostic prénatal (DPN) et le diagnostic préimplantatoire (DPI), 15 nov. 2009, p. 6.

123 CHEYNET DE BEAUPRE A., « Le bébé du double espoir », D., 2011, p. 605.

124 MATTEI J.-F., MALZAC P., « Le diagnostic préimplantatoire », *in Question d'éthique biomédicale,* MATTEI J.-F. (dir.), Flammarion, « Nouvelle bibliothèque scientifique », 2008, p. 217.

125 CCNE, *Avis n° 107, Avis sur les problèmes éthiques liés aux diagnostics anténatals : le diagnostic prénatal (DPN)) et le diagnostic préimplantatoire (DPI),* 15 nov. 2009.

126 Selon le rapport annuel 2011 de l'Agence de la biomédecine, il y a eu, en 2010, 438 demandes de diagnostic préimplantatoire et 99 naissances d'enfants à la suite d'un tel diagnostic.

127 FRYDMAN R., « La procréatique », *Pouvoirs*, n° 56, 1991, p. 67.

par Elaine Gluckman, un premier enfant du couple peut alors bénéficier de soins grâce à son frère ou sa sœur[128]. L'embryon dans ce cas de figure est sélectionné non plus seulement parce qu'il est exempt de maladie mais également parce qu'il est compatible génétiquement avec son aîné[129]. La terminologie de « *bébé médicament* » a été utilisée pour désigner ce procédé, mais certains condamnent cette expression, signe d'une réification de cet enfant à naître, et lui préfèrent celle plus positive d'enfant « *du double espoir* »[130]. Comme le précisent les auteurs de cette loi, aucune atteinte sur le corps de l'enfant né à la suite du diagnostic ne peut être consentie[131]. En outre, ce diagnostic est soumis à l'autorisation de l'Agence de la biomédecine et il conviendra d'apprécier, comme l'indiquaient les travaux parlementaires en 2004, si ce second enfant est avant tout souhaité pour lui-même et non uniquement à la seule fin de guérir l'aîné. Si l'on peut craindre la difficulté d'appréciation d'une telle volonté, elle constitue néanmoins une limite à l'instrumentalisation du corps. L'encadrement très strict prévu par la loi semble constituer une garantie. De surcroît, on ne porte pas atteinte au corps de l'enfant né de ce procédé puisque seul le cordon ombilical, qui jusqu'à très récemment était considéré comme un déchet, pourra servir l'intérêt thérapeutique d'autrui[132].

b. Le corps de l'embryon non destiné à la naissance

51.- L'embryon peut ne pas faire l'objet d'un projet de gestation ou son développement peut faire l'objet d'une interruption. Dans ces deux situations, il ne peut pour autant être réduit au rang de simple produit ou d'élément du corps humain[133]. Le XXIème siècle est marqué par l'essor

---

128 KATZ-BENICHOU G., « Le cordon et l'embryon : analyse économique et bioéthique », *RGDM*, n° 24, 2007, p. 14 ; LAFONTAINE C., *Le corps marché, La marchandisation de la vie humaine à l'ère de la bioéconomie*, Seuil, « La couleur des idées », 2014, p. 193.

129 CHEYNET DE BEAUPRE A, « Le bébé du double espoir », *D.*, 2011, p. 605 : « *Si le DPI cherche à éviter qu'un enfant ne soit porteur d'une maladie, le DPI-HLA vise à ce qu'un enfant puisse guérir une maladie portée par son aîné. La différence est fondamentale et problématique tant d'un point de vue éthique (instrumentalisation préméditée) que psychologique* ».

130 *Ibid.*, p. 603.

131 PECRESSE V., « Le corps de la personne », *LPA*, n° 131, 1er juil. 2004, pp. 13-20 : « *Le dispositif que nous avons voté préserve entièrement l'intégrité de l'enfant à naître, c'est-à-dire qu'on ne pourra pas lui enlever un organe, on ne pourra même pas lui faire un prélèvement de moelle* ».

132 Loi n° 2011-814, 7 juill. 2011, art. 18-1 ; Art. 1241-1 CSP.

133 BRUNET L., THOUVENIN D., « Recherches biomédicales, recherches sur l'embryon humain : un régime commun est-il envisageable ? », *in Droit, sciences et techniques, quelles responsabilités ?, Actes du colloque international organisé les 25 et 26 mars 2011 par le Réseau Droit,*

des revendications en faveur de la recherche sur l'embryon[134]. Les potentialités pressenties des cellules souches sont en grande partie à l'origine de ce mouvement[135]. Pour autant, le corps de l'embryon ne peut être utilisé comme un produit médical ordinaire. La mise en circulation de ses éléments et produits s'inscrit donc dans le respect dû à l'humanité qui lui est attachée. Par conséquent, les prélèvements à des fins de recherche doivent nécessairement être autorisés par les parents[136].

52.- S'agissant des prélèvements en vue d'une conservation, le CCNE a affirmé la possibilité de prélever certains éléments sur l'embryon pouvant être conservés durant un temps limité. Les éléments conservés en paraffine entier ou sur lame sont pour leur part autorisés « *de façon indéfinie comme tout examen anatomo-pathologique* »[137]. Une fois les prélèvements opérés, le corps doit être rapidement remis à la chambre mortuaire. Il ne peut donc être traité comme un déchet ordinaire.

De la phase embryonnaire à la naissance, les éléments et produits du corps humain peuvent être l'objet d'une mise en circulation très encadrée afin d'éviter l'instrumentalisation d'un corps qui se dirige vers la naissance ou dont le développement peut être interrompu, mais qui ne doit en aucun cas être réduit à un matériel biologique humain. La cession des éléments

---

Sciences et Techniques au Palais du Luxembourg à Paris, LexisNexis, Colloques & Débats, 2011, p. 150.

134 Les attentes médicales et les enjeux financiers que pourrait représenter l'usage des cellules souches favorisent ces revendications. V. FAGNIEZ P.-L., *Cellules souches et choix éthiques,* Rapport au Premier ministre, Juillet 2006, p. 5 ; BERTHELOT A.-C., *Les interaction de l'industrie pharmaceutique et des gouvernements autour des cellules souches humaines,* Thèse Professionnelle ESCP-Europe, mai 2009 ; Groupe européen d'éthique (GEE), *Avis n° 12 sur les aspects éthiques de la recherche impliquant l'utilisation d'embryons humains dans le contexte du 5e programme-cadre du 23 novembre 1998* ; GROS F., *Les cellules souches adultes et leurs potentialités d'utilisation en recherche et en thérapeutique*s, Paris, 2001 ; CCNE, *Avis sur l'avant-projet de loi de révision des lois de bioéthique*, Avis n° 67, 18 janv. 2001 ; Recommandations de l'Académie des sciences et de l'Académie nationale de médecine *relatives à l'utilisation de cellules souches embryonnaires humaines*, 10 juin 2002 ; DOUARIN N. PUIGELIER C., « Expérimentation à partir de cellules souches embryonnaires humaines », *JCP G.,* 2002, I, 127; FAGOT-LARGEAULT A., « La recherche sur les cellules souches humaines », *Esprit*, sept. 2003, n° 297, p. 111.

135 A moyen terme, l'on peut cependant envisager que soient utilisées des cellules souches ombilicales par préférence aux cellules souches embryonnaires, les premières présentant certaines qualités dont ne disposent pas les secondes. Il semblerait notamment que les effets tumorigènes soient limités. V. KATZ-BENICHOU G., « Le cordon et l'embryon : analyse économique et bioéthique », *RGDM*, n° 24, 2007, p. 15.

136 V. *supra* n° 39 et s.

137 CCNE, *A propos de la conservation des corps des foetus et enfants mort-nés, Réponse à la saisine du Premier Ministre*, Avis n°89, 22 sept. 2005, p. 6.

et produits connaît un champ plus étendu lorsqu'il est question de prélever ou de recueillir sur la personne.

2. Les éléments et produits du corps de la personne

53.- De son vivant, la personne peut consentir à la mise en circulation de différents éléments et produits de son corps. Ce consentement est un préalable à toute mise en circulation, son absence constituant une atteinte au principe d'inviolabilité du corps humain. Par ailleurs, le consentement en matière corporelle est révocable à tout moment. Le droit de retrait serait ainsi « *une sorte de supplément d'âme apporté à la volonté qui, non seulement doit exister pour justifier l'atteinte, mais également être poursuivie, continuée, affirmée* »[138]. Cette libre révocabilité déroge au droit commun des contrats. Autre particularité de cette volonté en matière médicale, dans le cadre d'un prélèvement d'organes, le consentement doit être recueilli par le président du tribunal de grande instance (ou un magistrat désigné par lui) qui a pour rôle de s'assurer que le consentement est libre et éclairé et que les conditions prévues à l'article L. 1231-1 du Code de la Santé publique sont respectées[139]. Par ailleurs, il convient de préciser que l'enfant mineur et le majeur protégé ne peuvent en principe pas mettre en circulation les éléments et produits de leurs corps[140]. L'exigence d'un consentement éclairé ne suffit toutefois pas à légitimer la mise en circulation. Pour ce faire, ce consentement doit s'inscrire dans le cadre de loi, qui détermine les éléments et produits susceptibles d'être mis en circulation.

54.- Après la naissance, le corps devient une manne précieuse d'éléments et de produits. Le sang, les organes, les gamètes, les cellules, les tissus, les phanères : « *Le corps en pièces détachées* » conquiert à mesure des progrès scientifiques de nombreuses utilités[141]. Dans le cadre des lois de bioéthique de 1994, les éléments et produits du corps n'ont pas été listés

---

[138] BELLIVIER F., « Le droit de retrait en bioéthique sur la voie de l'émancipation », *Droits*, n°48, 2008, p.132.

[139] En cas d'urgence, le procureur est chargé de recueillir ce consentement par tous moyens.

[140] Art. L. 1221-5 CSP pour le don de sang ; art. L. 1272-2 CSP pour les organes ; art L. 1241-2 et s. CSP pour les tissus.

[141] CARAYON L., MATTIUSSI J., « La concurrence normative dans le domaine de l'utilisation thérapeutique des éléments et produits du corps humain », *in La concurrence normative, Mythes et réalités*, SEFTON-GREEN R., USUNIER L. (dir.), Société de législation comparée, « Collection de l'UMR de droit comparé de Paris », 2013, p. 209.

par le législateur[142]. On peut par ailleurs regretter l'absence de définition des termes « *produit* » et « *élément* ». Un simple renvoi aux définitions médicales a été préféré, alors que les médecins eux-mêmes ne s'entendent pas toujours sur ces définitions[143]. Pour sa part, le Code de la santé publique opère une distinction entre plusieurs catégories d'éléments et produits : les organes, les gamètes, le sang, les déchets opératoires, les tissus et cellules, les phanères, le lait, les produits, les produits de thérapie génique et cellulaire[144].

55.- Lorsqu'il est question de greffe, une division peut s'opérer entre les organes[145] et les tissus[146]. Mais cette distinction légale s'efface quelque peu sur le plan médical[147]. Sur ce plan, une distinction existe d'ailleurs entre la greffe et la transplantation mais, dans le cadre de cette étude, les deux termes seront indifféremment employés[148]. En effet, une distinction se fait entre les greffes à indication vitale comme celles du cœur, du foie ou de la peau pour les grands brûlés, et les greffes visant à restaurer une fonction, telle que la fonction rénale ou la vue par la greffe de cornée.

Finalement, il nous semble que la diversité du matériel biologique peut se réduire dans le cadre de cette étude à deux grandes catégories permettant de déterminer le caractère cessible. Ainsi, afin de déterminer le caractère cessible ou non d'un élément ou produit, la distinction majeure qui doit être retenue est celle qui oppose les éléments et produits vitaux ou nécessaires au bon fonctionnement du corps, aux éléments et produits qui ne sont pas pourvus de ces qualités (**a**). Cette distinction théorique posée, il convient de la confronter à son application pratique (**b**).

---

142 Au contraire, en droit américain, une liste des éléments et produits apparaît dans la loi organisant leur circulation. V. *National Transplant Organ Act* 42 USC § 274 e.

143 GALLOUX J.-C., « De corpore jus, première analyse sur le statut juridique du corps humain, ses éléments et ses produits selon les lois numéros 94-653 et 94-654 du 29 juillet 1994 », *LPA*, 14 déc. 1994, n° 149, p. 18.

144 Pour une typologie détaillée des éléments et produits du corps humain, v. CHIOCCARELLO A., *Le matériel biologique humain, Etude juridique sur l'utilisation à des fins scientifiques des éléments et produits du corps humain,* Thèse de droit privé, Université Paris Descartes, 2014, p. 41.

145 Cœur, foie, poumons, reins, pancréas, intestin.

146 Cornées, os, éléments de l'appareil locomoteur, valves cardiaques, vaisseaux, peau, chaînes ossiculo-tympaniques, tissus endocriniens, moelle osseuse.

147 PERES F., FOURCADE O., « Greffes et sécurité sanitaire », *in Séminaire d'actualité de droit médical, L'obligation de sécurité dans les actes médicaux et de soins,* Les Etudes Hospitalières, 1998, p. 33.

148 MENINGAUD J.-P, PIRNAY P., *La greffe de visage,* Bréal, 2011, p. 18.

a. Les éléments vitaux ou nécessaires au fonctionnement du corps

56.- Le droit positif français reconnaît la cessibilité de certains éléments et produits. Mais il n'existe pas de critères clairement affirmés. Le droit canadien propose quant à lui une distinction entre les éléments qui se régénèrent ou non, distinction intégrée dans la loi[149]. Si cette distinction est digne d'intérêt[150], il nous semble néanmoins, à la lumière des différentes dispositions de droit français ainsi que des perspectives scientifiques, plus opportun de préserver de la mise en circulation les éléments vitaux ou nécessaires au fonctionnement du corps.

57.- Les éléments vitaux protégés de la cession « Parmi les organes fabriqués pour entretenir la chaleur de nos corps, et pour restaurer et nourrir nos esprits, le cœur est considéré de loin comme le siège principal de l'âme irascible »[151]. Siège de l'âme, du sentiment dans l'imaginaire populaire, organe vital par excellence, le cœur qui bat emporte dans son mouvement la vie de la personne. A l'instar de cet organe, nul besoin d'insister davantage sur l'importance de certains éléments du corps. L'Agence nationale de sécurité du médicament et des produits de santé (ANSM) définit l'organe comme « *une partie du corps humain qui remplit une fonction utile à la vie* »[152]. La caractérisation médicale du caractère vital de l'organe conduit à la prohibition de toute cession. L'interdiction d'une transplantation résulte alors d'un refus de sacrifice du donneur vivant, le sacrifice étant entendu de manière restrictive comme le fait de priver de vie une personne au profit de la guérison d'une autre[153].

58.- *Les éléments nécessaires au bon fonctionnement du corps.* Cette prohibition d'un sacrifice doit être étendue, à notre sens, à l'hypothèse d'une atteinte au fonctionnement du corps et non uniquement à la vie de la personne. Au-delà des organes et des produits vitaux, se pose en effet la question des différentes fonctionnalités corporelles : la

---

149 *Uniform Human Tissue Donation Act* (1990) ; TISSIER D., *La protection du corps humain,* L'Harmattan, « Le droit aujourd'hui », 2013, p. 154.

150 V. notamment HARICHAUX M., « Le corps objet », *in Bioéthique et droit,* CURAPP, PUF, 1988, p. 139.

151 VESALE A, *Résumé de ses livres sur la fabrique du corps humain,* trad. VONS J., Les Belles Lettres, 2008, p. 80.

152 ANSM, *Rapport d'activité 2013*, p. 51.

153 STEINER P, *La transplantation d'organes, un commerce nouveau entre les êtres humains,* Gallimard, « Bibliothèque des sciences humaines », 2010 ; HUBERT H., MAUSS M., « Essai sur la nature et la fonction du sacrifice », *in Œuvres, T. I, Les Fonctions sociales du sacré,* M. MAUSS, Editions de Minuit, 1968, p. 304.

digestion, la vision, les capacités motrices, la reproduction, *etc.* Peut-on sacrifier le bon fonctionnement de son corps au profit d'autrui ? Privé d'une partie de son intestin ou de sa cornée, un individu peut parfaitement vivre, mais son corps subira une lourde déficience. Or, la situation d'une déficience volontaire au profit d'autrui ne peut être encouragée par le droit. La déficience est une situation de fait résultant de la naissance ou d'un accident, du hasard ou d'une faute, mais qui ne peut être le fruit d'un échange de volonté au profit exclusif d'autrui.

59.- En revanche, la limitation temporaire imposée au corps en raison du prélèvement ne suffit pas, en elle-même, à prohiber la cession. Le temps du prélèvement peut porter une atteinte provisoire au bon fonctionnement du corps. La déficience dont on doit protéger le corps est celle qui aura des effets certains et définitifs sur celui-ci. La possibilité de substituer à l'élément cédé un élément artificiellement créé ne suffit pas à justifier la cessibilité. Si l'on reprend l'exemple cher au professeur Jean-Pierre Baud[154], une main ne peut être cédée sous prétexte qu'il est aujourd'hui possible de disposer d'une prothèse. Ce substitut demeure aujourd'hui encore imparfait, tant dans le fonctionnement que dans les douleurs qui peuvent subsister.

A la lumière de ces considérations, on comprend que les éléments et produits susceptibles d'être cédés du vivant de la personne soient peu nombreux.

b. Application pratique de la distinction

60.- Des contre-indications médicales peuvent interdire la mise en circulation d'éléments et produits du corps du vivant de la personne. Par exemple, une personne pesant moins de 50 kilogrammes ne peut pas donner son sang[155]. Il existe également des contre-indications spécifiques à chaque personne, en raison de son état de santé actuel ou de ses antécédents. Mais au-delà de ces particularités, des critères communs permettent de considérer des éléments et produits comme vitaux ou

154 BAUD J.-P., « *L'affaire de la main volée, une histoire juridique du corps* », Editions du Seuil, 1993.

155 V. le site de l'EFS, « Pourquoi des contre-indications existent » : http://www.dondusang.net/rewrite/article/2436/dons-de-sang/les-contre-indications-au-don-du-sang/don-de-sang:pourquoi-des-contre-indications-existent.htm?idRubrique=980, dernière consultation le 1er juillet 2018.

nécessaires au fonctionnement du corps. C'est à partir de ces constatations médicales générales que nous déterminerons, en fonction des différents éléments et produits, la possibilité d'une mise en circulation. Seront ainsi successivement envisagés les tissus et cellules, les organes, les gamètes, le sang, le lait maternel, les phanères et les déchets médicaux.

61.- ***Les tissus et cellules.*** Les tissus et cellules sont des groupes fonctionnels de cellules et désignent les éléments prélevés sur le corps humain tels que les cornées, les os, la moelle, les éléments de l'appareil locomoteur ou encore les valves[156]. La majorité de ces éléments ne peuvent être cédés sans constituer une atteinte majeure au corps. Le prélèvement des cornées conduirait ainsi à la cécité. La moelle osseuse, riche de cellules souches hématopoïétiques, peut cependant faire l'objet de prélèvements. Il s'agit d'un tissu qui se régénère rapidement. Le prélèvement intervient soit dans les os postérieurs du bassin, soit dans le sang, par aphérèse.

62.- ***Les organes.*** Certains organes nécessaires au bon fonctionnement du corps, voire vitaux, peuvent être prélevés car ils existent par paire. Tel est le cas du rein ou du poumon. En outre, le foie peut également être prélevé en partie, car il se régénère partiellement. La greffe de poumon est de moins en moins pratiquée, au contraire de la greffe rénale qui s'impose comme la première activité de transplantation d'organes dans le monde. En France, entre 1996 et 2007, le nombre de greffes de reins a été multiplié par deux[157]. La transplantation, en comparaison de la dialyse, augmente les chances de survie des patients[158] et réduit de manière considérable le coût du traitement de la pathologie[159]. La transplantation de foie est également en augmentation au niveau européen[160]. La prise en charge médicale du donneur en France permet de juguler sensiblement les effets indésirables de la transplantation.

---

156 ANSM, *Rapport d'activité 2013*, p. 51.

157 La greffe de rein est pratiquée dans 24% des cas en raison de glomérulonéphrites chroniques, maladies primitives du glomérule rénal. L'augmentation du diabète et des maladies vasculaires justifie également cette croissance des actes de transplantation.

158 KESSLER M., « Indications médicales de la greffe, résultats », *in Réflexions éthiques sur la pénurie d'organes en Europe,* CAILLE Y., DOUCIN M. (dir.), L'Harmattan, « L'éthique en mouvement », 2010, p. 41 : « *la survie des patients transplantés est 2,5 fois supérieure à celle des dialysés de façon globale* ».

159 STEINER P., *La transplantation d'organes, un commerce nouveau entre les êtres humains,* Gallimard, « Bibliothèque des sciences humaines », 2010, pp. 195 et s.

160 KESSLER M., « Indications médicales de la greffe, résultats », *in Réflexions éthiques sur la pénurie d'organes en Europe,* CAILLE Y., DOUCIN M. (dir.), L'Harmattan, « L'éthique en mouvement », 2010, p. 40 : « *Les maladies du foie qui nécessitent une transplantation sont, pour plus de 50 % constituées par les cirrhoses du foie, puis par le cancer du foie* ».

63.- Deux types de greffes plus particulières peuvent également être distinguées. Une mise en circulation du cœur du vivant de la personne est parfois envisageable lorsque le donneur bénéficie d'une greffe de cœur-poumon, dont les résultats sont souvent meilleurs qu'une simple greffe de poumons. Il cède ainsi son propre cœur à un autre patient, en contrepartie d'une greffe de poumon et de cœur réalisé à partir des organes d'un défunt[161]. Dans cette configuration, la mise en circulation du cœur ne conduit donc pas à un sacrifice du donneur et poursuit au contraire une finalité thérapeutique.

64.- Par ailleurs, le 6 octobre 2014, la revue britannique *The Lancet* annonçait la naissance du premier enfant né par suite d'une greffe d'utérus[162]. La mère avait pu bénéficier d'un don d'une amie de la famille, âgée de 61 ans. En raison de l'âge de la donneuse, ce don d'utérus ne portait donc pas atteinte aux capacités reproductives de cette dernière[163]. Depuis, plusieurs transplantations ont été réalisées dans le monde parmi lesquelles on pourra signaler la récente transplantation d'utérus entre deux sœurs jumelles en Italie. En France, deux protocoles d'expérimentation autorisés par l'ASNM sont actuellement en cours[164].

65.- ***Les gamètes.*** Les gamètes forment une catégorie particulière. Les gamètes se renouvellent et ne présentent pas un caractère vital pour la personne. La cession des gamètes doit, par principe, être libre. Toutefois, une nuance doit être apportée. En effet, au sein même de la catégorie, la différence entre le prélèvement de gamètes masculines et de gamètes féminines est conséquente : « *l'ovule n'est pas l'équivalent féminin du sperme* »[165]. Le prélèvement ovarien nécessite une stimulation ovarienne, un suivi médical sur plusieurs semaines. Des cas de décès liés à des stimulations

---

161 CARAYON L., MATTIUSSI J., « La concurrence normative dans le domaine de l'utilisation thérapeutique des éléments et produits du corps humain », *in La concurrence normative, Mythes et réalités*, SEFTON-GREEN R., USUNIER L. (dir.), Société de législation comparée, « Collection de l'UMR de droit comparé de Paris », 2013, p. 210.

162 Voir en ligne : http://www.thelancet.com/journals/lancet/article/PIIS0140-6736%2814%2961728-1/abstract, dernière consultation 1er juillet 2018.

163 Sur les questions éthiques et juridiques posées par ce don, v. notamment V. BLAKE K., « Ovaries, Testicles, and Uteruses, Oh My ! Regulating Reproductive Tissue Transplants », William & Mary, *Journal of Women and the Law*, 2012, vol. 19, p. 353 ; LEFKOWITZ A., EDWARDS M., BALAYLA J., « The Montreal Criteria for the Ethical Feasibility of Uterine Transplantation », *Transplant International*, 2012, n° 25, p. 439.

164 Agence de la biomédecine, *Rapport sur l'application de la loi de bioéthique*, janvier 2018, p. 11.

165 LAFONTAINE C., *Le corps marché, La marchandisation de la vie humaine à l'ère de la bioéconomie*, Seuil, « La couleur des idées », 2014, p. 149.

ovariennes ont ainsi pu être constatés[166]. Il est donc assurément plus contraignant et invasif que le prélèvement de spermatozoïdes. Si le prélèvement de sperme est sans conséquence sur la santé de l'individu, une étude menée par un centre de recherche néerlandais invite à davantage de prudence s'agissant du prélèvement ovarien[167]. En effet, l'équipe de la professeuse Flora Van Leeuwen a pu constater une augmentation sensible des tumeurs sur des femmes ayant subi une stimulation ovarienne et des traitements FIV[168]. L'étude se poursuit pour apprécier l'évolution de ces tumeurs et le développement éventuel de cancers de l'ovaire, mais le professeur Van Leeuwen précise d'ores et déjà que si son équipe venait à découvrir que « *les femmes qui reçoivent plusieurs cycles de FIV ou des doses importantes de médicaments de stimulation ovarienne sont à risque accru de cancer ovarien, elles devront alors être informées de ces risques lorsqu'elles poursuivent leur traitement de FIV, et peut-être conseillées d'arrêter leur traitement après trois ou six cycles* »[169]. Cependant, il existe déjà une limite indirecte à la stimulation ovarienne. En effet, le Code de la santé publique prévoit que « *le recours aux gamètes d'un même donneur ne peut délibérément conduire à la naissance de plus de dix enfants* » [170]. Si ce seuil vise à limiter le risque de consanguinité, en raison de l'anonymat qui accompagne le don, il permet également de limiter le nombre de prélèvements pour une même femme. En réalité, le don d'ovocyte comme le don de sperme restent en pratique peu fréquents et si un donneur de sperme procède à plusieurs dons, une donneuse d'ovocyte ne le fera généralement qu'une fois[171].

66.- ***Le sang***. A première vue, le caractère renouvelable du sang ou des plaquettes peut conduire à penser que la cession peut être consentie autant de fois que le souhaite la personne. Cependant, une limitation doit être prévue afin de ne pas nuire à sa santé, voire à sa vie. Une fois encore, le droit doit se référer aux données médicales. Par principe, la cession n'est pas prohibée mais néanmoins limitée. En effet, en France, il est prévu une limite quant à la fréquence des dons pour les trois types de dons que sont

---

166 DICKENSON D., *Body Shopping, The economy Fuelled by Flesh and Blood*, One world Publications, 2008, pp. 77-78. L'auteur évoque notamment le cas de deux femmes décédées des suites d'une stimulation ovarienne.

167 VAN LEEUWEN F., « Risk of ovarian malignancies after in vitro fertilization », *Human reproduction*, 2011, n° 26, vol. 12, p. 3456.

168 La première phase de cette étude a démontré la multiplication de tumeurs bénignes, pouvant se révéler cancéreuses à plus ou moins long terme.

169 « Onco news », *La lettre CAHPP sur la cancérologie*, n° 5, mars 2012, p. 29.

170 Art. L. 1244-4 CSP.

171 LE LANNOU D., « Le don de gamètes anonyme et gratuit est-il possible ? », *Médecine de la Reproduction, Gynécologie Endocrinologie*, 2011, vol. 13, n° 3, p. 183.

le don de sang, de plasma et de plaquettes. Pour le premier, quatre dons par an pour les femmes et six pour les hommes sont possibles, un délai de huit semaines étant par ailleurs requis entre deux dons de ce type[172]. Pour le second, 24 dons peuvent être effectués et un délai de deux semaines doit être respecté entre chaque don[173]. Enfin, pour le dernier, il est possible d'effectuer 12 dons par an, un délai de quatre semaines devant être respecté entre deux dons[174]. Dans tous les cas, la quantité prélevée pour chaque don est fonction de la morphologie du donneur.

67.- ***Les phanères.*** Une place particulière est réservée par le Code de la santé publique aux produits du corps qui sont apparents et dont le prélèvement ne nécessite qu'une intrusion limitée dans le corps. Biologiquement, ces produits appartiennent à la catégorie des phanères. Il s'agit *d'une « production apparente de l'organisme et persistante à la surface de la peau »*[175], ces produits ayant en commun d'être composés de kératine[176]. Pour trouver une liste de ces produits, il faut, comme y invite l'article L. 1211-9 du Code de la santé publique se référer à un décret. Quatre produits relèvent aujourd'hui de cette catégorie : les cheveux, les ongles, les poils et les dents[177]. Comme l'indique l'étymologie du terme phanère, tous ces produits ont pour particularité d'être apparents. Ces produits ne sont assurément pas vitaux.

68.- La situation est tout de même particulière pour les dents. Les conditions de leur renouvellement, tout d'abord, sont spécifiques : si les cheveux, les poils et les ongles peuvent être coupés sans affecter leur repousse, il n'en est pas de même pour les dents qui, une fois l'enfance passée, ne peuvent plus se renouveler. L'on peut donc s'étonner que les dents soient assimilées aux autres phanères d'un point de vue juridique.

---

172 Sur ce don voir les explications de l'établissement français du sang en ligne, https://dondesang.efs.sante.fr/le-don-de-sang, dernière consultation le 1er juillet 2018.

173 Sur ce don voir les explications de l'établissement français du sang en ligne, https://dondesang.efs.sante.fr/le-don-de-plasma, dernière consultation le 1er juillet 2018.

174 Sur ce don voir les explications de l'établissement français du sang en ligne, https://dondesang.efs.sante.fr/le-don-de-plaquettes, dernière consultation le 1er juillet 2018.

175 *Le Littré.*

176 GIROUD A., BULLIARD H., *La kératinisation de l'épiderme et des phanères, Genèse des substances souffrées de la kératine,* DOIN G., « Archives de morpholophie générale et expérimentale », 1930, pp. 16 et s.

177 Art. R. 1211-49 CSP ; décret n° 95-904 du 4 août 1995 *relatif aux produits du corps humain non soumis aux dispositions du titre Ier du livre VI du Code de la santé publique* ; décret n° 2003-462 du 21 mai 2003 ; décret n° 2003-1206 du 12 déc. 2003, art.1er.

Kant considérait que « *se priver d'une partie intégrante, d'un organe constitue un suicide partiel* »[178], et prenait comme exemple de cette atteinte à soi le fait de « *donner ou vendre une de ses dents pour qu'elle aille orner les gencives d'un autre* », se refusant en revanche à considérer « *comme un crime envers sa propre personne l'action de couper quelque partie du corps qui n'est point un organe, comme les cheveux par exemple* ». Sans égard pour cette distinction opérée par le philosophe, le législateur considère pour sa part que ces éléments relèvent d'une catégorie identique et qu'ils peuvent être cédés.

69.- ***Le lait maternel.*** La cession du lait maternel est également possible. Par nature, sa vocation n'est-elle pas finalement de quitter le corps ? Il existe deux formes de dons de lait maternel : le don de lait personnalisé, qui se définit comme « *le don de lait d'une mère à son propre enfant* »[179], et le don de lait anonyme, réalisé par une femme pour un autre enfant que le sien[180]. Le don personnalisé intervient lorsque l'enfant est hospitalisé. La crainte de la transmission d'infections et de virus impose l'existence d'un intermédiaire, les lactariums, pour contrôler, traiter et conserver ce lait maternel[181].

70.- **Les déchets opératoires et les déchets corporels.** Les résidus du corps humain se caractérisent par le fait que leur recueil et « *leur utilisation par des tiers ne [nuisent] pas à la conservation de la personne* »[182]. Lorsqu'un élément est prélevé dans le cadre d'une opération ou qu'il est rejeté naturellement par le corps, l'article L. 1235-2 du Code de la santé publique prévoit la possibilité d'une mise en circulation en l'absence d'opposition de l'individu. S'agissant d'éléments qui ne peuvent plus être maintenus dans le corps, le consentement à l'opération permet au médecin de les recueillir à des fins de recherches si le patient ne s'y oppose pas. Le consentement est donc plus souple que pour les autres éléments et produits.

71.- Jusqu'à la loi n° 2011-814 du 7 juillet 2011 *relative à la bioéthique*, le cordon ombilical était considéré comme un déchet. Depuis la révision

---

178 KANT E., *Éléments métaphysiques de la doctrine de la vertu (seconde partie de la Métaphysique des moeurs), suivis d'un Traité de pédagogie et de divers opuscules relatifs à la morale*, A. Durand, 1855.

179 HERZOG-EVANS M., « Aspects juridiques de l'allaitement maternel de France », *RDSS*, 2001, p. 223. Du même auteur, *Allaitement maternel et droit,* L'Harmattan, « La Justice au quotidien », 2007.

180 Article D. 2323-2 CSP.

181 Circulaire DGS/SP 2 n° 97-785 du 16 décembre 1997 *relative au don de lait personnalisé d'une mère à son enfant hospitalisé et rappel des dispositions en vigueur en matière d'allaitement maternel.*

182 GASCON S., *L'utilisation médicale et la commercialisation du corps humain,* Les Editions Yvon Blais INC, 1993, p. 58.

des lois bioéthiques, le statut du placenta et du sang de cordon a été précisé[183]. La mère doit à présent consentir à ce prélèvement, le cordon ou le placenta n'étant plus considérés comme *res derelictae.* Dans certaines cultures, la valeur symbolique du cordon ombilical et du placenta est très forte. Certains l'enterrent pour lui empêcher d'exercer ses pouvoirs magiques ou d'éviter une séparation entre l'enfant et ce produit qui lui a tant servi pendant la grossesse[184]. D'autres le consomment afin de bénéficier de sa vitalité présumée[185]. Enfin, de nombreuses finalités médicales scientifiques ou cosmétologiques ont pu être trouvées au placenta[186]. La transmission de maladies infectieuses a néanmoins pu poser problème et justifie l'existence d'un encadrement strict de certaines pratiques, telles que la transformation homéopathique du placenta, proposée aujourd'hui encore par certains laboratoires à l'étranger[187].

72.- Mais le changement de qualification opéré par la loi de 2011 s'inscrit dans une perspective scientifique renouvelée. Le sang de cordon devient utile à la communauté en raison des progrès espérés, liés aux cellules hématopoïétiques qu'il contient[188]. Le consentement de la mère est

183 Art. L. 1241-1 al 4 CSP : « *Le prélèvement de cellules hématopoïétiques du sang de cordon et du sang placentaire ainsi que de cellules du cordon et du placenta ne peut être effectué qu'à des fins scientifiques ou thérapeutiques, en vue d'un don anonyme et gratuit, et à la condition que la femme, durant sa grossesse, ait donné son consentement par écrit au prélèvement et à l'utilisation de ces cellules, après avoir reçu une information sur les finalités de cette utilisation. Ce consentement est révocable sans forme et à tout moment tant que le prélèvement n'est pas intervenu. Par dérogation, le don peut être dédié à l'enfant né ou aux frères ou sœurs de cet enfant en cas de nécessité thérapeutique avérée et dûment justifiée lors du prélèvement* ».

184 ENNING C., *Le placenta, Rituels et usages thérapeutiques,* Editions du Hêtre, 2010, p. 22.

185 SANTORO P., « Limital Biopolitics : Towards a Political Anthropology of the Umbilical Cord and the Placenta », *Body & Society*, vol. 17, n° 1, 2011, p. 73 ; LAFONTAINE C., *Le corps marché, La marchandisation de la vie humaine à l'ère de la bioéconomie*, Seuil, « La couleur des idées », 2014, p. 197.

186 Pour des illustrations, v. MUSARELLA P., JACQUEMART P., *La thérapie placentaire selon Filatov,* Montorgueil, 1993 ; v. également RASSAT M.-L., « Le statut juridique du placenta humain », *JCP,* 1976, chr., 2777 ; X. LABBEE, *Condition juridique du corps humain avant la naissance et après la mort,* Presses Universitaires du Septentrion, « Sciences juridiques et sociales », 2012, p. 264.

187 Ainsi, le laboratoire Mentop propose de l'isothérapie placentaire qui consiste à fabriquer, « *à partir d'un morceau de son propre placenta de la taille d'un petit pois* », un remède homéopathique personnel. V. https://www.mentop.de/auto-nosoden/ (dernière consultation le février 2020).

188 Actuellement, les cellules souches hématopoïétique permettent effectivement de remplacer la greffe de moelle osseuse qui s'avère nécessaire dans le traitement de différentes maladies du sang. Ce type de greffe connaît des résultats meilleurs que ceux de la greffe de moelle osseuse classique en raison de l'immaturité des cellules souches du sang de cordon. De surcroît, il est plus facile de trouver un échantillon de sang compatible

à présent exigé. Un doute est cependant permis quant à la nature de ce consentement. L'accord de la mère revient-il à considérer que le cordon forme une partie de son corps ? Ou agit-elle en tant que représentante légale de l'enfant ? Un auteur avait envisagé cette dernière possibilité, considérant que « *le placenta appartient à l'enfant depuis sa conception et jusqu'au moment de sa naissance. Mais l'enfant étant incapable de manifester sa volonté, il sera, à propos des actes juridiques éventuels concernant le placenta, comme dans tout autre domaine représenté par son représentant légal en fonction de la nature de la filiation* »[189].

Un certain nombre d'éléments et produits peuvent donc être prélevés sur le corps de la personne vivante. Mais la cession est limitée par le caractère vital ou nécessaire au fonctionnement du corps. Les enjeux n'étant plus les mêmes après le décès de la personne, le champ de la cession doit alors s'étendre[190].

3. Une cession étendue : le corps après le décès

73.- Après le décès, le champ des éléments susceptibles d'être cédés s'accroît incontestablement. La vie n'étant plus une contrainte au prélèvement, la mise en circulation est étendue (**a**). Mais, en pratique, le consentement de la personne avant sa mort ou celui de ses proches constitue souvent un obstacle au prélèvement (**b**).

a. Une mise en circulation étendue

74.- Marqué par la disparition de la vie, les éléments composant le corps du défunt peuvent être plus largement mis en circulation : la cornée, les os, les artères, les veines, la peau, les valves cardiaques, les tendons mais également, parmi les organes, le cœur, les poumons ou le bloc poumon cœur, le pancréas et des parties de l'intestin, peuvent à présent être prélevés. Certains organes sont plus spécifiquement prélevés sur la

---

avec le donneur. V. HERMANGE M. -T, *Le sang de cordon : collecter pour chercher, soigner et guérir*, Les rapports du Sénat, Commission des Affaires sociale, n° 79, 2008, p. 15.

189 RASSAT M.-L., « Le statut juridique du placenta humain », *JCP*, 1976, doc., 2777.

190 BYK C., « The European Protocole on Organ Transplant : key issues », *Journal international de bioéthique*, vol. 20, n° 3, 2009, pp. 119-133.

personne en état de mort cérébrale[191], tels que le poumon[192]. Il n'est pas alors question d'arbitrer entre deux vies, la mort cérébrale conduisant irrémédiablement à la mort de tout le système. La greffe cardiaque, bien qu'encore importante aujourd'hui, diminue grâce aux progrès de la cardiologie médicale permettant de soigner des insuffisances cardiaques sans passer par le greffe[193]. De même, la transplantation de pancréas permet de changer considérablement la vie des personnes diabétiques. Associée à une transplantation rénale, elle connait un meilleur résultat que seule, d'où la nécessité de pouvoir prélever un « bloc d'organes » sur une même personne. Après le décès, les tissus, les os, la cornée… peuvent être également prélevés. La première greffe de visage en France marqua une avancée considérable dans le greffe de tissus[194].

75.- Si le nombre d'éléments et produits susceptibles d'être mobilisés au profit de la vie d'autrui s'accroît donc considérablement après le décès, le sort spécifique des gamètes doit être précisé. Le législateur a maintenu l'interdiction de l'insémination des gamètes ou du transfert de l'embryon après le décès d'un des membres du couple, quand bien même celui-ci aurait manifesté sa volonté d'un projet parental avant son décès[195]. Par conséquent, un prélèvement de gamètes après le décès paraît incompatible avec une telle prohibition. On retrouve ici la particularité des gamètes qui ne contribuent pas à la guérison mais à la reproduction.

Les éléments et produits susceptibles de cession sont donc plus importants. Cependant, la question du consentement continue d'être source de difficultés.

---

191 La mort cérébrale s'entend d'une destruction irréversible du cerveau. Les pulsions du cœur sont alors maintenues artificiellement, le cerveau ne pouvant plus les ordonner.

192 L'arrêté du 1er août 2014 a modifié l'arrêté du 2 août 2005 fixant la liste des organes pour lesquels le prélèvement sur une personne décédée présentant un arrêt cardiaque et respiratoire persistant est autorisé. Peuvent ainsi être prélevé, le rein, le foie et le poumon.

193 KESSLER M., « Indications médicales de la greffe, résultats », *in Réflexions éthiques sur la pénurie d'organes en Europe,* Y. CAILLE Y., DOUCIN M. (dir.), L'Harmattan, « L'éthique en mouvement », 2010, pp. 39 et s. : « *les deux principales indications de greffe cardiaque sont d'une part, les maladies du cœur qui aboutissent à une insuffisance cardiaque d'origine ischémique, et d'autre part, ce que l'on appelle les cardiomyopathies, les maladies du muscle cardiaque qui débouchent sur le même stade d'insuffisance cardiaque grave et qui ne sont plus accessibles à d'autres traitements* ».

194 MENINGAUD J.-P., PIRNAY P., *La greffe de visage,* Bréal, 2011.

195 Art. L. 2141-2 CSP. V. *supra* n° 38.

b. Une absence d'opposition à la mise en circulation

76.- En France, à travers la loi n° 76-1181 du 22 décembre 1976 *relative aux prélèvements d'organes*, dite « loi Caillavet », le principe de l'absence d'opposition a été privilégié. Par conséquent, toute personne qui souhaite soustraire les éléments et produits de son corps à une cession après son décès peut s'inscrire sur le registre national des refus[196]. Ce dernier doit nécessairement être consulté avant tout prélèvement[197]. La personne peut également avoir fait connaître sa volonté à ses proches au moyen d'une carte de donneur ou encore par une mention spécifique de cette volonté dans son testament[198]. Dans le système canadien, les citoyens sont invités à signer leur carte d'assurance maladie afin de manifester leur consentement au prélèvement[199]. Un système similaire avait été proposé dans le cadre de la révision des lois de bioéthique de 2011, mais a été finalement abandonné en raison de craintes liées aux lourdeurs administratives, ce qui peut sembler regrettable[200]. Car finalement, la volonté qui a pu être exprimée par le défunt, dans un sens ou dans l'autre, ne doit-elle pas primer sur le choix des proches ?

77.- En l'absence d'un refus formel, les équipes médicales peuvent en principe prélever des organes sur le corps du défunt. Avant 2016, l'article L.1232-1 du Code de la santé publique prévoyait que « *si le médecin n'a pas directement connaissance de la volonté du défunt, il doit s'efforcer de recueillir auprès des proches l'opposition au don d'organes éventuellement exprimée de son vivant par le défunt, par tout moyen, et il les informe de la finalité des prélèvements envisagés* ». Ce souci du respect de la volonté des proches se retrouve dans tous les pays de l'Union européenne, la différence majeure entre les systèmes de

---

196 Art. L. 1232-1 CSP.

197 Au 31 décembre 2011, 84 491 oppositions valides étaient enregistrées sur ce registre : Agence de la biomédecine, *Rapport Annuel 2011*, p. 24

198 Par ailleurs, le développement du « testament numérique » conduira peut-être certaines personnes à indiquer leur choix par ce biais. Si ce testament est dépourvu de force juridique en droit positif, il nous semble néanmoins que la volonté exprimée par le défunt de voir son corps en partie cédé pour les besoins d'une autre personne doit être entendue. Sur la question du testament numérique, v. MAZOUZ A., « Etre ou ne plus être ? Les volontés à l'origine de la mort numérique » *in Le droit et les réseaux sociaux*, Actes du colloque organisé à l'Université de Cergy-Pontoise en juin 2014, NDIOR V. (dir.), Lextenso, coll. « Lejep », 2015, pp. 183-193.

199 LAFONTAINE C., *Le corps marché, La marchandisation de la vie humaine à l'ère de la bioéconomie*, Seuil, « La couleur des idées », 2014, p. 120.

200 MILON A., *Rapport sur le projet de loi, adopté par l'Assemblée Nationale, relatif à la bioéthique*, Sénat, Commission des affaires sociales, n° 388, 30 mars 2011, p. 47.

consentement présumé et les systèmes de consentement exprès étant qu'en l'absence de proches, les médecins sont ou non autorisés à procéder au prélèvement. Certains voient dans cette précaution, non imposée par la loi, la révélation d'une imperfection juridique : si le consentement implicite est voué à favoriser le nombre de prélèvements, il n'en demeure pas moins difficile à mettre en œuvre en pratique[201]. Car si en l'absence de consentement exprimé, « *la volonté des héritiers ne peut remplacer le silence du de cujus* »[202], il s'avère qu'en pratique les proches deviennent bien souvent les porte-paroles d'un choix hypothétique du défunt, exprimant la volonté non connue de celui qui n'est plus. Le choix est alors davantage celui des proches pour eux-mêmes que pour le défunt, influencés par leurs propres convictions, leurs conceptions éthiques ou religieuses du corps[203]. Il est alors difficile pour l'équipe médicale de passer outre ce refus, alors même qu'ils seraient en conformité avec le droit. En France, le taux de refus de prélèvement exprimés par les proches est, aujourd'hui encore, relativement élevé. Sur 3174 personnes en état de mort encéphalique recensées en 2011, seulement 1572 ont fait l'objet d'un prélèvement. Dans 32,4% des cas, l'absence de prélèvement est due à un refus des proches[204]. Plus récemment, pour l'année 2016 sur 3676 sujets en état de mort encéphalique, 1770 ont pu être prélevés. Les causes de non-prélèvements restent multiples mais parmi celle-ci le taux d'opposition demeure important et si le refus de son vivant par le défunt est de 37,1 % celui des proches culmine à 60,8%. Comparativement, le taux de prélèvement en Espagne sur une personne décédée est l'un des meilleurs d'Europe. En 2010, le taux de prélèvement d'organes sur personnes décédées par million d'habitants était de 32 en Espagne tandis qu'il était de 23,8 en France, de 15,8 en Allemagne, 16,4 au Royaume-Uni ou encore 21,6 en Italie[205]. Le pays doit notamment cette performance au développement de politiques d'accompagnement des proches[206]. Assurément, la sensibilisation peut conduire à résorber des oppositions qui conduisent à l'expression d'une

---

201 *Sciences de la vie, De l'éthique au droit,* Étude du Conseil d'État, Documentation française, n ° 4855, 1988, p. 39.

202 BLONDEL P., *La transmission à cause de mort des droits extrapatrimoniaux et des droits patrimoniaux à caractère personnel,* LGDJ, « Bibliothèque de droit privé », 1969, p. 111.

203 BERTHIAU D., « Redéfinir la place du principe d'autonomie dans le prélèvement d'organes, Propositions de révision de certains aspects de la loi de bioéthique du 6 août 2004 », *Médecine & Droit,* 2010, n° 104, p. 152.

204 Agence de la biomédecine, *Rapport Annuel 2011*, pp. 27-28.

205 Agence de la biomédecine, *Encadrement juridique international dans les différents domaines de la bioéthique,* Actualisation 2012, p. 11.

206 *Ibid.*

volonté contrariant le prélèvement sans être pour autant le reflet de la volonté du défunt.

78.- La loi n°2016-41 du 26 janvier 2016 a supprimé cette consultation préalable de la famille en vue du recueil de l'absence d'opposition du défunt, renforçant le système du consentement présumé. Il reste à présent à observer, en pratique, les effets d'une telle modification légale. Les praticiens s'émanciperont-ils complètement de l'avis des familles ? Les effets de cette modification font actuellement l'objet d'études spécifiques[207].

79.- Cependant, l'obligation d'information des proches a été maintenue dans le Code de la santé publique. En effet, l'établissement est tenu d'informer les parents de la réalité du prélèvement, sa carence étant susceptible d'entrainer sa responsabilité[208]. La question du consentement des proches au prélèvement s'est d'ailleurs posée sous l'empire des textes antérieurs, dans une affaire qui opposait les parents d'un jeune homme décédé et le CHU d'Amiens. Les parents avaient consenti au prélèvement des organes et il leur avait été indiqué que le cœur, les reins et les poumons seraient prélevés[209]. Mais à l'occasion d'une erreur de facturation, les parents découvrirent que les cornées de leur fils avaient également été prélevées, sans qu'ils en aient été informés. Après l'échec d'une procédure pénale fondée sur la violation de sépulture, le vol ou toute autre infraction pénale, les parents obtinrent finalement des dommages-intérêts auprès du tribunal administratif d'Amiens[210].

80.- Enfin, l'on peut s'interroger avec Christian Byk sur l'existence d'un seuil maximum d'éléments pouvant être prélevés. Un nombre trop important d'organes prélevés ne prive-t-il pas la famille de la « réappropriation du corps » au moment des funérailles[211] ? On ne peut en ce sens qu'approuver l'article 18 du protocole européen qui considère que « *le corps doit être traité avec respect et que toutes les mesures raisonnables doivent être*

---

[207] Agence de la biomédecine, « Le prélèvement en vue de greffe », *in Rapport médical et scientifique 2016*, voir en ligne https://www.agence-biomedecine.fr/annexes/bilan2016/donnees/organes/01-prelevement/synthese.htm, dernière consultation février 2020.

[208] TA Amiens, 14 déc. 2000, *D.*, 2001, p. 3310, note EGEA P.

[209] TESNIERE A., *Les yeux de Christophe, L'affaire d'Amiens,* Éditions du Rocher, 1993, p. 44.

[210] BENABID L., MANOUIL C., GRASSER M., TCHAOUSSOF J., JARDE O., « Greffes de cornées : conséquences médico-légales de l'Affaire d'Amiens », *Journal de Médecine Légale Droit Médical,* 2002, vol. 45, n° 7-8, p. 365.

[211] BYK C., « The European Protocole on Organ Transplant : key issues », *Journal international de bioéthique*, vol. 20, n° 3, 2009, pp. 119-133.

prises pour restaurer l'apparence du corps » sur lequel des éléments ont été prélevés[212]. En ce sens, les articles 230-29 du Code de procédure pénale et L. 1232-5 du Code de la santé publique imposent, suite à l'autopsie judiciaire ou médicale, une restauration du corps.

81.- Ainsi, la cession initiale du corps ou de ses éléments et produits est marquée par un encadrement strict. Tout d'abord, le choix de mettre en circulation doit s'inscrire dans une finalité nécessairement médicale ou scientifique. Le corps ne peut faire l'objet d'usages libres. Ensuite, cette mise en circulation doit veiller à préserver le corps. Le corps de l'embryon peut ainsi faire l'objet d'une cession dans son intégralité ou simplement pour certains de ses produits. Mais cette cession ne doit intervenir qu'en second lieu, c'est-à-dire lorsque le projet parental n'est plus poursuivi ou a été biologiquement interrompu. Pour le vivant, la cession du corps ne peut prospérer tandis que celle de ses éléments et produits doit être strictement encadrée. La vie de la personne ou le fonctionnement de son corps doivent demeurer les critères majeurs de distinction entre le matériel biologique susceptible d'être mis en circulation et celui qui ne peut l'être. Enfin, le corps du défunt n'échappe pas à la protection du droit. Si les éléments et produits susceptibles d'une cession sont plus nombreux, il n'en demeure pas moins que le consentement constitue souvent un obstacle à la mise en circulation. Le cadre strict dans lequel s'exerce le choix d'une mise en circulation du matériel biologique semble garantir la protection du corps humain. Pourtant, un interdit s'impose pour compléter ce cadre, celui de la vénalité.

Section II. Le choix d'une mise en circulation préservée de la vénalité

82.- Les règles posées en matière de cession du corps et de ses éléments et produits permettent au consentement de s'exprimer dans les limites fixées par la loi. Mais il ne peut suffire de limiter les éléments susceptibles d'une mise en circulation, il faut de surcroît s'interroger sur l'hypothèse d'une cession à titre onéreux. Depuis les lois de bioéthique de 1994, le législateur français témoigne d'une grande méfiance à l'égard des rapports entretenus entre le corps et l'argent. La gratuité marquerait de son

---

[212] Art. 18, Protocole additionnel à la Convention sur les Droits de l'Homme et la biomédecine relatif à la transplantation d'organes et de tissus d'origine humaine, Strasbourg, 24 janv. 2002.

sceau la cession initiale. Mais une fois affirmé, le principe se confronte à la réalité. Peut-on véritablement maintenir la prohibition d'un prix du corps humain dans le cadre de la mise en circulation ?

La volonté d'écarter le prix en droit français est légitime et s'inscrit en réalité, non pas dans une véritable perspective de gratuité, mais dans une recherche de prohibition de la vénalité (**§I**). Le constat de trafics et de pénuries invite néanmoins à la réflexion. D'aucuns considèrent qu'un marché régulé pourrait ainsi offrir un cadre adapté au prix. Éclairé par l'analyse économique, le droit, davantage que des zones d'ombres, laisse apparaître une réalité : celle du maintien justifié de la prohibition du prix (**§II**).

§I. L'affirmation du principe de non-vénalité

83.- La rémunération de la mise en circulation n'a pas les faveurs du droit français qui souhaite s'assurer que la mise en circulation ne résulte pas d'un choix forcé par la situation financières de celui qui consent. Affirmée avec force par le droit civil et sanctionnée dans une certaine mesure par le droit pénal, la prohibition de la vénalité est un principe essentiel au service du corps humain (**A**). Dans ce contexte de prohibition, l'exception consentie pour les phanères constitue une atteinte peu légitime au principe de non-vénalité. Il nous faut ainsi envisager sa remise en cause (**B**).

A. La prohibition d'une mise en circulation vénale

84.- La non-rémunération de la mise en circulation est au cœur du droit civil, qui s'appuie sur des différents vocables et différents principes : non commercialité, non-patrimonialité ou encore gratuité. Mais dernière cette diversité se révèle une volonté commune de refuser l'octroi d'une contrepartie monétaire en échange d'une mise en circulation d'un élément ou produit du corps humain (**1**). A notre sens, le terme de non-vénalité permet de mieux décrire cette réalité (**2**).

1. Le refus d'un prix

85.- Avant même les lois dites bioéthiques de 1994, une méfiance régnait à l'égard des conventions portant sur un élément ou produit du corps humain en contrepartie d'un prix. Une décision judiciaire illustre assez justement cette volonté de préserver le corps du marché[213]. Le Tribunal de grande instance de Paris avait été saisi d'une demande en nullité d'un contrat dans lequel une jeune femme avait consenti à se faire tatouer le corps et à autoriser le prélèvement du morceau de peau ainsi tatoué par une société. Le contrat prévoyait alors « *que le tatouage, une fois ôté de sur votre corps, restera notre propriété pleine et entière* ». Prononçant la nullité du contrat, les juges ordonnèrent également la restitution du lambeau de peau en précisant « *qu'aussitôt avant la restitution du lambeau de peau [...] et pour ramener autant que possible les choses en l'état antérieur, le tatouage sera effacé ou supprimé par les moyens scientifiques appropriés* ». Nous ne pouvons qu'approuver le commentateur de ce jugement, qui y vit une volonté de protéger la victime en la préservant de la tentation de tirer profit de ce morceau de corps, de la garantir selon ses termes contre « *les tentations perfides du lucre après que starlette, elle ait succombé à celle de la notoriété* ». A la lumière de cette décision, il est permis de douter de la validité en droit français, d'un contrat tel que celui conclu entre l'artiste Wim Delvoye et Tim Steiner. Ce dernier a en effet accepté d'accueillir sur la peau de son dos un tatouage de l'artiste. En contrepartie, il doit se présenter dans de nombreuses expositions afin d'être admiré, telle une œuvre d'art. Surtout, à son décès, le tatouage aurait vocation à être découpé afin d'être remis à un collectionneur qui l'a acquis pour la somme de 150 000 euros, ce montant se partageant entre le tatoueur et le tatoué[214].

86.- La prohibition du prix est devenue le point névralgique des lois dites de bioéthique de 1994 et n'a jamais fait l'objet d'une remise en cause dans les révisions successives de cette loi. Le droit civil affirme ainsi son attachement à une mise en circulation sans prix. Ce principe est clairement affirmé à l'article 16-6 du Code civil mais également à l'article L. 1211-4 du Code de la santé publique s'agissant des éléments et produits du corps

---

213 TGI Paris, 3ème ch., 3 juin 1969, *D.*, 1970, note J. GUIGUE, p. 136 ; Cette décision fut confirmée en appel et en cassation, v. Civ. 1re, 23 févr. 1972, n° 70-12.490, *Bull. civ.* I, n° 61.

214 V. FOURNOL A., « L'appréhension juridique de l'oeuvre d'art », *in Images tatouées, Colloque international organisé dans le cadre de l'exposition Tatoueurs Tatoués au Musée du quai Branly*, 13 février 2015, Inédit.

humain, rappelant qu'« *aucun paiement, quelle qu'en soit la forme, ne peut être alloué à celui qui se prête au prélèvement d'éléments de son corps ou à la collecte de ses produits* ». Cette absence de contrepartie doit assurément assurément se comprendre comme l'absence de versement d'une somme d'argent. Mais elle vise également tous les moyens permettant d'assurer, par une forme ou une autre, un enrichissement de la personne. Ainsi, l'article D. 1221-1 du Code de la santé publique rappelle que « *le don de sang ou de composants du sang ne peut donner lieu à aucune rémunération, directe ou indirecte* » et prend soin de préciser que « *sont notamment prohibés à ce titre, outre tout paiement en espèces, toute remise de bons d'achat, coupons de réduction et autres documents permettant d'obtenir un avantage consenti par un tiers, ainsi que tout don d'objet de valeur, toute prestation ou tout octroi d'avantages* ». Afin de protéger le corps, on lui refuse donc toute valeur d'échange. La loi du 6 août 2004, si elle confère un rôle plus important au consentement, n'est pas revenue sur cette exigence de gratuité. Le consentement n'est à aucun moment la contrepartie « *d'un retour de bénéfice* » au profit du cédant[215]. Afin de renforcer l'effectivité de ces principes, le législateur a également fait le choix d'accompagner la prohibition civile de sanctions pénales spécifiques[216].

87.- Une vigilance particulière se manifeste ainsi à l'égard de l'embryon. L'article 511-15 punit d'une peine de sept ans d'emprisonnement et de 100 000 euros d'amende « *le fait d'obtenir des embryons humains contre un paiement, quelle qu'en soit la forme* », qu'il s'agisse de vendre, de recevoir ou de servir d'intermédiaire[217].

88.- En revanche, la personne qui consent à céder une partie de son corps en contrepartie d'une rémunération n'est pas pénalement sanctionnée[218]. Cette absence de sanction de la personne auteur de la mise en circulation trahit sans doute une volonté de protection des corps les plus fragiles et des personnes les plus susceptibles de céder à la rémunération. Si la personne elle-même n'encourt pas de sanction pénale, les autres acteurs participant à la mise en circulation ne bénéficient pas de la même clémence. L'acheteur peut être sanctionné, qu'il s'agisse d'organes, de tissus, de cellules, de produits ou de gamètes. La sanction

---

[215] BELLIVIER F., NOIVILLE C., *Contrats et vivant, Le droit de la circulation des ressources biologiques,* LGDJ, 2006, p. 115.

[216] Pour une critique de la pénalisation, v. notamment PROTHAIS A., « Un droit pénal pour les besoins de la bioéthique », *RSC,* 2000, p. 39.

[217] Art. 511-15 C. pén.

[218] Cette sanction pénale asymétrique a pu être critiquée. V. notamment PERRIER J.-B, « La gratuité des éléments du corps humain », *RLDC,* n°11, déc. 2013, p. 84.

pénale est « *graduée selon l'importance physiologique* »[219]. Ainsi, le fait d'obtenir d'une personne l'un de ses organes contre paiement, d'apporter son entremise pour favoriser l'obtention d'un organe contre le paiement de celui-ci, ou encore de céder à titre onéreux l'organe du corps d'autrui est passible, selon l'article 511-2 du Code pénal, d'une peine de sept ans d'emprisonnement et de 100 000 euros d'amende. La sanction s'applique également dans l'hypothèse où l'organe provient d'un pays tiers, ce qui constitue une limite importante à l'exploitation des corps à l'étranger[220]. Pour les tissus, cellules, produits ou encore gamètes, les article 511-4 et 511-9 du Code précité prévoient tous deux une sanction de cinq ans d'emprisonnement et de 75 000 euros d'amende.

89.- Enfin, s'agissant du corps du défunt, aucune infraction ne réprime spécifiquement la vente de cadavre. Mais l'atteinte à l'intégrité[221] ou le recel de cadavre en vue d'empêcher une enquête judiciaire[222] sont pénalement sanctionnés.

Si ces dispositions pénales sont davantage proclamatoires qu'effectivement et fréquemment mises en œuvre, elles témoignent cependant d'un attachement fort du législateur à la prohibition du prix. Le droit pénal poursuit les mêmes fins que les dispositions civiles, en assortissant de sanctions les comportements et les actes qui révèlent une instrumentalisation vénale du corps humain.

2. Le choix de la non-vénalité

90.- Des termes variés sont ordinairement employés pour désigner l'absence de prix dans la mise en circulation d'éléments et produits du corps humain. Au regard des possibilités de mise en circulation précédemment énoncées, le corps ne peut être considéré comme indisponible ou hors du commerce. Ces termes doivent donc être rejetés. Les termes de non-patrimonialité et de gratuité nous paraissent également insatisfaisants (**a**). Nous souhaiterions ainsi substituer leur emploi par celui de non-vénalité (**b**).

---

219 GALLOUX J.-C., « L'indemnisation du donneur vivant de matériels biologiques », *RDSS*, 1998, janv.-mars, p. 10.
220 Art. 511-3 CSP. Sur les trafics d'organes, v. *infra* n° 123
221 Art. 225-17 C. pén.
222 Art. 434-7 C. pén.

a. De la non-patrimonialité et de la gratuité

91.- En interdisant la patrimonialité du corps humain, le droit vise à exclure ce dernier d'un rapport traditionnel sujet-objet. Le corps est ainsi affecté au domaine de l'extra-patrimonialité, catégorie « par défaut » accueillant tout ce qui ne peut relever du patrimoine. La protection du corps humain se construit par opposition et non pour elle-même. Le corps est donc accueilli dans les droits de la personnalité[223] mais « *cette définition quoique juste, est toutefois trop vague encore pour donner satisfaction* »[224]. Cette construction juridique n'est pas sans rappeler la distinction entre les biens meubles et les biens immeubles. L'immeuble est traditionnellement considéré comme un bien de valeur, sacré, face aux *res mobilis, res vilis.* Sa catégorie est restreinte, tandis que celle du bien meuble demeure ouverte, accueillant par défaut tous les biens. On peut alors s'étonner que, contrairement à l'immeuble, le corps ne bénéficie pas d'une catégorie réservée, à l'accès restreint. Aussi il semble opportun d'envisager une terminologie spécifique, détachée de la patrimonialité.

92.- L'emploi du terme « gratuité » est également fréquent[225]. Pourtant, la gratuité renvoie l'image d'une neutralité qui convient mal à la mise en circulation d'un élément ou produit du corps humain. Le prélèvement d'un organe sur une personne vivante dans l'intérêt thérapeutique d'autrui est loin d'être un « acte gratuit ». Célèbre pour ces travaux sur le don, Marcel Mauss emploie à propos des échanges d'un peuple Maori la formule suivante : « *ce qui, dans le cadeau reçu, échangé, oblige, c'est que la chose reçue n'est pas inerte* »[226] formule qui nous semble tout aussi éclairante lorsqu'il est question du corps humain. Comme pour les objets marqués de spiritualité, le transfert d'un élément du corps n'est pas neutre. Il porte la trace du donneur, et le sentiment d'une « dette » est fréquent chez les receveurs. Au-delà de l'aspect symbolique, cette notion de gratuité se prête difficilement à la reconnaissance d'une indemnisation de la mise en circulation. La mise en circulation du matériel biologique ne doit pas s'accompagner d'un sacrifice pécuniaire point que nous préciserons par la suite.

93.- A la différence du droit interne, le droit européen prohibe plus spécifiquement la possibilité d'un « profit » obtenu grâce à la mise en

---

223 PERREAU E.-H., « Des droits de la personnalité », *RTD*, 1909, p. 505.

224 DIERKENS R., *Les droits sur le corps et le cadavre de l'homme*, 1966, p. 34.

225 KOUBI G., « Réflexions sur la gratuité dans le droit de la santé », *RDSS*, 1999, p. 1.

226 MAUSS M., *Sociologie et anthropologie,* PUF, « Grands textes », 2010, p. 159.

circulation. Le terme de gratuité ne figure pas dans la Convention d'Oviedo, cette dernière prévoyant que « *le corps humain et ses parties ne doivent pas être, en tant que tels, source de profit* »[227]. La notion de profit est présente dans la Charte des droits fondamentaux de l'Union européenne adoptée à Nice le 7 décembre 2000. Si certains regrettent l'emploi du terme « profit » lorsqu'il est question de la mise en circulation des éléments et produits du corps humain, il nous paraît au contraire plus pertinent que celui de gratuité[228]. Il nous invite également à nous rapprocher de la vénalité.

b. De la vénalité prohibée

94.- Le terme « vénalité » a retenu notre intérêt pour deux raisons principales. Tout d'abord, quitte à payer tribut à l'évidence, en raison de son sens. Rattachée dans ses racines latines à *venum* (la vente), et plus spécifiquement à *venalis* (à vendre) [229], la *venalitas* peut être définie comme « *le fait de pouvoir s'acheter ou se vendre* » [230], comme « *la qualité de ce qui est à vendre* » [231], ou encore comme « *une aptitude à être vendu* »[232]. Le terme vénalité vise donc une cession à titre onéreux. Refuser la vénalité, c'est alors écarter le prix dans le cadre d'une mise à disposition. Le terme de vénalité n'est plus employé en droit français et brille par son absence dans les codes[233]. Selon le Doyen Cornu, le droit a écarté le terme de vénalité au profit des

---

227 Article 21 de la Convention pour la protection des Droits de l'Homme et de la dignité de l'être humain à l'égard des applications de la biologie et de la médecine : Convention sur les Droits de l'Homme et la biomédecine, Oviedo, 4 avril 1997. La convention a été ratifiée par la France par la loi n° 2011-814 du 7 juillet 2011.

228 CAMBY C., « Don d'éléments du corps humain et gratuité », *in Bioéthique : entre loi, morale et progrès*, Revue politique et parlementaire, n° 1050, janv.-fév.-mars, 2009, p. 65.

229 PICOCHE J., *Dictionnaire Etymologique du Français*, Dictionnaire Le Robert, Les usuels, 1992.

230 *Le nouveau Petit Robert*, 2010.

231 *Le Littré.*

232 CORNU G. (Association Henri Capitant), *Vocabulaire juridique*, PUF, « Quadrige », 9ème éd., 2011.

233 Le terme « vénalité » ne figure dans aucun code, seule la notion de « valeur vénale » est présente. Dans le Code civil tout d'abord, il est fait mention à l'article 2206 de la valeur vénale dans le cadre de la fixation du prix de l'immeuble lors d'une vente aux enchères. On la retrouve également dans le Code de commerce, notamment à l'article L. 123-18, ou encore dans le Code de la consommation, à l'article L. 330-1. L'article 314-8 du Code pénal, relatif à la répression de la complicité d'organisation frauduleuse d'insolvabilité, a également recours à cette terminologie. On pourra enfin évoquer sa présence dans le Code des assurances ou, inévitablement, dans le Code général des impôts.

« *expressions de cessibilité, transmissibilité à titre onéreux, ou même patrimonialité, en raison du souvenir péjoratif attaché à l'ancien système de la vénalité des offices et des charges* ».

95.- C'est ainsi que le deuxième intérêt de la notion apparaît. Associée aux termes de charges et d'offices, la vénalité acquiert une coloration négative qui marque aujourd'hui encore la notion. En effet, la vénalité désigne également « *le fait d'être cédé pour de l'argent au mépris des valeurs morales* » ou encore le « *caractère ou comportement d'une personne vénale* »[234]. Le terme s'utilise également pour désigner « *quelqu'un qui est prêt à se vendre par intérêt* »[235] ou encore « *une inclination à la corruption passive* ». Si l'on pourra s'étonner du choix d'un terme si marqué par son passé, il nous semble en réalité que l'histoire a particulièrement bien dessiné le terme de vénalité, qui offre aujourd'hui des traits appropriés pour la prohibition du prix du corps humain. Le prix versé pour une mise en circulation comme celui versé pour obtenir une charge pèse sur les plus défavorisés. Car dans tous les systèmes légaux ou illégaux dans lesquels la mise en circulation fait l'objet d'une rémunération, le constat est toujours identique et tristement inévitable : ce sont souvent les plus démunis qui acceptent un prix en contrepartie d'un élément ou produit de leur corps. La mise en circulation doit être préservée de la spéculation et en aucun cas il ne devrait être permis à toute personne de « *tirer finance de son amoindrissement physique même temporaire* »[236]. Le remboursement des frais occasionnés par la vénalité correspond néanmoins à une autre logique et doit être permis. Il n'est plus dès lors question de s'enrichir mais d'éviter l'appauvrissement de la personne.

96.- Le but de la prohibition est « *un but digne d'être recherché* »[237]. La non-vénalité protège les corps d'une cession économiquement forcée. En refusant le prix, le droit français rejette l'existence d'une société à deux vitesses dans laquelle l'argent constituerait la clé de répartition entre ceux qui peuvent préserver leurs corps de la cession et ceux qui sont, au contraire, contraints d'en céder les éléments ou produits. Le législateur souhaite, à travers l'interdit, prohiber la mise en circulation vénale du corps et ainsi éviter qu'il ne se transforme en une réserve d'éléments, mis en circulation au profit d'autrui mais, au mépris de certains. Si le principe de prohibition de la vénalité est donc fondamental dans le cadre de la mise

---

234 *Le nouveau Petit Robert*, 2010.

235 *Grand usuel Larousse*, 1997.

236 CCNE, *Avis sur la non-commercialisation du corps humain*, n° 21, 13 décembre 1990.

237 BATIFFOL H., *Aspects philosophiques du droit international privé,* Dalloz, 2002, n° 19, p. 47

en circulation, l'exception discrète constituée par la rémunération des phanères nous interroge.

B. La remise en cause d'une exception : le cas particulier des phanères

97.- Le but de la non-vénalité est de préserver les individus dont la situation économique est précaire d'une instrumentalisation de leur corps. La consécration d'une cession des phanères à titre onéreux, quand bien même l'usage viendrait justifier cette particularité, ne nous paraît pas justifiée (**1**). Elle contribue à l'affaiblissement de l'interdit pour les autres éléments et produits du corps humain (**2**).

1. Le fondement critiquable de l'usage

98.- Dès 1994, le principe de non-vénalité s'est accoutumé de la présence d'une exception. Le droit positif régissant les phanères est marqué par son caractère dérogatoire au droit commun du corps humain. En effet, l'article L. 1211-8 du Code de la santé publique prévoit que ne sont pas soumis aux dispositions générales régulant le don et l'utilisation des éléments et produits du corps humain, parmi lesquelles figure la prohibition d'une cession onéreuse, « *les produits du corps humain pour lesquels il est d'usage de ne pas appliquer l'ensemble des principes qu'énoncent les articles L. 1211-1 à L. 1211-7* ». Les produits concernés sont déterminés par décret et peuvent alors faire l'objet d'un paiement en contrepartie de la mise en circulation. Il s'agit des phanères, à savoir : les dents, les ongles, les cheveux et les poils. A la lecture de cette liste, on doit donc nécessairement s'interroger sur les raisons qui justifient que ces éléments ne bénéficient pas de la même protection que les autres éléments du corps.

99.- Comme nous avons pu le préciser[238], les phanères sont des éléments renouvelables (à l'exception des dents) et situés à la surface du corps, ce qui facilite leur prélèvement. Ce caractère justifie la cession mais ne convainc pas pour autant de la légitimité d'une cession à titre onéreux. Le Code de la santé publique ne nous apporte pas véritablement d'éclairage sur les raisons de cette distinction entre les éléments du corps

[238] V. *supra* n° 67.

et les phanères. Il existerait « des usages » justifiant le paiement. A cet égard, le Doyen Carbonnier s'interrogeait : « *le contrat de nourrice, bien qu'à titre onéreux, n'est-il pas validé par la coutume* ? »[239]. En ce sens également, Albert Mayrand considérait à propos du droit québécois[240] qu'« *il a fallu céder à certaines réalités et admettre qu'une femme vende sa chevelure à un perruquier ou que la nourrice soit payée pour le lait donné au nourrisson* »[241]. La coutume, la réalité ou encore l'usage, comme le prévoit le Code de la santé publique, peuvent-ils fonder cette exception ? Dès 1988, un rapport du Conseil d'État affirma sans hésitation que ces produits doivent pouvoir faire l'objet « *de conventions mais aussi que ces conventions peuvent être commerciales* »[242]. Par la suite, actée dans les lois dites de bioéthique de 1994, cette exception ne fit pas véritablement l'objet de controverses. Un auteur contesta cependant, dans le cadre des travaux préparatoires, l'utilisation du terme « usage »[243]. Et cette contestation nous semble légitime. L'existence même d'un usage est, selon les phanères concernés, plus ou moins contestable.

100.- En effet, le terme d'usage, tel qu'il est utilisé à l'article L. 1211-8 du Code de la santé publique, implique l'établissement dans le temps de pratiques nécessitant une prise en compte dérogatoire par le droit. L'usage est souvent assimilé à la coutume[244]. Incontestablement, pour les cheveux et les dents, on peut considérer qu'un usage consistant à rémunérer ces produits a existé. Il est plus difficile en revanche d'établir de manière franche cette existence pour les poils et les ongles[245]. Cependant, quand bien même de tels usages aient pu exister, subsistaient-ils toujours en 1994 ? Un regard historique et contemporain sur la rémunération de la mise en circulation des dents (**a**) et des cheveux (**b**) nous permet d'en douter.

---

239 CARBONNIER J., *Introduction. Les personnes. La famille, l'enfant, le couple,* vol. I, PUF, 2004.

240 Art. 25 du Code civil du Québec : « *L'aliénation que fait une personne d'une partie ou de produits de son corps doit être gratuite ; elle ne peut être répétée si elle présente un risque pour la santé. L'expérimentation ne peut donner lieu à aucune contrepartie financière hormis le versement d'une indemnité en compensation des pertes et des contraintes subies* ».

241 MAYRAND A., *L'inviolabilité de la personne humaine,* Wilson et LaFleur Limitée, 1975 p. 80.

242 *Sciences de la vie, De l'éthique au droit,* Etude du Conseil d'État, Documentation française, n° 4855, 1988, p. 43.

243 MATTEI J.-F., *La vie en question : pour une éthique biomédicale, Rapport au premier ministre,* La documentation française, « Collection des rapports officiels », 1994, p. 139.

244 CARBONNIER J., *Introduction. Les personnes. La famille, l'enfant, le couple,* vol. I, PUF, 2004, p. 248.

245 LAMENDIN H., *Petites histoires de l'art dentaire d'hier et d'aujourd'hui,* L'Harmattan, 2006, p. 124 : « *Selon une légende juive, Adam et Eve possédaient des vêtements d'ongles qui les protégeaient, et lorsqu'ils furent chassés du paradis terrestre ce vêtement tomba et il n'en resta plus qu'un morceau à l'extrémité des doigts* ».

a. Le commerce passé des dents

101.- Élément clé de l'apparence, il n'est pas concevable de souffrir une absence de dents, véritable frein aux « *interactions sociales quotidiennes* »[246]. La dent gâtée doit être soignée et remplacée. Les premiers implants de l'histoire sont très anciens. On a pu retrouver un implant sculpté dans un os de phalange sur un crâne vieux de 7000 ans en Algérie[247]. Longtemps, les médecins pensèrent que les dents étaient des os et les remplacèrent par des éléments de même nature, le docteur Bichat s'étonnant de la courte vie de cet os[248].

102.- La révélation de la véritable nature biologique des dents conduisit à un bouleversement des soins : le système des implants fut alors concurrencé par la réimplantation des dents, c'est-à-dire l'utilisation de véritables dents humaines, prélevées pour être transférées dans un autre corps. Le dentiste de Louis XIII avait pu recevoir l'approbation des régents de la faculté de Médecine de Paris pour avoir remplacé une dent gâtée par une autre dent humaine. Cette faveur pour la réimplantation donna lieu à des trafics et à de sinistres ventes. Il fallut trouver des dents presque identiques à celles du patient, ce qui impliquait d'en recueillir un grand nombre. En outre, la transplantation à partir d'une dent prélevée sur une personne vivante connaissait un meilleur succès médical et la dent conservait une couleur plus blanche que les dents prélevées sur les défunts. Néanmoins, les conditions d'hygiène précaires firent souvent préférer une technique qui consistait à coller des dents humaines sur un support pour qu'elles soient placées dans la bouche du patient. Les petits ramoneurs savoyards subirent les traitements de l'arracheur de dents, parfois en l'absence de tout consentement ou en contrepartie d'un maigre pécule[249]. L'histoire de Fantine, personnage du roman *Les Misérables* de Victor Hugo, illustre cette mise en circulation dictée par la nécessité financière. La vente des dents apparait alors comme la pire des déchéances, comme en atteste ce cri du cœur du personnage : « *m'arracher mes deux dents de devant, mais je*

---

246 BOES D., *Prothèse dentaire et qualité de vie, Identification des patients potentiellement incapables d'intégrer une prothèse adjointe complète*, Mémoire de DEA, Université Paris V, 1999, p. 12.
247 GUILLAUME B., *Les implants dentaires, Techniques, prescriptions, avantages*, Ellébore Éditions, « Tout savoir sur la pratique », 2011, p. 43.
248 RETTERER E., *Les phanères pileux et dentaires*, Impr. de Mellottée, 1924, p. 7 : « *pourquoi la nature a-t-elle marqué à la vie des dents un terme plus court qu'à celle des autres os qui ne finissent d'exister qu'avec tous les autres organes, tandis qu'elles meurent longtemps avant ?* ».
249 LAMENDIN H., *Petites histoires de l'art dentaire d'hier et d'aujourd'hui*, L'Harmattan, 2006, p. 124.

serais horrible ! Les cheveux repoussent mais les dents ». Si le commerce des dents fut donc effectivement fréquent, il est néanmoins difficile de trouver des traces de véritables « *banques de dents sèches* » que d'aucuns évoquent[250].

103.- Au XXème siècle, la technique de l'implant se développa. Aujourd'hui et depuis de nombreuses années, les universités de médecine n'enseignent ainsi plus la technique de la transplantation. Si certains disent avoir pu pratiquer la transplantation d'une dent d'un patient pour remplacer une autre de ses dents, ils confient que cette pratique reste très marginale et peu efficace[251]. La technique de l'implant artificiel ne laisse plus de place pour une transplantation à partir de la dent humaine qui implique d'extraire la dent sans la briser, qui nécessite une conformité entre la dent prélevée et la dent extraite, et qui, de surcroît, nécessite de creuser l'os. Comme le souligne le professeur Guillaume en sa qualité d'expert judiciaire, le praticien qui se risquerait à ce type de pratique et qui causerait une perte osseuse à son client pourrait voir sa responsabilité engagée. L'argument de l'usage nous semble donc peu probant. Certaines évolutions scientifiques peuvent néanmoins conduire à nuancer notre propos. En effet, grâce à des cellules souches prélevées dans une dent et transplantées sur une souris, des chercheurs ont pu découvrir les potentialités de ces cellules[252]. Une société spécialisée dans la préparation des produits dentaires a ainsi récemment sollicité une autorisation afin d'exercer des activités de préparation et de conservation de suspensions tissulaires extraites de pulpe dentaire, témoignant d'un regain d'intérêt pour le prélèvement des dents. Après avoir délivré une première autorisation, l'Agence française de sécurité sanitaire des produits de santé (AFSSAPS) l'a finalement retirée. La cour administrative d'appel de Lyon a confirmé la légalité de ce retrait[253]. L'utilisation du produit avait une finalité autologue, et l'on perçoit la logique spéculative sous-jacente sur laquelle nous reviendrons par la suite à propos des biobanques[254].

Le commerce des dents a ainsi décliné pour n'être plus qu'un vestige des expérimentations du passé. Au contraire, le commerce des cheveux est pour sa part plus florissant.

---

250 *Ibid.*, p. 18.

251 Le professeur Guillaume que nous avons pu consulter sur cette question reconnaît avoir pu expérimenter cette technique, mais il affirme qu'elle présente bien des risques pour un résultat faible.

252 LAMENDIN H., *Petites histoires de l'art dentaire d'hier et d'aujourd'hui*, L'Harmattan, 2006, p. 18.

253 CAA LYON, 4 juill. 2013, *D.*, 2013, n° 36, p. 2452, note EGEA P.

254 V. *infra* n° 224 et s.

b. Le commerce intemporel des cheveux

104.- Les cheveux, « *parure naturelle du corps humain* »[255], ont également fait l'objet d'un commerce important en France grâce au développement du port de la perruque. S'il existe dans un premier temps une réticence de la religion catholique face à cette chevelure artificielle[256], Louis XIV assoit la notoriété des perruques en affirmant qu'il est inconvenant d'apparaître la tête découverte[257]. Dès lors, un véritable marché du cheveu se met en place, des campagnes étant menées à travers tout le pays pour recueillir des chevelures.

105.- De 1850 à 1870, 60.000 à 70.000 kilos de cheveux se vendent en France[258]. « *La récolte nationale* » est assurée auprès des femmes les plus pauvres, qui consentent à sacrifier leur chevelure à des « *chasseurs de cheveux* », à des industriels qui sillonnent le territoire « *à la recherche de femmes prêtes à sacrifier leur parure pour quelques sous* »[259]. Les bretonnes furent nombreuses à céder leur chevelure contre paiement, notamment parce que leurs coiffes permettaient de cacher cette vente peu honorable[260]. Tous les moyens sont bons pour attirer les femmes du peuple et les convaincre de remettre leur chevelure. On voit également apparaître des voleurs de cheveux, qui coupent les nattes des femmes à leur insu[261]. Le commerce du cheveu est incontestablement florissant en France au XIXème siècle. Les prix s'établissent à la grande foire de Saint Jean une fois par an, ce commerce étant alors orchestré depuis 1778 par les barbiers perruquiers qui en conservent le monopole[262].

---

255 NOIREAU C., *L'esprit des cheveux, Chevelures, poils et barbes, Mythes et croyances,* L'apart du beau, « L'esprit de la création », 2009, p. 12.

256 MONESTIER M., *Les poils, histoire et bizarreries,* Le cherche midi, 2002, p. 230 : « *En 1690, une bulle papale rappelle aux dignitaires de l'Eglise que le port de la perruque est une extravagance en contradiction avec les textes sacrés : c'est une infamie parce que les perruques sont faites de cheveux empruntés et le plus souvent de la dépouille des morts ou de personnes de mauvaise vie* ».

257 NOIREAU C., *L'esprit des cheveux, Chevelures, poils et barbes, Mythes et croyances,* L'apart du beau, « L'esprit de la création », 2009, p. 137.

258 RENAUD J., *Les officiers du corps des perruquiers de Nancy,* éd. Lucien Wiener, 1874, p. 8 : « *Le rapport du jury international de l'Exposition de 1867 constate qu'il se vend annuellement, en France, 68 000 kilogrammes de cheveux de coupe* ».

259 MONESTIER M., *Les poils, histoire et bizarreries,* Le cherche midi, 2002, p. 238.

260 HABASQUE F., *Notions historiques, géographiques, statistiques et agronomiques sur le littoral du département des Côtes-du-Nord,* Lafitte, 1980, p. 193.

261 NOIREAU C., *L'esprit des cheveux, Chevelures, poils et barbes, Mythes et croyances,* L'apart du beau, « L'esprit de la création », 2009, p. 178.

262 *Ibid.*, p. 179.

106.- La première guerre mondiale, ainsi que la mode des cheveux courts, ralentissent considérablement le marché français du cheveu, qui ne connaîtra plus jamais la même vitalité. L'apparition du « *kanékalon* » achèvera le développement de ce commerce douteux, en permettant le développement de perruques artificielles. Cependant, contrairement au commerce des dents voué à disparaître voire disparu, le commerce des cheveux demeure mondialement florissant. L'Inde constitue ainsi l'un des plus grands fournisseurs de ce produit humain. Une raison propre à la culture de ce pays explique notamment qu'un grand nombre de femmes se séparent de leur chevelure. En effet, les femmes consentent à sacrifier leurs cheveux aux Dieux Murugan et Vishnou qui, en contrepartie, protègent les donateurs des difficultés financières. Le temple situé dans la ville de Palani emploie ainsi un grand nombre de raseurs pour récolter en quelques minutes des chevelures abondantes, lesquelles seront revendues aux enchères à des sous-traitants[263].

107.- Mais au-delà de cette exploitation de la foi, si l'Inde comme la Chine récoltent des cheveux de façon si abondante, c'est également par suite de la misère. Les femmes vendent leurs cheveux comme elles pourraient vendre un rein, pour subsister. Or, les cheveux sont un élément important de la personnalité, d'une apparence qu'il nous paraît regrettable de devoir sacrifier par nécessité. L'on ne peut donc que regretter la réapparition d'articles dans la presse grand public française invitant à vendre ses cheveux pour compenser, par exemple, les dépenses liées aux fêtes de Noël[264].

108.- Le cheveu, élément quasi magique dans certaines cultures, insufflant du pouvoir ou de la force, est ainsi sacrifié du vivant aux lois du marché[265]. Considéré comme un produit accessoire, secondaire du corps, la chevelure est paradoxalement l'élément qui a le plus de vitalité à travers les ans, comme peuvent en témoigner les momies de Ramsès II et de sa fille présumée Taousert dont les chevelures présentent aujourd'hui encore leur coloration d'origine. Mais c'est finalement cette vitalité particulière,

---

263 *Ibid.*, p. 177.

264 Un grand nombre de sites Internet, de sites d'informations, de sites de presse consacrent des articles en 2011 à cette question alors qu'au commencement des recherches en 2008, il était très difficile de trouver des informations *via* les mots clés « vendre ses cheveux sur internet ». De nombreux sites Internet se sont spécialisés, notamment aux Etats Unis, dans la mise en relation de vendeurs et d'éventuels acquéreurs. Pour quelques exemples, v. http://buyandsellhair.com/ ou http://www.hairwork.com (consulté le 12 février 2018)

265 NOIREAU C., *L'esprit des cheveux, Chevelures, poils et barbes, Mythes et croyances*, L'apart du beau, « L'esprit de la création », 2009, p. 71.

cette capacité à se régénérer, qui justifient que le droit relègue le cheveu dans une catégorie moins protégée. Si biologiquement il est le produit qui survit le mieux au temps, il est juridiquement celui qui peut céder aux sirènes du marché.

La justification de la vénalité des phanères au nom d'un usage nous paraît donc critiquable. A l'exception des cheveux pour lesquels une tradition peut être établie, l'usage est très difficile à caractériser. Par ailleurs, lorsque l'usage est avéré, il révèle la consécration d'un marché bien critiquable.

2. La consécration d'une exception au mépris d'un principe de cohérence

109.- L'exception est parfois nécessaire pour conférer un sens et une portée plus grande au principe. On peut assurément lui reconnaître une « *fonction d'assouplissement* » et d'adaptation aux faits[266]. Mais l'exception peut également affaiblir le principe, son effet corrosif érodant l'autorité du principe[267].

110.- S'agissant d'une « *fonction d'assouplissement* », on peut s'interroger sur la pertinence du caractère dérogatoire du régime des phanères. La situation de fait nécessite-elle une dérogation au principe de non-vénalité ? L'existence d'une vénalité des phanères part du constat supposé d'un usage. Nous venons de critiquer la légitimité de ce fondement. Par ailleurs, quand bien même des usages auraient pu exister, pourquoi le législateur de 1994 a-t-il fait le choix de les consacrer ? Cette exception est la consécration paradoxale d'un usage qui a méprisé des individus pendant des siècles, faisant du corps des plus démunis un simple réceptacle d'objets à saisir et à transposer dans d'autres corps. Or, c'est justement de cette exploitation que le législateur entendait notamment protéger le corps.

111.- Au-delà de la question de l'usage, la consécration d'une exception peut être légitime lorsqu'elle vise à assouplir le principe. Il faut donc que les situations régies par les principes divergent sensiblement de celles gouvernées par l'exception. Dans la détermination d'une cessibilité, les particularités biologiques des phanères sont décisives. Elles peuvent

---

266 DE MOY J.-M., *L'exception en droit privé*, PUAM, « Centre Pierre Kayser », 2011, p. 26, n° 20.
267 *Ibid.*

être cédées car elles ne présentent pas un caractère vital ou particulièrement nécessaire au fonctionnement du corps[268]. Mais cette particularité est-elle tout autant décisive lorsqu'il est question de déterminer le caractère onéreux de la cession ? Assurément pas, car, dans ce cas, d'autres produits du corps, qui peuvent être prélevés sans qu'il soit pour autant porté atteinte à la vie ou au fonctionnement de l'organisme, pourraient faire l'objet d'une cession onéreuse. En particulier, comment peut-on légitimement considérer qu'une personne peut vendre ses dents mais pas ses gamètes ou encore son sang ? Si l'on se place du seul point de vue du donneur, ces différentes situations présentent des similitudes : le sang et les gamètes se renouvellent et, à l'exception des ovocytes, leur prélèvement est peu douloureux et peu invasif. De même pour le cordon ombilical, qui n'est plus qualifié de déchet opératoire mais qui peut faire l'objet d'une mise en circulation consentie par la mère. Pourquoi ne pourrait-t-on pas rémunérer la cession de cordon, qui n'a plus aucune utilité après la naissance, ni pour la mère ni pour l'enfant, mais dont les finalités médicales sont certaines ? Cette rémunération introduite dans le Code de la santé publique a incontestablement un effet « tache d'huile » et prive de cohérence la protection du corps humain.

112.- En effet, la cohérence « *traduit l'harmonie, le lien logique entre les différents éléments d'un corps* »[269]. Par cette exception, les règles relatives à la cession du corps humain deviennent dissonantes et ne s'accordent plus pour assurer la protection de celui-ci. La cohérence est à notre sens violée, sans proportionnalité, sans nécessité. La règle dérogatoire n'est légitime que pour des situations différentes appelant une rupture dans la solution. L'incohérence naît alors de ce manque de lien logique[270]. La cohérence n'est pas ici le résultat d'une incompatibilité des règles entre elles, puisqu'il n'existe pas de véritable incompatibilité formelle entre le principe de non-vénalité et l'exception de la cession onéreuse des phanères. Mais cette dernière brise la cohérence en ce qu'elle porte atteinte aux « *valeurs promues par le droit* »[271]. L'exception fragilise le principe. Par conséquent, la prohibition de la vénalité devrait s'étendre à tous les éléments et produits du corps humain. L'ordre du droit, cet ordre qui fait « *l'arrangement des*

[268] Cela est néanmoins plus discutable pour les dents. Elles peuvent cependant être substituées ou remplacées par des prothèses.
[269] GRARE C., *Recherches sur la cohérence de la responsabilité délictuelle, L'influence des fondements de la responsabilité sur la réparation,* Dalloz, « Nouvelle Bibliothèque de Thèses », 2005, p. 9.
[270] KLEIN J., *Le point de départ de la prescription,* Economica, 2013, p. 237.
[271] HOUTCIEFF D., *Le principe de cohérence en matière contractuelle,* PUAM, 2001, t. 1, p. 59.

définitions, des principes et du détail »[272], doit donc être restauré. En effet, la suppression de l'exception contribuerait à un ordonnancement méthodique des règles entre elles[273]. Or, les vertus de l'ordre sont indéniables, lequel s'impose comme « *nécessaire pour faire entrer dans l'esprit le détail infini des vérités qui composent une science* »[274]. L'ordonnancement méthodique, commandant une certaine lisibilité des règles, passe assurément par une désignation précise des faits par le droit. Ainsi, à l'échelle du corps humain, l'ordre entendu comme « *l'agencement d'une série d'éléments disparates et hétérogènes en un ensemble cohérent, intelligible* »[275] appelle en l'espèce une uniformisation.

La division des solutions fragilise de manière discrète l'interdit. Suivons donc les conseils d'Henri Battifol qui invitait à valoriser la cohérence du droit autour du but poursuivi par la norme[276]. La voie de l'unification doit être empruntée afin de préserver le corps humain. D'autant que le principe de non-vénalité subit des assauts répétés. Les constats de trafics et d'une pénurie conduisent ainsi à envisager, une alternative.

§II. La confirmation d'une vénalité prohibée

113.- Le législateur français a choisi de préserver le corps de la sphère marchande afin d'assurer la protection de tous les corps. Cette interdiction permet aujourd'hui d'éviter notamment l'instrumentalisation des personnes les plus fragilisées socialement. Cependant, face au constat de la pénurie et du développement de trafics d'organes (**A**), la question de la rémunération se pose de manière accrue. Si la consécration d'un marché du corps peut apparaître comme une solution (**B**), il semble pourtant que l'incertaine efficience de ce marché conforte davantage le droit qu'elle ne permet de le remettre en question.

---

272 DOMAT J., *Les lois civiles dans leur ordre naturel, Le droit public et « Legum delectus »*, Savoye, t. I., 1756, préface.
273 MOLFESSIS N., « Le renvoi d'un texte à l'autre », *in Les mots de la loi*, MOLFESSIS N. (dir.), Economica, « Etudes juridiques », 1999, p. 57.
274 DOMAT J., *Les lois civiles dans leur ordre naturel, Le droit public et* « *Legum delectus* », Savoye, t. I, 1756, préface.
275 CHEVALLIER J., « L'ordre juridique », *in Le droit en procès*, PUF, « Centre universitaire de recherches administratives et politiques de Picardie », 1983, p. 7.
276 BATIFFOL H., *Aspects philosophiques du droit international privé*, Dalloz, 2002, n° 19, p. 47.

A. La pénurie et le trafic d'éléments et produits du corps

114.- Ce constat de la pénurie (**1**) conduit à s'interroger sur ses conséquences. En effet, l'insuffisance des ressources conduit au développement de pratiques illégales et dangereuses pour les donneurs, qu'ils soient « volontaires » ou contraints (**2**).

1. Le poids de la pénurie d'éléments et produits du corps humain

115.- L'ampleur de la pénurie n'est pas identique selon l'élément du corps concerné. Cependant, qu'il soit question d'organes ou de produits du corps, un équilibre entre le nombre de cessions et les besoins est souvent difficile à trouver. L'exemple de la France nous permet de mesurer ce déséquilibre.

116.- Les produits sanguins sont relativement épargnés par la pénurie. Ainsi en 2011, l'Établissement français du sang achevait son année avec un stock pour douze jours de concentrés de globules rouges[277]. Pour 2012, l'Établissement français du sang se targuait d'assurer une autosuffisance en produits sanguins[278].

117.- La situation est pour le reste plus inégale. La France n'est pas autosuffisante pour un certain nombre d'éléments et produits. S'agissant des greffes de tissus, les banques de tissus françaises ont ainsi dû avoir recours à des importations. En 2011, ont été importés de la peau, des artères, des valves cardiaques, des os massifs et des têtes fémorales[279]. On pourra toutefois souligner la baisse des importations des tissus humains parmi les tissus distribués entre 2011 et 2016[280]. Pour d'autres, au contraire, les banques de tissus françaises ont pu procéder à des exportations. Tel est notamment le cas des cornées, des artères ou encore des veines[281].

118.- En effet, pour le don de spermatozoïdes, entre 1973 et 2006, les Centres d'étude et de conservation des œufs et du sperme (CECOS) ont

---

277 Etablissement français du sang, *Rapport d'activité 2011*, p. 19.
278 Etablissement français du sang, *Rapport d'activité 2012*, pp. 30-31.
279 Agence de la biomédecine, *Rapport annuel 2011*, p. 41.
280 Agence de la biomédecine, *Rapport annuel 2016,* Tableau T23, voir en ligne https://www.agence-biomedecine.fr/annexes/bilan2016/donnees/ldtf.htm, dernière consultation le 26 juillet 2018.
281 Agence de la biomédecine, *Rapport annuel 2011*, p. 41.

accueilli plus de 10 000 donneurs qui ont permis la naissance de 45 000 enfants. Le système, reposant sur la gratuité, fonctionne de manière relativement satisfaisante. Mais la situation est moins évidente s'agissant des donneuses d'ovocytes puisqu'en 2010, pour 345 donneuses d'ovocytes, 1285 couples étaient en attente à la fin de cette même année[282]. Le nombre de ponctions d'ovocytes est néanmoins en légère augmentation puisqu'il est passé de 420 en 2012 à 540 en 2015[283]. Le caractère contraignant et invasif du don de gamètes pour les femmes peut contribuer à expliquer l'inégalité de la situation.

119.- La pénurie est plus particulièrement criante s'agissant des organes. Fruit d'une histoire récente, le développement grandissant de la transplantation accentue les besoins en organes. L'amélioration des taux de réussite conforte les praticiens et contribue à la multiplication des actes. Mais dans le même temps, on constate que le nombre de donneurs vivants augmente peu[284]. Les prélèvements sur les défunts peuvent également se trouver contrariés. Ainsi, le taux de refus de prélèvement sur le corps du défunt reste assez élevé en France[285]. En outre, d'un point de vue médical, les prélèvements opérés sur les corps des défunts impliquaient jusqu'à présent une forme de décès particulière, à savoir la mort cérébrale. Or, si l'accident vasculaire cérébral et les traumatismes liés à des accidents sur la voie publique sont dans 80 % des cas à l'origine du décès du donneur, ils ont depuis vingt ans diminué de moitié[286]. Les prélèvements en dehors de la mort cérébrale se développent peu à peu mais demeure pour l'instant limités. Ainsi, en 2011, 16 371 personnes étaient en attente d'une greffe (cœur, poumon, cœur-poumon, foie, rein, pancréas ou intestin) et seulement 4 945 d'entre elles ont pu bénéficier d'une telle greffe[287].

---

282 *Ibid.*, p. 69.

283 Agence de la biomédecine, *Rapport annuel 2016*, Tableau AMP5, voir en ligne https://www.agence-biomedecine.fr/annexes/bilan2016/donnees/procreation/01-amp/telechargement/TAMP5.gif,dernière consultation le 26 juillet 2018.

284 Une amélioration de ce nombre peut être espérée depuis l'extension de la qualité de donneur vivant par la loi du 7 juillet 2011, à travers le don croisé ou la preuve d'un lien affectif (et non plus uniquement familial) de plus de 2 ans (Art. L. 1231-1 et s. CSP).

285 Voir *infra* n°65 et s.

286 TUPPIN P., « Le potentiel des donneurs en France », *in Réflexions éthiques sur la pénurie d'organes en Europe*, CAILLE Y., DOUCIN M. (dir.), L'Harmattan, « L'éthique en mouvement », 2010, pp. 75 et s.

287 Parmi ce nombre de 16 371 personnes en attente de greffe, 216 sont décédées tandis que 499 sont sorties de la liste, leur situation médicale ou leur décision personnelle ne permettant plus la transplantation. Agence de la biomédecine, *Rapport annuel 2011*, p. 69.

120.- Différents instruments sont mobilisés pour tenter de résorber ce déséquilibre. L'information constitue un pilier fondamental de l'incitation à la cession. Par exemple, s'agissant du don *post-mortem*, l'Espagne a réussi à accroitre sensiblement le don d'organes grâce à une campagne de sensibilisation et la mise en œuvre de moyens importants. En outre, des solutions médicales sont en développement, comme la transplantation de reins à critères élargis, c'est-à-dire de « *reins d'une personne plus âgée, d'une personne qui a de l'hypertension artérielle, qui est décédée d'une cause vasculaire ou qui a une fonction rénale déjà légèrement dégradée* »[288]. Il est également question du développement des bi-greffes, c'est-à-dire de la greffe des deux reins d'un donneur plus âgé à un receveur du même âge, ou encore, s'agissant de la greffe rénale, de la transplantation à partir de donneurs à cœur arrêté. On peut constater qu'en Ile-de-France, en 2008, seulement 4 % des transplantations rénales ont été réalisées à partir de donneurs à cœur arrêté (contre 13% à partir de donneurs vivants et 83 % à partir de donneurs décédés par mort encéphalique)[289]. La loi du 6 août 2004 autorise ce type de prélèvements et le décret n° 2005-949 du 2 d'août 2005 a fixé la liste des organes pouvant être prélevés sur donneur à cœur arrêté (foie et rein). Dans un futur, peut-être pas si lointain, on peut encore espérer « *que les progrès scientifiques permettent le développement des xénogreffes et que la médecine sache un jour réparer nos organes abîmés par l'âge ou la maladie sans faire appel à des organes prélevés sur d'autres êtres humains* »[290]. Aujourd'hui déjà, des substituts de produits se développent, notamment le sang de synthèse. La réussite récente de l'impression, par une imprimante 3D, de cellules souches, constitue également une avancée remarquable qui pourrait transformer les pratiques transplantatoires.

121.- Dans l'attente de telles avancées médicales, les listes de patients en attente d'une greffe s'allongent dans de nombreux pays. L'exemple de la France témoigne assurément d'une difficulté partagée au plan international. Ainsi en 2007, plus de 79 000 personnes étaient en attente d'une greffe rénale aux États-Unis. L'allongement des listes d'attente est un point commun à de nombreux pays, et un déséquilibre demeure entre le nombre de patients en attente et le nombre d'organes disponibles[291]. Le

---

288 LEGENDRE C., « Les résultats comparés de différentes stratégies d'élargissement du pool de greffons », *in Réflexions éthiques sur la pénurie d'organes en Europe*, CAILLE Y., DOUCIN M. (dir.), L'Harmattan, « L'éthique en mouvement », 2010, pp. 69 et s.

289 *Ibid.*, p. 72.

290 HOUSSIN D., « Introduction », *in Réflexions éthiques sur la pénurie d'organes en Europe*, CAILLE Y., DOUCIN M. (dir.), L'Harmattan, « L'éthique en mouvement », 2010, p. 122.

291 STEINER P., « *La transplantation d'organes, un commerce nouveau entre les êtres humains* », Gallimard, « Bibliothèque des sciences humaines », 2010, p. 115.

système médical officiel ne permettant pas toujours de satisfaire les besoins du patient, des initiatives individuelles ou de véritables réseaux peuvent alors conduire à satisfaire illégalement ces besoins.

2. Le contournement de l'interdit et le développement de marchés occultes

122.- En France, l'Agence de la biomédecine est chargée de rendre un rapport annuel public dans lequel doivent notamment figurer « *un état des lieux d'éventuels trafics d'organes ou de gamètes et des mesures de lutte contre ces trafics* »[292]. Il existe donc bien une conscience de cette problématique, son traitement étant plus délicat. En effet, face à la pénurie qui sévit dans de nombreux pays, les corps des vivants (**a**) comme ceux des défunts (**b**) sont illégalement instrumentalisés.

a. L'existence de réseaux d'exploitation à partir de « donneurs » vivants

123.- La cession des éléments et produits du corps s'internationalise. Les déplacements des patients souhaitant gagner du temps ou étant à la recherche d'une plus grande fiabilité conduisent à un véritable *forum shopping* des éléments et produits du corps. Cette mondialisation conduit à favoriser l'exploitation du corps des personnes les plus démunies dans les pays les plus pauvres, attirées par un profit rapide et conséquent.

124.- S'agissant de la recherche d'organes hors du cadre du système de santé traditionnel, les raisons qui guident un patient à se déplacer sont variées. Il peut s'agir de malades aisés mais résidant dans un pays doté de peu d'infrastructures, de patients se trouvant hors des critères de transplantation (risque de récidive, par exemple), de personnes devant subir une longue attente avec un risque important de mortalité, ou encore de personnes désireuses d'expérimenter à l'étranger des traitements non

292 Art. L. 1418-1-1 CSP.

autorisés dans leur propre pays[293]. Ces « *pèlerins des biotechnologies* »[294] quittent alors leur pays en quête d'un traitement miracle. La pénurie d'organes incite au déplacement. Ce sont parfois les États eux-mêmes qui encouragent cette délocalisation du soin. Ainsi en Israël ou au Moyen-Orient, le patient qui subit une transplantation à l'étranger peut bénéficier d'un remboursement de ses soins dans son propre pays. Ce système permet de ne pas consentir des investissements importants à l'échelle nationale, mais peut avoir des répercussions considérables au plan mondial en favorisant le développement dans certains États de pratiques critiquables. Pour limiter ces effets pervers, les autorités israéliennes ont, dans le même temps qu'elles incitent au déplacement, mis en place une mesure qui tempère les effets négatifs de leur position : en cas de greffe illégalement effectuée, l'assurance de la personne pourra être suspendue[295]. Dans les pays qui autorisent la rémunération de la cession, la transplantation est souvent exclue pour les étrangers. Ainsi en est-il de l'Iran ou de la Chine du moins en théorie. Malgré les précautions prises par certains États, les pratiques illégales se développent. L'OMS estime ainsi que 5 à 10 % des 65 000 greffes de reins qui auraient été réalisées en 2007 l'ont été illégalement. Les pratiques illégales peuvent être le résultat d'actes isolés, mais peuvent également être le fait d'organisations structurées.

125.- ***Des pratiques illégales fondées sur des initiatives individuelles.*** Les pratiques illégales peuvent reposer sur des volontaires offrant des éléments de leur corps en contrepartie d'une somme d'argent. Cette vente est parfois proposée au mépris des dispositions pénales du pays, comme en témoigne l'exemple d'une femme espagnole ayant mis en vente tous ses organes non vitaux pour subvenir à ses besoins propres et à ceux de sa fille[296].

---

293 BELGHITI J., « Tourisme de transplantation, impact des pénuries (état des lieux-conférence d'Istanbul) », *in Réflexions éthiques sur la pénurie d'organes en Europe,* CAILLE Y., DOUCIN M. (dir.), L'Harmattan, « L'éthique en mouvement », 2010, pp. 57 et s ; LAFONTAINE C., *Le corps marché, La marchandisation de la vie humaine à l'ère de la bioéconomie*, Seuil, « La couleur des idées », 2014, pp. 122 et 224.

294 LAFONTAINE C., *Le corps marché, La marchandisation de la vie humaine à l'ère de la bioéconomie*, Seuil, « La couleur des idées », 2014, p. 196, traduisant l'expression de SONG P., « Biotech Pilgrims and the Transnational Quest for Stem Cell Cures », *Medical Anthropology : Cross-Cultural Studies* in *Health and Illness,* vol. 29, n° 4, 2010, p. 384.

295 ADAMS S., *La grande époque*, 16 mai 2012, p. 12.

296 Le 11 novembre 2012, le journal *El Mundo* relatant cette affaire rappelle que, selon la loi espagnole, la personne qui met ses organes en vente s'expose à une peine de 12 ans d'emprisonnement.

126.- Alors qu'il existe un interdit légal, la loi peut être détournée en raison d'une faible vigilance éthique, en particulier lorsque le donneur est un proche du patient. On retrouve notamment des illustrations de cette difficulté en Égypte, en Turquie ou encore dans certains centres de transplantation aux États-Unis et au Canada[297]. Dans ce cas de figure, des intermédiaires invitent un donneur à consentir, pour un parfait inconnu, la « donation » d'un organe en contrepartie d'une rémunération. Au Japon, un individu a ainsi été condamné en 2012 pour avoir acheté le rein d'un jeune homme endetté, acculé par ses dettes vis-à-vis d'un groupe mafieux[298]. La loi nipponne interdit pourtant tout paiement en contrepartie d'organes humains et le système médical du pays n'admet les transplantations d'organes en provenance d'un donneur vivant qu'entre membres d'une même famille. Les conditions étant particulièrement strictes, seules 300 opérations ont lieu chaque année alors que 13 000 personnes sont en attente d'une transplantation.

127.- De même aux États-Unis, Levy Ishaz Rosenbaum a plaidé coupable pour avoir « *acquis, reçu, transféré* » des organes destinés à être utilisés pour des greffes humaines. Il avait servi d'intermédiaire entre trois personnes de nationalité israélienne et des receveurs aux États-Unis. Il a été condamné à 30 mois de prison, trois ans de liberté surveillée, 5000 dollars d'amende ainsi qu'au remboursement des 420 000 dollars qu'il avait reçus en sa qualité d'intermédiaire[299]. Ces exemples illustrent une réalité qui est celle d'un contournement de la loi, parfois difficile à enrayer du fait de sa discrétion. Des organisations plus structurées, sources de véritables marchés noirs, existent également.

128.- ***Des pratiques illégales fondées et soutenues par des organisations structurées.*** Au-delà des actes individuels isolés, il existe également, bien qu'il soit difficile de les quantifier et de les identifier avec précision, de véritables réseaux d'exploitation des corps. En raison de sa complexité et des impératifs médicaux, le trafic d'organes à grande échelle implique nécessairement la complicité d'établissements de soin ou d'un réseau particulièrement bien organisé, employant des médecins expérimentés. Cette difficulté contribue à limiter ce type de réseaux.

---

297 BELGHITI J., « Tourisme de transplantation, impact des pénuries (état des lieux-conférence d'Istanbul) », *in Réflexions éthiques sur la pénurie d'organes en Europe*, CAILLE Y., DOUCIN M. (dir.), L'Harmattan, « L'éthique en mouvement », 2010, pp. 57 et s.

298 *AFP*, 26 janvier 2010.

299 *AFP*, 12 juillet 2012.

Cependant, si certains récits ont pu déformer en partie la réalité[300], les pays riches ne peuvent plus ignorer ces commerces souterrains qui se déroulent loin de leurs frontières mais dont les conséquences humaines sont dévastatrices. Des contextes politiques, des réglementations poreuses sont souvent à l'origine de la mise en place de ces trafics, comme l'illustrent particulièrement deux affaires.

129.- Dans un rapport publié le 4 août 2012 dans le journal d'État « *Beijing Times* », les autorités chinoises ont reconnu l'existence d'un vaste marché noir d'organes prélevés sur des personnes vivantes[301]. D'aucuns considèrent que cette reconnaissance a pour vocation, en rejetant la responsabilité de ce commerce illégal sur des groupes de trafiquants, de masquer la responsabilité des autorités chinoises dans les prélèvements illégaux. En effet, depuis 2006, plusieurs témoins ont accusé les autorités de servir de médiateurs entre les hôpitaux et les prisons. Dans ces dernières, le pouvoir en place aurait autorisé les prélèvements d'organes sur les pratiquants de Falun Gong, massivement emprisonnés sous la présidence de Jiang Zemin, dirigeant du Parti communiste chinois. Les chiffres sont pour le moins troublants : les transplantations d'organes auraient été multipliées par cinq entre 2000 et 2006, période marquée par une répression particulièrement forte des adeptes de cette pratique. Le prisonnier est souvent considéré par le gouvernement chinois comme une manne d'organes : il s'agit du seul gouvernement qui consent à ce que les corps des condamnés soient vendus. Dans ce contexte, le trafic d'organes a pu proliférer en Chine, grâce à l'inaction blâmable ou l'action coupable des autorités.

130.- Un contexte de conflit militaire peut également expliquer que des réseaux de trafic d'organes se mettent en place. Ainsi dans les années 1990, au cœur du conflit agitant le Kosovo, des prélèvements par des responsables de l' « Armée de Libération du Kosovo » (UÇK) auraient été commis sur les corps de prisonniers serbes. Ces faits ont été révélés en avril 2008 par l'ancienne procureure près le Tribunal pénal international pour l'ex-Yougoslavie (TPIY), Carla Del Ponte[302]. Saisie d'une proposition de résolution, la Commission des questions juridiques et des droits de

300 CAMPION-VINCENT V., *La légende des vols d'organes,* Les Belles lettres, 1997 ; FREEMAN L., « Voleurs de fois, voleurs de cœurs, Européens et Malgaches occidentalisés vue par les Betsileos (Madagascar) », *Terrain*, sept. 2004, n° 43, p. 85.

301 CHAO S., « Le régime chinois admet l'existence d'un réseau de prélèvements d'organes à travers le pays. Selon des experts, un rapport fait partie d'une tentative d'enterrer un plus grand crime », *Epoch Times*, 10 août 2012.

302 DEL PONTE C., *La traque, les criminels de guerre et moi*, H. d'Ormesson, 2009.

l'Homme a désigné Dick Marty afin de rédiger un rapport sur cette question[303]. A la suite de ce rapport, le procureur Williamson a été chargé d'enquêter sur ce trafic. Un témoin clé a été entendu dans cette affaire et a eu l'occasion de dévoiler le déroulement de ces sinistres opérations. Il a lui-même été formé pour prélever un cœur sur un prisonnier encore vivant au moment de l'intervention. Ce témoin a par ailleurs précisé que l'organe avait été remis à un étranger qui, par la suite, est monté dans un avion privé, frappé du drapeau de la Turquie[304]. En outre, six médecins de la clinique Medicus implantée à Pristina, ainsi qu'un ex-haut responsable du ministère kosovar de la Santé – Illir Recaj – ont été récemment inculpés. On les accuse de criminalité organisée et d'exercice illégal d'activités médicales, en l'occurrence de transplantations illégales d'organes. Cette clinique avait été fermée en 2008, après que les autorités eurent été alertées par un homme ayant fait un malaise à l'aéroport de Pristina : il venait de donner un rein et s'apprêtait à retourner dans son pays, la Turquie, sans véritable contrôle médical[305].

131.- Loin de vouloir dresser un inventaire à la Prévert des exploitations abusives du corps humain, nous souhaitions par ces exemples mettre en lumière l'existence de comportements individuels ou collectifs qui contribuent, nonobstant parfois les interdits légaux, à instrumentaliser le corps d'individus. Les dangers de ces pratiques sont incontestables. Pour le donneur tout d'abord, dont la pauvreté est souvent exploitée sans qu'il puisse bénéficier d'un encadrement médical adapté. La vie du receveur peut également être mise en danger et, en ce sens, le professeur Francis Delmonico s'inquiète du tourisme sanitaire, les greffés de retour sur leur territoire pouvant avoir contracté des pathologies[306]. Ces sinistres illustrations témoignent de l'importance des prélèvements sur une personne vivante. En effet, le trafic concerne principalement les personnes vivantes, car le succès de la greffe est lié au faible temps d'ischémie froide. Cependant, on assiste depuis quelques années au développement d'une nouvelle forme de trafics, à partir du corps des défunts.

---

303 MARTY D., *Traitement inhumain de personnes et trafic illicite d'organes humains au Kosovo*, Commission des questions juridiques et des droits de l'homme, Assemblée Parlementaire, Conseil de l'Europe, 12 décembre 2010.

304 *AFP*, 10 septembre 2012.

305 *AFP*, 22 février 2012.

306 ADAMS S., *La grande époque*, 16 mai 2012, p. 12 ; v. également LAFONTAINE C., *Le corps marché, La marchandisation de la vie humaine à l'ère de la bioéconomie*, Seuil, « La couleur des idées », 2014, p. 79.

b. L'exploitation illégale des corps des défunts

132.- Si après le décès, l'exploitation des organes est limitée, de nombreux éléments du corps peuvent faire l'objet de trafics. Ainsi, un réseau indépendant de journalistes a mené, pendant huit mois et dans onze pays, une enquête sur l'utilisation des tissus et des os à des fins commerciales[307]. Ces éléments sont prélevés dans les morgues, et les industries cosmétiques ou dentaires les transforment pour qu'ils soient utilisés à des fins médicales variées. Mais la traçabilité au plan mondial de ces éléments mis en circulation fait souvent défaut et favorise les prélèvements effectués dans des conditions critiquables.

133.- Ainsi en 2008, Michael Mastromarino a été condamné aux Etats-Unis à 58 ans de prison pour avoir falsifié des documents et indiqué que les familles de défunts consentaient aux prélèvements de tissus sur le corps de ces derniers. Il avait également dissimulé les véritables causes du décès en remplaçant, par exemple, « cancer » par « arrêt cardiaque »[308].

134.- De même, le 24 février 2012, les autorités ukrainiennes ont découvert des ossements et des tissus humains dans des glacières, accompagnés de rapports d'autopsies et d'enveloppes remplies de billets. Les restes humains semblaient, au vu des documents saisis, destinés à une usine allemande, filiale du groupe américain *RTI Biologics*, spécialisé dans la transformation des restes humains en différents produits tels que des bandelettes sous urétrales, des implants dentaires ou encore de la crème antiride[309]. Ces éléments semblaient provenir d'une morgue de la région de Nikolaev[310]. Le droit ukrainien étant moins protecteur du consentement de la personne défunte ou de ses proches, l'approvisionnement en matière biologique humaine y est plus aisé[311].

135.- En France, les établissements importants des tissus humains doivent obligatoirement obtenir de l'Agence nationale de sécurité du

---

307 V. The International Consortitum of Investigative Journalists, *Skin and Bone*, http://www.icij.org/tissue (dernière consultation février 2020).

308 SHAPIRO J., BARTLETT S., « The Seamy Side Of the Human Tissue Business », https://www.npr.org/2012/07/19/156988089/the-seamy-side-of-the-human-tissue-business (dernière consultation le 12 février 2018).

309 V. The International Consortitum of Investigative Journalists, *Skin and Bone*, http://www.icij.org/tissue (dernière consultation le12 février 2018).

310 « Supplément Géo et Politique », *Le monde*, 22 juillet 2012.

311 LAFONTAINE C., *Le corps marché, La marchandisation de la vie humaine à l'ère de la bioéconomie*, Seuil, « La couleur des idées », 2014, p. 104.

médicament et des produits de santé (ANSM) une autorisation avant de pouvoir faire entrer sur le territoire des produits à base de tissus humains[312]. Mais l'itinéraire emprunté par ces produits n'est pas toujours clair. Les éléments circulent parfois dans plusieurs pays, comme a pu le révéler en 2008 l'affaire de la banque de tissus *Ost Developpement*, établie à Clermont-Ferrand. Les greffons osseux étaient recueillis en Bulgarie, transformés aux États-Unis et distribués sur le territoire français. Après avoir été alerté par les autorités locales sur de possibles irrégularités, un inspecteur de l'ANSM, Fawzi Teskrat, fut chargé d'inspecter l'établissement de Sofia, en Bulgarie, d'où partaient les os. Il découvrit « *une négligence critique et dix négligences majeures* » suscitant des « *inquiétudes sérieuses sur la traçabilité et la validité des échantillons de sang* ». Il était en effet impossible de vérifier par recoupement les dossiers des donneurs. Depuis, la France n'importe plus de tissus bulgares[313]. En outre, l'ANSM effectue des inspections dans les établissements étrangers spécialisés dans la collecte et la transformation des tissus d'origine humaine. Fawzi Teskrat confesse cependant que n'étant pas présents au moment du prélèvement, les inspecteurs ne peuvent pas toujours parfaitement se fier aux données qui leur sont transmises.

Ces trafics constituent donc bien souvent des atteintes à la volonté du mort ou de ses proches. De surcroît, en l'absence de respect des normes sanitaires et en raison du défaut de traçabilité, ces trafics peuvent porter atteinte à la santé de personnes vivantes. La situation de pénurie, qui favorise le développement de ces marchés occultes, conduit à s'interroger sur la légitimité de la prohibition de la vénalité et, partant, sur la légitimité éventuelle d'un marché l'encadrant.

B. Le droit face à l'économie : l'hypothèse d'un marché du corps humain

136.- Face au constat d'un défaut d'offre et du développement de marchés noirs du corps humain, de nombreuses voix s'élèvent contre le choix de la non-vénalité et considèrent que « *tout ce qui est techniquement*

---

312 Décret n° 2008-891 du 2 septembre 2008 *relatif à l'importation et à l'exportation des produits du corps humain.*

313 Nuffield Council on Bioethics, *Human bodies : donation for Medecine and Research* , 2011.

possible doit être également éthiquement acceptable »[314]. Certains reprochent à la prohibition de la vénalité de n'être qu'une « *conception morale* »[315] alors que le paiement pourrait constituer une solution pragmatique et efficace à la pénurie[316]. D'aucuns considèrent ainsi que la vénalité permettrait de sauver de nombreuses vies. En permettant l'augmentation substantielle de l'offre et donc des transplantations, elle freinerait dans le même temps la multiplication des trafics.

137.- Deux conceptions, qui se prévalent d'une éthique différente, s'opposent ainsi. L'éthique invoquée par les tenants de la vénalité serait fondée sur ce qui est juste eu égard aux possibilités en matière médicale. Mais plutôt qu'une vision éthique, il semble que les tenants d'une cession vénale se prévalent avant tout d'une forme « *d'efficience médicale* »[317]. À elle seule, la notion d'efficience est riche de sens[318]. Associée au terme « médical », elle pourrait être définie comme la recherche de soins apportés à un plus grand nombre d'individus, soit en vue d'assurer leur survie ou leur guérison, soit à des fins de procréation. Si la rémunération de la mise en circulation pouvait renforcer assurément et considérablement l'efficience médicale, ne devrions-nous pas douter du bien-fondé du principe de non-vénalité ?

138.- Les éléments de réponse à cette interrogation se trouvent assurément au-delà de la seule sphère du droit. Si le juriste peut parfois nourrir une certaine méfiance à l'égard de l'économiste[319], refusant de se laisser influencer par des arguments relatifs à l'efficience, cela est particulièrement vrai dans le cas du corps humain. Lorsqu'il s'agit

---

314 BADET L., « Les expériences françaises et leurs résultats », *in Réflexions éthiques sur la pénurie d'organes en Europe*, CAILLE Y., DOUCIN M. (dir.), L'Harmattan, « L'éthique en mouvement », 2010, p. 109.

315 HIPPEN B., FRIEDMAN ROSS L., SADE R. M., « Saving Lives Is More Important Than Abstract Moral Concerns : Financial Incentives Should Be Used to Increase Organ Donation », *Ann. Thorac. Surg.*, 2009, n° 88, p. 1053.

316 DAVIS D. F., CROWE S. J., « Organ Markets and the Ends of Medicine », *Journal of Medicine and Philosophy*, n° 34, 2009, p. 586.

317 STEINER P., « *La transplantation d'organes, un commerce nouveau entre les êtres humains* », Gallimard, « Bibliothèque des sciences humaines », 2010, p. 223.

318 Economiquement, un marché efficient est un marché sur lequel l'information nécessaire à l'échange se transmet par le prix. V. WALTER C., « Une histoire du concept d'efficience sur les marchés financiers », *Annales Histoire, Sciences Sociales*, 51e année, n° 4, 1996, pp. 873-905.

319 SAVATIER R., *Les métamorphoses économiques et sociales du droit privé aujourd'hui*, Dalloz, 2ème éd., 1952, p. 46 : « *L'humanité se soumet, tant bien que mal, à ces meneurs de jeu qui président à la science économique. Nous avons dit leur peu d'efficacité relative, mais ils ont la meilleure bonne volonté, pour monter la machine immense qui synthétisera tous les contrats du pays et du monde* ».

d'associer les termes « marché » et « corps », les réticences sont nombreuses[320]. Pour certains auteurs, « *l'autonomie de l'offre par rapport à la demande* » constitue une garantie pour les cédants éventuels[321]. Si nous comprenons la crainte que suscite la création d'un marché libre du corps humain, l'analyse économique ne peut cependant pas être complètement ignorée[322]. L'analyse économique permet donc de poser l'hypothèse d'un marché du corps (**1**), avant que n'en soient analysés le fonctionnement et les limites (**2**).

1. Essai de définition générale du marché du corps

139.- Pour mener à bien une analyse de l'efficience économique de la vente des éléments et produits du corps, encore faut-il préalablement définir et délimiter la notion de marché. Empruntons à titre liminaire à Paul Samuelson sa définition générale du marché : « *Il s'agit d'un dispositif par lequel des acheteurs et des vendeurs se rencontrent pour déterminer le prix et la quantité échangée d'un bien* »[323]. Cette définition laisse apparaître plusieurs points à déterminer pour le marché du corps : les notions d'offre et de demande (**a**), celle de prix (**b**), ainsi que l'existence de plusieurs marchés selon l'élément ou le produit du corps concerné (**c**).

a. Détermination de l'offre et de la demande

140.- La définition générale du marché conduit à définir le vendeur et l'acheteur dans un éventuel marché du corps. Si le vendeur est clairement identifiable, la détermination de l'acheteur est plus incertaine.

141.- ***Identification de l'offre.*** L'individu cédant peut être comparé à une entreprise offrant un produit et qui représente « *l'expression physique*

---

320 Partant du constat que l'association des termes « marché » et « corps humain » conduisait à des réactions morales davantage qu'à des réflexions empiriques, un auteur a récemment proposé de remplacer la notion de marché par celle d'échange. V. HOEYER K., *Exchanging Human Bodily Material,* Springer, 2013, p. 4.

321 HERMITTE M.-A., « Le corps hors du commerce, hors du marché », *APD*, t. 33, 1988, p. 335.

322 LAITHIER Y.-M., Le droit comparé et l'efficacité économique, *Revue de Droit Henri Capitant*, n° 1, 30 déc. 2010.

323 SAMUELSON P. A., *Economie,* Economica, 2000.

de la réponse de l'entreprise à la demande »[324]. L'individu agit ainsi non comme un créateur mais bien comme un producteur, dans le sens qu'en donne Ludwig Von Mises[325]. Les éléments et produits du corps humain sont « *intrinsèquement rares puisque non reproductibles* »[326]. L'individu est un producteur par défaut. Quel que soit le temps du corps, l'être qui est relié à la chose n'est en aucun cas l'auteur de son propre développement corporel. L'être humain ne se produit pas lui-même : il peut se transformer, se mutiler, se parer, mais il n'est pas l'auteur de ses éléments et produits vitaux ou nécessaires à son fonctionnement. Par conséquent, il peut simplement être considéré comme l'auteur d'une mise en circulation au profit d'autrui. La spécificité du corps implique que la mise en circulation d'éléments ou produits ne puisse être effectuée que par un professionnel. L'individu n'est donc pas autonome dans le processus de prélèvement, pas plus qu'il ne contrôle la production des éléments et produits. La particularité du corps impose ici une contrainte à l'offrant, un intermédiaire devenant nécessaire : « *aucun transfert direct entre un offreur et un demandeur d'organe n'est envisageable* »[327].

142.- ***Identification de la demande.*** La question de la détermination de l'acheteur se pose également. S'agit-il de l'établissement de santé qui prélève l'élément, celui qui le transfert, l'État ou encore le patient ? Cette dernière hypothèse nous paraît clairement incompatible avec le système français. En effet, hormis l'hypothèse du don d'organes du vivant, l'anonymat constitue une frontière de taille à l'achat par le patient lui-même. Or, il n'est pas question de remettre en cause ce principe, car il garantit l'expression d'une volonté libre. En outre, un achat direct contreviendrait au principe d'accès égalitaire aux soins. Par conséquent, eu égard au système de santé français et aux impératifs juridiques, seul un établissement de santé ou l'État pourraient acquérir, contre un prix, un élément ou produit du corps humain. Les acteurs du marché étant envisagés, il convient à présent d'analyser celle du prix.

---

324 BOULOCHER V., FLAMBARD S., *L'analyse d'un marché*, Vuibert, 3ème éd., 2009.

325 VON MISES L., *Human Action, A Treatise on Economics*, Yale University Press, 1949, p. 140: « *Production is not an act of creation ; it does not bring about something that did not exist before. It is a transformation of given elements through arrangement and combination* ».

326 STEINER P., « Gifts of Blood ans Organs : the Market and « Fictitious » Commodities », *Revue française de Sociologie*, supplément, p. 147.

327 SAMBUC C., *Les transplantations d'organes, De la réflexion éthique à l'analyse économique,* Thèse d'économie, Université d'Aix Marseille, 21 juin 2010, p. 15.

b. Le marché du corps et l'existence d'un prix

143.- En imposant l'existence d'un prix, la définition du marché contredit certains juristes qui considèrent qu'il existe d'ores et déjà un marché des éléments et produits du corps. L'acception retenue du marché implique l'existence d'un prix et non pas seulement l'adéquation entre l'offre et la demande[328]. Or, s'il existe un marché secondaire du corps humain, permettant la rencontre entre ceux qui récoltent et transforment les éléments du corps et ceux qui les achètent, l'interdiction d'une rémunération du cédant empêche aujourd'hui d'affirmer l'existence d'un marché primaire et légal du corps. La consécration d'un marché du corps exige donc la détermination d'un prix pour chaque élément cédé. Ce prix est fondamental puisqu'il joue un rôle de taille dans la décision de cession. La fixation du prix dépend du type de marché retenu.

c. Des marchés pour le corps

144.- Parler d'un marché du corps humain au singulier ne doit pas masquer la réalité qui est celle d'une pluralité de marchés. Il existe en effet autant de marchés qu'il y a d'éléments et produits du corps humain. Un marché du rein doit être distingué d'un marché des gamètes ou encore des phanères. Il faut donc prendre en compte les nuances qu'introduisent les utilisations variées des éléments et produits du corps humain.

Le cadre théorique étant posé, il convient à présent d'envisager les conséquences pratiques d'un marché.

---

[328] HERMITTE M.-A., « Le corps hors du commerce, hors du marché », *APD*, t. 33, 1988 : « *On est donc passé d'un premier statut où les organes étaient dans l'échange mais hors du marché à un deuxième statut où les organes sont dans l'échange et dans le marché non rémunéré : non rémunéré puisqu'il s'agit toujours d'un don, puisqu'il n'y a pas de profit réalisé sur les transplantations, mais dans le marché puisqu'il y a eu tentative de rendre l'offre adéquate à la demande par l'institution légale d'une présomption légale de consentement* » ; HELLENBRAND M., *La protection du corps humain face au progrès scientifique et à l'économie de marché ou la défense et l'illustration de la non-commercialisation du corps humain*, Thèse de droit privé, Université de Metz, 1994, p. 103.

2. Le marché du corps et la recherche de l'efficience médicale

145.- Selon les tenants d'un marché du corps, la rémunération permettrait d'accroître la matière humaine disponible à des fins médicales. Le prix agirait comme un levier permettant d'équilibrer l'offre et la demande. Cependant, la question de la détermination du prix et de ses effets sur l'offre se pose différemment selon qu'il s'agit d'un marché soumis à la concurrence pure et parfaite (**a**) ou d'un marché régulé (**b**).

a. Le libre marché : un marché inapproprié

146.- Si certains considèrent que le corps peut être soumis au libre marché, il n'est pas certain que le prix librement fixé par la loi de l'offre et la demande permette d'assurer un équilibre sur ce marché[329].

147.- ***L'analyse classique du marché appliquée au corps humain.*** Aborder la question de l'efficacité dans le marché impose de s'interroger sur l'équilibre entre l'offre et la demande. Dans l'analyse économique classique, l'offre et la demande s'équilibrent par principe. Le marché soumis à la libre concurrence permet alors de « *nous récompenser tous selon les contributions que nous apportons au bien-être les uns des autres* »[330].

148.- Ainsi, en s'appuyant sur la théorie classique du marché, Bertrand Lemennicier envisage la mise en circulation vénale du corps. Détournant la formule de Fouillée « *qui dit contractuel dit juste* » -, il pourrait ainsi scander « *qui dit marché, dit juste* ». En effet, la propriété sur son propre corps s'impose selon l'auteur comme seul remède aux injustices[331]. L'individu propriétaire de son corps peut en disposer librement et en tirer profit sur un marché. En ce sens, l'auteur ne « *voit pas pourquoi il faudrait interdire à un pauvre de s'enrichir de cette manière alors que l'on accepte que les femmes prostituent leur sexe, ou, pire encore, que certains individus pauvres prennent des risques énormes dans les mines ou dans certains métiers dangereux. Pourquoi gagner sa vie en vendant*

---

[329] Pour un traitement des différents marchés et l'application au corps, v. HOEYER K., *Exchanging Human Bodily Material : Rethinking Bodies and Markets,* Springer, 2013.

[330] WALZER M., *Sphères de justice, Une défense du pluralisme et de l'égalité,* Seuil, « La couleur des idées », 1997, p. 160.

[331] LEMENNICIER B., *La morale face à l'économie,* Editions d'Organisation, 2006, p. 30 : « *Il suffit d'attribuer un droit de propriété sur le corps humain à celui qui en est le premier occupant, c'est-à-dire l'individu lui-même. C'est lui qui décidera de son usage et de la morale qui guidera ses actions. On sera certain que son corps ne sera pas utilisé comme moyen à des fins auxquelles il n'aura pas consenti* ».

son rein ou son sang, voire son cadavre, devrait-il être répréhensible ? »[332]. L'invitation est claire, le voyage un peu plus obscur : l'individu, ainsi maître de son corps, peut alors se transformer en or. Dans cet élan où tout semble permis, doit-on s'étonner d'une proposition consistant à envisager que puissent être aliénés des enfants[333]? Pourquoi ne pas également approuver la rémunération proposée par une association londonienne à des personnes toxicomanes en contrepartie de leur stérilisation, sous couvert de l'intérêt de l'enfant ?[334]

149.- A travers cette analyse fondée sur une liberté exaltée, apparaissent les dangers d'un marché non régulé. Comme le soulignait Bernard Edelman dans son analyse de l'affaire Moore[335], il ne faudrait pas qu'attiré par les sirènes de la libre disposition, l'individu se comporte comme un maître sur son esclave que serait ce corps, au sacrifice, *in fine*, de sa propre liberté. Cette conception économique n'est pas suffisamment pertinente et contredit radicalement la conception que nous défendons du corps. De surcroît, ce marché ne semble pas efficient médicalement.

150.- ***Les limites de la concurrence pure et parfaite.*** L'analyse classique a été maintes fois remise en cause. Par principe, le marché ne semble pas nécessairement s'équilibrer et, comme le précisent les néoclassiques, cette théorie ne résout pas le problème de la dotation initiale par hypothèse. Ce serait une « *manne tombée du ciel* » qui viendrait expliquer la mise en place des premières dotations sur ce marché. *A fortiori* pour le corps, le choix d'un marché libre est très contesté par les économistes, conscients de la particularité de ce marché[336]. On peut en effet s'interroger sur la détermination du prix dans le cadre d'un marché non régulé. Pour

---

332 *Ibid.*, p. 46.

333 LEMENNICIER B., *Le marché du mariage et de la famille*, PUF, « Libre Echange », 1988, p. 125 : « *une famille nécessiteuse dont le cinquième enfant n'a pas été désiré, ne peut lui offrir des espérances de vie et de carrière professionnelle particulièrement alléchantes. En revanche, l'achat de cet enfant par une famille riche lui ouvre toutes les opportunités et tout le monde est satisfait. La famille pauvre se trouve être plus à l'aise après la vente de ses droits au foyer d'accueil, l'enfant voit ses espérances de niveau de vie futur s'améliorer et la famille qui l'achète au prix fort est heureuse ! Où est l'injustice ? Par ailleurs, quels sont les parents ou le conseil de famille qui voudraient voir l'enfant être adopté par une famille pauvre ? C'est, paradoxalement, l'impossibilité légale d'échanger les droits d'élever les enfants qui perpétue les inégalités dues à la naissance !* ».

334 MALINGRE V., *Le Monde*, 31 oct. 2010, p. 3. L'organisation *Caritative Project Prevention* propose ainsi une somme de 200 livres à un londonien toxicomane pour qu'il subisse une vasectomie. La fondatrice, Barbara Harris, s'adresse à tous les toxicomanes drogués ou alcooliques, partant du principe que leurs éventuels enfants seront défavorisés.

335 EDELMAN B., « L'homme aux cellules d'or », *D.*, 1989, chr. XXXIV, pp. 225-230.

336 SAMBUC C., *Les transplantations d'organes, De la réflexion éthique à l'analyse économique,* Thèse d'économie, Université d'Aix Marseille, 21 juin 2010, p. 242.

ce faire, il convient de préciser que dans l'hypothèse d'un marché non régulé, le prix résulte de la confrontation entre l'offre et la demande.

151.- Or, l'offre d'éléments et produits du corps humain est singulière. Elle implique que la personne soit préalablement informée des dangers et des implications de son acte, *a fortiori* s'agissant de la mise en circulation de ses organes. En outre, toute personne ne peut pas nécessairement se constituer offreur, en raison d'éventuelles contre-indications médicales. Il est donc difficilement concevable d'envisager un afflux massif d'offreurs dans le système de santé français. Par conséquent, les premiers agents prêts à céder leur corps sur le marché seront certainement en mesure d'imposer un prix élevé en raison de la rareté de l'offre.

152.- Du côté de la demande, il est également difficile d'appliquer les raisonnements propres aux biens ordinaires. La demande résulte d'un besoin qui a pu être défini comme « *un sentiment de manque éprouvé à l'égard d'une satisfaction générale liée à la condition humaine* »[337]. En principe, le besoin peut donc être provoqué. Le produit ayant ordinairement un cycle de vie limité sur le marché, Philip Dubois et Bernard Kotler comparent la vie du bien au cycle biologique : le produit naît, vit et meurt. Cette conception du besoin n'est pas applicable aux éléments et produits du corps humain, le besoin n'étant pas fonction d'une envie, éventuellement provoquée, mais d'une nécessité, en particulier lorsqu'il s'agit de préserver une vie sans qu'aucune alternative médicale ne puisse être envisagée. Dans la hiérarchie de Maslow[338], les besoins qualifiés de physiologiques (faim, soif, médicaments) relèvent de la catégorie des éléments de première nécessité et figurent à ce titre au sommet de la hiérarchie. Les éléments du corps seraient donc également placés au sommet de cette hiérarchie. Il s'agit assurément de besoins fondamentaux qui « *sont les seuls à constituer des fins en eux-mêmes* »[339]. Cette analyse peut néanmoins être tempérée s'agissant de certains éléments du corps qui sont substituables, à l'instar des phanères ou encore des produits qui contribuent à la reproduction et non à la vie de la personne. S'agissant du corps humain, la demande ne résulte pas de besoins provoqués mais relève de la nécessité : elle ne peut donc diminuer que si elle est satisfaite.

153.- Dans l'hypothèse d'un libre marché, les prix risquent, dans un premier temps, d'être très élevés. Cela peut permettre d'attirer de

---

337 KOTLER P., DUBOIS B., *Marketing Management,* Publi-Union Editions, 10ème éd., 2000.
338 MASLOW A., *Motivation and Personnality,* Harper and Row, 1954.
339 MASLOW A., *Devenir le meilleur de soi-même, besoins fondamentaux, motivation et personnalité*, Eyrolles, 2008, p. 67.

nouveaux offreurs, sous réserve des contre-indications médicales. Mais dans une perspective de recherche d'efficience de ce marché, la limite du paiement de ce prix doit être envisagée. Si l'acheteur sur le marché est le patient lui-même, les acheteurs les plus fortunés, face à l'impératif de survie, seront prêts à payer un prix élevé.[340] Mais nous avons écarté cette possibilité dans le système français, au profit de l'achat par des intermédiaires. Si donc les établissements de santé, soutenus par la sécurité sociale, doivent payer, pourront-ils en supporter le coût à moyen ou long terme ? Dans le système américain, Philippe Steiner a pu observer que la multiplication des transplantations s'expliquait par la diminution de leur coût[341]. Concernant le rein notamment, la transplantation est économiquement vertueuse pour la collectivité car elle est rapidement moins coûteuse qu'un traitement par dialyse. Inversement, un prix trop élevé proposé par les vendeurs risque donc d'aboutir, nonobstant l'existence de véritables besoins, à un déclin des pratiques, le système de santé ne pouvant plus être financé. Un relais par des organismes de santé privés pourrait être envisagé, mais une fois encore au détriment de l'égalité dans l'accès aux soins. Or, améliorer l'offre ne doit pas conduire à diminuer la demande en raison du caractère trop onéreux des pratiques. Dans cette configuration, le marché ne peut pas être considéré comme efficient d'un point de vue médical.

154.- À ce stade du raisonnement, on pourrait nous opposer que l'arrivée sur le marché de nombreux offreurs, attirés par les rémunérations conséquentes, conduirait progressivement à un déclin des prix et donc à l'équilibre entre l'offre et la demande[342]. Mais ce serait encore une fois ignorer les particularités des marchés du corps et, hormis l'analyse critiquée de Bertrand Lemennicier, il est révélateur que les tenants de la vénalité de la mise en circulation ne souhaitent généralement pas

---

340 STEINER P., *La transplantation d'organes, un commerce nouveau entre les êtres humain* , Gallimard, « Bibliothèque des sciences humaines », 2010, p. 194 : « *pour le malade le greffon a une valeur immense puisqu'il rend possible un acte thérapeutique qui sauve la vie. En l'absence de coordination marchande, le greffon n'a pas de prix* ».

340 SAMBUC C., *Les transplantations d'organes, De la réflexion éthique à l'analyse économique,* Thèse d'économie, Université d'Aix Marseille, 21 juin 2010, p. 243.

341 STEINER P., *La transplantation d'organes, un commerce nouveau entre les êtres humains,* Gallimard, « Bibliothèque des sciences humaines », 2010, p. 198.

342 L'hypothèse d'une entente entre les vendeurs n'est néanmoins pas à exclure. L'exemple de la *class action* dirigée aux Etats-Unis contre un ensemble de sociétés achetant des ovocytes à des prix trop bas peut donner un bref aperçu des difficultés du marché. V. BELLIVIER F., « Vérité en deçà des Pyrénées, erreur au-delà ? Les contrats américains de vente d'ovocytes à l'épreuve du droit de la concurrence », *RDC*, 1er janv. 2012, n° 1, p. 225.

l'instauration d'un marché soumis à la concurrence pure et parfaite. L'hypothèse d'un marché régulé par le pouvoir étatique et les autorités sanitaires et médicales, qui détermineraient le prix d'échange, est souvent préférée. Cette conception du marché du corps est davantage en adéquation avec le droit français de la santé. L'arbitraire du marché dans la fixation du prix est difficilement conciliable avec l'encadrement strict qu'organise le droit français lorsqu'il s'agit de céder une partie de son corps.

Le libre marché devant être écarté, peut-on espérer une plus grande efficience médicale dans une situation de marché régulé ?

b. Le marché régulé : un marché incertain

155.- Contrairement au marché soumis à la concurrence pure et parfaite, le prix, dans le cadre d'un marché régulé, peut être fixé par un agent unique. Ce prix peut être directement versé aux donneurs, qui deviennent alors vendeurs, ou faire l'objet d'un paiement indirect à travers des mesures telles que des incitations fiscales, la diminution de primes d'assurance ou encore le paiement des frais funéraires. Mais que le prix soit directement ou indirectement versé, la question de son montant se pose irrémédiablement. L'individu, guidé par la rationalité, doit être attiré par une rémunération suffisante pour que l'offre puisse s'améliorer sensiblement. Or, si la rationalité est placée au cœur du raisonnement économique, des voix s'élèvent pour en contester les limites et l'inadéquation dans certains marchés. Le facteur prix est-il le seul décisif dans l'accroissement de la courbe de l'offre au niveau de la demande ?

156.- ***La rationalité et la difficile détermination du prix.*** A titre liminaire, nous devons nous placer dans l'esprit du « producteur » qu'est l'être humain et raisonner sur cette notion fondamentale qu'est la rationalité. En effet, la rationalité est l'un des éléments clés de l'analyse de marché. Certains auteurs voient en elle « *la vertu fondamentale de l'homme, la source de toutes ses autres vertus* » [343]. L'*homo oeconomicus*, en sa qualité de producteur, cherche à maximiser son profit. Par conséquent, la détermination du prix est décisive dans la décision de cession. Plusieurs modèles de rémunération peuvent être envisagés, certains d'entre eux

343 RAND A., *La vertu d'égoïsme,* Les Belles Lettres, « Collection Iconoclaste », p. 56 ; GUERRIEN B., « L'introuvable théorie du marché », *Revue semestrielle du Mauss*, n° 3, 1994, p. 39.

n'étant que théoriques tandis que d'autres connaissent déjà une application pratique. On peut distinguer principalement deux grandes catégories. Certains systèmes valorisent un paiement direct de l'auteur de la mise en circulation tandis que d'autres envisagent un paiement que l'on peut qualifier d'indirect mais qui ne peut être confondu avec une logique d'indemnisation.

157.- ***Systèmes reposant sur le paiement d'un prix.*** L'Iran et l'Arabie Saoudite ont consacré l'existence d'un marché légal du rein, l'État Iranien étant le premier à l'avoir légalisé en 1997. Les divergences d'interprétation du droit islamique auraient pu constituer un obstacle à ce marché, mais une interprétation moderne d'une sourate du Coran indiquant « *que celui qui sauve une vie sauve l'humanité* » (sourate 5 verset 32) a notamment permis de consacrer ce système[344]. Une Agence nationale fixe le prix qui doit être versé en contrepartie de la mise en circulation d'un rein. Le vendeur bénéficie également d'une assurance santé pendant un an. En France, on pourrait ainsi envisager de confier ce rôle à l'Agence de la biomédecine. Ce marché contrôlé est un monopsone, c'est-à-dire qu'il se caractérise par la présence d'un acheteur unique. Sur ce marché, l'acheteur unique fixe le prix. Grâce à ce système, l'Iran peut se prévaloir aujourd'hui d'avoir atteint un équilibre sur le marché du rein. En outre, cette augmentation de l'offre semble s'effectuer dans des conditions relativement satisfaisantes pour les vendeurs puisqu'une étude menée par des chercheurs iraniens, à partir d'un échantillon de 600 donneurs iraniens peu de temps après leur don, laisse apparaître une satisfaction globale pour 86, 5% d'entre eux[345]. On peut cependant souligner d'autres chiffres révélateurs : l'âge moyen des vendeurs est de 28 ans, ce sont souvent des personnes qui n'ont pas de couverture maladie (82, 6 %) et seulement un tiers d'entre elles ont un emploi à temps plein. Ces chiffres illustrent l'attractivité du prix pour des personnes en situation précaire.

158.- Au-delà de cette instrumentalisation des plus démunis, ce succès d'un marché contrôlé ne peut susciter qu'un enthousiasme modéré dès lors qu'il est question de le transposer dans d'autres États. L'efficience

---

344 MAHMOUD A., « Etude comparative de la transplantation d'organes en droit iranien et français », *RGDM*, n° 28, 2008 p. 7 : « *en droit islamique, les avis des Ulémas sur la transplantation d'organes sont différents. Alors que plusieurs des grands Ulémas contemporains déclarent qu'une contrepartie financière des dons d'organes est admissible, d'autres pensent que c'est interdit. Certains Ulémas célèbres sont unanimes en faveur de la perception d'argent en cas de l'obtention d'une permission* ».

345 HEIDARY ROUCHI A., MAHDAVI-MAZDEH M., MAHNAZ Z., « Compensated Living Kidney Donation in Iran », *Iranian Journal of Kidney*, n° 1, janv. 2009, pp. 34-39.

d'un système transposé dans un autre pays peut en effet conduire à un échec. Les standards culturels, éthiques ou encore économiques doivent être pris en considération afin d'envisager des solutions adaptées[346]. Le salaire moyen en Iran étant de 225 dollars, le prix qui permet d'accroître l'offre sensiblement n'est pas nécessairement élevé. Or, quel prix pourrait-on envisager de fixer en France en considération du marché du travail, de la prise en charge du chômage et des garanties de ressources ? La détermination de ce prix est difficile à apprécier. Certains auteurs ont par exemple envisagé de prendre en compte le coût de la vie tel qu'apprécié par le système des assurances. Satel propose ainsi de fixer le prix des organes à 25 000 dollars ou 40 000 dollars, Matas et Schnitzler à 94 000 dollars[347]. D'autres auteurs comme Banks considèrent qu'il convient d'introduire une distinction selon les organes prélevés : 20 000 dollars pour un cœur, 15 000 dollars pour un rein ou encore 10 000 dollars pour le foie ou le poumon. La question de la détermination du prix se pose différemment après le décès puisque nombreux sont les auteurs qui s'entendent pour considérer que l'individu est plus sensible à un prix peu élevé, dès lors que n'existe plus d'enjeu de santé. Mais la fixation du prix doit également être étudiée pour rendre accessible le bien à la demande. La difficulté demeurera dans l'équilibre à trouver entre un prix suffisamment attractif pour le vendeur et un prix suffisamment raisonnable pour ne pas contraindre l'acheteur, de surcroît s'il s'agit d'un établissement public.

159.- Ce raisonnement, au-delà des marchés des organes, s'applique à la rémunération d'autres produits ou éléments du corps humain. La rémunération du sang ou des gamètes est plus fréquente que celle des organes. On la retrouve notamment aux États-Unis, en Angleterre ou en Espagne. Pour ce dernier pays, une indemnisation de 900 euros est versée aux « donneuses » de gamètes[348]. Cette rémunération attire généralement de jeunes étudiantes et des femmes aux revenus faibles, population plus

---

346 HEIDARY ROUCHI A., MAHDAVI-MAZDEH M., MAHNAZ Z, « Compensated Living Kidney Donation in Iran », *Iranian Journal of Kidney*, n° 1, janv. 2009, pp. 34-39.

347 GASTON R. S., DANOVITCH G.M., EPSTEIN R. A., KAHNA J.P., MATAS A. J., SCNITZLER M.A, « Limiting Financial Disincentives in Live Organ Donation : A Rational Solution to the Kidney Shortage », American *Journal of Transplantation,* 2006, vol. 6, p. 2548.

348 CAMBY C., « Don d'éléments du corps humain et gratuité », *in Bioéthique : entre loi, morale et progrès,* Revue politique et parlementaire, n° 1050, janv.-fév.-mars, 2009, p. 64. L'auteur mentionne un chiffre moyen de 1 500 euros tandis que d'autres auteurs évoquent le chiffre de 900 euros.

348 *Ibid.,* p. 66.

susceptible d'être attirée par un prix, même faible[349]. Un phénomène similaire existe aux États-Unis[350]. Le terme fallacieux d'« indemnisation » est souvent utilisé pour masquer l'existence d'un véritable prix. L'offre s'accroît grâce à l'attractivité d'un prix qui peut être modéré, mais qui attire les personnes vulnérables. La rémunération du sang a également cours dans plusieurs États. La hausse de l'offre est alors plus sensible dans les États les plus défavorisés. Une fois encore, l'attractivité du prix est fonction de la richesse moyenne du pays[351].Aux côtés de ces systèmes, où le terme d'indemnisation ne masque pas la réalité d'une véritable rémunération, existent également des propositions en faveur du développement d'une rémunération indirecte, dans le cadre de la mise en circulation du vivant mais également après le décès.

160.- ***Les systèmes de « compensation indirecte » de la cession.*** Plusieurs systèmes d'incitation au don ont été envisagés ou mis en œuvre. L'instrument de la réduction d'impôt en fait partie. Il peut ainsi être accordé du vivant de la personne une réduction d'impôt lorsqu'elle consent à une cession ou lorsqu'elle accepte de céder son corps après son décès. Dans cette dernière hypothèse, le bénéficiaire de la réduction d'impôt pourra être le donneur lui-même ou ses ayants-droits[352]. L'effectivité de cette mesure en droit français serait sans doute limitée. En effet, elle s'adresse prioritairement aux personnes souhaitant réduire leur imposition. Or, n'existe-t-il pas des montages fiscaux plus avantageux et moins douloureux que celui consistant à mettre en circulation des éléments de son corps ?

161.-La réduction des primes d'assurance maladie ou d'assurance vie a également été envisagée par certains auteurs, soit pour un don du vivant, soit pour un don *post mortem*. Il s'agirait dans ce dernier cas d'une forme de marché futur, la compagnie d'assurance devenant, en contrepartie d'une

---

349 LANNOU D., « Pour un don d'ovocytes à la française », *Gynécologie Obstétrique & Fertilité*, n° 38, 2010, pp. 23-29 ; MERLET F., « Prise en charge du don d'ovocytes : réglementation du don, la face cachée du tourisme procréatif », *Gynécologie Obstétrique & Fertilité*, n° 38, 2010, pp. 36-44 ; LAFONTAINE C., *Le corps marché, La marchandisation de la vie humaine à l'ère de la bioéconomie*, Seuil, « La couleur des idées », 2014, p. 149.

350 BLACKSHER E., « On Ova Commerce », *Hastings Center Report*, n° 5, 2000, pp. 29-30.

351 FREY B. S., *Not just for the Money, An economic Theory of Personal Motivation,* Cheltenham, Edward Elgar, 1997, p. 85.

352 MADER M., « Les modèles pécuniaires entre éthique et droit », *in Emouvoir et persuader pour promouvoir le don d'organes ? L'efficacité entre éthique et droit,* FLUCKIGER A. (dir), Schulthess, 2010, p. 172.

réduction de la prime d'assurance, titulaire des droits sur les organes au moment du décès[353].

162.- Le système de « *futures market* » se rapproche quelque peu du précédent en ce qu'il permet à des individus en bonne santé de conclure un contrat, de leur vivant, portant sur la vente de leurs organes, avec livraison après leur décès. Il s'agit d'un contrat à exécution future. Si la mort survient dans des circonstances qui permettent un prélèvement et si les organes sont en état d'être prélevés, alors une somme d'argent est versée à la succession ou à une personne désignée par le donneur[354]. Dans ce cadre, l'enrichissement ne peut être escompté que dans l'hypothèse où le stipulant peut-être effectivement prélevé.

163.- Le paiement de l'assurance santé peut également être évoqué. En France, l'organisation de l'assurance maladie réduit l'intérêt d'une telle mesure, contrairement à l'Iran par exemple, où il est fréquent qu'un membre de la famille consente à vendre un rein pour payer les soins d'un proche[355].

164.- Plus spécifiquement destinée à favoriser l'offre pour le temps du décès, la prise en charge des frais funéraires, par l'attribution d'un montant forfaitaire destiné à assurer une égalité de traitement, a encore été envisagée[356].

165.- Enfin, dans le cadre plus particulier des gamètes, on pourra évoquer le système développé au Royaume-Uni. On propose aux couples un partage d'ovocytes en contrepartie de quoi le montant de leurs frais liés à la fécondation *in vitro* (FIV) serait diminué d'un montant de 600 livres[357]. Le montant maximum est fixé par un organisme national, la Human Fertilisation Embryology Authority (HFEA). Cette indemnisation ne peut donner lieu à aucune négociation, étant contrôlée par les hautes autorités sanitaires du pays. Mc Hillan et Hope considèrent qu'il ne s'agit pas d'un

---

[353] SAMBUC C., *Les transplantations d'organes, De la réflexion éthique à l'analyse économique,* Thèse d'économie, Université d'Aix Marseille, 21 juin 2010.

[354] MADER M., « Les modèles pécuniaires entre éthique et droit », *in Emouvoir et persuader pour promouvoir le don d'organes ? L'efficacité entre éthique et droit,* FLUCKIGER A. (dir.), Schulthess, 2010, p. 175.

[355] HEIDARY ROUCHI A., MAHDAVI-MAZDEH M., MAHNAZ Z, « Compensated Living Kidney Donation in Iran », *Iranian Journal of Kidney*, n° 1, janv. 2009, p. 36.

[356] MADER M., « Les modèles pécuniaires entre éthique et droit », *in Emouvoir et persuader pour promouvoir le don d'organes ? L'efficacité entre éthique et droit,* FLUCKIGER A. (dir.), Schulthess, 2010, p. 174.

[357] Les frais liés à la FIV sont de 2 700 livres en moyenne, l'assurance maladie n'offrant qu'une très faible garantie de remboursement.

libre marché mais bien d'un système de compensation[358]. Il est pourtant question ici d'un paiement indirect et donc d'une forme de marché. Ce système n'offre pas un champ d'application intéressant en France, en raison de la meilleure prise en charge par la sécurité sociale de la fécondation *in vitro*[359]. Au contraire, il connaît un plus grand succès en Inde, pays de grandes inégalités. Les femmes y sont incitées, en contrepartie de la gratuité du traitement contre la fertilité, à consentir des dons d'ovules ou d'embryons au profit d'une recherche intensive sur les cellules souches[360].

166.- Dans tous ces systèmes, la question de l'effet véritablement incitatif de la mesure se pose. Prouver l'efficacité du marché du rein dans le système sanitaire mis en place aux États-Unis ne permet pas de déduire l'efficacité du marché du foie en France. Si la comparaison permet d'enrichir l'analyse, il convient en effet d'être réservé sur l'efficience de systèmes fondés sur la rémunération en France. Au-delà de la simple question de la détermination du prix, il ne faut pas méconnaitre une donnée fondamentale que certains économistes considèrent avec intérêt : l'irrationalité.

167.- ***L'irrationalité ou l'efficience incertaine du marché.*** Assurément au cœur de toute analyse économique, le comportement des agents est un élément fondamental de l'équilibre sur le marché. Les économistes s'attachent souvent aux effets du prix, car il s'agit d'une donnée extérieure à l'individu. Les sentiments particuliers dictant les conduites sont plus délicats à appréhender. Comme le souligne un auteur, les motivations personnelles sont souvent écartées du raisonnement car l'économiste ne se reconnaît pas compétent pour les apprécier, et considère bien souvent que la motivation par le prix est plus importante[361]. Or, la difficulté d'apprécier un prix d'incitation sur le marché du corps, corrélée à la particularité de ce marché, nous place face aux limites de ce raisonnement. L'analyse économique ne peut se résumer à une

---

358 MCMILLAN J., HOPE T., « Gametes, money and egg-sharing », *The Lancet*, 2003, vol. 362, Issue 9383, p. 584.

359 En France, la sécurité sociale prend en charge quatre tentatives de fécondation in *vitro*. Après la naissance d'un enfant, le couple dispose de nouveau d'une prise en charge de quatre tentatives. Voir site de l'assurance maladie https://www.ameli.fr/assure/sante/themes/sterilite-pma/prise-charge-infertilite (dernière consultation février 2020).

360 LAFONTAINE C., *Le corps marché, La marchandisation de la vie humaine à l'ère de la bioéconomie*, Seuil, « La couleur des idées », 2014, p. 151.

361 FREY B. S., *Not just for the Money. An economic Theory of Personal Motivation,* Cheltenham, Edward Elgar, 1997, p. 13.

appréciation cynique réduisant les comportements à la recherche d'un profit maximisé, en particulier lorsqu'il s'agit du corps.

168.- Certains économistes se sont inquiétés que l'irrationalité soit toujours traitée par opposition à la rationalité, et soit reléguée à un rang inférieur dans l'analyse économique[362]. C'est ainsi que plusieurs courants de pensée ont émergé, prenant davantage en compte les choix dictés par des intérêts autres que pécuniaires. L'irrationalité a assurément un rôle primordial sur les marchés des éléments et produits du corps humain. Face à « l'effet d'aubaine », s'érigent en effet la crainte, la douleur, la contrainte, l'éthique personnelle, *etc.* Autant de considérations qui varient selon la personne, l'organe ou le produit concernés, mais également selon que le prélèvement est envisagé du vivant ou *post-mortem.* Dans ce dernier cas, la santé n'est plus en jeu. Pour autant, les conceptions éthiques, religieuses, peuvent influencer le choix du défunt ou de ses proches.

169.- Au-delà des sentiments personnels, des données plus globales peuvent être appréciées pour mesurer l'effectivité d'un marché du corps en France. Par exemple, la « *Crowding Theory* » a mis en avant l'importance d'une acceptation du marché par les agents. La légitimité de ce dernier joue un rôle déterminant dans l'allocation des ressources[363]. Or, les législations européennes témoignent globalement d'un attachement au principe de non-vénalité. S'il est vrai que la législation n'est pas toujours le reflet de l'opinion publique, les réformes successives des lois bioéthiques et les débats citoyens organisés à ces occasions permettent de confirmer l'hostilité des Français à l'ouverture d'un marché du corps. Si le marché n'est donc pas accepté ou est considéré comme illégitime, il paraît difficile d'affirmer que le prix favorisera sensiblement la croissance de l'offre. Si tant est que le prix attire néanmoins de nouveaux offrants, il n'est paradoxalement pas certain que l'offre augmente. Ce phénomène a pu être mis en avant par Richard Titmuss qui a ainsi démontré que le système anglais, reposant uniquement sur des prélèvements non rémunérés, était plus efficace que le système rémunéré, notamment aux Etats-Unis. De surcroît, il a démontré les vertus non économiques du don de sang[364]. Ce phénomène peut s'expliquer en deux temps.

---

362 ELSTER J., *L'irrationalité, traité critique de l'homme économique II,* Editions du Seuil, « Les livres du nouveau monde », 2010.

363 FREY B. S., JEGEN R., « Motivation Crowding Theory », *Journal of Economic Surveys,* vol. 15, n°5, 2001, pp. 589-611.

364 TITMUSS R. M., *The gift relationship : from human blood to social policy*, Publisher New Press, 1997, p. 198 : « *Altruism in giving to a stranger does not begin and end with blood donations. It may*

170.- Tout d'abord, pour les personnes les plus fortunées et les personnes rémunérées par une activité professionnelle, la rétribution du sang n'est généralement pas un élément de motivation. La rémunération proposée ne leur semble pas assez attractive eu égard à leurs ressources. Les centres de prélèvement se trouvent alors confrontés à un grand nombre de donneurs issus de catégories défavorisées dont la santé est plus fragile. Par conséquent, le sang fourni n'est pas toujours exploitable. Dès lors, quand bien même la rémunération contribuerait à accroître le nombre de donneurs, la quantité de sang disponible n'augmenterait pas de manière proportionnelle.

171.-Un deuxième effet de la rémunération peut être constaté. Dans les systèmes où la rémunération et le don bénévole coexistent, Richard Titmuss constate néanmoins une diminution des quantités. La « théorie du passager clandestin » permet d'expliquer cette étonnante évolution[365]. Le donneur bénévole sait qu'il existe à présent des donneurs rémunérés. Son acte altruiste perd alors sa portée symbolique et son utilité. Il interrompt donc la mise en circulation gratuite sans pour autant devenir donneur rémunéré, car les raisons du don se situaient en dehors d'une logique financière[366]. Les travaux de Richard Titmuss ont fait l'objet de plusieurs contestations[367]. Certains auteurs, à l'instar de Michael H. Cooper et Anthony J. Culyer, ont tenté pour leur part de démontrer que la difficulté liée à la mauvaise qualité du sang des donneurs rémunérés pouvait être contournée par des contrôles plus stricts et que la coexistence d'un système de rémunération et à titre gratuit pouvait fonctionner[368]. Mais leur analyse a été contestée par David Collard qui, en s'appuyant sur le travail de Richard Titmuss et en reprenant la théorie du passager clandestin, a finalement opté pour un système non mixte et non rémunéré[369]. Le

---

touch every aspect of life […]. It is likely that a decline in the spirit of altruism in one sphere of human activities will be accompanied by similar changes in attitudes, motives and relationships elsewhere ».

365 TITMUSS R. M, *The gift relationship: from human blood to social policy*, Publisher New Press, 1997, p. 198.

366 STARK O., *Altruism and Beyond, An Economic analysis of transfers and exchanges within families and groups*, Cambridge University Press, « Oscar Morgenstern memorial lectures », 1995 : « *Commercialization of blood giving in the United States may explain why the amount of blood given voluntarily in that country is small and the total (per capita) supply of blood significantly less than in the United Kingdom where giving blood is completely voluntary and unpaid. (It is as if individuals cease to give blood when they see that other people are being paid for it...)* ».

367 HOEYER K., *Exchanging Human Bodily Material,* Springer, 2013, p. 17.

368 COOPER M. H., CULYER A., *The price of blood : an economic study of the charitable and commercial principle*, Publisher Institute of Economic Affairs, 1968.

369 COLLARD D., *Altruism and Economy, A study in non-selfish economics,* Oxford, Martin Roberson, 1978.

raisonnement tenu par Richard Titmuss peut-il cependant s'appliquer à l'ensemble des éléments et produits du corps humain susceptibles d'une mise en circulation ?

172.- S'agissant du don de gamètes, les motivations à l'origine d'une mise en circulation, aujourd'hui en France, ne sont pas financières, la rémunération étant prohibée. Elles peuvent naître de la difficulté de proches à concevoir des enfants ou d'un pur altruisme[370]. Dans les systèmes où la mise en circulation des gamètes est rémunérée, des études ont mis en avant que toute motivation altruiste n'était pas exclue, mais qu'elle était généralement accompagnée d'une motivation financière. Ainsi, une étude menée au Danemark laisse apparaître que 60 % des donneurs de gamètes de sexe masculin disent avoir une motivation financière et altruiste, tandis que 8 % n'ont qu'une motivation altruiste ou, au contraire, 32 % qu'une motivation financière[371]. De même, deux auteurs anglais ont étudié la motivation de 144 donneurs de spermatozoïdes dont l'âge moyen était de 24 ans et dont 81 % d'entre eux étaient étudiants. La motivation financière semble jouer un rôle déterminant dans le processus de don, car deux tiers des donneurs affirment qu'ils ne procéderaient plus à cette mise en circulation si elle ne faisait plus l'objet d'une contrepartie financière[372]. Peut-on pour autant en déduire corrélativement et pour la France, que l'introduction d'un prix pour les gamètes permettrait d'obtenir une situation médicalement efficiente ? La théorie du passager clandestin peut ici être reprise et nous inviter au doute. Dès lors que les donneurs sont rémunérés, il n'est pas certain que les personnes dont les motivations étaient purement altruistes ne cesseront pas toute mise en circulation. Il convient par ailleurs de rappeler que, s'agissant des gamètes, les potentiels vendeurs ne pourraient toutefois pas contribuer à la conception de plus de dix enfants au regard du droit français[373]. Il faut donc un renouvellement des donneurs sur la durée.

173.- En outre, il convient d'insister sur un point fondamental, qui est celui de la recherche d'une situation efficiente médicalement. Le donneur attiré par un gain financier risque de ne pas révéler des informations

---

370 LE LANNOU D., « Le don de gamètes anonyme et gratuit est-il possible ? », *Médecine de la Reproduction, Gynécologie Endocrinologie*, 2011, vol. 13, n° 3, p. 183.

371 PETERSON B., NIELSEN A. F., LAURITSEN J. G., « Psychological aspects of donor insemination, Semen donors : their motivations and attitudes to artificial insemination », *Acta Ostet Gyn Scan*, 1994, n° 73, p. 701.

372 COOK R., GOLOMBOK S., « A survey of semen donation : phase II - the view of the donors », *Hum Reprod,* 1995, n° 10, p. 951.

373 Art. L. 1244-4 CSP.

précieuses lors des examens de sélection et, notamment, de cacher des antécédents médicaux personnels ou familiaux[374]. On pourrait, dans ce cas, aboutir à une situation où les parents découvriraient une fois la grossesse avancée que l'embryon est atteint d'une maladie génétique pour laquelle il aurait pu, par exemple, bénéficier d'un diagnostic préimplantatoire. Loin d'offrir un équilibre sur le marché primaire du corps, la rationalité et l'irrationalité des agents constituent à notre sens des obstacles majeurs à l'efficience. La détermination d'un prix véritablement incitatif est délicate. Quand bien même un juste prix serait trouvé, les motivations intrinsèques peuvent peser sur l'offre. Enfin, même si l'équilibre entre l'offre et la demande pouvait être obtenu, il n'est pas certain que cela ne se ferait pas au détriment de l'efficience médicale. L'offre doit être « utile », c'est-à-dire exploitable à des fins médicales, ce qui n'est pas assuré dès lors que l'accroissement de l'offre repose sur l'effort consenti par les personnes les plus défavorisées.

174.- Tout en mettant en lumière une rupture d'égalité entre individus, le marché du corps comporte bien des zones d'ombres. Il semble promettre le sacrifice des plus démunis au profit de la société, et ne garantit en rien l'efficience médicale. L'incertitude qui émerge de la réflexion ainsi menée trahit une réalité importante : le corps humain n'est pas un bien ordinaire. En soulignant toutes les difficultés à utiliser les instruments traditionnels de l'économie, tels que l'élasticité ou la réticence à consacrer un marché en concurrence pure et parfaite, l'économie, plutôt que d'accueillir la rémunération, conforte assurément le choix du droit positif d'exclure le corps humain de la vénalité. Le bénéfice du doute doit donc profiter à celle que certains accusent, à tort, de tous les maux : la prohibition de la vénalité. Il nous semble que ce principe ne peut et ne doit aujourd'hui être remis en cause. Il n'existe pas de raisons sociales impérieuses qui justifieraient la mise en circulation vénale du corps humain.

Pour autant, le maintien de ce principe et son extension ne doivent pas faire oublier l'importance de l'indemnisation. L'indemnisation est le complément nécessaire de la protection du corps humain. Il faut donc délimiter tout ce qui relève de l'indemnisation sans pour autant la dépasser. Ainsi, là où commence l'enrichissement, cesse l'indemnisation.

---

374 LE LANNOU D., « Le don de gamètes anonyme et gratuit est-il possible ? », *Médecine de la Reproduction, Gynécologie Endocrinologie*, 2011, vol. 13, n° 3, p. 182.

C. La valorisation du remboursement des frais exposés

175.- La prohibition de la vénalité ne doit pas empêcher le maintien, voire la valorisation, du remboursement des frais exposés par le cédant. En effet, si nous avons justifié notre préférence pour le maintien de la prohibition d'un enrichissement de la personne qui consent à mettre en circulation un élément ou produit de son corps, il nous semble cependant fondamental d'assurer une neutralité financière pour le cédant. Consentir à la cession d'une partie de son corps sans rémunération revient à consentir un acte solidaire et dénué de tout esprit de lucre. Mais pour autant, ce n'est pas faire un don pécuniaire. Par conséquent, si « *le droit français consacre surtout le principe du non lucratif* », il doit cependant s'assurer qu'à défaut d'une « *marge bénéficiaire* », le donneur ne soit pas victime d'un accroissement de son passif[375]. L'indemnisation ne peut être confondue avec la vénalité. Elle ne peut mener à la professionnalisation des donneurs, l'opération étant neutre financièrement[376].

176.- La question de l'indemnisation n'a pas d'intérêt s'agissant de l'embryon. La cession en elle-même n'a pas de coût pour les parents. Tout au plus ont-ils dû supporter des frais qui n'étaient pas couverts par la prise en charge de la sécurité sociale, mais il s'agissait alors de leur projet parental et non du coût de la cession.

La question de l'indemnisation se pose plus spécifiquement du vivant de la personne mais également, dans une certaine mesure, après le décès. Deux modes distincts d'indemnisation peuvent s'offrir à la réflexion. L'indemnisation peut être forfaitaire, au risque alors de consacrer une forme de rémunération ou au contraire une sous-indemnisation du cédant (**1**). Plus favorablement, l'indemnisation peut reposer sur la prise en charge des frais réellement occasionnés par la cession (**2**).

---

[375] DADOUN A., *La nullité du contrat et le droit pénal*, LGDJ, « Bibliothèque de droit privé », t. 529, 2011, p. 210.

[376] SAVATIER R., *Les métamorphoses économiques et sociales du droit privé aujourd'hui*, Dalloz, Seconde série, 1959, p. 256 : « *le donneur ne saurait donc être, dans notre loi, un professionnel, tirant ses moyens d'existence du commerce de son sang. Sans doute, il faut l'indemniser de la perte de temps et de forces qui accompagne sa libéralité. Mais cette indemnisation diffère d'une rémunération. Et, autant que possible, la pratique des centres élimine les "donneurs habituels" qui seraient tentés de se faire un métier de céder leur sang* ».

1. Les effets pervers de l'indemnisation forfaitaire

177.- Derrière une logique d'indemnisation, le système d'indemnisation forfaitaire laisse apparaître la possibilité d'une spéculation critiquable (**a**). Mais il peut, dans certains cas également, conduire à une sous-indemnisation (**b**).

a. La « vénalité déguisée »

178.- De nombreux pays, y compris en Europe, proposent un système d'indemnisation forfaitaire. En Espagne, la cession d'ovocytes fait ainsi l'objet d'une indemnisation moyenne de 900 euros et de 45 euros par éjaculat pour les donneurs de sperme. Ce bénéfice financier aurait pour vocation de « *compenser la pénibilité du don* »[377], ce qui justifie alors la variation selon le genre[378]. Or la pénibilité n'est pas en elle-même un frais financier. Cette indemnisation forfaitaire équivaut donc à fixer un prix, contrepartie de l'obtention d'éléments et produits du corps. Dans le cadre d'une indemnisation forfaitaire, on se heurte inévitablement à l'existence d'un profit, d'un enrichissement. Le raisonnement tenu pour les gamètes vaut pour l'ensemble des éléments et produits du corps.

179.- La méfiance doit également s'étendre aux éventuelles récompenses qui pourraient être offertes en contrepartie de la cession. Un auteur considère que « *l'aliénation que fait une personne d'une partie de son corps doit se rattacher à un contrat de bienfaisance, ceci n'empêche pas le receveur ou même un tiers d'offrir après coup une indemnité ou une récompense et le donneur peut l'accepter sans affecter pour autant la gratuité de l'aliénation* »[379]. Toutes deux approuvées par cet auteur, il n'est pourtant pas certain que l'indemnité et la récompense recouvrent le même domaine. Certaines récompenses relèvent de l'ordre du symbolique, comme la mention au sein de l'établissement hospitalier du nom du donneur, signe de la reconnaissance nationale à son égard, ou encore l'octroi d'une médaille. Dans ces

---

377 LE LANNOU D., « Le don de gamètes anonyme et gratuit est-il possible ? », *Médecine de la Reproduction, Gynécologie Endocrinologie*, 2011, vol. 13, n° 3, p. 181.

378 Aux Etats-Unis, il est même possible de constater l'existence d'un véritable marché des gamètes.

379 MAYRAND A., *L'inviolabilité de la personne humaine*, Wilson et LaFleur Limitée, 1975, p. 80. L'auteur s'appuie ici sur l'analyse de NERSON R., « L'influence de la biologie et de la médecine modernes sur le droit civil », *RTD civ.*, 1970, p. 661. C'est nous qui soulignons.

hypothèses, aucun enrichissement n'est procuré. Mais dans d'autres hypothèses, la contrepartie de la cession peut être, par exemple, la couverture par une assurance maladie ou une exonération d'impôt. Dans ces hypothèses, il nous semble que la récompense doit être assimilée à l'indemnisation forfaitaire, en ce qu'elle procure un avantage pécuniaire en contrepartie de la cession. Si la prohibition de la vénalité vise à préserver la liberté du consentement, l'on peut douter que cela soit le cas lorsque les récompenses conduisent indirectement à un enrichissement. Que penser alors de la récompense consistant dans une remise de peine privative de liberté envisagée par un juge américain[380] ?

180.- L'indemnisation forfaitaire devient ainsi bien souvent une rémunération, directe ou indirecte. Si de « *l'indemnisation à la rémunération, la frontière est mince* »[381], l'indemnisation forfaitaire conduit à la franchir. La condamnation de la vénalité entraîne nécessairement la condamnation de toute indemnisation forfaitaire assurant un enrichissement.

Si, l'indemnisation forfaitaire ouvre la voie à une vénalité qui ne dit pas son nom inversement, elle peut également occasionner un sacrifice pécuniaire que nous refusons.

b. Le risque de sous-indemnisation

181.-Le système forfaitaire est également insatisfaisant en ce qu'il peut également provoquer une perte pécuniaire pour le cédant. Ainsi en 2006, l'agence gouvernementale britannique avait engagé une consultation publique afin d'évaluer le prix d'équilibre qui, selon les citoyens britanniques, devait permettre de compenser les désagréments du don d'ovocytes. A l'issue de cette consultation, la somme de 20 livres à titre de dédommagement a été maintenue[382].

182.- Loin du montant d'indemnisation de l'Espagne et évitant ainsi l'enrichissement, ce système ne nous paraît pas davantage satisfaisant car la somme peu élevée ne permet sans doute pas de compenser les frais

---

[380] MADER M., « Les modèles pécuniaires entre éthique et droit », *in Emouvoir et persuader pour promouvoir le don d'organes ? L'efficacité entre éthique et droit,* FLUCKIGER A. (dir.), Schulthess, 2010, p. 171.

[381] DEPADT-SEBAG V., *Droit et bioéthique,* Larcier, « Droit des technologies », 2ème éd., 2012, p. 93.

[382] CAMBY C., « Don d'éléments du corps humain et gratuité », *in Bioéthique : entre loi, morale et progrès,* Revue politique et parlementaire, n° 1050, janv.-fév.-mars, 2009, p. 66.

pécuniaires réellement supportés par la cédante. Or, si l'enrichissement fausse le consentement, l'absence de prise en charge peut nuire à la cession.

A la lumière de ces critiques, le système reposant sur une prise en charge des frais réels nous apparaît comme plus respectueux des intérêts en présence.

2. Les effets vertueux du remboursement des frais réels

183.- Au terme « indemnisation », il nous paraît opportun de substituer l'expression « remboursement des frais réels » (**a**), qui impose une prise en charge étendue et effective (**b**).

a. De l'indemnisation au remboursement des frais réels

184.- L'indemnisation peut être forfaitaire mais peut également découler des frais réellement exposés par le cédant. Nous préférons ainsi substituer, dans le cas particulier de la cession des éléments et produits du corps humain, l'expression « remboursement des frais réels » au terme d' « indemnisation ». Cette substitution nous paraît d'autant plus nécessaire que la notion d'indemnisation recouvre des réalités très variées, telles que l'indemnisation du sujet de l'expérimentation ou encore l'indemnisation du préjudice corporel.

Ce choix terminologique trouve un écho certain dans le Code de la santé publique. L'article R. 1211-2 prévoit ainsi que l'établissement de santé « *rembourse au donneur, sur production des justificatifs nécessaires, les frais de transport et d'hébergement* ». L'exigence de ces justificatifs permet ainsi, au contraire de l'indemnisation forfaitaire, d'assurer une neutralité financière de l'acte de cession. L'existence d'une marge bénéficiaire est ainsi paralysée par l'identité entre le coût réel et le coût remboursé. Sans que la vénalité ne prospère, le remboursement des frais constitue un instrument précieux dans le processus d'incitation à la cession.

b. La nécessité d'une meilleure prise en charge

185.- La décision de céder le corps ou une de ses parties n'emporte pas nécessairement le choix d'un appauvrissement. Les obstacles financiers ne doivent pas à eux-seuls constituer un frein à la cession. L'intimité entre la personne et son corps doit être dissociée « *de l'intimité [...] entre la personne et l'argent* »[383]. Si le modèle du don à la française exclut la vénalité, il doit néanmoins privilégier le remboursement des frais supportés par le cédant. Les textes européens confortent cette position. L'article 21 de la Convention du Conseil de l'Europe sur les droits de l'Homme et la biomédecine, adoptée en 1996, prévoit que « *le corps humain et ses parties ne doivent pas être, en tant que tels, source de profit* », les commentaires officiels de ce texte précisant que la personne cédant du matériel biologique peut recevoir un dédommagement équitable « *des frais exposés ou des pertes de revenu* »[384]. Les coûts financiers pour le donneur peuvent être divers : frais d'hospitalisation, frais de transport, perte de salaires, frais de garde d'enfants ou encore frais d'hébergement. La loi prévoit d'ores et déjà l'indemnisation de certains de ces coûts, tandis que d'autres restent à appréhender.

186.- ***Les frais spécifiques en cas de décès.*** Au-delà d'un égard pour le patrimoine de la personne, le Code de la santé publique n'oublie pas de préserver le patrimoine des proches en cas de décès. En effet, l'état de mort encéphalique peut entrainer plusieurs coûts. Tout d'abord, un transport peut être nécessaire entre l'établissement de santé au sein duquel se trouve le défunt et l'établissement pouvant établir un diagnostic. Dans ce cas, c'est ce dernier qui doit supporter les frais de transport[385]. La famille de la victime ne doit pas avoir à supporter, au-delà de son deuil, le coût financier d'un prélèvement. Pour cette raison, les frais occasionnés par le prélèvement, ainsi que les frais de conservation et de restauration du corps afin qu'il soit remis à sa famille, doivent être intégralement couverts. Comme pour le vivant, la conséquence du prélèvement doit demeurer financièrement neutre pour la famille : à la difficulté psychologique du consentement au prélèvement sur le corps du défunt, le poids financier ne doit pas peser sur le choix des proches. Cette précaution à leur égard vaut

---

383 REVET T., « L'argent et la personne », *Mélanges Christian Mouly,* Litec, 1998, p. 144.

384 Rapport explicatif, Strasbourg, janvier 1997, n° 132, p. 28 ; v. également GALOUX J.C., « L'indemnisation du donneur vivant de matériels biologiques », *RDSS,* 1998, janv.-mars, p. 3.

385 Art. R. 1211-10 CSP.

également lorsque la personne, de son vivant, décide de léguer son corps à des fins de formation ou de recherche. L'article R. 2213-13 du Code général des collectivités territoriales prévoit que l'établissement bénéficiant du don « *assure à ses frais l'inhumation ou la crémation du corps* ». Lorsqu'il est question du défunt, le champ des coûts de la cession reste toutefois limité, au contraire de la diversité pouvant être constatée pour le cédant vivant.

187.- ***Les frais médicaux et d'hospitalisation.*** L'établissement de santé qui réalise un prélèvement ou une collecte de matériel biologique doit prendre à sa charge l'intégralité des examens et des traitements prescrits, ainsi que la totalité des frais d'hospitalisation, y compris les frais journaliers qui sont habituellement laissés à la charge de la personne admise dans l'établissement hospitalier en vertu de l'article L. 174-4 du Code de la sécurité sociale. S'agissant donc de la prise en charge médicale, la neutralité financière doit être complète. Depuis le décret n° 2000-409 du 11 mai 2000, complété par le décret n° 2009-217 du 24 février 2009, le remboursement des frais médicaux est également prévu pour le donneur de gamètes. Cette modification était fortement souhaitable en raison du coût important que présente cette cession, en particulier s'agissant des ovocytes. Pendant un temps, les donneuses durent ainsi supporter les coûts du traitement préalable au prélèvement : traitement de stimulation de l'ovulation, dosages hormonaux, échographies ovariennes, hospitalisation pour le prélèvement d'ovocytes. Le poids de ces différents examens et traitements décourageait fortement la cession[386]. A la suite de cette nouvelle prise en charge, l'on put observer, entre 2006 et 2010, une modeste progression des donneuses[387]. Depuis 2012, une telle progression, lente mais certaine, peut être constatée[388]. Au-delà des frais médicaux, certains frais liés au déplacement et à l'hébergement en dehors de la structure hospitalière (dans l'attente de la transplantation, par exemple) bénéficient également d'une prise en charge.

---

[386] GALLOUX J.-C., « L'indemnisation du donneur vivant de matériels biologiques », *RDSS*, 1998, janv.-mars, p. 8 ; Circulaire DSS/DH/DGS n° 2000-357 du 30 juin 2000 *relative à la prise en charge des frais afférents au prélèvement ou au recueil d'organes, de tissus ou de cellules - y compris les gamètes issus du corps humain à des fins thérapeutiques.*

[387] Pour le don de spermatozoïdes, le nombre de donneurs est passé de 248 à 299 avec un pic de 400 donneurs en 2009 ; pour le don d'ovocytes, le nombre de dons est passé de 228 en 2006 à 345 en 2010. V. Agence de la biomédecine, *Rapport annuel 2011*, p. 69.

[388] Le nombre de ponction d'ovocytes est passé de 420 en 2012 à 540 en 2015. A titre de comparaison, le nombre de donneurs de spermatozoïdes est passé de 244 en 2012 à 255 en 2015. V. Agence de la biomédecine, *Rapport annuel 2016*, en ligne : https://www.agence-biomedecine.fr/annexes/bilan2016/donnees/procreation/01-amp/synthese.htm. (dernière consultation février 2020).

188.- ***Les frais de transport et d'hébergement.*** En vertu des articles R. 1211-2 à R. 1211-4 du Code de la santé publique, l'établissement de santé qui réalise le prélèvement ou la collecte des éléments et produits du corps humain doit rembourser au cédant les frais de transport et d'hébergement engagés par lui. Cette prise en charge s'étend aux examens et aux soins nécessaires, aussi bien avant qu'après le prélèvement, ainsi qu'aux déplacements effectués par le cédant pour qu'il exprime son consentement[389]. Par ailleurs, lorsque l'état du cédant nécessite une assistance ou la présence d'un représentant légal, les frais d'hébergement et de transport de ces derniers sont pris en charge au même titre que ceux du cédant[390]. Pour la cession de sang, l'article D. 1221-4 du Code de la santé publique autorise le remboursement, par les établissements de transfusion sanguine, des frais de transports exposés en vue du don, à l'exclusion de tout remboursement forfaitaire. Une fois ces frais couverts, la neutralité financière n'est pas complète. La perte de rémunération occasionnée par l'inactivité temporaire doit également faire l'objet d'une prise en charge.

189.- ***La rémunération.*** La perte de rémunération subie par le cédant peut également faire l'objet d'un remboursement. Une limite est cependant posée, qui ne relève pas de la question de l'enrichissement du cédant mais bien de motifs d'ordre économique[391] : le montant de l'indemnité ne peut excéder le quadruple de l'indemnité journalière maximale du régime général de l'assurance maladie, telle que prévue à l'article L. 323-4 du Code de la sécurité sociale. Le remboursement de la perte de salaire ne masque pas, selon nous, une prestation de service. Elle concourt, comme les frais précédemment exposés, à garantir une neutralité financière, nécessaire pour inciter à la cession. L'indemnisation des personnes sans activité pourrait seule constituer une rémunération qui tairait son véritable nom. Mais tel n'est pas le cas en droit français, l'article R. 1211-5 du Code de la santé publique précisant que l'établissement de santé doit couvrir « *la perte de rémunération* » et exige pour ce faire « *la présentation de justificatifs* ». La personne qui cède son sang est pour sa part explicitement exclue de cette prise en charge organisée par le Code de la santé publique[392]. Par conséquent, le donneur ne peut exiger une compensation de sa rémunération par l'établissement de transfusion sanguine. Cependant, l'article D. 1221-2 du Code de la santé publique prévoit, pour le salarié, le

---

389 Art. R. 1211-6 CSP.
390 Art. R. 1211-7 CSP.
391 Art. R. 1211-5 CSP.
392 Art. R. 1211-1 CSP.

maintien de la rémunération versée par l'employeur pour le temps où il réalise un don de sang. Pour la donneuse d'ovocytes, l'article L. 1244-5 du Code de la santé publique prévoit une autorisation d'absence afin de se rendre aux examens, aux interventions nécessaires à la stimulation ovarienne ainsi qu'au prélèvement ovocytaire. Cette autorisation d'absence est accordée dans les mêmes conditions que celle reconnue à la femme enceinte à l'article L. 1225-16 du Code du travail.

190.- Les principaux coûts font aujourd'hui l'objet d'une prise en charge théorique. Cependant, on peut se demander si certains d'entre eux ne devraient pas être ajoutés à cette liste afin d'inciter davantage à la cession. Tel est particulièrement le cas des frais de garde d'enfants, qui peuvent constituer un obstacle important pour les personnes qui souhaiteraient se porter volontaires. Sur la base d'un remboursement des frais réels et non forfaitaire, il serait fort souhaitable d'intégrer ces coûts dans la prise en charge[393]. En outre, il importe qu'aux côtés des principes affirmés se dessine un remboursement effectif. Or, bien souvent, les lenteurs administratives et les difficultés de remboursement peuvent décourager des personnes qui, prêtes à consentir une cession de matériel biologique, ne sont pas de surcroît prêtes à supporter un coût financier.

191.-L'étude des règles relatives à la mise en circulation laisse finalement apparaître l'importance de l'équilibre qui doit être trouvé. La valeur du corps doit être refusée, ce qui conduit à l'encadrement d'une mise en circulation assortie d'une prohibition de la vénalité. Les arguments relatifs à la pénurie et aux trafics d'organe ne manquent pas de pertinence mais finalement, l'efficience médicale est loin d'être assurée dans l'hypothèse d'un marché à titre onéreux du corps. Pourtant, il est important de ne pas appauvrir la personne qui consent à mettre en circulation un élément de son corps.

Si le prix du corps humain ne doit pas être reconnu au moment de la mise en circulation, on peut s'interroger sur son existence dans les suites de la mise en circulation. Force est alors de constater, que la rémunération n'est plus celle du corps mais celle de l'activité.

---

393 L'absence de prise en charge des frais de garde a été soulignée dans le cadre des discussions précédant la loi de révision du 7 juillet 2011. V. MILON A., *Rapport sur le projet de loi, adopté par l'Assemblée Nationale, relatif à la bioéthique*, Sénat, Commission des affaires sociales, n° 388, 30 mars 2011, p. 49.

Chapitre II. La rémunération des autres acteurs de la circulation du matériel biologique

192.- Alors que la cession initiale est régie par un principe de non-vénalité, les suites de la mise en circulation laissent apparaître un net recul, voire un rejet de ce principe. D'aucuns ont ainsi pu regretter que le donneur ne puisse bénéficier des retombées commerciales résultant de l'exploitation d'une partie de son corps[394]. La célèbre affaire Moore, en droit américain, en fut une illustration[395]. Mais, plutôt que de rechercher un partage des bénéfices, qui ne serait somme toute qu'un contournement indirect de la prohibition de la vénalité, il paraît davantage souhaitable de favoriser le bénéfice au profit de l'ensemble de la société[396].

193.- Pour ce faire, il convient de reconnaître une rémunération des acteurs nécessaires à la circulation du matériel biologique. Ce prix n'est alors plus celui du corps lui-même mais la contrepartie d'un corps valorisé par l'activité d'autrui (**Section I**). Toutefois, les finalités thérapeutiques directes ou indirectes que sous-tend toute forme de circulation ne doivent pas être remises en cause par la reconnaissance d'une rémunération. Aussi, le droit doit veiller à exclure tout développement privant l'ensemble de la société de matériel biologique ou conduisant à un droit exclusif à travers la brevétisation du corps humain (**Section II**).

---

394 Pour un tel constat en droit allemand, v. SIMON J., ROBIENSKI J., « Property, personality, rights and Data protection with regard to Biobanks, A Layered System », *Journal international de bioéthique*, 2009, vol. 20, n° 3, p. 55 : « *in any case, it is not understandable why all institutionalized parties, i.e scientific research institutes, biobanks or the biotechnological industry may make a commercial profit while the person whose body materials are used is excluded from benefit sharing for the very reason of avoiding commercialization* ».

395 Cour d'appel de Californie, *Moore v. Regents of California,* 21 juillet 1988, 249, *California Reporter,* 494 ; Cour suprême de Californie, 9 juillet 1990, 51 Cal. 3 d 120 ; 271, *California Reporter,* 146, 793 3 d. 479 ; v. note EDELMAN B., « L'homme aux cellules d'or », *D.*, 1989, chr., p. 225 ; v. *infra* n° 255.

396 *Sciences de la vie, De l'éthique au droit,* Etude du Conseil d'État, Documentation française, n ° 4855, 1988, p. 41

Section I. La reconnaissance de la valeur ajoutée par l'activité d'autrui

194.- Nonobstant la formulation générale employée à l'article 16-5 du Code civil – « *les conventions ayant pour effet de conférer une valeur patrimoniale au corps humain, à ses éléments ou à ses produits sont nulles* » –, la circulation du matériel biologique n'est nullement gouvernée par un principe de non-patrimonialité, pas davantage que par la gratuité. En effet, « *rien n'interdit l'entrée de produits du corps dans un cycle économique qui les transforme en marchandises-fabrication de médicaments, voire de produits cosmétiques* »[397]. Quel que soit le maillon de la chaîne, médecin préleveur, technicien assurant la conservation du matériel biologique, chercheur qui le manipule, la réalité d'un prix s'impose. Ce constat constitue-t-il une remise en cause du principe de non-vénalité, en ce qu'il conduirait à «*jeter le voile sur la réalité des transactions, qui prospèrent à l'ombre du droit* »[398] ?

195.- Le refus de la vénalité de la mise en circulation s'inscrit dans le refus de la reconnaissance d'un prix du « matériel biologique brut ». Au moment où ils sont cédés, le corps ou ses éléments et produits sont le fruit d'un processus biologique naturel et non le résultat d'une transformation de la chose par le travail de la personne. Au contraire, une fois séparé du corps, le matériel biologique impose un traitement spécifique. Le travail ainsi fourni a lui-même une valeur qui s'incorpore dans la chose travaillée. Dès lors, l'existence d'un prix, contrepartie de ce traitement et non du corps humain lui-même, paraît difficilement contestable. L'absence d'interdiction explicite de la rémunération du corps dans la loi de 1994 résulte d'un réalisme des parlementaires qui ont permis « *la rémunération des éléments et produits dérivés, c'est-à-dire traités, travaillés, élaborés* » [399].

196.- Une fois passée la mise en circulation, le matériel biologique peut subir plusieurs opérations. Une typologie chronologique de ces différentes opérations a été proposée par Florence Bellivier et Christine Noiville[400], qui distinguent la collecte, le stockage, le transfert et l'usage. Afin

---

397 DELMAS-MARTY M., *Pour un droit commun,* Seuil, « La librairie du XXe siècle », 1994, p. 46.

398 LIBCHABER R., « La recodification du droit des biens », in *Le Code civil 1804-2004, Livre du Bicentenaire* , Dalloz-Litec, 2004, p. 343.

399 BELLIVIER F., *Patrimoine génétique humain : étude juridique,* Thèse de droit privé, Université Paris I Panthéon-Sorbonne, 1997, p. 385

400 BELLIVIER F., NOIVILLE C., *Contrats et vivant, Le droit de la circulation des ressources biologiques,* LGDJ, 2006, pp. 133 et s.

d'envisager la question d'une rémunération durant ces différentes phases, nous distinguerons pour notre part le temps de la collecte et de l'usage (**§I**) du temps de la conservation (**§II**), l'opération de transfert pouvant être intégrée au sein de ces deux catégories.

§I. Les opérations de collecte et d'usage thérapeutique

197.- Le moment du prélèvement ou du recueil est un temps fort, marqué par le don mais aussi par l'assistance d'un praticien. Ce rôle clef du médecin se retrouve au moment du transfert du matériel biologique dans un autre corps. Les acteurs de ces étapes essentielles doivent être rémunérés (**A**), ce qui n'exclut pas la possibilité d'un encadrement de cette rémunération (**B**).

A. Le principe de la rémunération de l'activité d'autrui

198.- Le praticien qui effectue un prélèvement ou le recueil d'un élément ou produit du corps peut l'accomplir à plusieurs titres. Tout d'abord, l'acte médical peut s'inscrire dans la continuité du soin : un élément pathogène du corps est retiré ou du sang est prélevé afin d'effectuer des examens. La rémunération perçue par le praticien est alors la contrepartie du processus de soins, et non celle de l'obtention de l'élément du corps. À titre d'illustration, le prélèvement d'une tumeur opérable a pour principale finalité la recherche de la guérison du patient atteint de cette tumeur, l'utilisation de l'élément à des fins de recherche n'intervenant que dans un second temps et sous réserve du consentement du patient[401].

[401] Les tumorothèques ont ainsi principalement deux missions : conserver la tumeur ainsi que le dossier médical du patient afin de permettre à son médecin de revenir sur ces archives en vue d'un diagnostic ou constituer une collection de ressources biologiques aux fins de recherche sur le cancer. Pour des informations sur l'activité, v. le site de l'institut national du cancer : http://www.e-cancer.fr/recherche/recherche-translationnelle/les-tumorotheques/activites#missions (dernière consultation février 2020) ; SIMON J., ROBIENSKI J., « Framewok for setting up and oparating biobanks », *Journal international de bioéthique*, 2009, vol. 20, n°3, p. 17.

199.- Détachée du soin pour soi, la collecte peut également procéder d'un don d'éléments ou produits au bénéfice d'autrui[402]. Dans cette perspective, la rémunération n'est pas la contrepartie de l'élément obtenu, mais une fois encore, la contrepartie de l'activité nécessaire à cette séparation de l'élément et du corps. Le raisonnement est identique lorsque le prélèvement est opéré sur le corps d'un défunt. Par ailleurs, comme le praticien qui prélève, celui qui assure le transfert au sein d'un autre corps peut percevoir une rémunération. Le prix versé est également celui de l'activité et non du corps.

200.- Le Code de la santé publique prévoit que, à l'exclusion de la greffe d'organe, l'établissement qui effectue le prélèvement peut en facturer le coût à l'établissement qui réalise la greffe, une insémination ou qui est autorisé à conserver des tissus[403]. L'établissement médical qui a permis le prélèvement doit être rémunéré pour cette prestation. Comme pour le praticien, l'établissement de santé ne perçoit ainsi pas un prix contrepartie d'une mise à disposition de matériel biologique mais il obtient la contrepartie pécuniaire de ses services médicaux.

Il n'est donc pas permis de considérer ces rémunérations comme une forme de prix du corps. La rémunération du donneur confère un prix à son corps tandis que la rémunération du praticien ou de l'établissement constitue la contrepartie de l'activité ou de l'investissement. Pour le praticien, la distance avec le corps s'opère. Néanmoins, la frontière est ténue en raison de la proximité du patient et du médecin. Il convient par conséquent d'envisager un encadrement de la rémunération.

---

402 En vertu de l'article L. 1233-1 du Code de la santé publique, le prélèvement d'organes doit nécessairement être effectué dans le cadre d'un établissement agréé par l'autorité administrative (ARS) après avis de l'Agence de la biomédecine. Ces établissements doivent se conformer à des protocoles stricts et sont également contraints d'intégrer les réseaux de prélèvement existants. Cette autorisation n'emporte pas celle d'effectuer des greffes, activité nécessitant également une autorisation en vertu de l'article L. 1234-2 du Code de la santé publique. La liste des établissements autorisés à prélever des organes et des tissus et/ou à effectuer des greffes est disponible sur le site de l'Agence de la biomédecine (dernière mise à jour le 19 janvier 2018), en ligne : www.agence-biomedecine.fr/Les-établissements-autorises (dernière consultation le 15 février 2018).

403 Art. R. 1211-11 CSP.

B. L'encadrement de la rémunération

201.- Conscient de cette proximité entre le médecin et le patient, le législateur a prévu un encadrement de la rémunération du praticien effectuant des prélèvements d'organes. Ainsi, l'article L. 1233-2 du Code de la santé publique précise qu' « *aucune rémunération à l'acte ne peut être perçue par les praticiens effectuant des prélèvements d'organes en vue de don au titre de cette activité* ». Comme par un jeu parfait de symétrie, l'article L. 1234-3 du Code précité refuse quant à lui toute rémunération à l'acte pour le praticien effectuant des greffes d'organes. Cette interdiction de rémunération à l'acte s'applique également aux praticiens procédant à un prélèvement de tissus et de « *cellules en vue de don* »[404].

202.- La rémunération à l'acte, mode privilégié de rémunération des médecins de ville en France, est donc écartée dans le cadre de la mise en circulation d'organes. Ce mode de rémunération, qui peut être bénéfique à la « productivité » des médecins, n'en est pas moins critiqué pour ses effets pervers, parmi lesquels la baisse de la qualité des soins (notamment par la réduction du temps de consultation)[405]. Dans le contexte plus particulier du prélèvement de matériel biologique, l'interdiction de cette forme de rémunération est également justifiée par la crainte de pressions exercées sur des donneurs hésitants par un praticien soucieux de sa rémunération. En paralysant cette faculté d'enrichissement proportionnel au nombre d'actes, le droit renforce la garantie d'un consentement librement exprimé par le donneur.

203.- Cette crainte est, semble-t-il, moins grande en Espagne, où la rémunération des personnels médicaux et paramédicaux qui participent au prélèvement d'organes est augmentée au prorata des donneurs prélevés. En effet, cette « incitation » financière est versée à l'ensemble du service qui participe au prélèvement et est ensuite redistribuée aux différents membres du personnel, sans que le nombre de personnes effectivement prélevées soit pris en compte. Cette « mutualisation » constituerait ainsi un filtre pour éviter une course aux organes en vue d'un profit plus substantiel pour le praticien[406].

---

404 Art. L. 1242-2 CSP.

405 ALBOUY V., DEPREZ M., « Mode de rémunération des médecins », Trésor-Eco, Direction générale du Trésor et de la Politique économique, sept. 2008, n° 42, pp.1-8.

406 CAMBY C., « Don d'éléments du corps humain et gratuité », *in Bioéthique : entre loi, morale et progrès,* Revue politique et parlementaire, n° 1050, janv.-fév.-mars, 2009, p. 67.

Tout en reconnaissant la rémunération de l'activité, le droit aménage donc les modalités de l'enrichissement du praticien afin d'assurer un équilibre entre la juste récompense de son travail et les effets pervers pour le donneur de la mise en œuvre de mécanismes par trop incitatifs. De même, les opérations de stockage ne conduisent pas à consacrer un prix du corps mais à reconnaître un prix de l'activité.

§II. Les opérations de stockage

204.- À titre préliminaire, il convient de préciser que le processus de conservation impose le respect de règles strictes[407]. En particulier, les établissements ou les organismes qui souhaiteraient pratiquer ces activités doivent obtenir des autorisations[408]. La question du prix ne se pose donc que pour un nombre limité d'acteurs. Ceci étant précisé, il nous faut constater l'existence d'une contrepartie à la mise à disposition du matériel biologique (**A**), contrepartie légitimée par le travail et non par la cession d'un « matériel biologique brut » (**B**).

A. L'existence d'un prix

205.- Deux situations susceptibles de générer un prix doivent être distinguées. La conservation peut être une phase temporaire permettant à l'élément ou au produit détaché du corps d'être préservé en attendant de rejoindre un nouveau corps (**1**). Mais le processus de conservation peut avoir une visée plus longue, le matériel biologique pouvant être utilisé à des fins de recherche (**2**).

---

407 Pour l'encadrement médical et sanitaire du don et de l'utilisation des éléments et produits, v. notamment CHARBONNEAU C., « Don et utilisation du corps humain », *in Droit médicale et hospitalier,* LexisNexis, fasc. 32, pp. 6 et s., 1er septembre 2009.

408 Art. L. 1243-4 CSP : « *Tout organisme qui assure la conservation et la préparation de tissus et cellules du corps humain en vue de leur cession dans le cadre d'une activité commerciale, pour un usage scientifique, y compris à des fins de recherche génétique, doit être titulaire d'une autorisation* ». *Ibid.,* pp. 22 et s

1. Le prix et la conservation du matériel biologique à but thérapeutique

206.- Dans certains cas, le passage d'un corps à l'autre doit s'effectuer dans un laps de temps très court et ce en raison de la faible durée de conservation de l'élément transféré. Le stockage est alors inutile, voire impossible, comme c'est le cas pour la greffe du cœur. Hormis ces hypothèses, une période de conservation est souvent possible. Cette possibilité médicale de conserver un stock d'éléments ou de produits à des fins thérapeutiques pose naturellement la question d'une contrepartie pécuniaire susceptible d'être occasionnée par l'échange.

207.- La question du prix du corps humain apparaît sous un angle différent de celui précédemment envisagé pour les praticiens, situés aux deux extrémités de la chaîne. En effet, après conservation, un prix peut être exigé en contrepartie de l'obtention du matériel biologique par un établissement hospitalier. Ainsi, la prohibition de la gratuité cède face à l'omniprésence d'un prix : l'Établissement français du Sang (EFS) obtient un prix en contrepartie de la délivrance de poches de sang, les lactariums facturent la délivrance de lait maternel aux établissements accueillant des enfants nés prématurément, la société Bioprotec vend des greffons veineux aux hôpitaux[409]. Le rapport pécuniaire marque incontestablement le processus de conservation et de transfert.

Il importe de préciser que, dans certaines situations, ce prix vise à couvrir le coût de la conservation et de l'éventuel traitement du matériel biologique. Le fonctionnement des lactariums est en partie financé par le prix de cession du lait traité, une dotation nationale des missions d'intérêt général étant parfois nécessaire pour permettre l'équilibre financier de l'établissement[410]. Dans ce cas, la question du prix doit être distinguée de celle du profit, qui reste ici relativement marginale sinon inexistante.

---

409 BELLIVIER F., NOIVILLE C., *Contrats et vivant, Le droit de la circulation des ressources biologiques*, LGDJ, 2006, pp. 133 et s.

410 Ministère du travail, de l'emploi et de la santé, Ministère des solidarités et de la cohésion sociale, *Instruction DGOS/R3 no 2010-459 du 27 décembre 2010 relative à l'autorisation et à l'organisation des lactariums*, BO Santé – Protection sociale – Solidarité n° 2011/1 du 15 février 2011, p. 227.

208.- A l'inverse, bien que faisant l'objet d'une détermination d'un tarif par décret[411], les produits sanguins peuvent permettre de dégager un profit. Le résultat net de l'EFS s'élève pour 2016 à 4,48 millions d'euros[412]. La limitation du prix est néanmoins souhaitable puisqu'en vertu de l'article L. 164-1 du Code de la sécurité sociale : « *Les frais occasionnés par le prélèvement et le conditionnement des produits et organes d'origine humaine sont remboursés par les caisses lorsqu'un tarif de responsabilité a été fixé par arrêté interministériel* ». *In fine*, le prix versé l'est donc par la collectivité. Si le monopole de l'EFS dans la cession du sang permet d'assurer une certaine efficacité des procédures et une sécurité pour ce produit du corps humain, il n'en constitue pas pour autant un obstacle à l'existence d'une contrepartie pécuniaire[413].

209.- On soulignera néanmoins que le droit fiscal confère un statut particulier à ces prix, l'État s'interdisant ici tout enrichissement. En effet, « *les livraisons, commissions, courtages et façons portant sur les organes, le sang et le lait humains* » ne sont pas assujettis à la TVA[414], y compris lorsqu'il s'agit de biens d'importation[415]. Bien que pouvant être considérés comme entrant dans le champ de la TVA, toutes les opérations relatives à « *la livraison, commissions, courtages et façons portant sur les organes, le sang et le lait humains* » en sont exonérées.

Par conséquent, il existe incontestablement un prix en contrepartie de la mise à disposition du matériel biologique, qui peut permettre d'assurer une neutralité financière aussi bien qu'un profit. Le même constat peut être fait lorsque la conservation des éléments et produits s'inscrit dans une perspective de recherche.

---

411 Art. L. 1221-9 CSP ; Arrêté du 7 juillet 2017 modifiant l'arrêté du 9 mars 2010 relatif au tarif de cession des produits sanguins labiles, JORF n°0162 du 12 juillet 2017, texte n° 17.

412 Etablissement français du sang, *Rapport d'activité 2016*, p. 3.

413 Ainsi faut-il aujourd'hui nuancer le propos du doyen Savatier lorsqu'il affirmait que « *le sang fait l'objet d'un monopole général et nécessaire, utilisé sous la direction étroite de la société sans fin industrielle ou commerciale* » : SAVATIER R., *Les métamorphoses économiques et sociales du droit privé aujourd'hui*, Dalloz, Seconde série, 1959, pp. 256-257, n° 255.

414 Art. 261 CGI.

415 Art 291 II 3° a. CGI.

2. Le prix et la conservation du matériel biologique à des fins de recherche

210.- Le stockage du sang, des gamètes ou du lait vise à apporter une réponse thérapeutique à un problème médical clairement identifié. Si l'utilité thérapeutique de la conservation de matériel biologique à des fins de recherches est plus incertaine, cette conservation n'en présente pas moins un intérêt. La conservation du matériel biologique afin de développer la connaissance du corps humain n'est pas un phénomène récent[416]. Les écoles de médecine ont depuis longtemps constitué des collections, parfois très conséquentes, à l'instar des 3 millions d'échantillons dont disposerait l'École de médecine de Graz en Autriche[417]. S'il n'est pas nouveau, le phénomène de la conservation a changé d'échelle : d'un stockage ponctuel de quelques pièces anatomiques pour un usage interne, on est passé à une internationalisation de la recherche portant sur des milliers de pièces. Le développement des biobanques est également intimement lié aux renouvellements de la recherche par les découvertes génétiques. Toute collection devient une source potentielle d'ADN et prend ainsi de la valeur[418].

211.-Les biobanques constituent des archives du vivant, indispensables à la recherche. Suivant les définitions de Myriam Remmelink d'une part, et de Florence Bellivier et Christine Noiville d'autre part, la biobanque peut être conçue comme « *une collection d'échantillons biologiques associés à des données personnelles (d'identification, âge, sexe, date et lieu de prélèvement ou de santé, diagnostic, traitement, évolution) destinée à une utilisation pour la recherche médicale/scientifique et organisée de manière à pouvoir être utilisée par autrui* »[419], et ce au sein d'« *une infrastructure, privée ou publique, regroupant de façon organisée et pour un certain temps* » [420] ces échantillons biologiques et ces données.

---

416 THOUVENIN D., « Les banques de tissus et d'organes : les mots pour les dire, les règles pour les organiser », *LPA*, 18 févr. 2005, n° 35, p. 31.

417 REMMELINK M., *Ethique et biobanque, Mettre en banque le vivant,* Académie royale de Belgique, vol. 16, 2012.

418 CCNE, *Avis n°77, Problèmes éthiques posés par les collections de matériel biologique et les données d'information associées : « biobanques », » « biothèques »*, 20 mars 2003, p. 12.

419 REMMELINK M, *Ethique et biobanque, Mettre en banque le vivant,* Académie royale de Belgique, vol. 16, 2012. ; v. également LAFONTAINE C., *Le corps marché, La marchandisation de la vie humaine à l'ère de la bioéconomie*, Seuil, « La couleur des idées », 2014, p. 131.

420 BELLIVIER F., NOIVILLE C., *Les biobanques,* PUF, « Que sais-je ? », 2009, p. 6.

212.- Ce précieux matériel scrupuleusement conservé et référencé peut être mis à la disposition de chercheurs[421]. Le prix, alors, ressurgit : la mise à disposition, bien souvent provisoire, peut faire l'objet d'une contrepartie pécuniaire[422]. Certains établissements n'exigent que la prise en charge des frais de transport, à l'instar de la Myobank ou de l'EuroBiobank[423]. Cette dernière, née de la fusion de l'Association Française contre les Myopathies (AFM) et de l'Organisation européenne des maladies rares (Eurordis), vise à favoriser la recherche sur les maladies rares, sans aucune finalité lucrative[424]. D'autres établissements pratiquent une politique de prix « à géométrie variable », tels que la banque Généthon qui permet aux chercheurs à l'origine des collections d'accéder librement au matériel biologique tout en prévoyant un prix fixé en fonction « *d'une grille forfaitaire* » pour les autres[425]. Si la mise à disposition semble plus souvent gratuite qu'onéreuse, la possibilité d'un profit généré par une activité de conservation ne s'en avère pas moins possible aujourd'hui.

213.- Les dispositions du Code de la santé publique trahissent ce mouvement favorable au prix. Pour ce qui est de la conservation et de l'utilisation des tissus, des cellules et de leurs dérivés avant la loi du 6 août 2004, l'ancien article L. 1243-1 du Code de la santé publique prévoyait que seuls les établissements et les organismes à but non lucratif pouvaient conserver ce matériel biologique. Depuis 2004, cette précision a disparu de l'article L. 1243-2 du code précité définissant les conditions d'autorisation des établissements[426]. Si la question du caractère lucratif a été débattue lors des travaux parlementaires, il a finalement été considéré que le caractère lucratif ne comportait pas de danger particulier[427]. Cet

---

421 BIOY X., « Vers une politique publique des « biobanques » », *RDSS*, 2010, p. 885.

422 La vente ne semble pas être privilégiée pour cette mise à disposition. Pour les différentes formes de contrats, v. BELLIVIER F, NOIVILLE C., *Contrats et vivant, Le droit de la circulation des ressources biologiques*, LGDJ, 2006, p. 164.

423 V. Annexe n° 2

424 Sur le rôle des associations de patients dans la recherche et en particulier dans la recherche des maladies rares, v. F. BELLIVIER F., NOIVILLE C., « Contribution des associations de patients à l'organisation, au fonctionnement et à la réglementation des collections d'échantillons biologiques », *Revue d'économie industrielle*, n° 120, 4ème trimestre 2007, p. 175.

425 COMMIN V., « Legal issues surrounding french research, Focused Biobanks », *Journal international de bioéthique*, 2009, vol. 20, n° 3, p. 84.

426 BELLIVIER F., NOIVIELLE C., *Les biobanques*, PUF, « Que sais-je ? », 2009, p. 31

427 Pour une synthèse des travaux parlementaires sur ce point, v. CATTO M.-X, « Constitutionnalité de l'interdiction de conserver, à titre préventif, le sang de cordon dans un cadre intrafamilial », *in* Lettre « Actualités Droits-Libertés » du CREDOF, 3 juin 2012.

abandon du caractère non lucratif peut notamment s'expliquer par le coût important de création et d'exploitation de l'infrastructure. Dans une période marquée par l'importance du développement des biobanques, la reconnaissance du profit permet d'attirer des sociétés privées dotées des capitaux nécessaires[428]. La connotation financière du terme « biobanque » prend tout son sens dans cette évolution. Dans la droite ligne de cette évolution favorable à la reconnaissance d'une valeur, la question de l'assurance du matériel biologique ne manque pas de se poser. La valeur du travail, tout en étant reconnue, confère au matériel biologique une valeur assurable[429].

La circulation du matériel biologique est donc incontestablement marquée par des cessions onéreuses. Pour autant, il ne s'agit pas du prix du corps humain.

B. Du refus de valeur du corps à la valorisation par l'activité d'autrui

214.- La conservation, que cette dernière ait pour finalité un usage thérapeutique immédiat ou la recherche, impose une activité importante. Quelques exemples permettent de s'en convaincre.

215.- La conservation des cornées impose une conservation dans un milieu spécifique. En France, l'organoculture est aujourd'hui privilégiée[430]. Ce procédé permet d'allonger l'intervalle de temps séparant le prélèvement de la greffe, mais il exige un contrôle régulier des cornées. Le sang, qu'il s'agisse de constituer des poches permettant une transfusion ou d'obtenir divers produits sanguins labiles[431], est toujours retravaillé avant d'être de nouveau utilisé à des fins thérapeutiques : le procédé consistant à faire

---

428 COMMIN V., « Legal issues surrounding french research, Focused Biobanks », *Journal international de bioéthique*, 2009, vol. 20, n° 3, p. 72 ; du même auteur, v. également et plus généralement sur la question des biobanques, *Biobanques et santé publique, Une analyse juridique,* Thèse de droit privé, Université Paris I, 2010.

429 MORIN A.-L., « Assurer les échantillons biologiques humains : quand les assureurs flirtent avec les limites de l'assurabilité »*, RDC*, mars 2014, n°1, p. 112.

430 LAVERNE-ACQUART S., *Banque de cornée : 10 ans d'innovations en contrôle qualité du greffon cornéen et projets d'avenir*, Thèse de doctorat en biologie, Médecine, Santé, 2013, p. 17.

431 Art. L. 1221-8 CSP.Pour la determination du prix voir l'arrêté du 10 décembre 2019 modifiant l'arrêté du 9 mars 2010 relatif au tarif de cession des produits sanguins labiles.

passer le sang d'un bras à l'autre est révolu[432]. De même, les lactariums, intérieurs comme extérieurs[433], ont pour fonction de contrôler le lait maternel en effectuant des examens sérologiques et bactériologiques, de le traiter, de le conserver et de le délivrer.

216.- Pour la conservation des collections par les biobanques, les exigences de qualité et d'efficacité induisent des tâches variées. Afin de satisfaire les exigences de l'utilisateur, « *la matière première* » doit être maîtrisée sur trois aspects : la qualité de l'échantillon, les données associées et les ressources biologiques non conformes[434]. L'efficacité de la recherche passe non seulement par la qualité de l'échantillon, mais également par un catalogage facilement accessible pour les chercheurs. Une telle liste de tâches, si elle est loin d'être exhaustive, révèle pourtant le travail de valorisation qui est effectué dans le cadre du stockage de matériel biologique.

217.- Virginie Commin considère que le donneur fournit finalement une ressource première non travaillée, pourvue d'une faible valeur, le travail intellectuel et technique ainsi que les investissements industriels conférant *in fine* une grande valeur au matériel biologique[435]. Si cette analyse présente une certaine pertinence, il nous semble qu'elle doit toutefois être nuancée car elle laisse à penser que l'importance du travail confère la véritable valeur au matériel biologique. Le Code civil, à l'article 571, envisage d'ailleurs cette hypothèse d'une valeur de la main d'œuvre qui dépasserait la matière employée. En vertu de ce texte et du principe de spécialisation qu'il pose, l'ouvrier peut conserver le bien car « l'industrie » est réputée la partie principale. Peut-on de même considérer que la valeur du travail de la conservation est supérieure à la valeur initiale des éléments et produits ?

218.- En réalité, les éléments et produits du corps humain n'ont pas une faible valeur pécuniaire, mais ils en sont dépourvus par le droit. En refusant la vénalité lors de la mise en circulation, le droit interdit la

---

432 HERMITTE M.-A., *Le sang et le droit, Essai sur la transfusion sanguine,* Editions du Seuil, 1998, p. 71.

433 Le lactarium intérieur, à la différence du lactarium extérieur, a pour vocation de ne recevoir que les dons de lait personnalisés. Il doit être implanté dans un établissement de santé autorisé à assurer une activité de réanimation néonatale ou de soins intensifs (Art. D. 2323-5 CSP)

434 VANDENBORGHT S, THIEBAUD M., EDELMAN A.-C., *Garantir la qualité de vos ressources biologiques,* INSERM, 2013, p. 63.

435 COMMIN V., « Legal issues surrounding french research, Focused Biobanks », *Journal international de bioéthique*, 2009, vol. 20, n° 3, p. 84.

détermination d'une valeur. Le prix n'est donc pas le résultat d'une addition de valeurs, mais uniquement la reconnaissance d'une valeur ajoutée au matériel biologique par le travail. Le travail peut alors justifier le droit nouveau de son auteur. Comme le soulignait déjà le Conseil d'État en 1988, « *les profits naissent bien sûr des produits transformés, retraités*[436] ». En reconnaissant un prix à ce travail, le droit ne confère pas pour autant un prix au corps humain lui-même.

219.- La rémunération du travail ne peut être confondue avec la vénalité de la mise à disposition. Les suites de la mise en circulation sont marquées par l'apparition de différents opérateurs qui agissent sur le matériel biologique. Ces actes de l'art, précis, délicats et strictement encadrés par les protocoles scientifiques et juridiques, doivent faire l'objet d'une reconnaissance. Le travail dans toutes ses facettes, du prélèvement à la greffe, de la conservation à la recherche, doit permettre au prix de prospérer, puisqu'il n'est pas question de reconnaître un prix au corps humain mais au travail accompli à partir du matériel biologique. Ce principe d'un prix ne remet nullement en cause la prohibition de la vénalité.

Il faut néanmoins s'assurer que la protection du corps poursuivie par la prohibition de la vénalité n'est pas remise en cause par des usages détournés du matériel biologique. Si la non-vénalité ne domine pas l'échange, celui-ci doit continuer d'être marqué par la particularité du corps. Le développement de certaines biobanques ainsi que la consécration d'un brevet sur le corps humain doivent donc être à présent discutés.

Section II. Les limites à l'obtention d'une rémunération de l'activité d'autrui

220.- Le matériel biologique n'est pas une matière première ordinaire, sa circulation et sa transformation révélant ses potentialités. Si la rémunération des différents acteurs est une contrepartie équitable de leur activité, il est permis de constater que certaines formes d'exploitation du matériel biologique conduisent à un processus d'exclusion dans l'accès, tant aux ressources qu'à l'information. Le système français actuel repose

[436] *Sciences de la vie, De l'éthique au droit,* Etude du Conseil d'État, Documentation française, n° 4855, 1988, p. 41.

sur le principe d'une circulation solidaire. Par conséquent, la création de nouvelles formes de biobanques (**§I**) et la brevétisation du vivant (**§II**) doivent être envisagées à l'aune de ce principe essentiel.

§I. Le développement critiqué de certaines formes de biobanques

221.- Les perspectives scientifiques ont conduit au développement de nouvelles formes de biobanques, non plus tournées vers la mutualisation du savoir ou des usages, mais fondées sur la conservation de matériel biologique pour soi. Ce développement international croissant (**A**) a fait l'objet d'une limitation en France (**B**).

A. Le développement d'une nouvelle forme de conservation de matériel biologique à des fins thérapeutiques autologues

222.- Les biobanques se répartissent ordinairement en deux catégories selon qu'elles conservent le matériel biologique à des fins thérapeutiques ou au service de la recherche. Cependant, une forme intermédiaire de biobanques privées émerge depuis quelques années, poursuivant un but lucratif. Ces biobanques proposent de conserver, pour soi ou pour sa famille, des éléments et produits du corps afin qu'ils puissent être mobilisés en cas de pathologie. Peuvent ainsi être conservés des lymphocytes mais plus souvent, le sang de cordon ombilical ou le sang placentaire[437]. La société Cryo-Cell invite même au stockage du sang menstruel, le prix de la conservation étant de 1 374 dollars pour une année et de 4 075 dollars pour une congélation de 25 ans[438]. Ces sociétés offrent la promesse d'une nouvelle assurance, une bioassurance qui « *promet ni plus ni moins que d'assurer une meilleure santé et une plus grande longévité à ceux qui y souscriront* »[439].

---

[437] CCNE, *Les banques de sang de cordon ombilical en vue d'une utilisation autologue ou en recherche*, Avis n° 74, 12 déc. 2002 ; CCNE, *Utilisation des cellules souches issues du sang de cordon ombilical*, Avis n° 117, 23 fév. 2012.

[438] V. en ligne : www.cryo-cell.com (dernière consultation le 15 février 2018).

[439] LAFONTAINE C., *Le corps marché, La marchandisation de la vie humaine à l'ère de la bioéconomie*, Seuil, « La couleur des idées », 2014, p. 195.

223.- Un regard à l'étranger permet de constater que les modalités de conservation diffèrent selon les pays. Ainsi, certaines biobanques proposent un usage exclusif des éléments déposés. C'est notamment le cas pour le sang de cordon ou le sang placentaire, dont seul l'enfant ou sa famille pourront, en cas de besoin, bénéficier des cellules. Au contraire, en France, le Réseau Français de Sang Placentaire (RFSP) repose sur un système de don gratuit et anonyme.[440] Il s'agit alors d'une conservation allogénique, imposant un donneur et un receveur différents, par opposition à des fins autologues ou familiales[441]. En 2009, Florence Bellivier et Christine Noiville pressentaient que « *diverses entreprises étrangères frapper[aient] bientôt aux portes de notre pays* »[442]. La prédiction n'a pas manqué de se confirmer. La société CryoSave s'est ainsi invitée en territoire français pour proposer, contre rémunération, la conservation du sang placentaire et du cordon ombilical. L'expansion à travers le monde de cette forme de biobanque est ainsi devenue une réalité française, confrontant le droit à ses limites.

B. Les limites de la conservation de matériel biologique à des fins thérapeutiques autologues

224.- Est-il conforme à la Constitution d'interdire aux parents la conservation du sang de cordon ou du sang placentaire par une banque privée qu'ils rémunèrent, en vue d'un usage autologue ou familial ? Telle fut en substance la question transmise par le Conseil d'État au Conseil constitutionnel[443]. Le juge constitutionnel considéra que l'article L. 1241- 1

---

[440] MARVILLE L., HAYE I., MARVILLE TORRE R, KATZ G., « Quel statut pour les banques de sang de cordon ombilical ? », *Médecine & Droit,* 2010, n° 102, p. 82.

[441] Pour des positions politiques différentes sur la question de l'ouverture aux banques privées, v. *Proposition de loi du 29 septembre 2004 du député Damien* MESLOT *n° 198 relative au prélèvement et à la conservation des cellules souches issues du sang de cordon ombilical,* enregistrée à la Présidence de l'Assemblée Nationale le 29 septembre 2009 ; P*roposition de loi n° 306 tendant à promouvoir et organiser la collecte, la conservation et la recherche relative au cordon ombilical, présentée par Mme Marie-Thérèse* HERMANGE, enregistrée à la présidence du Sénat le 19 février 2010.

[442] BELLIVIER F., NOIVILLE C., *Les biobanques,* PUF, « Que sais-je ? », 2009, p. 31 et p. 118.

[443] CE, 19 mars 2012, *Ste Cryo-Save France,* n° 348764. Un an plus tôt, le Conseil d'État avait rejeté le pourvoi de cette même société Cryo Save France formé contre l'ordonnance du juge des référés en considérant que la collecte puis la conservation de cellules souches issues du sang placentaire et du cordon ombilical pour une utilisation future à des fins thérapeutiques ne pouvaient pas faire l'objet d'une autorisation : CE, 4 mai 2011, n° 342640, *Société Cryo Save France* ; *Gaz. Pal.*, 4 juin 2011, n° 155, p. 44, note

du Code de la santé publique, résultant de la loi n° 2011-814 du 7 juillet 2011, était conforme à la Constitution, empêchant ainsi la société CryoSave de s'implanter en France[444]. Cette solution doit être approuvée. Parmi les différents arguments en défaveur de ces biobanques privées, certains nous paraissent plus particulièrement convaincants[445].

225.- Tous les usages autologues d'éléments ou produits du corps ne doivent pas être identiquement condamnés. Comme le prévoit l'article L. 2141-11 du Code de la santé publique, le recueil et la conservation des gamètes d'une personne dont la fertilité peut être prématurément altérée ou altérée par sa prise en charge médicale est un procédé souhaitable. De même, la technique des greffes autologues, qui consiste à prélever des cellules souches chez un patient et à les lui réinjecter après un traitement de chimiothérapie et/ou radiothérapie à forte intensité destiné à éliminer des cellules tumorales résiduelles, est louable. Dans ces situations, l'utilisation autologue permet un traitement effectif.

226.- Le stockage du sang placentaire ou ombilical à des fins autologues, ou plus largement familiales, repose pour sa part sur une utilisation très conditionnelle : l'enfant ou un membre de sa famille seront-ils malades ? Le sang placentaire pourra-t-il être utilisé dans le traitement ? Combien de temps la conservation permettra-t-elle de préserver les cellules ?... Un contrat fondé sur une telle incertitude médicale n'est-il finalement pas contraire à l'article L. 121-1-1 16° du Code de la consommation considérant comme trompeuses les pratiques commerciales qui consistent à « *affirmer faussement qu'un produit ou une prestation de services est de nature à guérir des maladies, des dysfonctionnements ou des malformations* » ?

227.- Aux aléas scientifiques s'ajoutent les incertitudes économiques. Qu'adviendrait-il de ce précieux matériel biologique en cas de liquidation judiciaire de la biobanque privée ? [446] Cette conscience des fragilités financières et de leurs conséquences sur la conservation du matériel

---

CHIOCCARELLO A. ; V. également BELLIVIER F., NOIVILLE C., « Banques de sang de cordon : à bas les contrats égoïstes ! », *RDC*, 1er oct. 2011, n° 4, p. 1351.

444 Cons. const., 16 mai 2012, *Ste Cryo-Save France,* n° 2012-249 QPC ; *RLDC,* juill. 2012, n° 95, p. 62, note ROCHE T. ; *RFDC*, 2012, p. 874, note NICOLAS ; *Constitutions,* 2012, p. 474, chron. BIOY X. et RIAL-SEBBAG E.

445 Pour une étude très complète de cette question, v. CATTO M.-X, « Constitutionnalité de l'interdiction de conserver, à titre préventif, le sang de cordon dans un cadre intrafamilial », in Lettre « Actualités Droits-Libertés » du CREDOF, 3 juin 2012.

446 MARVILLE L., HAYE I., MARVILLE TORRE R., KATZ G. « Quel statut pour les banques de sang de cordon ombilical ? », *Médecine & Droit*, 2010, n° 102, p. 83.

biologique n'est pas absente du Code de la santé publique. Les établissements ou les organismes qui assurent la préparation, la conservation, la distribution et la cession, à des fins thérapeutiques autologues ou allogéniques, des tissus et de leurs dérivés et des préparations de thérapie cellulaire, doivent présenter, en vertu de l'article L. 1243-7 du Code de la santé publique, des garanties techniques, sanitaires ou médicales et « *en tant que de besoin, financières* ». Plus particulièrement, l'article R. 2142-30 du Code de la santé publique prévoit que « *l'interruption ou la cessation d'activité d'un établissement, d'un organisme ou d'un laboratoire autorisé à conserver les gamètes, les tissus germinaux ou les embryons ne doit pas entraîner l'arrêt de leur conservation* ». Un accord doit être conclu avec un autre établissement de même nature en vue du déplacement éventuel des gamètes, des tissus germinaux ou embryons. L'hypothèse d'une difficulté financière pour une biobanque privée repose pour sa part sur des mécanismes contractuels et échappe à tout encadrement par le Code de la santé publique.

228.- Au-delà des incertitudes médicales et financières, ce sont également les certitudes qui nous invitent à rejeter le principe des banques privées aux fins autologues. Le matériel biologique stocké pour un usage éventuel ne peut servir pour un usage immédiat. L'hypothétique prive un patient d'un traitement, et comme le souligne justement le CCNE, « *les femmes qui choisissent d'investir dans l'avenir biologique de leur bébé privent donc, sans le vouloir, la communauté de cette précieuse ressource vitale qui pourrait éventuellement être bénéfique pour un patient* »[447]. Pour contrer ce phénomène, l'Espagne a prévu un système mixte. Les parents peuvent déposer dans une banque privée le sang de cordon à des fins autologues ou intra-familiales, tout en concédant à l'État un pouvoir de réquisition en contrepartie du remboursement des frais exposés. Mais la loi espagnole n'interdit pas expressément le dépôt à l'étranger, dès lors susceptible de mettre en échec la réquisition[448]. Certaines sociétés pratiquent également des formes mixtes de dépôt, comme la Virgin Health Bank qui propose une double destination : à des fins individuelles et à des fins solidaires. La banque StemCyte poursuit pour sa part une activité de conservation du sang à des

---

[447] CCNE, *Utilisation des cellules du sang de cordon ombilical, du cordon lui-même et du placenta et leur conservation en biobanques. Questionnement éthique,* Avis n° 117, 2012. ; LAFONTAINE C., *Le corps marché, La marchandisation de la vie humaine à l'ère de la bioéconomie*, Seuil, « La couleur des idées », 2014, p. 196.

[448] MARVILLE L., HAYE I., MARVILLE TORRE R., KATZ G, « Quel statut pour les banques de sang de cordon ombilical ? », *Médecine & Droit,* 2010, n° 102, p. 84.

fins à la fois privées et publiques[449]. Ces formes de biobanques mixtes peuvent ainsi limiter les effets d'une conservation purement égoïste.

229.- Un dernier argument doit être envisagé en défaveur de ce système privé. Il s'agit de la rémunération par les parents du prestataire de services. S'agissant de la rémunération de la conservation, elle n'est pas en elle-même condamnable. Comme nous avons pu le rappeler, les échanges lucratifs ne sont pas absents de la chaîne de circulation du matériel biologique. Cependant, la configuration est ici particulière car elle conduit non pas à améliorer la circulation du matériel biologique pour tous, mais à en limiter l'accès à certains. Cette individualisation de la santé nous paraît contraire à la construction d'un système français d'utilisation des éléments et produits du corps humain fondé sur la solidarité. Ce système revient à exclure, pour des raisons pécuniaires, certains individus du soin. Si les perspectives médicales promises par les banques privées autologues s'avéraient finalement exactes, pourrait-on cautionner un système qui permet aux parents plus aisés d'acheter une meilleure santé pour leurs enfants ? A titre d'exemple, pour la clinique canadienne OVO, le coût de la congélation est de 1 100 dollars, une « redevance » annuelle de 130 dollars étant en outre exigée.[450] Pour un enfant de 20 ans, la conservation aura ainsi couté 3 700 dollars aux parents, sans certitude d'une utilisation future pour soigner l'enfant[451].

Fondées sur une philosophie purement spéculative et méconnaissant la logique de solidarité nationale, ces biobanques privées portent atteinte à l'usage collectif souhaitable du matériel biologique. Ce caractère exclusif de l'usage se retrouve également dans le brevet.

§II. Le refus de breveter le corps humain

230.- À l'issue d'un travail de recherche, les investissements engagés peuvent être valorisés par l'obtention d'un brevet, droit conférant un pouvoir temporaire et exclusif d'exploitation de l'invention. Le brevet s'inscrit dans une logique complexe, car si le droit qu'il confère peut enrichir son titulaire, il peut également conduire au développement de

449 BELLIVIER F., NOIVILLE C., *Les biobanques*, PUF, « Que sais-je ? », 2009, p. 119.
450 LAFONTAINE C., *Le corps marché, La marchandisation de la vie humaine à l'ère de la bioéconomie*, Seuil, « La couleur des idées », 2014, p. 195.
451 Sur la question des montants, v. également BELLIVIER F., NOIVILLE C, « De Freud au contrat : couper le cordon ! », *RDC*, 2008, juillet 2008, n° 3, p. 937.

technologies favorables au plus grand nombre. En effet, s'il permet à son titulaire de contrôler, voire d'exclure, des acteurs souhaitant exploiter l'invention, le brevet constitue néanmoins un levier puissant de l'innovation[452]. Le processus de recherche, en raison de son coût, de sa durée et de l'incertitude des retombées commerciales, constitue un risque pécuniaire certain. Un auteur considère ainsi que sur « *10 000 produits brevetés, une centaine parviennent au stade des essais cliniques* »[453]. Le brevet constitue donc une prime au risque encouru. Par ailleurs, l'exclusivité qu'il confère peut-être nuancée par des pratiques[454], mais également par les dispositions du Code de la propriété intellectuelle, prévoyant l'existence de licences obligatoires[455] ou de licences d'office[456]. Tout en ne remettant pas radicalement en cause le droit de l'inventeur, l'importance d'une exploitation effective ou des enjeux de santé publique peuvent ainsi justifier qu'en contrepartie d'une redevance, l'on impose au titulaire l'exploitation de son invention par des tiers[457].

231.- Le monde du vivant n'échappe pas à cette quête d'équilibre entre l'incitation à l'invention et l'encadrement des conséquences d'un droit exclusif[458], « *parce qu'elle est ainsi de plus en plus prise dans la sphère d'un marché prometteur, l'exploitation du vivant donne plus que jamais lieu à des phénomènes d'appropriation d'un nouveau type dont le maître mot est "exclusivisme"* »[459]. Pour autant, ce mouvement favorable au brevet[460]doit-il emporter dans son élan

---

452 GASNIER J.-P, BRONZO N., (dir.), *Les nouveaux usages du brevet d'invention entre innovation et abus*, PUAM, 2014.

453 CHEMTOB CONCE M.-C., « Réflexion sur l'extension du terme du brevet : Europe, Etats-Unis, Japon », *Médecine et Droit*, n° 98-99, 2009, p. 146. L'auteur souligne par ailleurs que 10 % de l'ensemble des médicaments constituent 75 % des profits des sociétés innovatrices.

454 BELLIVIER F., NOIVILLE C., *Contrats et vivant, Le droit de la circulation des ressources biologiques*, LGDJ, 2006, pp. 226 et s.

455 Art. L. 613-11 C. propr. intell.

456 Art. L. 613-16 C. propr. intell.

457 Un équilibre dans l'attribution des licences est alors nécessaire, comme l'illustre l'expérience canadienne des années 70. La mise en place d'un système de licences obligatoires, permettant à tout laboratoire local de produire un médicament sans obtenir le consentement du titulaire, du brevet fut un échec du point de vue du développement de la recherche. V. CHEMTOB CONCE M.-C., « Réflexion sur l'extension du terme du brevet : Europe, Etats-Unis, Japon », *Médecine et Droit*, n° 98-99, 2009, p. 149.

458 EDELMAN B. « Vers une approche juridique du vivant », *D.*, 1980, chron., p. 329.

459 BELLIVIER F., NOIVILLE C., « La bioéquité : naissance et contours d'un concept », *in La bioéquité, Bataille autour du partage du vivant,* Editions Autrement Frontières, 2009, p. 5.

460 GUTMANN E., « Les modalités de la protection des innovations dans le domaine de la création végétale, Le système du brevet et ses limites », *in Le droit du génie génétique végétal,* HERMITTE M.-A. (dir.), Librairies Techniques Paris, vol. 12, 1987, p. 195.

le corps humain ? Si les thèses s'opposent et les avis divergent, le législateur a quant à lui fait le choix, en 1994, d'exclure le corps humain du domaine des inventions brevetables (**A**), choix relativement préservé dans les évolutions juridiques qui suivirent l'adoption de cette loi (**B**).

A. Le constat du refus de la brevetabilité du corps humain

232.- Il existe une certaine méfiance à l'égard du brevet dès lors qu'il tente de saisir le corps. Au XIXème siècle, un procédé d'embaumement avait ainsi pu être considéré comme non-brevetable « *à raison même du sujet, le corps humain ne pouvant, soit avant, soit après le décès être réputé marchandise* »[461].

233.- Ainsi, l'article L. 611-17 du Code de la propriété intellectuelle, dans sa rédaction issue de l'article 7 de la loi n° 94-653 du 29 juillet 1994, exclut de la brevetabilité « *le corps humain, ses éléments et ses produits ainsi que la connaissance de la structure totale ou partielle d'un gène humain* ». Quelques années après l'adoption de ce texte, la question de la brevetabilité du corps humain s'est de nouveau posée, mais à l'échelle communautaire cette fois, et les débats ont notamment été relancés par la directive communautaire 98/44/CE du Parlement européen et du Conseil du 6 juillet 1998 *relative à la protection juridique des inventions biotechnologiques*[462].

234.- Nonobstant un avis favorable du Conseil constitutionnel[463], la directive ne fut pas transposée sans peine en droit français, et ce principalement en raison de la possibilité offerte par le texte communautaire de breveter le gène[464]. Depuis la loi n° 2004-800 du 6 août 2004, le Code de la propriété intellectuelle, en son article L. 611-18 alinéa 1er, précise que « *le corps humain, aux différents stades de sa constitution et de son développement, ainsi que la simple découverte d'un de ses éléments, y compris la séquence*

---

461 Trib. corr. Seine, 14 mars 1844, *Gaz. Trib.* du 15 mars, cité par HERMITTE M.-A, p. 326.

462 Sur la construction de ce texte, v. CHEMTOB CONCE M.-C., *La brevetabilité des innovations biotechnologiques appliquées à l'homme,* Editions Tec & Doc, Lavoisier, 3ème éd., 2006, pp. 87 et s.

463 Cons. const., 29 juill. 2004, n° 2004-498 DC, *LPA*, 17 août 2004, p. 3, note SHOETTL J.-E.

464 Pour un historique de cette transposition et des difficultés rencontrées, v. notamment BIZET J., *Rapport sur le projet de loi relatif à la protection des inventions biotechnologiques,* Sénat, Commission des Affaires économiques et du Plan, n° 30, Annexe au procès-verbal de la séance du 19 octobre 2004 ; GALLOUX J.-C., « Les dispositions de la loi du 6 août 2004 relatives aux inventions biotechnologiques », *RDSS,* 2005, p. 206.

totale ou partielle d'un gène, ne peuvent constituer des inventions brevetables »[465]. Cette loi a maintenu le principe de non-brevetabilité tout en étendant expressément l'interdit à tous les stades de la constitution et du développement du corps. Tous les temps du corps sont visés par la prohibition.

235.- La protection de l'embryon humain a par ailleurs été étendue par la Cour de Justice de l'Union européenne[466]. La juridiction communautaire avait été saisie d'une question préjudicielle par la Cour fédérale de justice allemande (*Bundesgerichtshof*) à propos de la brevetabilité d'une invention portant sur la production de cellules précurseurs neurales, qui suppose l'utilisation de cellules souches obtenues à partir d'un embryon humain au stade de blastocyste, entraînant la destruction dudit embryon. Si l'article 6 c) de la directive 98/44/CE prévoit expressément que les utilisations d'embryons humains à des fins industrielles ou commerciales ne sont pas brevetables, la CJUE a étendu l'application de cet article aux utilisations à des fins thérapeutiques[467]. De plus, elle propose une définition large de l'embryon, exclu de la brevetabilité. Si un auteur, à propos du droit canadien, avait exprimé la crainte que l'embryon soit qualifié de « *forme de*

---

[465] GALLOUX J.-C., « La loi n° 2004-800 du 6 août 2004 sur la bioéthique », *D.*, 2004, chron. p. 2379 ; « La loi du 6 août 2004 relative à la bioéthique», *RTD com.*, 2004, p. 707 ; GAUMONT-PRAT H., « Loi de bioéthique et droit des brevets : alliance féconde ou liaison difficile [la pénultième péripétie de la transposition de la directive (CE) 98-44] », *LPA*, 18 févr. 2005, n° 35, p. 51 ; BELLIVIER F., « Réflexion au sujet de la nature et de l'artifice dans les lois de bioéthique », *LPA*, 18 fév. 2005, p. 10 ; LECA A., « La question de la brevetabilité du "matériel génétique" d'origine humaine est-elle réglée avec l'article 17 de la loi n° 2004-800 du 6 août 2004 ? », *LPA*, 18 fév. 2005, p. 63 ; GAUMONT-PRAT H., « La laborieuse transposition de la directive n° 98-44-CE du 6 juillet 1998 relative à la protection juridique des inventions technologiques suite et fin ? », *Propr. indust.*, mars 2005, p. 8 ; CHRETIEN J.-F., « La directive communautaire n° 98-44-CE sur la protection juridique des inventions biotechnologiques : une saga européenne », *Propr. indust.*, mars 2005, p. 13 ; TAFFOREAU P., « La brevetabilité du génome humain », *Propr. indust.*, mars 2005, p. 21.

[466] CJUE, 18 oct. 2011, aff. C-34/10, *Oliver Brüstle c/Greenpeace*, *D.*, 2012, p. 410, obs. DALEAU J., note GALLOUX J.-C. ; *D.*, 2012, p. 308, obs. GALLOUX J.-C et GAUMONT-PRAT H. ; *D.*, 2012, p. 520, obs. RAYNARD J. ; *AJ fam.*, 2011, p. 518, obs. MIRKOVIC A. ; *RTD civ.*, 2012, p. 85, obs. HAUSER J. ; *RTD eur.*, , 2012, p. 355, note HENNETTE-VAUCHEZ S.; *RTD eur.*, 2012, p. 396, obs. BENOIT-ROHMER F. ; *JCP G.*, 2011, 146, note MARTIAL-BRAZ N. et BINET J.-R. ; MATHIEU B., *loc. cit.*

[467] BINCTIN N., *Droit de la propriété intellectuelle, Droit d'auteur, brevet, droits voisins, marque, dessins et modèles*, LGDJ, 2ème éd., 2012, p. 310, n° 439.

vie inférieure » et puisse être ainsi breveté[468], la question semble tranchée en droit français : l'embryon est exclu de la brevetabilité.

236.- La méfiance du législateur à l'égard du prix, que traduit habituellement le principe de non-patrimonialité, rejaillit donc sur les règles applicables à la brevétisation. La proximité entre la patrimonialité et le brevet est incontestable, comme le souligne Florence Bellivier : « *il est difficile de nier le lien qui unit brevetabilité et patrimonialité [...] dès lors qu'un des intérêts de la prise de brevets est la possibilité de dégager un profit, et que la patrimonialité est précisément le caractère évaluable en argent d'un bien ou d'un droit* »[469].

237.- Le Code de la propriété intellectuelle pose par conséquent une limite à l'expansion du principe d'une rémunération du travail à partir du matériel biologique. Le choix aurait pu néanmoins être fait de considérer la brevetabilité comme la suite logique d'un travail fourni à partir du corps. Le brevet ne permettant pas de rétribuer le cédant initial, il ne constituerait pas un détournement de la vénalité et se contenterait de récompenser le travail effectué par le chercheur. Il s'agirait de conférer un droit d'exploitation exclusif, récompense du travail effectué, à l'auteur de l'invention. Le prix payé n'est alors pas celui du « matériel biologique brut », mais la contrepartie de la valorisation de ce corps par la recherche. En permettant la brevétisation, il n'existe pas à proprement parler d'atteinte au corps humain. Le professeur Jean-Christophe Galloux a ainsi reproché au CCNE de méconnaître la nature du brevet[470]. Le brevet étant une création abstraite, il ne constitue pas une atteinte ou une dépossession du corps humain : « *le malade appareillé avec une prothèse de hanche brevetée n'est pas plus dépossédé de son corps que les millions d'individus dont certaines séquences génétiques sont brevetées* »[471].

Cependant, si le brevet ne porte pas atteinte aux principes qui gouvernent la protection du corps humain, la brevétisation d'un élément ou produit du corps en lui-même pourrait constituer une atteinte indirecte

---

468 En droit canadien, à la suite de l'affaire dite de « l'oncosouris de Harvard », les juges avaient consacré une distinction entre les formes de vies inférieures, susceptibles d'être brevetées, et les formes de vies supérieures qui échappent à la brevétisation ; *Harvard College c Canada (Commissaire aux brevets) [2002] 4. R. C. S. 45*, v. notamment ARBOUR M.E., LACROIX M. « Le statut juridique du corps humain, Rapport Québécois », Journées Henri Capitant, Lausanne/ Genève/Neuchâtel, Suisse, Juin 2009.

469 BELLIVIER F., *Patrimoine génétique humain : étude juridique,* Thèse de droit privé, Université Paris I Panthéon-Sorbonne, 1997, p. 390.

470 CCNE, *Avis sur la non commercialisation du génome humain,* Avis n° 27, 2 décembre 1991.

471 GALLOUX J.-C., « Éthique et brevet ou le syndrome bioéthique », *D.*, 1993, p. 83.

à la recherche, et donc à la protection du corps à plus long terme[472]. Si le brevet ne dépossède par l'individu de son corps, l'exclusion de certains usages qu'il impose peut être critiquable, et cela plus particulièrement encore lorsqu'il s'agit du gène, point de départ de tous les corps.

Dès lors, la crainte d'une exclusivité sur le gène peut être légitime, et si la transposition de la directive communautaire en droit français s'écarte de la lettre du texte, notamment en raison de cette crainte, elle présente à notre sens le mérite de reconnaître à la fois le travail du chercheur et de préserver la particularité des éléments issus du corps.

B. La brevetabilié d'une invention constituant l'application technique d'une fonction d'un élément du corps humain

238.- L'article L. 611-18 alinéa 2 du Code de la propriété intellectuelle constitue une transposition imparfaite de la directive communautaire. La directive prévoyait dans son article 5. 2° la brevetabilité d'éléments du corps humain, y compris la séquence ou la séquence partielle d'un gène dès lors qu'il avait été isolé (purifié) ou reproduit par un procédé technique, et ce quand bien même sa nature serait identique à celle de l'élément dans son état naturel[473].

239.- L'ouverture du champ de la brevetabilité du corps humain fut à l'origine du retard pris dans la transposition. Mais le texte transposé apporte une nuance sensible au texte de la directive, une restriction supplémentaire y étant envisagée. La substance elle-même ne peut pas faire l'objet du brevet, seule son application technique est susceptible d'être protégée par ce droit. L'actuel article L. 611-18 aboutit selon nous à un équilibre. Si le gène ne peut en lui-même être protégé par un brevet, peut l'être en revanche le travail ayant permis le développement d'un procédé ou d'un produit, tel qu'un médicament. Cette solution évite ainsi une course aux brevets sur des gènes qui, bien que non encore exploitables, pourraient dans un avenir proche le devenir[474]. Le corps doit demeurer une terre de recherche commune à tous.

---

[472] GOUTAL J.-L., « Ethique, bioéthique et droits des brevets », *Mélanges Gobert*, Economica, 2004, p. 169.

[473] GAUMONT-PRAT H., *Droit de la propriété industrielle*, LexisNexis, 3ème éd., 2013, p. 50, n° 97.

[474] CASSIER M., « La tendance à la privatisation de la recherche génomique et quelques mesures de régulation et de correction », *in Propriété industrielle et innovation, « La nouvelle*

240.- La circulation emporte le corps dans l'échange sans pour autant lui conférer un prix. La valeur refusée au moment de la mise en circulation n'est pas reconnue dans les suites de cette circulation. Le donneur qui, grâce à ses éléments ou produits, a pu permettre l'aboutissement de recherches, ne peut prétendre bénéficier d'une partie du profit escompté dans les suites de cette circulation. La solution peut paraître sévère mais elle est la garantie d'une absence de contournement de la règle initiale, qui veut que le prix du corps humain doit être rejeté. Le prix peut en revanche intervenir dans les suites de la mise en circulation en contrepartie de l'activité entreprise.

La rémunération qui se révèle tout au long de la chaîne de circulation du matériel biologique vise à rétribuer l'activité nécessaire à la transformation, la conservation, l'utilité de ce matériel prélevé. Le prix devient alors un moteur pour l'activité. Les finalités médicales et scientifiques s'unissent dans le sens d'une protection de la santé des individus et, à ce titre, doivent pouvoir être soutenues. Cependant, la mise en circulation passée, le droit se doit de maintenir un cadre exigeant et d'intervenir sur ce prix qui, tout en se détachant du corps, doit se maintenir à son service.

L'observation des pratiques, éclairées par le droit positif, a permis de mieux cerner le rapport que le corps et le prix entretiennent dans le cadre de la mise en circulation. Il nous semble à présent que l'observation de ces différentes règles à la lumière de l'universalité de fait pourrait s'avérer précieuse.

économie » fausse-t-elle l'enjeu ? », LAPERCHE B. (dir.), L'Harmattan, 2001, p. 139 ; CHEMTOB- CONCE M.-C., *La brevetabilité des innovations biotechnologiques appliquées à l'homme*, Editions Tec & Doc, Lavoisier, 3ème éd., 2006, p. 91.

Titre II.
L'instrument d'une mise en circulation sans prix du corps humain

241.- Les actes juridiques entourant le corps empruntent à la fois au statut et au contrat, et la question de la nature juridique du corps, bien que posée, est cependant loin d'être tranchée[475]. En l'état du droit positif, le corps ne dispose pas d'une qualification juridique rendant compte de sa réalité et de sa diversité : à l'étroit dans la *summa divisio* des choses et des personnes telle que dégagée par Gaius[476], tiraillé entre les tenants du corps entendu comme personne et les défenseurs d'un corps entendu comme objet de propriété, le corps est encore bien démuni face au patrimoine qui, lui, se présente comme une enveloppe clairement définie par l'actif et le passif qui le composent. Afin que sa valeur soit préservée tout en interdisant son prix lorsqu'il est question d'une mise en circulation, un cadre protecteur doit être offert au corps. Bien qu'il soit « *plus dangereux de changer qu'il n'est incommode de souffrir* »[477], la quête d'une qualification juridique adaptée au corps humain doit donc être entreprise. Discrète, mais efficace, quelque peu abandonnée, mais d'utilisation aisée, la notion d'universalité de fait nous paraît à même d'ouvrir la voie à une nouvelle grille de lecture juridique du corps humain.

242.- À première vue, le choix peut surprendre tant il est vrai que l'universalité de fait ne bénéficie pas des faveurs de la doctrine. En droit commercial, comme en droit civil, les auteurs s'inquiètent de cette notion aux contours difficiles à cerner[478]. D'aucuns constatent qu'il est « *impossible de dire ce qu'est une universalité de fait* »[479] et s'inquiètent, à l'instar de Boris

---

475 BELLIVIER F., NOIVILLE C., *Contrats et vivant, Le droit de la circulation des ressources biologiques*, LGDJ, 2006.

476 GAIUS, Comm., I, §8 et L.1, D. de Stat. Hom. *in Institutes de l'empereur Justinien, traduites en français avec le texte en regard, suivies d'un choix de textes juridiques relatifs à l'histoire externe du droit romain et au droit privé antéjustinien*, t. I, 1838, p. 16.

477 Propos prononcé par Portalis en 1788 et repris par TERRE F., *Dialogue des siècles, Une conversation entre Portalis et un juriste aujourd'hui*, Litec, 2004, p. 13.

478 GARY R., *Essai sur les notions d'universalité de fait et d'universalité de droit dans leur état actuel*, Librairie du Recueil Sirey, 1932, p. 2 ; DENIZOT A., *L'universalité de fait*, LGDJ, « Collection des Thèses », n° 23, 2008, p. 162.

479 RIPERT G., ROBLOT R., *Traité de droit commercial*, t. 1, LGDJ, 2001, 18ème éd., par GERMAIN M., VOGEL L., § 445.

Starck, du flou entourant sa définition[480]. Au-delà de cette incertitude, la condamnation de l'universalité de fait est souvent prononcée en raison de son inutilité supposée[481]. L'universalité ne serait finalement qu'une constatation de réalités sans écho dans le monde du droit[482]. Utilisée classiquement pour désigner un ensemble de biens au sein du patrimoine, l'universalité de fait ne parvient pas assez à se démarquer de l'universalité de droit, à tel point qu'il a pu être considéré que « *l'expression n'a pas de signification car une universalité est de droit, ou elle n'est pas !* »[483].

243.- Mais paradoxalement, les critiques adressées à cette notion ne sont pas sans susciter notre intérêt. En l'absence d'une définition stricte, l'universalité de fait est dotée d'une grande adaptabilité, particulièrement appréciable dans le cadre de notre étude. Comme le défendait le juriste suisse Huber, une définition stricte n'est pas toujours gage d'efficacité pour une notion[484]. Un tel raisonnement se retrouve dans les travaux préparatoires du Code civil français, notamment à travers la célèbre formule de Portalis selon laquelle « *l'on ne simplifie pas en prévoyant tout* »[485].

244.- L'universalité de fait peut finalement, selon la distinction du Doyen Vedel, être qualifiée « *de notion fonctionnelle* » par opposition « *aux notions conceptuelles* »[486]. Ces dernières sont susceptibles d'une définition précise et figée de leur contenu, tandis que les notions fonctionnelles sont susceptibles d'évolution, de construction par l'intervention du juge. Le reproche d'imprécision souvent formulé à l'encontre de l'universalité peut ainsi devenir une vertu, l'universalité de fait apparaissant comme «

---

[480] STARCK B., ROLAND H., BOYER L., *Introduction au droit civil*, Litec, 5ème éd., 2000, n° 1389 : « *L'universalité de fait n'a pas de sens précis* ».

[481] MALAURIE P., AYNES L., *Les biens*, Defrénois, « Collection droit civil », 5ème éd., 2013, n° 150, p. 45.

[482] Pour un même constat : DEKEUWER-DEFOSSEZ F., BLARY-CLEMENT E., *Droit commercial. Actes de commerce, fonds de commerce, commerçants, concurrence*, Montchrestien, 10ème éd., 2010, n° 504 ; DE JUGLART M., IPPOLITO B., *Traité de droit commercial, T. 1*, 4ème éd., par DU PONTAVICE E. et DUPICHOT J., Montchrestien, 1988, § 159.

[483] DEKEUWER-DEFOSSEZ F., BLARY-CLEMENT E., *Droit commercial, Actes de commerce, fonds de commerce, commerçants, concurrence*, Montchrestien, 10ème éd., 2010, n° 504.

[484] Exposé des motifs de l'avant-projet du Code civil suisse, 1902, pp. 18 et s., cité par GARY R., *Essai sur les notions d'universalité de fait et d'universalité de droit dans leur état actuel*, Librairie du Recueil Sirey, 1932, p. 3.

[485] PORTALIS J.-E.-M., *Discours préliminaire au premier projet de Code civil*, préf. MASSENET P., Éditions Confluences, « Collections Voix de la cité », 1999, p. 8.

[486] VEDEL G., « La juridiction compétente pour prévenir, faire cesser ou réparer la voie de fait administrative », *JCP G.*, 1950, I, doct., 851, n° 4 ; pour une utilisation en droit civil, à propos de la subrogation réelle, v. RANOUIL V., *La subrogation réelle en droit civil français*, LGDJ, « Bibliothèque de droit privé », 1985, p. 25.

éminemment pratique et souple »[487]. Et en effet, si cette notion n'est pas définie dans les codes français, elle a pourtant su offrir un cadre juridique privilégié pour des ensembles de biens singuliers comme le fonds de commerce. Cette souplesse constitue une force. « *Riche de Droit latent* »[488], l'universalité est vouée à se développer : elle se présente alors « *comme un écho amplifié de la diversité du monde des choses [...] Les universalités de fait offrent un terrain d'exploration presque infini* »[489].

245.- La mobilisation de cette notion à géométrie variable pourrait ainsi permettre une meilleure appréhension des règles prohibant le prix du corps humain tout en vivifiant la notion d'universalité de fait. Pour s'assurer de la pertinence de ce choix, il convient préalablement d'analyser les caractéristiques de l'universalité de fait afin de s'assurer de l'opportunité de cette qualification pour le corps (**Section I).** Une fois convaincu, il faut alors déterminer la destination commune des éléments composant cette universalité particulière (**Section II**).

---

487 HIEZ D., *Étude critique de la notion de patrimoine en droit privé actuel,* LGDJ, « Bibliothèque de droit privé », t. 399, 2003, p. 142.

488 LE TOURNEAU P., *Droit de la responsabilité et des contrats, Régimes d'indemnisation*, Dalloz, « Dalloz action », 2014, p. 91, n° 90.

489 DENIZOT A., *L'universalité de fait,* LGDJ, « Collection des Thèses », n° 23, 2008, p. 35.

Chapitre I. Les particularités du corps humain appréhendées par l'universalité de fait

246.- Le choix de l'universalité de fait se doit d'être justifié car, nous le concédons, il ne s'impose pas à première vue. Une doctrine majoritaire rattache le corps à la qualification de personne, là où l'universalité de fait conduit irrémédiablement à le qualifier de chose. Il convient donc de s'assurer que l'universalité de fait ne porte pas atteinte aux règles organisant la protection du corps humain et de son prix. Il faudra, pour s'en convaincre, démontrer que le corps humain est en mesure de se glisser dans la définition traditionnelle de l'universalité de fait, sans que ni le premier ni la seconde ne s'en trouvent dénaturés.

247.- Pour ce faire, il convient de préciser la définition de l'universalité et de faire émerger ses traits les plus caractéristiques. L'universalité est tout d'abord un ensemble de choses, homogènes ou hétérogènes, unies par la volonté d'un propriétaire. L'universalité de fait permet ainsi de concilier le besoin d'un cadre impératif tout en organisant l'expression de la volonté (**Section I**). Cette union d'éléments laisse ensuite apparaître une distinction fort intéressante au regard du corps, entre contenant et contenu (**Section II**).

Section I. La volonté au service de l'union d'éléments

248.- L'universalité de fait, loin d'être figée, est une notion à géométrie variable, dont les traits semblent à première vue convenir au corps humain. Pour s'en convaincre, on constatera que la construction classique de l'universalité de fait peut s'accorder avec les particularités du corps humain. L'universalité de fait se compose ainsi d'un ensemble de choses, dont il convient de préciser la nature (**§I**), ce maintien des éléments entre eux étant le fruit de la volonté (**§II**).

§ I. La nature des éléments composant l'universalité de fait

249.- Envisager le corps sous l'angle de l'universalité de fait nécessite que soient observés les éléments qui la composent traditionnellement. Il apparaît alors que les éléments de l'universalité de fait son généralement des biens de diverses natures. Ce constat appelle deux interrogations successives : le corps peut-il être considéré comme un bien ? Et si tel n'est pas le cas, l'universalité peut-elle néanmoins offrir un cadre protecteur au corps ? Afin d'éclairer le doute, il nous faut donc rappeler ce qu'est l'universalité de fait traditionnelle (**A**), pour mieux envisager ce que pourrait être l'universalité au contact du corps (**B**).

A. Les éléments de l'universalité de fait traditionnelle

250.- Pour les romanistes médiévaux, la notion d'universalité s'entend soit d'une universalité de personnes, soit d'une universalité de choses[490]. Seule cette deuxième acception sera retenue dans le cadre de notre étude.

251.- Le contexte historique de la naissance de la notion d'universalité de fait ne permet pas d'en établir une définition véritablement consensuelle[491]. Nous partageons par conséquent l'approche de Robert Gary, qui a souhaité s'écarter d'une analyse purement historique de la notion pour mieux pouvoir en repenser les contours modernes[492]. La terminologie « universalité de fait » est absente du Code Napoléon et ce n'est qu'incidemment, au gré des pages, que l'on parvient à entrevoir les contours d'une notion aux facettes variées. Elle apparaît sans dire son nom à l'article 1800 du Code civil, relatif au contrat de bail à cheptel, ou encore, dans un registre très différent, à l'article 534 du même code, s'agissant du regroupement de biens que constitue la collection. Mais nulle trace dans ces articles, et plus généralement dans les codes français, de la terminologie

---

490 ZENATI-CASTAING F., REVET T., *Les biens*, PUF, « Collection droit fondamental », 3ème éd., 2008, p. 2002, n° 132 et s.

491 BONNECASE J., *Supplément au traité théorique et pratique du droit civil par G Baudry-Lacantinerie*, Sirey, 1928, t. IV, n° 249 et s.

492 GARY R., *Essai sur les notions d'universalité de fait et d'universalité de droit dans leur état actuel*, Librairie du Recueil Sirey, 1932, p. 13 : « *L'étude de nos notions, entreprise d'un point de vue organique, sera ainsi dégagée […] du trouble dont les historiens du droit et certains auteurs les avaient entourées, et contribuera à faire la lumière sur leur véritable caractère* ».

même « d'universalité de fait ». Seule la notion « d'universalité des biens » est mentionnée aux articles 1003 du Code civil, relatif au legs universel, L. 121-2 du Code de la propriété intellectuelle ou encore 257 bis du Code général des impôts.

252.- En dehors des textes, la notion d'universalité de fait a été définie par d'éminents juristes tels que Pothier, qui avait déjà pu cerner la particularité de cette notion[493]. Les auteurs s'accordent pour définir l'universalité de fait comme « *un ensemble de biens, réunis pour former un tout* »[494]. L'universalité de fait est composée de choses appropriées et utiles à l'homme, ce qui leur confère la qualification de biens, « *la chose [étant] le genre* », tandis que « *le bien est une espèce* »[495]. L'appropriation de la chose explique le passage de la chose au bien dans l'universalité de fait[496], transformation qui serait d'ailleurs inéluctable selon certains auteurs, la chose étant selon eux vouée à l'appropriation[497]. Cette affirmation devra cependant être nuancée s'agissant du corps humain.

253.- Deux grandes catégories d'universalité de fait se distinguent : les universalités dites « homogènes », constituées d'éléments de même nature (un troupeau, une bibliothèque, *etc.*) et les universalités dites « hétérogènes », qui se composent d'éléments dont la nature juridique est très différente, à l'instar du fonds de commerce.

A la lumière de cette définition, il convient de s'interroger sur la nature juridique des éléments composant le corps.

---

493 POTHIER R.-J., *Traité des obligations,* Dalloz, rééd. 2011, pp. 46-47 : « *lorsqu'une convention est une universalité de choses, elle comprend toutes les choses particulières qui composent cette universalité, même celles dont les parties n'avoient pas de connoissance* ».

494 PLANIOL M., RIPERT G., *Traité élémentaire de droit civil,* LGDJ, 11ème éd., 1928, p. 708, n° 2173 bis.

495 DEMOLOMBE C., *Traité de la distinction des biens, De la propriété, De l'usufruit, De l'usage et de l'habitation, T. I,* Auguste Durand et L. Hachette, 1866, 3ème éd., pp. 5-6, n° 9.

496 PLANIOL M., RIPERT G., *Traité élémentaire de droit civil,* LGDJ, 11ème éd, 1928, p. 707, n° 2170 : « *la mer, l'air atmosphérique, le soleil sont des choses indispensables à la vie terrestre, ce ne sont pas des " biens " parce qu'ils ne peuvent faire l'objet d'une appropriation au profit d'un particulier, d'une ville ou d'une nation* ».

497 BERLIOZ P., *La notion de bien,* LGDJ, « Bibliothèque de droit privé », t. 489, 2007, p. 122 : « *Les éléments et produits du corps humain, la matière biologique humaine en général, semblent donc bien constituer autant de choses objets de propriété, c'est-à-dire des biens. Même le corps se trouve emporté dans ce mouvement* ».

B. Le corps humain et la qualification de bien ou de chose

254.- L'universalité de fait est classiquement constituée d'un ensemble de biens. Par conséquent, il convient de se demander si le titulaire de la volonté peut exercer, sur le corps humain ou ses éléments et produits, un droit de propriété (**1**). Le rejet de cette qualification conduit à se tourner vers la qualification de chose, également compatible avec la notion d'universalité de fait (**2**).

1. Le rejet de la qualification de bien

255.- Le rapport de propriété implique classiquement un lien entre une ou plusieurs personnes juridiques et une chose. Lorsqu'il est question du corps humain, l'hypothèse d'une propriété collective (**a**) comme celle d'une propriété individuelle doivent être écartées (**b**).

a. L'hypothèse d'une propriété collective du corps

256.- Dans plusieurs situations, il a pu être constaté l'existence d'une utilisation collective du corps ou du moins la présence de plusieurs acteurs se prévalant de droits sur lui. La question du partage de la propriété se pose donc en premier lieu.

257.- Selon la philosophie de Saint Thomas D'Aquin, l'individu est titulaire d'un simple droit d'usufruit tandis que Dieu est le nu-propriétaire de chaque corps : il s'agit donc d'un droit de propriété démembré. L'absence d'une liberté absolue de disposition du corps est justifiée par ce rattachement à Dieu, lequel fonde notamment la prohibition du suicide. Plus récemment, cette conception du rapport de l'individu à son corps a été rappelée par le Pape Pie XII, affirmant que « *l'homme n'est que l'usufruitier, non le possesseur indépendant, le propriétaire de son corps, de sa vie* »[498]. D'autres conceptions impliquent une disposition des corps aux fins de défense de la nation, traduisant une forme de propriété de la patrie sur les corps[499].

---

[498] Pie XII, *Allocution aux membres de la VIIIème Assemblée de l'Association médicale mondiale, 30 septembre 1954,* Documentation catholique, 1954, 36ème année, n° 1184, p. 1281.
[499] ESQUERRE A., *Les os, les cendres et l'État,* Fayard, 2011, p. 20.

L'État remplaçant Dieu serait alors devenu nu-propriétaire[500]. De telles conceptions semblent aujourd'hui devoir être dépassées.

258.- Florence Bellivier et Christine Noiville ont pour leur part envisagé l'application du démembrement de propriété lorsque plusieurs acteurs interviennent dans le cadre de la circulation du matériel biologique[501]. Elles concluent néanmoins à l'échec d'une telle analyse qui, à première vue, pouvait sembler séduisante. Dans le cas du sang, par exemple, les limites apparaissent rapidement. En effet, dans cette hypothèse, l'Établissement français du sang disposerait de la qualité d'usufruitier et le donneur de celle de nu-propriétaire. Or, l'article 578 du Code civil met à la charge de l'usufruitier une obligation de conservation de la substance, dépourvue de toute application possible en pareille espèce : l'établissement ne conserve pas le sang pour le restituer à son donneur. L'inadéquation paraît moins grande s'agissant des biobanques poursuivant des finalités autologues. Il pourrait alors être considéré que le stockage du cordon ombilical, par exemple, doit intervenir en vue d'une restitution à l'enfant ou à ses parents. Cependant, la réticence du droit français à l'égard des biobanques à vocation autologue limite nécessairement la portée pratique de cette analyse[502].

Cette conception d'une propriété collective du corps doit donc être écartée. Demeure en revanche en suspens l'hypothèse d'une propriété individuelle du corps.

b. L'hypothèse d'une propriété individuelle du corps

259.- « *Le sujet, selon la définition canonique, est cet être qui possède la capacité de se faire objet pour lui-même* »[503]. Cette évocation d'un rapport sujet-objet doit-elle guider le droit ? La personne est-elle vouée à exercer sur son corps un véritable droit de propriété ?

---

500 RAMEIX S., « Statut du corps humain et métaphore organiciste de l'État », *Médecine & Droit*, n° 19, juill.-août, 1996, pp. 5-12.

501 BELLIVIER F., NOIVILLE C., « La circulation du vivant humain : modèle de la propriété ou du contrat ? », *in Code civil et modèles, Des modèles du code au code comme modèle,* LGDJ, « Bibliothèque de l'Institut André Tunc », t. 6, 2005, p. 107.

502 V. *supra* n° 221 et s.

503 DESCOMBES V., *Le complément de sujet, Enquête sur le fait d'agir soi-même,* Gallimard, « NRF Essais », 2004, p. 99.

260.- Dès 1908, Perreau semble séduit par cette conception, considérant que « *chacun possède sur sa propre personne un droit exclusif et spécial opposable à tous, une sorte de droit de propriété de son être* »[504]. L'emploi du nom « sorte » accolé à celui de « propriété » témoigne de la réticence de l'auteur à utiliser pleinement et sans réserve cette qualification. Au soutien de cette conception d'un droit de propriété sur le corps humain peut être également mobilisée la pensée de John Locke, qui considère que « *bien que la terre et toutes les créatures inférieures appartiennent en commun à tous les hommes, chacun garde la propriété de sa propre personne. Sur celle-ci, nul n'a droit que lui-même* »[505]. Cette affirmation d'un droit de propriété peut néanmoins difficilement s'entendre du pouvoir de disposer librement des éléments et produits qui le constituent. En effet, il apparaît à la faveur d'une lecture attentive du penseur que c'est davantage aux fins de consacrer une propriété de l'individu sur les biens qu'il produit par son travail, que John Locke envisage une propriété de la personne sur elle-même[506]. De surcroît, il convient de ne pas étirer abusivement un propos ancré dans un contexte médical alors bien différent de celui actuel.

261.- D'autres plaident avec conviction en faveur de la reconnaissance d'un droit de propriété de l'individu sur son corps, à l'instar de Jean-Pierre Baud, qui considère que « *la reconnaissance à l'individu d'un droit de propriété sur son corps* » apparaît « *comme la plus efficace des protections contre les agressions physiques* »[507]. Selon cet auteur, il s'agit assurément de la qualification la plus pertinente[508]. Le corps ici appréhendé comme une chose est, de surcroît, susceptible d'appropriation. Utile et nécessaire à l'homme, le voilà intégré dans le champ de l'article 544 du Code civil. Cette conception demeure néanmoins minoritaire.

262.- ***L'accueil mitigé d'un droit de propriété sur le corps humain***. Le droit positif n'accueille pas de la manière la plus favorable le rapport de propriété de la personne sur son corps. Une décision rendue

---

504 PERREAU E.-E.-H., *Eléments de jurisprudence médicale à l'usage des médecins, conférences faites à la Faculté de médecine de Montpellier, années 1905, 1906, 1907, préface du Dr Lande*, LGDJ, 1908, p. 383.

505 LOCKE J., *Deuxième traité du gouvernement civil*, Librairie Philosophique J. VRIN, « Bibliothèque des textes philosophiques », 1967, pp. 90-91.

506 *Ibid.*: « *Le travail de son corps et l'ouvrage de ses mains, pouvons-nous dire, sont vraiment à lui. Toutes les fois qu'il fait sortir un objet de l'état où la Nature l'a mis et l'a laissé, il y mêle son travail, il y joint quelque chose qui lui appartient et de ce fait, il se l'approprie* ».

507 BAUD J.-P., *L'affaire de la main volée, une histoire juridique du corps*, Éditions du Seuil, 1993, p. 11.

508 PAUL F., *Les choses qui sont dans le commerce au sens de l'article 1128 du code civil*, LGDJ, « Bibliothèque de Droit Privé », t. 377, 2002.

en référé avait pourtant pu, il y a quelques années, laisser augurer d'un sort moins funeste pour cette qualification. En effet, dans une affaire qui pourrait relever de l'anecdote, mais qui n'en demeure pas moins sordide, le tribunal de grande instance d'Avignon avait été confronté à la délicate question de la restitution à un prisonnier de sa phalange coupée. Le condamné s'était sectionné le doigt afin d'attirer l'attention sur son sort, envoyant par courrier cet élément de son corps à Robert Badinter, alors Garde des Sceaux. Si une analyse psychologique permet d'expliquer cette amputation par le « *don de soi, d'un fragment de soi, offrande morbide ou " doigt d'honneur " au sens propre* »[509] et témoignant de la souffrance extrême du sujet, le juriste est quant à lui contraint de déterminer le droit applicable à ce doigt, et pourrait notamment se demander si « *le destinataire d'une phalange expédiée par la poste en [devient] propriétaire* »[510]. Si le juge des référés n'eut pas directement à se prononcer sur cette question, il convint néanmoins au détour de son argumentation que « *la propriété de M. Daoud sur sa phalange amputée [n'était] pas contestée* »[511], laissant ainsi entrevoir un droit de propriété de l'individu sur son corps ou, à tout le moins, sur un élément de celui-ci.

263.- A la même époque, de l'autre côté de l'Atlantique, une cour d'appel américaine fit également preuve d'originalité en reconnaissant le droit de propriété d'un individu sur ses cellules, dont le prélèvement à son insu avait permis une découverte scientifique majeure, source de profits substantiels pour les médecins participants. Dans cette célèbre affaire Moore, la Cour Suprême des États-Unis refusa néanmoins, pour sa part, de reconnaître un tel droit de propriété, tout en constatant que le consentement de la personne à l'utilisation de ses cellules n'avait pas été sollicité[512].

264.- La qualification de propriété n'est pas accueillie favorablement par le droit français. Déjà en 1984, le Tribunal de grande instance de Créteil s'était saisi d'une demande en restitution de gamètes par la femme d'un défunt pour affirmer que « *les forces génétiques ne peuvent pas faire l'objet d'appropriation* »[513]. L'article 16-1 du Code civil témoigne de cette réticence,

---

509 BOURGEOIS D., « État limite et automutilation », *Santé Mentale*, n° 143, déc. 2009, p. 33.
510 BERTIN P., « Un doigt de droit, deux doigts de bon sens... », *Gaz. Pal.*, 15 février 1986, doctr., p. 96.
511 TGI Avignon (référé), 24 septembre 1985, *Gaz. Pal.*, n°45, p. 46.
512 Cour d'appel de Californie, *Moore v. Regents of California*, 21 juillet 1988, 249 *California Reporter*, 494 ; Cour suprême de Californie, 9 juillet 1990, 51 Cal. 3 d 120 ; 271 *California Reporter*, 146, 793 3 d. 479 ; v. note EDELMAN B., « L'homme aux cellules d'or », D., 1989, chr., p. 225.
513 V. *supra* n° 11.

rejetant le corps hors de la sphère patrimoniale. Se fondant notamment sur cet article, la Cour de cassation a pu approuver les juges du fond pour avoir refusé la restitution, aux proches du défunt, des éléments prélevés sur son corps dans le cadre d'une enquête criminelle, considérant que « *les prélèvements effectués sur le corps humain à des fins de recherches médico-légales pour les nécessités d'une enquête ou d'une information, qui ne peuvent faire l'objet d'un droit patrimonial aux termes de l'article 16-1 du code civil, ne constituent pas des objets susceptibles de restitution au sens de l'article 41-4 du code de procédure pénale* »[514]. Ce refus par le droit positif français de reconnaître un droit de propriété de la personne sur son corps doit à notre sens être approuvé, le rapport de propriété n'étant pas adapté au corps humain.

265.- ***La difficile conciliation entre propriété et corps humain.*** La propriété confère, en vertu de l'article 544 du Code civil le droit de « *disposer des choses de la manière la plus absolue* ». Ce faisant, la propriété présente le mérite d'exclure autrui et donc de préserver le corps des atteintes non consenties. Cependant, ainsi que cela a pu être souligné, le principe d'inviolabilité consacré à l'article 16-1 du Code civil, assume d'ores et déjà ce rôle[515]. De surcroît, le rôle protecteur de la propriété est parfois contesté n'apparaissant « *plus susceptible de remplir ce rôle de rempart et de symbole des libertés individuelles comme à l'époque du Code civil* »[516].

266.- Mais le droit de la propriété offre également le droit de disposer librement de la chose : cession, usage, destruction, *etc.* constituent des prérogatives du propriétaire. Des exceptions peuvent néanmoins être prévues sans qu'il s'agisse d'une remise en cause de la propriété. Partant, les professeurs Revêt et Zénati considèrent que le droit de propriété sur le corps humain peut être affirmé tout en s'accompagnant classiquement d'exceptions[517]. Le droit français se refuse pourtant à appréhender le corps comme un stock de biens ordinaires, librement cessibles. Comment affirmer un droit de propriété alors que la finalité de la cession est déterminée par l'intérêt médical ou scientifique ? En outre, si tant est qu'un droit de propriété puisse être envisagé, se poserait néanmoins la question de la détermination des exceptions. Par le biais d'une liste exhaustive,

---

[514] Crim., 3 fév. 2010, *Bull. crim.*, n° 18 ; *D.*, 2010., p. 1653, note LEPRIEUR S. ; *AJ pén.*, 2010, p. 250, obs. ROYER G. ; *RTD civ.*, 2010, p. 354, obs. REVET T.

[515] BELLIVIER F., NOIVILLE C., *Contrats et vivant, Le droit de la circulation des ressources biologiques,* LGDJ, 2006, p. 99.

[516] BERRA D., *Le principe de libre disposition des biens en droit civil, Contribution à la notion d'indisponibilité juridique,* Thèse de droit privé, Université de Nancy, 1969, p. 845.

[517] ZENATI-CASTAING F., REVET T., *Manuel de droit des personnes,* PUF, « Collection droit fondamental », 2006, p. 240.

véritable inventaire à la Prévert, le législateur devrait ainsi couvrir d'exceptions les pages de notre Code civil, fragilisant le principe de la propriété en quelques lignes posé. Ainsi, à trop déroger, ne privera-t-on pas le principe de toute sa portée ? De surcroît, les exceptions étant d'interprétation stricte il est à craindre que le juge, face à une situation inédite, se trouve dans la plus grande des difficultés à statuer. Comment prévoir aujourd'hui les atteintes au corps que la science nous révèlera demain ?

267.- Le rapport de propriété est particulièrement difficile à concevoir à l'égard de l'embryon. Selon le professeur Philippe Théry, « *la femme enceinte dispose librement de l'embryon. Disposer d'une chose, c'est aussi en exclure autrui, en la circonstance, l'autre auteur de la conception* »[518]. Mais peut-on aller jusqu'à considérer que la mère dispose d'un véritable droit de propriété sur ce corps en développement ? Une fois encore, au regard des dispositions régissant l'interruption volontaire de grossesse, le principe est bien celui d'un encadrement et non pas d'un libre pouvoir de disposition.

268.- Il est pareillement délicat de concevoir qu'un lien de propriété puisse unir les héritiers au corps du défunt, entendu alors comme une chose. Une décision rendue par la cour d'appel de Paris nous semble à cet égard révélatrice de cette difficulté[519]. Dans cette affaire, le corps d'une femme âgée, décédée pendant la canicule, avait causé, par sa décomposition, des dommages conséquents à un appartement voisin. Les appelantes recherchaient la responsabilité de la fille de la défunte, notamment sur le fondement de l'article 1384 alinéa 1 du Code civil, considérant que « *le cadavre de Mme G. est une chose dont Mme S. avait la garde et la responsabilité* ». Or, de la garde à la propriété, il n'est qu'un pas. Dans une conception matérielle, la garde implique la caractérisation du contrôle, de l'usage et de la direction, ce qui en l'espèce ne peut être considéré comme opportun[520]. Mais la garde peut aussi être juridique puisque le propriétaire est réputé gardien de la chose. En l'espèce, la fille devait-elle être considérée comme propriétaire du corps de sa défunte mère ? La cour d'appel contourna cette délicate question en considérant que l'héritière « *a été saisie de plein droit des biens de sa mère dès le décès de celle-ci, et donc de la propriété et de la jouissance de son appartement ; que dès lors sa responsabilité est engagée à raison des dommages anormaux qui ont été causés à l'appartement voisin* ». Plutôt que de consacrer un rapport de propriété entre le corps de la défunte et ses ayants

---

518 THERY R., « La condition juridique de l'embryon et du fœtus », *D.*, 1982, Chr. XXXV, p. 234.

519 CA Paris, 25ème ch. A, 28 janv. 2009, n°07/06322.

520 ROME F., « Dégâts des os... », *D.*, 2009, p. 1401.

droit, les juges choisirent de créer un nouveau cas de trouble anormal de voisinage[521]. Ils firent ainsi « *l'économie d'un fait générateur de responsabilité* »[522], la seule anormalité du dommage ou son caractère excessif suffisant à sanctionner le trouble. Pour ce faire, un lien de propriété fut établi entre l'héritière et l'immeuble de la défunte par la voie d'une interprétation critiquable de l'article 724 du Code civil[523]. L'héritière n'est donc pas responsable du fait du corps de sa mère, mais du fait de l'immeuble dont elle avait légalement l'usage, devant par conséquent répondre des troubles anormaux en résultant. Cette décision semble finalement davantage « *teintée de morale* » que justifiée par un fondement juridique pertinent[524]. Cette position est particulièrement révélatrice du malaise qu'éprouvent les juges à consacrer un droit de propriété sur le corps du défunt. En s'appuyant sur les troubles anormaux du voisinage, ils esquivent la délicate qualification du rapport entretenu en l'espèce entre le sujet et l'objet[525].

269.- Ce refus de consacrer un rapport de propriété se retrouve dans l'évolution du statut des cendres. Si d'aucuns avaient pu relever que les cendres ne pouvaient être assimilées au corps humain en raison du sort particulier que leur conférait la jurisprudence, la loi du 19 décembre 2008 prit soin d'étendre explicitement la protection du corps aux cendres. Avant cette loi, la volonté du défunt devait primer, pouvant ainsi conduire à des situations déroutantes. Il avait ainsi pu être considéré qu'en raison de l'expression orale de deux volontés différentes par le défunt, ses cendres devaient en partie être dispersées dans le caveau familial de son enfance et en partie remises à sa seconde épouse pour qu'elle puisse en disposer selon son souhait. L'urne funéraire pouvait quant à elle faire l'objet d'une copropriété familiale indivise[526], copropriété néanmoins qualifiée d'inviolable et sacrée[527]. Le Ministère de l'Intérieur s'était pour sa part prononcé en faveur du rattachement des urnes funéraires à la catégorie des « souvenirs de famille », leur permettant ainsi d'échapper aux règles

---

521 MALLET-BRICOUT B., REBOUL-MAUPIN N., « Droit des biens, mai 2008 - juillet 2009 », *D.*, 2009, p. 2300.

522 BERT D., « La reconnaissance d'un trouble anormal de voisinage à raison de la décomposition d'un cadavre », *D.*, 2009, p. 1804.

523 Cet article a en effet vocation à permettre l'usage des biens par l'héritier, mais la propriété n'est complète que dès lors qu'il accepte la succession. Sur ce point, v. BERT D., « La reconnaissance d'un trouble anormal de voisinage à raison de la décomposition d'un cadavre », *D.*, 2009, p. 1804.

524 PARANCE B., « Troubles anormaux de voisinage », *RLDC*, 2009, p. 64.

525 HAUSER J., « La mort en ce jardin ! », *RTD civ.*, 2009 p. 501.

526 CA Paris, 27 mars 1998, *D.*, 1998 p. 383, note MALAURIE P.

527 TGI Lille, 23 sept. 1997, *LPA*, 27 janv. 1999, n° 19, p. 17, note MORY B. et LABBEE X.

habituelles de partage[528]. Dans l'hypothèse d'un désaccord entre les membres de la famille, il revenait donc aux juges de décider de leur attribution ou du point de savoir si le dépôt d'une urne dans un columbarium obéissait aux mêmes règles que l'inhumation. En décidant qu'il fallait opérer une distinction entre ces situations, la jurisprudence permit ainsi à l'un des propriétaires de retirer l'urne du columbarium et de l'emporter chez lui sans formalité particulière, et notamment sans l'autorisation des autres copropriétaires[529]. Cette copropriété d'un genre particulier n'était pas sans créer de multiples conflits au sein des familles. En outre, le traitement des cendres était parfois surprenant : intégrées dans la peinture d'un tableau, portées en pendentif ou insérées dans une cartouche de fusil, la sacralité du corps humain était belle et bien réduite en poussières.

270.- L'article 16-1-1 du Code civil, intégré au sein du chapitre relatif à la protection du corps humain, vint mettre un frein à ces utilisations contestables du corps et semble aujourd'hui constituer un obstacle à l'appropriation du corps. Il est aidé en cela par l'article L. 2223-18-2 du Code général des collectivités territoriales, qui prévoit que les cendres peuvent être conservées dans une urne funéraire qui sera, selon le choix du défunt, inhumée dans une sépulture, déposée dans une case de columbarium ou scellée sur un monument funéraire à l'intérieur d'un cimetière ou d'un site cinéraire. Les cendres peuvent encore être dispersées dans un espace aménagé à cet effet dans le cimetière ou dans un site cinéraire, ou encore dispersées dans la nature (sauf sur les voies publiques). Dès lors, en refusant l'assignation des cendres à une résidence privée, le législateur met fin à la possibilité de contentieux opposant les héritiers du défunt revendiquant un droit de copropriété sur les cendres.

271.- Il existe donc aujourd'hui à l'égard de la propriété du corps humain, et cela quel que soit le temps du corps, une méfiance légitime. Le corps ainsi que ses éléments et produits ne peuvent en principe être qualifiés de biens. De surcroît, la qualification de bien ne permet pas de distinguer sensiblement le corps des autres biens du patrimoine. Prévoir une catégorie alternative de biens qui ne répondrait pas aux règles générales de libre disposition n'est pas convaincant. Le corps doit bénéficier d'une qualification particulière.

---

528 GOSSELIN P., *Rapport de l'Assemblée Nationale n°664 relatif à la législation funéraire*, 30 janvier 2008, pp. 9 et s.

529 TGI Lille, 23 sept. 1997, note MORY B., LABBEE X., *LPA*, 27 janv. 1999, n° 19, p. 17.

2. La qualification de chose au service de la protection du corps

272.- Il a été rappelé, au premier temps de ce développement, que l'universalité de fait s'entendait traditionnellement d'un ensemble de biens, faisant partie intégrante du patrimoine. Dans un deuxième temps, le rapport de propriété de l'individu sur son corps a cependant été écarté. Une interrogation demeure alors : corps humain et universalité peuvent-ils s'allier ?

273.- Une réponse affirmative peut être envisagée. Rien ne s'oppose à ce qu'une universalité de fait se compose d'un ensemble de choses, et non de biens. Le bien n'est finalement qu'une chose particulière, appropriée. Pour de nombreux auteurs, la qualification de chose attire nécessairement le corps dans le domaine de la propriété. Certains estiment ainsi que « *l'idée que des choses puissent ne pas être communes ou sans maître sans devenir pour autant des biens n'ouvre que sur une appropriation inassumée ou inavouée* »[530]. Il n'existerait finalement pas de catégorie intermédiaire entre le bien et la chose commune. Ce passage de la chose au bien est pourtant loin d'être inéluctable.

274.- L'universalité de fait peut jouer le rôle d'enveloppe protectrice. Si Louis-Ferdinand Céline prenait un provocant plaisir à affirmer qu'il ne s'intéressait pas aux hommes, mais qu'il s'intéressait aux choses, nous souhaitons à présent contourner son cynisme et démontrer que s'intéresser aux choses, c'est bel et bien, aussi, s'intéresser aux hommes. À titre liminaire, il conviendra d'exclure la qualification de chose commune (**a**) pour constater ensuite que les corps humains, avant la naissance et après la mort, reçoivent d'ores et déjà la qualification de chose (**b**). Il restera alors à se convaincre de l'opportunité d'une telle qualification pour le corps né et vivant, afin que les trois temps du corps puissent être embrassés par l'universalité de fait (**c**).

---

[530] REVET T., note sous Crim., 3 févr. 2010, n° 09-83.468, *Bull. crim.*, n° 18, *RTD civ.*, 2010, p. 354.

a. Le corps comme chose commune

275.- Le corps humain est-il au service de la communauté ? Certaines contraintes imposées au corps tendent à légitimer cette conception, à l'instar de la vaccination obligatoire[531] prévue aux articles L. 3111-1 et suivants du Code de la santé publique[532]. Le Conseil d'État a ainsi pu affirmer que si le principe de vaccination obligatoire portait atteinte aux principes d'inviolabilité et d'intégrité du corps humain, il s'agissait néanmoins d'une « *atteinte limitée* » et guidée par « *la protection de la santé, un principe garanti par le Préambule de la Constitution de 1946 auquel se réfère le Préambule de la Constitution de 1958* »[533]. L'atteinte au corps est ainsi légitimée. La santé d'un corps contribue à la santé de tous les autres. Sur ce point, le caractère de chose commune pourrait permettre de justifier les contraintes ainsi imposées à l'individu sur son corps.

276.- Ce choix de qualification, s'agissant du corps humain, se heurte cependant frontalement au cœur du régime des choses communes « *qui est celui de l'usage collectif, car si les choses communes n'appartiennent à personne* », c'est bien « *parce que leur usage doit être commun à tous* »[534]. On pourra objecter qu'existe déjà un usage collectif des corps, « *une espèce de propriété collective sur les corps* », en vertu de la loi Caillavet du 22 décembre 1976 et de la récente loi qui autorise le prélèvement, sur le défunt, des éléments nécessaires à la vie d'autres corps[535]. Dans ce cadre précis, il est sans doute acceptable d'envisager les éléments du corps comme une ressource commune[536]. Un auteur voit ainsi dans cette loi « *une forme moderne d'incorporation cannibalique* », l'organe prélevé étant considéré « *comme un bien public disponible ou un bien nationalisé* »[537]. Mais ce prélèvement est justifié par l'absence d'opposition

---

531 Étude du Conseil d'État, *Sciences de la vie, De l'éthique au droit,* Documentation française, n° 4855, 1988, p. 16.

532 La vaccination obligatoire a été renforcée et étendue par l'article 49 de la loi n°2017-1836 du 30 décembre 2017 de financement de la sécurité sociale pour 2018.

533 CE, 26 nov. 2001, n° 222741, *Gaz. Pal.*, n° 248, 5 sept. 2002, note GRAVELEAU P. ; *Dr. adm.*, 2002, n° 3, p. 44, note BOISSARD S.

534 CHARDEAUX M.-A., *Les choses communes*, LGDJ, « Bibliothèque de droit privé », t. 464, 2006, p. 267.

535 BAUD J.-P., *L'affaire de la main volée, Une histoire juridique du corps*, Éditions du Seuil, 1993, p. 19.

536 SAMBUC C., *Les transplantations d'organes, De la réflexion éthique à l'analyse économique,* Thèse Aix-Marseille, 21 juin 2010, p. 5.

537 BELHASSEN P., *La crémation : le cadavre et la loi*, LGDJ, « Travaux et recherches », 1997.

de l'individu[538]. Il en va de même pour le don de sang. Si l'usage en est collectif, le don impose lui un consentement préalable. Or, un véritable usage collectif impliquerait qu'il puisse être usé du corps en l'absence de tout consentement. D'aucuns s'inquiètent à cet égard d'une appropriation collective du génome humain[539].

277.- Si donc la qualification de chose commune s'impose pour l'air, les uns étant libres de le respirer sans avoir à solliciter le consentement des autres, le raisonnement ne peut assurément pas être transposé au corps humain. Comme le résume très justement un auteur, « *les choses communes forment une partie du domaine où les agents n'entretiennent entre eux aucun rapport d'exclusion ou de propriété* »[540]. La qualification de chose commune protégerait certes le corps de la propriété, mais ne permettrait pas d'exclure autrui. Si la qualification de chose commune doit être écartée, celle de chose présente pour sa part une plus grande pertinence.

b. Les corps avant la naissance et après la mort qualifiés de chose

Avant la naissance et après la mort, le corps est à n'en point douter une chose.

278.- Le corps avant la naissance et la qualification de chose. « *Mais la merveille par excellence doit être la naissance des humains […] car l'homme est un plus grand miracle que tout miracle fait par un homme* »[541]. Si la naissance est un instant de grâce, elle l'est a fortiori en droit. L'enfant né vivant et viable devient une personne. Or pour parvenir à ce miracle, encore faut-il que le temps de la vie intra-utérine permette le développement du corps. *« La question probablement impertinente, que nous nous posons est donc de déterminer s'il peut, et doit, exister une "troisième catégorie" du droit, propre à ces étranges êtres*

---

538 La loi du 2016-41 du 26 janvier 2016 de modernisation de notre système de santé maintient ce droit d'opposition dont les modalités d'expression ont été précisées dans le décret n° 2016-1118 du 11 août 2016 relatif aux modalités d'expression du refus de prélèvement d'organes après le décès.

539 V. notamment, LAUDE A., MATHIEU B., TABUTEAU D., *Droit de la santé,* PUF, « Thémis droit », 3ème éd., 2012, p. 597.

540 VUILLERME J.-L., « La chose, (le bien) et la métaphysique », Sirey, *APD*, t. XXIV, 1979, p. 52.

541 Citant Saint Augustin, T. DE KONINCK, *De la dignité humaine,* PUF, « Quadrige », 2002, p. 85.

humains, non encore nés… ? »[542] Contrairement à ce que d'aucuns affirment[543], l'enfant en développement, « *personne humaine potentielle* »[544], doit juridiquement être rattaché à la catégorie des choses.

279.- Cette qualification de chose apparaît dans la jurisprudence de la Cour de cassation relative à l'atteinte au fœtus ou à l'embryon. En effet, s'agissant de l'homicide involontaire, la Haute Juridiction se retranche derrière une interprétation stricte de l'article 221-6 du Code pénal pour considérer que le fait de causer la mort d'autrui ne peut être étendu au cas de l'enfant à naître[545]. La Cour européenne des droits de l'Homme, saisie de cette question, n'a quant à elle pas voulu se prononcer sur les bornes de la personnalité juridique dont elle a confié la fixation aux États membres[546]. Cette jurisprudence témoigne ainsi de la reconnaissance de la qualification de chose pour l'embryon. Sa protection et la sanction des atteintes qui peuvent lui être causées imposent ainsi des dispositions spécifiques.

280.- Loin d'être une chose ordinaire, le corps humain en développement bénéficie de protections, tant à l'égard des parents (et plus particulièrement de la mère), qu'à l'égard des tiers, témoignant par là même de son caractère de chose particulière. Ainsi, la volonté de la mère d'interrompre le développement de l'embryon ne peut jouer que dans les bornes strictes de la loi. Le rapport qui lie ce corps en développement à

---

542 SUREAU C., « La vie après la mort, De l'incertitude juridique à l'interrogation éthique » *in Actes du colloque, avancées biomédicales et protection des libertés, Grand'Chambre de la Cour de cassation, 4 juin 2010, Médecine & Droit*, janv.-fév. 2011, n° 106, pp. 12-16.

543 THERY R., « La condition juridique de l'embryon et du fœtus, *D.*, 1982, chr. XXXV, p. 234.

544 CCNE, *Avis sur les prélèvements de tissus d'embryons et de foetus humains morts, à des fins thérapeutiques, diagnostiques et scientifiques*, Avis n° 1, 22 mai 1984.

545 On peut s'étonner de la précision relative à la technique d'interprétation justifiant la solution. Il n'est en effet pas fréquent que les magistrats précisent dans l'attendu la technique d'interprétation utilisée pour fonder leur décision. Il s'agit sans doute, sous couvert de l'interprétation stricte de la loi, d'un appel au législateur. V. Ass. plén., 29 juin 2001, *Bull. crim.*, n° 165 ; BICC 2001, n° 540(1er aout 2001), concl. SAINTE ROSE J., rapp. SARGOS P. ;*D.*, 2001, p. 2917, note MAYAUD Y. ; *JCP*, 2001, II, 10569, rapp. SARGOS P., concl. SAINTE ROSE J., et note RASSAT M.-L. ; *D.*, 2002, I, 101, n° 21, obs. MURAT P. ; *Gaz Pal.*, 2001, n° 2, p. 1456, note BONNEAU J. ; *Gaz Pal.*, 2002, 1, 85, concl. SAINTE ROSE J. ; *Gaz Pal.*, 2002, 2, 998, note MONNIER ; *Dr. pénal*, 2001, chron. n° 34, obs. DEMONT L. ; *RTD civ.*, 2001, p. 560, obs HAUSER J. ; *RSC*, 2002, p. 97, obs. BOULOC B.

546 CEDH, 8 juill. 2004, Vo c/France, requête n° 53924/00 ; *D.*, 2004, p. 2456, note PRADEL J. ; *D.*, 2004, somm. 2534, obs. BURGOGNE-LARSEN L. ; *D.*, 2004, p. 2754, obs. ROUJOU DE BOUBEE G. ; *JCP*, 2004, II, 10158, note LEVINET M. ; *RTD civ.*, 2004, p. 714, obs HAUSER J. ; *RTD civ.*, 2004, p. 799, obs. MARGUENAUD J.-P. ; *Dr.fam.*, n° 10, oct. 2004, comm.194, MURAT P.

celui de la femme est ainsi envisagé par un auteur : « *à la différence d'un membre ou d'un organe, l'enfant à naître se laisse séparer de la mère sans qu'il y ait amputation de celle-ci. Assez intime à la femme pour qu'elle le dise "sien", il est assez distinct pour qu'elle puisse y voir un autre qu'elle-même. Si de cet autre elle dispose à son gré, c'est qu'il est une "chose", sa chose* »[547]. Si nous approuvons l'utilisation du terme « chose » par l'auteur, nous contestons cependant l'usage de l'adjectif possessif « sa », nous refusant à consacrer un droit de propriété de la mère sur l'embryon ou le fœtus. Incontestablement, la mère dispose d'un pouvoir sur ce corps qui se développe au sein du sien propre, mais ce pouvoir est encadré et arbitré par la loi. La mère place son corps au service du développement de l'embryon tant qu'elle ne décide pas de mettre fin à sa grossesse, soit dans le délai légal[548], soit en dehors de ce délai pour des motifs thérapeutiques qui la concernent ou affectent l'être en développement[549]. Par ailleurs, si la loi 2013-715 du 6 août 2013 a pu reconnaître le principe de la recherche sur l'embryon humain, la persistance d'un encadrement fort[550] ainsi que la prohibition de la création d'embryons transgéniques ou chimériques[551] témoignent de la particularité de cette chose.

281.- ***Le corps du défunt et la qualification de chose.*** Si le premier cri consacre la personnalité juridique, le dernier soupir y met un terme. Le corps quitte le monde de la personne pour regagner celui des choses. La symétrie est toutefois imparfaite, car si l'embryon évolue vers la vie, le corps du défunt est quant à lui voué à disparaître.

282.- Pour cette raison, d'aucuns ont pu douter que le cadavre soit une chose et ont notamment proposé que lui soit reconnue la qualification de « *demi-personnalité* »[552]. Planiol affirmait plus radicalement que « *les morts ne sont plus personnes, ils ne sont plus rien* », phrase « *qui parut à Ripert si atroce qu'il*

---

547 THERY R., « La condition juridique de l'embryon et du fœtus », *D.*, 1982, Chr. XXXV, p. 234.

548 Art. L. 2212-1 CSP : « *La femme enceinte que son état place dans une situation de détresse peut demander à un médecin l'interruption de sa grossesse. Cette interruption ne peut être pratiquée qu'avant la fin de la douzième semaine de grossesse* ».

549 Art. L. 2213-1 CSP : « *L'interruption volontaire d'une grossesse peut, à toute époque, être pratiquée si deux médecins membres d'une équipe pluridisciplinaire attestent, après que cette équipe a rendu son avis consultatif, soit que la poursuite de la grossesse met en péril grave la santé de la femme, soit qu'il existe une forte probabilité que l'enfant à naître soit atteint d'une affection d'une particulière gravité reconnue comme incurable au moment du diagnostic* ».

550 Art. L. 2151-5 CSP.

551 Art. L. 2151-2 CSP.

552 DEMOGUE R., « La notion de sujet de droit », *RTD civ.*, 1909, p. 639.

la supprima, lorsqu'il réédita Planiol »[553]. Cet auteur avait assurément méconnu la singularité de ce corps. Son analyse est néanmoins révélatrice du regard contemporain porté sur le corps du défunt : un corps voué à disparaître, à n'être matériellement plus rien. Cependant, au moins pendant un temps, ce corps continue de marquer le monde des vivants de sa présence et le monde du droit l'appréhende comme une chose néanmoins digne de respect. Le corps ne cesse pas d'exister en tant que tel dès le décès, la mort du corps de la personne donnant *« naissance »* à celui du cadavre[554].

283.- Le corps du défunt est une chose, marquée par la personne à laquelle il a été lié. Le Conseil d'État a ainsi pu rappeler que « *les principes déontologiques fondamentaux relatifs au respect de la personne humaine, qui s'imposent au médecin dans ses rapports avec son patient ne cessent pas de s'appliquer avec la mort de celui-ci* »[555]. La loi du 19 décembre 2008, en prévoyant expressément une protection du corps du défunt au sein de l'article 16-1-1 du Code civil, est venue confirmer explicitement ce que la doctrine[556] ou le juge considéraient comme un principe tacite[557] : le corps du défunt est protégé au même titre que celui du vivant. La Cour de cassation a ainsi confirmé la décision prononçant la nullité du contrat d'assurance souscrit avant l'entrée en vigueur de la loi du 19 décembre 2008, afin de garantir l'exposition de corps plastinés à l'espace Madeleine[558], considérant que « *le principe d'ordre public, selon lequel le respect dû au corps humain ne cesse pas avec la mort, préexistait à la loi n° 2008-1350 du 19 décembre 2008 d'où est issu l'article 16-1-1 du code civil* ». Pour l'embryon comme pour le corps du défunt, la qualification de chose peut parfaitement être envisagée. L'affirmation est

---

553 CARBONNIER J., « Sur les traces du non-sujet de droit », *in Le sujet de droit, APD,* n° 34, 1989, p. 202.

554 DIERKENS R., *Les droits sur le corps et le cadavre de l'homme*, Masson et cie Editeurs, « Collection de médecine légale et de toxicologie médicale », 1966, p. 27.

555 CE, 2 juill. 1993, Milhaud, *D.*, 1994, p. 74, note PEYRICAL J.-M. ; *JCP G.*, 1993, II, 22133, note GONOD P. ; *RTD civ.,* 1993, p. 805, obs. HAUSER J.

556 GALLOUX J.-C., « *De corpore jus*, première analyse sur le statut juridique du corps humain, ses éléments et ses produits selon les lois numéros 94-653 et 94-654 du 29 juillet 1994 », *LPA*, 14 déc. 1994, n° 149, pp. 18-24.

557 TGI Paris, 12 avril 2012, n° 10/11215 : après avoir cité les articles 16-1 et 16-5, le tribunal considère qu'« *il est constant que la prohibition de la commercialisation ne cesse pas à la mort et s'étend aux dépouilles mortelles* ». Par conséquent, le contrat d'assurance garantissant l'exposition de corps plastinés est nul alors même qu'au moment de la conclusion du contrat l'article 16-1-1 du Code civil ne prescrivait pas expressément un devoir de décence, respect et dignité à l'égard de la dépouille mortelle. Confirmation par CA Paris, 5 fév. 2013, n°12/10020, *JCP G.*, 18 fév. 2013, p. 195, note BYK C. ; *JCP G.*, 2013, p. 714, note LOISEAU G..

558 Civ. 1re, 29 octobre 2014, n° 13-19.729 ; *JCP G.*, 2014, 1170, note LOISEAU G.

davantage contestée s'agissant du corps de la personne vivante en raison du lien particulier que le droit tisse alors entre le corps et la personnalité juridique.

c. Le corps de la personne juridique et la qualification de chose

284.- Qualifier le corps de la personne de chose fut et demeure très critiqué par une grande partie de la doctrine. Nombre d'auteurs considèrent que le choix de cette qualification conduit nécessairement à une désacralisation du corps humain. Certains se sont pourtant efforcés de démontrer que cette qualification ne devait pas faire l'objet d'un rejet si catégorique.

285.- ***Les partisans de la qualification de chose.*** Le professeur Jean-Pierre Baud a vigoureusement critiqué le système français de protection du corps humain. Partant du constat que le système français est « *inefficace* » et « *protège mal le corps* », il vante les mérites et le réalisme de la qualification de chose[559]. Comment en effet peut-on s'appuyer sur l'article 1128 du Code civil, dans sa version antérieure à la réforme du droit des contrats, relatif aux choses hors commerce et, dans le même temps, refuser au corps la qualification de chose ? Il lui paraît ainsi évident qu'à « *chaque fois que l'on invoque l'article 1128 du Code civil à propos de l'être humain, on affirme que son corps est une chose* »[560]. Un tel raisonnement se retrouve dans l'analyse des professeurs Thierry Revet et Frédéric Zenati-Castaing qui précisent que « *si en certains de ses états, le corps humain est personne, il est personne humaine, notion qui n'est pas antinomique de celle de chose* »[561]. Pourtant, la majorité des auteurs préfère marteler catégoriquement leur refus de voir le corps qualifié de chose, tout en accompagnant cette affirmation d'exceptions qui s'inscrivent pour une large part dans le sens d'une réification du corps[562]. Quitter la rive de la personne n'est pas sombrer dans les eaux troubles de

---

559 BAUD J.-P., « L'affaire de la main volée, une histoire juridique du corps », Éditions du Seuil, 1993, p. 25.

560 *Ibid.*, pp. 26 et 221.

561 ZENATI-CASTAING F., REVET T., *Manuel de droit des personnes,* PUF, « Collection droit fondamental », 2006, p. 237.

562 MOINE I., *Les choses hors commerce : une approche de la personne humaine juridique*, LGDJ, « Collection bibliothèque de droit privé », t. 271, 1997, p. 119, n° 171: « *le corps lui-même ne saurait être une chose hors commerce, pour la simple et bonne raison que le corps fait partie intégrante de la personne et donc ne saurait être une chose* [...]. *Il existe cependant des situations où des parties du corps, voire le corps tout entier, deviennent choses* ».

la chose. Au contraire, « *la meilleure façon d'être une personne [ne] serait[- elle pas] d'accepter le statut de chose ?* »[563]

286.- ***Les choses corporelles au sein de l'universalité de fait.*** La qualification de chose n'induit pas en elle-même un déclin de la protection du corps. En attirant toutes les lumières sur la scène de la qualification juridique du corps, il ne faut pas oublier le rôle principal du droit à savoir protéger le corps humain. L'analyse du professeur Jean-Pierre Baud est de ce point de vue particulièrement pertinente. La chose peut être respectée et protégée comme en témoignait l'article 1128 du Code civil en excluant certaines choses du commerce[564]. En choisissant cette qualification, nous permettons au corps d'être exclu du marché puisque « *la vie humaine, l'intégrité corporelle étant en principe hors du commerce, tout contrat visant à les mettre dans le commerce [serait] nul* »[565]. Mais encore faut-il, pour garantir la protection de cette chose, lui proposer un cadre spécifique. Le corps fait l'objet dans notre droit positif de protections le préservant de la sphère patrimoniale. Le droit peut décider de faire de lui une chose, et l'universalité est à même d'accueillir cet ensemble de choses. Car pour être assuré que la chose ne devienne pas un bien, il est nécessaire d'envisager un cadre qui lui soit propre. Si le corps est une chose, c'est assurément une chose particulière qui mérite d'être distinguée des biens ordinaires[566].

287.- Le corps humain fait ainsi partie de ces choses fragiles, vulnérables, qui sont non seulement utiles à l'homme, mais pour lesquelles l'homme est également utile. La qualification de chose ne dévalorise pas le corps ou ses éléments et produits mais invite la personne à une certaine humilité : son existence même est dépendante de ces choses particulières qu'elle se doit de préserver. Par conséquent, si l'utilité peut être à l'origine d'une transformation de la chose en bien, tel n'est pas le cas lorsque l'homme est utile à la préservation de la chose. Poétiquement, le Petit Prince de Saint-Exupéry[567], se moquant de la propriété du *businessman* sur les étoiles, invitait le juriste à suivre cette voie. L'enfant rappelait alors à l'adulte épris de propriété que lui est « *utile à [ses] volcans, et à [sa] fleur* », tandis que l'homme d'affaires « *[n'est] pas utile aux étoiles* ». Ainsi, dans certaines hypothèses, la personne physique lie un rapport particulier avec

---

563 EDELMAN B., *Ni chose ni personne, Le corps humain en question,* Hermann, « Philosophie », 2009, p. 68.

564 BAUD J.-B., *L'affaire de la main volée, une histoire juridique du corps,* Éditions du Seuil, 1993.

565 DEMOGUE R., *Traité des obligations en général, T. II*, Librairie Arthur Rousseau, 1923, p. 652.

566 LOISEAU G., « Pour un droit des choses », *D.*, 2006, p. 3015.

567 DE SAINT-EXUPERY A., *Le Petit Prince,* Gallimard, 1946, p. 49.

les choses qui l'entourent. Non pas un lien de propriété, mais un rapport d'utilité inversée : l'homme est utile à la chose. Dès lors, la chose particulière, fragile, ne doit pas devenir un bien et requiert une attention renforcée de la part des personnes.

288.- Cela est particulièrement vrai s'agissant du corps avant la naissance ou de celui du défunt, tous deux étant particulièrement vulnérables car dépourvus de personnalité juridique. Leur protection est tributaire du comportement des vivants. Cette notion « d'utilité inversée » s'applique également au corps de la personne. La préservation nécessaire des choses qui composent notre corps nous empêche d'en disposer pleinement pour autrui. La chose est l'alliée de la personne comme la personne est le rempart contre l'atteinte à la chose. En outre, la personnalité juridique est utile au corps puisqu'elle permet la mise en œuvre d'actions juridiques destinées à faire cesser toute atteinte. Puisée dans la culture malienne, une illustration du lien particulier qui unit la personne à la chose sacrée s'offre à nous. Au sein du musée national du Mali, une pièce regroupe des éléments sacrés destinés à servir « *au cours de cérémonies, à renforcer les liens communautaires, à protéger le groupe et en assurer la survie* »[568]. Les choses dont il est ici question sont sacrées de par le pouvoir que les hommes ont investi en elles. Puisque la chose assure la survie de la personne, sa protection s'impose[569]. Le corps ne serait-il pas aussi cette chose, investie d'un pouvoir transcendant les croyances et les temps ? Le corps plus que toute autre chose assure la survie de l'homme puisqu'il est le siège même de la vie. Le corps à l'image de ces choses sacrées, de ces objets rituels permet, d'établir un lien : pour les objets de culte, il s'agit d'un lien entre les hommes et Dieu. Pour le corps, il s'agit d'un lien intangible entre la personne et son existence humaine. L'universalité de fait corporelle devient ainsi l'enveloppe protectrice des choses corporelles. Considérer le corps comme une chose n'obère pas la sacralité de ce dernier. C'est au contraire l'accueillir dans une catégorie à même de le protéger.

289.- La personne juridique est utile à son propre corps. Ce n'est pas uniquement, comme le propose souvent la théorie juridique, le corps qui est la personne, c'est également la personne qui maintient le corps. Il existe une réciprocité d'utilité entre la personne et la chose, et dès lors que la personnalité n'assure plus cette défense, la loi doit établir le champ des

---

568 BONDAZ J., « Mort de l'objet et vif du sujet, Des fétiches au Musée National du Mali », *in Déjouer la mort en Afrique. Or, orphelins, fantômes, trophées et fétiches*, CROS M. et BONHOMME J. (dir.), L'Harmattan, 2008, pp. 129-158.
569 *Ibid.*

interventions des hommes sur le corps avant la naissance ou sur le corps du défunt, avec ce souci constant de privilégier des actions utiles au corps. Ainsi, à travers la chose, la protection du corps s'anime et s'impose. Reste alors qu'en l'absence d'un rapport de propriété, le rôle classique de la volonté dans le maintien de l'universalité ne peut plus jouer. Il faut donc là aussi envisager une alternative, sans que soit pour autant dénaturé le mécanisme de l'universalité de fait.

§II. La volonté d'unir un ensemble de choses

290.- Si classiquement l'union ou le maintien des éléments au sein de l'universalité sont le résultat d'une manifestation de volonté de leur propriétaire, le refus de consacrer un rapport de propriété sur le corps réduit à néant cette possibilité. Plutôt qu'un libre déploiement de la volonté, le droit privilégie un encadrement strict lorsqu'il s'agit de mettre en circulation des éléments et produits du corps. Par conséquent, à la volonté d'un propriétaire dans l'universalité de fait traditionnelle (**A**) doit répondre le choix du législateur pour l'universalité corporelle (**B**).

A. La volonté du propriétaire dans l'universalité de fait traditionnelle

291.- La volonté du propriétaire permet de créer un lien particulier entre les biens, donnant naissance, au-delà des éléments pris séparément, à un tout, à un contenant[570]. Ce critère se justifie pleinement si l'on considère l'universalité comme un ensemble de biens : seule la volonté du propriétaire peut être déterminante de l'affectation des biens.

292.- Le parallèle est alors permis avec la situation d'un bien meuble qui, en vertu d'une fiction légale, peut devenir immeuble par destination[571]. Les articles 524 et 525 du Code civil précisent ainsi que le propriétaire peut procéder à cette immobilisation, exigence rigoureusement appliquée par la

---

570 CARBONNIER J., *Droit civil, Les biens, Les obligations,* PUF, 2004, p. 163, n° 724. L'auteur définit l'universalité de fait comme « *une collection de biens qui, par interprétation de la volonté du propriétaire, est traitée comme un bien unique* ».

571 GUINCHARD S., *L'affectation des biens en droit privé français,* LGDJ, « Bibliothèque de droit privé », 1976, p. 67, n° 78.

Cour de cassation[572]. Seule la volonté d'une personne titulaire d'un droit de propriété sur le fonds immeuble et sur le bien meuble peut sceller le sort de ses biens. Le caractère absolu du droit de propriété irradie donc le champ de la qualification en plaçant la volonté du propriétaire au cœur du devenir des biens. Quand bien même une autre personne que le propriétaire serait plus à même de lier les biens entre eux, tel par exemple que le locataire, la Cour de cassation considère que seule la volonté du propriétaire peut produire cet effet[573], ce que certains contestent[574].

293.- L'universalité de fait peut être une prise de conscience de la « *réalité même des choses* », comme dans l'hypothèse du troupeau, la nature conduisant certains animaux à vivre en groupe. Mais elle résulte bien souvent d'une volonté du propriétaire de maintenir les éléments de l'universalité de fait entre eux. Ainsi le troupeau peut se constituer naturellement, mais c'est la volonté du propriétaire qui maintient les animaux ensemble. L'universalité peut être une fiction juridique, mais peut également reposer sur une réalité matérielle[575].

S'agissant du corps humain, il est certain que les choix de la personne elle-même ne sont pas toujours les plus judicieux. La propriété ayant été écartée, plutôt que la volonté d'un propriétaire, il nous faut privilégier celle du législateur.

---

572 Civ 3e, 5 mars 1980, *Bull. civ.* III, n° 51 ; D., 1980, IR, p. 477, obs. ROBERT A. : « *peut seul conférer à des objets mobiliers le caractère d'immeubles par destination celui qui est propriétaire à la fois des objets mobiliers et de l'immeuble au service duquel il les a placés* » ; CA Reims, 1er déc. 1975, *JCP N.*, 1977, II, 154. En cas de doute sur la personne qui a procédé aux aménagements, l'immobilisation sera écartée.

573 Civ. 1re, 3 juin 1958, *Bull. civ.* I, n°283.

574 ATIAS C., *Droit civil, Les biens*, Litec, 2011, p. 43 : « *puisqu'il s'agit de qualification et non d'appropriation, la volonté du propriétaire n'est pas une condition de l'immobilisation. La sauvegarde de la valeur du bien fonde, à elle seule, l'immobilisation* ».

575 BONNECASE J., *Supplément au traité théorique et pratique du droit civil par G. Baudry-Lacantinerie*, Sirey, 1928, t. 4, p. 529 : « *Quoi qu'il en soit, si l'on prend l'universalité de fait, on est obligé de convenir, par exemple, que la notion de troupeau répond à une réalité de la nature dans laquelle il existe aussi des choses composées que des choses simples ; aussi [...]ne peut-on pas faire abstraction de réalités telles que celles d'un troupeau s'opposant à un animal isolé* ».

B. Le rôle de la loi dans la formation et le maintien de l'universalité de fait corporelle

294.- Lorsque l'on envisage classiquement l'universalité de fait, on la contemple à travers le prisme de la propriété de biens. On envisage donc logiquement que seule la volonté du propriétaire peut être à l'origine de la création et du maintien ensemble d'éléments. Cette construction est parfaitement respectueuse des intérêts du propriétaire. Si la volonté du propriétaire est classiquement au cœur de la constitution et du maintien de l'universalité de fait, force est de constater que cette volonté ne peut produire pareil effet au sein de l'universalité corporelle. Au contraire, la mise en circulation est possible dans un cadre strict, bornant la volonté. Il est donc possible de considérer qu'à l'instar de l'universalité de droit qu'est le patrimoine, une universalité de fait soit consacrée. La distinction classique entre l'universalité de droit et de fait ne constitue nullement un obstacle (**1**), à la mobilisation d'une universalité de fait pour qualifier le corps humain (**2**).

1. Le rejet de l'intervention du législateur comme seul critère de distinction entre l'universalité de fait et de droit

295.- Les obligations et les cadres juridiques naissent certes de la volonté des parties, mais également de celle du législateur. La loi, expression de la volonté collective, est une alternative à l'absence d'expression d'une volonté individuelle. Il n'existe donc pas, en principe, d'obstacle à la qualification du corps, par le législateur, d'universalité de fait.

296.- Il pourrait cependant nous être opposé que l'origine de la volonté constituait initialement un critère de distinction entre universalité de droit et universalité de fait. Selon Bonnecase[576], cette distinction serait issue des Pandectes de Thibaut dans la glose *ad* L.1 § 8 D. À la lumière de ce texte, il semblerait qu'une distinction puisse s'opérer entre un « *ensemble de biens [...] considéré comme un tout soit de plein droit, juris universitas, soit de par la volonté de l'homme, facti sive hominis universitas* ». Si l'auteur lui-même doute

---

576 BONNECASE J., *Supplément au traité théorique et pratique du droit civil par G Baudry-Lacantinerie*, Sirey 1928, t. 4, n° 249. Pour cette distinction, v. PLASTARA G., *La notion juridique du patrimoine,* Librairie Arthur Rousseau, 1903.

de la pertinence de cette interprétation[577], doit-on en outre considérer que la création d'une universalité de fait corporelle par le législateur mettrait à mal la distinction classique entre universalité de fait et universalité de droit ?

297.- Nous ne le croyons pas car, si tant est qu'elle ait pu se justifier par le passé, cette distinction a aujourd'hui perdu de son intérêt[578]. En revanche, il existe toujours un fondement solide de distinction entre les deux universalités : contrairement à l'universalité de fait qui naît de la somme d'éléments actifs, l'universalité de droit permet la rencontre en son sein de dettes et de créances[579]. Il s'agit là du véritable pivot de la distinction entre les deux universalités[580], « *l'opposition irréductible* » qui « *suffit à marquer l'autonomie respective des deux concepts* »[581]. Pour s'en convaincre, un rapide regard peut être posé sur le patrimoine, classé par les romanistes

---

577 BONNECASE J. précise ainsi : « *Cette distinction n'a aucune base juridique [...] c'est très abusivement qu'on a tiré de telles conséquences du texte ci-dessus cité. Le texte de la loi I § 58 livre XV titre II est relatif à une hypothèse toute spéciale : celle d'un héritier fiduciaire qui, après avoir prélevé sur l'hérédité un esclave et son pécule, est tenu de le restituer* ».

578 CARBONNIER J., *Droit civil, Les biens, Les obligations,* PUF, 2004, p. 1625 : « *En opposant universalité de droit et universalité de fait, à l'origine on voulait marquer que, dans un cas, l'unité du groupement de biens n'était qu'une donnée de fait, résultait seulement d'une interprétation de la volonté du propriétaire, et de circonstances contingentes, tandis que dans l'autre, elle traduisait une véritable nécessité juridique. Mais aujourd'hui, on cherche plutôt ailleurs l'opposition : l'universalité de fait n'est qu'un ensemble de biens ; l'universalité de droit ou l'universalité juridique est, à la fois, un ensemble de biens et dettes, comporte un passif en même temps qu'un actif, tous deux en réciproque dépendance* » ; RIPERT G., ROBLOT R., *Traité de droit commercial, t.1*, LGDJ, 2001, 18ème éd., par GERMAIN M., VOGEL L., § 445 : « *Certains auteurs disent-ils que le fonds de commerce constitue une universalité de fait. Par là, ils prétendent échapper à l'objection que le fonds de commerce ne comporte pas de passif* » ; GHESTIN J., GOUBEAUX G., *Traité de droit civil, Introduction générale,* LGDJ, 3ème éd., 1990, n° 197 p. 155.

579 BEUDANT R., LEREBOURS-PIGEONNIERE P. et VOIRIN P., *Cours de droit civil français, Les biens, T. IV,* Librairie Arthur Rousseau, 2ème éd., 1938, p. 178, n° 166.

580 GARY R., *Essai sur les notions d'universalité de fait et d'universalité de droit dans leur état actuel,* Librairie du Recueil Sirey, 1932, p. 310 : « *Nous prenons comme critère de distinction l'existence dans l'universalité de droit d'un actif et d'un passif, l'absence de tout passif et l'existence de seuls éléments actifs dans l'universalité de fait* ». L'auteur précise que « *ce critérium étant basé sur l'examen des faits, nous ne risquons pas de tomber dans le travers de ceux dont parle Pascal, qui font « des antithèses en forçant les mots [...], comme ceux qui font de fausses fenêtres pour la symétrie et dont la règle n'est pas de parler juste, mais de faire des figures justes* » ; GOMBEAUX E., *La notion juridique du fonds de commerce,* Librairie nouvelle de droit et de jurisprudence, Librairie Arthur Rousseau, 1902, p. 68 : « *le trait caractéristique de l'universalité de droit, c'est en effet, d'être le siège de créances et de dettes séparées* ».

581 LE FLOCH P., *Le fonds de commerce, Essai sur le caractère artificiel de la notion et ses limites actuelles,* LGDJ, « Bibliothèque de droit privé », t. 192, 1986, p. 95.

dans la catégorie des *universitates juris*[582] et archétype de l'universalité de droit[583]. La lettre des articles 2284 et 2285 du Code civil laisse bien apparaître cette existence d'un actif répondant au passif. Maurice Hauriou utilisait ainsi l'image d'un vaste compte courant où tous les actes économiques de son titulaire viendraient s'inscrire sous la forme « doit » ou « avoir ». Peu importe alors que le patrimoine soit dépourvu d'actifs, il demeure virtuellement existant. Il permet d'assurer l'existence pécuniaire d'un individu, mais aussi la transmission de ses biens après son décès, faisant ainsi office de « *mémoire artificielle implacable* »[584].

298.- La volonté du propriétaire n'est pas une condition impérative pour distinguer l'universalité de fait et l'universalité de droit. La volonté du législateur peut donc être envisagée comme alternative à la volonté classique et nécessaire à la constitution et au maintien de l'universalité corporelle. Assurément classique, car les constructions juridiques résultent de la volonté individuelle ou de la loi, qui « *pour telle ou telle raison [...] [soumet] un ensemble de biens à une certaine unité de condition juridique* »[585]. Si la source de l'obligation n'est pas dans la volonté d'un propriétaire, elle peut donc résulter d'une disposition légale qui, tel que le prévoit l'article 6 du Code civil, permet en l'occurrence de limiter la libre disposition des choses. Une alternative également nécessaire, car au-delà d'un régime de protection encadrant l'utilisation du corps, serait consacrée une qualification juridique propre au corps.

2. La détermination de l'universalité corporelle par le législateur

299.- L'universalité corporelle peut donc exister et se maintenir sous l'impulsion du législateur, et ce sans contredire la définition traditionnelle

---

582 GARY R., *Essai sur les notions d'universalité de fait et d'universalité de droit dans leur état actuel*, Librairie du Recueil Sirey, 1932, p. 5.

583 La quasi-unanimité des auteurs s'entend pour considérer que le passif et l'actif font partie du patrimoine. Pour une opinion dissidente, v. VACHER DE LAPOUGE G., *Notion du patrimoine*, Thèse Poitiers, 1879, pp. 34-35 : « *Entre le passif et l'actif, le droit romain maintient donc la différence logique, l'un tient indissolublement à la personne, tandis que l'autre peut s'en détacher, et même tout d'un bloc* ».

584 HAURIOU M., *Leçons sur le mouvement social, données à Toulouse en 1898*, L. Larose, 2ème appendice, 1899, pp. 149-150.

585 LE FLOCH P., *Le fonds de commerce, Essai sur le caractère artificiel de la notion et ses limites actuelles*, LGDJ, « Bibliothèque de droit privé », 1986, p. 92.

de l'universalité de fait. Il faut néanmoins fixer les bornes de l'universalité corporelle (**a**) et prévoir les modalités de son maintien (**b**).

a. Les bornes de l'universalité

300.- ***Le point de départ pour une reconnaissance de l'universalité de fait corporelle.*** Dès l'instant où les gamètes se rencontrent pour constituer un embryon, le législateur peut parfaitement qualifier cet embryon d'universalité de fait. Ce corps en germe ne contenant pas encore tous les éléments nécessaires à sa viabilité n'en nécessite pas moins une prise en considération par le droit. Dès lors que l'universalité corporelle résulte de la loi, il est donc également possible de qualifier comme tel un embryon qui ne serait pas le fruit de la fécondation d'un ovule, mais de la division provoquée de celui-ci. Cette qualification d'universalité corporelle s'inscrit dans la droite ligne de la définition large de l'embryon retenue par la Cour de justice de l'Union européenne[586]. La Cour a ainsi considéré comme embryon tout ovule humain « *dès le stade de sa fécondation* », mais également tout « *ovule humain non fécondé, dans lequel le noyau d'une cellule humaine mature a été implanté, et l'ovule humain non fécondé induit à se diviser et à se développer par voie de parthénogenèse* »[587]. Le critère retenu par la Cour est celui du développement possible d'un être humain et non exclusivement la fécondation.

301.- Cette qualification est en outre parfaitement conciliable avec les dispositions relatives à l'interruption de grossesse : le législateur détermine le temps de la création et prévoit les modalités de la disposition par la mère de cette universalité. La naissance de l'universalité de fait est dissociée de la naissance de la personnalité juridique.

302.- ***La fin de l'universalité de fait corporelle.*** Symétriquement, la disparition de la personnalité juridique après le décès ne doit pas atteindre l'universalité de fait corporelle, maintenue une fois encore par le pouvoir du législateur. Toute atteinte à l'intégrité du cadavre est ainsi réprimée par

---

586 CJUE, 18 oct. 2011, aff. C-34/10, *Oliver Brüstle c/Greenpeace*, *D.*, 2012, p. 410, obs. DALEAU J., note GALLOUX J.-C. ; *D.*, 2012, p. 308, obs. GALLOUX J.-C. et GAUMONT-PRAT H. ; *D.*, 2012, p. 520, obs. RAYNARD J. ; *AJ fam.*, 2011, p. 518, obs. MIRKOVIC A. ; *RTD civ.*, 2012, p. 85, obs. HAUSER J. ; *RTD eur.*, 2012, p. 355, note HENNETTE-VAUCHEZ S. ; *RTD eur.*, 2012, p. 396, obs. BENOIT-ROHMER F. ; *JCP G.*, 2011, 146, note MARTIAL-BRAZ N. et BINET J.-R. ; MATHIEU B., *loc. cit.*

587 *Ibid.*

le Code pénal[588], ce qui constitue une différence sensible avec le corps en développement pour lequel il n'existe pas d'infraction spécifique lorsqu'une atteinte lui est portée. En outre, comme le montre justement Yan Thomas, la protection du corps s'étend depuis longtemps au tombeau lui-même[589]. Ainsi, le droit « *protège ce qui protège* », notamment par le délit de violation ou profanation de tombeaux ou de sépultures[590]. Dès le droit romain, le tombeau bénéficie d'égards particuliers y compris lorsqu'il s'agit d'assurer la protection de la sépulture de l'esclave[591]. Le corps est donc une chose sacrée corporelle. Mais si sa vocation première semble être de disparaître du monde des vivants, il n'en reste pas moins qu'il continue à être protégé de leur atteinte. À tel point qu'une absence de matérialité ne fera pas pour autant obstacle à la protection, comme on peut le voir avec la protection de la sépulture. L'universalité de fait permet ainsi d'étendre la protection au-delà de la matérialité du corps. La protection juridique de l'universalité corporelle ne se limite donc pas nécessairement à l'existence biologique du corps.

b. Le maintien des éléments entre eux

303.- Toute personne juridique serait ainsi nécessairement dotée d'une universalité de fait, le corps, et d'une universalité de droit, le patrimoine. Par l'effet de la loi, les éléments et produits du corps sont ainsi exclus du patrimoine, relevant à présent de l'universalité de fait. On pourrait ainsi opérer une véritable distinction entre les biens qui ont vocation à intégrer le patrimoine et les choses corporelles qui, comme « *tout ce qui n'a pas de valeur pécuniaire[,] [resteraient] en dehors du patrimoine* », mais à l'intérieur de l'universalité de fait corporelle[592]. Ainsi serait consacrée une véritable autonomie de l'universalité de fait corporelle par rapport au patrimoine

---

588 Art. 225-17 C. pén.

589 THOMAS Y., « La chose religieuse et le commerce », Micrologus, Sismel Éd. Del Galluzzo, VII, 1999, p. 96.

590 Art. 225-17 C. pén.

591 GIRARD P.-F., *Manuel élémentaire de droit romain, Edition revue et mise à jour par* F. SENN, Dalloz, « La Bibliothèque Dalloz », 8ème éd., 2003, p. 105.

592 PLANIOL M., RIPERT G., *Traité élémentaire de droit civil,* LGDJ, 11ème éd., 1928, p. 698, n° 2150.

pécuniaire contredisant ceux qui considèrent « qu'*une universalité est de droit, ou elle n'est pas* ! »[593].

304.- La possibilité de mettre ou non en circulation un corps ou du matériel biologique résulterait donc du choix du législateur. Dans les limites posées, la volonté de la personne pourrait se déployer. Le principe du maintien des éléments entre eux justifie ainsi les limites posées à la mise en circulation. Dans le même temps que le corps bénéficie d'une protection adaptée à ses particularités, la qualification d'universalité de fait se trouve vivifiée : elle devient le réceptacle de choses qu'il est nécessaire d'isoler de la patrimonialité. Cet ensemble de choses, et non de biens, est le fruit d'une volonté du législateur qui agit sur la constitution même de l'universalité corporelle et régit son maintien. Ainsi, à la question du professeur Laurent Aynès - « *y a-t-il donc une place pour une notion d'universalité qui serait autre chose qu'une manière pratique de désigner ou de comptabiliser un ensemble de biens ?* »[594] -, répondrons-nous positivement. La notion d'universalité de fait renaît assurément de ses cendres pour vivifier la protection du corps humain. Pour achever de convaincre de la pertinence de cette qualification, il convient à présent de s'assurer que la distinction entre le contenu et le contenant, qui caractérise cet ensemble, est opportune s'agissant du corps humain.

Section II. La pertinence de la distinction entre le contenant et le contenu de l'universalité

305.- « *Ne regardons-nous pas le corps humain, ensemble de cellules qui sont des êtres vivants, comme un nouvel être, vivant à son tour ? Kant, dans la Critique de la raison pure, fournit de ce même principe une application aux mathématiques : 7 + 5 = 12. Qu'est-ce à dire, sinon que la fusion des deux nombres produit un nombre nouveau ? Sans doute, il n'est rien dans 12 qui n'ait déjà été dans 7 + 5 ; de même que le corps ne contient rien que des cellules : qui niera la réalité du corps humain, la*

593 PLASTARA G., *La notion juridique du patrimoine*, Librairie Arthur Rousseau, 1903 : « *le patrimoine est la comptabilité toujours ouverte d'un compte unique, de sorte que tous les faits juridiques dont la personne est responsable viennent mécaniquement s'y inscrire sous la forme doit ou avoir, et qu'ainsi s'établissent l'unité et la continuité dans* les actes » ; DEKEUWER-DEFOSSEZ F., BLARY CLEMENT E., *Droit commercial, Actes de commerce, fonds de commerce, commerçants, concurrence*, Montchrestien, 10ème éd. , 2010, n° 504.

594 Civ. 1re, 12 nov. 1998, n° 96-18041, *Bull. civ.* I, n° 315, *D.*, 1999, p. 167, note AYNES L.

réalité du nombre 12, aussi constante que (7 + 5), que la somme des cellules ? »[595]. Le corps, tel que l'envisage à juste titre cet auteur, est un tout qui dépasse, tout en les incluant, les éléments qui le composent. Or, la distinction entre le contenant et le contenu confère précisément toute sa particularité à l'universalité de fait. Cette distinction peut donc être mobilisée au service du corps (§**I**). Elle nous paraît d'autant plus justifiée qu'elle en renforce la protection (§**II**).

§I. L'existence d'une distinction entre le contenant corporel et le contenu corporel

306.- Classiquement, l'universalité de fait se distingue des biens qui la composent[596]. Elle est « *un ensemble de biens constitutifs d'un bien* »[597]. Cette particularité de l'universalité découle des utilités distinctes du contenu et du contenant : l'utilité que procure une bibliothèque est distincte de l'utilité de l'un de ses ouvrages. L'universalité ne peut se réduire au simple regroupement d'éléments indépendants les uns des autres (**A**). Elle fait naître un contenant au-delà du contenu (**B**).

A. L'union d'éléments et le dépassement de la notion de bien complexe

307.- L'universalité de fait se distingue, et ce depuis le droit romain, du bien complexe dont la définition s'appuie sur la notion de *corpora distantia*, à savoir l'absence de lien physique entre les éléments. L'universalité de fait se caractérise par la possibilité d'envisager ses éléments constitutifs indépendamment les uns des autres. Cette autonomie peut être simplement potentielle et non nécessairement matérielle. Si des éléments sont reliés entre eux physiquement, c'est « *au*

595 MESTRE A., *Les personnes morales et le problème de leur responsabilité pénale*, Librairie Arthur Rousseau, 1899, p. 196.
596 BEUDANT R., LEREBOURS-PIGEONNIERE P., VOIRIN P., *Cours de droit civil français. T. IV. Les biens*, Librairie Arthur Rousseau, 2ème éd., 1938, p. 180, n° 167.
597 ZENATI-CASTAING F., REVET T., *Les biens*, PUF, 3ème éd, 2008, p. 204, n° 133.

regard de leur détachement possible » qu'on pourra considérer qu'il s'agit d'une universalité de fait et non d'un bien complexe[598].

308.- S'agissant du corps humain, on pourrait à première vue penser qu'il ne s'agit que d'un regroupement d'éléments nécessairement liés les uns aux autres, plaçant le corps dans le champ de la définition du bien complexe. Ce serait pourtant méconnaître la subtilité de cette union d'éléments. Le corps n'est pas un bien complexe. Si ses éléments sont physiquement insérés dans un même ensemble, il n'en demeure pas moins que leur détachement est possible. Ce détachement peut avoir des finalités diverses : guérir la personne en retirant un organe malade, guérir un tiers en transplantant un organe sain… Ce détachement possible se vérifie pleinement après le décès de la personne. Dans le cadre des prélèvements *post mortem*, ce n'est pas le corps dans son intégralité qui suscite l'intérêt du corps médical, mais bien les éléments considérés dans leur détachement possible, dans leur autonomie.

309.- Nous pouvons sur ce point risquer une comparaison, qui n'a assurément pas vocation à mettre sur un pied d'égalité les éléments ainsi comparés, mais permettra de prendre la mesure d'une évolution commune. En 1930, Robert Gary considérait que le navire ne pouvait relever de l'universalité de fait, les agrès et apparaux étant pour partie la substance même du navire[599]. En 2008, Aude Denizot s'appuyant sur les évolutions techniques, constate que « *les agrès et apparaux ne sont plus forcément unis physiquement au navire : ordinateurs, logiciels, appareils de navigation et hydravions ne font pas corps avec le navire* »[600]. Le corps a également subi un bouleversement dans sa conception juridique en raison des évolutions scientifiques. Certains éléments ne sont plus vitaux et peuvent être prélevés sans que cela ne porte atteinte à l'intégralité du fonctionnement du corps. Enfin, quand bien même s'agirait-il d'éléments vitaux, il demeure possible de les retirer de l'universalité pendant un temps, certes bref, sans que le corps soit immédiatement conduit à sa perte (notamment dans le cas des transplantations)[601].

---

598 DENIZOT A., *L'universalité de fait,* LGDJ, « Collection des Thèses », n° 23, 2008, p. 124, citant THALLER E.-E., *Traité élémentaire de droit commercial,* 5ème éd., par PERCEROU J., Librairie Arthur Rousseau, 1916, spéc. § 84, p. 69 : « *chacune des valeurs comprises dans l'exploitation conserve sa nature première* ».

599 GARY R., *Essai sur les notions d'universalité de fait et d'universalité de droit dans leur état actuel,* Librairie du recueil Sirey, 1932, p. 316.

600 DENIZOT A., *L'universalité de fait,* LGDJ, « Collection des Thèses », n° 23, 2008, p. 80.

601 DAVID A., *Structure de la personne humaine,* PUF, 1955, p. 3 : « *Quelle est la situation d'une personne pendant le temps où son cœur se trouve remplacé par une machine pneumatique ? Ce cœur*

Si le corps n'est donc pas un bien complexe, l'existence d'un contenant dépassant le contenu peut-elle pour autant être affirmée ?

B. L'union d'éléments et l'existence d'un contenant autonome

310.- Le corps est composé d'éléments variés et biologiquement très différents : les organes, les gamètes, le sang, les déchets opératoires, les tissus et les cellules, les phanères, le lait, les produits. Ces éléments sont de natures biologiques très diverses et leur utilité pour le corps diffère. Mais finalement l'union de ces éléments donne-t-elle naissance à un tout qui les dépasse ?

311.-Assurément, le « *corps humain est plus que la somme des éléments qui le composent [...] plus qu'un simple réceptacle* »[602]. Sans l'affirmer nettement, le droit positif confirme cette intuition doctrinale et porte les germes d'une distinction entre le contenu et le contenant. Certains éléments sont ainsi considérés comme indissociables du tout, ne pouvant faire l'objet d'une cession par la personne, tandis que d'autres peuvent être cédés. Cette distinction ne peut reposer que sur l'existence d'un tout, d'un contenant, qui doit être préservé dans certains cas tandis qu'il n'est pas atteint dans d'autres. De même, si le corps entendu comme une globalité ne peut être cédé à titre onéreux, certains éléments, « *chose[s] plus chose[s] que les autres* »[603], sont exclus du champ de la non-vénalité[604].

312.- L'utilité de cette distinction entre contenu et contenant se retrouve pour le corps de l'embryon aussi bien que pour celui du défunt. Pour le corps de l'embryon, les règles diffèrent selon qu'il est question d'utiliser l'intégralité du corps à des fins de recherche ou de faire un usage de cellules embryonnaires. Ainsi, la cour administrative d'appel de Paris a pu considérer que le fait d'importer des cellules souches pluripotentes humaines d'origine embryonnaire n'entrait pas en contradiction avec l'article L. 2141-8 du Code de la santé publique qui prohibe la conception

artificiel est aussi peu une personne que le sont des vêtements ou que l'est le charbon dont la combustion dans un poêle fournit la chaleur nécessaire à l'entretien de la vie ».

602 TERRE F., FENOUILLET D., *Droit civil, Les personnes, La famille, Les incapacités,* Dalloz, 8ème éd., 2012, p. 62, n° 56.

603 TERRE F., FENOUILLET D., *Droit civil, Les personnes, La famille, Les incapacités,* Dalloz, 8ème éd., 2012, p. 88, n° 80.

604 L'article R. 1211-49 du Code de la santé publique prévoit la cession onéreuse des cheveux, des ongles, des poils et des dents ; v. *Supra,* n° 97 et s.

d'un embryon à des fins commerciales ou industrielles[605]. Les cellules avaient pourtant été prélevées sur un embryon, mais celui-ci avait été conçu dans le cadre d'un projet de procréation assistée. La conception de l'embryon et sa manipulation sont prohibées lorsqu'il s'agit de contrôler le contenant, mais une fois séparé de l'ensemble, la recherche sur un élément devient possible.

313.- Pour le corps du défunt, la distinction entre le contenu et le contenant est particulièrement utile. Le défunt peut choisir de maintenir l'union des éléments après sa mort, par exemple en exprimant le refus d'un prélèvement *post-mortem* ou au contraire en consentant au don intégral de son corps à la science. Mais le contenant et le contenu peuvent également faire l'objet de traitements différents. Ainsi, quand bien même des organes seraient prélevés, il nous semble que le corps en tant que contenant doit pouvoir être restitué à la famille si elle le souhaite[606]. Ce n'est plus tant la matérialité du corps qui est prise en compte mais « l'idée du corps », d'un corps pouvant faire l'objet d'une inhumation et donc du deuil. L'inhumation d'un défunt en l'absence même de son corps procède de la même logique psychologique. C'est un contenant fictif qui est alors inhumé, non plus un ensemble d'éléments et produits. Le contenant renvoie donc au contenu tout en le dépassant. L'universalité de fait permet d'opérer une distinction entre le contenant corporel et son contenu, susceptibles de faire l'objet de qualifications différentes.

314.- Le corps humain se prête par conséquent volontiers à cette distinction imposée par l'universalité traditionnelle entre un contenu et un contenant. La qualification d'universalité de fait permet d'opérer une distinction entre le corps en tant qu'enveloppe, en tant que globalité, d'une part, et les éléments qui le composent, d'autre part, contournant ainsi la difficulté posée par le rattachement du corps à la personne, qui ne permet pas d'opérer pareille distinction. Au-delà de cette adéquation, c'est surtout la nécessité d'étendre le champ de la protection du corps humain qui nous invite à confirmer le choix de l'universalité de fait.

---

605 CAA Paris, 3ème chambre formation B, 9 mai 2005, 03PA00950, *Rec. Lebon* ; v. BELLIVIER F., « Peut-on évaluer la loi de bioéthique ? », 15 mai 2012, disponible sur http://raison-publique.fr/auteur1431.html.

606 A ce titre, et dans le contexte particulier de l'autopsie judiciaire, l'article 230-30 du Code de procédure pénale prévoit en son alinéa 3 que « *sous réserve des contraintes de santé publique et lorsque ces prélèvements constituent les seuls éléments ayant permis l'identification du défunt, l'autorité judiciaire compétente peut autoriser leur restitution en vue d'une inhumation ou d'une crémation* ».

§II. Les conséquences de la distinction entre le contenu et le contenant

315.- À l'instar du patrimoine pécuniaire, chaque individu serait doté d'une universalité de fait corporelle, permettant de distinguer entre le permis et l'interdit selon qu'il s'agit du contenant ou du contenu. Certains pourraient s'étonner de cette proposition et craindre que cette division ne favorise une atteinte plus aisée au corps. L'objectif ici poursuivi est en réalité de diviser pour mieux protéger. En distinguant juridiquement là où les auteurs envisagent souvent une unité, nous souhaitons renforcer la protection du corps. En effet, l'universalité autorise le remplacement d'une chose par une autre sans que le contenant n'en soit nécessairement affecté. Dans toute universalité de fait, le contenu peut évoluer (**A**). Dans le cadre de l'universalité corporelle, cette évolution peut être voulue par le sujet de droit ou subie par lui. La souplesse de cet ensemble permet d'accueillir au sein de l'universalité corporelle des éléments nouveaux, qui bénéficieraient, quelle que soit leur origine, de la protection conférée au corps humain (**B**).

A. Le remplacement des biens dans l'universalité traditionnelle

316.- Dans l'universalité traditionnelle, les éléments qui quittent le contenant peuvent être remplacés par de nouvelles choses, qui acquièrent « *les diverses qualités* » des choses anciennes[607]. Ils bénéficient alors de la protection inhérente à cette forme juridique, puisque « *la nouvelle [chose] succède au lieu et place de l'ancienne qui a été convertie et lui est subrogée* »[608]. Les biens qui composent l'universalité peuvent être remplacés par d'autres, mais « *l'universalité reste la même, malgré les fluctuations qui peuvent se produire en son sein : les biens nouvellement acquis prennent la place des biens aliénés ou disparus, revêtent la même condition juridique, celle qui procède de l'appartenance à l'universalité*

---

[607] AURENGE J., *La subrogation réelle*, LGDJ, 1910, p. 3.

[608] DERNUSSON P., *Traité de la subrogation de ceux qui succèdent au lieu et place des créanciers : où sont traitées les questions ardues et difficiles de cette matière*, La Compagnie des Librairies, 3ème éd., 1723, p. 4.

»[609]. Grâce à cette fiction[610], les « *auteurs classiques* »[611] considèrent que la subrogation réelle opère de plein droit au sein de l'universalité de fait[612]. Cette subrogation réelle, « *naturelle* » au sein de cet ensemble[613], puiserait son origine dans la maxime romaine « *in judiciis universalibus…* »[614].

317.- Sans qu'il s'agisse de reprendre l'intégralité des débats sur cette question, on doit convenir avec Demogue que si l'interprétation de l'adage est sujette à caution, il n'en demeure pas moins qu'il peut être suivi dès lors qu'on « *devine en lui une règle d'équité, ou si l'on sent qu'il répond à une nécessité pratique, aux besoins du développement économique* »[615]. Il s'agit en effet de préserver les droits des créanciers sur les biens de l'universalité, tout en assurant la libre disposition des biens par le propriétaire. Or, pour le corps humain, la perspective est différente. Il ne s'agit plus de préserver le droit d'autrui mais d'assurer la protection la plus étendue de l'intégrité corporelle. C'est donc à cette fin que peut être actionné le mécanisme de la subrogation réelle.

B. Le remplacement des choses dans l'universalité corporelle et la protection étendue du corps humain

318.- Dès la naissance ou tout au long de la vie, le corps peut être victime de déficiences. La quête infinie d'une réparation de cette mécanique complexe s'engage alors, « *le corps-machine aux rouages*

---

609 CARBONNIER J., *Droit civil, Les biens, Les obligations,* PUF, « Quadrige Manuels », 2004, p. 1624.

610 PAULMIER E., *De la subrogation réelle en droit romain et en droit français,* Imprimerie de Georges Jacob, 1882, p. 2 ; HENRI A., *De la subrogation réelle conventionnelle et légale*, Librairie Arthur Rousseau, 1913, p. 2.

611 Pour une synthèse claire de la conception de la subrogation réelle par les auteurs classiques, v. LAURIOL M., *La subrogation réelle, Tome I,* Librairie du Recueil Sirey, 1954, pp. 8-22.

612 BONNECASE J., *Supplément au traité théorique et pratique du droit civil par* BAUDRY-*LACANTINERIE* G., Sirey 1928, t. IV, n° 249 et s., pp. 508 et s. ; MAGNILLAT A., *De la subrogation réelle,* Imprimerie Paul Legendre & Cie, 1912, p. 44.

613 DERNUSSON P., *Traité de la subrogation de ceux qui succèdent au lieu et place des créanciers : où sont traitées les questions ardues et difficiles de cette matière,* La Compagnie des Librairies, 3ème éd., 1723, p. 2 : « *Quand il s'agit d'universalité de biens et de droits universels, la subrogation se fait indistinctement, soit des personnes l'une à l'autre, soit des choses et la subrogation a toujours lieu de plein droit, elle est naturelle et conforme au droit commun* ».

614 STORA C., *De la subrogation réelle,* Librairie Arthur Rousseau, 1901, p. 12.

615 DEMOGUE R., *Essai d'une théorie générale de la subrogation réelle*, Librairie Cotillon, F. Pichon, 1901, p. 54.

interchangeables [faisant] rêver en même temps qu'il effraie »[616]. Des éléments qui ne sont pas issus de l'universalité, tels que les prothèses, peuvent ainsi l'intégrer. Sans que la qualification d'universalité corporelle n'ait été véritablement envisagée pour l'expliquer, ces éléments intégrés dans le corps bénéficient d'ores et déjà d'un régime protecteur[617]. Pour le professeur Jean-Pierre Baud, les éléments « *s'incorporent* » au corps, suivent « *la destinée d'une autre personne* » en vertu de « *la théorie du corps, personne par destination* »[618]. Les choses qui sont intégrées au corps humain doivent s'inscrire dans le statut juridique du corps humain tant qu'elles demeurent incorporées. Sans nier la pertinence de ce raisonnement, la fiction d'une subrogation réelle peut, dans le cadre de l'universalité corporelle, davantage expliquer l'application du statut du corps aux éléments incorporés.

319.- En effet, alors qu'il critiquait la fiction qui consistait à remplacer un bien par un autre lorsqu'il s'agissait d'une universalité régie par la volonté du propriétaire, René Demogue convenait plus aisément, pour les domaines que la loi s'est réservés, qu'« *il est vraiment exact de dire que nous entrons dans la sphère de la fiction juridique* »[619]. Dès lors que l'universalité ne résulte pas d'une volonté individuelle mais de la loi, il peut être réputé que les éléments qui intègrent l'universalité remplacent une chose ou la complètent. Grâce au mécanisme de subrogation réelle, il est possible de considérer que tout élément qui intègre le corps, et ce quelle que soit son origine[620], bénéficie du régime applicable à l'universalité de fait corporelle.

320.- Pour autant, les éléments de l'universalité ne peuvent pas toujours être considérés comme fongibles : en l'état actuel de la science, il n'est pas encore permis d'affirmer que tous les éléments du corps peuvent

---

616 GRAND E., HERVE C., MOUTEL G., *Les éléments du corps humain, la personne et la médecine*, L'Harmattan, « L'éthique en mouvement », 2005, p. 47.

617 GALLOUX J.-C., « Le corps humain dans le Code Civil », *in Le Code Civil : un passé, un présent, un avenir*, Dalloz, 2004, p. 390 : « *Le corps humain des articles 16 et suivants du Code civil, vise le corps de l'homme " en son entier " comme le rappellent sans ambiguïté les travaux parlementaires. En ce sens, le corps humain s'entend de la sphère d'intimité physique délimitée par ce que les sens perçoivent comme étant " le soi ". La loi ne distingue pas selon la nature de ses composants, de sorte qu'il n'y a pas lieu de les différencier selon leur origine naturelle ou artificielle, les prothèses ou les orthèses appartiennent au corps de la même manière que les tissus ou les organes qu'ils remplacent* ».

618 BAUD J.-P., « La propriété du corps », *in Journée d'éthique médicale Maurice Rapin, Le corps : à qui appartient il ?*, LEMAIRE F., RAMEIX S., GHANASSIA J.-P. (dir.), Flammarion, « Médecine-Sciences », 1996, pp. 10-11.

619 DEMOGUE R., *Essai d'une théorie générale de la subrogation réelle*, Librairie Cotillon, F. Pichon, 1901, p. 60.

620 Il peut ainsi s'agir d'une prothèse complètement artificielle, d'un organe transplanté ou encore d'un élément produit à partir de matière humaine.

être aisément et indifféremment remplacés par d'autres. Si l'on peut s'accorder sur une certaine fongibilité dans le cas de la transfusion sanguine, tel n'est en revanche pas le cas de la transplantation d'organe. La fongibilité réelle n'est cependant pas une condition nécessaire[621]. La subrogation réelle tente simplement d'assurer un équilibre, et contribue à maintenir « *dans le présent une situation passée, puisqu'elle implique que le second bien est le même que le premier et que le droit, malgré son transfert, demeure inchangé* »[622]. « *L'artifice* » est donc ici aussi grand que la cause qu'il sous-tend[623] : étendre la protection dont bénéficie le corps à tous les éléments intégrant l'universalité.

321.- Deux catégories d'éléments intégrant l'universalité corporelle doivent être distinguées. La première, à laquelle le droit a été très tôt confronté, est celle des prothèses artificielles, c'est-à-dire non constituées de « matière corporelle » (**1**). La seconde tient compte des évolutions scientifiques et implique la présence d'éléments d'origine corporelle, issus ou non d'un autre corps (**2**).

1. Les éléments non biologiquement humains et l'universalité corporelle

322.- Les éléments qui intègrent le corps afin de pallier un dysfonctionnement, et uniquement ceux-là doivent bénéficier d'une protection au titre de la subrogation réelle. Cette condition doit être liminairement posée afin de prévenir tout détournement possible de cette protection. Car il ne s'agit pas, par le biais de la subrogation, de conférer la qualité de chose à tous les biens au contact du corps. Un lecteur de musique implanté dans un bras, ne pourra ainsi pas bénéficier de la protection spécialement destinée aux éléments de l'universalité de fait.

323.- Avant d'intégrer l'universalité, les prothèses sont « *des objets manufacturés ayant le statut juridique de marchandise* », statut qu'elles retrouvent « *une fois séparées du corps* »[624]. Le propriétaire initial de ce bien, devenu chose

---

621 STRICKLER Y., *Les biens*, PUF, « Thémis », 2006, pp. 219-220.

622 RANOUIL V., *La subrogation réelle en droit civil français*, LGDJ, « Bibliothèque de droit privé », 1985, p. 75.

623 *Ibid.*

624 BAUD J.-P., « La propriété du corps », *in Journée d'éthique médicale Maurice Rapin, Le corps : à qui appartient il ?*, LEMAIRE F., RAMEIX S., GHANASSIA J.-P. (dir.), Flammarion, « Médecine-Sciences », 1996, pp. 10-11.

en intégrant l'universalité corporelle, peut donc souhaiter, en l'absence de paiement, retenir ce bien ou le saisir. À l'occasion de situations de fait surprenantes mais révélatrices du statut ambigu des prothèses, les juges ont eu par exemple l'occasion de refuser l'exercice du droit de rétention. La question s'était posée s'agissant d'une prothèse dentaire dont le patient n'avait pas réglé le prix au praticien[625]. Les juges avaient alors considéré que l'inexécution contractuelle ne suffisait pas à autoriser la saisie de la prothèse. Classiquement, cette insaisissabilité de la prothèse par les créanciers peut se fonder sur la théorie de l'accessoire. La partie subordonnée suit alors le principal, le corps humain.

324.- La loi n° 91-650 du 9 juillet 1991 portant réforme des procédures civiles d'exécution réaffirma à son tour cette particularité des « *objets indispensables aux handicapés ou destinés aux soins des personnes malades* » en consacrant leur insaisissabilité absolue[626]. Ces biens bénéficiaient d'une protection spécifique, plus étendue encore que les biens nécessaires à la vie et au travail. L'article 42 du décret n° 92-755 du 31 juillet 1992, pris pour l'application de la loi précitée du 9 juillet 1991, disposait en effet qu'« *ils ne peuvent jamais être saisis, pas même pour le paiement de leur prix, fabrication ou réparation* »[627]. Reste néanmoins à définir ce qui relève des objets « indispensables », ce qui peut être source de difficultés.

325.- L'universalité corporelle justifie fort bien le droit positif : les prothèses, qu'elles soient intérieures ou extérieures[628], quittent en intégrant l'universalité la qualification de biens pour rejoindre celle de chose corporelle. Elles se trouvent alors protégées d'une éventuelle saisie par le créancier ou de l'exercice d'un droit de rétention. Le passage de la qualification de bien à celle de chose s'opère au moment du rattachement physique de la prothèse au corps. Cependant, si la prothèse a un caractère vital ou nécessaire au fonctionnement du corps, on pourrait envisager qu'elle devienne incessible, sous réserve de pouvoir être remplacée par une

---

625 Pour le refus d'exercer un droit de rétention sur une prothèse dentaire en bouche, v. Civ. 1re, 9 oct. 1985, n° 84-10245, *Bull. civ.* I, n° 251, *RTD civ.*, 1986, p. 428, obs. PERROTet p. 610, obs. SALVAGE-GEREST ; *D.*, 1986., p. 417, note PENNEAU ; *Gaz. Pal.*, 1986, p. 150, note BERTIN P. ; v. également Civ. 1re., 11 déc. 1985, *Gaz. Pal.*, 1986, p. 150, note BERTIN P. ; *RTD civ.*, 1986, p. 427, obs. PERROT ; BERTIN P. , « Touche pas à mon dentier », *Gaz. Pal.*, 1985, doctr., p. 626.

626 Article 14 5° de la loi du 9 juillet 1991 (devenu article L. 112-2 7° du Code des procédures civiles d'exécution).

627 Cette disposition fut abrogée et non reprise sous une forme codifiée par le décret n° 2012-783 du 30 mai 2012 relatif à la partie règlementaire du code des procédures civiles d'exécution.

628 PICQ M., « La prothèse et le droit », *LPA*, 7 oct. 1996, n° 121, pp. 8-13.

autre prothèse. Ainsi, le porteur d'un cœur artificiel ne pourrait de son vivant décider de céder cette prothèse vitale[629]. En revanche, dès lors que l'affectation prend légitimement fin (nouvelle prothèse, décès, *etc.*), il n'est pas inconcevable que cet élément soit cédé[630]. Quittant l'universalité, la prothèse redevient un bien. Ce raisonnement tenu à propos des éléments non biologiquement humains nous semble pouvoir s'étendre aux éléments issus d'un autre corps ou à ceux qui, biologiquement humain sont artificiellement crées.

2. Les éléments biologiquement humains et l'universalité corporelle

326.- Les éléments intégrant le corps peuvent n'avoir jamais été des biens. Mais qu'ils proviennent d'un autre corps (**a**) ou qu'ils soient issus d'une fabrication artificielle (**b**), la subrogation réelle doit leur permettre d'intégrer l'universalité.

a. D'une universalité corporelle à l'autre

327.- Le corps peut accueillir en son sein des éléments ayant été préalablement prélevés sur un autre corps humain. Tel est le cas lors d'une transplantation d'organe, une transfusion sanguine ou encore une greffe de tissus. Comme pour les éléments non biologiques, une fois intégré au

---

629 Depuis de nombreuses années, le professeur Alain Carpentier travaille en partenariat avec des ingénieurs spécialisés dans l'aéronautique à la conception d'un coeur articiel bioprothétique autorégulé (Pour les techniques utilisées et les évolutions des essais voir le site de la société CARMAT, http://www.carmatsa.com/, dernière consultation 22 août 2018. Le premier patient a été implanté le 18 décembre 2013 mais n'a pas survécu. Le deuxième patient transplanté en août 2014 a pu regagner son domicile en janvier 2015. Après une interruption des essais demandés par l'ANSM, ceux-ci ont finalement pu reprendre après l'accord de l'agence, voir le communiqué sur cette question https://ansm.sante.fr/S-informer/Points-d-information-Points-d-information/L-ANSM-autorise-la-reprise-de-l-essai-clinique-du-Coeur-Artificiel-Total-CARMAT-chez-des-patients-en-insuffisance-cardiaque-terminale-Point-d-information, dernière consultation le 22 août 2018.

630 BAUD J.-P., « La propriété du corps », », in *Journée d'éthique médicale Maurice Rapin, Le corps : à qui appartient il ?*, F. LEMAIRE F., RAMEIX S., GHANASSIA J.-P. (dir.), Flammarion, « Médecine-Sciences », 1996, pp. 10-11.

sein de l'universalité corporelle, l'élément bénéficie par l'effet de la subrogation de la protection propre à l'universalité corporelle.

328.- Contrairement aux prothèses, sur lesquelles le créancier peut être tenté d'exercer un droit de rétention, la question ne se pose pas dans cette configuration. La personne sur laquelle l'élément aura été prélevé ne peut pas davantage revendiquer cet élément. Dès l'origine, l'élément est une chose corporelle qui, une fois réintégrée dans une autre universalité corporelle, se maintient en la même qualité. Si le donneur peut se rétracter jusqu'au moment du prélèvement, il ne lui est plus permis d'exercer un quelconque droit sur cet élément une fois séparé de son propre corps, fût-ce avant même qu'il ait rejoint une autre universalité de fait. Ainsi, on peut considérer que l'organe, pendant le temps du transport, fait d'ores et déjà partie du corps qu'il a vocation à rejoindre. Le caractère fictif de l'universalité de fait permet d'étendre le champ de la protection alors même que l'élément est séparé du contenant. Pareillement, en cas d'opération chirurgicale à l'occasion de laquelle un organe serait provisoirement retiré du corps pour être réimplanté à l'issue de l'opération, on peut fictivement considérer que cet élément n'a jamais quitté l'universalité corporelle. La question du maintien de l'universalité corporelle au-delà de liens matériels concrets se posera de nouveau lorsqu'il sera question d'indemnisation. Au-delà de cette utilisation d'éléments issus d'une autre universalité corporelle, devenue classique depuis quelques années, le développement récent de nouvelles technologies doit conduire à s'interroger sur la pertinence de l'universalité corporelle à moyen terme. Le juriste doit ici préférer l'anticipation à l'impasse.

b. Du matériel biologique humain artificiellement créé

329.- Sans qu'il s'agisse de basculer dans la science-fiction juridique, il convient de souligner qu'existent d'ores et déjà des substituts pour certains éléments du corps, créés en dehors de toute universalité corporelle. Tel est le cas, par exemple, du sang artificiel qui, s'il n'est pas produit aujourd'hui en quantité suffisante pour répondre aux besoins, pourrait à terme permettre de juguler la pénurie en la matière. Grâce à une meilleure connaissance du fonctionnement des cellules et de l'ADN, se développent par ailleurs des processus de recherche susceptibles d'aboutir, dans un temps plus ou moins lointain, à la création d'organes hors de tout corps. Si certains craignent les dérives que pourraient provoquer de pareilles découvertes[631], nos interrogations portent davantage sur la qualification à réserver à de tels éléments biologiques, produits hors du corps humain, mais destinés à le rejoindre.

330.- En février 2013, des chercheurs de l'Université d'Heriot-Watt à Edimbourg, sont parvenus à dupliquer des cellules souches grâce à la technique nouvelle de l'impression 3D. Ces cellules - notamment les cellules souches pluripotentes - étant à l'origine de la constitution de notre organisme, il est possible de concevoir que des organes puissent, à terme, être créés à partir de ces cellules souches artificielles. Il pourrait alors être envisagé de prélever les propres cellules d'un patient malade afin de les dupliquer et de recréer un organe sain et parfaitement compatible. Ce processus révolutionnaire conduirait à la disparition du prélèvement sur autrui et mettrait fin à toutes les difficultés liées au rejet de la greffe. Mais quel serait le statut juridique de tels éléments ? Dès lors que la cellule à l'origine de la constitution de l'organe a été prélevée sur le patient, il nous semble incontestable que l'élément produit *in fine* doit être rattaché à l'universalité corporelle. En envisageant le contenant comme une réalité matérielle mais également juridique, il est possible de considérer l'élément en développement comme faisant déjà partie juridiquement de l'universalité corporelle, bénéficiant à ce titre de son statut et de sa protection.

331.- Le corps humain est un ensemble de choses hétérogènes formant un tout qui les dépasse, ce qui le rend éligible à la qualification d'universalité de fait. Cette qualification ne conduit pas pour autant à définir le corps comme un bien susceptible d'appropriation. En l'absence d'un rapport de propriété, la loi doit permettre de définir les bornes et de garantir le maintien de l'universalité. La qualification d'universalité de fait, loin de contredire la réalité du corps, assure sa protection en revalorisant la notion de chose. Du vivant, le corps en tant que contenant ne peut être valablement cédé. Toute personne dispose nécessairement d'une universalité de droit, le patrimoine, et d'une universalité de fait, son corps.

A présent convaincu que l'outil qu'est l'universalité de fait peut être mobilisé au service du corps, il convient alors d'envisager la destination commune de cette universalité. Car pour toute universalité, il existe une commune destinée pour les choses qui la compose. Reste alors à découvrir celle du corps.

---

631 DEFFERRARD F., « L'impression tridimensionnelle et le corps humain », *D.*, 2014, p. 1400.

Chapitre II. La destination commune des éléments composant l'universalité de fait

332.- La destination commune est l'essence de l'universalité de fait, ce groupement d'éléments qui n'ont pour lien « *que la communauté d'origine ou de destination, qui les réunit* »[632]. « *L'universalité emprunte son ultime caractère à l'idée de but* »[633] et plus précisément à l'idée de but commun[634]. Si certains considèrent que le terme « destination » doit être entendu comme synonyme « d'affectation »[635], d'autres ont pu récemment soutenir qu'il ne fallait pas les confondre car « *l'affectation [serait] ainsi l'acte [de volonté] par lequel un bien est soumis à un usage déterminé, la destination [renvoyant] à la finalité durable et permanente du bien* »[636]. A la lumière de cette distinction, et sans rentrer davantage dans la controverse, nous choisirons dans le cadre de cette étude d'utiliser, s'agissant du corps humain, le terme de destination.

333.- L'universalité présente ainsi « *le double mérite de fédérer des choses autour d'une communauté de destin, et de faire naître un ensemble dont l'existence est irréductible à celle de ses composantes. L'universalité unit les choses et les dépasse en même temps* »[637]. Si les exemples du troupeau ou de la bibliothèque sont fréquemment cités pour illustrer la notion d'universalité de fait, de nouvelles formes d'universalité de fait ont tenté de s'imposer en droit. Pour la première, cette entrée au sein de la catégorie réservée des universalités fait l'objet de critiques. Pour la seconde, la porte est restée close face à l'absence de consécration légale. Ces deux exemples permettent toutefois d'éclairer la notion de destination commune.

334.- Le premier exemple concerne le portefeuille de valeurs mobilières. L'arrêt Baylet a reconnu qu'il constituait une universalité de fait[638]. Chaque valeur demeure un bien en soi et la réunion dans un

---

632 GOMBEAUX E., *La notion juridique du fonds de commerce,* Thèse de droit, Université de Caen, 1901, pp. 36-37.

633 LE FLOCH P., *Le fonds de commerce. Essai sur le caractère artificiel de la notion et ses limites actuelles,* LGDJ, « Bibliothèque de droit privé », 1986, p. 95.

634 VON JHERING R., *Der Zweck im Recht,* Leipzig, Breitkopf und Härtel, 3te Auflage, 1904 ; *L'évolution du droit traduit sur la 3e éd. allemande par O. de Meulenaere*, Chevalier-Marescq, 1901.

635 GUINCHARD S., *L'affectation des biens en droit privé français*, LGDJ, « Bibliothèque de droit privé », t. 145, 1976, p. 35. L'auteur considère que l'affectation et la destination sont deux expressions pouvant être utilisées indifféremment l'une de l'autre.

636 BOFFA R., *La destination de la chose,* Defrénois, 2008, p. 12.

637 *Ibid.,* p. 418.

638 Civ 1re, 12 nov. 1998, n° 96-18.041, *D.*, 1999, p. 167, note AYNES L. ; *Dr. sociétés*, 1999, p. 21, n° 17, note HOVASSE H. ; *Bull. Joly sociétés*, 1999, p. 397 ; *JCP*, 1999, I, 1120,

portefeuille ne lui confère pas un nouveau statut juridique[639]. La destination commune est difficile à caractériser[640], ce qui explique que cette qualification n'emporte pas une conviction unanime parmi la doctrine[641]. La pertinence de l'universalité apparaît à l'aune de la détermination possible d'une destination commune.

335.- Le second exemple résulte d'une proposition de loi recourant à l'universalité de fait afin de protéger les monuments historiques, en les préservant notamment du « désossement »[642]. L'article 1er de la proposition de loi nous paraît particulièrement éclairant : « *sont réputés immeubles pour l'application de la présente loi, et susceptibles d'être classés, les ensembles composés d'un immeuble par nature, des immeubles par destination et des objets mobiliers qui lui sont rattachés par des liens historiques, artistiques, scientifiques ou techniques donnant à ces ensembles une cohérence exceptionnelle* ». Il s'agirait bien d'une universalité de fait dont la destination commune serait la préservation du patrimoine culturel. En maintenant ces biens mobiliers et immobiliers *in situ*, on éviterait qu'ils soient soustraits ou détachés sans aucun contrôle de l'administration compétente. Il est renoué par là avec l'objectif fondamental que poursuit la loi de 1913, matrice de la protection du patrimoine culturel[643], à savoir la conservation du bien[644]. Si l'ordonnance de 2005 a pu apporter des

---

obs. PERINET-MARQUET H. ; *JCP*, 1999, II, 10027, note PIEDELIEVRE S. ; *Droit et patrimoine*, mai 1999, p. 34, note SAUVAGE F. ; *D.*, 1999, p. 633, note FIORINA D. ; *JCP E.*, 1999, p. 426, note ROUXEL S. ; *RTD com*, 1999, p. 459, obs. STORCK M. ; *RTD civ.*, 1999, p. 422, obs. ZENATI F. ; *RTD civ.*, 1999, p. 674, obs. PATARIN J..

639 BOFFA R., *La destination de la chose*, Defrénois, 2008, p. 421 : « *l'appréhension des choses comme un tout suppose d'identifier un élément fédérateur, qui permet à la fois de les regrouper entre elles et de les isoler au reste du patrimoine général. Rien de tel pour le portefeuille de valeurs mobilières : aucune communauté de destination ne relie les valeurs entre elles* ».

640 En finance de marché, on pourrait éventuellement considérer que la destination commune est la minimisation du risque.

641 DROSS W., *Droit des biens*, Montchrestien, « Domat droit privé », 2012, n° 425, p. 351.

642 LEQUILLER P., *Proposition de loi n° 2933 relative à la protection du patrimoine*, enregistrée à la Présidence de l'Assemblée nationale le 28 février 2001.

643 CORNU M., « La loi du 31 décembre 1913 matrice en droit interne : à propos des objets mobiliers », *in Les monuments historiques, un nouvel enjeu ?, vol. I*, PRIEUR M. ET AUDRERIE D. (dir.), L'Harmattan, 2004, p. 45, spéc. pp. 59 et s. : « *C'est en effet d'abord de l'intégrité des biens distingués dont on s'assure et non de leur accessibilité, comme nous l'indiquent les deux articles 1er et 14 de la loi de 1913 selon lesquels seront classés les immeubles et meubles dont la conservation présente un intérêt public du point de vue de l'art et de l'histoire* ».

644 Les articles 9 et 22 de la loi de 1913 appellent une attention particulière. Le premier précise que « *l'immeuble classé ne peut être détruit ou déplacé, même en partie, ni être l'objet d'un travail de restauration, de réparation ou de modification quelconque, si l'autorité compétente n'y a donné son consentement* ». L'article 22 prévoit quant à lui une interdiction symétrique pour les biens mobiliers.

modifications au Code du patrimoine, elle n'a malheureusement pas consacré cette universalité de fait. Ce projet présente néanmoins le mérite de mettre en avant cette utilité nouvelle que pourrait recouvrir l'universalité de fait.

336.- A la lumière de ces exemples, il convient à présent d'envisager la destination commune de l'universalité composée d'un ensemble d'éléments du corps. Cette destination commune recouvre en réalité une double dimension. S'agissant du corps humain, la vie humaine pourrait s'imposer comme une finalité évidente. Lier les éléments du corps entre eux contribuerait ainsi à garantir la vie de chaque personne. La destination commune ne peut cependant pas se limiter à cette seule dimension sous peine d'exclure certains moments de l'existence du corps. Au-delà de l'intérêt individuel émerge ainsi un rattachement au genre humain. Il est alors fondamental de concevoir ces deux angles de protection comme les plateaux d'une même balance et non comme des protections concurrentes. La destination commune doit donc prendre en compte ces deux dimensions qui peuvent être réunies au sein de la notion d'existence humaine. Philosophiquement, l'existence humaine renvoie au sens que donne l'homme à son existence, « *par la création, la construction et la transformation et le progrès, et c'est ainsi qu'il a commencé son histoire* »[645]. L'existence nous oppose au néant, permet à chaque individu de s'inscrire dans une histoire individuelle mais également commune. Mais du point de vue de notre étude, l'existence doit être appréhendée de manière concrète et restrictive. Exister pour le corps humain, c'est exister avant tout comme une chose.

Dès les prémices de son développement et jusqu'à la mort, le corps existe. L'existence humaine naît de la réunion de deux dimensions alliées : individuelle tout d'abord (**Section I**), collective ensuite (**Section II**).

645 MAALAOUI K., *La vérité sur la finitude de l'existence humaine,* Éditions Baudelaire, 2010, p. 58.

Section I. L'existence humaine dans sa dimension individuelle

337.- Chaque corps exige une attention particulière de la part du droit. Support de la vie, la destination première du maintien des éléments et produits entre eux au sein de l'universalité pourrait ainsi s'affirmer dans un droit à la vie en bonne santé.

La reconnaissance d'un tel droit (§I) rejaillit nécessairement sur les règles relatives à la mise en circulation des éléments et produits du corps de la personne (§II).

§I. Le droit confronté à la protection d'une vie en bonne santé

338.- Peut-on considérer qu'il existe un droit à la vie qui servirait de fondement à la destination commune de l'universalité de fait corporelle ? Jean Dabin n'hésite pas à affirmer l'existence de ce droit à la vie, sans en définir pour autant les contours précis. Il considère qu'il existe « *un droit à la vie et aux différentes libertés* », permettant d'assurer l'intégrité du corps par le truchement du droit subjectif[646]. Son analyse suscite les foudres de Paul Roubier, qui se refuse pour sa part à consacrer l'existence d'un tel droit. Pour affirmer l'existence d'un droit à la vie, l'auteur considère que son titulaire doit être en mesure d'y renoncer. Or, la prohibition de l'euthanasie fait obstacle à cette faculté de renonciation[647]. En outre, il précise que le droit doit permettre d'obtenir le résultat s'il n'est pas atteint. Or, assurément, la vie abrégée ne peut être ressuscitée par le droit. Revendiquer un droit à la vie reviendrait à contraindre le droit à l'impossible, lutter contre la nature de l'homme, lutter contre sa finitude. L'analyse de Paul Roubier doit cependant être nuancée car, appliquée

---

646 DABIN J., *Le droit subjectif*, Dalloz, 1952, p. 31

647 L'auteur constate qu'une convention passée entre un médecin et son patient qui souhaiterait mettre fin à ses jours n'est pas valable. V. également HERMITTE M.-A., « Le corps humain, hors du commerce, hors du marché », *APD*, t. 33, 1988 : « *le contrat d'euthanasie est une négation des fondements mêmes du droit qui ne peut entériner un accord de volontés ayant pour objet de donner la mort, donc de nier l'altérité qui a présidé à l'établissement du rapport entre les parties. L'ordre juridique peut se désintéresser de la sanction de ces pratiques, il ne peut les légitimer sans se détruire lui-même* ».

strictement, elle revient à rejeter l'idée de la réparation du préjudice corporel. Or, si le droit ne peut pas garantir qu'un membre amputé par exemple réintègre l'universalité de fait, il n'en demeure pas moins qu'une réparation pécuniaire est envisageable. De même, les victimes par ricochet se voient reconnaître un préjudice d'affection, réparant la perte de l'être cher. Si la solution a été longtemps discutée, en raison de la difficulté de fixer le prix des larmes, elle est aujourd'hui largement admise[648]. Ce deuxième argument peut donc être battu en brèche. Assurément opposé à la reconnaissance d'un droit à la vie, l'auteur considère que « *le prétendu "droit à la vie" relève de la même enflure phraséologique que le droit du travail [...] : c'est une manière de parler qui n'a aucune rigueur juridique* »[649]. L'évolution et l'importance contemporaine du droit du travail comme la reconnaissance d'un droit à la vie viennent vivement contredire cette affirmation.

339.- En effet, on peut considérer qu'il existe un droit à la vie, déjà affirmé par l'article 3 de la Déclaration universelle des droits de l'Homme de 1948 ou encore par l'article 2 de la Convention européenne de sauvegarde des droits de l'Homme et des libertés fondamentales : « *le droit de toute personne à la vie est protégé par la loi* ». Mais davantage qu'une vie préservée, c'est également la quête d'une vie en bonne santé qui doit être poursuivie par le droit. Le préambule de la constitution du 27 octobre 1946 rappelle ainsi que la nation doit garantir la protection de la santé de tout individu, santé qui a pu être définie selon les termes de l'Organisation mondiale de la Santé (OMS) comme « *un état de complet bien-être physique, mental et social, et ne consiste pas seulement en une absence de maladie ou d'infirmité* »[650]. Si l'État est donc le débiteur d'un droit à la santé[651], le maintien de l'universalité qu'est le corps doit également s'inscrire dans cette finalité.

---

648 Cass. ch. mixte, 27 févr. 1970, n°68-10.276, *D.*, 1970, jur., p. 201, note COMBALDIEU R.

649 ROUBIER P., « Le rôle de la volonté dans la création des droits et des devoirs », *in Le rôle de la volonté dans le droit*, Sirey, *APD*, n°3, 1957, p. 5.

650 Préambule à la Constitution de l'Organisation mondiale de la Santé, tel qu'adopté par la Conférence internationale sur la Santé, New York, 19-22 juin 1946 ; signé le 22 juillet 1946 par les représentants de 61 Etats (Actes officiels de l'Organisation mondiale de la Santé, n°. 2, p. 100) et entré en vigueur le 7 avril 1948.

651 PICHARD M., *Le droit à, Etude de législation française*, Economica, 2006.

§II. La vie en bonne santé, composante de l'existence humaine

340.- La convention d'Oviedo du 4 avril 1997 énonce en son article 2 que « *l'intérêt et le bien de l'être humain doivent prévaloir sur le seul intérêt de la société ou de la science* »[652]. Ce faisant, toute situation de sacrifice d'une personne au profit d'une autre doit être prohibée. Le prix à payer pour sauver une vie ne doit jamais être la mise en danger d'une autre. C'est pourquoi la mise en circulation ne peut être consentie du vivant de la personne que lorsqu'elle porte sur un élément ou produit qui n'est pas vital ou nécessaire au fonctionnement du corps. Cette dimension de l'universalité justifie les bornes imposées à la liberté individuelle. Contrarier la liberté en matière corporelle revient ainsi à protéger la personne d'elle-même, car « *ce que nous éprouvons comme liberté n'est souvent en réalité qu'un changement d'obligation* »[653].

341.- Mais si l'on s'arrête à la seule dimension individuelle, un certain nombre de règles ne peuvent être justifiées. Le droit à la vie en bonne santé paraît difficilement applicable au corps avant la naissance, et dépourvu de tout intérêt après la mort[654]. Le droit à la vie de l'embryon est mis en balance avec le droit de la mère à disposer de son corps jusqu'à 12 semaines. Il est encore confronté au droit pénal qui refuse de considérer l'atteinte à la vie de cette chose comme un homicide[655].

342.- En outre, la prohibition de la vénalité ne peut être justifiée par la finalité de préservation de la vie en bonne santé. Dès lors qu'elle s'intègre dans les bornes déjà existantes - le consentement, la limitation du don, la surveillance des contre-indications médicales...- , la mise en circulation pourrait parfaitement être vénale.

La vie en bonne santé est une composante essentielle de l'existence humaine, en vertu de laquelle les éléments du corps doivent être maintenus ensemble. Le droit ne peut en aucun cas permettre une hiérarchisation entre les vies en acceptant le sacrifice de certains. Cependant, la destination commune de l'universalité de fait corporelle ne peut être caractérisée par

---

652 Convention ratifiée par la France par la loi du 7 juillet 2011.

653 SIMMEL G., *Philosophie de l'argent,* trad. CORNILLE S., IVERNEL P., PUF, « Quadrige », 1977, p. 345.

654 BELLIVIER F., LABRUSSE-RIOU C., « Les droit de l'embryon et du foetus en droit privé », *RIDC,* vol. 54, n° 2, avr.-juin 2002, p. 584. ; PUIGELIER C., « Qu'est ce qu'un droit à la vie ? », *D.,* 2003, p. 2781.

655 V. *supra* n° 279

cette seule finalité individuelle. La vie préservée s'inscrit dans une histoire qui l'inclut tout en la dépassant.

Section II. L'existence humaine dans sa dimension collective

343.- Si la destination commune ne peut se limiter à la protection de la vie en bonne santé de l'individu, c'est que le corps se meut dans un monde qui le dépasse et qui, dans une certaine mesure, s'impose à lui. La notion de dignité humaine tente aujourd'hui en droit français, quoique maladroitement, d'assurer la protection des corps à raison de leur appartenance au genre humain. En effet, face aux avancées scientifiques et aux nouvelles atteintes consenties sur le corps, le droit a dû, dans l'urgence, ériger des remparts dont on peut douter de la solidité. Vulnérable lorsqu'elle est invoquée seule, la dignité constitue assurément l'un des éléments de la destination commune (§**I**). C'est à ce titre, et non comme instrument autonome, qu'elle peut être amenée à jouer un rôle essentiel (§**II**).

§I. Les contours de la dignité

344.- La dignité est une notion délicate à cerner. Son absence de définition formelle (**A**) conduit à parcourir la jurisprudence ou la doctrine afin de découvrir ses traits les plus caractéristiques. Plusieurs conceptions de cette notion s'ouvrent alors (**B**).

A. L'absence de définition formelle

345.- Originairement liée à l'indisponibilité de certaines institutions « *politico administratives* », puis marquée par l'analyse kantienne[656], la notion de dignité n'est pas à l'origine un instrument de protection du corps

---

656 KANT E., *Fondement de la métaphysique des mœurs*, 1785, 2° sect. : « *Dans le règne des fins tout a son prix ou sa dignité. Ce qui a un prix peut être remplacé par autre chose d'équivalent ; en revanche, ce qui est au dessus de tout prix et ne laisse place à aucun équivalent à une dignité* ».

humain[657]. « *Présence informelle* »[658], fondant implicitement les analyses doctrinales et les interdictions de certaines pratiques sur le corps par le juge[659], elle intégra finalement le nouveau Code pénal du 22 juillet 1992 dans un chapitre V intitulé « *Des atteintes à la dignité de la personne* ». En droit civil, les lois dites de bioéthique consacrèrent à leur tour ce principe de dignité à l'article 16 du Code civil, au sein du chapitre relatif au « *respect du corps humain* ». À cette occasion le Conseil constitutionnel, saisi par le président de l'Assemblée Nationale puis par 68 députés, jugea que « *la sauvegarde de la dignité de la personne humaine contre toute forme d'asservissement et de dégradation est un principe à valeur constitutionnelle* »[660].

346.- Si la dignité apparaît dans les textes, elle ne fait pourtant l'objet d'une définition ni par le législateur ni même par le pouvoir constituant. Ainsi, évoquant la notion de dignité telle qu'inscrite dans de nombreuses constitutions, Louis Favoreu constate que « *par prudence, mais aussi par ignorance des problèmes à venir, les constituants n'ont pas été très diserts ; ils ont employé des formules ambiguës qui sont le fruit de difficiles compromis* »[661]. Plus spécifiquement en matière biomédicale, Catherine Labrusse-Riou voit dans le refus de préciser le terme de dignité une volonté « *d'éviter le conflit ouvert entre les conceptions radicalement opposées que l'on entretient, dans le corps social, à ce sujet* »[662]. En l'absence de définition, on comprend alors que certains puissent voir dans cette notion « *une arme pour le juriste, lui permettant de ne pas s'engager dans une discussion de fond sur certaines situations de rémunération du corps* »[663]. Cette absence de définition par le législateur contraint donc à une construction aussi progressive qu'incertaine. Plusieurs conceptions de la dignité émergent alors.

---

657 THOMAS Y., « Le sujet de droit, la personne et la nature. Sur la critique contemporaine du sujet de droit », Gallimard, *Le Débat*, n° 100, mai-août 1998, p. 87 : « *la dignité est une très vieille catégorie juridique liée précisément à l'indisponibilité de certaines institutions politico administratives (par exemple la dignité de l'office ou la dignité de la couronne, indisponibles à leur provisoire titulaire)* ».

658 MOLFESSIS N., « La dignité de la personne humaine en droit civil », *in La dignité de la personne humaine,* LUCE PAVIA M. et REVET T. (dir.), Economica, « Collection Etudes Juridiques », 1999, pp. 107-136, spéc., p.115.

659 TGI Paris, 3 juin 1969, D.,1970, p. 136, note J.P ; Décision confirmée par Civ. 1re, 23 févr. 1972, n° 70-12.490, *Bull. civ.* I, n° 61.

660 Cons. const., 27 juillet 1994, n° 94-343/344 DC.

661 FAVOREU L., « Rapport introductif », *in Constitution et éthique biomédicale. Actes du colloque international tenu à Paris les 6 et 7 février 1997,* La documentation française, « Les cahiers constitutionnels de Paris I », 1998, p. 19.

662 LABRUSSE-RIOU C., « Responsabilité, Droit des personnes et Sciences de la vie », L'Harmattan, « Droit et Cultures », n° 31, 1996, pp. 69-95, spéc. p. 82.

663 OGIEN R., *Le corps et l'argent,* La Musardine, « L'attrape-corps », 2010.

B. Des conceptions de la dignité

347.- Puisqu'elle est aussi mouvante qu'insaisissable, la dignité a pu faire l'objet de plusieurs acceptions doctrinales. Sans qu'il soit nécessaire dans le cadre de cette étude de retracer l'ensemble des positions sur cette question, il nous a paru opportun de revenir sur la conception individualiste de la dignité afin toutefois de l'écarter (**1**), avant d'envisager la dignité comme un rattachement de chaque corps à l'humanité (**2**).

1. Une conception individualiste de la dignité

348.- La dignité a pu être assimilée à la simple manifestation du consentement de l'individu : serait digne ce qui est consenti[664]. Si cette conception « individualiste » de la dignité est souvent retenue en droit français, c'est en raison du lien étroit qui unit la dignité et la liberté. En ce sens, cette conception « *soucieuse de favoriser l'accomplissement personnel de chaque individu, a fait logiquement de la dignité un concept qui fonde l'ensemble de ses droits fondamentaux* »[665]. La dignité ne serait donc pas un obstacle à la liberté puisque les deux notions se confondraient. Le droit positif, en restreignant la volonté de l'individu sur son corps, est peu compatible avec cette conception de la dignité. Il nous paraît ainsi indispensable d'opérer une scission, au moins partielle, entre liberté et dignité, car « *la dignité exige la liberté, mais la liberté n'est pas toute la dignité* »[666]. De plus, cette conception de la dignité ne présente pas d'intérêt dans le cadre de notre étude. L'absence de consentement est finalement protégée par le principe d'inviolabilité du corps humain, la moindre atteinte au corps pouvant ainsi être sanctionnée, et l'exigence d'un consentement conditionne la mise en circulation. Au-delà de cette conception individualiste, les traits d'une conception collective doivent être à présent esquissés.

---

664 MEULDERS-KLEIN M.-T., « La production des normes en matière bioéthique », *in De la bioéthique au biodroit*, NEIRINCK C. (dir.), LGDJ, « Droit et société », 1994, p. 77 : « *se pourrait-il alors que le consentement qui jadis était nécessaire mais non suffisant pour justifier toute atteinte au corps humain devienne aujourd'hui à la fois nécessaire et suffisant, de telle manière que la dignité humaine s'identifie désormais avec la liberté de disposer de soi même fût-ce au risque de s'aliéner ou de se nuire* ».

665 LEBRETON G., « Les ambiguïtés du droit français à l'égard de la dignité de la personne humaine », *in Mélanges Patrice GELARD. Droit constitutionnel*, Montchrestien, 1999, p. 56.

666 MAURER B., « Notes sur le respect de la dignité humaine », *in Le droit, la Médecine et l'Etre humain*, PUAM, 1996, p. 202.

2. La dignité ou le rattachement du corps à l'humanité

349.- La dignité renvoie à la question de l'appartenance des corps à leur humanité même. Cette conception spécifique de la dignité humaine est complémentaire de la « *vision individualiste* »[667], « *car la dignité d'un seul est indissociable de la dignité de tous* »[668]. On retrouve dans ce domaine la limite classique posée au libre jeu de la volonté, constituée par l'ordre public et les bonnes mœurs[669]. Le bien commun dépasse donc « *la simple collection des biens individuels* »[670]. Le corps de l'individu est une composante du corps social. On comprend alors que le droit pénal définisse l'intégrité physique comme une valeur d'ordre public qui s'impose à tous, y compris à la victime, qui ne peut invoquer son consentement pour décharger l'auteur des actes de sa responsabilité[671]. Dans la même perspective, le commissaire du gouvernement Frydman avait pu considérer dans l'affaire du lancer de nain que « *le consentement du nain au traitement dégradant qu'il subit nous paraît donc ici juridiquement indifférent* »[672]. Cette conception, liberticide pour certains[673], se justifie néanmoins pour d'autres, puisque « *la défense de la dignité n'a plus à faire à l'individu libre mais à l'individu qui appartient à l'humanité* »[674]. A travers la dignité, c'est donc un corps rattaché à son humanité que l'on envisage de protéger. La dignité entendue comme « *l'indiscutable commun dénominateur* » dépasserait l'individu et ses droits, et

---

667 LEBRETON G., « Les ambiguïtés du droit français à l'égard de la dignité de la personne humaine », *in Mélanges Patrice GELARD. Droit constitutionnel,* Montchrestien, 1999, p. 56.

668 LEGENDRE-LAVAUD B., *Où sont passées les bonnes mœurs,* PUF, « Partage du savoir », 2005, p. 137.

669 TERRE F., FENOUILLET D., *Droit civil, Les personnes,* Dalloz, « Précis Dalloz », 8ème éd., 2012, n° 55.

670 MARITAIN J., *Les droits de l'Homme et la loi Naturelle,* Édition de la Maison Française, « Collection civilisation », 1942, p. 20.

671 L'appréciation très extensive de la liberté sexuelle par la CEDH, incluant les actes de sado masochisme, peut néanmoins conduire à nuancer cette remarque. V. notamment FABRE-MAGNAN M., « Le domaine de l'autonomie personnelle, indisponibilité du corps humain et justice sociale », *D.*, 2008, p. 31.

672 FRYDMAN B., « L'atteinte à la dignité de la personne humaine et les pouvoirs de police municipale. Conclusions sur Conseil d'État, Assemblée, 27 octobre 1995 », *RFDA*, 1995, pp. 1204-1217, spéc. 1209.

673 LEBRETON G., « Les ambiguïtés du droit français à l'égard de la dignité de la personne humaine », *Mélanges Patrice GELARD. Droit constitutionnel,* Montchrestien, 1999.

674 EDELMAN B., « La dignité de la personne humaine, un concept nouveau », *in La dignité de la personne humaine,* PAVIA M.-L. et REVET T. (dir.), Economica, « Collection Etudes Juridiques », pp. 25-34, ou pour le même article *D.*, 1997, chr., pp. 185-188.

englobérait « *à elle seule toutes les autres valeurs* »[675]. La dignité humaine se présenterait comme un « *impératif moral de caractère absolu rappelé par le droit positif* »[676].

350.- Mais tout comme la notion de bonnes mœurs, la dignité humaine relèverait de « *ces choses qui se sentent plus qu'on ne les définit* »[677], provoquant l'insatisfaction des uns quant à ce caractère incertain[678] et l'inquiétude des autres quant au pouvoir des juges[679]. Assurément, ces deux notions sont soumises aux mouvements fluctuants des époques, les bonnes mœurs correspondant à une perception de la morale par la société à un moment donné[680], tandis que la « *dignité sanctionnerait ce qui est considéré par le corps social comme niant la dignité de la personne humaine* »[681]. La dignité laisse donc apparaître une conception possible du corps à un moment donné. Cependant, l'utilisation pratique de cette notion peut être questionnée. Le professeur Yann Thomas affirmait ainsi qu'à « *définir la dignité de la personne humaine comme cette part indisponible que chacun doit à son appartenance à l'humanité tout entière, l'on s'oblige, si l'on veut qu'une telle catégorie ait le moindre sens pratique, à définir précisément cette part : c'est-à-dire tracer la limite qui sépare en chaque sujet sa dignité indisponible, qui relève de cette appartenance commune, et sa dignité individuelle, qui ne fait qu'un avec sa liberté dont il est maître de disposer* »[682]. Or, il nous semble que pour trouver les frontières de la

---

675 MEULDERS-KLEIN M.-T., « La production des normes en matière bioéthique », *in De la bioéthique au biodroit*, NEIRINCK C. (dir.), LGDJ, « Droit et société », 1994, p. 76.

676 MATHIEU B., « Rapport La France », in *Constitution et éthique biomédicale. Actes du colloque international tenu à Paris les 6 et 7 février 1997*, La documentation française, « Les cahiers constitutionnels de Paris I », 1998, p. 50.

677 LAROMBIERE L., *Théorie et pratique des obligations, T. I*, A. DURAND, 1857, pp. 302 et s.

678 LAURENT F., *Principes de Droit civil français, T. I*, A. Durand et Pédone-Lauriel, 1869, p. 82 : « *La précision des idées et la netteté du langage, voilà tout le droit. Notre science est une suite de principes logiques fondés sur la raison ; elle ne doit pas renvoyer au sentiment […] ce serait se contenter de mots ou ce qui revient au même, de demi-idées* ».

679 TCHAVDAROFF L., *De la notion des bonnes mœurs. Essai théorique sur la recherche d'un critérium*, J Fournier, 1927, p. 6 : « *le laconisme avec lequel les rédacteurs du Code civil ont traité la question des bonnes mœurs, laisse un champ libre à toutes les suggestions et suppositions sur le sens à attribuer à cette expression* ».

680 LAURENT F., *Principes de Droit civil français, T. I*, A. Durand et Pédone-Lauriel, 1869, p. 90 n° 56 : « *Il y a, à chaque époque de la vie de l'humanité, une doctrine sur la morale que la conscience générale accepte, sauf des dissidences individuelles qui ne comptent pas. En ce sens, on peut dire qu'il y a toujours une morale publique ; les conventions contraires à cette morale seront, par cela même, contraire aux bonnes mœurs, et, comme telles, frappées de nullité* ».

681 LAVAUD-LEGENDRE B., *Où sont passées les bonnes mœurs*, PUF, « Partage du savoir », 2005, p. 150.

682 THOMAS Y., « Le sujet de droit, la personne et la nature. Sur la critique contemporaine du sujet de droit », Gallimard, *Le Débat*, n° 100, mai-août 1998, p. 87.

disposition en matière corporelle, sans pour autant abandonner la dignité, il faut renoncer à l'utiliser comme un principe autonome. Il convient bien plutôt d'incorporer ses vertus au sein de la destination commune.

§II. La dignité, composante de l'existence humaine

351.- Plutôt que de chercher en vain à cerner et à borner la dignité, il nous semble finalement qu'il faut accepter ses contours incertains pour mieux saisir son rôle. Si la dignité peut être une composante majeure de l'existence humaine, c'est en tant que fondement des règles (**A**) et non comme instrument autonome, ainsi que l'illustrent les difficultés rencontrées par le juge dans l'affaire relative à l'exposition de corps plastinés (**B**).

A. La dignité comme fin et non comme instrument

352.- Le développement tentaculaire de la dignité laisse aujourd'hui entrevoir les difficultés d'une notion qui, voulant suppléer les absences, devient omniprésente, sans être pour autant toujours appropriée. Si le juge administratif a pu céder aux attraits de la dignité lorsqu'il fallut interdire le lancer de nains[683], consacrant un usage « *liberticide* » de la dignité humaine[684], le juge civil a quant à lui eut recours à cette notion pour donner une nouvelle tonalité à l'article 9 du Code civil s'agissant de la protection du droit à l'image. Paradoxalement, depuis que la Cour de cassation se fonde sur la dignité humaine[685] pour limiter le droit à l'information, il semblerait qu'elle ne retienne que très rarement l'atteinte à l'image de la personne[686],

---

683 CE, Ass., 27 octobre 1995, *Commune de Morsang sur Orge*, *Rec. Lebon*, p.272 ; *RDP*, 1996, n° 2, pp. 536-568, obs. GROS M. et FROMENT J.-C. ; *RFDA*, 1995, n° 6, pp. 1204-1217, obs. FRYDMAN P. ; *AJDA*, 1995, n° 12, pp. 878-882, obs. STAHL J.-H. et CHAVAUX D. ; *RTDH*, 1996, n° 28, pp. 657-693, note DEFFAINS N.

684 LEBRETON G., « Les ambiguïtés du droit français à l'égard de la dignité de la personne humaine », *in Mélanges Patrice GELARD, Droit constitutionnel,* Montchrestien, 1999, p. 61.

685 A propos de la publication de la photographie du corps du préfet Erignac après son assassinat : Civ. 1re , 20 déc. 2000, *Bull. civ.* I, n° 341 ; *D.*, 2001, p. 885 ; *D.*, p. 872, étude GRIDEL J.-P. ; *D.*, somm., 1990, obs. LEPAGE A. ; *JCP*, 2001, II, 10488, concl. SAINTE ROSE J., note RAVANAS J. ; *LPA*, 7 mars 2001, note DERIEUX E.

686 Pour un exemple d'absence d'atteinte (victimes de l'attentat du métro St Michel) : Civ 1re, 20 février 2001, *Bull. civ.* I, n° 42 ; *D.*, 2001, p. 1199, note GRIDEL J.-P. ; *D.*, somm.,

comme l'illustre assez justement l'affaire Belmondo[687]. En effet, dans cette affaire, la cour d'appel avait souligné la situation de particulière détresse de l'acteur[688]. Mais la Cour de cassation n'y vit en aucun cas une atteinte à la dignité humaine[689]. Il fallut une situation de violence extrême pour que la Cour de cassation fasse primer la dignité humaine sur la liberté d'information (dans un contexte différent toutefois puisque l'action était initiée par des proches du défunt)[690]. A travers cette évolution jurisprudentielle émerge une faiblesse importante de la dignité. Confrontée à d'autres principes fondamentaux, la dignité peine en effet à s'imposer. La conception d'une dignité qui aurait un caractère absolu et qui ne subirait la concurrence d'aucun autre droit serait pour le moins déclinante[691]. D'aucuns considèrent d'ailleurs que la dignité sera toujours « *objet de transaction, de négociation* » puisque se construisant dans la confrontation[692]. Tour à tour déçue ou triomphante, utilisée comme un ultime fondement se suffisant à lui-même ou complémentaire d'un autre instrument, la dignité humaine semble se propager sans cohérence dans de nombreux contentieux. À la lumière de ces faiblesses générales, on peut alors craindre

---

1990, obs. LEPAGE A. ; *JCP*, 2001, II, 10533, note RAVANAS J. ; *Gaz. Pal.*, 2002.641, concl. SAINTE ROSE J. ; *LPA*, 5 avr. 2001, note DERIEUX E. ; *Dr.et patr.*, juin 2001, p. 96, obs. LOISEAU G ; *RTD civ.*, 2001, p. 329, obs. HAUSER J.

687 Civ. 1re, 16 mai 2006, *Bull. civ.* I, n° 247 ; *D.*, 2005, pan. 2707, obs. BIGOT ; *Gaz. Pal.*, 2007, somm., 3521, obs. LASFARGEAS S. ; *RTD civ.*, 2006.535, obs HAUSER J.

688 La cour d'appel avait précisé que les photographies le montraient « *couché sur un brancard au moment de son évacuation par hélicoptère médicalisé, […] qu'il est parfaitement identifiable sur l'une d'elles, entouré de sa compagne et de personnes aidant aux opérations, et représenté dans une situation dramatique touchant à l'évidence à la sphère la plus intime de sa vie privée* ».

689 Elle considère que les photographies sont « *en relation directe avec l'article qu'elles illustraient, et prises dans un lieu public, ne caractérisaient aucune atteinte à la dignité de la personne de l'intéressé* ».

690 Civ. 1re, 1er juill. 2010, n° 09-15479 ; *D.*, 2010, actu., 1870 ; *D. actualité*, 8 juill. 2010, obs. LAVRIC S. ; *D.*, 2044, note DELAGE P.-J. ; *JCP*, 2010, obs. LAVRIC S. ; *CCE*, 2010, n° 126, obs. LEPAGE A. ; *RTD civ.*, 2010, p. 526, obs. HAUSER J. : « *cette photographie qui montre Ilan X..., le visage entouré d'un ruban adhésif argenté laissant seulement apparaître son nez ensanglanté et tuméfié, l'ensemble du visage donnant l'impression d'être enflé sous le bandage de ruban adhésif, les poignets entravés par le même ruban adhésif, son trousseau de clefs glissé entre les doigts, un journal coincé sous la poitrine et un pistolet braqué à bout touchant sur la tempe par une main gantée, l'épaule gauche de son vêtement tiraillée vers le haut, suggère la soumission imposée et la torture ; qu'estimant que la publication de la photographie litigieuse, qui dénotait une recherche de sensationnel, n'était nullement justifiée par les nécessités de l'information, elle en a justement déduit que, contraire à la dignité humaine…* ».

691 MATHIEU B., « Rapport La France », *in Constitution et éthique biomédicale*, *Actes du colloque international tenu à Paris les 6 et 7 février 1997*, La documentation française, « Les cahiers constitutionnels de Paris I », 1998, p. 49.

692 MOLFESSIS N., « La dignité de la personne humaine en droit civil », *in La dignité de la personne humaine*, PAVIA M.L. et REVET T. (dir.), Economica, « Collection Etudes Juridiques », 1999, pp. 107-136, spéc. 124.

que la dignité ne permette pas, à elle seule, d'assurer la protection du corps humain.

353.- Mais sans doute n'est-ce pas son rôle. Car plutôt qu'un moyen, la dignité est une fin. Comme l'a souligné le professeur Bertrand Mathieu, la dignité est un « *principe matriciel* »[693], fondateur. La dignité est une matrice au service de l'existence humaine. Elle marque les règles relatives à la mise en circulation mais c'est uniquement au travers de ces règles qu'elle peut effectivement agir.

354.- Le chapitre V du titre II du livre deuxième du Code pénal, intitulé « Des atteintes à la dignité humaine », comporte ainsi un certain nombre d'infractions, de nature variée : atteinte au respect dû aux morts, proxénétisme ou encore dissimulation forcée du visage. La majorité des infractions visées sous ce chapitre ne recourent pas à la notion de dignité pour incriminer des faits qui lui sont pourtant contraires. Les dispositions du Code pénal permettent d'illustrer le point suivant : la dignité existe à travers les règles qui la protègent.

On mesure dès lors la difficulté que peut rencontrer le juge à trancher un litige à l'aune de textes, tels que les articles 16-1 et 16-1-1 du Code civil, qui semblent ramener la dignité de finalité à instrument. La décision rendue par la Cour de cassation interdisant l'exposition de corps plastinés permet d'illustrer le rôle que devrait jouer la dignité comme composante de l'existence humain et non comme instrument autonome.

B. Le rôle de la dignité à la lumière de l'interdiction d'exposer des corps plastinés

355.- La loi du 15 novembre 1887 sur la liberté des funérailles, comme l'indique justement son titre, avait assuré en son article 3 une liberté de l'individu pour disposer de son corps après sa mort. Cette liberté est aujourd'hui strictement encadrée par l'ordre public et les dispositions de l'article 16-1-1 du Code civil. En effet, depuis la loi n° 2008-1350 du 19 décembre 2008 *relative à la législation funéraire*, la dignité fait figure, aux côtés du respect et de la décence, de nouvel instrument de protection de la dépouille. Cette protection est d'ailleurs très large puisqu'elle s'étend aux

---

693 MATHIEU B., « Pour une reconnaissance de principes matriciels en matière de protection constitutionnelle des droits de l'homme », *D.*, 1995, chron. 211, et « La dignité de la personne humaine : quel droit ? quel titulaire ? », *D.*, 1996. chron. 282.

cendres. L'article 16-1-1 du Code civil a ainsi été rapidement sollicité par le juge pour interdire l'exposition de corps plastinés. En effet, les associations « Solidarité Chine » et « Ensemble contre la peine de mort », qui avaient introduit l'action en justice, alléguaient que ces corps étaient ceux de suppliciés à mort chinois, dont le consentement n'avait pas été sollicité en vue d'une telle exploitation.

356.- Le juge des référés[694], en première instance, se fonda sur l'article 16-1-1 du Code civil pour interdire l'exposition, considérant qu'elle était contraire au respect, à la dignité et à la décence. C'est en revanche sur le terrain du consentement que la cour d'appel de Paris confirma la fermeture sous astreinte de l'exposition[695]. Si les magistrats s'entendaient donc sur la fin, à savoir l'interdiction de l'exposition, leurs décisions divergeaient sensiblement sur les moyens. Saisie à son tour, la Cour de cassation se fonda également sur l'article 16-1-1 du Code civil et rejeta le pourvoi. Mais la formulation employée laisse toutefois planer bien des incertitudes : « *attendu qu'aux termes de l'article 16-1-1, alinéa 2, du code civil, les restes de la personne décédée doivent être traités avec respect, dignité et décence ; que l'exposition de cadavres à des fins commerciales méconnaît cette exigence* »[696]. Le fondement utilisé par la Cour de cassation doit être particulièrement souligné. La Cour ne se réfère pas à l'article 16-5 prohibant les conventions patrimoniales, mais bien au nouvel article 16-1-1 prescrivant que les restes des personnes décédées soient notamment traitées avec dignité. Doit-on alors considérer que seule la recherche du profit nuit à la dignité ? Si tel pouvait être effectivement le cas en l'espèce, que penser néanmoins de l'exposition du musée Dupuytren, au cœur de l'École de médecine, où sont exposés des pièces anatomiques et les corps de personnes décédées ? Davantage que la commercialité, n'est-ce pas ici l'exposition même de corps de personne décédées qui indigne ? La décision de la Cour de cassation aurait-t-elle enfin été différente s'il s'agissait, avec le consentement du défunt, de

---

694 TGI Paris réf, 21 avr. 2009 ; *D.*, 2009, AJ, p. 1278, obs. LE DOUARON C. *; Dr. fam.*, mai 2009, p. 3, obs. LAMARCHE M. *; RTD civ.*, 2009, p. 501, obs. HAUSER J.

695 CA Paris réf., 30 avr. 2009 ; *D.*, 2009, AJ, p. 1278, obs. LE DOUARON C ; *D.*, 2009, p. 2019, note EDELMAN B. ; *D.*, 2009, 2010, pan., p. 604, obs. GALLOUX J.-C. ; *JCP*, 2009, 12, note LOISEAU G. ; *Gaz. Pal.*, 2009, p. 1728, obs. PIERROUX E. ; *RTD civ.*, 2009, p. 501, obs. HAUSER J.

696 Civ 1re, 16 sept. 2010, *Bull. civ.* I, n° 174 ; R., p. 300 ; *D., actualité*, 27 sept. 2010, obs. LE DOUARON ; *D.*, 2011, p. 2750, note LOISEAU G. ; *D.*, p. 2754, note EDELMAN B. ; *D.*, 2011, pan. 780, obs. DREYER E. ; *JCP*, 2010, n° 1239, note MARRION B. ; *CCE*, 2010, n° 112, note LEPAGE A. ; *RLDC*, 2011/80, n° 4188, obs. PARANCE B. ; *RJPF*, 2010-11/12, obs. PUTMAN E. ; *RTD civ.*, 2010, p. 760, obs. HAUSER J.

plastiner un corps afin qu'il soit placé dans le salon familiale pour l'éternité ?

357.- On retrouve dans la décision du Comité National d'Ethique, qui avait rendu un avis négatif concernant l'exposition des corps plastinés en France, l'argument de l'atteinte à la dignité humaine[697], marqué par une même difficulté à en cerner les contours. À la lumière de la décision de la Cour de cassation, la prise en compte d'un critère de profit peut donc constituer un indice marquant[698]. Mais il n'est sans doute pas le seul indice permettant d'apprécier si le traitement du corps du défunt est ou non conforme à l'article 16-1-1 du Code civil, sans quoi il serait impossible de rendre conciliable dignité du mort et profit pour les vivants[699]. Il convient donc de préciser que la dignité semble atteinte lorsque c'est l'exposition des corps qui fait l'objet d'une rémunération, et non, par exemple, les soins qui leur sont apportés. A défaut de cerner la dignité, la quête de l'indignité comme nous y invite le droit québécois, ne nous semble pas plus aisée[700].

358.- L'emploi de la dignité comme instrument de protection nous place ainsi devant de nombreuses interrogations. Les juges auraient-ils pu interdire cette exposition si, plutôt qu'outil, la dignité avait simplement joué son rôle de finalité ? En effet, si la dignité constitue une dimension de l'existence humaine et, partant, de la destination commune de l'universalité de fait corporelle, alors les règles régissant la mise en circulation du corps ou de ses éléments et produits forment nécessairement des instruments protecteurs de cette dignité. Plutôt qu'à la dignité, l'affaire « *Our body* » aurait ainsi pu être confrontée à ces critères.

359.- Tout d'abord, il devait être recherché si la mise en circulation du corps avait ou non été consentie. La cour d'appel avait à juste titre indiqué que « *la protection du cadavre et le respect dû à celui-ci commandent tout d'abord de*

---

697 CCNE, *Avis sur les problèmes éthiques posés par l'utilisation des cadavres à des fins de conservation ou d'exposition muséale,* Avis n° 111, 7 janv. 2010.

698 A titre de comparaison, avant qu'il ne soit plus ouvert au public, le prix d'entrée du musée Dupuytren était de cinq euros en plein tarif, tandis que le billet d'entrée pour l'exposition « Our body » à Paris était de 15, 5 euros. La différence appréciée en nombre de visiteurs est également frappante : avec 3000 visiteurs par an, le musée Dupuytren réussissait à peine à couvrir ses frais de fonctionnements, tandis que les expositions de corps plastinés du Dr Von Hagen ont attiré (selon le site internet consulté le 17 avril 2012 www.bodyworlds.com) environ 34 millions de personnes à travers le monde.

699 Ce qui reviendrait à remettre en cause la professionnalisation des funérailles. Sur cette question, v. BAUDRY P., *La place des morts, Enjeux et rites,* L'Harmattan, « Nouvelles Etudes Anthropologiques », 1999, p. 98.

700 Code criminel – L.R.C. (1985), ch. C-46 (Article 182): « *b) commet tout outrage, indécence ou indignité envers un cadavre humain ou des restes humains, inhumés ou non* ».

rechercher [...] s'il existe un consentement donné par les personnes de leur vivant sur l'utilisation de leur cadavre ». En l'espèce, il existait un doute sur la provenance de ces corps. La société *Encore Events*, organisant l'exposition, n'avait pu rapporter la preuve de la provenance et du consentement des défunts. Or, la mise en circulation du corps d'un défunt est possible dès lors que ce dernier a consenti à la mise en circulation de son corps après la mort. Si, pour le don d'éléments et produits, le consentement peut être donné par la famille à défaut d'un refus exprimé par le défunt, il en va autrement lorsque le corps fait l'objet, dans son intégralité, d'une mise en circulation à des fins de recherche, le défunt devant avoir expressément consenti. La cour d'appel, en raisonnant de la sorte et en l'absence de preuve du consentement, avait pu légitimement censurer l'exposition. L'application stricte de ce critère conduit néanmoins à envisager la remise en cause de l'exposition, dans des musées, de dépouilles ou de restes humains[701].

360.- Si toutefois la preuve du consentement avait pu être rapportée, la question de l'utilisation à des fins thérapeutiques ou scientifiques aurait alors pu se poser. Le juge de première instance, s'était interrogé sur les finalités pédagogiques de cette exposition sans véritablement s'intéresser au consentement. Il nous semble pourtant que cette finalité doit être recherchée dans un second temps, après le consentement. La finalité pédagogique a souvent été invoquée pour justifier certains usages du corps du défunt. Lorsque la religion interdisait l'expérimentation sur les corps des défunts, les scientifiques contournaient cet interdit en volant les corps de condamnés à mort ou en les achetant au bourreau[702]. Aujourd'hui, l'utilisation à des fins scientifiques des corps est réglementée et il est possible de léguer son corps à un établissement de santé, de formation ou de recherche, ce que l'on désigne couramment par l'expression « donner son corps à la science »[703]. L'utilisation à des fins scientifiques et pédagogiques (s'adressant aux étudiants en médecine) est donc permise. Le professeur Von Hagen, à l'origine de ce macabre et contesté spectacle, invoquait au soutien de son exposition les vertus pédagogiques de cette dernière. Le procédé de plastination est assurément révolutionnaire en ce qu'il permet une conservation très fidèle des corps. Néanmoins, il y déjà fort longtemps que, par la technique du moulage, on peut assurer une formation pertinente sur les pathologies atteignant le corps humain. Par

701 CORNU M., « Le corps humain au musée, de la personne à la chose ? », D., n° 28, 2009 p. 1907.
702 CHAMAYOU G., *Les corps vils, Expérimenter sur les êtres humains aux XVIIIe et XIXe siècles*, La Découverte, « Les empêcheurs de penser en rond », 2008, p. 24
703 Art. R. 2213-13 CGCT.

exemple, dès 1889[704], le musée des moulages de l'hôpital Saint-Louis présentait des modèles fabriqués en cire colorée, extrêmement respectueux des volumes et de l'aspect du corps, et non moins pédagogiques[705]. Aujourd'hui, le développement de l'impression 3D permet de fabriquer des organes qui peuvent servir à la formation des professionnels[706]. S'il est incontestable que l'exposition « *Our body* » permettait d'observer le corps humain[707], il nous semble que l'argument pédagogique demeurait fragile. Dès lors, les juges auraient pu considérer que cette exposition, parce qu'elle n'est ni nécessaire à la connaissance du corps par les spécialistes, ni indispensable à une sensibilisation du public, ne contribuait pas à faire progresser l'état des connaissances médicales, ni ne satisfaisait d'ailleurs l'intérêt thérapeutique d'autrui. Or, si l'on considère que seule ces finalités permettent une utilisation du corps, l'exposition n'était alors pas légitime. La finalité pédagogique permet d'opérer une distinction entre les expositions situées dans les écoles de médecine qui contribuent à l'amélioration de la connaissance des futurs médecins et celles qui constituent simplement une mise en scène polémique et subversive.

361.- La question du prix, enfin, apparaît. La décision de la Cour de cassation se focalise sur le caractère commercial de la présentation des corps plastinés. Cette exposition publique, parce qu'elle est susceptible d'engendrer des profits, constituerait une atteinte au respect, à la décence et à la dignité nécessairement dus aux corps des défunts en vertu de l'article 16-1-1 du Code Civil. Or, la prohibition de la vénalité se situe au moment

---

704 DIAS N., « Le corps en vitrine, Eléments pour une recherche sur les collections médicales », *Terrain*, n° 18, mars 1992, pp. 72-79.

705 Pour une illustration particulièrement fascinante de cette comparaison, v. LEMIRE M., FAYE B., *Artistes et mortels,* Raymond Chabaud, 1990, avant-propos : « *ce que la cire a de plastique, d'étrangement proche de la chair humaine fait que nous éprouvons, à la vue des cires anatomiques, un paradoxal mélange de sérénité et d'inquiétude, émotion première devant ces imitations parfaites du corps humain* ».

706 Pour un exemple de cette pratique voir notamment en ligne https://www.futura-sciences.com/tech/actualites/imprimante-3d-biomodex-propose-chirurgie-personnalisee-impression-3d-63601/, dernière consultation le 23 août 2018.

707 ESQUERRE A., « Le bon vouloir des restes humains à être exhibés », *Politix*, vol. n° 23, n° 90/2010, pp. 71-89 spéc. p. 81 : « *Dans l'exposition Our Body, les corps et les morceaux corporels plastifiés sont accompagnés toujours de cartons indiquant de quelle partie il s'agit. Des panneaux expliquent plus généralement le sens de la section dans laquelle ceux-là sont montrés. Si l'on mesure la pédagogie d'une exposition en fonction de la division en sections reprenant des catégories « scientifiques », des indications portées à la connaissance des visiteurs par des cartons, des pancartes et des vidéos, Our Body est plus pédagogique que le musée Dupuytren, et autant que le musée du Louvre et le muséum d'histoire naturelle* ».

de la mise en circulation. L'article 16-5 du Code civil n'a pas vocation à s'appliquer aux suites de la mise en circulation, comme nous avons pu le voir à travers la question de la reconnaissance d'une valeur de l'activité, justifiant la rémunération. En revanche, si la mise en circulation avait été concédée en contrepartie d'une rémunération, la prohibition de la vénalité aurait pu légitimer la solution.

362.- Ainsi l'universalité de fait corporelle prend vie. L'universalité de fait prend naissance dès la fécondation de l'ovocyte et demeure au-delà du décès de la personne. Les éléments et produits du corps humain seraient donc le contenu et le corps en lui-même le contenant de cette universalité. L'universalité de fait ainsi envisagée se justifie par une volonté d'assurer le développement et la vie du corps tout en prenant en considération son rattachement à une identité humaine qui dépasse une simple protection individuelle. Le corps est à la fois une réalité individuelle, tantôt uniquement chose tantôt chose nécessaire à la personne à l'existence sociale de chaque individu. Mais le corps est également une réalité collective, rattaché au genre humain et il ne peut s'émanciper de toutes les règles sociales et biologiques sans conséquence pour l'ensemble des autres individus.

Conclusion de la Premiere Partie

363.- Le corps est constitué d'un ensemble d'éléments formant un tout, unis et maintenus en vue d'une destination commune. La composante individuelle de cette destination commune vise à protéger la vie en bonne santé tandis que la composante collective intègre la notion de dignité, toutes deux s'alliant pour fonder la protection de l'existence humaine. Si cette destination commune n'est pas un instrument autonome, elle sert de fondement à l'universalité de fait. Les règles restreignant la liberté de disposer de son corps pour autrui visent alors à protéger cette universalité.

364.- Parmi ces règles, l'exigence d'une mise en circulation consentie, en vue d'un usage médicale ou scientifique, constitue un premier obstacle majeur pour le prix. L'interdiction de la vénalité achève de l'écarter dans le cadre de la mise en circulation. Le corps, s'il peut être envisagé comme une chose au sein de l'universalité de fait, ne peut pas pour autant être librement cédé à titre onéreux. Cette prohibition du prix permet de protéger le consentement de l'attrait financier. Elle correspond finalement à un choix fait par le droit français de privilégier l'acte dépourvu de toute quête de profit. Les systèmes qui, à l'inverse, ont privilégié la rémunération, ne permettent pas de conclure fermement en faveur d'une remise en cause de la prohibition. Au contraire, à la lumière de nos recherches, il nous semble que le principe de non-vénalité doit être non seulement maintenu, mais également étendu à tous les éléments du corps, incluant ainsi les phanères.

365.- Ce constat ne vaut que pour protéger le choix de la mise en circulation, un tel raisonnement ne pouvant s'appliquer par analogie dans les suites de la circulation. Une fois le corps entré dans l'échange, il est soumis à des transformations, à des processus de conservations, qui imposent un travail et des investissements conséquents. La rémunération de l'activité est alors la contrepartie du travail ou encore une compensation des coûts. Si l'origine du matériel biologique continue de marquer les règles organisant la circulation, un prix peut donc être reconnu. Mais ce prix n'est déjà plus celui du corps humain mais celui du travail.

SECONDE PARTIE.
LE PRIX ACCUEILLI

366.- Les dangers du prix ayant été soulignés, l'existence d'une relation plus apaisée entre le corps et le prix doit être à présent envisagée. Car si le prix est redouté lorsqu'il est question de « l'avoir » et de la disposition du corps ou de ses éléments et produits, il doit être encouragé lorsqu'il s'agit de reconnaître « l'être ». La recherche d'un prix dans ce contexte conduit à écarter du champ d'analyse les corps de l'embryon et du défunt. Du vivant de la personne, le prix du corps humain doit être recherché dans deux domaines différents : l'activité d'un côté et la déficience de l'autre.

367.- Le corps en tant qu'associé à « l'être » et non plus seulement envisagé dans le rapport « d'avoir » est tout d'abord celui mis au service de l'activité, source incontestable de rémunération. Le prix doit alors être envisagé comme la contrepartie d'un effort consenti, d'un usage du corps au service du « faire ». Mais le corps se trouve par ailleurs confronté aux risques générés par la collectivité dans son quotidien, au travail, dans ses loisirs, tout autant qu'il est soumis aux aléas de la naissance, de l'âge ou de la maladie. Le corps en tant qu'« être » est également celui de la personne atteinte dans sa chair. La déficience, résultat d'une atteinte ou d'une pathologie, doit alors faire l'objet d'une prise en charge pécuniaire qui vise, non plus à récompenser l'usage du corps, mais simplement à compenser sa limitation ainsi que la souffrance de la personne. L'affirmation d'un prix souhaitable s'inscrit donc dans l'analyse d'un prix contrepartie de l'activité (**Titre I**), et d'un prix compensation de la déficience (**Titre II**).

Titre I.
Le prix, contrepartie de l'activité du corps humain

368.- L'activité constitue une source de revenus essentielle, voire vitale, pour la majorité des individus. Le corps placé au service de cette activité se voit ainsi conférer un prix qu'il ne paraît pas opportun de contester. Chaque personne devrait en effet pouvoir tirer de sa propre activité les revenus nécessaires à son existence. Ce principe d'une libre rémunération est-il pour autant absolu ? La réponse doit être nuancée, selon que l'on se place du point de vue de la personne ou de l'activité.

369.- S'agissant en premier lieu de la personne, il convient de constater que celle-ci peut, par principe, librement choisir de disposer ou non de son corps, afin d'accomplir une activité rémunérée. Il sera cependant observé que certaines personnes, à raison de la particularité de leur situation, ne peuvent conférer un prix à leur corps tout aussi librement (**Chapitre I**). S'agissant en second lieu de l'activité, si le principe est également celui de la liberté, il n'en demeure pas moins que l'existence d'un prix du corps fait, pour certaines de ces activités, l'objet d'une importante remise en cause. Le prix peut alors se trouver encadré, limité, voire interdit (**Chapitre II**).

Chapitre I. Le prix et la protection des personnes

370.- Loin de l'idéal, le choix de l'activité est parfois dicté par la nécessité. Or, si le droit peut protéger théoriquement la liberté de choix, il ne peut évincer toutes les contraintes pesant sur lui. Aussi, à défaut de pouvoir assurer un exercice pleinement consenti et désiré de l'activité rémunérée, peut-il à tout le moins s'assurer que le prix du corps qui en résulte n'est pas source de danger irrémédiable pour la personne. Ainsi confronté à cette balance d'intérêts – nécessité financière d'une part, liberté d'activité d'autre part –, le droit doit encadrer les choix. Ce faisant, il affirme un principe de liberté ayant pour corollaire nécessaire la possibilité d'interrompre à tout moment la mise en mouvement sans que le corps puisse subir une contrainte directe. Dans cette perspective, le prix du corps humain s'impose comme nécessaire et protecteur des besoins vitaux de la personne (**Section I**). Cependant, à la lumière des difficultés rencontrées par certaines personnes pour conférer un prix au corps grâce à l'activité, ce principe doit être nuancé (**Section II**).

Section I. Le principe d'un prix du corps

371.- Au contraire de la mise en circulation de matériel biologique, la personne conserve dans l'activité un rôle actif, n'étant pas dépourvue de tout pouvoir de contrôle sur son corps. Par principe, toute personne dispose en effet de la faculté d'user de son corps au service d'une activité rémunérée. Ce faisant, elle confère un prix à son corps (**§I**). L'activité doit toutefois pouvoir être interrompue à tout moment par le seul effet de la volonté. Par conséquent, si une faculté d'action s'offre à chacun, celle-ci s'accompagne parallèlement d'une faculté d'abstention (**§II**). Cette double dimension du choix légitime l'existence d'un prix du corps humain.

§I. Le libre choix d'une activité conférant un prix au corps humain

372.- Le choix de l'activité rémunérée n'est pas neutre. Il permet à toute personne de conférer un prix à son corps (**A**). Ce prix, essentiel, contribue à la protection même du corps. L'activité doit ainsi garantir un minimum de ressources à celui qui l'exerce, assurant par-là, la satisfaction de ses besoins vitaux (**B**).

A. La reconnaissance d'un prix du corps

373.- Si, par principe, toute personne est libre de percevoir une rémunération en contrepartie de son activité, encore convient-il de s'entendre sur la terminologie retenue (**1**) et de déterminer, surtout, si ladite rémunération constitue à proprement parler un prix du corps (**2**).

1. De l'activité rémunérée…

374.- Bien que signifiante en apparence, l'expression « activité rémunérée » telle qu'employée dans cette étude mérite en réalité d'être discutée. Les notions d'« activité » (**a**) et de « rémunération » (**b**) doivent donc être précisées.

a. La notion « d'activité »

375.- La notion d'activité peut ici être définie comme la variété des manifestations de la mise en mouvement du corps, laquelle peut aussi bien intervenir à titre habituel qu'occasionnel. L'activité peut encore être exercée pour soi-même ou pour autrui, à titre gratuit ou avec contrepartie. Dans le cadre de notre étude, l'hypothèse de l'activité pour autrui, avec contrepartie, est naturellement celle qui nous occupe.

376.- L'activité, dans l'acception que nous retenons, ne nécessite donc pas la caractérisation d'une répétition. En droit commercial, au contraire, la répétition de l'acte est exigée pour que l'activité soit qualifiée de commerciale. L'article L. 121-1 du Code de commerce énonce en effet que sont « *commerçants ceux qui exercent des actes de commerce et en font leur profession habituelle* »[708]. Cette disposition laisse ainsi entrevoir l'exigence d'une

---

[708] Un auteur a pu qualifier la formule de pléonasme, v. BERT D., *Essai sur le droit de l'activité professionnelle indépendante,* LGDJ, Fondation Varenne, « Collection des thèses », n° 55, 2011, p. 40, n° 215.

pluralité d'actes pour caractériser l'activité commerciale. Cette répétition, défendue par la jurisprudence[709], suscite également des interrogations doctrinales : « *l'activité c'est au moins deux actes, après on ne sait plus* »[710]. Contrairement au droit commercial, l'unicité ne « chasse » donc pas l'activité[711]. La répétition ne constitue pas un critère de l'activité, dans l'acception ici retenue.

b. La notion de « rémunération »

377.- La notion d'activité rémunérée doit être préférée aux notions d'activités professionnelles, lucratives ou économiques, plus restrictives.

378.- ***Des notions concurrentes.*** Si la notion d'activité professionnelle ne se trouve pas en tant que telle définie par les textes, elle apparaît cependant en filigrane de certaines dispositions[712]. L'article L. 7111-3 alinéa 1 du Code du travail apporte notamment quelques précisions, définissant le journaliste professionnel comme « *toute personne qui a pour activité principale, régulière et rétribuée, l'exercice de sa profession dans une ou plusieurs entreprises de presse, publications quotidiennes et périodiques ou agences de presse et qui en tire le principal de ses ressources* ». La définition retenue par le doyen Cornu permet quant à elle de dégager des critères communs, la profession (du latin *professio :* état qu'on déclare exercer) devant être entendue comme « *l'activité habituellement exercée par une personne pour se procurer les ressources nécessaires à son existence* ». L'activité professionnelle est donc celle qui permet de subvenir à ses besoins, le professionnel cherchant « *avant tout à vivre de son activité* »[713], et semble en outre impliquer un exercice régulier et principal.

---

709 CA Lyon, 10 juill. 1962, *JCP*, 1962, II, 12900 bis, note J.P.B.

710 Citant VITU A., VINCENSINI F.-X., *La commercialité, Recherche sur l'identification d'une activité*, PUAM, 1998, p. 41, n° 42.

711 VINCENSINI F.-X., *La commercialité, Recherche sur l'identification d'une activité*, PUAM, 1998, p. 41, n° 1.

712 V. notamment décret n° 46-2880 du 10 décembre 1946 *portant règlement général de l'administration publique pour l'application de la loi du 22-08-1946 fixant le régime des prestations familiales* ; SAVATIER J., « Contribution à une étude juridique de la profession », *Dix ans de conférences d'agrégation, Etudes offertes à J. Hamel*, Dalloz, 1961, p. 6 ; GARDES D., *Essai et enjeux d'une définition juridique du travail*, Thèse en droit privé, Université de Toulouse, 2011, p. 4.

713 BERT D., *Essai sur le droit de l'activité professionnelle indépendante*, LGDJ, Fondation Varenne, « Collection des thèses », n° 55, 2011, p. 196, n° 294.

379.- La notion d'activité lucrative, parfois employée par le droit communautaire[714], doit à son tour être distinguée de l'activité professionnelle bien que présentant avec elle des traits communs. En effet, « *la notion de caractère lucratif* [...] *laisse supposer la recherche d'un profit, c'est-à-dire la recherche d'une rémunération supérieure au coût de revient* » [715]. Or, si l'activité rémunérée peut être lucrative, dans un certain nombre de cas, elle ne l'est pas. Nous préférerons enfin la terminologie d'activité rémunérée à celle d'activité économique, marquée par le droit communautaire[716].

380.- ***Définition de la notion de rémunération.*** La notion de rémunération doit être envisagée de manière générale. Elle recouvre ainsi toutes les formes de contrepartie, perçues en raison de la mise en mouvement du corps. Ainsi, il peut s'agir aussi bien d'un salaire versé par un employeur que de la créance d'un cocontractant, de la « *redevance* » versée au prisonnier dans le cadre du travail carcéral[717] ou des sommes perçues par la personne handicapée employée par un Établissement ou Services d'Aide par le Travail (ESAT) ou encore du paiement de droits d'auteur. La rémunération telle qu'employée ici ne doit donc pas être assimilée à celle développée en droit du travail. En effet, dans cette matière, une distinction entre rémunération et salaire est parfois proposée, non sans difficulté, en raison des distinctions opérées par certaines dispositions[718]. La notion de salaire, bien que « *transversale du droit, privé et public* », est difficile à cerner[719]. La notion de rémunération recouvre une « *réalité protéiforme* » [720] et semble englober le salaire[721]. Cependant, la

---

[714] V. par ex. Art 23 de la directive n° 2004/38/CE du 29 avril 2004 *relative au droit des citoyens de l'Union et des membres de leurs familles de circuler et de séjourner librement sur le territoire des Etats membres.*

[715] BERT D., *Essai sur le droit de l'activité professionnelle indépendante,* LGDJ, Fondation Varenne, « Collection des thèses », n° 55, 2011, p. 196, n° 294.

[716] CJCE, 12 décembre 1974, Walrave, aff. C-36/74 ; *Rec.*, p. 1405. L'activité économique, telle qu'entrevue au sens du Traité de Rome s'entend aussi bien d'une prestation de travail salariée que d'une prestation de service rémunérée.

[717] BOULOC B., *Pénologie*, Dalloz, « Précis », 3ème éd., 2005, p. 220, n° 291.

[718] HAUSER J., « La notion de salaire et le droit privé », *Mélanges dédiés au président Michel DESPAX*, Presses de l'Université des sciences sociales de Toulouse, 2002, p. 373.

[719] *Ibid.*

[720] MAZEAUD A., *Droit du travail,* Montchrestien, « Domat droit privé », 8ème éd., 2012, p. 603, n° 996.

[721] L'article L. 3221-3 du Code du travail relatif à l'égalité de rémunération entre les femmes et les hommes laisse ainsi apparaître une définition de la rémunération englobant le salaire et donc le dépassant : « *Constitue une rémunération au sens du précédent chapitre, le salaire ou traitement ordinaire de base ou minimum et tous les autres avantages et accessoires payés, directement ou indirectement, en espèces ou en nature, par l'employeur au salarié en raison de l'emploi de ce dernier* ».

rémunération en droit du travail ou en droit de la sécurité sociale semble impliquer un enrichissement, excluant certains avantages en nature[722]. La rémunération ne peut être alors limitée à la simple contrepartie du travail, mais recouvre toutes les sommes perçues à l'occasion de celui-ci[723].

Ces précisions terminologiques opérées, il convient de déterminer si une telle rémunération constitue à proprement parler un prix du corps humain.

2…au prix du corps humain

381.- Dans l'hypothèse d'une cession de matériel biologique, tout prix qui serait fixé, conduit inévitablement à conférer un prix au corps humain lui-même : l'engagement porte sur la remise du matériel biologique. L'affirmation est plus subtile lorsqu'il s'agit de l'activité. Par son engagement, la personne met en effet son corps en mouvement en vue d'accomplir une mission impartie, qui vise par exemple, à la création d'un bien ou l'exécution d'une prestation de service. La place prépondérante du corps ne peut être niée. Le corps est incontestablement un instrument au service de l'activité.

382.- Le corps n'est cependant pas un instrument ordinaire. L'activité suppose en effet une association du corps et de l'esprit. L'usage du corps est donc dépendant d'une volonté. À cet égard, l'exemple de l'esclavage est significatif. La valeur économique de l'esclave résulte de sa faculté à raisonner et à agir sur son corps pour accomplir une tâche. Aussi, bien que sa personnalité juridique soit niée, l'esclave se distingue des outils ordinaires[724], en tant qu'il est un instrument pensant, alliant son corps et son esprit pour accomplir une activité. Sa qualité d'humain ne pouvait être contestée. Y compris donc dans l'asservissement le plus complet, cette particularité de l'activité humaine n'a pu être niée.

383.- Si l'activité est le résultat d'une mise en mouvement du corps par la personne, peut-on pour autant affirmer que la rémunération de l'activité conduit à la détermination d'un prix du corps ? Certains auteurs considèrent que le rôle du corps est si essentiel dans l'activité, et en

---

722 VACHET G., « La notion de rémunération au regard de la sécurité sociale », *Mélanges dédiés au président Michel DESPAX*, Presses de l'Université des sciences sociales de Toulouse, 2002, p. 365.

723 COUTURIER G., « De quoi le salaire est-il la contrepartie ? », *Dr. soc.*, 2011, p. 10.

724 NIORT J.-F., *Code Noir,* Dalloz, « Tiré à part », 2012, pp. 9 et s.

particulier dans le travail salarié, que le corps est finalement l'objet même de l'obligation : « *la personne physique constitue l'objet de la prestation du salarié. Le corps est le lieu, le passage obligé de la réalisation des obligations du travailleur, il est la chose même qui transforme la matière du contrat*[725] ». Au soutien de cette affirmation, force est de constater que la personne morale ne peut jamais prétendre à la qualité de salarié[726], car « *le substratum de la personne qui est la matière du contrat de travail : un corps de chair et d'os* », fait défaut[727]. Comment dès lors affirmer qu'« *il n'y a pas acte sur le corps humain lorsque celui qui s'engage engage son corps et sa propre volonté, c'est-à-dire sa personne* » ? [728].

384.- Au contraire du travailleur indépendant pour lequel l'engagement porte sur un bien à réaliser ou un service à prester, le travailleur salarié engage son corps sans être propriétaire des biens qu'il réalise ou décisionnaire de la prestation à réaliser. La rémunération ne constitue donc pas la contrepartie de la cession du bien ou de la prestation de service, l'employeur rémunérant un travail « *à la source pourrait-on dire, et non pas seulement le résultat de ce travail* »[729]. Aussi, que l'obligation du travailleur salarié soit qualifiée d'obligation de faire est apparu aux yeux de certains comme un cadre étriqué, voire erroné[730]. Le salarié ne s'engage pas uniquement à faire, il s'engage dans toute sa personne.

385.- Le professeur Thierry Revet a pour sa part considéré que le salarié mettait à la disposition de son employeur sa force de travail[731]. Cette notion de force de travail est pertinente dans la mesure où elle transcrit

---

725 SUPIOT A., *Critique du droit du travail,* PUF, « Quadrige », 2ème éd., 2007, p. 59.

726 FABRE-MAGNAN M., « Le contrat de travail défini par son objet », *in Le travail en perspective*, SUPIOT A. (dir.), LGDJ, « Droit et société », 1998, p. 105 ; SUPIOT A., *Critique du droit du travail,* PUF, « Quadrige », 2007.

727 SUPIOT A., *Critique du droit du travail,* PUF, « Quadrige », 2ème éd., 2007, p. 63.

728 CHABAS F., « Le corps humain et les actes juridiques en droit français », *in Le corps humain et le droit,* Travaux de l'Association Henri Capitant, Sirey, t. 13, 1975, p. 147.

729 FABRE-MAGNAN M., « Le contrat de travail défini par son objet », *in Le travail en perspective*, SUPIOT A.(dir.), LGDJ, « Droit et société », 1998, p. 104 : « *Dans le contrat de travail, c'est le travail qui est payé, et non pas son résultat. Or si le salarié n'était obligé qu'à faire quelque chose, même en état de subordination juridique, il devrait être dans un premier temps propriétaire des produits de son travail avant de les transférer à son employeur. L'obligation de faire qui ne contient pas hypothèse aucun transfert de propriété n'explique pas que l'employeur soit, dès l'origine, propriétaire des résultats du travail du salarié* ».

730 SUPIOT A., *Critique du droit du travail,* PUF, « Quadrige », 2ème éd., 2007, p. 59 ; FABRE-MAGNAN M., « Le contrat de travail défini par son objet », *in Le travail en perspective*, SUPIOT A. (dir.), LGDJ, « Droit et société », 1998, p. 104.

731 REVET T., *La force de travail (Etude juridique),* Litec, « Bibliothèque de droit de l'entreprise », n° 28, 1992.

l'usage spécifique du corps dans l'activité[732]. Le corps est utilisé en tant que force, pour ce qu'il produit, en vertu d'un effort inscrit dans une perspective plus globale de production ou de réalisation[733]. Mais la qualification juridique retenue ne doit pas masquer la réalité qui est celle d'un usage du corps. La force de travail est une explication théorique et économique d'une réalité de fait : le corps est bien à l'origine de cette force.

386.- Par conséquent, si l'on considère que « *le salaire est le prix d'une mise à disposition active* »[734], l'on peut en déduire que la rémunération confère un prix au corps humain[735]. Tout en refusant une réification de la personne, il convient donc d'affirmer que le corps, en tant qu'instrument mis au service de l'activité, fait l'objet de la détermination d'un prix. Pour autant, le degré d'implication physique n'influence pas corrélativement le montant de la rémunération[736]. L'activité reposant notamment, mais non exclusivement, sur une utilisation du corps, le montant de la rémunération n'est pas nécessairement fonction de la force de travail exigée. Le marché permet ainsi la détermination du montant de la rémunération sans que le droit n'exige une prise en considération le degré d'implication du corps ni n'intervienne par principe sur le montant de la rémunération, en vertu d'un respect scrupuleux du principe de l'autonomie de la volonté[737]. Cette liberté peut être toutefois nuancée en raison de l'exigence posée par la loi d'un minimum de ressources.

---

732 V. également DAVID A., *Matière, Machines, Personnes,* Bordas, « Philosophie des sciences », 1973, p. 75 : « *cache toujours une vente ou un louage d'énergie, de matière ou de pensée humaine, faits selon des modes primitifs, barbares et raffinés en même temps* ».

733 LYON-CAEN G., *Le salaire, Traité de droit du travail sous la direction de* G.H. *Camerlynck, T. II,* Dalloz, « Droit du travail », 2ème éd., 1981, n° 5, p. 5 : « *[le salaire] est le prix de la force de travail que le salarié met à la disposition de l'employeur, considérée comme une marchandise obéissant à la loi de la valeur* ».

734 REVET T., *La force de travail (Etude juridique),* Litec, « Bibliothèque de droit de l'entreprise », n° 28, 1992, p. 347.

735 PIPPI F., *De la notion de salaire individuel à la notion de salaire social,* LGDJ, 1966, p. 29 : « *Si l'ouvrier vient à perdre sa force de travail ou si celle-ci subit des atteintes, comme toute chose qui dépérit ou meurt, le salaire, prix de cette force de travail considérée comme une marchandise subit des fluctuations parallèles* ».

736 LATTES J.-M., « Le corps du salarié dans l'entreprise », *Mélanges dédiés au Président Michel Despax,* Presses de l'Université des sciences sociales de Toulouse, 2002, p. 336 : « *cette conception physique, voire même mécanique, du travail ne prend pas en compte les notions d'effort ou de fatigue* ».

737 HENNEBELLE D., *Essai sur la notion de salaire,* PUAM, 2000, p. 24.

B. L'assurance d'un prix minimum pour le corps

387.- Pour une grande majorité d'individus, l'usage du corps dans l'activité permet de tirer les revenus nécessaires à la subsistance, à la survie même de ce corps. Une proportion du prix conféré au corps humain contribue ainsi à la préservation de ce dernier. Pour autant, la rémunération ne peut être entendue comme la simple compensation de la force de travail : le professeur Thierry Revet envisage cette conception mais pour mieux la réfuter[738]. Si la rémunération ne peut donc être réduite à la compensation de la force de travail, il n'en demeure pas moins qu'une partie du prix vise incontestablement à assurer les besoins physiologiques de la personne. La rémunération constitue une garantie de l'existence de l'individu et de sa famille. Ce caractère alimentaire de la rémunération justifie que l'on cherche à assurer le paiement d'un montant minimum tout en limitant le droit de gage des créanciers sur ces sommes. Par conséquent, afin de veiller à ce que toute personne ayant une activité puisse subvenir à ses besoins, le droit organise l'existence d'une rémunération minimum de l'activité (**1**). Mais, une fois la rémunération perçue, encore faut-il que tout ou partie de celle-ci puisse bénéficier au corps de la personne et non au remboursement de ses dettes. La nécessité d'un prix du corps au service du corps apparaît ainsi dans les règles relatives à l'insaisissabilité (**2**).

1. L'allocation d'un montant minimum

388.- Il existe un certain nombre de besoins incompressibles nécessaires non seulement au renouvellement de la force de travail, mais plus simplement à la survie même du corps. Dès lors qu'une grande majorité de personnes doit exercer une activité pour satisfaire ses besoins, il convient de s'assurer que la rémunération finalement perçue permet effectivement de les satisfaire. Aussi, seront successivement examinées l'étendue des besoins physiologiques (**a**) et leur répercussion sur le montant de la rémunération de l'activité (**b**).

---

[738] REVET T., *La force de travail (Œtude juridique)*, Litec, « Bibliothèque de droit de l'entreprise », n° 28, 1992, p. 63.

a. La détermination des besoins physiologiques

389.- La prise en considération des besoins physiologiques n'est pas un phénomène récent. Elle ne fut pas toujours marquée par une perspective humaniste ou de justice contractuelle, mais plus prosaïquement par la nécessité d'assurer la survie du corps, instrument de l'activité, « *les besoins physiologiques [étant] les plus prédominants de tous les besoins* »[739]. Certains de ces besoins, tels que la faim, s'imposent avec évidence : « *une personne qui manque de nourriture, de sécurité, d'amour ou d'estime aura vraisemblablement davantage faim de nourriture que de quoi que ce soit d'autre* »[740]. Certains, en revanche, sont plus difficiles à cerner.

390.- ***Les besoins alimentaires.*** L'alimentation est nécessaire à la survie et au renouvellement de la force de travail. Cette nécessité s'est inscrite dans des textes juridiques de nature très différente : le Code noir ou les travaux parlementaires précédant l'adoption du SMIG illustrent notamment cette diversité.

391.- Ainsi, selon le Code noir[741], l'esclave doit pouvoir bénéficier de nourriture[742]. Le maître ne peut se soustraire à l'exécution de cette tâche sous peine d'être poursuivi pour traitements « *barbares et inhumains* »[743]. Cette disposition s'explique également par la crainte des désordres que peuvent provoquer les esclaves qui ne sont pas nourris par leurs maîtres[744] : ne faut-il pas veiller à faire taire les besoins du corps pour assurer la paix sociale.

392.- Plus récemment, l'alimentation a pu faire l'objet d'une prise en considération dans le cadre de la détermination d'un salaire minimum[745].

---

[739] MASLOW A., *Devenir le meilleur de soi-même, Besoins fondamentaux, motivation et personnalité*, Eyrolles, 2008, p. 58.

[740] *Ibid.*

[741] Edit du Roi concernant la discipline, l'Etat et la qualité des nègres esclaves aux Isles de l'Amérique, mars 1685.

[742] Article 22 : « *seront tenus les maitres de faire fournir par chacune semaine à leur esclave âgés de 10 ans et au dessus pour leur nourriture, deux pots et demi mesure de Paris, de farine de manioc, ou trois cassaves, pesant chacune deux livres et demi au moins, ou autre chose équivalent, avec deux livres de Bœuf salé, ou trois livres de poisson, ou autres choses à Proportion ; et aux enfants depuis qu'ils sont sevrés jusqu'à l'âge de dix ans, la moitié des vivres ci dessus* ».

[743] SALA MOLINS L., *Le Code Noir ou le calvaire de Canaan*, PUF, « Quadrige », 5ème éd., 2011.

[744] NIORT J.-F., *Code Noir*, Dalloz, « Tiré à part », 2012, p. 10 (de la partie annotée du Code noir).

[745] Après guerre la part du salaire nécessaire au financement des besoins alimentaires s'était accrue considérablement. La part des dépenses alimentaires s'élevait ainsi à 75%

La loi du 11 février 1950 avait confié à la Commission supérieure des conventions collectives la tâche d'établir un budget type devant servir de base rationnelle à la détermination d'un salaire minimum[746]. La lecture de ce budget type éclaire sur la difficulté de déterminer les besoins nécessaires à la survie ou à l'entretien du corps[747]. Une césure entre les besoins alimentaires et les besoins non alimentaires figurait au sein de ce budget type, les seconds étant ainsi identifiés par opposition aux premiers, témoignant par là même de la difficulté de leur détermination[748]. De tels besoins non alimentaires, tels que l'habillement ou le logement, doivent-ils être considérés comme nécessaires à la protection du corps et, partant, être pris en considération dans l'établissement d'un revenu minimum ? Un auteur a pu opérer une distinction entre « *besoins physiques spontanés* » et les « *besoins sociaux imposés* »[749]. Selon cet auteur, les « besoins physiques spontanés » peuvent être entendus comme les « *besoins de subsistance alimentaire ou de protection de l'organisme* ». Les « besoins sociaux imposés » s'entendent quant à eux des besoins qui sont imposés par les usages collectifs ou pour l'organisation même de la société[750]. À la lumière de cette distinction, certains besoins paraissent difficiles à classer.

393.- S'agissant de l'habillement, on peut souligner que le Code noir prévoyait une obligation de fournir des vêtements à l'esclave, au même

---

des ressources des familles ouvrières en mai 1946 contre 60% avant guerre. V. LE GOFF J., *Du silence à la parole, Une histoire du droit du travail des années 1830 à nos jours,* PUR, « L'Univers des normes », 2004, p. 173.

746 SELLIER F., *La confrontation sociale en France, 1936-1981,* PUF, 1984, p. 191.

747 Une détermination objective des besoins alimentaires peut présenter des limites. Le budget type établi en 1953 prenait à la fois en compte un nombre moyen de calories par jour (qui peut apparaître relativement élevé) de 3000 calories. On pourra également souligner que la consommation de vin était alors privilégiée à celle du lait, la première étant établie à 17, 5 litres par mois contre 2,8 litres pour la seconde. M. G., « Le budget type de la Commission supérieure des conventions collectives », *Population,* 9e année, n° 1, 1954, p. 133 ; COURTHEOUX J.-P., « Principes, fonctions complémentaires et dépassement du salaire minimum », *Dr. soc.,* 1978, p. 276 : « *En toute hypothèse, il est malaisé de délimiter de façon très stricte les besoins incompréhensibles. Même les besoins physiques, qui sembleraient par leur nature même se prêter à une mesure rigoureuse, sont très variables selon l'endroit, l'âge, le sexe, l'activité. Ainsi les estimations sur les besoins alimentaires passent de 2700 calories pour une activité sédentaire dans un climat doux, à 4500 calories pour une activité intense dans un climat rigoureux* ». V. Annexe n° 4.

748 M. G., « Le budget type de la Commission supérieure des conventions collectives », *Population,* 9e année, n° 1, 1954, p. 131.

749 COURTHEOUX J.-P., *Le salaire minimum,* PUF, « Que sais-je ? », 1978, p. 9.

750 *Ibid.*

rang que celle de l'alimenter[751]. Le vêtement paraît un instrument de protection du corps avant de pouvoir être qualifié d'accessoire social. Il peut ainsi se rattacher à la catégorie des besoins physiques comme des besoins sociaux.

394.- Il en va de même pour le logement. S'il préserve assurément la dignité de la personne, ne peut-on pas également considérer qu'il assure avant toute chose sa santé ? Les souffrances corporelles endurées par les personnes sans domicile sont à cet égard éloquentes. De tels besoins, d'habillement ou de logement, comptaient au nombre des besoins non alimentaires au sein du budget type précédemment évoqué, établi en 1953. Figuraient également les coûts induits par les soins du corps (coupe de cheveux, douche, articles de toilette, mais également complément aux assurances sociales)[752].

395.- Si la notion de besoins physiologiques paraît donc difficile à cerner, il semble néanmoins que toute personne exerçant une activité devrait pouvoir bénéficier de ressources en vue d'assurer, certes son alimentation, mais également son logement, son habillement ainsi que ses soins personnels. Dès lors, le caractère alimentaire de la rémunération doit être entendu de manière plus large que le simple paiement de nourriture. On se rapproche ainsi du sens conféré à la notion de créance alimentaire par le droit civil, étant précisé, en pareille hypothèse, que la créance n'est pas à proprement parler « alimentaire », car ne naissant pas dans le cercle familial[753]. Comme le souligne très justement un auteur, s'il est « *évident que, dans une société développée, les besoins physiques de subsistance alimentaire ou de protection de l'organisme ne constituent plus à eux seuls la totalité des besoins incompressibles de la personne humaine* », il n'en demeure pas moins que ces besoins se doivent d'être assurés avant toute autre chose[754]. Les contours des besoins physiologiques étant esquissés, il convient à présent d'appréhender les instruments juridiques assurant l'existence de la rémunération minimale.

---

[751] Article 25 : « *seront tenus les maitres de fournir à chaque esclave, par chacun an, deux habits de toile, ou quatre aunes de toile au gré des maîtres* ».

[752] M.G., « Le budget type de la Commission supérieure des conventions collectives », *Population,* 9e année, n° 1, 1954, p. 135.

[753] LYON-CAEN G., *Le salaire, Traité du droit du travail sous la direction de G.H. CAMERLYNCK, Tome II,* Dalloz, « Droit du travail », 2ème éd., 1981, p. 3 : « o*n dit parfois que cette créance de somme d'argent présente un caractère alimentaire. Dans la rigueur des principes juridiques, cette affirmation n'est pas exacte : elle ne naît pas des besoins du créancier et des ressources du débiteur, dans le cercle de la parenté ou de l'alliance* ».

[754] COURTHEOUX J.-P., *Le salaire minimum,* PUF, « Que sais-je ? », 1978, p. 9.

b. La détermination d'un minimum de rémunération

396.- Si le droit ne contrôle pas en principe le prix conféré au corps dans l'activité, il permet tout au moins d'assurer un seuil en deçà duquel le montant ne pourrait pas même garantir la survie de la personne. Le prix du corps devient alors un prix au service du corps. À cette fin, un montant minimum peut être imposé à l'employeur. En effet, « *c'est parce que tous les hommes ont besoin de se nourrir, de se loger, de se vêtir qu'ils doivent bénéficier du salaire minimum* »[755]. Mais c'est également par le biais de la solidarité nationale que la satisfaction des besoins peut être assurée, et ce au profit de tous les travailleurs.

397.- ***La rémunération minimale du salarié.*** L'introduction en droit français d'une rémunération minimale du salarié est le fruit d'un mouvement historique qu'il convient brièvement de retracer. Le contrat de sous-entreprise, qualifié de marchandage, qui consistait à mettre à disposition une main-d'œuvre au profit d'un autre employeur, favorisait les bas salaires à raison de sa nature hautement spéculative. Sa suppression par le décret du 2-4 mars 1848 a pu constituer une première étape majeure dans l'édiction d'un salaire minimum[756]. Cette prohibition du marchandage est aujourd'hui consacrée à l'article L. 8231-1 du Code du travail.

398.- Si le XIXème siècle est marqué par la multiplication des dispositions disparates visant à assurer un minimum de rémunération[757], il faut cependant attendre la création du Salaire Minimum Interprofessionnel Garanti (SMIG) en 1959, remplacé 20 ans plus tard par le Salaire Minimum Interprofessionnel de Croissance (SMIC), pour qu'apparaisse l'idée d'un salaire minimum bénéficiant à tous les travailleurs salariés. Dans les débats ayant précédé l'adoption du SMIG, la satisfaction par ce salaire minimum des besoins physiologiques du travailleur constituait l'un des points d'accord entre organisations patronales et organisations salariales[758]. Cet accord sur l'importance des besoins physiologiques ne doit guère surprendre. Selon la position occupée, les

---

755 HENNEBELLE D, *Essai sur la notion de salaire,* PUAM, 2000, p. 232.

756 COURTHEOUX J.-P., « Principes, fonctions complémentaires et dépassement du salaire minimum », *Dr. soc.,* 1978, p. 276.

757 V. notamment HENNEBELLE D., *Essai sur la notion de salaire,* PUAM, 2000, p. 228.

758 L'existence jusqu'en 1968 d'abattements de zone témoignait du caractère nettement alimentaire du revenu minimum. En vertu desdits abattements, le montant de ce revenu pouvait faire l'objet de modulations à la baisse dans les territoires où le coût de la vie était jugé moins élevé. V. FOURNIER P., « La suppression progressive des zones de salaires », *Dr. soc.,* 1956, p. 281.

desseins diffèrent, mais convergent vers une finalité commune : assurer l'entretien du corps[759]. Pour les organisations salariales toutefois, la création d'un salaire minimum obligatoire ne pouvait être réduite à la seule volonté de protéger le corps humain, les enjeux économiques et sociaux dépassant de loin cet unique objectif[760].

399.- Aujourd'hui, l'article L. 3231-2 du Code du travail retient que « *le salaire minimum de croissance assure aux salariés dont les rémunérations sont les plus faibles : 1° La garantie de leur pouvoir d'achat ; 2° Une participation au développement économique de la nation* ». Le travailleur est donc à la fois envisagé comme un consommateur et un producteur. Au titre de producteur, il contribue ainsi à la mise en valeur du capital d'autrui, permettant à l'employeur de tirer profit de la « valeur économique ». L'application rigoureuse du droit du travail à toutes les situations de fait qui s'inscrivent dans sa définition contribue donc à protéger les salariés dont le corps, par le biais de l'activité, se trouve placé au service d'un employeur, lequel tire profit de la « valeur économique » générée par le travail[761]. Le SMIC est indexé sur l'évolution de l'indice national des prix à la consommation afin d'assurer le maintien du pouvoir d'achat. À ce titre, le travailleur est « *de moins en moins considéré comme un producteur, de plus en plus comme un consommateur* »[762]. Si la rémunération est souvent versée en argent, elle peut partiellement voire totalement l'être en nature. Dans cette hypothèse, sa valeur ne peut être inférieure à celle du SMIC[763]. Si le salaire

---

[759] LYON-CAEN G., *Le salaire, Traité du droit du travail sous la direction de G.H CAMERLYNCK, Tome II,* Dalloz, « Droit du travail », 2ème éd., 1981, p. 2 « *La loi d'airain des salaires constate que le prix naturel ou la valeur de la "force de travail" se règle sur le coût de celle-ci, comme cela est vrai pour toute marchandise. Or quel est le coût de la force de travail ? (de la machine humaine). Il est égal au prix que coûte la subsistance du salarié, auquel il faut ajouter l'amortissement (entretien des enfants, de l'ouvrier appelé à le remplacer). L'intérêt de cette théorie est qu'elle repose sur la notion des besoins du salarié (coût de la vie)* ».

[760] COURTHEOUX J.-P., *Le salaire minimum,* PUF, « Que sais-je ? », 1978, p. 9 : « *A ce titre le bureau international du travail distingue quatre objectifs : la suppression de l'exploitation de la main-d'œuvre, l'exercice d'une pression tendant à élever le niveau général des salaires, l'uniformisation des conditions de concurrence sur le marché du travail les besoins des travailleurs, les salaires payés dans d'autres secteurs de l'économie pour un travail comparable ou les salaires des autres salariés dont la diversité dépasser le champ de notre analyse* ».

[761] Pour un exemple, v. Soc., 25 juin 2013, n° 12-13.968, publié au Bulletin et n° 12-17.660, Inédit ; *D.*, 2013. 1692 ; *Dr. soc.*, 2014, p. 11, chron., TOURNAUX S. ; *RDT*, 2013, p. 622, obs. GARDES D. ; RADE C., « Téléréalité, jeux et compétitions télévisuels », *Lexbase hebdo, éd. soc.*, 2013, n° 536 ; LALANNE F., « Élections de "Mister France" : les participants doivent être considérés comme des salariés ! », *JS Lamy*, 2013, n° 350, p. 16.

[762] DUPEYROUX J.-J., note sous CA Toulouse, 9 oct. 1959, *D.*, 1960, p. 48.

[763] LOKIEC P., *Droit du travail, t. I, Les relations individuelles du travail,* PUF, « Thémis droit », 2011, p. 118, n° 114.

minimum généralisé qui s'impose à l'employeur est davantage qu'un salaire de survie, son montant doit donc au minimum permettre de couvrir les besoins physiques essentiels à l'existence de la personne. Cependant, certains travailleurs peinent à obtenir ce montant minimum de rémunération. Aussi, afin de compenser cette faiblesse de rémunération, l'intervention de la solidarité nationale peut parfois s'avérer indispensable.

400.- ***Les garanties de ressources de tout travailleur***. Certains travailleurs salariés qui n'effectuent leur activité que pour un faible nombre d'heures ne parviennent pas à obtenir une rémunération suffisante pour satisfaire leurs besoins. Par ailleurs, le travailleur indépendant ne bénéficie pas pour sa part d'une garantie de rémunération minimale horaire : il ne peut faire reporter sur un tiers les faiblesses de ses revenus.

401.- La loi n° 2008-1249 du 1er décembre 2008 généralisant le revenu de solidarité active reconnaît ainsi que « *les revenus du travail doivent constituer le « socle » des ressources des individus* »[764]. En remplaçant le revenu minimum d'insertion et l'allocation de parent isolé, cette forme renouvelée de garantie des ressources vise notamment à favoriser le maintien dans l'emploi de travailleurs faiblement rémunérés[765]. Ainsi, à l'instar de la personne qui ne peut exercer une activité et bénéficiant à ce titre du RSA-socle[766], le travailleur qui ne perçoit pas de rémunération suffisante peut bénéficier d'une garantie de ressources grâce au cumul de sa rémunération professionnelle et du RSA-activité[767]. Le montant socle peut donc être amélioré par les revenus de l'activité, objectif nettement affiché par les initiateurs de ce nouveau revenu[768]. La solidarité nationale permet ainsi de soutenir un montant minimum de rémunération de l'activité[769]. La

---

764 VERKINDT P.-Y., « Vivre dignement de son travail : entre salaire et revenu garanti », *Droit soc.*, 2011, p. 18.

765 Sur les résultats de cette loi sur la pauvreté, v. notamment ALLEGRE G., « RSA et lutte contre la pauvreté : quels effets sur les travailleurs pauvres ? », *Pol. soc .et fam.*, 2013, n° 113, p. 47 ; pour une analyse critique et détaillée de ce nouveau revenu minimum, v. le dossier spécial « Le revenu de solidarité active », *RDSS*, 2009, n° 2, pp. 211 et s.

766 Au 1er septembre 2014, le montant du « RSA-socle » était de 509,3 euros pour une personne seule, 763,95 euros pour deux adultes, et un supplément de 152,79 euros par enfant pour les deux premiers puis 203,72 euros à partir du troisième enfant.

767 Art. L. 262-1 et s. CASF.

768 Ainsi dans le rapport dirigé par Martin Hirsch, il était clairement affirmé que « *c'est la notion de travailleur pauvre qu'il est proposé de combattre dans notre pays, sans pour autant affaiblir la situation de ceux qui n'ont pas encore pu retrouver une activité professionnelle* ». V. *Au possible, nous sommes tenus, La nouvelle équation sociale, 15 résolutions pour combattre la pauvreté des enfants*, Commission Familles, vulnérabilité, pauvreté, Avril 2005, p. 29.

769 LABORDE J.-P., « Garanties de ressources et garanties de revenu(s), Brève tentative d'identification d'un couple », *Dr. Soc.*, 2012, p. 75.

question du minimum de ressources se retrouve inévitablement posée lorsqu'est envisagée la saisie des rémunérations par le créancier.

2. La protection d'un montant minimum

402.- Le droit protège le paiement de la rémunération de l'activité pour le travailleur salarié comme, dans une certaine mesure, pour le travailleur indépendant[770]. En ce sens, le privilège spécifiquement accordé aux salariés dans le cadre de la procédure collective[771], renforcé par la consécration d'une assurance obligatoire, visant à garantir le paiement des salaires[772], est, en partie au moins, marqué par le caractère alimentaire du salaire[773]. Mais, s'il convient d'assurer le paiement de la créance, encore faut-il que la rémunération puisse, dans une certaine mesure, se trouver préservée des créanciers.

403.- L'insaisissabilité préserve non pas l'intégralité du prix du corps, mais la part nécessaire à la survie de la personne. Ainsi, la saisie ne peut avoir lieu que sur une part du salaire (**a**). De même, un montant minimum doit, en cas de saisie, être conservé sur le compte bancaire de toute personne physique (**b**).

a. La protection des salaires

404.- Les rémunérations de l'activité intègrent l'enveloppe patrimoniale et, ce faisant, deviennent par principe saisissables. Cette saisissabilité est une garantie conférée au créancier, une « *sécurité dynamique* » selon la conception de René Demogue. Mais, aux côtés de cette fonction, l'auteur développe une seconde conception du patrimoine : « *la*

---

[770] Le Code du travail prévoit ainsi un ensemble de règles spécifiques pour renforcer le paiement des salaires aux articles L. 3251-1 et s.

[771] Art. L. 3253-2 C. trav.

[772] Art. L. 3253-6 et s. C. trav. L'employeur doit cotiser auprès de l'AGS, qui assure la garantie des salaires en cas de procédure collective.

[773] HAUSER J., « La notion de salaire et le droit privé », *Mélanges dédiés au président Michel DESPAX*, Presses de l'Université des sciences sociales de Toulouse, 2002, p. 381. Mais l'on peut également considérer que ce privilège vise à valoriser le travail des salariés qui contribuent au développement de l'actif de l'entreprise et ainsi favorise le paiement des créanciers. V. MESTRE J., PUTMAN E., BILLAU M., *Traité de droit civil sous la direction de J. Ghestin, Droit spécial des sûretés réelles,* LGDJ, 1996, p. 31, n° 578.

sécurité statique ». Il s'agit alors, pour la personne de consacrer un « *second patrimoine à l'abri des événements pour lui permettre de vivre quoi qu'il arrive* », « *une étroite ligne de retraite… comme un donjon dans un château féodal* »[774]. Cette dualité trouve une résonnance dans le droit positif. En effet, si les créanciers peuvent se saisir d'une partie de la rémunération du travailleur salarié, le prix du corps doit être en partie préservé : une partie du salaire est donc considérée comme insaisissable[775]. Ce montant, variable en fonction de la rémunération et des charges de famille, est déterminé selon un barème annuellement fixé par un décret[776]. Auparavant, les créanciers d'aliments n'étaient pas liés par cette insaisissabilité. Mais l'article R. 3252-5 du Code du travail prévoit à présent que dans tous les cas une somme égale au RSA doit être laissée à la disposition du salarié.

405.- Selon la professeuse Judith Rochfeld, aux côtés d'un ensemble de biens insaisissables, le maintien d'un montant de rémunération minimum assure l'existence d'un « *patrimoine de dignité* » au sein du patrimoine, d'« *un minimum vital* »[777]. Cependant, lorsque la personne n'a plus pour ressources que le RSA, peut-on encore considérer qu'il s'agit d'un patrimoine de dignité ? La survie seule semble pouvoir être assurée. La formule également employée par cette autrice est révélatrice : le prix du corps n'est alors plus qu'un « *reste à vivre* »[778]. Privilégiant la personne à ses créanciers[779], le droit positif assure ainsi sa survie. Une préoccupation similaire justifie l'insaisissabilité d'un montant minimal sur le compte bancaire des personnes physiques.

---

774 DEMOGUE R., *Les notions fondamentales du droit privé, Essai critique,* Editions la mémoire du droit, 2001, p. 390.

775 Art. L. 3252-2 C. trav.

776 Art. R. 3252-2 C. trav. Pour une analyse de ce barème, v. SOUSTELLE P., « Le barème permettant de déterminer la fraction cessible ou saisissable des rémunérations du travail », *in Le droit mis en barèmes ?,* SAYN I. (dir.), Dalloz, « Thèmes, Commentaires & Actes », 2014, p. 49.

777 ROCHFELD J., « Du patrimoine de dignité », *RTD civ.*, 2003, p. 743.

778 ROCHFELD J., *Les grandes notions du droit privé,* PUF, « Thémis droit », 2ème éd., 2013, p. 407, n° 45.

779 Laboratoire de sociologie juridique Paris II, *Sociologie du patrimoine : la réalité de la règle de l'unicité du patrimoine (dans la perspective de la fiducie), Rapport général de la recherche remis à la Chancellerie (et annexes)*, Laboratoire de sociologie juridique, 1995, p. 105.

b. Le « RSA bancaire »

406.- Au contraire du salarié, le travailleur indépendant ne bénéficie pas d'une protection particulière de ses rémunérations. Cependant, la consécration d'un minimum insaisissable sur le compte bancaire, le solde bancaire insaisissable (SBI), forme de « RSA bancaire »[780], permet dans une certaine mesure de compenser cette absence de protection. L'article 46 du décret du 31 juillet 1992[781], tel que modifié par le décret n°2002-1150 du 11 septembre 2002, prévoyait déjà la possibilité pour le titulaire d'un compte de demander au tiers saisi (la banque) une mise à disposition immédiate, dans la limite du solde créditeur, d'une somme à caractère alimentaire équivalente au revenu mensuel minimum. Mais ce dispositif d'accès d'urgence n'était pas toujours connu ni mis en œuvre[782]. Le législateur, à l'article 20 de la loi n° 2009-526 du 12 mai 2009 *de simplification et de clarification du droit et d'allègement des procédures*, a finalement choisi d'imposer le principe d'un solde bancaire insaisissable, considérant que le tiers saisi devait automatiquement laisser à disposition du débiteur une somme à caractère alimentaire. La limitation de cette protection à la personne physique témoigne de l'intention du législateur : s'assurer que la personne dispose, à la suite de la saisie, d'un minimum de ressources.

407.- Cette mesure impose donc aux établissements bancaires de s'assurer qu'un montant équivalant au RSA, tel que prévu à l'article L. 262 2 du Code de l'action sociale et des familles, demeure disponible sur un des comptes de leur client, sous réserve de la disponibilité d'un tel montant. La portée du dispositif de protection est étendue puisqu'elle vise l'ensemble des mesures de saisie et l'ensemble des comptes bancaires, qu'ils soient courants, d'épargne, professionnels ou non[783]. Le caractère automatique présente des vertus, puisqu'il ne requiert plus ni connaissance ni démarche particulière de la part du débiteur. Certains regrettent néanmoins cette automaticité qui peut dans une certaine mesure bénéficier

---

[780] LABORGNE A., *Droit de l'exécution, Voies d'exécution et procédures de distribution,* Dalloz, « Précis droit privé », 2ème éd., 2014, p. 534, n° 1177.

[781] Décret n° 92-755 du 31 juillet 1992 *instituant de nouvelles règles relatives aux procédures civiles d'exécution pour l'application de la loi n° 91-650 du 9 juillet 1991 portant réforme des procédures civiles d'exécution.*

[782] PIEDELIEVRE S., « Saisie des comptes bancaires et déclenchement du solde bancaire insaisissable » *RD bancaire et fin.,* 1er juill. 2009, n° 4, p. 56.

[783] NOTTE G., « Loi de simplification et de clarification du droit et d'allègement des procédures, Protection des consommateurs, droit des affaires et fiducie », *JCP G.,* 3 juin 2009, n° 23, p. 3.

à des personnes aisées[784]. Cependant, cette consécration d'une somme minimale pour vivre doit à notre sens être approuvée. Elle s'inscrit dans une démarche plus globale de préservation d'un minimum de ressources afin d'assurer la survie de la personne.

408.- L'existence de la personne la confronte à ses besoins et à leurs coûts. Pour les satisfaire, il a fallu accepter de faire de l'activité un instrument privilégié de la rémunération et, ce faisant, de conférer un prix au corps humain. Ce lien nécessaire tissé entre le corps et la contrepartie de l'activité doit alors permettre d'assurer la subsistance de la personne. Le prix du corps devient, pour partie, un prix au service de ce corps. Pour autant, la liberté de choix, afin de préserver le corps des dangers de l'activité, doit permettre une interruption de l'activité, soit temporairement soit de manière permanente. La volonté doit donc permettre à tout instant d'interrompre la mise en mouvement.

§II. Le choix protégé d'interrompre l'activité

409.- Le rôle actif de la personne dans l'activité rejaillit assurément sur l'usage qui est fait du corps. La place de la volonté est à cet égard essentielle, qui peut à tout moment interrompre l'usage du corps, et constitue ainsi un instrument majeur de protection du corps humain. Cette garantie permet dès lors de consentir à la détermination d'un prix du corps sans sacrifice irrémédiable de celui-ci. La personne conserve donc un pouvoir de contrôle sur son corps lorsqu'elle exerce une activité (**A**). Par ailleurs, quelle que soit la nature de son engagement, si l'inexécution contractuelle peut avoir des conséquences patrimoniales, elle ne doit en aucun cas conduire à contraindre directement le corps (**B**).

A. La faculté d'interrompre l'utilisation du corps : la distinction entre la volonté et le consentement

410.- Dans le cadre de l'activité, à titre gratuit ou avec contrepartie, la volonté est la manifestation factuelle d'une réalité corporelle : le corps se met en mouvement pour autrui sous l'impulsion d'une volonté de la

[784] LAUVERGNAT L., « Le solde bancaire insaisissable : mythe ou réalité ? », *JCP G.*, n° 47, 22 nov. 2010, doctr., 1161.

personne. La volonté toujours libre permet d'interrompre l'activité à tout moment. Au contraire de la cession, l'activité impose un rôle actif, la personne s'obligeant à exécuter et non à remettre une partie de ce qu'elle est. Dans la cession, le sujet qui consent n'a pas de prise sur la réalisation technique de la mise en circulation, car, pour s'inscrire dans le cadre d'un don légal, le prélèvement, la conservation, sont orchestrés par des tiers professionnels. Une fois le consentement donné[785], la volonté se fige et la personne subit davantage qu'elle n'exécute. La volonté ne peut plus permettre de réintégrer l'élément dans le corps. L'individu est finalement passif : une fois le consentement donné et l'élément prélevé, il ne peut plus véritablement agir sur cette partie de lui. Tout au plus pourrait-il peser sur la destination de cet élément[786].

411.-L'activité dépend au contraire de la volonté tant dans le choix initial que dans l'exécution même. En l'absence de cette volonté, l'activité s'interrompt. Comme le souligne très justement le professeur Thierry Revet « *la volonté du débiteur s'interpose entre le corps et le créancier* »[787]. La force de cette volonté dans l'activité est alors conséquente, car « *lorsque l'obligation consiste à faire une chose, le parti pris par le débiteur de ne pas la faire oppose une force d'inertie invincible* »[788]. Une distinction entre la volonté et le consentement présente alors une certaine pertinence s'agissant de l'activité du corps humain.

412.- Le consentement est le genre de l'espèce volonté et peut être considéré comme la manifestation juridique d'une volonté, la condition générale de création des obligations. Le consentement est l'expression d'une volonté d'un moment, qu'il fige contractuellement. Comme le souligne très justement la professeuse Marie-Anne Frison-Roche, « *le consentement est toujours un objet né de la volonté : il y a un lien de génération entre la volonté et le consentement, le consentement est fils de la volonté* »[789]. La distinction n'est que peu exploitée en droit des contrats, le droit se saisissant avant toute chose du consentement, manifestation juridique de la volonté. Aussi sanctionne-t-on les vices du consentement et non les vices de la volonté. S'il est vrai que la volonté elle-même a été trompée, extorquée, c'est

---

[785] Sous réserve d'une rétractation avant prélèvement.

[786] Par exemple pour le don d'embryon.

[787] REVET T., *La force de travail, Etude juridique,* Litec, « Bibliothèque du droit de l'entreprise », 1992.

[788] LAROMBIERE L., *Théorie et pratique des obligations, ou Commentaire des titres III et IV, livre III du Code civil, art. 1101 à 1386. Tome 1*, G. Pedone-Lauriel, 1885, pp. 531-533.

[789] FRISON-ROCHE M.-A., « Remarques sur la distinction de la volonté et du consentement en droit des contrats », *RTD civ.*, 1995, p. 573.

néanmoins le consentement, c'est-à-dire la conséquence juridique, qui est protégé par le droit. La volonté précède le consentement dans le cadre du rapport contractuel puis elle lui donne naissance. Peu exploitée en droit commun, cette distinction entre volonté et consentement est d'un grand intérêt s'agissant du corps humain mis au service de l'activité.

413.- L'activité ne peut être réalisée que si l'individu, de par sa volonté personnelle, guide son corps. Par conséquent, chaque fois que le corps est sollicité, la volonté est nécessaire. Au contraire du consentement qui se cristallise, se retrouve figé par le contrat, la volonté requiert un renouvellement à chaque action impliquant la personne en son corps. Ainsi, s'engager juridiquement n'est pas nécessairement s'engager physiquement : « *aussi absolue soit la règle de la force obligatoire, elle n'empêchera jamais la volonté d'être changeante* »[790]. La volonté est un pouvoir maintenu qui permet à l'individu de refuser l'exécution : « *la liberté est dans le "non" ; le consentement est dans le "oui". Par la volonté, je domine ; par le consentement, je me soumets. La force est du côté de la volonté ; la faiblesse du côté du consentement* »[791]. Cette conception retenue de la volonté doit dès lors inviter à tempérer l'affirmation selon laquelle « *dans le contrat de travail la volonté se soumet* »[792]. Si le consentement aliène, la volonté libère[793].

414.- La volonté conduit ainsi à interrompre la mise en mouvement à tout moment et préserve le rôle actif de la personne. Naturellement, cette interruption ne peut être dépourvue de conséquences juridiques à raison du consentement préalablement donné. Pour autant, la sanction de l'inexécution contractuelle ne saurait frapper directement le corps. Le rôle protecteur de la volonté se verrait privé d'effectivité, si le droit venait à consacrer une contrainte juridique sur le corps, par suite d'une inexécution. Le droit positif français se refuse à une telle consécration, ne sanctionnant l'inexécution contractuelle que par l'entremise du patrimoine et non de la personne.

---

790 LAITHIER Y.-M., *Étude comparative des sanctions de l'inexécution du contrat*, LGDJ, « Bibliothèque de droit privé », t. 419, 2004, p. 64, n° 42.

791 FRISON-ROCHE M.-A., « Remarques sur la distinction de la volonté et du consentement en droit des contrats », *RTD civ.*, 1995, p. 573.

792 SUPIOT A., « Pourquoi un droit du travail ? », *Dr. Soc.*, 1990, p. 485.

793 En ce sens, v. FRISON-ROCHE M.-A., « Remarques sur la distinction de la volonté et du consentement en droit des contrats », *RTD civ.*, 1995, p. 573 : « *par la volonté, la personne manifeste sa puissance, sa capacité à poser à elle-même sa propre loi, sa liberté. Tandis que le consentement est signe d'une sorte de capitulation. Il y a toujours de l'aliénation dans un consentement* ».

B. L'encadrement des sanctions de l'inexécution : la protection du corps

415.- L'activité humaine exige un usage du corps. Doit-on dès lors permettre une libre rétractation du consentement ? L'on pourrait défendre l'idée d'une rétractation discrétionnaire, semblable à celle existant dans le cadre de la mise en circulation. Un rapprochement des solutions retenues pour la cession du corps ou du matériel biologique et l'usage du corps dans l'activité a ainsi été proposé par un auteur, critiquant la particularité de la rétraction lorsqu'il s'agit de prélever un élément du corps[794]. À l'inverse, d'autres auteurs ont pu plaider pour une libre rétractation du consentement lorsque le corps est impliqué dans et par l'activité[795]. Les deux situations sont en réalité très différentes. Dans la mise en circulation, et contrairement à la mise en mouvement, l'atteinte au corps est définitive. Dès lors, l'atteinte justifie la libre rétractation du consentement dans le seul cadre de la mise en circulation.

416.- Le droit français se montre réticent à imposer des contraintes sur le corps[796]. À titre d'exemple, s'agissant des mesures d'expulsion, l'on ne procède pas *obtorto collo* sur la personne de l'occupant[797] mais exclusivement sur son mobilier, évitant ainsi les atteintes corporelles. Cette réticence se retrouve en matière contractuelle. Les sanctions d'un refus de s'engager dans une activité, nonobstant un engagement contractuel préalable, se situent en effet sur le terrain patrimonial et non physique. L'activité rémunérée implique certes un rapport d'obligation, le débiteur, selon l'étymologie du terme, se trouvant enchaîné à son créancier. Mais si les chaînes s'enroulaient à l'origine autour du corps lui-même, ce fut progressivement pour lier non plus la personne, mais sa projection

---

[794] DECOCQ A., *Essai d'une théorie générale des droits sur la personne*, LGDJ, « Bibliothèque de droit privé », t. XXI, 1960, p. 259, n° 389 : « *Cette disposition* [la révocation libre du consentement] *paraît critiquable en soi. Seule l'inspire la sacralité irrationnelle qui entoure le corps et le cadavre humain, puisqu'on a admis que la convention par laquelle un auteur s'engage à exécuter puis à livrer une œuvre n'est pas révocable discrétionnairement, sans versement d'une contrepartie d'ordre pécuniaire, puisque nul n'a songé à soutenir qu'un travailleur pourrait impunément, se délier du contrat par lequel il a loué sa force de travail, alors qu'au regard du respect de l'autonomie de la personne, la sanction pécuniaire du refus d'exécuter est aussi grave dans ces deux cas* ».

[795] JACK A., « Les conventions relatives à la personne physique », *Rev. crit. législ. et jurispr.*, 1933.

[796] CARBONNIER J., *Introduction. Les personnes. La famille, l'enfant, le couple, vol. I*, PUF, « Quadrige », 2004, p. 382, n° 197.

[797] STARCK B., ROLAND H., BOYER L., *Droit civil, Les obligations, Contrat*, Litec, 6ème éd., 1998, p. 574, n° 1656.

pécuniaire : le patrimoine. Dès lors, les conséquences de l'inexécution doivent se reporter sur le patrimoine de la personne, le corps ne pouvant être directement contraint (**1**). Il convient cependant de veiller à ce que cette ces conséquences patrimoniales n'aient pas pour effet, de façon indirecte, de contraindre le corps (**2**).

1. L'absence de conséquences directes sur le corps

417.- Dans les législations précédant le droit romain apparaissent les prémices d'un droit de « *l'homme sur l'homme* »[798]. Dès le Code d'Hammourabi figure ainsi la possibilité pour le créancier d'exercer une contrainte sur la personne même de son débiteur, voire sur sa femme ou ses enfants.

418.- En droit romain, la contrainte par corps – ou *nexum* – consacre un véritable droit du créancier sur le corps de son débiteur : « *l'archaïsme donnait à l'obligation personnelle son sens plein, littéral et terrible* »[799]. Cette procédure est dans un premier temps expéditive, avant qu'à la fin du IVe siècle, les débiteurs ne bénéficient d'une procédure de jugement[800]. Cependant, la conséquence de l'insolvabilité fut maintenue : si le débiteur n'était point secouru par un tiers, le créancier pouvait l'enchaîner à son domicile, transformant ce dernier en « *prison domestique* » durant soixante jours[801]. Au cours de cette période, le créancier devait conduire son débiteur sur la place du marché en annonçant le prix de sa liberté, soit le montant de la créance. Paradoxalement, le créancier était toutefois tenu de veiller au respect du corps du débiteur. La loi des XII Tables fixait ainsi à 15 livres (environ 5 kilogrammes) le poids des chaînes qui pouvaient être utilisées pour entraver le débiteur, et précisait qu'une livre de farine au minimum devait être remise au prisonnier[802]. À l'issue de ce délai, si la dette n'était point rachetée, le créancier disposait du pouvoir de vendre son débiteur comme esclave, en dehors du territoire de la cité, ou bien de

---

798 GENICON J., *De la règle nemo praecise potest cogi ad factum,* CADORET Y., Thèse Bordeaux, 1910, p. 16.

799 HUMBERT M., *Institutions politiques et sociales de l'Antiquité,* Dalloz, « Précis », 10ème éd., 2011, p. 244, n° 288.

800 *Ibid.*, p. 426, n° 512.

801 GIRARD P.F., *Manuel élémentaire de droit romain, Edition revue et mise à jour par F. SENN,* Dalloz, « La Bibliothèque Dalloz », 8ème éd., 2003, p. 511.

802 LEVY J.-P., CASTALDO A., *Histoire du droit civil,* Dalloz, « Précis », 2ème éd., 2010, p. 1010, n° 673.

décider de sa mise à mort. En l'absence de paiement de la créance, le créancier obtenait ainsi finalement une forme de droit réel sur la personne même de son débiteur. Mise librement en scène par Shakespeare[803], cette réalité cruelle consistait à faire de la chair même de la personne, la sûreté de la créance. Une répartition des parties du corps du débiteur entre ses différents créanciers était également possible. Cependant, si l'existence juridique de cette *partes secanto* est attestée, sa mise en œuvre effective est davantage contestée[804]. Pour autant, son principe témoigne d'une relégation de la protection du corps au profit de l'exécution contractuelle. La dette personnelle pèse alors de tout son poids sur la vie humaine. Par la suite, la prison publique pour dettes sera substituée à cette prison privée[805]. La loi du 22 juillet 1867 abolit définitivement l'emprisonnement pour dettes civiles et commerciales à la demande d'un créancier. Le corps n'est donc plus aujourd'hui contraint par la dette en matière civile[806].

419.- S'il fut lié « *corps et biens* »[807], le débiteur n'est en effet plus lié que par la projection patrimoniale de sa personne : « *il faut que chacun ait un ensemble de biens pour répondre de ses actes sans payer de sa personne, et de même qu'un être humain ne saurait être dépourvu de corps propre, une personne juridique ne saurait être dépourvue de patrimoine* »[808]. Seul le patrimoine constitue aujourd'hui le siège de la sanction de l'inexécution de l'activité[809].

---

803 SHAKESPEARE W., *Le marchand de Venise,* GF Flammarion, 1956, p. 81.

804 AULLU-GELLE, *Les nuits attiques, Tome IV, Livres XVI-XX, trad. Par Y.* JULIEN, Les Belles Lettres, « Collection des universités de France », 1998, livre XX, pp. 147 et s., 19 *:* « *Rien assurément de plus cruel, rien de plus sauvage à moins que, comme il apparaît en réalité, une telle monstruosité de la peine ait été annoncée pour qu'on n'y arrivât jamais* ».

805 H., L. et J. MAZEAUD, *Leçons de droit civil, Premier volume, Obligations, Théorie Générale,* Montchrestien, 4ème éd., t. 2, 1969, p. 867, n° 938.

806 Seule subsiste en matière pénale la « contrainte judiciaire ». L'article 749 du Code de procédure pénale sanctionne par l'emprisonnement « *l'inexécution volontaire d'une ou plusieurs condamnations à une peine d'amende prononcées en matière criminelle ou en matière correctionnelle pour un délit puni d'une peine d'emprisonnement* ». Dans certains cas le non paiement de dettes, parce qu'il constitue un délit, conduit également à des peines d'emprisonnement (non paiement de dettes alimentaires ou assimilées, v. Art. 227-3 C. pén. ; organisation frauduleuse d'insolvabilité, v. Art. 314-7 C. pén.).

807 CARBONNIER J., *Droit civil, Les biens, Les obligations, Volume II,* PUF, 2004, p. 2524, n° 1281.

808 XIFARAS M., *La propriété, Etude de philosophie du droit,* PUF, « Fondements de la politique », 2004, p. 258.

809 BRENNER C., *Procédures civiles d'exécution,* Dalloz, « Cours Dalloz », 7ème éd., 2013, p. 5, n° 9.

2. L'encadrement des conséquences pécuniaires de l'interruption de l'activité

420.- L'implication du corps dans une activité peut avoir une influence sur la nature de la sanction choisie par le juge. Ainsi l'exécution forcée pourra être écartée pour certaines obligations de faire, impliquant particulièrement la personne (**a**). Par ailleurs, dans le cas particulier du contrat de travail, le droit de retrait permet au salarié d'interrompre toute activité sans craindre, en théorie du moins, une sanction de la part de son employeur (**b**).

a. Les conséquences patrimoniales de l'inexécution

421.- « *En ce qu'elle incarne au mieux la volonté des parties* »[810], l'exécution forcée est très souvent considérée comme la sanction reine de l'inexécution contractuelle[811]. Elle permet en effet d'aboutir à l'obtention du résultat escompté par le contractant lésé. Le droit trouve dans cette sanction sa raison d'être, car « *le droit existe pour se réaliser. La réalisation est la vie et la vérité du droit ; elle est le droit lui-même* »[812]. Mais, face à ce respect de la force obligatoire, se dresse la liberté du débiteur qui engage son corps dans l'activité[813]. Si le corps doit être préservé des conséquences juridiques de l'inexécution, doit-on considérer que l'obligation de faire exclut par principe toute exécution en nature ?

422.- Une première lecture rapide de l'article 1142 du Code civil dans sa version antérieure à la réforme de 2016 pouvait le laisser penser puisqu'il énonçait que les obligations de faire doivent se résoudre en dommages-intérêts, en cas d'inexécution de la part du débiteur. En effet, si dans l'obligation de donner l'exécution forcée porte sur un bien, dans

---

810 LAITHIER Y.-M., *Étude comparative des sanctions de l'inexécution du contrat*, LGDJ, « Bibliothèque de droit privé », t. 419, 2004, p. 63.

811 MOLFESSIS N., « Force obligatoire et exécution : un droit à l'exécution en nature ? », *RDC*, 2005, p. 37, n° 18.

812 IHERING R., *L'Esprit du droit romain dans les diverses phases de son développement*, Trad O. de Meulenaere, A. Marescq aîné, 2ème éd., t. 3, 1880, p. 15.

813 JEANDIDIER W., « L'exécution forcée des obligations contractuelles de faire », *RTD civ*, 1976, p. 702.

l'obligation de faire, le corps est nécessairement impliqué[814]. L'activité humaine étant le domaine privilégié de l'obligation de faire, il n'est pas concevable de forcer physiquement la personne à agir[815].

423.- Dès lors, l'adage *nemo praecise potest cogi ad factum*[816] (on ne peut forcer quelqu'un à faire quelque chose) s'appliquant, l'exécution en nature devrait être écartée au profit d'une exécution par équivalent[817]. Cette interprétation de l'article précité a pu être défendue par quelques auteurs classiques du XIXème siècle, qui voyaient dans l'exécution forcée une atteinte intolérable à la personne[818]. Une partie de la doctrine considérait alors que les tribunaux ne peuvent condamner à faire ou à ne pas faire, mais doivent respecter la lettre de l'article 1142, seul l'octroi de dommages-intérêts pouvant sanctionner l'inexécution[819]. Selon cette conception, le débiteur de l'obligation de faire est « *toujours à même de se libérer en payant une somme d'argent* »[820]. L'intangibilité de la personne humaine et la protection de son corps sont alors assurées par l'application de cette règle[821].

424.- Mais, rapidement, cette interprétation se tempère. Aubry et Rau considèrent ainsi qu'une distinction doit être faite entre les obligations qui exigent « *l'action personnelle du débiteur lui-même, et celles qui sont susceptibles d'être exécutées sans sa participation ou son intervention* »[822]. De même, Baudry-

---

[814] Pour une prise en compte de cette distinction très précoce, v. POTHIER R. J., *Œuvres de Pothier contenant les traités du droit français. Traité du contrat de constitution de rente, de change, de louage, de société, des cheptels, Nouvelle édition mise en meilleur ordre et publiée par les soins de M. Dupin*, Tome Ier, Béchet aîné, 1824-1825, p. 261.

[815] JEANDIDIER W., « L'exécution forcée des obligations contractuelles de faire », *RTD civ*, 1976, p. 704.

[816] GENICON J., *De la règle nemo praecise potest cogi ad factum*, Y. CADORET, Thèse Bordeaux, 1910.

[817] CABRILLAC R., « Le corps humain », *in Libertés et droit fondamentaux*, CABRILLAC R. FRISON ROCHE M.-A., REVET T. (dir.), Dalloz, 17ème éd., 2011, p. 185, n° 277.

[818] FENET P.-A., *Recueil complet des travaux préparatoires du Code civil, Tome 13*, Videcoq, 1836, p. 232 : « *nul ne peut être contraint dans sa personne à faire ou à ne pas faire une chose, et que si cela était possible, ce serait une violence qui ne peut être un mode d'exécution du contrat* » ; COUTURIER G., « Les techniques civilistes et le droit du travail, Chronique d'humeur à partir de quelques idées reçues », *D.*, 1975, chron., p. 155.

[819] TOULLIER C.-B.-M., *Le Droit civil français, suivant l'ordre du Code, Tome 6*, Chez Jules Renouard et Cie Libraires, 5ème éd., 1839, p. 230, n° 217.

[820] ACOLLAS E., *Manuel de droit civil à l'usage des étudiants, contenant l'exégèse du Code Napoléon et un exposé complet des systèmes juridiques, Tome 1*, Germer-Baillière, 2ème éd., 1874, p. 710.

[821] CARBONNIER J., *Droit civil, Les biens, Les obligations, Volume II*, PUF, 2004, p. 2539, n° 1288 ; STARCK B., ROLAND H., BOYER L., *Droit civil, Les obligations, Contrat*, Litec, 6ème éd., 1998, p. 566, n° 1631.

[822] AUBRY C. et RAU C., *Cours de droit civil français, d'après la méthode de ZACHARIAE, Tome 4*, LGDJ, 4ème éd., 1871, pp. 37 et s., § 299.

Lacantinerie et Barde, en replaçant l'article 1142 aux côtés des articles 1143 et 1144, se refusent à consacrer l'impossibilité de l'exécution forcée[823]. Cette interprétation sera entendue par la Cour de cassation quelques années plus tard, puisqu'elle réduira explicitement le champ d'application de l'article 1142 en considérant que « *ce texte ne peut trouver son application qu'au cas d'inexécution d'une obligation personnelle de faire ou de ne pas faire* »[824]. Le principe d'une impossible exécution forcée se transforme progressivement en exception[825]. Le droit français se distingue alors nettement de la *common law* pour laquelle le principe de l'exécution forcée en nature des obligations de faire – *specific performance* – demeure une exception[826]. Cette interprétation renouerait ainsi avec un plus grand respect de la force obligatoire tout en assurant le respect d'un des fondements de l'article 1142, à savoir l'absence d'atteinte au corps humain. Elle serait également respectueuse de la volonté initiale des rédacteurs du Code civil qui émerge des travaux préparatoires[827] : la violence qu'il prohibe n'est pas celle de l'exécution forcée, mais bien l'atteinte directe sur le corps de la personne, les procédés brutaux, impliquant une atteinte inadmissible à la personne humaine[828]. Dès lors qu'elle est possible[829], les magistrats n'hésitent donc

---

823 BAUDRY-LACANTINERIE G., BARDE L., *Traité théorique et pratique de droit civil, Des Obligations, Tome Premier,* L. Larose, 1897, p. 387, n° 431. Plus récemment, un auteur se propose également d'envisager une lecture plus globale des articles 1142 à 1144, v. WERY P., *L'exécution forcée en nature des obligations contractuelles non pécuniaires (Essai) : une relecture des articles 1142 à 1144 du Code civil,* Kluwer Editions Juridiques Belgique, « Collection scientifique de la Faculté de droit de Liège », 1993.

824 Civ 1re, 20 janv. 1953, *JCP.*, 1953, II, 7677, note ESMEIN P.

825 GENICON J., *De la règle nemo praecise potest cogi ad factum,* Y. CADORET, Thèse Bordeaux, 1910, p. 5. Pour une critique très pertinente de ce passage du principe à l'exception, v. LAITHIER Y.-M., *Étude comparative des sanctions de l'inexécution du contrat,* LGDJ, « Bibliothèque de droit privé, t. 419, 2004, pp. 37 et s.

826 FAUVARQUE-COSSON B., « Regards comparatistes sur l'exécution forcée en nature », *RDC,* 2006, pp. 529-543 ; WHITTAKER S., « Les sanctions de l'inexécution des contrats, droit anglais », *in Les sanctions de l'inexécution des obligations contractuelles. Étude de droit comparé,* FONTAINE M. et VINEY G. (dir), Bruylant, LGDJ, 2001, p. 976 ; BELLIVIER F., SEFTON-GREEN R., « Force obligatoire et exécution en nature du contrat en droits français et anglais : bonnes et mauvaises surprises du comparatisme », in *Etudes offertes à Jacques Ghestin, Le contrat au début du XXIe siècle,* LGDJ, pp. 91-112.

827 Pour une analyse très intéressante du sens de l'article 1142 dans les travaux préparatoires du Code civil, v. GENICON J., *De la règle nemo praecise potest cogi ad factum,* Y. CADORET, Thèse Bordeaux, 1910, p. 127.

828 JEANDIDIER W., « L'exécution forcée des obligations contractuelles de faire », *RTD civ.*, 1976, p. 703.

829 Pour un rappel récent, v. Civ. 3e, 27 mars 2013, no 12-13.734, Bull. civ. III, n° 40 ; *RDC,* 2013, p. 891, note GENICON T. ; *RDC,* 2013, n° 3, p. 903, note VINEY G.

plus aujourd'hui à prononcer l'exécution forcée d'obligations de faire[830] ainsi que des injonctions de faire[831].

425.- L'exécution forcée doit cependant être exclue de certaines relations contractuelles impliquant plus particulièrement la personne. La doctrine s'entend sur cette limite, mais ses contours demeurent flous : « *Intuitu personae* », « *tréfonds de la personnalité* », « *liberté essentielle* », « *strictement personnelle* », « *qualité irréductiblement individuelle du débiteur* » : en recensant la variété des termes employés, le professeur Yves-Marie Laithier met en lumière l'incertitude qui règne quant au domaine précis de cette exception[832]. À tout le moins, il semblerait que les activités artistiques soient exclues de l'exécution forcée. Contraindre un peintre à réaliser une toile reviendrait en effet à forcer physiquement celui-ci à se saisir du pinceau, dans le même temps qu'on forcerait son pouvoir moral de création[833]. De même, ne peut-on pas contraindre un comédien à monter sur scène[834] ou une stripteaseuse à se dévêtir[835]. L'obligation doit également être considérée comme personnelle lorsqu'elle implique une « *action prolongée* » du contractant[836]. Tel serait le cas du salarié[837] ou encore de l'associé engagé par un apport en industrie[838], lesquels ne peuvent être physiquement contraints de poursuivre leur activité[839]. Il s'agit alors de

---

830 Pour un exemple significatif d'exécution en nature d'une obligation de faire : Civ. 3e, 11 mai 2005, *Bull. civ.* III, n° 103 ; *D.*, 2005, IR, p. 1504 ; *JCP*, 2005, II, p. 10152, note BERNHEIM-DESVAUX S. ; *CCC*, 2005, n° 187, note LEVENEUR L. ; *RDI*, 2005, p. 299, obs. MALINVAUD P. ; *RDI*, 2006, p. 596, obs. MESTRE J. et FAGES B.

831 Art. 1425-1 et s. CPC

832 LAITHIER Y.-M., *Étude comparative des sanctions de l'inexécution du contrat*, LGDJ, « Bibliothèque de droit privé », t. 419, 2004, p. 51, n° 31.

833 Civ., 14 mars 1900 ; *S.*, 1900, 1, p. 489 (Whistler).

834 Paris, 3 mars 1855 ; *S*, 1855, 2, p. 410.

835 TGI Paris, 8 nov. 1973 ; *D.*, 1975, janv.-juin, jur., p. 401, note PUECH M. Cependant, les magistrats se sont livrés à une interprétation critiquable de l'article 1142 du Code civil (selon la rédaction antérieure à la réforme de 2016). Après avoir constaté que l'obligation juridique découlant d'une convention de striptease est une obligation de faire qui n'est pas susceptible d'exécution forcée, ils en déduisent la nullité de la convention. Le commentateur de cette décision s'insurge, y voyant légitimement une « monstruosité juridique ». La confusion entre validité de la convention et sanction de l'inexécution est manifeste.

836 CARBONNIER J., *Droit civil, Les biens, Les obligations, Volume II*, PUF, 2004, p. 2540, n° 1288.

837 LYON-CAEN G., TILLHET-PRETNAR J., *Droit social,* LGDJ, « Manuels », 5ème éd., 1995, p. 53.

838 MIGNON-COLOMBET A., *L'exécution forcée en droit des société,* Economica, « Recherches Juridiques », 2004, p. 131 et s.

839 LEBOIS A., « Les obligations de faire à caractère personnel », *JCP G.*, 2008, I, 210.

protéger l'aliénation du corps sans distinction entre les activités dangereuses et les « *activités neutres* »[840]. Une telle catégorisation nous paraît bien trop hasardeuse et il semble qu'une réflexion en fonction des espèces, bien qu'imparfaite du point de vue de la prévisibilité juridique, doit être préférée. Une seule certitude : l'article 1142 du code civil doit aujourd'hui être interprété comme prohibant toute contrainte physique. Dans l'hypothèse où l'exécution forcée serait prononcée, et en l'absence d'exécution volontaire, le corps ne peut en effet être contraint *manu militari.* Si la réforme du droit des contrats a fait disparaître l'ancien article 1142, c'est à présent vers l'article 1221 du Code civil qu'il faut se tourner. La distinction entre les obligations de faire et de donner n'apparaît plus dans ce texte qui précise que par principe le créancier peut poursuivre « l'exécution en nature sauf si cette exécution est impossible ou s'il existe une disproportion manifeste entre son coût pour le débiteur et son intérêt pour le créancier ». Il reste donc à présent à mesure toute la portée que pourront donner les juges à ce terme d'impossibilité lorsqu'il est question d'impliquer le corps humain.

426.- S'il ne peut donc pas exister de sanction de l'inexécution portant directement atteinte au corps, on peut toutefois s'interroger sur les effets indirects sur le corps du prononcé éventuel d'une mesure d'astreinte. En effet, l'octroi de dommages-intérêts et l'exécution en nature, dont la réalisation est assurée par une astreinte, répondent de logiques très différentes. Dans la première hypothèse, l'individu supporte financièrement le poids de l'inexécution, les dommages-intérêts une fois fixés n'ayant plus vocation à évoluer dans leur montant. Au contraire, l'astreinte ne vise pas à racheter la parole donnée, mais bel et bien à assurer l'exécution de l'obligation. Ainsi, le montant de l'astreinte s'accroît à mesure de l'inexécution. Si le corps est protégé d'une contrainte directe, encore faut-il alors que le patrimoine permette de supporter l'astreinte. Si l'on considère en effet qu'il « *n'est pas de fortune qui puisse résister à une ponction qui s'enfle continuellement* », le prix de la liberté corporelle peut s'avérer impossible à supporter pour le patrimoine.

427.- Par principe, le patrimoine préserve donc le corps de la contrainte. Cependant, dans l'hypothèse particulière du contrat salarié et alors que la personne fait face à un danger grave et imminent, le droit lui octroie une faculté de se retirer de l'activité. La volonté bénéficie alors d'une plus grande protection juridique puisque l'exercice légitime de ce

---

[840] JEANDIDIER W., « L'exécution forcée des obligations contractuelles de faire », *RTD civ.*, 1976, p. 719.

droit protège en principe le salarié de toute sanction, y compris patrimoniale.

b. L'absence de sanction en cas de danger grave et imminent pour le salarié : particularité du droit de retrait

428.- Le droit de retrait est un instrument fondamental de protection du corps humain dans l'activité. L'existence d'un danger grave et imminent constitue un motif légitime de refuser d'exercer l'activité. Cette exception légitime ne doit avoir aucun effet sur l'emploi ou la rémunération du salarié. Mais si, par principe, ce droit est consacré, des obstacles limitent en pratique sa mise en œuvre.

429.- ***Un droit essentiel.*** Lorsqu'elle présente un danger grave et imminent pour la personne, l'activité doit pouvoir être interrompue à tout moment. Comme un écho au principe affirmé par l'Organisation internationale du travail[841] et peu avant son affirmation en droit communautaire[842], les lois Auroux consacrent ainsi, aux côtés du droit d'alerte, un droit de retrait énoncé à l'article L. 4131-1 du Code du travail. Si le droit d'alerte est un avertissement lancé en direction de l'employeur, par le biais des représentants du personnel, afin que des mesures soient prises pour éviter une atteinte, le droit de retrait s'exerce de manière autonome, sans accord préalable de l'employeur[843]. Le droit de retrait est

---

[841] Article 13, Organisation internationale du travail, *Convention (n° 155) sur la sécurité et la santé des travailleurs*, 1981, entrée en vigueur le 11 août 1983 : « *Un travailleur qui s'est retiré d'une situation de travail dont il avait un motif raisonnable de penser qu'elle présentait un péril imminent et grave pour sa vie ou sa santé devra être protégé contre des conséquences injustifiées, conformément aux conditions et à la pratique nationales* ».

[842] Article 8 4) de la Directive n° 89-391 CEE du 12 juin 1989 : « *Un travailleur qui, en cas de danger grave, immédiat et qui ne peut être évité, s'éloigne de son poste de travail et/ou d'une zone dangereuse ne peut en subir aucun préjudice et doit être protégé contre toutes conséquences dommageables et injustifiées, conformément aux législations et/ou pratiques nationales* ».

[843] L'exercice du droit de retrait implique cependant que le salarié informe son employeur, qu'il existe véritablement un danger grave et imminent et qu'il ne porte pas atteinte à la sécurité des autres employés en l'exerçant. Sur ce point, une décision récente mais non publiée rendue par la chambre sociale vient nuancer l'exigence d'information de l'employeur. Un droit de retrait exercé de fait pourrait être invoqué par le salarié pour contester son licenciement. V. Soc., 2 mars 2010, n° 08-45.086 ; DESAIN B., BELJEAN L., « Panorama de jurisprudence en matière de droit de retrait », *JS Lamy*, 2010, n° 286-1. Par ailleurs, s'il permet de se retirer de l'activité, il n'assure pas la possibilité de modifier unilatéralement les conditions d'exercice de l'activité. V. PEROT M., *La pénibilité au travail*, Thèse Paris II, 2013, p. 325, n° 535.

la consécration d'un droit du salarié à faire primer son intégrité physique sur son obligation de travail[844], une véritable reconnaissance de la « *prévention par initiative personnelle* »[845]. Ce droit s'oppose à l'obligation d'obéissance exigée par le contrat de travail : le salarié « *exerce un droit fondamental de sauvegarde de sa personne, qui l'emporte sur son obligation d'obéissance* »[846].

430.- S'agissant de l'appréciation de la gravité et de l'imminence du danger, prévaut une certaine tolérance à l'égard du salarié[847] : un « motif raisonnable » permet de se prévaloir légitimement du droit de retrait. Celui-ci doit être apprécié subjectivement, témoignage de la reconnaissance du pouvoir laissé au salarié d'apprécier le danger de l'activité pour son propre corps[848]. Comme a pu le rappeler la Cour de cassation, « *la condition d'extériorité du danger n'est pas exigée* » pour l'exercice de ce droit. Ainsi un agent de surveillance dont l'état de santé ne permettait pas qu'il soit en contact avec des animaux ou des produits chimiques est en droit de cesser son activité en vertu du droit de retrait[849]. Toutefois, le danger implique un risque sur le corps qui dépasse celui du simple inconfort ou de la *pénibilité de la tâche*[850].

431.- *Le droit de* retrait se distingue du droit de grève, droit de revendication individuel exercé collectivement. Si le droit de grève peut prendre le relais du droit de retrait[851], il doit cependant être distingué de lui

---

844 Art. L. 4131-1 C. trav.

845 BOUSIGES A., « Le droit des salariés de se retirer d'une situation dangereuse pour leur intégrité physique », *Dr. soc.*, 1991, p. 279.

846 SAVATIER J., « La liberté dans le travail », *Dr. soc.*, 1990, p. 57.

847 JEANSEN E., « L'urgence en droit du travail », *in Standards, principes et méthodes en droit du travail,* TEYSSIE B. (dir.), Economica, « Etudes juridiques », 2011, p. 157, n° 245.

848 Soc., 11 déc. 1986, *Société Précilec c. dame Nette*, n° 84-42209 ; *JCP*, 1987, 20807, obs. GODARD O. La salariée atteinte d'une scoliose pouvait exercer son droit de retrait, son nouveau poste de travail présentant un danger grave et imminent pour sa santé.

849 Soc., 20 mars 1996, n° 93-40.111 ; *Dr. soc.*, 1996, p. 686, obs. SAVATIER J. ; *JCP E.*, 1996, II, p. 850, note LACHAISE G., *RJS*, 1996, pp. 319 et 350, concl. CHAUVY Y.

850 A titre d'illustration, la Cour de cassation a considéré que les conditions climatiques (pluie, vent) ne permettaient pas à un salarié d'invoquer son droit de retrait pour refuser d'effectuer la pose d'un plancher dans un bâtiment. Soc., 20 janv. 1993, n°91-42028 ; *JCP E.*, 1993, II, 494, note LACHAISE G.

851 BONNECHERE M., « Le corps laborieux : réflexion sur la place du corps humain dans le contrat de travail », *Dr. ouvrier*, 1994, p. 177 : « *le droit de grève est parfaitement adapté pour venir compléter le droit de retrait (en lui succédant par exemple) lorsqu'un groupe de salariés proteste contre l'inobservation persistante par l'employeur de ses obligations légales et réglementaire en matière de sécurité* ».

lorsqu'ils s'exercent successivement[852]. Le droit de retrait s'exerce individuellement et sa vocation première n'est pas une revendication, mais la protection du salarié[853]. Ce droit relève de l'évidence, s'approche du réflexe ou d'une forme d'instinct de survie. Pris dans les chaînes de l'activité ou dans les chaînes contractuelles, le salarié demeure un corps exposé au danger. L'activité à exécuter ne saurait dès lors prévaloir sur le corps à préserver.

432.- La portée du droit de retrait doit être large et embrasser toutes les activités salariées, qu'elles relèvent du droit public ou du droit privé[854]. En effet, par-delà le Code du travail, le droit de retrait a été progressivement reconnu dans les fonctions publiques étatique[855] puis territoriale[856]. Pour les agents publics non concernés par ces dispositions, il a été considéré que le droit de retrait pouvait également être invoqué, les juges administratifs semblant l'ériger au rang de principe général du droit[857]. Comme pour le droit privé, les modalités d'exercice du droit de retrait doivent cependant être respectées, et le caractère de danger grave et imminent avéré[858].

---

[852] Soc., 26 sept. 1990 ; *GADT*, 4e éd, n° 206 ; D., 1990, IR, p. 228 ; *Dr. soc.*, 1991, p. 60, concl. WAQUET P., note RAY E. ; *Dr. ouvrier*, 1990, p. 457, note F. S. ; *CSB*, 1990, p. 237, A. 52 ; *RJS*, 1990, p. 542, n° 812, note DEPREZ J.

[853] BOUSIGES A., « Le droit des salariés de se retirer d'une situation dangereuse pour leur intégrité physique », *Dr. soc.*, 1991, p. 280.

[854] Art. L. 4111-1 C. trav. Ainsi s'agissant d'un droit énoncé dans la partie relative aux règles de santé et de sécurité au travail, le Code du travail s'applique également aux établissements sociaux et médico-sociaux, ainsi qu'aux établissements publics à caractère industriel et commercial et aux établissements publics administratifs lorsqu'ils emploient du personnel dans les conditions de droit privé.

[855] Art. 7 du décret n° 95-680 du 9 mai 1995 modifiant l'article 5-6 du décret n° 82-453 du 28 mai 1982 relatif à l'hygiène et à la sécurité au travail ainsi qu'à la prévention médicale dans la fonction publique. Le dernier décret applicable à la fonction publique d'État est le décret n° 2011-774 du 28 juin 2011 portant modification du décret n° 82-453 du 28 mai 1982 modifié relatif à l'hygiène et à la sécurité au travail ainsi qu'à la prévention médicale dans la fonction publique, JO 30 juin 2011. Pour la défense, il s'agit de l'article 10 du décret n° 85-755 du 19 juillet 1985 relatif à l'hygiène et à la sécurité du travail et à la prévention au ministère de la défense (résultant du décret n° 97-239 du 12 mars 1997).

[856] Art. 5-1 du décret n° 2000-542 modifiant le décret n° 85-603 du 10 juin 1985 relatif à l'hygiène et à la sécurité au travail ainsi qu'à la médecine professionnelle et préventive dans la fonction publique territoriale.

[857] TA. Besançon, 10 oct. 1996, *Glory c/ Cne de Châtenois-les-Forges*, n° 960071, *AJFP*, 1997, p. 39, note P.B. ; *Dr. soc.* 1996, p. 1034, concl. MOULIN C. ; *D.A.*, 1996, n° 538 ; *LPA*, juill. 1997, n° 88, note PORTET P.

[858] TA. Melun, 13 juill. 2012, nos 1004142/11 et 1005262/11 ; *AJFP*, 2012, p. 236. En l'espèce, les magistrats ont considéré que les enseignants ont abusé de leur droit de retrait

433.- Le droit de retrait n'étant pas un « droit égoïste », sa mise en œuvre implique de prendre en considération la sécurité d'autrui[859]. A cette fin, l'exercice du droit de retrait peut donc être limité. De même, ce droit peut être restreint lorsque l'activité est dangereuse par nature. En effet, il serait difficilement concevable pour un agent du GIGN, d'exercer son droit de retrait en plein assaut[860]. De même, l'activité de militaire, sauf lorsqu'elle s'exerce dans les mêmes conditions que les personnes civiles, exclut la mise en œuvre du droit de retrait[861]. Cette activité est dangereuse par nature[862] et l'exercice du droit de retrait dans le cadre d'une opération militaire pourrait constituer un danger pour les autres militaires impliqués. Cette limitation du droit de retrait vaut également pour certaines fonctions publiques[863].

Reconnaissance d'un droit à faire primer la sécurité du corps sur l'obligation d'obéissance, le droit de retrait peine malheureusement à produire ses effets vertueux en pratique.

434.- ***Une mise en œuvre limitée.*** En pratique, le droit de retrait demeure peu exercé[864]. Ce constat est regrettable dans la mesure où la mise en œuvre de ce droit pourrait permettre d'éviter un certain nombre d'accidents et de maladies du travail. Cette rareté d'utilisation peut notamment être expliquée par la crainte éventuelle du salarié. Le droit de retrait étant à double tranchant, la subordination pèse sur le choix du salarié. Le droit de retrait permet, en effet, de se libérer provisoirement de l'exécution d'une activité devenue dangereuse, l'exercice légitime du droit de retrait protégeant le salarié de toute sanction disciplinaire ou de toute

---

en refusant d'enseigner pendant plusieurs jours en raison de l'insécurité dans l'établissement. Cependant il a été reconnu que cette insécurité qui sévit dans le lycée était la cause d'un préjudice moral dont l'État est responsable.

859 Art. L. 4132-1 C. trav. : « *Le droit de retrait est exercé de telle manière qu'elle ne puisse créer pour autrui une nouvelle situation de danger grave et imminent* ».

860 MOULIN C., « Le droit de retrait, principe général du droit du travail ? », *Dr. soc.*, 1996, p. 1034.

861 Décret n° 2012-422 du 29 mars 2012 relatif à la santé et à la sécurité au travail au ministère de la défense, JO 30 mars 2012. L'article 12 limite le droit de retrait au « *personnel militaire exerçant des activités de même nature que celles confiées au personnel civil* ».

862 LEMAIRE F., « Le droit de retrait dans la fonction publique », *AJFP*, 2013, p. 258.

863 L'article 5-6 IV du décret n°82-453 du 28 mai 1982 relatif à l'hygiène et à la sécurité du travail ainsi qu'à la prévention médicale dans la fonction publique précise ainsi que « *la détermination des missions de sécurité des biens et des personnes qui sont incompatibles avec l'exercice du droit de retrait individuel […] en tant que celui-ci compromettrait l'exécution même des missions propres de ce service* » est effectuée par voie d'arrêté interministériel.

864 LANOUZIERE H., *Prévenir la sante et la sécurité au travail, Vol 1,* Lamy, « Lamy conformité », 2012, p. 167, n° 236.

retenue sur le salaire[865]. Le licenciement prononcé dans ce contexte est considéré par la jurisprudence comme illicite[866], y compris lorsque le droit de retrait n'est qu'un reproche parmi d'autres figurant dans la lettre de licenciement[867]. Mais, dans l'hypothèse où le droit de retrait ne serait pas justifié, il devient une arme redoutable entre les mains de l'employeur qui pourrait notamment décider d'une retenue sur salaires[868] ou encore d'un licenciement. Craignant de ne pas exercer légitimement son droit, le salarié peut donc préférer y renoncer purement et simplement.

435.- Au surplus, la définition floue et nécessairement subjective du danger rend l'exercice du droit de retrait plus périlleux. La définition du droit de retrait n'est plus nécessairement adaptée aux nouveaux risques. Ainsi, par exemple, bien que l'atteinte ne soit pas imminente, l'exposition à des agents chimiques peut présenter un véritable danger, aux conséquences dramatiques pour l'avenir. Cette dernière remarque renvoie à un constat plus pragmatique et factuel : le salarié n'est pas toujours en mesure d'apprécier le danger. Certains risques sont difficiles à mesurer, y compris pour les inspecteurs du travail. Le risque d'ensevelissement illustre par exemple la difficulté d'appréciation pour les inspecteurs du travail d'une possibilité de reprise d'un chantier alors que l'activité avait été temporairement interrompue en raison d'une tranchée dépourvue de renforts. La mise en conformité peut exister en apparence, mais ne pas être suffisante pour assurer la sécurité des salariés[869]. Certains risques sont difficiles à objectiver, limitant ainsi la sensibilisation des salariés. S'il n'est donc pas toujours pleinement exercé, le droit de retrait constitue néanmoins, en principe, un instrument dans la protection, par le salarié lui-même, du corps dans l'activité. L'absence de conséquences contractuelles et donc patrimoniales doit inciter le salarié à faire prévaloir la sécurité de son corps sur l'exercice de l'activité.

436.- Contrairement à ce qui qui a pu être étudié dans le cadre de la cession de matériel biologique, chaque personne doit en principe jouer un

---

865 Art. L. 4131-3 C. trav.

866 Soc., 28 janv. 2009, n°07-44556 ; *RTD civ,* 2009, p. 167, obs. MINE M. ; *D.*, 2009, pan., p. 2128, obs. AMAUGER-LATTES M.-C. ; *Dr. soc.,* 2009, p. 486, obs. CHAUMETTE P. ; *RJS,* 2009, p. 308, n° 361; *JCP S,* 2009, p. 1226, obs. VERKINDT P.-Y. ; *JCP E.,* 2009, 1638, note POCHET P. ; *JS Lamy,* 2009, n° 250-2.

867 Soc., 25 nov. 2015, n° 14-21272, *D., 2015., Actu., 2508 ;* RDT., *2016., 183, obs.* DUQUESNE F.*; RJS 2/2016, n° 126; JCP S., 2016, 1037, obs.* BOSSU B.

868 Soc., 11 juill. 1989, n°86-43497 ; *D.*, 1989, IR, p. 235 ; *Dr. ouvrier,* 1989, p. 492 ; *JCP,* 1989, IV, p. 347 ; Crim., 25 nov. 2008, n° 07-87650.

869 LANOUZIERE H., *Prévenir la sante et la sécurité au travail, Vol 1,* Lamy, « Lamy conformité », 2012, p. 168, n° 237.

rôle actif dans le cadre de l'activité. Chacun peut faire le choix de mettre son corps au service de l'activité rémunérée, lui conférant ainsi un prix. Mais cette volonté d'user de son corps, si elle contribue à la mise en mouvement, doit également recouvrir le pouvoir de l'interrompre à tout instant. La volonté, en se distinguant du consentement, permet de garantir le rôle actif de la personne dans le choix, mais aussi dans l'exécution de l'activité. Cette volonté doit donc être préservée, et les effets du consentement ne peuvent venir contredire ses vertus. La singularité de l'usage du corps apparaît alors. Le principe d'un prix peut alors se déployer légitimement, dès lors que la volonté se délie du consentement et que les effets d'une inexécution contractuelle ne peuvent être que d'ordre patrimonial. Le lien particulier de subordination qui unit le salarié à l'employeur justifie en outre qu'un droit de retrait en cas de danger grave et imminent, permette de se délier temporairement de son engagement contractuel, et ce, sans conséquence économique.

Ce principe légitimé d'une liberté de choix appelle néanmoins des exceptions. Certains corps, en effet, ne doivent-ils, pas être protégé du prix ?

Section II. Les corps sans prix

437.- La rémunération de l'activité se heurte, pour certaines catégories de personnes, à divers obstacles. Juridiques tout d'abord, lorsque le droit les exclut de l'activité rémunérée. Tel est le cas de l'enfant, qui par principe ne peut par l'activité conférer un prix à son corps (**§I**). Factuels ensuite, lorsque l'accès même à l'activité se trouve pratiquement entravé, et alors même que la personne pourrait par principe obtenir une rémunération de son activité. Ainsi en est-il de la personne atteinte d'une déficience ou dans un tout autre cadre, de la personne incarcérée (**§II**).

§I. Le corps de l'enfant

438.- *« Comme il a ses plaisirs, son esprit et ses mœurs, chaque âge n'aurait-il pas son Droit ? »*[870]. À cette question du Doyen Cornu, et à la lumière de l'objet de notre étude, il est permis de répondre en partie par l'affirmative : s'agissant de l'activité rémunérée, le jeune âge dispose bel et bien de règles spécifiques. Le droit a ainsi progressivement érigé des limitations à l'activité rémunérée, afin de préserver l'enfant. Le travail des enfants et les ravages qu'il provoquait sont d'ailleurs à l'origine des premières lois du droit du travail[871]. Bien qu'alors peu respectées[872], ces lois constituent en France un premier temps fort dans la construction d'un régime plus protecteur de l'enfant. Les bornes de cet âge préservé de l'activité rémunérée doivent donc être délimitées (**A**), avant de pouvoir cerner les fondements de cette limitation du prix du corps (**B**).

---

[870] CORNU G., « L'âge civil », *Mélanges en l'honneur de Paul Roubier, Tome II,* Dalloz & Sirey, 1961, p. 9.

[871] LOKIEC P., *Droit du travail, t. I, Les relations individuelles du travail,* PUF, « Thémis droit », 2011, p. 4 ; SUPIOT A., *Le droit du travail,* PUF, « Que sais-je ? », 5ème éd., 2011, p. 14 ; MAZEAUD A., *Droit du travail,* Montchrestien, « Domat droit privé », 8ème éd., 2012, p. 29 ; TEYSSIE B., CESARO J.-F., MARTINON A., *Droit du travail, Relations individuelles,* LexisNexis, 3ème éd., « Manuel », 2014, p. 322, n° 657.

[872] FAVENNEC-HERY F., VERKINDT P.-Y., *Droit du travail,* LGDJ, « Manuel », 4ème éd., 2014, p. 16, n° 5.

A. Le bénéficiaire de la protection

439.- Un regard porté sur l'histoire, ainsi que sur le monde contemporain, laisse rapidement entrevoir la diversité des définitions de l'enfance, en tant qu'elle est protégée de l'activité rémunérée. Le constat de cette vulnérabilité de l'enfant s'impose aujourd'hui, cependant que les bornes de la protection diffèrent selon les lieux et les temps (**1**). En France, la protection s'articule autour de plusieurs âges, le seizième anniversaire constituant néanmoins un pivot important entre prohibition et permission (**2**).

1. La diversité des définitions de l'enfance

440.- Le jeune âge est une période de fragilité, de construction de la personne, tant physiquement que psychologiquement. Cette particularité rejaillit sur le droit. Cependant, les limites de cet âge protégé varient selon les domaines juridiques. Comme le souligne à juste titre un auteur, « *le droit civil et le droit public ne retiennent qu'un âge, celui de la majorité : 18 ans. Le droit pénal en retient trois : 13, 16, 18. En droit social en revanche, une pluie, une averse d'anniversaires* »[873]. Jusqu'à quel âge peut-on donc considérer que l'enfant doit se trouver protégé de l'activité rémunérée ? Cette interrogation, simple en apparence, se révèle finalement plus délicate qu'il n'y paraît. Historiquement, en effet, l'enfance n'a pas fait l'objet d'une définition unique[874] : « *les enfants sont des personnes dont l'âge oscille entre l'âge de la naissance et celui de la majorité* »[875]. D'aucuns considèrent que la segmentation de la société selon les âges serait finalement un phénomène contemporain, voire le privilège de certains pays[876].

441.- Dans le cadre de l'exercice d'une activité, le choix a été fait par les législations successives de poser un âge objectif de l'enfance. Ainsi, progressivement, cet enfant protégé de l'activité est devenu de plus en plus

---

873 DUPEYROUX J.-J., « L'âge en droit social », *Dr. soc.*, 2003, p. 1041.

874 LORRAIN J.-L., *Rapport d'information sur l'adolescence en crise*, Sénat, Rapport au nom de la commission des Affaires sociales et du groupe d'études sur les problématiques de l'enfance et de l'adolescence, n° 242, 3 avril 2003, p. 8.

875 WEISSTUB D. (dir.), *Les populations vulnérables,* L'Harmattan, 2001, p. 40.

876 Ainsi jusqu'au XIIème siècle, l'historien Philippe Ariès constate que l'enfant est absent des représentations, v. ARIES P., *L'enfant et la vie familiale sous l'Ancien Régime,* Editions du Seuil, « Histoire », Réédition, 2014, p. 53.

âgé. Le premier pas en faveur d'une protection de l'enfant fut engagé par l'article 29 de la loi spéciale du 3 janvier 1813, complétant le décret du 21 avril 1810, et fixant à 10 ans l'âge d'admission des enfants dans les mines. La loi du 22 mars 1841 concernant les établissements utilisant des moteurs ou employant vingt salariés prévoyait que les enfants admis au travail devaient être âgés de plus de 8 ans. Par ailleurs, la loi a réduit le temps de travail des enfants de 8 à 12 ans à huit heures par jour, et à douze heures pour ceux âgés de 12 à 16 ans, tout en interdisant le travail de nuit, sauf dérogation.

442.- En 1973, l'Organisation Internationale du travail considéra que l'enfant de moins de quinze ans devait être préservé du travail industriel[877]. Des dérogations étaient néanmoins prévues pour les pays dont l'économie et les institutions scolaires n'étaient pas suffisamment développées. L'âge minimum pouvait alors être fixé à 14 ans, et des travaux légers effectués dès l'âge de 12 ans[878]. La protection de l'enfant contre l'activité rémunérée n'est pas aussi étendue à travers le monde qu'elle l'est en France[879].

443.- La directive 94/33/CE du Conseil du 22 juin 1994 *relative à la protection des jeunes au travail* pose pour sa part un cadre protecteur du jeune travailleur. Une distinction y est ainsi établie entre l'enfant n'ayant pas encore atteint l'âge de 15 ans ou étant soumis à une obligation scolaire, et l'adolescent âgé de 15 à 18 ans et n'étant plus soumis à cette obligation[880].

À la lumière de cette diversité des âges de l'enfance, il convient donc de s'interroger : qui est donc l'enfant protégé de l'activité rémunérée en droit français aujourd'hui ?

2. Les bornes de l'enfance protégée de l'activité rémunérée en droit français

444.- L'âge de 16 ans constitue en droit français une borne essentielle lorsqu'est envisagée l'activité rémunérée de l'enfant. En droit civil, en effet,

---

877 OIT, *Convention n° 138 sur l'âge minimum d'admission à l'emploi*, 1973.

878 DERRIEN J.-M., « Les pires formes de travail des enfants : violences, silences, résistances », *LPA*, 30 nov. 1999, n° 238, p. 31

879 *Ibid.* ; MANIER B., *Le travail des enfants dans le monde*, La Découverte, « Collection Repères », 3ème éd., 2011.

880 Art. 3 de la Directive 94/33/CE du Conseil, du 22 juin 1994, *relative à la protection des jeunes au travail* ; DESBARATS I., REYNES B., « Âge et conditions du travail », *Dr. soc.*, 2003, p. 1067.

l'enfant de moins de 16 ans ne peut faire l'objet d'une décision d'émancipation et les contrats conclus par lui doivent, dès lors, être soumis à la nécessaire autorisation de ses représentants légaux, hors l'hypothèse des actes de la vie courante. De même, en droit commercial, l'article L. 121-2 du Code de commerce, tel que modifié par la loi n° 2010-658 du 15 juin 2010, prévoit que seul le mineur émancipé peut disposer de la qualité de commerçant lorsqu'il y est autorisé judiciairement[881].

445.- Mais ce sont plus particulièrement les dispositions du droit du travail qui, en interdisant par principe l'emploi des enfants de moins de seize ans, assurent une protection étendue de l'enfant, limitant ainsi sensiblement la détermination d'un prix du corps dans l'activité[882]. Ce principe s'accompagne néanmoins de plusieurs exceptions[883]. Les mineurs de plus de 14 ans sont ainsi autorisés pendant leurs vacances scolaires à exercer des travaux adaptés à leur âge[884]. De même, est notamment autorisé l'emploi de mineurs de 15 ans et plus titulaires d'un contrat d'apprentissage[885]. Sous réserve d'une autorisation administrative, l'enfant peut également être employé dans des secteurs spécifiques (cinéma, radiophonie, compétition de jeux vidéo…)[886]. Le principe demeure donc celui d'une prohibition de l'activité rémunérée des enfants de moins de 16 ans. Cette limite trouve sa justification dans une volonté de protection de l'enfant, protection dont il convient à présent d'analyser les raisons.

B. Les raisons de la protection

446.- L'enfance est marquée par un important développement, aussi bien physique qu'intellectuel. Un développement source de vulnérabilité, laquelle est notamment rappelée à l'article 7 de la directive 94/33/CE précitée qui impose aux États membres de veiller « *à ce que les jeunes soient*

---

[881] Il peut faire la demande auprès du juge des tutelles dans le cadre de la demande d'émancipation ou auprès du président du tribunal de grande instance s'il formule cette demande après avoir été émancipé.

[882] Art. L. 4153-1 C. trav.

[883] VERKINDT P.-Y., « Le droit des revenus professionnels du mineur », *in L'enfant, la famille et l'argent, Actes des journées d'études des 13 et 14 décembre 1990 organisées par le Laboratoire d'études et de recherches appliquées au droit privé de l'Université de Lille II*, DEKEUWER-DEFOSSEZ F. (dir.), LGDJ, 1991, p. 68.

[884] Art. L. 4153-3 C. trav.

[885] Art. L. 4153-1 1° C. trav.

[886] Art. L. 7124-1 et s. C. trav.

protégés contre les risques spécifiques pour la sécurité, la santé et le développement, résultant d'un manque d'expérience, de l'absence de la conscience des risques existants ou virtuels, ou du développement non encore achevé des jeunes ». Dès les premières lois encadrant le travail des enfants, la protection du corps apparaît comme un impératif. Cette nécessité justifie ainsi en grande partie les limites imposées à l'activité rémunérée (**1**). Ce premier objectif est doublé d'un second tout aussi essentiel que constitue la transmission des savoirs nécessaires au développement psychologique et social de l'enfant. Avant l'âge de 16 ans, l'activité principale de l'enfant consiste ainsi à s'instruire. Le respect de l'obligation d'instruction constitue dès lors une limite importante à l'exercice d'une activité rémunérée (**2**).

1. La protection « directe » du corps

447.- Dans son ouvrage consacré à l'enfant et la vie familiale sous l'Ancien Régime, Philippe Ariès décrit une miniature ottonienne du XIème siècle, censée représenter un groupe d'enfants rassemblés autour de Jésus. L'auteur s'étonne que les traits de l'enfance soient ignorés pour laisser place à ceux d'adultes dont on a simplement réduit la taille[887]. Dans le monde du travail, comme dans l'art, le corps de l'enfant est longtemps considéré à l'image de celui de l'adulte : la petite taille n'entrave en rien l'activité excessive. Les premières lois protectrices de l'enfance sont alors votées en réaction aux ravages causés au corps des enfants par le travail[888]. L'humanisme seul ne dicte pas cette réaction : la crainte croissante d'une usure prématurée du corps des jeunes citoyens, devant servir l'industrie et la guerre de demain, contribue largement à la consécration de ces lois[889].

448.- L'enjeu de protection de la santé, de portée plus générale que la seule protection du corps, se retrouve dans de nombreuses dispositions. L'article D. 4153-4 du Code du travail, dans sa nouvelle rédaction, prévoit ainsi que le mineur ne peut être employé que « *pour des travaux qui*

---

[887] ARIES P., *L'enfant et la vie familiale sous l'Ancien Régime,* Editions du Seuil, « Histoire», réédition, 2014, p. 53.

[888] VILLERME L., *Tableau de l'état physique et moral des ouvriers employés dans les manufactures de coton, de laine et de soie, T. I & II,* J. Renouard, 1840 ; DUVAL-ARNOULD D., *Le corps de l'enfant sous le regard du droit,* LGDJ, « Bibliothèque de droit privé », t. 228, 1994, pp. 236 et s.

[889] V. notamment. PELISSIER J., SUPIOT A., JEAMMAUD A., *Droit du travail,* Dalloz, « Précis », 22ème éd., 2004, p. 1093 ; BRIMO S., *L'Etat et la protection de la santé des travailleurs,* LGDJ, t. 273, « Bibliothèque de droit public », 2013, p. 41 ; KERBOUC'H J.-Y., WILLMANN C., « Faut-il un droit du travail des jeunes ? *RDT,* 2010, p. 342.

n'entraînent, eu égard à l'âge de l'intéressé, aucune fatigue anormale, tant à raison de la nature des tâches à accomplir qu'à raison des conditions dans lesquelles elles doivent être accomplies » et qu'il est par ailleurs « *notamment interdit d'employer l'intéressé à des travaux répétitifs ou accomplis dans une ambiance ou à un rythme leur conférant une pénibilité caractérisée* ». Il en va de même pour les travaux exercés en famille, lesquels ne doivent pas présenter de risques pour la santé ou la sécurité de l'enfant.

449.- S'agissant du travail des enfants mannequins, l'article R. 7124-9 du Code du travail prévoit que l'activité peut être exercée « *si compte tenu de l'âge et de l'état de santé de l'enfant, celui-ci est en mesure d'assurer une activité de mannequin sans compromettre sa santé ou son développement* ». L'article R. 7124-5 du Code du travail prévoit quant à lui que ces mêmes enfants doivent faire l'objet d'une visite médicale obligatoire. Plus l'enfant est jeune, plus le contrôle médical est fréquent : « *tous les trois mois pour les enfants âgés de moins de trois ans, tous les six mois pour ceux âgés de trois à six ans et tous les ans pour ceux âgés de plus de six ans* »[890]. Cette dégressivité de la fréquence du contrôle médical est révélatrice d'une appréhension de l'enfant « *par paliers* », selon l'expression du professeur Michel Grimaldi[891]. Les dispositions renforcées dans ce domaine se justifient en outre par l'esprit de lucre susceptible de gagner les parents. Alain Bruel, fort de son expérience de Président du tribunal pour enfants de Paris, n'hésite ainsi pas à qualifier certains parents de « *négrier* » qui par leur comportement compromettent la santé et l'instruction de leur enfant[892].

450.- En outre, si l'emploi d'un mineur de plus de 16 ans est permis, il n'en demeure pas moins soumis à des restrictions plus importantes que celles du droit commun, et ce afin de protéger le corps de la jeune personne[893]. L'article L. 4153-8 du Code du travail prévoit ainsi que le mineur doit être exclu des travaux dangereux, dont la liste est déterminée par voie réglementaire[894]. Par ailleurs, les conditions d'exercice d'une activité pourtant autorisée peuvent être restreintes, là encore en raison de

---

890 Art. R. 7124-9 C. trav.

891 GRIMALDI M., « L'administration légale à l'épreuve de l'adolescence », *in L'enfant, la famille et l'argent, Actes des journées d'études des 13 et 14 décembre 1990 organisées par le Laboratoire d'études et de recherches appliquées au droit privé de l'Université de Lille II*, DEKEUWER-DEFOSSEZ F. (dir.), LGDJ, 1991, p. 102.

892 BRUEL A., « L'exploitation de l'image de l'enfant en France », *LPA*, 30 nov. 1999 n° 238, p. 14.

893 LEROY Y., « Age du salarié », *Rep. Trav.*, 2011, n° 83 et s.

894 Art. D. 4153-17 et s. C. trav. Sont notamment visés les travaux exposant à des agents chimiques dangereux, les travaux exposant à un risque électrique ou encore les travaux avec des appareils à pression.

la santé et du développement physique de la jeune personne. Ainsi, et à titre d'illustration, le travail de nuit est interdit et le port de charge limité. Avant 2013, il était prévu une distinction entre les jeunes femmes et les jeunes hommes : la charge devait être limitée à 10 kilogrammes pour un travailleur féminin de 16 ou 17 ans (pour 25 kilogrammes pour une femme adulte) et 20 kilogrammes pour un travailleur masculin du même âge (pour 55 kilogrammes pour un homme adulte)[895]. Il est intéressant de souligner que la distinction ne repose plus aujourd'hui sur le genre mais sur le poids de la jeune personne, l'article R. 4153-52 du Code de travail prévoyant, depuis le décret 2013-914 du 11 octobre 2013, que « *les jeunes travailleurs sont autorisés à être affectés à des travaux comportant des manutentions manuelles au sens de l'article R. 4541-2 excédant 20 % de leur poids si leur aptitude médicale à ces travaux a été constatée* ».

451.- Par conséquent, tant dans le principe d'interdiction de l'activité rémunérée qu'à travers ces exceptions strictement encadrées, la protection du corps influence considérablement la possibilité pour l'enfant de conférer un prix à son corps. Cette exigence d'une protection immédiate de la santé est complétée par une volonté de favoriser l'instruction qui peut avoir indirectement des effets vertueux sur le corps.

2. La protection « indirecte du corps »

452.- Dès 1841, et outre la protection du corps dans l'activité, la loi établit une obligation de scolarisation des jeunes ouvriers. L'obligation scolaire instituée par cette loi fut critiquée par certains, qui l'analysèrent comme une brimade à l'endroit des parents, lesquels perdaient ainsi une source de revenus[896]. En consacrant l'obligation d'instruction, le travail de l'enfant cessa progressivement d'être une source de revenus pour la famille. Aujourd'hui encore, l'article 386-4 du Code civil rappelle aux parents que les revenus du travail ne sont pas soumis à la jouissance légale des biens[897]. Les représentants légaux ne peuvent disposer librement de ces

---

[895] Art. D. 4153-39 C. trav. pour l'enfant ; Art. R. 4541-9 C. trav. pour l'adulte.

[896] Pour les débats entourant cette loi, v. SUEUR P., « La loi du 22 mars 1841, Un débat parlementaire : l'enfance protégée ou la liberté offensée », *Histoire du droit social, Mélanges en hommage à Jean Imbert*, PUF, 1989, p. 501.

[897] VERKINDT P.-Y., « Le droit des revenus professionnels du mineur », *in L'enfant, la famille et l'argent, Actes des journées d'études des 13 et 14 décembre 1990 organisées par le Laboratoire d'études et de recherches appliquées au droit privé de l'Université de Lille II*, », DEKEUWER-DEFOSSEZ F. (dir.), LGDJ, 1991, p. 68.

sommes, si ce n'est afin d'assurer l'entretien ou l'éducation de l'enfant[898]. S'agissant plus précisément des rémunérations perçues par l'enfant artiste, la commission chargée d'autoriser l'activité du mineur veille à fixer une quote-part disponible, pouvant être gérée par les parents, le solde étant quant à lui destiné à alimenter un pécule perçu à la majorité de l'enfant.

453.- L'activité rémunérée de l'enfant demeure donc exceptionnelle et ne peut constituer une source de revenus réguliers pour la famille ou l'enfant lui-même. L'activité principale de l'enfant jusqu'à ses 16 ans consiste en effet à s'instruire. À ce titre, la protection de l'obligation d'instruction des enfants de 6 à 16 ans conduit inévitablement à restreindre la possibilité d'exercer une activité rémunérée[899]. L'enfant, « *travailleur contraint* »[900], exerce une activité imposée, destinée finalement à libérer l'adulte qu'il deviendra. Ainsi, dans une conception idéale de l'enseignement, l'acquisition d'un socle commun de connaissances doit permettre à toute personne de disposer des facultés nécessaires au choix d'une activité rémunérée[901]. Les élèves sont en quelque sorte des producteurs, mais « *la particularité de leur production est qu'elle est le reflet d'eux-mêmes, qu'ils en sont les bénéficiaires en même temps que les acteurs* »[902]. La particularité de cette activité obligatoire est donc qu'elle ne peut être rémunérée, ce que l'élève produit n'est jamais au profit financier d'autrui. Cette obligation tend en définitive à protéger l'enfant d'adultes qui lui refuseraient la possibilité de bénéficier d'une instruction. L'obligation contribue donc à la libération des choix futurs d'activités.

454.- Cette obligation d'instruction est si importante qu'elle doit être maintenue dans l'hypothèse de la détention d'un mineur délinquant, l'article D. 516 du Code de procédure pénale précisant que « *la continuité de l'accès du mineur détenu à l'enseignement ou à la formation est assurée, quel que soit son âge, conformément aux dispositions des livres Ier et III du code de l'éducation* ». L'article D. 521 du Code précité prolonge même cet objectif d'enseignement de formation jusqu'à l'âge de 21 ans.

---

898 Civ 1re, 9 janvier 2008, n°05-21000, *Bull. civ.* I, n° 7, p. 5 ; *D.*, 2008, AJ, p. 353 ; *JCP*, 2008, II, 10048, note LASSERRE-CAPDEVILLE J. ; *JCP N.*, 2008, 1157, note PLAZY J.-M. ; *Dr. fam.*, 2008, n° 47, obs. FOSSIER T. ; *Defrénois*, 2008, 1124, obs. MASSIP J. ; *Dr. et patr.*, mai 2008, p. 80, obs. FULCHIRON H. ; *RTD civ.*, 2008, p. 275, obs. HAUSER J.

899 Art. L. 131-1 et L. 111-2 C. éduc.

900 DURAND-PRINBORGNE C., « Le travail scolaire », *in Le travail en perspective*, SUPIOT A. (dir), LGDJ, « Droit et société », 1998, p. 522.

901 DURAND-PRINBORGNE C., « Le travail scolaire », *in Le travail en perspective*, SUPIOT A. (dir), LGDJ, « Droit et société », 1998, p. 519.

902 LA BORDERIE R., *Le métier d'élève*, Hachette Education, 1991.

455.- L'obligation d'instruction rejaillit également sur tous les régimes dérogatoires. Pour l'enfant artiste, l'activité rémunérée n'est autorisée que dans la mesure où l'obligation d'instruction est respectée. À ce titre l'article R. 7124-5 3° du Code du travail, prévoit que la commission chargée d'analyser la demande d'autorisation pour engager ou produire un enfant de moins de seize ans, doit veiller au respect de l'obligation scolaire et à l'état de santé de l'enfant. À cette fin, la commission est notamment composée d'un médecin, et également d'un inspecteur d'Académie, ainsi garants des conditions d'épanouissement tant intellectuel que corporel de l'enfant.

456.- La quête d'instruction et d'apprentissage justifie toutefois certaines exceptions. En effet, après avoir interdit par principe l'activité de l'enfant de moins de 16 ans, l'article L. 4153-1 du Code du travail prévoit trois catégories d'exceptions utiles à l'éducation et à la formation de l'enfant[903], au nombre desquelles se trouve notamment l'apprentissage[904]. Plus généralement, jusqu'à 18 ans le travailleur est souvent présumé apprendre. Ainsi, la rémunération obligatoire bénéficie d'un montant minimum allégé, les travailleurs de moins de 17 ans percevant 80 % du SMIC et ceux de 17 à 18 ans 90 %[905]. Cette dérogation peut se justifier par l'inexpérience du jeune travailleur et l'effort que doit consentir l'employeur à la formation[906]. En ce sens, l'abattement est logiquement supprimé pour les jeunes travailleurs justifiant de « *six mois de pratique professionnelle dans la branche d'activité dont ils relèvent* »[907].

457.- Dès lors que le jeune de moins de 16 ans est soumis à l'obligation d'instruction, la place de l'activité rémunérée, y compris lorsqu'elle n'est pas contraignante pour son développement physique, est nécessairement limitée. Le corps de l'enfant n'est pas complètement dépourvu de prix dans l'activité. L'enfant peut ainsi choisir des activités secondaires à son « *métier d'étudiant* » [908] qui lui permettent de percevoir une rémunération. Mais la place de l'enfant a changé et les revenus de l'activité en France n'ont plus vocation à contribuer, à titre régulier et essentiel, à la subsistance de la famille. Le choix de l'activité ne peut donc pas être principalement

---

903 DESBARATS I., REYNES, « Âge et conditions du travail », *Dr. soc.*, 2003, p. 1067.

904 En France, une grande partie des travailleurs de moins de 18 ans exercent dans le cadre de l'apprentissage. V. MANIER, *Le travail des enfants dans le monde*, La Découverte, « Collection Repères », 3ème éd., 2011, p. 79.

905 Art. D. 3231-3 C. trav.

906 LEROY Y., « Age du salarié », *Rep. Trav.,* 2011, n° 93.

907 Art. D. 3231-3 C. trav.

908 LA BORDERIE R., *Le métier d'élève,* Hachette Education, 1991.

guidé par la nécessité et la régularité. Cette activité doit être bridée afin d'assurer la protection du corps vulnérable de l'enfant, tout en favorisant l'acquisition de savoirs essentiels. À ce titre l'obligation d'instruction s'associe à la protection du corps pour limiter l'activité.

La majorité acquise, la liberté de choix d'une activité rémunérée s'offre à l'adulte. Cependant, certaines catégories de personnes, en raison de leur situation personnelle, rencontrent des difficultés dans l'exercice de ce choix.

§II. Les majeurs entravés

458.- À la différence de l'enfant, certaines personnes, bien qu'adultes et partant, libres juridiquement, ne peuvent, en raison de leur situation personnelle obtenir une contrepartie à l'activité. Le prix du corps n'est alors pas limité par le droit, mais de fait. Deux situations sont particulièrement caractéristiques de cette difficulté. Il s'agit tout d'abord de la personne atteinte d'une déficience et qui, en raison des limitations imposées par son état de santé, ne peut aisément exercer une activité. On peut alors considérer que la limitation du prix trouve sa source dans le corps lui-même (**A**). Il s'agit, ensuite, de la situation carcérale, qui constitue une entrave sensible à la libre activité rémunérée (**B**).

A. Le prix du corps dans l'activité de la personne déficiente

459.- La personne, dès la naissance ou au cours de sa vie, peut être confrontée à un dysfonctionnement physique de son corps ou mental. L'article L. 5213-1 du Code du travail définit la personne handicapée comme celle « *dont les possibilités d'obtenir ou de conserver un emploi sont effectivement réduites par suite de l'altération d'une ou plusieurs fonctions physique, sensorielle, mentale ou psychique* ». Si les déficiences peuvent faire l'objet d'une compensation, certaines personnes déficientes peuvent toutefois exercer une activité et conférer ainsi un prix à leur corps.

460.- Il s'avère pourtant en pratique, alors même que la personne souhaite exercer une activité et qu'elle est en mesure de le faire, que l'accueil qui lui est réservé par le monde du travail est très peu favorable. En effet, les employeurs ne considèrent pas ces candidats à l'emploi avec un grand enthousiasme : le taux de formation des personnes déficientes est souvent plus faible, leur rendement peut être limité, enfin les lieux de travail doivent souvent faire l'objet d'aménagements pour permettre leur accueil. Le corps, en raison de la déficience, perd alors de son prix.

461.- En outre, contrairement aux personnes non déficientes, la personne handicapée doit dans bien des cas faire face à un obstacle majeur que constitue le défaut d'accessibilité. En effet, comment exercer une activité si la personne handicapée ne peut rejoindre son lieu de travail ? En 2003, une étude menée sur 450 personnes handicapées à la recherche d'un emploi révélait ainsi que, pour 40 % d'entre elles, l'inaccessibilité des lieux de travail ou des moyens de transport les avait contraintes à refuser une offre[909]. En ce sens, la loi n° 2005-102 du 11 février 2005 semblait offrir un espoir et un début de réponse aux revendications croissantes, en fixant des objectifs d'accessibilité des lieux recevant du public, devant être atteints au 1er janvier 2015[910]. La mise en œuvre de cette loi s'est cependant révélée plus qu'insatisfaisante[911]. Si paraît en effet admise la nécessité de « *restreindre quelque peu le territoire des valides en les contraignant à ménager une petite place à ceux qui ne le [sont] pas* »[912], plus difficile est en revanche l'acceptation de la nécessité de procéder aux dépenses liées à l'accessibilité. Devant le constat anticipé du non-respect des objectifs d'accessibilité au 1er janvier 2015[913], l'ordonnance n° 2014-1090 du 26 septembre 2014 relative à la mise en accessibilité des établissements recevant du public, des transports publics, des bâtiments d'habitation et de la voirie pour les personnes handicapées a prévu la possibilité pour le propriétaire ou l'exploitant d'un établissement recevant du public ou d'une installation ouverte au public, qui ne répond pas au 31 décembre 2014 aux exigences d'accessibilité définies à l'article L. 111-7-3 du Code de la construction et de l'habitation,

---

909 COULIBALY A. A., *Droit au travail et handicap, L'obligation d'emploi entre mythe et réalité*, L'Harmattan, « Technologie de l'action sociale », 2003, p. 5.

910 ASSANTE V., *Rapport sur les Situations de handicap et cadre de vie,* La documentation française, septembre 2000, II-29, p. 75.

911 Rapport de l'observatoire interministériel de l'accessibilité et de la conception universelle remis au Premier ministre le 16 mai 2011, La documentation française, p. 28 ; GUIGUE M., *La personne handicapée, Contribution à l'étude de l'utilité de son statut,* Thèse de droit privé, Université de Montpellier, 5 décembre 2011, pp. 395 et s. , n° 661 et s.

912 COHEN D., « La notion de handicap », *in Contentieux et handicap,* AMRANI-MEKKI S., BOUJEKA A. (dir.), IRJS, t. 23, 2010, p. 7.

913 CAMPION C.-L., *Rapport sur le projet de loi habilitant le Gouvernement à adopter des mesures législatives pour la mise en accessibilité des établissements recevant du public, des transports publics, des bâtiments d'habitation et de la voirie pour les personnes handicapées (Procédure accélérée),* Sénat, Commission des affaires sociales, n° 460, 16 avril 2014.

d'élaborer un agenda d'accessibilité programmée[914]. S'il ne s'agit donc pas d'un abandon complet des objectifs prévus par la loi de 2005, il est cependant très regrettable que l'effectivité de l'accessibilité soit sans cesse reportée de plusieurs années[915]. La problématique de l'accessibilité intéresse un nombre de plus en plus important de personnes et demeure donc un obstacle majeur à l'activité rémunérée.

À la lumière de ces difficultés, le droit a ainsi dû intervenir afin de permettre aux personnes handicapées de conférer plus aisément un prix à leur corps. Cette intervention peut ainsi viser au développement de l'exercice d'une activité en qualité de subordonné (**1**) ou à titre indépendant (**2**).

1. La valorisation de l'activité subordonnée

462.- Selon le degré de son handicap, de ses difficultés personnelles, le travailleur handicapé bénéficie de cadres différents d'exercice de l'activité dépendante. En effet, il peut exercer au même titre qu'un travailleur valide. Dans cette hypothèse, le droit doit bien souvent inciter l'employeur à recruter la personne déficiente (**a**). Mais la rémunération peut également être la contrepartie d'une activité protégée (**b**).

a. L'activité rémunérée en milieu de travail ordinaire

463.- L'emploi d'une personne handicapée constitue généralement une source de contraintes pour l'employeur qui se doit d'adapter le poste ou l'emploi à la personne recrutée. Il favorise pourtant l'intégration sociale et la rémunération de la personne handicapée, le Code du travail prévoyant que le salaire de cette dernière ne peut « *être inférieur à celui qui résulte de*

---

[914] L'article 3 de ladite ordonnance prévoit des sanctions pécuniaires en cas de non-respect de l'élaboration de l'agenda de l'accessibilité programmée allant de 1500 euros à 5000 euros. Il est néanmoins permis de s'interroger sur l'efficacité de cette sanction au regard des sommes qui doivent être investies pour permettre les travaux garantissant l'accessibilité.

[915] L'article 3 de l'ordonnance du 24 septembre 2014 prévoit ainsi des reports de mise en conformité avec l'objectif d'accessibilité pouvant aller jusqu'à neuf ans. V. également décret n° 2014-1321 du 4 novembre 2014 *relatif au schéma directeur d'accessibilité - agenda d'accessibilité programmée pour la mise en accessibilité des services de transport public de voyageurs.*

l'application des dispositions légales ou des stipulations de la convention ou de l'accord collectif de travail »[916]. Pour inciter les employeurs à recruter des personnes nonobstant leur déficience, plusieurs voies peuvent être empruntées. L'obligation d'emploi est un instrument clef, mais qui présente certaines limites. L'incitation financière peut également être préconisée.

464.- ***L'obligation d'emploi.*** À la fin de la Première Guerre mondiale, l'obligation d'emploi est instituée afin de favoriser l'emploi des militaires invalides. Il faut attendre la loi n° 87-517 du 10 juillet 1987 en faveur de l'emploi des travailleurs handicapés pour voir cette obligation d'emploi consacrée et unifiée[917]. Renforcée par la loi de 2005, l'obligation d'emploi impose aux entreprises privées et publiques de plus de vingt salariés d'employer 6% de personnes handicapées dans leur effectif. Cette obligation est également réputée satisfaite si l'entreprise a recours à des contrats de sous-traitance avec des entreprises adaptées ou des établissements ou service d'aide à la personne, ou encore si elle accueille en stage des personnes handicapées, dans la limite de 2% de son effectif[918]. Lorsque l'employeur ne recourt ni à l'emploi ni aux alternatives ci-dessus évoquées, il peut néanmoins s'acquitter de son obligation par le versement d'une contribution financière, soit à l'Association nationale pour la gestion du fonds d'insertion professionnelle des handicapés (AGEFIPH) s'il s'agit d'une entreprise privée, soit au Fonds pour l'insertion des personnes handicapées pour la fonction publique (FIPHFP) s'il s'agit d'une entreprise publique.

465.- Dans les années qui suivirent l'édiction de l'obligation, les résultats se révélèrent décevants[919], les entreprises préférant accomplir leur obligation par des voies indirectes plutôt que par le recrutement de personnes handicapées[920]. Ainsi, en 2007, le taux de chômage parmi les bénéficiaires de l'obligation s'élevait à 20 %, contre 8% pour le reste de la

---

[916] Art. L.. 5213-7 C. trav.

[917] BLANC A., *Les handicapés au travail, Analyse sociologique d'un dispositif d'insertion professionnelle,* Dunod, 1999, p. 84.

[918] Art. L. 5212-7 C. trav.

[919] Pour un bilan de l'emploi direct des personnes handicapées dans les années suivant l'entrée en vigueur de la loi, v. BLANC A., *Les handicapés au travail, Analyse sociologique d'un dispositif d'insertion professionnelle,* Dunod, 1999, pp. 94 et s ; SELMA A., LO S.-H., « L'emploi des travailleurs handicapés et le bilan de la loi de 1987 », *in L'insertion professionnelle des travailleurs handicapés, En France de 1987 à nos jours,* BLANC A. (dir.), PUG, « Collection handicap vieillissement société », 2009, p. 212 ; MAGGI-GERMAIN N., « La construction juridique du handicap », *Dr. soc.*, 2002, p. 1092.

[920] AUVERGNON P., « L'obligation d'emploi des handicapés », *Dr. soc.*, 1991, p. 596.

population[921]. En 2013, l'AGEFIPH constata toutefois un déclin dans la collecte de sa contribution, les employeurs ayant, notamment, davantage eu recours à l'exécution directe. Cette évolution doit cependant être relativisée, la situation économique dégradée pouvant en partie expliquer cette baisse des contributions.

466.- L'obligation d'emploi demeure, quoi qu'il en soit, un instrument important auquel ont recours de nombreux pays européens tels que l'Allemagne, l'Autriche, l'Italie ou encore l'Espagne[922], mais qui, à lui seul, n'en reste pas moins insuffisant. Aussi, l'obligation d'emploi s'accompagne-t-elle d'un soutien financier des employeurs.

467.- ***Le soutien financier des employeurs.*** L'accueil de personnes en situation de handicap dans l'entreprise peut contraindre à l'adaptation du cadre de travail. Les coûts induits par cette adaptation peuvent, en eux-mêmes, décourager l'emploi de la personne déficiente. Afin d'inciter les employeurs à recruter des personnes handicapées, l'article L. 5213-10 du Code du travail prévoit donc la possibilité pour les employeurs soumis à l'obligation d'emploi de percevoir une aide financière attribuée par l'État, afin de prendre en charge les coûts liés à l'accueil en milieu ordinaire de la personne déficiente. Cette aide peut notamment concerner l'adaptation des machines ou des outillages, l'aménagement des postes de travail ainsi que l'accessibilité des lieux[923]. Limitée à 80% des sommes engagées, cette aide ne couvre pas l'intégralité des coûts, mais constitue un soutien important d'incitation à l'emploi[924]. Outre l'adaptation des lieux de travail, l'employeur peut être réfractaire à l'emploi d'une personne déficiente dont la productivité est bien souvent réduite. Aussi, afin de pallier cette contrainte, l'article L. 5213-11 du Code du travail prévoit la possibilité pour l'employeur d'obtenir une aide financière en raison de la « *lourdeur du handicap* »[925].

Le travail en milieu ordinaire doit donc être encouragé. Il permet de limiter l'exclusion tant d'un point de vue financier que social. Cependant, certains handicaps ne permettent pas aisément l'exercice d'une activité en

---

921 KERROUMI B. (dir.), *Vers un emploi durable pour les personnes handicapées, Actes du Colloque au Sénat le 11 mai 2009,* Conseil National du Handicap, 2010, p. 14.

922 ZRIBI G., *L'avenir du travail protégé, Les ESAT dans le dispositif de l'emploi des personnes handicapées,* Presses de l'EHESP, 4ème éd., 2012, p. 10.

923 Art. R. 5213-32 C. trav.

924 Art. R. 5213-34 C. trav.

925 Art. R. 5213-39 et s. C. trav.

milieu ordinaire. Des conditions particulières d'exercice doivent alors être proposées.

b. L'activité rémunérée en milieu adapté

468.- À défaut de pouvoir intégrer immédiatement la personne atteinte d'une déficience dans un cadre classique d'activité, des cadres particuliers de travail ont été créés afin de lui permettre d'exercer une activité. Originalité française, il existe deux types différents d'établissements offrant la possibilité d'exercer une activité en milieu adapté pour les personnes handicapées[926].

469.- ***Les Établissements et services d'aide par le travail.*** L'article L. 5213-20 du Code du travail prévoit la possibilité pour les personnes qui ne peuvent être orientées sur le marché de l'emploi, en raison d'une capacité de travail inférieure à 1/3 de celle d'un travailleur ordinaire[927], d'être admises dans des structures spécialisées de travail : les Établissements et services d'aide par le travail (ESAT). Ces établissements tentent ainsi de concilier la protection de la personne vulnérable et les bénéfices de l'exercice d'une activité.

470.- Lorsqu'elle exerce une activité au sein de l'ESAT, la personne bénéficie d'un encadrement spécifique en fonction de son handicap tout en exerçant une activité rémunérée. La personne handicapée ne bénéficie alors pas du statut de salarié[928] mais de celui d'usager[929], la loi lui

---

926 BLANC A., *Les handicapés au travail, Analyse sociologique d'un dispositif d'insertion professionnelle,* Dunod, 1999, p. 126.

927 Les personnes dont la capacité de travail est supérieure à 1/3 de celle d'un travailleur valide mais qui nécessitent un suivi médical, éducatif, social ou psychologique qui ne peut être satisfait par le marché du travail peuvent également être orientées vers ces établissements. Art. R. 243-3 CASF.

928 Art. L. 243-5 CASF.

929 MANANGA F., « Le statut du travailleur handicapé mental en Etablissement ou Service d'Aide par le Travail (ESAT) et l'application du droit du travail », *RDT*, 2008, p. 89 ; JOLY L., *L'emploi des personnes handicapées entre discrimination et égalité,* Thèse de droit privé, Université de Paris X, 2013, pp. 84 et s., n° 103 et s ; RIHAL H., « Le statut des personnes handicapées employées par les ESAT, entre travailleurs et usagers d'un établissement social », *RDSS*, 2014, p. 46.

reconnaissant toutefois un ensemble de droits proches de ceux du salarié[930].

471.- Le montant de la rémunération perçue dans l'exercice de cette activité est compris entre 55,7 % et 110,7 % du SMIC[931]. Ce montant est en partie garanti par une aide au poste versée par l'État destinée à compenser l'efficience moindre du travailleur handicapé tout en lui permettant de bénéficier d'un minimum de ressources[932]. Cette rémunération peut être cumulée avec l'Allocation pour adulte handicapée (AAH). Certains ont pu contester un tel cumul, estimant qu'il aurait pour effet de rémunérer davantage la personne handicapée que le travailleur ordinaire. Il nous semble cependant que l'AAH doit être nettement distinguée des revenus tirés de l'activité. Surtout, les faits donnent tort à cette analyse, la rémunération des personnes exerçant au sein d'un ESAT semblant davantage se situer dans une fourchette comprise entre 88% et 92% seulement du SMIC[933]. L'on dénombrait 1349 ESAT en 2013, lesquels employaient 118 919 personnes handicapées[934]. 702 entreprises adaptées permettent par ailleurs de rémunérer 40 000 travailleurs handicapés[935].

472.- ***Les entreprises adaptées et centres de distribution de travail à domicile.*** Ces établissements se composent, en vertu de l'article L. 5313-13 du Code du travail, de 80 % de travailleurs handicapés au moins, dont la capacité de travail peut être égale ou supérieure à 1/3 de la capacité d'un travailleur valide[936]. Au contraire de l'activité pratiquée en ESAT, les travailleurs des entreprises adaptées et des centres de distribution du travail à domicile sont des salariés[937]. Leur rémunération doit être fixée compte tenu de l'emploi qu'ils occupent et de leur qualification « *par référence aux dispositions légales ou stipulations conventionnelles applicables dans la*

---

930 RIHAL H., « Le statut des personnes handicapées employées par les ESAT, entre travailleurs et usagers d'un établissement social », *RDSS*, 2014, p. 46.

931 Art. R. 243-5 CASF.

932 Art. L. 243-4 CASF.

933 ZRIBI G., *L'avenir du travail protégé, Les ESAT dans le dispositif de l'emploi des personnes handicapées,* Presses de L'EHESP, 4ème éd., 2012, p. 49.

934 Rapport FIPHFP-AGEFIPH, *Les personnes handicapées et l'emploi*, Chiffres Clés, juin 2014, p. 7.

935 *Ibid.*

936 Pour des développements sur l'affectation des travailleurs et l'organisation du travail dans ces entreprises ou ces centres, v. JOLY L., *L'emploi des personnes handicapées entre discrimination et égalité,* Thèse de droit privé, Université de Paris X, 2013, pp. 90 et. s. n° 112.

937 Art. L. 5213-14 C. trav.

branche d'activité »[938]. En tout état de cause, le salaire ne peut être inférieur au SMIC. Comme pour les ESAT, les entreprises adaptées et les centres de distribution de travail à domicile perçoivent une aide au poste[939].

Par conséquent, cette forme d'exercice de l'activité permet à la personne handicapée de conférer un prix à son corps, juste mesure de son effort. Adapter l'activité au handicap constitue donc un instrument précieux en vue de permettre la rémunération d'une activité. Néanmoins, le nombre de places proposées demeure insuffisant pour permettre de répondre à la demande d'emploi des personnes handicapées. L'activité indépendante constitue dès lors une voie à valoriser.

2. Le soutien financier de l'activité indépendante

473.- La création de sa propre activité par la personne en situation de handicap peut constituer une alternative possible face à la pénurie d'emplois. La personne dont la déficience est physique peut ainsi connaître de grandes difficultés pour se déplacer sur un lieu de travail, tout en conservant toutes ses capacités intellectuelles qu'elle peut mettre au service de son activité à domicile. La voie de l'activité indépendante ou de la création d'activité ne doit donc pas être écartée.

474.- Afin de favoriser le développement de l'activité indépendante, et en sus des aides accordées afin d'assister la personne au quotidien, une aide spécifique de soutien à la création d'activité peut être octroyée. L'AGEFIPH indique ainsi avoir soutenu financièrement 3061 créations et reprises d'activité en 2013[940]. Le chiffre est modeste au regard des 413 421 demandeurs d'emploi, mais cette voie ne doit en aucun cas être négligée.

475.- Le corps de la personne déficiente n'est donc pas véritablement dépourvu de prix. Longtemps rejetée de la sphère de l'activité rémunérée, la personne déficiente doit aujourd'hui bénéficier d'une place plus juste. À cette fin, plusieurs voies doivent être améliorées : à titre salarié ou indépendant, au sein du marché du travail ou d'un établissement aménagé, la personne handicapée doit bénéficier du droit d'accéder effectivement à l'activité rémunérée. Cette problématique de l'accès à l'activité se pose également pour la personne incarcérée.

---

[938] Art. L. 5213-15 C. trav.

[939] Art. L. 5213-19 C. trav.

[940] AGEFIPH, *L'Agefiph en 2013, Rapport d'activité*, 2014, pp. 5 et 21.

B. Le prix du corps de la personne incarcérée

476.- Entre les murs des prisons, tous les faits et gestes sont réglementés, encadrés, rythmés : « *le temps de veille et de repos, de l'activité, le nombre et la durée des repas, la qualité et la ration des aliments, la nature et le produit du repas, le temps de la prière, l'usage de la parole* »[941]. Une fois incarcéré, le corps de la personne est contraint par la discipline imposée à chacun de ses mouvements. C'est dans ce contexte, réduisant nécessairement le champ des possibles, que se pose la question de l'activité rémunérée. Si elle n'est pas en elle-même interdite, l'activité en prison est nécessairement limitée par les impératifs de sécurité et l'entrave à la liberté de la personne incarcérée. De fait, l'on constate une limitation importante de la possibilité d'activité en milieu carcéral qui contraint, non pas seulement la liberté de mouvement du détenu, propre à la privation de liberté, mais également la liberté de conférer un prix à son corps en exerçant une activité (**1**). Lorsque le prisonnier parvient à exercer une activité, il convient encore de constater que les sommes perçues en contrepartie de la mise à disposition de la force du travail n'obéissent pas aux règles de libre disposition (**2**).

1. L'exercice limité d'une activité rémunérée

477.- Tant que le travail était associé à la sanction, à la souffrance ou encore à la rédemption, l'activité rémunérée ne pouvait se forger une place significative. Il fallut donc envisager, aux côtés du travail comme instrument de sanction, un travail utile à la réinsertion du prisonnier. Dans cette perspective, la rémunération a pu progressivement se forger une place (**a**). Mais cette existence théorique d'une activité rémunérée, et donc d'un prix pour le corps du détenu, est mise à mal par la faiblesse de l'activité en milieu carcéral (**b**).

---

[941] LUCAS C., *De la réforme des prisons ou de la théorie de l'enfermement*, Editions Legrand, t. II, 1838, pp. 123-124.

a. Du travail sanction au travail rémunéré

478.- Afin qu'apparaisse la rémunération, il fallut que s'opère progressivement une distinction entre le travail entendu comme sanction et le travail entendu comme instrument au service de la réinsertion. Aujourd'hui, la séparation n'est pas toujours complète, mais l'activité rémunérée a pu néanmoins se faire une place dans le monde carcéral.

479.- ***Le corps condamné aux travaux forcés.*** Des invasions barbares à l'époque féodale, l'auteur d'un crime pouvait être réduit en esclavage au profit de la victime ou de ses héritiers. De même, lorsque la personne condamnée au versement d'une composition pécuniaire ne pouvait l'honorer, la loi des Visigoths prévoyait qu'elle serait réduite en esclavage[942]. Dans ce contexte, le travail servile est donc appréhendé comme instrument de réparation du préjudice causé aux proches de la victime. L'activité est également intimement liée à la sanction dans le cadre du travail forcé, les corps des condamnés constituant « *le pivot central de la répression pénale* »[943]. Mis au service de la flotte du Roi[944], les corps des condamnés étaient ainsi soumis au travail violent des galères[945]. Plus tard et pendant des décennies, le bagnard fut employé aux « *travaux les plus pénibles* » selon les termes de l'article 15 de l'ancien Code pénal. Les corps des condamnés étaient soumis à des travaux forcés, laborieux, non

---

942 BART J., *Histoire du droit privé de la chute de l'Empire romain au XIXème siècle*, Montchrestien, « Domat droit privé », 2ème éd., 2009, p. 23.

943 LORVELLEC S., « Travail et peine », *in Le travail en perspective*, SUPIOT A. (dir), LGDJ, « Droit et société », 1998, p. 248.

944 DELMAS A., *De la rémunération du Travail Pénitentiaire et du Pécule des Détenus*, Imprimerie F. Boisseau, Thèse pour le Doctorat de Droit, Université Toulouse, 1935, p. 10.

945 LHUILLIER D., BELLENCHOMBRE P., CANINO R., FRIZE N., *Le travail incarcéré*, Editions Syllepse, « Le Présent Avenir », 2009, p. 28. Les maladies ou les décès sont liés non seulement au travail lui-même mais également aux conditions de vie très rudes. Un auteur dresse ainsi un sinistre inventaire des pathologies développées, v. ZYSBERG A., *Les galériens, Vies et destins de 60 000 forçats sur les galères de France, 1680-1748,* Editions du Seuil, « L'univers historique », 1987, p. 351 : « *Beaucoup sont "exténués" avant l'âge, "rompus", "caducs", "usés de galère". Le sel et la chaîne ont rongé leurs jambes ; le travail de la rame leur a brisé les reins. Ils ont des ulcères, des hernies. On voit aussi des "poulmoniques", hydropiques, fistuleux, écrouelleux. Quelques uns sont aveugles, épileptiques, fous, convulsifs, affiché d'un "tremblement universel" ; d'autres souffrent de "mixtion involontaire" ou de "relaxation du gros boyau". Parmi les maladies contagieuses, il semble que les dysenteries et les "fièvres" estivales soient particulièrement virulentes, ainsi que les maux vénériens. Les méfaits du froid et du mistral expliquent également une bonne part des décès, de novembre à mars, quand les galériens dépourvus de toute protection efficace, grelottent dans leur banc* ».

consentis, voire inutiles[946], mais à des seules fins de souffrance[947]. Ainsi, à l'image de l'écureuil qui active un rouage inutile et qui répond à un passant étonné par cette activité dans la fable de Montperlier, le condamné contraint au travail aurait ainsi bien souvent pu déclarer :

« *Si mes travaux, si mes peines*

Sont vaines,

J'obéis sans murmure à la commune loi.

Que gagnerais-je à rester coi

dans mon asile ordinaire ».

480.- Cette souffrance dans l'activité s'accompagnait d'une torture préliminaire de la chair, exigée par l'article 20 de l'ancien Code pénal : une empreinte au fer brûlant, comportant les lettres « TP » pour les condamnés aux travaux forcés à perpétuité, ou la lettre « T » pour les condamnés aux travaux forcés à temps, était inscrite sur l'épaule droite des condamnés[948]. Le travail forcé n'est ainsi que l'aboutissement d'un long processus de souffrance, de sanction du corps, pour mieux frapper l'âme du condamné. « *Le corps travaillé* » est alors la « *traduction d'un corps humain dont on ampute l'intégrité pour le redonner symboliquement au corps social* »[949]. Mais ce sont plus particulièrement les esprits de ceux, qui face à ce supplice, seront moins enclins à céder à l'attrait du crime, que le droit veut marquer[950]. Dans cette perspective, la rémunération peut difficilement se forger une place. Le code pénal de 1810 ne prévoyait ainsi aucune contrepartie pécuniaire pour

---

946 Dans les prisons écossaises du XIXe siècle, Hayes rapporte que des prisonniers devaient actionner 14 000 fois par jour la manivelle d'une machine qui n'avait aucune utilité. Cité par DANTI-JUAN M., « Les droits sociaux du détenu », *in La condition juridique du détenu*, PRADEL J. (dir.), Cujas, « Travaux de l'Institut de sciences criminelles de Poitiers », vol. XIII, 1994, p. 104, note n° 12.

947 LORVELLEC S., « Travail et peine », *in Le travail en perspective*, SUPIOT A. (dir.), LGDJ, « Droit et société », 1998, p. 248.

948 MERLE R., VITU A., *Traité de droit criminel, Problèmes généraux de la science criminelle, Droit pénal général, Tome I*, Editions Cujas, 7ème éd., 1997, p. 908, n° 735.

949 LHUILLIER D., BELLENCHOMBRE P., CANINO R., FRIZE N., *Le travail incarcéré*, Editions Syllepse, « Le Présent Avenir », 2009, p. 20.

950 MERLE R., VITU A., *Traité de droit criminel, Problèmes généraux de la science criminelle, Droit pénal général, Tome I*, Editions Cujas, 7ème éd., 1997 : « *les travaux forcés à perpétuité, visaient moins à intimider le condamné qu'à éliminer et à décourager les futurs criminels par l'exemple de cette élimination sociale accomplie dans des conditions particulièrement rigoureuses* ».

les forçats. Il semble toutefois que l'administration aurait fait preuve d'une certaine tolérance, en octroyant des rémunérations[951].

481.- ***L'apparition du travail carcéral.*** Au côté de ce travail forcé exercé en dehors des murs, le travail carcéral apparaît progressivement. La ville d'Amsterdam fut l'une des pionnières dans ce domaine[952]. Dès 1595, les hommes et les femmes détenus à des fins moralisatrices étaient soumis au travail au sein des prisons de cette ville. De Brême à Francfort, de Munich à Rome, le travail en prison se développe progressivement. En France il faut attendre 1801 pour que l'organisation du travail dans les maisons centrales soit véritablement pensée[953]. Avant cette date, les prisons françaises étaient des lieux d'oisiveté forcée contribuant à la détresse morale des prisonniers[954]. Le Code pénal de 1810 prévoit ainsi aux articles 16, 21 et 40 une obligation de travail pour les personnes incarcérées. Le travail est alors perçu comme un supplément de sanction, une forme de rédemption. Ce temps révolu, peut-on aujourd'hui considérer que le travail et la peine sont irrémédiablement séparés ? Les liens entre l'activité et la condamnation ne sont pas complètement rompus. Ainsi, le travail d'intérêt général peut être proposé comme sanction substitutive à la peine d'emprisonnement ou comme peine complémentaire. Cependant, le travail d'intérêt général ne peut plus être imposé[955] : il convient alors de concilier deux principes concurrents que sont le caractère coercitif de la peine pénale d'une part, qui doit s'imposer au condamné et non pas être choisie par lui, et la prohibition du travail forcé d'autre part[956]. L'inexécution du travail par le condamné peut conduire le juge de l'application des peines à ordonner la mise à exécution de l'emprisonnement et de la peine d'amende prononcés par la juridiction

---

951 LA SOCIETE GENERALE DES PRISONS, *Les institutions pénitentiaires de la France en 1895, Tableau dressé à l'occasion du Ve Congrès pénitentiaire international*, 1895, p. 274.

952 COLOMBAIN R., *La concurrence Pénitentiaire en France, Travail des prisons-Travail libre, Etude d'histoire économique*, Imprimerie Henri Jouve, 1904, p. XII.

953 Arrêtés des 23 nivôse et 8 pluviôse an IX.

954 DELMAS A., *De la rémunération du Travail Pénitentiaire et du Pécule des Détenus*, Imprimerie F. Boisseau, Thèse pour le Doctorat de Droit, Université Toulouse, 1935, p. 10.

955 L'article 131-8 du Code pénal assure la protection de ce consentement.

956 LORVELLEC S., « Travail et peine », *in Le travail en perspective*, SUPIOT A. (dir.), LGDJ, « Droit et société », 1998, p. 251 ; Réponse du Ministère de la justice publiée dans le JO Sénat du 19/12/2002, p. 3165, à la question écrite n° 03384 de M. Gilbert Barbier publiée dans le JO Sénat du 24/10/2002, p. 2445 : « *il y a lieu de rappeler que l'exigence du consentement du prévenu à la peine de travail d'intérêt général a été prévue par le législateur dans le souci de mettre la législation française en conformité avec l'article 4 de la convention européenne de sauvegarde des droits de l'homme, ratifiée par la France, aux termes duquel "nul ne peut être astreint à accomplir un travail forcé ou obligatoire"* ».

de jugement[957]. L'activité est donc bien dans ce contexte la peine elle-même. Le travail d'intérêt général n'est pas une activité rémunérée[958]. Fortement inspiré du régime du travail d'intérêt général, le « *travail d'intérêt pénitentiaire* » [959] requiert pareillement le consentement de la personne détenue[960]. Cette sanction par le travail doit être appréhendée comme une mesure alternative au placement en cellule disciplinaire, privation de liberté au sein de la privation de liberté. Mais une fois encore, le travail se trouve lié à la sanction et ne permet pas le déploiement de la rémunération. Ainsi, bien qu'ayant changé de visage, le travail peut aujourd'hui encore être un instrument de réalisation de la peine. Ce travail ne laisse donc pas de place à la détermination d'une rémunération. Le rachat des actes prime sur le prix du corps. Cependant, parallèlement à ce travail sanction, une activité rémunérée se développe. L'objectif poursuivi n'est alors plus celui de la peine, mais celui de la réinsertion.

482.- ***Le développement d'une activité rémunérée.*** « *Le travail n'est pas, à vrai dire, un élément de la peine, mais un moyen de ne pas laisser le condamné oisif* ». A travers cette affirmation, contenue dans le chapitre IV relatif au travail des détenus au sein des travaux préparatoires du règlement général de 1885[961], le travail exercé par le condamné est séparé de la peine. Il se distingue ainsi nettement du travail du forçat. Manifestation de cette distinction, la rémunération est présente dans les décrets des 19-22 juillet 1791 pour les maisons de correction et du 23 septembre-6 octobre 1791 pour les maisons de détentions, qui en prévoyant le travail pénal, envisagent une contrepartie pécuniaire pour les travailleurs condamnés. Toutefois, si très tôt la rémunération du travail carcéral apparaît, elle n'en demeure pas moins discutée et contestée dans son principe. En particulier, la question « d'un droit à la rémunération » pour le travailleur incarcéré se

---

957 Art. 733-2 C. pr. pén.

958 AUVERGNON P., GUILLEMAIN C., *Le travail pénitentiaire en question*, La documentation Française, « Perspectives sur le justice », 2006, p. 6.

959 HERZOG-EVANS M., *Droit pénitentiaire*, Dalloz, « Dalloz Action », 2ème éd., 2012, p. 722, n° 923.11.

960 Le décret n° 2010-1634 du 23 décembre 2010 réaffirme l'exigence d'un consentement quelle que soit la personne (mineure ou majeure) et le travail (réparation, nettoyage) : Art. R. 57-7-34 et Art. R. 57-7-37 C. pr. pén.

961 Code des prisons (devenu Code pénitentiaire à partir du tome VII) ou recueil complet des lois, ordonnances, arrêtés, règlements et instructions ministérielles concernant le régime intérieur, économique et disciplinaire des Maisons d'Arrêts, Maisons de Justice, Maisons de Correction, Maisons de force et autres Prisons préventives ou pour Peines, placées sous l'autorité du Ministre de l'Intérieur, Imprimerie administrative de Paul Dupont (Imprimerie administrative de Melun à partir de 1845), Tome I à Tome XIII, de 1670 à 1889.

pose avec acuité. Ce débat permet de faire émerger une relation complexe entre le travail et la sanction. Certains auteurs considèrent, en effet, qu'il ne peut être question d'octroyer au détenu une rémunération ou du moins l'intégralité du produit de son travail, le travail étant envisagé comme prolongement de la peine. Ainsi, M. Metchaninov a eu l'occasion, lors du Congrès de Paris de 1885, d'affirmer catégoriquement qu' « *entre le détenu et l'État il n'existe pas d'entente libre, le détenu étant un criminel jeté par la force en prison et que l'on oblige à travailler* »[962]. En ce sens, les articles 16, 21 et 40 du Code pénal de 1810 ont consacré le caractère obligatoire de ce travail et ce jusqu'à ce que la loi n° 87-432 du 22 juin 1987 relative au service public pénitentiaire écarte cette contrainte considérant que s'il convient d'« *assurer une activité professionnelle aux personnes incarcérées* », il ne peut en être ainsi que pour celles « *qui le souhaitent* ».

483.- À compter de 1987, le travail cesse véritablement d'être considéré comme une obligation, comme une peine additionnelle à l'enfermement, bien qu'en pratique, faute d'emplois, un grand nombre de détenus ne travaillent déjà plus. Le système pénitentiaire doit, selon la lettre de cette loi, « *assurer une activité professionnelle aux personnes incarcérées* », mais uniquement à celles « *qui le souhaitent* »[963] : par-delà la dimension répressive, l'incarcération doit poursuivre des finalités de réinsertion. La loi sur le système correctionnel et la mise en liberté sous condition en vigueur depuis 1992 au Canada exprime très justement cette pluralité de missions « *Le système correctionnel vise à contribuer au maintien d'une société juste, vivant en paix et en sécurité, d'une part, en assurant l'exécution des peines par des mesures de garde et de surveillance sécuritaires et humaines, et d'autre part, en aidant au moyen de programmes appropriés dans les pénitenciers ou dans la collectivité, à la réadaptation des délinquants et à leur réinsertion sociale à titre de citoyens respectueux des lois* » [964]. Dans cette perspective, l'activité n'est plus « *un des instruments du châtiment* », mais elle « *est une nécessité de la vie collective…* »[965], source de paix sociale et outil de lutte contre la violence pénitentiaire. L'activité exercée durant l'incarcération n'est pas une peine. L'activité s'inscrit alors non pas dans une perspective répressive, mais davantage dans une logique

---

[962] DELMAS A., 1935, De la rémunération du Travail Pénitentiaire et du Pécule des Détenus, Imprimerie F. Boisseau, Thèse de doctorat en droit, Université Toulouse, 1935, 269, p. 16.

[963] Loi n° 87-432 du 22 juin 1987 relative au service public pénitentiaire.

[964] Article 3 de la portant sur le système correctionnel et la mise en liberté sous condition L.C. 1992, ch. 20.

[965] MERLE R., VITU A., *Traité de droit criminel, Problèmes généraux de la science criminelle, Droit pénal général, Tome I,* Editions Cujas, 7ème éd., 1997, p. 899, n° 723.

d'insertion ou de réinsertion du détenu[966], mission essentielle du service public pénitentiaire[967]. Dans cette dimension de réinsertion, la rémunération peut alors jouer un rôle essentiel. Avant même la fin du travail obligatoire, de nombreux auteurs ont pu cerner l'importance du travail dans la réinsertion. La rémunération devait, selon eux, être encouragée pour permettre le remboursement des dettes du détenu mais également la constitution d'un pécule pour le moment de sa libération. Des raisons tenant à l'incitation au travail furent également invoquées à l'appui d'une telle rémunération, car « *il serait difficile d'exiger des condamnés la volonté persévérante d'effectuer un labeur qui resterait pour eux sans profit* »[968].

484.- Ainsi, en dehors de l'hypothèse du travail pour soi-même ou au bénéfice d'associations[969], le travail des détenus est aujourd'hui organisé selon trois régimes[970]. Le détenu peut être affecté au service général afin d'entretenir les locaux et d'exécuter différentes tâches nécessaires au fonctionnement de l'établissement, telles que la distribution des repas ou l'entretien des espaces. Il peut également participer à une activité productive, organisée soit dans le cadre de la Régie industrielle des établissements pénitentiaires, soit en concession, l'administration pénitentiaire ayant alors conclu un contrat de concession de main-d'œuvre au profit d'entreprises privées. Pour la plupart des entreprises privées, le recours à la main-d'œuvre incarcérée relève davantage d'une volonté de réduction des coûts, que d'une volonté de formation des détenus en vue de leur réinsertion. Comme le soulignait déjà un auteur au XIXème siècle, « *le détenu est une machine à bras : cette machine ne fonctionne que pour qu'elle produise* »[971]. Si le passage d'un travail uniquement envisagé comme une sanction de la personne, à la reconnaissance d'un cadre pour l'activité rémunérée, doit en théorie permettre au prisonnier de conférer un prix à

---

966 PEIGNE A., *De l'organisation du travail des condamnés dans les maisons centrales en France, Extrait de la Revue Pénitentiaire,* Imprimerie E. Marc-Aurel, 1847, p. 4. L'auteur cite une circulaire du 5 avril 1817 qui mentionne au sujet du travail « *que l'intention première n'est pas de faire vivre les détenus avec la moindre somme possible, mais de leur faire perdre l'habitude de l'oisiveté, de préparer leur aptitude à gagner leur vie par des moyens honnêtes, lors de leur rentrée dans la société ; enfin de les façonner à des genres d'industrie assez variés, pour qu'ils puissent alors l'exercer facilement et trouver promptement à se placer* ».

967 Loi n° 2009-1436 du 24 novembre 2009.

968 ROUX R., 1902, Le travail dans les prisons et en particulier dans les maisons centrales », Arthur Rousseau, 2ème édition, 1902, p. 24.

969 Art. 718 et D. 432-3 C. pr. pén .

970 Art. D. 433-1 C. pr. pén.

971 PEIGNE A., *De l'organisation du travail des condamnés dans les maisons centrales en France, Extrait de la Revue Pénitentiaire,* Imprimerie E. Marc-Aurel, 1847, p. 17.

son corps, force est cependant de constater que ce cadre théorique se trouve bien souvent dépassé par la réalité de l'emploi en milieu carcéral.

b. La rareté de l'activité

485.- En 2011, 39,1% de la population carcérale exerce une activité rémunérée[972]. Pour cette même année 2011, le taux de chômage s'élève en France à 9,8%. Les chiffres sont éloquents : l'incarcération continue d'être un obstacle majeur à l'exercice d'une activité rémunérée. De par sa rareté, le travail en milieu carcéral, de contrainte à faculté, devient en réalité faveur. La terminologie de « *classement* » ou de « *déclassement* », utilisée pour désigner le détenu susceptible d'être ou non employé, est révélatrice : le travail rémunéré est une récompense[973]. L'article D. 432 du Code de procédure pénale, abrogé en 2013, prévoyait pourtant que « *les personnes détenues, quelle que soit leur catégorie pénale, peuvent demander qu'il leur soit proposé un travail* ». Si la faculté est reconnue, l'emploi pour ceux qui le souhaitent n'est pas une réalité. Alors même que le droit au travail est reconnu constitutionnellement et que le détenu ne cesse pas d'être un citoyen, il semble que la mise en œuvre de ce droit soit fortement contrariée par les impératifs de gestion pénitentiaire.

486.- Aussi, la réintroduction par la loi pénitentiaire du 24 novembre 2009 d'une obligation d'activité a pu être vivement critiquée. Le législateur ne contraint pas au travail, mais à des fins de réinsertion, exige que les condamnés soient contraints de choisir une activité. Il existe cependant « *une certaine souplesse dans l'éventail des activités susceptibles d'être proposées* »[974]. Le détenu demeure libre, par principe, de travailler ou non[975]. Ce ne sont pas les moyens qui sont imposés, mais la finalité de transmission de savoirs qui est recherchée. Si l'objectif poursuivi est louable, cette loi se heurte néanmoins à la réalité du monde carcéral. La vie pénitentiaire cloisonnée

---

[972] Direction de l'administration pénitentiaire, *Rapport d'activité 2011*, Ministère de la Justice, 2012, p. 45.

[973] Article D. 432-4 C. pro. pén.

[974] LECERF J.-R., BORVO COHEN-SEAT N., *Rapport d'information sur l'application de la loi pénitentiaire*, Sénat, n° 629, 4 juillet 2012.

[975] AUVERGNON P., « La loi pénitentiaire du 24 novembre 2009 et le détenu travailleur », *in Les droits de la personne détenue après la loi pénitentiaire du 24 novembre 2009*, BOUSSARD S. (dir), Dalloz, « Thèmes, Commentaires, Actes », 2013, p. 245.

et repliée sur elle-même fausse ce choix par l'absence même d'activités[976]. Ce constat revient de manière récurrente dans les observations du Contrôleur général des lieux de privation de liberté[977]. L'inégalité et la disparité des activités selon les établissements rendent également critiquable cette obligation d'activités[978]. Les associations actives en milieu carcéral soulignent l'inadéquation de cette mesure avec la réalité du quotidien des détenus[979].

Par conséquent, l'activité rémunérée demeure un privilège auquel seuls certains détenus ont droit. Si l'accès à l'activité rémunérée est donc entravé, le montant des rémunérations invite également à la réflexion.

2. La rémunération spécifique du travail carcéral

487.- Si l'activité rémunérée relève du privilège, les détenus qui peuvent y accéder ne sont le plus souvent que faiblement rémunérés (**a**). Par ailleurs, les sommes versées en contrepartie du travail ne peuvent faire l'objet d'une libre disposition par la personne (**b**).

a. Une rémunération limitée

488.- En fait comme en droit, les détenus ne sont pas des travailleurs ordinaires. Ainsi, à l'exception des règles relatives à l'hygiène et à la sécurité, les murs des prisons semblent former un obstacle infranchissable pour le Code du travail[980]. L'article 717-3 du Code de procédure pénale exclut la conclusion d'un contrat de travail, pour les travailleurs

---

[976] HERZOG-EVANS M., « Loi pénitentiaire du 24 novembre 2009 : changement de paradigme pénologique et toute puissance administrative », *D.*, 2010, n° 1, p. 32.

[977] Le contrôleur général des lieux de privation de liberté, *Rapport d'activité 2011*, Dalloz, 2012, p. 75.

[978] Des disparités importantes entre les établissements accueillant des hommes et ceux accueillant des femmes ont ainsi été relevées, v. Le contrôleur général des lieux de privation de liberté, *Rapport d'activités 2011*, Dalloz, 2012, p. 75. ; Mais également des disparités entre les établissements pour peine et les maisons d'arrêts V. LECERF J.-R., BORVO COHEN-SAT N., *Rapport d'information sur l'application de la loi pénitentiaire,* Sénat n° 629, enregistré le 4 juill. 2012, p. 29.

[979] V. notamment la position du GENEPI, www.genepi.fr.

[980] Art. D. 433-7 C. pr. pén. Le risque lié à l'activité en milieu carcéral ne peut être plus important que pour le salarié libre. En approuvant une sécurité à géométrie variable, ce serait s'autoriser à hiérarchiser les corps.

incarcérés[981]. Une tentative audacieuse d'application du droit du travail à un déclassement avait pourtant prêté à discussion[982]. Mais le Conseil constitutionnel, saisi d'une question prioritaire de constitutionnalité, a pu confirmer la conformité de cette disposition[983]. Le juge des prud'hommes ne peut être saisi des questions relatives au travail carcéral[984], le juge administratif étant seul compétent[985]. Le droit du travail n'a pas vocation à régir les activités rémunérées en prison. La rémunération perçue par le détenu doit donc être qualifiée de redevance et non de salaire[986]. La position de la France à cet égard n'est pas isolée : l'Allemagne, l'Angleterre, l'Espagne, les Pays-Bas, l'Italie ainsi que le Danemark appliquent également des règles exorbitantes de droit commun au travail des détenus[987]. Cette position qui, au fond, ne se justifie que par des raisons de politique pénitentiaire a fait l'objet de critiques[988]. À défaut d'application des règles du droit du travail, encore faudrait-il que les règles applicables

---

981 La situation de la personne qui travaille à l'extérieure de la prison est différente. Pour cette dernière l'application possible du droit commun conduit donc à l'écarter des développements suivants. L'article 717-3 C. pr. pén. précise ainsi que « *les relations de travail des personnes incarcérées ne font pas l'objet d'un contrat de travail. Il peut être dérogé à cette règle pour les activités exercées à l'extérieur des établissement pénitentiaires* ».

982 Cons. Prud'h Paris, 8 février 2013, RG n° F 11/15185 ; ISIDRO L., « Droit du travail en détention : Les détenus, des travailleurs libres ? », *in Lettre « Actualités Droits-Libertés » du CREDOF*, 14 mars 2013.

983 La règle énoncée par l'article 717-3 du Code de procédure pénale selon laquelle les relations de travail des personnes incarcérées ne font pas l'objet d'un contrat de travail est conforme à la Constitution. Cons. const., 14 juin 2013, n° 2013-320/321 QPC ; *D.*, 2013, p. 1477 et 2014, p. 1115, obs. PORTA J. ; *AJDA*, 2013, p. 1252 et 2014 p. 142, étude QUINART E. ; *AJ pénal* 2013, p. 556, obs. CERE J.-P. ; *Dr. soc.*, 2014, p. 11, chron. TOURNAUX S. ; *RDT*, 2013, p. 565, obs. C. WOLMARK C. ; *RDSS*, 2013, p. 639, note BRIMO S. ; *Constitutions*, 2013, p. 408, chron. GHEVONTIAN M.

984 Soc., 17 déc. 1996, *Dr. soc.*, 1997, p. 344, note GUIDICELLI-DELAGE G, MASSE M.

985 T. confl., 14 octobre 2013, n° 3918, *Vincent ; D.*, 2014, p. 1115, obs. PORTA J. ; *AJDA*, 2013, p. 2000 et p. 2321, note SHMITZ J. ; *AJ pén.*, 2014, p. 47, obs. PECHILLON E. ; *Dr. soc.*, 2014, p. 11, chron. TOURNAUX S. Le juge administratif est compétent pour trancher les litiges relatifs au travail des détenus et donc la question des rémunération : « *eu égard tant à la nature particulière de la relation de travail, qui se rattache à l'accomplissement de la mission de service public de l'administration pénitentiaire, qu'à ses modalités de mise en œuvre, soumises au régime pénitentiaire du détenu et aux nécessités du bon fonctionnement de l'établissement qui influent sur les conditions d'emploi et de rémunération, le détenu ainsi employé se trouve, à l'égard de la société concessionnaire, même de droit privé, dans une relation de droit public* ».

986 BOULOC B., *Pénologie*, Dalloz, « Précis », 3ème éd., 2005, p. 220, n° 291 ; DANTI-JUAN M., « Les droits sociaux du détenu », *in La condition juridique du détenu*, PRADEL J. (dir.), Cujas, « Travaux de l'Institut de sciences criminelles de Poitiers », vol. XIII, 1994, p. 103.

987 Document de travail du Sénat, *Le travail des détenus,* Série législation comparée, n° LC 104, mai 2002.

988 PONCELA P., *Droit de la peine,* Thémis, PUF, 2ème éd., 2001, p. 321.

au travail pénitentiaire soient suffisamment protectrices[989]. S'il est juste de considérer que le travail pénitentiaire est singulier, il ne peut pour autant être réduit à une « *simple activité occupationnelle* »[990]. Le statut de « délinquant » ne doit donc pas faire oublier le statut du travailleur. Si le travailleur entre les murs est un condamné, il n'en demeure pas moins un subordonné.

489.- En 1955, le Congrès des Nations Unies a adopté un « *ensemble de règles minima pour le traitement des détenus* ». Parmi ces règles figure à l'article 76 1°, le principe d'une rémunération équitable du travail des détenus[991]. Si le principe est flou, il nous invite néanmoins à nous interroger sur le montant des rémunérations perçues par les travailleurs incarcérés. Alors même que le Code de procédure pénale rappelle que « *l'organisation, les méthodes et les rémunérations doivent se rapprocher autant que possible de celles des activités professionnelles extérieures* »[992], le montant des rémunérations effectivement perçues peut en réalité être extrêmement faible. À défaut d'appliquer le SMIC, l'administration pénitentiaire avait créé le SMR (Salaire Minimum de Rémunération) qui équivalait à 40 à 45 % du SMIC. Mais ce SMR n'était pourvu que d'une valeur indicative et pouvait ainsi fluctuer d'un établissement à l'autre[993]. Le décret n°2010-1635 du 23 décembre 2010 introduisit un montant minimal de rémunération du travail dans les établissements pénitentiaires. Ce montant varie de 20% et 45% du SMIC, selon l'activité et la classe[994]. Les détenus ayant travaillé avant l'entrée en vigueur de ce décret ne peuvent cependant pas s'en prévaloir pour contester leur rémunération passée[995]. En 2011, la rémunération moyenne mensuelle, par équivalent temps plein, atteignait 245 euros pour

---

[989] Communiqué de presse du contrôleur général des lieux de privation de liberté, disponible sur le site http://www.cglpl.fr/2013/travail-en-prison/ (dernière consultation février 2020).

[990] DENAMIEL I., *La responsabilisation du détenu dans la vie carcérale,* L'Harmattan, « Bibliothèque de droit », 2006, p. 98.

[991] *Ensemble de règles minima pour le traitement des détenus*, adopté par le premier Congrès des Nations Unies pour la prévention du crime et le traitement des délinquants, tenu à Genève en 1955 et approuvé par le Conseil économique et social dans ses résolutions 663 C (XXIV) du 31 juillet 1957 et 2076 (LXII) du 13 mai 1977.

[992] Art. D. 433 C. pr. pén.

[993] AUVERGNON P., « Le travail en prison dans quelques pays européens : du non-droit au droit aménagé », *Bulletin de droit comparé du travail et de la sécurité sociale*, 2007, p. 18. La disparité de rémunération entre les établissements n'est d'ailleurs pas un phénomène récent. Déjà au XIXème siècle, v. FIZE M., « Le travail dans les prisons (1873-1914) », *RSC,* 1990, p. 297.

[994] Art. D. 432-1 C. pr. pén.

[995] CE, 12 mars 2014, *M. Olivier V,* n° 349683 ; *Gaz Pal.*, 26 juin. 2014, n° 176-177, p. 19, note GUYOMAR M., *RDSS,* 2014, p. 487, note BRIMO S. ; CERA J.-P., HERZOG-EVANS M., PECHILLON E., « Exécution des peines, mai 2013-avril 2014 », *D.*, 2014, p. 1235.

les détenus travaillant pour le service général, 552 euros pour le SEP et 385 euros pour les entreprises privées[996]. Dans l'affaire portée devant le tribunal de Metz et ayant donné lieu à la question prioritaire de constitutionnalité précitée, le détenu percevait un salaire de 3,18 euros par heure[997]. Le montant des rémunérations est donc loin de « *se rapprocher autant que possible* » des activités professionnelles exercées à l'extérieur[998].

490.- La faiblesse de ces montants est souvent justifiée par la difficulté d'organiser l'emploi en milieu carcéral. Afin de compenser les contraintes induites par les conditions d'exercice, les employeurs doivent pouvoir bénéficier de coûts réduits, et partant, de bas salaires. Incontestablement, l'incarcération conduit à limiter le prix du corps. L'ensemble des contraintes pénitentiaires, mais également l'absence de volonté d'alignement du sort des travailleurs libres et des travailleurs détenus, conduisent donc à une faible valorisation de la force de travail en prison. Il est vrai cependant que le prix du corps humain, lorsque la personne est incarcérée, n'est plus placé au service des besoins essentiels et vitaux de la personne. Comme le souligne le professeur Bernard Bouloc, à la « *différence de l'ouvrier en liberté, le détenu est nourri et logé par l'État* »[999]. La rémunération n'a donc pas un caractère alimentaire[1000]. Les besoins vitaux du détenu sont assurés, dans une certaine mesure, par l'administration carcérale. Enfin, le montant de la rémunération des personnes détenues semble dominé par une loi d'airain pesant sur la prison. Ainsi comme le résume si tristement et justement Robert Badinter : « *vous ne pouvez pas[…]porter le niveau de la prison au-dessus du niveau de vie du travailleur le moins bien payé de cette société. Le*

[996] Direction de l'administration pénitentiaire, *Rapport d'activité 2011,* Ministère de la Justice, 2012, p. 45.

[997] ISIDRO L., « Droit du travail en détention : Les détenus, des travailleurs libres ? », *in Lettre « Actualités Droits-Libertés » du* CREDOF, 14 mars 2013.

[998] La France ne fait pas figure d'exception. Qu'il s'agisse de l'Allemagne, de l'Espagne, du Danemark ou de l'Italie, des Pays-Bas ou encore de la Belgique, les rémunérations des personnes incarcérées sont nettement inférieures à celles perçues pour des fonctions similaires par des travailleurs libres. Document de travail du Sénat, *Le travail des détenus,* Série législation comparée, n° 104, mai 2002 ; AUVERGNON P., « Le travail en prison dans quelques pays européens : du non-droit au droit aménagé », *Bulletin de droit comparé du travail et de la sécurité sociale*, 2007, p. 17 ; Décision n° 2013-320/321 QPC, Article 717-3 du Code de procédure pénale, *Absence de contrat de travail pour les relations de travail des personnes incarcérées,* Dossier documentaire, Services du Conseil constitutionnel, 2013, p. 31.

[999] BOULOC B., *Pénologie*, Dalloz, « Précis », 3ème éd., 2005, p. 220, n° 291.

[1000] DANTI-JUAN M., « Les droits sociaux du détenu », *in La condition juridique du détenu*, PRADEL J. (dir.), Cujas, « Travaux de l'Institut de sciences criminelles de Poitiers », vol. XIII, 1994, p. 103.

corps social ne supporte pas que les détenus vivent mieux que la catégorie sociale la plus défavorisée de la société »[1001].

b. Une rémunération affectée

491.- Des faibles sommes éventuellement perçues, il convient de rappeler que le détenu ne peut en outre librement disposer. Une affectation de ses revenus lui est imposée. Il est intéressant de constater qu'une répartition des sommes existait déjà, pour partie, dans le Code pénal de 1810. L'article 41 prévoyait ainsi en matière correctionnelle que « *les produits du travail de chaque détenu pour délit correctionnel, seront appliqués, partie aux dépenses communes de la maison, partie à lui procurer quelques adoucissements, s'il les mérite, partie à former pour lui, au temps de sa sortie, un fonds de réserve…* »[1002]. L'article 21 qui s'appliquait en matière criminelle était moins détaillé puisqu'il précisait simplement qu'une partie des produits du travail du criminel pouvait être « *appliquée à son profit* »[1003]. Approuvant ces dispositions, il a pu être précisé que : « *la société… est en droit d'imposer le travail au criminel pour obtenir la réparation du préjudice par lui causé, soit à l'État, soit aux particuliers. Le produit de ce travail peut enfin faciliter son alimentation et lui donner les moyens de subvenir à ses premiers besoins quand il rentrera dans la vie libre* »[1004]. Si une rémunération était reconnue en contrepartie du travail effectué par le condamné, une partie du produit de ce travail devait donc contribuer au financement de son incarcération. L'ordonnance du 23 décembre 1843 prévoyait ainsi la part revenant à l'État. Il semble toutefois que les montants perçus ne permettaient nullement de couvrir l'intégralité des charges engagées par les établissements. Ce prélèvement était injuste car les détenus qui ne travaillaient pas ou qui travaillaient au service général en étaient exemptés. Ce prélèvement était en outre peu incitatif du point de

---

1001 Audition de Robert Badinter, *in Rapport sur la situation dans les prisons françaises*, MERMAZ L., FLOCH J., Assemblée Nationale, n° 2521, 28 juin 2000, p. 181.

1002 La distinction entre la matière correctionnelle et criminelle n'existe plus aujourd'hui s'agissant de la répartition des sommes. L'article 21 qui s'appliquait en matière criminelle était moins détaillé puisqu'il précisait simplement qu'une partie des produits du travail du criminel pourra être « *appliquée à son profit* ».

1003 Cette distinction entre la matière correctionnelle et criminelle a toutefois disparu aujourd'hui s'agissant de la répartition des sommes.

1004 La société générale des prisons, 1895, Les institutions pénitentiaires de la France en 1895, Tableau dressé à l'occasion du Ve Congrès pénitentiaire international, 1895, p. 159.

vue de l'emploi[1005]. La loi du n° 2010-242 du 10 mars 2010 a depuis abrogé l'article 720 du Code de procédure pénale qui prévoyait le prélèvement par l'administration pénitentiaire d'une partie des rémunérations du travail pour contribution aux frais d'entretien de l'établissement pénitentiaire. L'article 717-3 du Code précité écarte aujourd'hui fermement cette forme de prélèvement puisqu'il est mentionné au quatrième alinéa de ce texte que « *le produit du travail des détenus ne peut faire l'objet d'aucun prélèvement pour frais d'entretien en établissement pénitentiaire* ». Mais, le versement d'une partie des sommes au détenu et l'affectation d'une partie au pécule de sortie demeurent.

492.- Le pécule fut très tôt divisé entre d'un côté, la part affectée aux besoins du condamné pendant son incarcération, le pécule disponible, et de l'autre côté, les sommes constituant le pécule de réserve. L'arrêté du 14 janvier 1873 détaille ainsi avec précision les modalités de répartition des sommes perçues par le condamné[1006]. L'article D. 320 du Code de procédure pénale permet aujourd'hui au détenu de disposer d'une partie de sa rémunération, mais d'une partie seulement, à hauteur de 200 euros, afin d'améliorer son quotidien. Par ailleurs, en vertu de l'article D. 320-1 du Code de procédure pénale, une priorité est accordée au paiement des dommages-intérêts dus à la victime ainsi qu'au paiement des créanciers d'aliments. Les sommes perçues doivent également alimenter un pécule de sortie, « *la fortune du condamné qu'il doit à son activité* »[1007]. Ce pécule vise à favoriser sa réinsertion à l'issu de sa peine[1008]. Ainsi, l'encadrement de la

---

1005 WARSMANN J.-L. (rap.), *Rapport sur le projet de loi, adopté par le sénat après déclaration d'urgence (n°154), d'orientation et de programmation pour la justice,* Assemblée Nationale, Commission des lois constitutionnelles, de la législation et de l'administration générale de la république, n° 157, 30 juillet 2002, p. 201.

1006 *Code des prisons (devenu Code pénitentiaire à partir du tome VII) ou recueil complet des lois, ordonnances, arrêtés, règlements et instructions ministérielles concernant le régime intérieur, économique et disciplinaire des Maisons d'Arrêts, Maisons de Justice, Maisons de Correction, Maisons de force et autres Prisons préventives ou pour Peines, placées sous l'autorité du Ministre de l'Intérieur,* Imprimerie administrative de Paul Dupont (Imprimerie administrative de Melun à partir de 1845), 1873, p. 322.

1007 DELMAS A., *De la rémunération du travail pénitentiaire et du Pécule des Détenus,* Imprimerie F. Boisseau, 1935, p. 13.

1008 La constitution d'un pécule de sortie se retrouve également à l'article 76 3), *Ensemble de règles minima pour le traitement des détenus*, adopté par le premier Congrès des Nations Unies pour la prévention du crime et le traitement des délinquants, tenu à Genève en 1955 et approuvé par le Conseil économique et social dans ses résolutions 663 C (XXIV) du 31 juillet 1957 et 2076 (LXII) du 13 mai 1977.

disposition du produit de son travail peut constituer dans une certaine mesure, une protection du condamné.

493.- Comme pour l'enfant mineur, on impose à la personne détenue d'affecter des sommes sur un compte. Comme pour la personne déficiente, le corps du prisonnier n'est pas dépourvu de prix, mais il se heurte néanmoins à des obstacles majeurs. La rareté de l'activité en prison corrélée à la pratique de bas salaire contribue à une sous-estimation de la valeur de l'activité en comparaison du travailleur libre.

494.- Faire le choix de l'activité, c'est assurément consentir à l'effort du corps, objet d'une rémunération précieuse. Le prix du corps est aussi un prix pour le corps. Cette utilité contribuant au développement d'une dépendance économique peut être regrettée. Néanmoins, sa nécessité doit conduire, à défaut d'interdire ce prix, au libre déploiement d'une volonté protectrice. Le choix de l'activité rémunérée est un choix de chaque instant. Le mouvement dépend de cette volonté que l'engagement contractuel ne peut nullement altérer. Par conséquent, il convient de présumer que chaque personne demeure libre de conférer un prix à son corps.

495.- Mais cette présomption doit être tempérée lorsque le corps de l'enfant est en jeu. La volonté réputée fragile de l'enfant et la primauté de son développement doivent conduire à restreindre très sensiblement la possibilité d'exercer une activité rémunérée. Au contraire, la limitation de l'activité, dont sont plus particulièrement victimes certaines catégories de personnes, ne peut être légitimée. Y compris lorsque les conditions d'exercice de l'activité sont contrariées par la situation de la personne, il ne peut être question de les priver, en fait, du choix de l'activité rémunérée. Les situations extrêmes et si différentes des personnes handicapées et incarcérées témoignent ainsi de la difficulté rencontrée pour découvrir un prix de son corps grâce à l'activité.

Si l'on quitte à présent les rives de la personne, pour rejoindre celles de l'activité, l'analyse trouve un certain écho. Par principe toutes les activités peuvent être librement choisies afin d'obtenir une rémunération. Cependant certaines d'entre-elles échappent à cette liberté, le prix étant confronté à des restrictions tout autant qu'à des interdits.

Chapitre II. Les corps confrontés à la particularité de certaines activités

496.- Si, par principe, toutes les activités peuvent permettre aux personnes de conférer librement un prix à leur corps, il existe cependant un certain nombre d'exceptions. Face à ces exceptions, l'on peut être tenté de rechercher une justification commune et cohérente. Une première intuition peut conduire sur la voie de l'implication trop importante du corps dans l'activité. En effet, si l'on a refusé la vénalité dans le cadre de la cession de matériel biologique, n'est-ce pas finalement pour protéger le corps d'une instrumentalisation dangereuse ? Cependant, force est de constater qu'il n'existe pas d'interdiction générale de toute activité impliquant trop fortement le corps. Cette hypothèse écartée, il apparaît rapidement qu'une justification unique peine à se dégager lorsqu'il est question de fonder l'encadrement du prix pour certaines activités. Plusieurs motifs, dépassant bien souvent le droit, guident ainsi les restrictions.

Plutôt que de poursuivre la quête des raisons, nous préférerons organiser notre analyse de la question des limites de l'activité rémunérée en fonction des conséquences sur le prix. Si certaines activités sont sujettes à un encadrement du prix (**Section I**), l'attribution d'un prix est, pour d'autres, purement interdite (**Section II**).

Section I. Le prix encadré

497.- Certaines activités apparaissent comme indissociables de l'intimité de la personne et commandent dès lors de s'interroger sur la nécessité d'un régime plus protecteur : c'est le cas de l'expérimentation biomédicale ou encore de la prostitution. Au sein de l'activité se dessine un domaine préservé obéissant à des règles juridiques dérogatoires. Dans le cadre de l'expérimentation biomédicale, le prix du corps se trouve ainsi par principe plafonné, parfois même interdit (**§I**). Le prix du corps de la personne se livrant à la prostitution se trouve quant à lui toléré, sans pour autant que cette activité bénéficie d'une véritable reconnaissance juridique (**§II**).

§I. Le prix plafonné et le sujet de l'expérimentation médicale

498.- Historiquement, les corps des défunts, et en particulier ceux des suppliciés, offrirent l'opportunité de mieux saisir l'anatomie humaine[1009]. Mais « *si le cadavre fournit la matière première sur laquelle se déploie le savoir anatomique* », le corps vivant devint rapidement indispensable au développement de la médecine expérimentale[1010]. Si l'expérience pouvait alors être guidée par d'honorables motifs[1011], elle se déroula bien souvent à l'insu du patient[1012]. Présentée comme une fatalité, la « *science moderne [étant] la personnification abstraite et moderne de la curiosité humaine…* »[1013],

---

[1009] En raison des interdits religieux, le corps du condamné à mort a longtemps été le seul à pouvoir être mis au service de la recherche. V. CHAMAYOU G., *Les corps vils : expérimenter sur les êtres humains aux XVIIIe et XIXe siècles*, La Découverte, « Les Empêcheurs de penser en rond », 2008, p. 24.

[1010] LAFONTAINE C., *Le corps marché, La marchandisation de la vie humaine à l'ère de la bioéconomie*, Seuil, « La couleur des idées », 2014, p. 72.

[1011] Pour n'en citer qu'un, l'exemple du médecin écossais James Lind, pionnier de la médecine royale britannique, est significatif. Développant une véritable méthodologie, pionnier des tests scientifiques, il chercha à lutter contre le scorbut, « le mal des marins ». Au sein d'un navire, le Salisbury, il divisa ainsi en deux groupes des marins qui étaient atteints du scorbut et il administra à chaque groupe des traitements différents à base de cidre, de vitriol, de vinaigre de citron, d'herbes… La guérison des seuls marins soignés avec du jus de citron permettra de lutter contre cette pathologie grâce à l'effet ainsi découvert des agrumes. L'arbitraire dans la détermination des panels peut alors interpeler, l'expérimentation sur les personnes malades pouvant contribuer à la guérison des uns alors que d'autres seront vaincus par la maladie ; RIAUD X., *Histoires de la médecine bucco-dentaire*, L'Harmattan, 2010, p. 27.

[1012] A titre d'exemple deux médecins furent condamnés pour coup et blessure, pour avoir inoculé le virus de la syphilis à un enfant de dix ans. T. corr. Lyon, 15 déc. 1859, Bouyon c/ Gynénot-Gailleton, *DP*, 1859, III, pp. 87-88 ; BONAH C., *Histoire de l'expérimentation humaine en France, Discours et Pratiques 1900-1940*, Les Belles Lettres, « Médecine & Sciences Humaines », 2007, pp. 114 et s. Plus récemment, un médecin avait administré pendant cinq jours un nouveau produit, dénommé Ziracin, qui faisait l'objet d'une étude, à un patient admis dans son service pour un syndrome respiratoire aigu. La cour de cassation approuve la sanction appliquée par la Cour d'appel en considérant que la recherche biomédicale a été entreprise sur le patient arrivé dans le service depuis une heure, affaibli, lequel était dans l'impossibilité de donner un consentement libre, éclairé et exprès. Ce consentement n'avait par ailleurs nullement été recueilli par écrit ou de toute autre façon. Crim., 24 fév. 2009, n° 08-84.436 ; *JCP G.*, 2009, p. 29, note MISTRETTA P. ; *RLDC*, 1er mai 2009, p. 25, note BUGNICOURT J.-P. ; *Dr. Pén.*, 1er mai 2009, n° 5, p. 24, VERON M. ; *D.*, 2009, p. 2087, note DELAGE P.- J., *RTD Civ.*, 2009 p. 695, HAUSER J.

[1013] BONGRAND P.-C., *L'expérimentation sur l'homme, Sa valeur scientifique et sa légitimité*, Thèse de médecine, Faculté de médecine de Bordeaux, n° 42, 1905, p. 77.

l'expérimentation sur l'humain se devait donc d'être encadrée. D'arrangements en tolérance, de limitations informelles en sanctions ponctuelles, il fallut attendre l'apogée de l'horreur pour que le « code de Nuremberg » pose à partir de 1947 un ensemble de règles[1014], de portée internationale, destinées à régir l'expérimentation sur la personne humaine[1015]. Les déclarations de l'Association médicale mondiale à Helsinki, en 1964, puis à Tokyo, en 1975, ne firent, par la suite, que détailler ces principes fondamentaux. En France, la loi n° 88-1136 du 20 décembre 1988 *relative à la protection des personnes qui se prêtent à des recherches biomédicales,* dite loi Huriet-Sérusclat, offrit un véritable cadre juridique à l'expérimentation biomédicale. Si depuis la loi fut modifiée à plusieurs reprises, dont notamment par la loi n° 2012-300 du 5 mars 2012 *relative aux recherches impliquant la personne humaine*[1016], le principe de l'autorisation de l'expérimentation biomédicale sur la personne humaine ne fut, quant à lui, jamais remis en cause.

C'est donc à la lumière de cette évolution et de cet encadrement qu'il nous faut apprécier les liens unissant le corps et la rémunération dans le cadre de l'expérimentation impliquant la personne humaine. Il convient à cette fin d'inscrire l'expérimentation dans la définition de l'activité et d'en dessiner les traits les plus particuliers **(A)**. Il sera alors possible d'en tirer les conséquences au regard du prix du corps humain susceptible d'être conféré au terme de cette activité **(B)**.

A. La recherche impliquant une personne humaine : une activité particulière

499.- Le sujet place toute sa personne au service de l'expérience. Davantage qu'une simple observation d'un processus naturel, l'expérimentation biomédicale appelle bien souvent un usage particulier du corps **(2)**. Néanmoins, cette incontestable particularité ne constitue

---

[1014] AMIEL P., VIALLA F., « La vérité perdue du « code de Nuremberg » : réception et déformations du « code de Nuremberg » en France », *RDSS,* 2009, p. 673.

[1015] Pour une évolution de la protection du sujet dans la recherche biomédicale, v. notamment AMIEL P., *Des cobayes et des hommes, Expérimentation sur l'être humain et justice,* Les Belles Lettres, « Médecine & Sciences Humaines », 2011.

[1016] L'entrée en vigueur de cette loi est conditionnée à l'adoption d'un décret non paru à ce jour. Il sera donc tenu compte, avec la prudence qui s'impose, des modifications introduites par cette loi.

nullement un obstacle au rattachement de la recherche impliquant la personne humaine à la catégorie de l'activité **(1)**.

1. La recherche impliquant une personne humaine ou la reconnaissance d'une activité librement choisie

500.- La recherche biomédicale sur la personne est nettement dépendante de la participation d'un sujet. Cette implication du corps peut être qualifiée d'activité (**a**) pour laquelle le sujet dispose d'une liberté de choix (**b**).

a. Le corps au service d'une activité

501.- Aux termes de l'article L. 1121-1 du Code de la santé publique, la recherche biomédicale désigne des « *recherches organisées et pratiquées sur l'être humain en vue du développement des connaissances biologiques ou médicales* ». La loi Huriet-Sérusclat entendait ainsi régir l'ensemble des recherches biomédicales et non pas uniquement celles portant sur une « *substance susceptible de devenir un médicament* »[1017]. L'expérimentation impliquant la personne humaine noue un lien particulier avec le corps, nécessitant son observation approfondie. L'expérimentation sur la personne dépasse toutefois la simple observation, en ce qu'elle suppose bien souvent que l'expérimentateur puisse « *toucher le corps sur lequel il veut agir* »[1018]. Ce rapport matériel au corps ne doit toutefois pas conduire à confondre expérimentation biomédicale et cession de matériel biologique.

502.- ***Distinction cession du matériel biologique et expérimentation biomédicale.*** Le Code civil laisse envisager une certaine proximité entre la cession de matériel biologique et l'expérimentation sur la personne humaine, toutes deux évoquées à l'article 16-6 dudit Code. Doit-on pour autant assimiler ces usages du corps et, ce faisant, leur appliquer des règles identiques ? En réalité, l'expérimentation biomédicale et la cession de matériel biologique se distinguent nettement. S'il est vrai que des produits du corps humain peuvent être prélevés en cours de recherche, la finalité d'un tel

---

[1017] JO, Année 1988, n° 49 [1] A. N. (C.R.), Jeudi 24 novembre 1988, p. 2687.
[1018] BERNARD C., *Introduction à l'étude de la médecine expérimentale,* Flammarion, 1984, p. 38.

prélèvement n'est en aucune façon de céder l'élément recueilli, mais bien plutôt d'apprécier les effets sur le corps d'une molécule ou encore d'une mise en situation (apesanteur, milieu hyperbare, cauchemar[1019]) : l'expérimentation permet d'appréhender un ensemble de réactions. Le sujet tout entier participe à l'expérience, autant par son corps, que par son psychisme. Certaines expériences se manifestent ainsi par l'administration de substances inertes, sans que le sujet, ou même parfois l'investigateur dans la méthode du double-aveugle, ne connaissent la spécificité de ces substances. L'objectif est alors d'éviter les biais liés aux effets *placebo* et *nocebo*, pouvant être respectivement définis comme tout évènement positif ou négatif consécutif à la prise de la substance[1020]. Si les impacts du psychisme sur le traitement d'une personne demeurent, dans une certaine mesure, mystérieux[1021], leur prise en compte dans le cadre de l'expérimentation est néanmoins possible. Ainsi, le sujet de l'expérimentation se trouve, corps et esprit, au service de l'activité.

503.- Le changement de terminologie opéré par la loi de 2012 témoigne d'une reconnaissance gagnée par la personne dans l'expérimentation biomédicale[1022]. Le Code de la santé publique abandonne la terminologie « *recherche biomédicale* » au profit de celle de « *recherche impliquant la personne humaine* » : l'individu se trouve désormais, au moins par les mots, placé au cœur du processus[1023]. Le choix du terme « personne » et non de « corps humain » confirme le rattachement de l'expérimentation à l'activité plutôt qu'à l'utilisation du matériel biologique. Cette modification terminologique doit par ailleurs être approuvée en ce qu'elle assure une différenciation nette entre recherche sur la personne et recherche sur l'embryon, laquelle obéit à un régime spécifique. Les embryons peuvent servir de « *matériau de recherche* », tandis que la personne soumise à l'expérimentation est envisagée comme « *une entité globale qui ne*

1019 L'Association nationale de Promotion des Connaissances sur le Sommeil (PROSOM) recherche ainsi des volontaires pour lutter contre les cauchemars. L'étude est intitulée entraînement à l'imagerie mentale visuelle dans un contexte de cauchemars chroniques.

1020 AUTRET A., *Les effets placebo, Des relations entre croyances et médecines,* L'Harmattan, 2013, p. 26.

1021 LEMOINE P., *Le mystère du placebo*, Odile Jacob, 2006 ; Du même auteur, *Le mystère du nocebo,* Odile Jacob, 2011.

1022 Loi n° 2012-300 du 5 mars 2012 relative aux recherches impliquant la personne humaine.

1023 L'évolution n'est cependant pas uniquement symbolique. Elle permet également de proposer une nouvelle organisation de la recherche ; v. not. BRUGGEMAN M., « Des recherches biomédicales à "la recherche sur la personne" », *Dr. fam.*, n° 2, Fév. 2009, alerte 16.

se réduit pas à la somme de ses éléments »[1024]. Par ailleurs, il semblerait que la notion de « *personne humaine* » ait été, à l'initiative de la sénatrice Marie-Thérèse Hermange, préférée à celle de « personne », afin que l'être humain en état de mort cérébrale puisse relever des règles relatives à l'expérimentation biomédicale[1025]. Notre préférence aurait cependant été à ce que le corps du défunt, comme celui de l'embryon, dispose d'un statut particulier. L'expérimentation ainsi distinguée de la mise en circulation doit en outre l'être du soin.

504.- *Distinction entre le soin et la recherche.* Si la distinction entre soin et activité peut parfois être ténue, il est certain que l'expérimentation sur la personne humaine ne peut être uniquement envisagée comme une modalité de soin. La distinction est évidente lorsque le sujet de l'expérimentation est un volontaire sain. La loi Huriet-Sérusclat distinguait ainsi la recherche avec bénéfice thérapeutique direct de la recherche sans bénéfice thérapeutique pour la personne qui s'y prête[1026]. L'expérimentation impliquant la personne humaine poursuit, en effet, des finalités différentes selon qu'il s'agit de guérir « *par une thérapeutique encore mal connue, un sujet sur qui les autres remèdes ont échoué* », ou selon qu'il s'agit de s'assurer, sur un sujet sain[1027], de « *l'efficacité d'une thérapeutique destinée ultérieurement à la guérison d'autres hommes* »[1028]. Dans l'hypothèse d'un volontaire sain, la dissociation complète entre soin et recherche permet, sans que le doute soit permis, de qualifier l'expérience d'activité.

1024 BRUNET L., THOUVENIN D., « Recherches biomédicales, recherches sur l'embryon humain : un régime commun est-il envisageable ? », *in Droit, sciences et techniques, quelles responsabilités ?*, *Actes du colloque international organisé les 25 et 26 mars 2011 par le Réseau Droit, Sciences et Techniques au Palais du Luxembourg à Paris*, LexisNexis, Colloques & Débats, 2011, p. 152.

1025 JARDE O., *Rapport fait au nom de la commission des affaires sociales sur la proposition de loi, modifiée par le Sénat, relative aux recherches cliniques ou non interventionnelles impliquant la personne humaine*, Assemblée Nationale, n° 2444, 7 avril 2010, pp. 15- 16.

1026 MATHIEU B., *La bioéthique,* Dalloz, « Connaissance du droit », 2009, p. 114.

1027 Le terme de volontaire sain est parfois utilisé en opposition à celui de patient. Cependant le patient doit également être volontaire, ce qui nous conduit à préférer une distinction entre les volontaires sains d'un côté et les volontaires malades de l'autre, afin de mieux appréhender la place de la volonté.

1028 DECOCQ A., *Essai d'une théorie générale des droits sur la personne,* LGDJ, « Bibliothèque de droit privé », t. 21, 1960, p. 75, n° 105 ; LEMAIRE F., « Pourquoi faut-il encore réformer la législation de la recherche biomédicale ? », *Médecine & Droit,* 2011, p. 28 ; WEISSTUB D. N., VERDUN-JONES S. N., « Pour une distinction entre l'expérimentation thérapeutique et l'expérimentation non thérapeutique », *Revue de Droit Université de Sherbrooke*, 1996, n° 27, p. 49.

505.- Plus délicate est la question du volontaire malade[1029]. L'expérimentation sur un sujet malade peut bien entendu se muer en traitement, mais tel n'est pas toujours le cas, par exemple lorsque la personne ne reçoit qu'une molécule destinée à apprécier l'effet *placebo*[1030]. Le processus de recherche doit se distinguer du soin. La participation à la recherche dépasse, tout en l'englobant parfois, la dimension de traitement. La recherche vise, en effet, à approfondir la connaissance générale et, dès lors, « *le bénéfice du patient apparaît comme un sous-produit de l'essai thérapeutique* »[1031]. Comme le souligne encore justement un auteur, « *l'objectif d'extension des connaissances signifie que la recherche doit être distinguée du soin dès lors qu'elle ne peut se contenter d'avoir pour but de soigner le patient qui se prête à la recherche. L'utilité de la recherche est collective alors que celle du soin est individuelle* »[1032]. Ainsi que le rappelait à juste titre Claude Evin à l'occasion des débats ayant précédé l'adoption de la loi n° 2004-806 du 9 août 2004 relative à la politique de santé publique, il est important de distinguer les droits des personnes qui bénéficient de soins de celles qui consentent à devenir sujet d'une expérimentation[1033]. Dans les deux cas, le recueil d'un consentement est exigé, la loi du 4 mars 2002 ayant renforcé à cet égard les droits du patient. Cependant, chaque processus doit être nettement différencié : le recueil d'un consentement distinct selon qu'il s'agit de soin ou de recherche doit permettre au patient de prendre conscience du passage de l'un à l'autre. L'adhésion au protocole de recherche doit alors être faite en connaissance de ce que la maladie, en tant qu'objet de recherche, « *supplante le malade* »[1034].

[1029] AMIEL P., FAGOT-LARGEAULT A. (dir.), *Enquête sur les pratiques et conceptions de l'information et du recueil du consentement dans l'expérimentation sur l'être humain*, Convention MIRE n° 15-97, Mission recherche (ministère de l'Emploi et de la Solidarité ; Direction de la recherche, des études, de l'évaluation et de la statistique), Décembre 2000. Cette étude a permis de mettre en avant l'imbrication de la logique de soin et la conscience de prendre part à une recherche pour le patient malade.

[1030] Sur les difficultés éthiques posées par cette procédure, v. ROCHFELD J., « L'expérimentation en double aveugle sur des malades : légitimité juridique et méthode expérimentale », *in Le droit saisi par la biologie, Des juristes au laboratoire,* LABRUSSE-RIOU C. (dir.), LGDJ, « Bibliothèque de droit privé », t. 259, 1996, p. 289.

[1031] JASMIN C., « Bioéthique et recherches thérapeutiques : éclairage d'un consentement », *Médecine-Sciences*, n° 5, vol. 7, mai 1991, p. 475.

[1032] BRISSY S., « Vers une extension de la notion de recherche biomédicale ? », *Gaz. Pal.*, 30 déc. 2008, n° 365, p. 34.

[1033] JO, Année 2003, N° 88 [2], A. N. (C.R), Vendredi 10 octobre 2003, p. 8383.

[1034] EDELMAN B., « La recherche biomédicale dans l'économie de marché », *D.*, 1991, p. 203.

506.- De ce point de vue, l'abandon par la loi du 9 août 2004 de la distinction entre recherche avec bénéfice individuel direct et recherche sans bénéfice individuel direct, permet assurément de mieux marquer la césure entre soin et recherche. À l'inverse, l'extension par la loi du 5 mars 2012 de l'application des règles de protection de la personne aux « *recherches non interventionnelles, dans lesquelles tous les actes sont pratiqués et les produits utilisés de manière habituelle par la personne, sans que s'y ajoute de procédure supplémentaire ou inhabituelle de diagnostic, de traitement ou de surveillance* »[1035] a pu être critiquée[1036]. En effet, dans ce cas, il peut être plus délicat pour le patient de mesurer le passage du soin à la recherche. Une obligation d'information préalable devrait néanmoins permettre de prendre la mesure de cette transition, bien qu'une simple absence d'opposition soit requise dans cette hypothèse[1037].

Ni mise en circulation ni simple traitement, l'expérimentation impliquant la personne humaine est donc bien une activité dont l'exercice est garanti par la liberté de la personne d'y recourir.

b. La liberté de choix de l'activité

507.- À titre liminaire, il convient de préciser que toute expérimentation impliquant la personne humaine requiert le consentement du sujet. L'article L. 1122-1-1 du Code de la santé publique exige ainsi le consentement écrit du volontaire, lequel, en cas d'impossibilité d'écrire peut-être recueilli en présence de personnes listées à l'article précité. La loi du 5 mars 2012 a maintenu par principe l'exigence d'un écrit. Par exception, les « *recherches non interventionnelles qui ne comportent aucun risque ni contrainte dans lesquelles tous les actes sont pratiqués et les produits utilisés de manière habituelle* », ne doivent s'effectuer qu'en l'absence de l'expression d'une opposition[1038].

508.- Une fois ce consentement recueilli, il convient par ailleurs de s'assurer que le sujet conserve une liberté de choix dans la mise en

---

1035 Art. L. 1121-1 CSP.

1036 GALLOUX J.-C., GAUMONT-PRAT H., « Droit et libertés corporels », *D.*, 2013, p. 663.

1037 Art. L. 1122-1-1 CSP.

1038 DIONISI-PEYRUSSE A., « La loi du 5 mars 2012 relative aux recherches impliquant la personne humaine : à la recherche d'une conciliation entre protection de la personne et développement de la recherche en vue de progrès médicaux », *RJPF*, 2012, n° 7-8, analyse 6.

mouvement de son corps. Si un auteur considère le sujet de l'expérimentation comme « *passif* », par opposition au promoteur et à l'investigateur présentés comme « *actifs* »[1039], une telle affirmation doit être nuancée du point de vue de notre étude. En effet, la volonté comme le consentement doivent pouvoir se déployer à tout moment dans le cadre de l'expérimentation sur la personne humaine, conférant ainsi un rôle actif à la personne.

509.- ***La place de la volonté.*** Nous avons pu considérer que l'activité peut faire légitimement l'objet d'une rémunération dès lors que la personne, par sa volonté, a la capacité d'interrompre à tout moment l'usage qui est fait de son corps. Tel est bien le cas dans l'hypothèse de l'expérimentation sur la personne humaine. L'on pourra nous opposer que les molécules éventuellement administrées continuent de produire des effets sur le corps du sujet. En réalité, il s'agit là des effets de l'activité sur le corps, et non pas de l'usage du corps lui-même. Toute activité peut laisser subsister de simples traces sur le corps, voire des séquelles ou des dommages. Il ne s'agit donc pas de confondre la possibilité d'interrompre à tout moment la mise à disposition du corps et les effets de l'activité sur celui-ci. Cette faculté d'interruption est en outre renforcée par l'existence d'un droit de retrait du consentement[1040].

510.- ***La place du consentement.*** Dans l'expérimentation sur la personne humaine, le sujet est non seulement libre d'interrompre la mise à disposition de son corps, mais dispose également d'un droit de rétractation de son consentement, à tout moment. Son refus de poursuivre l'activité ne peut donc faire l'objet de sanctions juridiques et bénéficie au contraire d'une véritable protection. Au soutien de ce droit, l'investigateur ou le médecin qui le représente ont l'obligation d'informer le sujet de l'expérience de son pouvoir de « *retirer son consentement… à tout moment sans encourir aucune responsabilité ni aucun préjudice de ce fait* »[1041]. L'individu peut ainsi mettre fin à son activité de sujet de l'expérimentation, sans préavis ni justification[1042].

1039 LABBEE X., « L'expérimentation médicale, Les conséquences de la loi Huriet sur le droit de la responsabilité », *Médecine & Droit*, n° 11, mars-avril 1995, p. 10.

1040 BELLIVIER F., « Le droit de retrait en bioéthique sur la voie de l'émancipation », *in La liberté du consentement, le sujet, les droits de l'homme et la fin des « bonnes mœurs », Droits*, n° 48, 2009, p. 131.

1041 Art. L. 1122-1 CSP 6°.

1042 BIOY X., *Le concept de personne humaine en droit public, Recherche sur le sujet des droits fondamentaux*, Dalloz, « Nouvelle Bibliothèque de Thèses », 2003, p. 481 ; DEPADT-SABAG V., *Droit et bioéthique*, Larcier, « Droit des technologies », 2ème éd., 2012, p. 114.

Le sujet de l'expérimentation place donc son corps au service d'un projet global et, ce faisant, s'inscrit dans l'exécution d'une activité pour laquelle il dispose d'un pouvoir d'interruption, à tout moment. Il n'en demeure pas moins que cette activité comporte des risques.

2. La particularité de l'activité

511.-Le sujet de l'expérimentation prête sa chair à l'expérience. Le doute inhérent à toute expérience pèse alors sur le corps du sujet. En effet, l'expérimentation sur la personne humaine consiste à éprouver la véracité d'une hypothèse. Elle peut recouvrir des facettes variées : analyse du comportement, des goûts, réactions biologiques…[1043] Mais l'implication du corps n'est pas identique selon qu'il s'agit d'expérimentation biomédicale ou d'analyse des comportements, à l'instar des recherches conduites en psychologie ou en économie[1044]. Dans le premier cas, le corps est au cœur du processus et peut faire l'objet d'intrusions, de prélèvements, d'une invasion directe. Dans les autres cas, au contraire, le corps n'est plus qu'un des éléments de l'activité, et le comportement fait l'objet d'une observation sans que l'activité biologique du corps ne subisse un quelconque bouleversement du fait de l'expérience. Par conséquent, seule l'expérimentation biomédicale peut constituer, à notre sens, une activité dérogeant au principe de libre détermination du prix du corps.

512.- L'expérimentation biomédicale trouve dans le doute qui l'entoure la justification de son encadrement strict. Si la plupart des activités comportent des risques, nombre d'entre eux sont aujourd'hui connus, leur réalisation pouvant, dans une certaine mesure, être prévenue. Au contraire, l'expérimentation biomédicale comporte une part d'incertitude irréductible et ne peut donc être appréhendée comme une activité ordinaire[1045]. L'article L. 1121-2 du Code de la santé publique constitue un garde-fou indispensable. Lorsqu'il s'agit du développement d'un médicament, la recherche sur le sujet humain n'est ainsi possible que si des recherches précliniques approfondies, accompagnées d'une phase

---

1043 HOTTOIS G., PARIZEAU M.-H. (dir.), *Les mots de la bioéthique, Un vocabulaire encyclopédique*, De Boeck Université, « Sciences, Ethiques, Sociétés », 1993, « Expérimentation ».

1044 A titre d'exemple, on peut citer la célèbre expérience de Milgram visant à mesurer le rapport à l'autorité. V. MILGRAM S., *Expérience sur l'obéissance et la désobéissance à l'autorité*, Editions La Découverte, « Zones », 2013.

1045 STONES M., MCMILLAN J., « Payment for participation in research : a pursuit for the poor ? », *J. Med. Ethics*, 2010, 36, p. 34.

expérimentale sur l'animal, ont pu, préalablement, être effectuées[1046]. En outre, ce même article précise que la recherche doit être conçue pour limiter « *la douleur, les désagréments, la peur ou tout autre inconvénient prévisible lié à la maladie ou à la recherche* ». Selon l'expérimentation, le risque encouru est également différent, ce qui justifie une souplesse et une graduation de la protection, telle que proposée par la loi du 5 mars 2012. Cependant, le risque inhérent à toute recherche demeure, comme en témoigne le nombre d'effets indésirables constatés. S'il l'on s'en tient aux seuls résultats de l'Agence nationale de sécurité du médicament et des produits de santé (ANSM) en matière d'essais cliniques portant sur les médicaments, les risques que peut présenter la recherche biomédicale sont certains[1047]. L'ANSM dresse, en effet, un bilan annuel des effets indésirables graves et inattendus constatés chez les sujets. L'effet indésirable grave est défini par l'article R. 1123-46 7° du Code la santé publique comme « *tout événement ou effet qui entraîne la mort, met en danger la vie de la personne qui se prête à la recherche, nécessite une hospitalisation ou la prolongation de l'hospitalisation, provoque une incapacité ou un handicap importants ou durables, ou bien se traduit par une anomalie ou une malformation congénitale, et s'agissant du médicament, quelle que soit la dose administrée* ». L'effet inattendu est quant à lui défini au 8° de ce même article comme un « *effet indésirable du produit dont la nature, la sévérité, la fréquence ou l'évolution ne concordent pas avec les informations* » telles que fournies au Comité de protection des personnes (CPP) et à l'ANSM en vue de l'autorisation de l'essai. Pour l'année 2011, sur un total de 871 essais cliniques de médicaments effectués (hors thérapie cellulaire et thérapie génique), le nombre de déclarations[1048] d'effets indésirables graves et inattendus s'élève à 51 844[1049].

513.- Si l'on expérimente, c'est donc bien que le doute existe. À cet égard, l'expérimentation sur la personne non atteinte d'une pathologie a pu susciter de multiples interrogations éthiques. D'aucuns ont pu considérer que lorsqu'elle n'implique pas « *l'espoir d'un bien supérieur* » pour le patient lui-même et qu'elle conduit à sacrifier la santé d'une personne pour en sauver d'autres, l'expérimentation impliquant la personne

---

1046 CHIPPAUX J.-P., *Pratique des essais cliniques en Afrique,* IRD Editions, « Collection I Actiques », 2004, p. 58.

1047 ANSM, *Essais cliniques de médicaments* (hors thérapie cellulaire et thérapie génique), *Bilan d'activité,* 24 avril 2012 ; Disponible sur le site de l'ANSM à l'adresse suivante : http://ansm.sante.fr/Activites/Medicaments-et-produits-biologiques/Essais-cliniques-portant-sur-les-medicaments-et-produits-biologiques/(offset)/0 (dernière consultation le 10 février 2020).

1048 La déclaration devant être effectuée pour chaque patient concerné.

1049 V. Annexe n° 4.

humaine devrait être prohibée[1050]. En réalité, cette « *participation corporelle au mieux-être d'autrui* »[1051] est nécessairement le fruit d'un compromis. Toute participation à un processus d'expérimentation comporte, en particulier pour le volontaire sain, une part de sacrifice en vue de contribuer à l'avancée des savoirs[1052]. Plutôt que l'interdit, le droit est donc marqué par la recherche d'un équilibre entre les intérêts en présence, ce que les débats parlementaires, ayant précédé l'adoption de la loi Huriet-Sérusclat, laissaient bien apparaître. Comme le soulignait à juste titre le député Bernard Charles, « *l'équilibre entre la nécessité de faire courir un risque, dont on apprécie parfois mal la portée, à un nombre restreint d'individus pour faire bénéficier le plus grand nombre d'une découverte, ne peut être trouvé que dans l'édiction de règles qui s'imposent à la conscience des médecins du monde entier* »[1053]. Et lorsque l'équilibre peine à être atteint, le Code de la santé publique prend soin de rappeler que la balance doit pencher en faveur du sujet et non de la recherche[1054].

Si l'expérimentation est donc nécessaire pour la communauté, il convient néanmoins de s'assurer que le sujet ne prend pas de risques inconsidérés afin de subvenir à ses besoins. L'existence du prix ne saurait dès lors ouvrir la voie à la professionnalisation de l'activité. Celle-ci doit demeurer ponctuelle et non habituelle[1055].

B. Le prix du corps du sujet de l'expérimentation

514.- Derrière l'interdiction énoncée, tant dans le Code civil que dans le Code de la santé publique, d'une « *rémunération* » du sujet de l'expérimentation, le prix du corps apparaît néanmoins. En effet, l'existence d'une « *indemnité en compensation des contraintes subies* » laisse place

---

[1050] SAVATIER R. et J., AUBY J.-M., PEQUIGNOT H., *Traité de droit médical*, Librairies techniques, 1956, n° 274, p. 249.

[1051] MEMETEAU G., « De quelques droits sur l'homme : commentaire de la loi du 20 décembre 1988 relative à la protection des personnes qui se prêtent à des recherches biomédicales », *D.*, 1990, doct., p. 168.

[1052] KATZ J., « Human sacrifice and Human Experimentation : Reflections at Nuremberg », *Yale Journal of International Law*, Summer, 1997, p. 401 ; BONAH C., *Histoire de l'expérimentation humaine en France, Discours et Pratiques 1900-1940*, Les Belles Lettres, « Médecine & Sciences Humaines », 2007, p. 143.

[1053] JO, Année 1988, N° 49 [1] A. N. (C.R.), Jeudi 24 novembre 1988, p. 2687.

[1054] Art. L. 1121-2 CSP : « *L'intérêt des personnes qui se prêtent à une recherche biomédicale prime toujours les seuls intérêts de la science et de la société* ».

[1055] CAPRON A. M., « Experimentation with Human beings : Light or only Shadows ? », *Yale Journal of Health Policy, Law & Ethics*, Summer, 2006, p. 1.

à l'émergence d'un prix du corps. Loin de voiler cette réalité, il convient bien plutôt de s'assurer que le plafond de cette rémunération joue son rôle protecteur (**1**). Dans ce contexte, certaines catégories de personnes considérées comme vulnérables ne peuvent d'ailleurs en aucun cas percevoir cette rémunération (**2**).

1. L'existence d'un prix du corps humain

515.- Contrairement à ce que pourrait suggérer une lecture rapide des dispositions des Codes civil et de la santé publique, l'expérimentation sur la personne humaine n'est pas une activité privée de rémunération (**a**). Le droit fait toutefois en sorte d'empêcher la professionnalisation des personnes qui se livrent à cette activité particulière (**b**).

a. De la prohibition de la rémunération à l'existence d'une indemnité compensatrice : le prix du corps révélé

516.- En matière de recherche sur la personne humaine, le prix du corps paraît marqué par la « *tension* » existant entre la quête d'un savoir bénéfique à l'ensemble de la société et la protection du sujet de l'expérimentation[1056]. Si, d'un côté, la protection du sujet, notamment par la garantie d'un consentement libre et éclairé, dicte le refus d'une rémunération, de l'autre, le besoin de volontaires conduit nécessairement à tempérer ce refus de principe. Aussi l'affirmation selon laquelle « *il n'est pas acceptable que la participation à de telles expériences soit rétribuée[...]aucune notion d'intéressement ne [pouvant] être acceptée en vertu du principe qu'il est interdit de faire commerce de son corps* »[1057] doit, en réalité, être nuancée.

517.- ***L'énoncé d'une prohibition de la « rémunération ».*** Concis, mais ferme, le Code civil en son article 16-6 semble exclure toute possibilité de déterminer un prix pour le corps du sujet volontaire de l'expérimentation en précisant que : « *aucune rémunération ne peut être allouée à celui qui se prête à une expérimentation sur sa personne, au prélèvement d'éléments de son corps ou à la collecte de produits de celui-ci* ». Écho de cette disposition

---

1056 ALTAVILLA A., « La recherche biomédicale : de l'éthique au droit », *in Questions d'éthique biomédicale,* Flammarion, « Nouvelle Bibliothèque Scientifique », 2008, p. 334.

1057 MATTEI J.-F. (dir.), *Question d'éthique biomédicale,* Flammarion, « Nouvelle bibliothèque scientifique », 2008, p. 326.

précitée, l'article L. 1121-11 du Code de la santé publique rappelle que « *la recherche biomédicale ne donne lieu à aucune contrepartie financière directe ou indirecte pour les personnes qui s'y prêtent* ». Mais l'écho s'émancipe et nuance sensiblement l'interdit. Car si la rémunération est prohibée, la loi autorise néanmoins « *le remboursement des frais exposés et, le cas échéant, l'indemnité en compensation des contraintes subies versée par le promoteur* ».

518.- ***Le « remboursement des frais exposés » et « l'indemnité compensatrice des contraintes subies ».*** Si le remboursement des frais exposés par le sujet avait une portée générale, l'ancien article L. 1124-2 du Code de la santé publique, hérité de la loi Huriet-Sérusclat, limitait en revanche le versement de « *l'indemnité en compensation des contraintes subies* » aux seules recherches sans bénéfice thérapeutique direct pour le sujet. La loi du 9 août 2004 étendit le bénéfice de cette indemnité à tous les sujets sans distinction.

519.- Le remboursement des frais exposés, en ce qu'il constitue une contrepartie pécuniaire à l'activité, peut être considéré comme une rémunération, selon le sens donné à la notion dans cette étude. Il nous semble en outre que les termes de « rémunération », tel qu'employé par le Code civil, ou de « contrepartie financière », tel qu'employé par le Code de la santé publique, ne traduisent pas véritablement l'objectif initial que s'était fixé le législateur en 1988. Hélène Dorihac, alors secrétaire d'État auprès du ministre de la solidarité, de la santé et de la protection sociale, chargé de la famille, avait ainsi rappelé devant le Sénat, à l'occasion des débats ayant précédé l'adoption de la loi Huriet-Sérusclat, son opposition irréductible « *à ce que le corps humain devienne une source de profit* »[1058]. Il ne s'agissait donc pas de prohiber toute contrepartie financière, mais bien de s'assurer de l'absence de profit généré par l'activité de sujet d'une expérimentation biomédicale. De ce point de vue, le remboursement des frais exposés s'inscrit parfaitement dans cet objectif en ce qu'il préserve le sujet de l'appauvrissement tout en paralysant le profit.

520.- Il en va tout autrement de « *l'indemnité en compensation des contraintes subies* ». Que compense-t-elle ? Le temps consacré, l'énergie passée, voire la mise à disposition du corps ? Selon le texte originel de la proposition de loi ayant servi de base à la loi Huriet-Sérusclat, ladite indemnité devait être « *calculée en fonction des contraintes subies* »[1059]. Le gouvernement, par la voix d'Hélène Dorihac, suggéra, et fut approuvé en cela, que le texte soit amendé, estimant que « *l'indemnité ne peut véritablement être calculée en fonction*

1058 JO, Année 1988, N° 20, S. (C.R.), Jeudi 13 oct. 1988, p. 537.
1059 *Ibid.*, p. 558.

des contraintes subies. Elle a un caractère largement forfaitaire, faute de pouvoir établir des règles en matière de temps, voire de souffrance »[1060]. La distinction entre l'indemnité et la rémunération perçue en contrepartie de l'usage de la force de travail paraît donc floue. L'existence de cette indemnité compensatrice en sus du remboursement des frais réellement exposés conduit inévitablement à la consécration d'une forme de profit. Bernard Charles, rapporteur de la loi de 1988 à l'Assemblée nationale, n'hésitait d'ailleurs pas à reconnaître que « *pour des raisons culturelles, l'engouement pour les essais et le volontariat n'est pas aussi fort en France que dans d'autres pays* », concluant que « *dans ces conditions, une certaine indemnisation est souhaitable* »[1061]. Le droit fiscal conforte ce caractère incitatif, l'article 81 14° ter du Code général des impôts affranchissant l'indemnité, prévue par l'article L. 1121-11 du Code de la santé publique, de toute imposition. La vocation de l'indemnité à être attractive et non pas seulement compensatrice, comme le texte de la loi le prétend, contribue donc à fragiliser la séparation entre expérimentation biomédicale et intéressement. Ce choix terminologique nous semble peu révélateur de la réalité que recouvre cette « indemnité compensatrice », ce d'autant que l'emploi de ce terme entretient une confusion regrettable entre la compensation pécuniaire du préjudice corporel et l'utilisation du corps dans l'expérimentation.

521.- « *Aucune rémunération ne peut être allouée à celui qui se prête à une expérimentation sur sa personne* » : la fermeté de principe de l'article 16-6 du Code civil se heurte cruellement à la réalité des pratiques. Il existe bel et bien une forme de profit dans le cadre de l'expérimentation, que d'aucuns désignent sous le vocable de « *rémunération déguisée* »[1062] ou de « *rémunération indirecte* »[1063]. Cette indemnité apparaît comme le fruit du compromis originel dominant le droit de l'expérimentation impliquant la personne humaine. En l'absence d'incitation financière, on se figure aisément les difficultés que pourraient rencontrer les chercheurs dans leur quête de sujets[1064]. N'est-il pas vain, dès lors, de condamner dans les textes toute

---

1060 JO, Année 1988, N° 62, A. N. (C.R.), Mardi 13 déc. 1988, p. 3551.

1061 JO, Année 1988, N° 49 [1] A.N. (C.R), Jeudi 24 novembre 1988, p. 2687.

1062 LAUDE A., MATHIEU B., TABUTEAU D., *Droit de la santé*, PUF, « Thémis droit », 3ème éd., 2012, p. 660, n° 514 ; REVET T., « L'argent et la personne », *APD*, t. 42, 1998, p. 53.

1063 MEMETEAU G., « De quelques droits sur l'homme : commentaire de la loi du 20 décembre 1988 relative à la protection des personnes qui se prêtent à des recherches biomédicales », *D.*, 1990, doct., p. 174.

1064 Si la motivation des volontaires sains ne peut être réduite à l'attrait du gain, la rémunération constitue néanmoins l'élément principal justifiant la participation. V. STUNKEL L., GRADY C., « More than the money : A review of the literature examining

« rémunération » ou toute « contrepartie financière » ? Par là, le législateur souhaite sans doute maintenir une distance symbolique entre la rémunération perçue en contrepartie d'une activité ordinaire et celle perçue dans le cadre de l'expérimentation[1065]. Il n'en demeure pas moins que l'activité du sujet confère un prix au corps humain. Le refus de la professionnalisation du sujet passe donc en toute hypothèse par le plafonnement du prix susceptible d'être retiré de cette activité.

b. Le plafonnement du prix, un instrument en faveur d'une non-professionnalisation de l'activité

522.- À première vue, le montant de l'indemnité compensatrice peut être librement fixé par le promoteur de la recherche. Ce montant fait en réalité l'objet d'un contrôle par l'un des Comités de protection des personnes, le montant et les modalités d'indemnisation des participants devant figurer parmi les éléments appréciés en vue d'autoriser une recherche sur la personne humaine[1066]. Comme le souligne justement un auteur, « *beaucoup peut être donné pour obtenir la participation à une recherche à haut risque, ou très peu en apparence pour éviter l'induction alors même que l'étude implique des risques considérables. Une juste balance est toujours à rechercher* »[1067]. Cet équilibre est notamment assuré par les Comités de protection des personnes. Il convient de souligner que l'avis donné par le Comité de protection des personnes s'impose au promoteur. Le caractère contraignant de cet avis constitue donc une garantie de protection de la personne, qui vient appuyer la décision de l'ANSM[1068]. Pour que l'indemnité puisse être perçue par le sujet de l'expérimentation, il ne suffit

---

healthy volunteer motivations », *Contemporary Clinical Trials,* vol. 32, Issue 3, May 2011, p. 342.

[1065] En 1988, le Conseil d'État s'était montré favorable à cette indemnisation considérant que « *si le principe de gratuité exclut toute rémunération, il n'empêche pas une indemnisation tenant compte des diverses contraintes subies* ». Cependant, il proposait un cadre strict pour cette indemnisation. Si elle ne doit pas être soumise à l'impôt, elle ne peut constituer qu'une contrepartie des « *désagréments subis du fait de l'essai, non de la rémunération d'un travail sous forme de salaire ou d'honoraires* ». Etude du Conseil d'État, *Sciences de la vie, De l'éthique au droit,* Documentation française, n ° 4855, 1988, p. 27.

[1066] Art. L. 1123-7 CSP.

[1067] MUKAMUSONI D., « Consentement libre et éclairé », *in Pour des recherches biomédicales communes avec les pays du Sud,* HERVE C., STANTON-JEAN M., GRIMAUD M.-A. (dir.) Dalloz, 2010, p. 70.

[1068] Pour une explication claire de la procédure : CULINE K., *Mémento de la recherche biomédicale portant sur un médicament à usage humain,* Springer, 2ème éd., 2011, p. 90.

pas qu'elle soit approuvée par les instances de contrôle. Il convient en outre qu'elle ne dépasse pas un montant plafond, fixé annuellement par décret.

523.- ***Le plafonnement de « l'indemnité », limite à la professionnalisation.*** Si l'article L. 1121-11 du Code de la santé publique ouvre la voie à la détermination d'un prix du corps humain, il consacre dans le même temps un plafond annuel pour toutes les indemnités perçues au titre de l'expérimentation médicale, précisant que « *le montant total des indemnités qu'une personne peut recevoir au cours d'une même année est limité à un maximum fixé par le ministre chargé de la santé* ». Ce montant est actuellement fixé à 4500 euros[1069]. Cette limite ne constitue pas une restriction à l'existence d'un prix du corps humain. La gratuité n'existant pas dans le cadre de l'expérimentation, elle ne peut constituer une garantie de non-professionnalisation[1070]. En revanche, le plafonnement de l'indemnité poursuit cette fin. En effet, toute activité peut en principe être exercée à titre professionnel. Or, comme le souhaitait dès 1988 le Conseil d'État, le plafonnement a précisément pour objectif « *d'éviter que les personnes qui acceptent de participer, dans l'intérêt de la science, à des expérimentations, tirent de cette activité un moyen de subsistance qui pourrait peser de façon appréciable sur leur liberté de décision* »[1071]. Dans le cadre des discussions ayant précédé l'adoption de la loi de 1988, il avait été estimé que « *limiter le nombre des essais annuels est insuffisamment efficace puisqu'il suffirait d'une seule participation fortement rémunérée pour accepter des souffrances qui n'auraient pas existé sinon* »[1072]. Par conséquent, l'instauration d'un plafond au montant de l'indemnité compensatrice susceptible d'être versée constitue un obstacle à la professionnalisation. Il devient ainsi difficile d'assurer sa subsistance par cette seule voie. L'activité de sujet d'expérimentation peut constituer un complément de ressources ponctuel mais ne doit pas devenir « *un métier* »[1073].

524.- De ce point de vue, la libre rémunération de la personne participant à une recherche biomédicale dans le cadre de son activité professionnelle est en revanche justifiée. Tel est notamment le cas des

---

[1069] Arrêté du 25 avril 2006 relatif au montant maximal des indemnités en compensation pour contraintes subies qu'une personne peut percevoir au cours d'une même année pour sa participation à des recherches biomédicales.

[1070] Contra. BEVIERE B., *La protection des personnes dans la recherche biomédicale*, Les Études hospitalières, 2001, p. 288, n° 594.

[1071] Etude du Conseil d'État, *Sciences de la vie, De l'éthique au droit*, Documentation française, n° 4855, 1988, p. 27.

[1072] DORIHAC H., JO, Année 1988, N° 62, A. N. (C.R.), Mardi 13 déc. 1988, p. 3551.

[1073] *Ibid.*

recherches concernant l'activité des cosmonautes ou des plongeurs, destinées à mesurer les conséquences biologiques de l'apesanteur ou du milieu hyperbare sur l'organisme. Dans de telles hypothèses, le CCNE avait pu se montrer favorable à la rémunération du professionnel[1074], tout comme le Conseil d'État qui avait considéré qu'une « *telle collaboration peut donner lieu à un contrat de travail et être comme telle rémunérée* »[1075]. La rémunération ne constitue pas une incitation à l'expérimentation mais un complément de la rémunération habituellement perçue pour exercer la fonction. La participation à la recherche demeure alors accessoire à l'activité principale de la personne.

525.- En dehors de cette hypothèse, l'existence d'un plafond au montant des indemnités perçues au cours d'une même année témoigne donc de la volonté du législateur de faire obstacle à la professionnalisation du sujet de l'expérimentation. Ce d'autant qu'à l'instar de la cession de matériel biologique, la nécessité de subvenir à ses besoins est nécessairement plus grande chez les personnes en difficulté économique, la pauvreté risquant dès lors d'apporter à la profession de sujet le plus gros contingent de candidats[1076]. Face à cet écueil, la limitation instaurée doit donc se révéler pleinement efficace.

526.- ***Le contrôle du plafond.*** Depuis la loi n° 2004-806 du 9 août 2004[1077], afin notamment d'assurer le respect du plafond du montant d'indemnités susceptibles d'être perçues au cours d'une même année, toute personne qui ne présente aucune affection et qui se prête volontairement à une recherche, ainsi que toute personne malade faisant

---

[1074] CCNE, *Avis sur une demande concernant une étude réalisée sur des sujets volontaires sains au cours d'une expérience de simulation des modifications cardio-vasculaires et des tissus de simulation des modifications cardio-vasculaires et des tissus de soutien observées chez l'homme en apesanteur,* Avis n° 11, 6 décembre 1987.

[1075] Conseil d'État, *De l'Ethique au droit, Sciences de la vie*, La Documentation française, « Notes et études documentaires », 1988, p. 28 : les plongeurs, pilotes, parachutistes, spationautes doivent être rémunérés en raison de leur activité ; MATTEI J.-F., Rapport n° 1291, Assemblée Nationale, 31 mai 1994, p. 50.

[1076] Des auteurs se sont ainsi opposés de manière virulente sur les conséquences pour les personnes défavorisées de la rémunération des sujets sains. Pour un plaidoyer en faveur de la remuneration, v. WILKINSON M., MOORE A., « Inducement in Research », *Bioethics,* vol. 11, n° 5, 1997, p. 373 ; « Inducements revisited », *Bioethics*, vol. 13, n° 2, 1999, p. 114 ; Contra, v. MCNEILL P., *The Ethics and Politics of Human Experimentation,* Cambridge University Press, 1993, p. 176 ; « A Response to Wilkinson and Moore, Paying people to participate in Research : Why not ? », *Bioethics*, vol. 11, n° 5, 1997, p. 390 ; V. également, SAGE W. M., « Paying research subjects : The US Example », *in Essais cliniques, quels risques ?,* LAUDE A., TABUTEAU D. (dir.), PUF, « Droit et santé », 2007, p. 149

[1077] Loi n° 2004-806 du 9 août 2004, art. 88-XVI.

l'objet d'une recherche sans rapport avec sa pathologie, doit être inscrite sur le fichier des volontaires pour la recherche biomédicale (VRB), prévu à l'article L. 1121-16 du Code de la santé publique, et dont le fonctionnement a été fixé par arrêté[1078]. Cette inscription est obligatoire pour toute recherche portant sur les produits mentionnés à l'article L. 5311-1 du Code de la santé publique, soit une liste large et ouverte comme en témoigne l'adverbe « *notamment* » précédant l'énoncé des produits concernés. L'alinéa 2 de l'article L. 1121-16 du Code de la santé publique permet de surcroît d'étendre le champ des personnes inscrites, conférant à cette fin un pouvoir spécifique aux Comités de protection des personnes qui peuvent ainsi décider, en vertu des risques que comporte la recherche, de l'inscription d'une personne sur le fichier VRB[1079].L'obligation pour l'investigateur de s'assurer que le sujet pressenti pour l'expérimentation ne participe pas déjà à une autre recherche, ou qu'il n'est pas touché par une période d'exclusion[1080], permet dans le même temps de s'assurer qu'il n'a pas perçu de rémunération dans les douze derniers mois[1081].

527.- Plusieurs limites à ce contrôle doivent cependant être évoquées. Tout d'abord, le fichier national ne comprend pas l'intégralité des essais biomédicaux, certains produits ne nécessitant pas de déclaration. Certaines indemnisations peuvent donc ne pas y figurer. En outre, les investigateurs, dont la recherche n'impose pas l'inscription des participants au fichier national, ne disposent pas, en principe, de codes d'accès leur permettant de consulter ledit fichier. Il s'agit là d'une faille importante, les

---

1078 Arrêté du 14 novembre 2006 *relatif aux données constitutives du fichier national des personnes qui se prêtent à des recherches biomédicales.*

1079 Initiés par la loi Huriet-Sérusclat de 1988 et renforcés dans leurs prérogatives par la loi n° 2004-806 du 9 août 2004 relative à la politique de santé publique, ces comités permettent de contrôler l'activité des praticiens et des médecins. D'un point de vue terminologique, les Comités de protection des personnes (CPP) succèdent aux Comités de protection des personnes se prêtant à des recherches biomédicales (CCPRB).

1080 L'article L. 1121-12 du Code de la santé publique précise ainsi que pour chaque recherche biomédicale soumise au CPP et à L'ANSM, l'interdiction de participer simultanément à une autre recherche doit être précisée. Est également prévue l'obligation de déterminer une éventuelle période d'exclusion. Cette période est celle pendant laquelle la personne ne pourra participer à aucune autre recherche.

1081 ANSM, Décision du 24 novembre 2006 fixant les règles de bonnes pratiques cliniques pour les recherches biomédicales portant sur des médicaments à usage humain, article 4.2.3 : « *les personnes susceptibles de se prêter à la recherche biomédicale ne participent pas déjà à une recherche qui pourrait rendre impossible leur inclusion dans la recherche proposée. Il s'assure également qu'elles n'ont pas participé à une recherche pour laquelle actuellement une période d'exclusion est requise, notamment à l'aide du fichier national des personnes qui se prêtent à des recherches biomédicales* ».

investigateurs ne pouvant dès lors s'assurer que le montant du plafond annuel n'est pas dépassé par tel ou tel sujet. En pratique, il semble toutefois que les promoteurs aient tendance à déclarer tout type de recherche, y compris celles pour lesquelles aucune obligation de déclaration ne leur est imposée, limitant par là même l'ampleur d'une telle faille. En toute hypothèse, l'argument selon lequel les recherches n'entrant pas dans le champ de l'obligation déclarative seraient moins généreusement rémunérées, n'emporte pas la conviction. Si l'objectif du fichier VRB est bel et bien d'assurer la non-professionnalisation des sujets, celui-ci devrait permettre le recensement de toutes les recherches auxquelles une personne a pu participer, ainsi que l'intégralité des sommes perçues par elle au cours d'une même année.

528.- Par ailleurs, le fichier est uniquement national. La crainte d'un tourisme de l'expérimentation pourrait dès lors être fondée. Sur ce point, l'on perçoit l'embarras d'un Comité de protection des personnes qui, interrogé par un volontaire sur le fait de savoir si *« l'on peut s'affranchir de cette limite en allant participer à des recherches dans les pays européens voisins comme la Belgique »*[1082], répond qu'il est préférable pour les investigateurs et les promoteurs de ne pas inclure « *dans leurs protocoles des " volontaires professionnels " et pour les personnes qui seraient tentées, de savoir y résister !* ». En l'absence d'un fichier international ou tout du moins européen, seule la bonne foi et la raison des personnes peuvent assurer le respect de cet objectif de non-professionnalisation. Alors que l'on s'interroge sur les instruments de développement d'un espace unique européen pour la recherche clinique[1083], la question du développement d'un fichier d'enregistrement des sujets se prêtant à la recherche pourrait légitimement se poser. Car s'il existe une base de données européenne permettant le recensement des différents essais cliniques - dénommée European Clinical Trials Database (EudraCT) -, celle-ci ne référence ni l'identité des sujets ni le montant des indemnités perçues[1084].

[1082] Voir les questions-réponses du Comité de Protection de Personne Sud-Méditerrané II, http://www.cpp-sudmed2.fr/27-Indemnites (dernière consultation le 23 février 2018).

[1083] V. notamment DEMOTES-MAINARD J., « ECRIN (European Clinical Research Infrastructures Network) et la structuration de la recherche clinique en Europe », *Bull. Acad. Nat. Méd.*, 2010, 194, n° 9, p. 1683.

[1084] Les informations disponibles sur la base de données des essais cliniques *EudraCT* sont accessibles sur le site de l'ANSM à cette adresse : http://ansm.sante.fr/Activites/Medicaments-et-produits-biologiques/Obtenir-le-numero-EudraCT/(offset)/6 (dernière consultation février 2020) ; V. également Art. 81 du Règlement n° 536/2014 du parlement européen et du conseil du 16 avril 2014 relatif

529.- Enfin, certaines pratiques peuvent laisser redouter une forme de professionnalisation. Certaines expérimentations biomédicales peuvent en effet se dérouler sur un temps court, et donner lieu au versement, par le promoteur, d'une indemnité équivalant au montant maximum autorisé. Ainsi en est-il d'une expérience d'une durée de quatre mois pour laquelle le volontaire avait pu percevoir une indemnité de 4500 euros, soit 1125 euros mensuels en moyenne, à laquelle s'ajoutait le remboursement des frais de déplacement[1085]. Au 1er janvier 2013, le montant horaire du SMIC net était de 7,39 euros soit, sur la base de la durée légale de 35 heures, de 1121, 93 euros mensuels. Les chiffres sont éclairants. Au cours de ces quatre mois, le sujet put ainsi percevoir une indemnité équivalant au salaire minimum. Une telle pratique n'est pas isolée[1086]. Pourtant, il ne s'agit en aucun cas d'un contournement de la loi ni même de son esprit, le législateur s'étant lui-même montré favorable en 1988 à ce que le montant total des indemnités perçues ne dépasse pas trois à quatre fois le SMIC[1087]. Si le plafonnement apparaît donc comme un obstacle à la professionnalisation, il est incontestable qu'il n'interdit pas cependant l'exercice de l'activité de sujet au moins quelques mois par an, et ce en contrepartie d'une « indemnité » dont le montant, nous l'avons vu, est susceptible d'équivaloir au salaire minimum. Dès lors, le risque de voir certains sujets se transformer en « saisonniers de l'expérimentation » ne doit pas être exclu[1088]. La frontière entre activité occasionnelle et activité

---

aux essais cliniques de médicaments à usage humain et abrogeant la directive 2001/20/CE.

1085 Cet essai clinique était disponible en ligne ne l'est plus actuellement.

1086 Ce même centre a pu proposer une expérimentation biomédicale indemnisée 3200 euros pour 3 mois, ainsi que le remboursement des frais de déplacement : http://www.test-clinique.fr/243-detail-essai-clinique-mt3d-medicament-contre-les-troubles-de-la-memoire-rouffach-68 (en ligne au 4 octobre 2013). Le Centre d'investigation clinique de Tours propose également régulièrement des recherches dont la compensation rivalise avec le montant du salaire minimum. Par exemple, pour une recherche d'une demi-journée, la compensation s'élevait à 60 euros. V. http://p.cic-tours.fr/recrutements-de-volontaires

1087 CHARLES B., DORIHAC H., JO, Année 1988, N° 62, A.N. (C.R.), Mardi 13 déc. 1988, p. 3551.

1088 A la suite de la recherche menée sous la direction d'Anne Fagot-Largeault, Philippe Amiel avait ainsi pu constater, dans le cadre des entretiens passés avec des volontaires sains, participant à titre onéreux à la recherche, que les sujets s'engageaient comme ils feraient le choix « *d'une mission d'intérim ou d'un job d'été* ». AMIEL P., FAGOT-LARGEAULT A. (dir.), « Synthèse des données d'observation et rappel des conclusions », *Enquête sur les pratiques et conceptions de l'information et du recueil du consentement dans l'expérimentation sur l'être humain*, Convention MIRE n° 15-97, Mission recherche (ministère de l'Emploi et de la Solidarité ; Direction de la recherche, des études, de l'évaluation et de la statistique),

professionnelle devient alors bien ténue. Aux côtés du plafonnement de la rémunération sur une période donnée, la question de la limitation du nombre de participations tout au long d'une vie mérite donc d'être posée.

Si l'expérimentation biomédicale peut donc, en principe conférer un prix au corps humain, certains corps demeurent néanmoins préservés de ce rapport pécuniaire.

2. Les limites au prix du corps humain : les personnes vulnérables

530.- La protection de certaines catégories de la population impose de les exclure par principe de la recherche biomédicale (**a**). Lorsque l'expérimentation est exceptionnellement autorisée, il n'en demeure pas moins que « l'indemnité en compensation des contraintes subies » doit être exclue (**b**).

a. Le caractère exceptionnel de l'expérimentation sur les personnes vulnérables

531.- Par principe, toute personne est libre de se porter volontaire afin de participer à une recherche biomédicale et d'obtenir une rémunération en contrepartie. Cependant, la particularité de cette activité, associée à la vulnérabilité de certaines catégories de personnes, ont conduit le législateur à interdire, par principe, la recherche biomédicale sur ces personnes. Ces exclusions, prévues aux articles L. 1121-5 à L. 1121-8 du Code de la santé publique concernent les femmes enceintes, parturientes et allaitantes, les personnes privées de liberté par décision administrative ou judiciaire, ou faisant l'objet de soins psychiatriques, ou étant admises dans un établissement sanitaire ou social à d'autres fins que celles de recherche, le mineur et enfin, les personnes majeures faisant l'objet d'une mesure de protection légale ou hors d'état d'exprimer leur volonté. S'il s'agit, pour la femme enceinte, parturiente ou allaitante, de protéger son corps et celui de l'enfant, cette interdiction résulte, dans les autres

---

Décembre 2000, p. 10 ; AMIEL P., *Des cobayes et des hommes, Expérimentation sur l'être humain et justice,* Les Belles Lettres, « Médecine & Sciences Humaines », 2011, p. 232.

hypothèses, de la présomption d'un consentement non libre et éclairé à la recherche[1089].

532.- Le droit français opère ainsi une classification différente de celle retenue par le Protocole additionnel à la Convention sur les Droits de l'Homme et la biomédecine d'Oviedo qui distingue aux articles 15 et 20 les personnes qui n'ont pas « *la capacité à consentir à une recherche* » et les « *personnes privées de liberté* »[1090]. Cependant, qu'il s'agisse du Code de la santé publique ou dudit Protocole, les conditions dans lesquelles la recherche peut, à titre exceptionnel, être autorisée sont très proches : dans toutes ces situations, la recherche doit nécessairement présenter un bénéfice pour la personne elle-même, de nature à justifier le risque prévisible encouru, ou un intérêt pour d'autres personnes, les risques prévisibles et les contraintes subies devant présenter un caractère minimal. Dans les cas prévus aux articles L. 1121-5 et L. 1121-6 du Code de la santé publique, le législateur ajoute comme condition, lorsque la recherche n'est pas faite au profit de la personne, que la recherche ne puisse en outre être menée sur une autre catégorie de la population.

Par exception, la recherche peut donc être menée sur des personnes vulnérables. Cependant, cette recherche ne peut en aucun cas donner lieu à rémunération. Le prix du corps humain est par conséquent interdit.

b. La prohibition de « l'indemnité en compensation des contraintes subies » en cas d'expérimentation sur les personnes vulnérables

533.- À l'exception des femmes enceintes, parturientes ou allaitantes, les personnes qui ne peuvent qu'exceptionnellement prendre part à une recherche biomédicale ne peuvent en aucun cas obtenir le versement de « *l'indemnité en compensation des contraintes subies* »[1091]. La lecture de l'article L. 1121-11 du Code de la santé publique laisse néanmoins apparaître la possibilité de procéder au remboursement des frais exposés pour participer à la recherche, seule « l'indemnité » étant expressément exclue.

1089 De ce point de vue, il est intéressant de souligner que le Code civil du Québec opérait au sein de l'ancien article 20 une distinction entre le mineur « doué de discernement » et le mineur qui ne l'est pas. V. Commission de réforme du droit du Canada, *L'expérimentation biomédicale sur l'être humain*, Document de travail 61, 1989, p. 46.

1090 Protocole additionnel à la Convention sur les Droits de l'Homme et la biomédecine, relatif à la recherche biomédicale, Strasbourg, 25 janv. 2005.

1091 Art. L. 1121-11 al. 2. CSP.

Cette interdiction s'inscrit dans une volonté de détacher le consentement de tout esprit de lucre, que ce soit pour les représentants légaux de la personne ou pour la personne elle-même lorsqu'elle fait l'objet d'une privation de liberté. En effet, pour les mineurs et les personnes majeures protégées, il s'agit de s'assurer que la motivation financière ne conduit pas leurs représentants légaux à exercer des pressions. L'objectif de cet encadrement est de s'assurer que le représentant légal ne consent pas à cette expérimentation à des fins pécuniaires.

534.- S'agissant de la personne privée de liberté, la justification paraît plus délicate. La restriction même de la recherche biomédicale sur cette catégorie de personnes a pu être critiquée, privant le prisonnier d'une activité qui aurait pu lui permettre de « *donner un sens à sa vie* »[1092]. Il est vrai que longtemps les prisonniers constituèrent des sujets appréciés des chercheurs. Une telle attractivité ne résulte pas simplement de la faible rémunération susceptible de leur être offerte, mais bien davantage du mode de vie de ces derniers : « *Les prisonniers mènent une vie captive et routinière. Leur mode de vie facilite beaucoup l'administration du protocole de recherche et surtout la collecte des données, notamment dans les recherches portant sur les nouveaux médicaments et produits pharmaceutiques* »[1093]. Le corps du détenu était ainsi considéré comme un matériel idéal pour la recherche, en particulier lorsque la personne était condamnée à mort : ces « *corps vils* » pouvaient dès lors être sacrifiés dans l'intérêt de la société[1094]. Dans une lettre du 22 décembre 1884, adressée à l'Empereur du Brésil, Louis Pasteur s'était montré favorable au droit de grâce sur les condamnés à mort en contrepartie d'une instrumentalisation de leur corps à des fins de recherche[1095]. À l'inverse, Claude Bernard refusa les opérations dangereuses sur les condamnés en contrepartie de leur grâce. Il considérait néanmoins que des expériences, n'entraînant aucune souffrance ni aucun

---

1092 JAFFE L.L., « Law as a System of Control », *in Experimentation with Human Subjects*, FREUND P. A. (dir.), Allen & Unwin, 1972, pp. 214 et s.

1093 Commission de réforme du droit du Canada, *L'expérimentation biomédicale sur l'être humain*, Document de travail 61, 1989, p. 43.

1094 MAUPERTUIS P. L., « Utilité du supplice des criminels », *in Lettres sur le progrès des sciences, t. II*, Bruyset, 1768, p. 410, cité par CHAMAYOU G., *Les corps vils : expérimenter sur les êtres humains aux XVIIIe et XIXe siècles*, La Découverte, « Les Empêcheurs de penser en rond », 2008, p. 79.

1095 « *Si j'étais roi ou empereur ou même Président de la République, voici comment j'exercerais le droit de grâce sur les condamnés à mort. J'offrirais à l'avocat du condamné, la veille de l'exécution de ce dernier, de choisir entre une mort imminente et une expérience qui consisterait dans des inoculations de la rage pour amener la constitution du sujet à être réfractaire à la rage. Moyennant ces épreuves, la vie du condamné serait sauve… Tous les condamnés accepteraient. Les condamnés à mort n'appréhendent que la mort* ».

inconvénient pour la personne devant bientôt succomber, pouvaient être envisagées[1096]. Cette pratique fermement condamnée en France, en Allemagne, en Angleterre et finalement dans un grand nombre de pays, connut un développement important aux États-Unis[1097]. L'interdiction de la recherche sur les prisonniers constitue assurément une protection de la personne évoluant dans un milieu de contrainte, qui fausse son consentement. Mais dès lors que l'on consent à une exception, pourquoi ne pas permettre la rémunération ? D'aucuns soulignent que, s'il est vrai que le prisonnier est captif au sens entier du terme, la personne dans une grande situation de précarité n'est pas moins captive de la pauvreté[1098]. L'argument n'est pas dépourvu de pertinence. Pour autant, le prisonnier, en raison non seulement de sa précarité financière, mais également de la solitude ou de l'ennui auquel il est exposé, risque de se révéler sensible à une rémunération, même faible. Aux États-Unis, dans l'affaire *Bailey c. Lally*[1099]des détenus d'État au Maryland House of Correction purent ainsi alléguer de la violation de leurs droits constitutionnels en vertu de leur participation, jugée par eux involontaire, à des expérimentations biomédicales. Ils soutenaient que leurs conditions de vie étaient si précaires qu'ils avaient été contraints de participer à la recherche afin de percevoir l'indemnité. Le tribunal avait cependant rejeté leur demande, considérant que le paiement de $ 2 par jour n'avait pu provoquer un attrait suffisamment fort[1100]. À la lumière de cette décision, il semble donc plus pertinent de prohiber l'expérimentation afin d'éviter toute discussion sur la pertinence du montant d'indemnité accordé. À la contrainte de la captivité, ne saurait s'ajouter le risque de l'expérimentation biomédicale.

1096 A titre d'exemple, il cite une expérience consistant à faire avaler des larves de vers intestinaux à une personne avant sa condamnation, pour en apprécier le développement. BERNARD C., *Introduction à l'étude de la médecine expérimentale,* préf. DAGOGNET F., Flammarion, 1984, p. 152.

1097 Pendant la Seconde guerre mondiale, elle était ainsi envisagée comme une forme de contribution « patriotique », avant de reposer principalement sur des considérations mercantiles. Pour une analyse de l'évolution et une mise en perspective de l'interdit et du permis selon les pays, v. not. Commission de réforme du droit du Canada, *L'expérimentation biomédicale sur l'être humain,* Document de travail 61, 1989.

1098 LASAGNA L., « Special Subjects in Human Experimentation », *in Experimentation with Human Subjects,* FREUND P. A. (dir.), Allen & Unwin, 1972, p. 268 : « *It has been argued that the prisoner is « captive » in a special sense, but is not the person in need of money a captive to poverty ?* ».

1099 *Bailey c. Lally* (1979), 481 F. Supp. 203 (D. Md. 1979).

1100 WEISSTUB D. N., VERDUN-JONES S. N., ARBOLEDA-FLOREZ J., « L'expérimentation biomédicale sur les détenus : arguments pour et contre une prohibition totale », *in Les populations vulnérables,* WEISSTUB D. (dir.), L'Harmattan, 2001, p. 201.

535.- Les enjeux de santé et le doute inhérent à toute recherche biomédicale justifient donc un encadrement de l'activité de sujet de l'expérimentation. La liberté de déterminer un prix du corps subit dans ce mouvement de protection un infléchissement conséquent. Cependant, plutôt que de tenter de convaincre qu'il ne s'agit en aucun cas d'une activité rémunérée, peut-être serait-il plus opportun de reconnaître l'existence d'une rémunération de principe, tout en maintenant, voire renforçant, le principe d'un plafonnement de ce montant.

Comme pour l'expérimentation, les activités de nature sexuelle peuvent être marquées, non pas par une interdiction du prix mais par son encadrement.

§II. Le prix toléré et l'activité de nature sexuelle

536.- « *L'un des domaines où se révèlent les relations complexes que chacun entretient avec son corps et avec le corps des autres est le domaine sexuel. Ne serait-ce que parce que nos relations à l'autre les plus intenses sont les relations sexuelles, et que le désir érotique est toujours une ouverture à autrui à la fois dans sa corporéité et dans sa subjectivité* »[1101].

Si les actes de nature sexuelle doivent assurément relever de la liberté et des choix personnels, la frontière entre la libre intimité et l'intimité contrôlée par le droit se trouble lorsqu'aux liens entre les corps s'ajoute un prix. Le choix de la notion « d'actes de nature sexuelle » traduit la volonté d'inclure dans les développements suivants un vaste ensemble de situations impliquant l'intimité du corps. Ce faisant, l'absence d'uniformité des règles applicables à ces différentes situations apparaît rapidement. La matière est dominée par des partis pris idéologiques qui sous-tendent assurément certaines solutions juridiques. L'encadrement de ces actes de nature sexuelle est le résultat du regard porté sur eux par la société, changeant selon les temps et les lieux[1102].

Aussi, il convient dans un premier temps d'esquisser les contours de l'activité de nature sexuelle, catégorie non uniforme pouvant en réalité se

---

1101 MARZANO M., *Philosophie du corps*, PUF, « Que sais-je ? », 2007, p. 107.

1102 Il convient d'attirer ici l'attention du lecteur sur une évolution importante entre le moment où la thèse a été rédigée et soutenue et la consécration par le législateur en 2016 d'une pénalisation du client. Certains raisonnements seront conservés afin de traduire cette évolution mais nécessairement actualisés afin que le propos ne soit pas dépassé par le renouvellement du droit.

scinder en deux sous-catégories distinctes (**A**). Les traits de cette activité ainsi esquissés, il s'agira d'en apprécier les liens avec le prix (**B**).

A. Les activités de nature sexuelle

537.- L'activité, lorsqu'il est question des actes de nature sexuelle, se fait nécessairement plurielle (**1**). Une convergence apparaît néanmoins entre les activités ainsi envisagées, et ce à travers les rôles joués par le consentement et la volonté (**2**).

1. La diversité des activités

538.- Au sein de la catégorie des activités de nature sexuelle, une différence de traitement juridique apparaît nettement en droit positif. Partant de ce constat, il nous a semblé opportun de rechercher, dans l'exercice même de ces activités, les différences susceptibles de justifier de leur traitement juridique distinct. Ainsi, au sein de la catégorie particulière qu'est l'activité de nature sexuelle, une division majeure peut être opérée entre l'activité vouée à l'unique satisfaction du plaisir d'autrui (**a**), et l'activité destinée à la production d'un bien (**b**).

a. L'activité de nature sexuelle en vue de la satisfaction du plaisir d'autrui

539.- La satisfaction du besoin sexuel d'autrui en contrepartie d'une rémunération est qualifiée de prostitution. Si plusieurs formes de prostitution existent, elles se rattachent indifféremment à l'activité.

540.- ***Différentes formes de prostitutions.*** Il n'existe pas « *une, mais des prostitutions* »[1103]. Cette affirmation est indiscutable, et ce, d'au moins deux points de vue. D'une part, la qualification de prostitution recouvre

---

1103 MANCINI J.-G., *Prostitution et proxénétisme*, PUF, « Que sais-je », 4ème éd., 1972, p.15. V. également, pour la diversité des formes de prostitution, AUBIN C., JOURDAIN-MENNINGER D., EMMANUELI J., *Rapport, Prostitution : les enjeux sanitaires*, Inspection Générale des Affaires Sociales, décembre 2012, p. 10.

une grande variété d'actes. D'autre part, elle peut désigner des rapports entre des personnes elles-mêmes très différentes.

541.- Du point de vue des actes, il convient de rappeler que la prostitution ne fait pas l'objet d'une définition légale[1104]. Au fil des contentieux, les juges ont dû progressivement pallier cette absence. Si, au début du XXème siècle, la prostitution pouvait être définie comme le « *fait d'employer, moyennant une rémunération, son corps à la satisfaction des plaisirs du public, quelle que soit la nature des actes de lubricité accomplis* »[1105], à la fin du même siècle est qualifié de prostitutionnel le fait de « *se prêter, moyennant une rémunération, à des contacts physiques de quelque nature qu'ils soient, afin de satisfaire les besoins sexuels d'autrui…* »[1106]. Le « contact physique » et la rémunération constituent aujourd'hui les deux seuls critères nécessaires à la qualification de prostitution[1107].

542.- D'un point de vue des personnes, il peut être surprenant, et tout à la fois révélateur, de constater qu'un auteur avait pu limiter la définition de la prostitution au « *fait pour une femme de pratiquer contre rétribution, librement et sans contrainte, alors qu'elle ne dispose d'aucun autre moyen d'existence, des relations sexuelles habituelles, constantes et répétées avec tout venant et à la première réquisition, sans choisir, ni refuser son partenaire, son objet essentiel étant le gain et non le plaisir* ». Si la prostitution est majoritairement le fait de femmes, elle n'est pas, pour autant, un phénomène exclusivement féminin[1108]. Il nous semble donc parfaitement injustifié d'exclure, dans la définition même de la prostitution, une catégorie de personnes en raison de leur genre.

[1104] Seul le décret n° 47-2253 du 5 novembre 1947 instituant un fichier sanitaire et social de la prostitution, l'avait définie comme le fait de consentir habituellement et moyennant rémunération à des contacts sexuels avec autrui.

[1105] Civ., 19 nov. 1912 (2 arrêts), *D.*, 193, 1, p. 353, note LE POITTEVIN G.

[1106] Crim., 27 mars 1996, n° 95-82.016, *Bull. crim.*, n° 138 ; *Dr. pén.*, 1996, p. 182, obs. VERON M. ; *RSC*, 1996, p. 853, note MAYAUD Y.

[1107] CABALLERO F., *Droit et sexe*, LGDJ-Lextenso, 2010, p. 442 ; RASSAT M.-L., *Droit pénal spécial, Infractions du Code pénal*, Dalloz, « Précis Droit privé », 6ème éd., 2011, p. 692, n° 20 ; PLANQUE J.-C., *Droit pénal spécial*, Bréal, 2ème éd., « Lexifac. Droit », 2011, p. 176 ; VERON M., *Droit pénal spécial*, Sirey, « Sirey Université », 2012, p. 161 ; CONTE P., *Droit pénal spécial*, LexisNexis, « Manuel », 4ème éd., 2013, p. 313, n° 476.

[1108] Pour une étude de la diversité de « *l'échange économico-sexuel* » et de l'implication de la personne : TABET P., *La grande arnaque, Sexualité des femmes et échange économico-sexuel*, L'Harmattan, « Bibliothèque du féminisme », 2004 ; OLIVIER M., *Rapport d'information sur le renforcement de la lutte contre le système prostitutionnel*, Assemblée Nationale, Délégation aux droits des femmes et à l'égalité des chances entre les hommes et les femmes, n° 1360, 17 septembre 2013, p. 17.

543.- Par ailleurs, la situation dans laquelle se trouve la personne ayant recours à la prostitution ne suffit pas, en elle-même, à exclure l'acte de nature sexuelle du champ de la prostitution. Ces dernières années, plusieurs associations se sont fait l'écho de personnes déficientes qui, en raison de leur handicap, sont entravées dans leur sexualité[1109]. La prise en compte de ces besoins, inscrits dans une situation de fait singulière, légitimerait la reconnaissance de « l'assistance sexuelle »[1110], c'est-à-dire de l'acte de nature sexuelle accompli en contrepartie d'une rémunération, en vue de la satisfaction sexuelle d'une personne déficiente[1111]. Les partisans de l'assistance sexuelle revendiquent la spécificité de cette activité au regard de la prostitution que l'on pourrait qualifier de « traditionnelle »[1112]. Cette distinction pourrait ainsi expliquer qu'aux Pays-Bas et au Danemark, l'assistance sexuelle relève d'une prise en charge par la sécurité sociale[1113]. L'assistance sexuelle relève ainsi du soin. Dans l'éventualité de sa reconnaissance en France, un auteur a proposé que la prise en charge de l'assistance sexuelle s'inscrive dans le calcul de la prestation de compensation du handicap et non qu'elle soit assurée par la sécurité sociale, reconnaissant que « *les frustrations sexuelles ne découlent pas d'un problème pathologique* »[1114]. Il peut encore être observé, au soutien de la distinction entre prostitution et assistance sexuelle, qu'une formation préalable, voire continue, peut être exigée dans les pays qui la reconnaissance : tel est notamment le cas en Suisse romande où des formations spécifiques, relatives à la prise en charge sexuelle de personnes

---

1109 CARRE J.-M., *Travailleu(r)ses du sexe et fières de l'être* , Editions du seuil, 2010, pp. 177 et s.

1110 Les termes « d'aide sexuelle » et « d'accompagnement sexuel » sont également employés respectivement en Suisse francophone pour le premier et par l'Association des paralysés de France pour le second.

1111 L'assistance sexuelle en tant qu'elle serait gratuite ne présenterait pas la même difficulté. Elle s'inscrirait alors dans la liberté sexuelle de chaque personne. Dès lors, les associations qui mettraient en relation les personnes handicapées et les assistants sexuels ne pourraient donc pas être passibles d'une sanction pour proxénétisme.

1112 Pour une distinction insuffisamment fondée selon nous, v. GAMELEU-KAMENI C., « Peut-on légiférer à propos de l'assistance sexuelle en France ? », *Médecine & droit*, vol. 2013, Issue 122, p. 181.

1113 AGTHE DISERENS C., VATRE F., *Accompagnement érotique et handicaps, Au désir des corps réponses sensuelles et sexuelles avec coeur,* Chronique sociale, « Comprendre les personnes », 2006, p. 24 ; NUSS M. (dir.), *Handicaps et sexualités, Le livre blanc,* Dunod, 2008, p. 34.

1114 NUSS M., « Virage social et sociétal », *in Des sexualités & Des Handicaps, Questions d'intimités,* GIAMI A., PY B., TONIOLO A.-M. (dir.), PUN, « Santé, qualité de vie et handicap », 2010, p. 302.

handicapées, sont assurées[1115]. Par ailleurs, en Suisse Romande, l'activité d'accompagnant érotique n'est ouverte qu'à titre d'activité secondaire[1116]. Si la question de la sexualité de la personne handicapée mérite d'être posée, et pensée, dans le cadre des politiques de protection des personnes vulnérables, il nous semble néanmoins que les actes accomplis par une personne en qualité d'assistant sexuel sont sensiblement identiques à ceux conduisant à la qualification de prostitution. En effet, dans les pays reconnaissant l'assistance sexuelle, les actes pratiqués sont variés, mais peuvent aller jusqu'au rapport sexuel lui-même[1117]. Si l'assistance sexuelle recouvre une situation particulière de rémunération des actes de nature sexuelle, il n'est donc pas possible d'opérer, du point de vue des actes accomplis, une distinction entre prostitution et assistance sexuelle[1118]. Il sera par conséquent fait le choix d'employer le terme de prostitution pour désigner toutes les activités de nature sexuelle visant à assurer le plaisir exclusif d'autrui.

544.- ***L'activité prostitutionnelle ou la rémunération d'un pouvoir sur le corps lui-même.*** Le rattachement de la prostitution à l'activité s'impose inévitablement. Ce n'est pas uniquement un élément détaché de la personne qui est mis au service de l'activité, mais bien l'intégralité de la personne et de son corps[1119] : « *la convention qui se crée entre la personne prostituée et le client porte bien sur le corps, ou tout au moins sur une partie qui n'en est pas détachable* »[1120]. À ce titre, la comparaison entre la personne qui se prostitue et la nourrice qui vend son lait ne nous paraît donc pas

---

1115 Sur cette question, v. le site de l'association Sexualité et handicaps pluriels (SEHP) : https://corps-solidaires.ch/formation/ (dernière consultation février 2020) ; AGHTE DISERENS C., VATRE F., *Accompagnement érotique et handicaps, Au désir des corps réponses sensuelles et sexuelles avec coeur,* Chronique sociale, « Comprendre les personnes », 2006, pp. 80 et s.

1116 AGHTE DISERENS C., VATRE F, *Accompagnement érotique et handicaps, Au désir des corps réponses sensuelles et sexuelles avec coeur,* Chronique sociale, « Comprendre les personnes », 2006, p. 100.

1117 En Allemagne, l'acte sexuel est néanmoins exclu.

1118 NUSS M., « Virage social et sociétal », in *Des sexualités & Des Handicaps, Questions d'intimités,* GIAMI A., PY B., TONIOLO A.-M. (dir.), PUN, « Santé, qualité de vie et handicap », 2010, p. 314 ; CCNE, *Vie affective et sexuelle des personnes handicapées, Question de l'assistance sexuelle,* Avis n°118, octobre 2012, p. 14 : « *Les associations de personnes handicapées qui revendiquent cette aide contestent cette assimilation à la prostitution. Il est pourtant difficile de la qualifier autrement, sauf à en faire une activité non rémunérée* ».

1119 LAVAUD-LEGENDRE B., *Où sont passées les bonnes mœurs ?*, PUF, « Partage du savoir », 2005, p. 133.

1120 OUVRARD L., *La prostitution, Analyse juridique et choix de politique criminelle,* L'Harmattan, « Logiques Juridiques », 2000, p. 154.

fondée[1121]. La prostitution constitue indéniablement une proposition de service sexuel et non une vente du corps ou de ses éléments et produits[1122].

545.- Cependant, contrairement aux autres activités, « *aucune forme de force de travail ne peut être séparée du corps* » dans le cadre de la prostitution[1123]. Le corps est utilisé en lui-même et non rémunéré pour la force qu'il permet de mobiliser. L'intimité sexuelle de la personne est placée au cœur de la prestation : la prestation n'existe pas au-delà du corps, elle est le corps lui-même. S'il semble donc inexact de qualifier la prostitution de « vente du sexe », une distinction existe néanmoins entre une telle rémunération du corps pour lui-même et la rémunération de la force du travailleur[1124]. Si l'on s'autorise une comparaison entre l'activité prostitutionnelle et l'activité sportive, on constatera que, dans ces deux hypothèses, le corps forme un élément essentiel de l'activité. Dans l'activité sportive, toutefois, la rémunération est généralement tributaire de la performance. La valeur économique ne naît pas de l'utilisation de l'intimité du corps, mais bien de la capacité de ce corps à réaliser quelque chose au-delà de soi-même.

546.- L'activité prostitutionnelle consiste donc en la mise à disposition de son corps en vue de satisfaire le besoin sexuel d'autrui. Cette activité exige un contact physique faisant l'objet d'une contrepartie pécuniaire. D'autres activités de nature sexuelle reposent également, et en grande partie, sur un contact physique. Cependant, l'acte de nature sexuelle n'est alors plus uniquement rémunéré en tant que tel, mais en tant qu'il participe à un processus global de création.

b. L'activité de nature sexuelle participant de la création d'un produit

547.- Au-delà de la prostitution, d'autres activités exigent un usage particulièrement intime du corps. Néanmoins, pour toutes ces activités l'implication dans un processus de création se fait jour. Certaines d'entre elles reposent sur l'exhibition de l'intimité. Tel est notamment le cas des

---

1121 DANET J., *La justice pénale entre rituel et management*, PUR, « L'Univers des Normes », 2010, p. 253.
1122 NIKITA H., SHAFFAUSER T., *Fières d'être putes*, L'Altiplano, « Agit'Prop », 2007, p. 28.
1123 PATEMAN C., *Le contrat sexuel*, Editions la Découverte, « Genre & sexualité », 2010, p. 282.
1124 Contra. NIKITA H., SHAFFAUSER T., *Fières d'être putes*, L'Altiplano, « Agit'Prop », 2007, p. 27.

spectacles de *striptease*. La distinction avec la prostitution repose alors précisément sur l'absence relative de contact physique. La rémunération constitue la contrepartie de la seule exhibition du corps, sur une scène ou par l'intermédiation d'un support numérique. Une distance entre le corps pour lui-même et le corps en ce qu'il participe à un processus de création existe alors.

548.- Pour d'autres activités, telles que la pornographie, caractérisées, comme la prostitution, par des contacts physiques, la distinction se fait plus ténue. Dans la pornographie, les participants sont rémunérés pour leur prestation d'acteur. Plusieurs personnes consentent à mettre en scène des actes sexuels, en contrepartie de quoi une rémunération leur est versée. Au contraire de la prostitution, l'acte sexuel n'est donc pas rémunéré pour lui-même, mais en tant qu'il contribue à la création d'un produit audiovisuel[1125]. Pour reprendre, dans un contexte certes bien différent, la formulation de la Cour de cassation, « *la prestation sert à fabriquer un programme audiovisuel à valeur économique* » ou « *un bien audiovisuel ayant une forte valeur économique* »[1126]. Le rapport sexuel ne fait pas en lui-même l'objet d'une contrepartie monétaire, c'est l'entreprise de création d'un produit qui justifie la rémunération de l'acteur. Le consommateur final ne rémunère pas l'usage d'un corps en vue de la satisfaction de son plaisir, mais bien l'obtention d'un produit.

549.- Les activités de nature sexuelle peuvent donc être classées selon deux catégories : l'activité de nature sexuelle au service du plaisir d'autrui, d'une part, et l'activité de nature sexuelle partie prenante d'un processus de création, d'autre part.

1125 TRACHMAN M., *Le travail pornographique, Enquête sur la production de fantasmes*, La découverte, « Genre & sexualité », 2013.

1126 Bien que rendu dans un contexte de requalification d'un lien juridique en contrat de travail, la formule nous semble pouvoir ici servir la distinction entre la prostitution et la pornographie. Soc., 25 juin 2013, n° 12-13.968, publié au Bulletin et n° 12-17.660, Inédit ; *D.*, 2013, 1692 ; *Dr. soc.*, 2014, p. 11, chron., TOURNAUX S. ; *RDT*, 2013, p. 622, obs. GARDES D. ; RADE C., « Téléréalité, jeux et compétitions télévisuels », *Lexbase hebdo, éd. soc.*, 2013, n° 536 ; LALANNE F., « Élections de "Mister France" : les participants doivent être considérés comme des salariés ! », *JS Lamy*, 2013, n° 350, p. 16.

2. La volonté, point de convergence entre les différentes activités de nature sexuelle

550.- À titre liminaire, il convient de préciser que la volonté ne peut jouer son rôle traditionnel de protection que dans la mesure où l'activité de nature sexuelle ne résulte pas d'une contrainte exercée par autrui. La prostitution forcée, forme malheureusement majoritaire, doit donc être exclue du propos[1127]. Comme pour toute activité, l'exigence d'un consentement initial est donc requise.

551.- Dans le cadre de ces activités, la personne conserve la faculté, théorique tout du moins, d'interrompre l'activité par l'effet de sa volonté. De ce point de vue, la poursuite de l'activité contre la volonté de la personne, comme l'absence de consentement initial, conduit à la requalification de l'acte non plus en prostitution mais en agression sexuelle. La préexistence d'une relation sexuelle consentie ne suffit pas à exonérer l'agresseur de sa responsabilité pénale, l'article 222-22 du Code pénal précisant que « *le viol et les autres agressions sexuelles sont constitués lorsqu'ils ont été imposés à la victime dans les circonstances prévues par la présente section, quelle que soit la nature des relations existant entre l'agresseur et sa victime* ». Cependant, si la volonté permet d'interrompre librement l'activité de nature sexuelle, qu'en est-il des conséquences juridiques de l'engagement ? L'exécution forcée est nécessairement exclue pour ces activités présentant un caractère éminemment intime[1128]. Au plan patrimonial, il semble que l'état du droit positif invite à distinguer entre les activités de nature sexuelle en vue du plaisir d'autrui et celles contribuant à la production d'un bien. En effet, pour les premières, l'absence d'une complète reconnaissance par le droit rend la solution incertaine. Un juge pourrait-il condamner la personne qui se prostitue pour n'avoir pas réalisé l'intégralité de la prestation rémunérée ? Devrait-elle restituer les sommes versées ? Pour les autres activités de nature sexuelle, leur reconnaissance par le droit conduit à envisager la restitution des sommes ou d'une partie des sommes perçues, ou encore la condamnation à des dommages-intérêts.

Les actes de nature sexuelle épousent donc bien les traits de l'activité rémunérée. La volonté peut jouer son rôle classique d'interruption à tout moment de l'activité. Dès lors, de ce seul point de vue, toutes les activités

---

[1127] À défaut de consentement, les articles 222-22 et suivants du Code pénal sanctionnent le viol et toute autre agression sexuelle.

[1128] En particulier pour le refus d'exécution forcée d'une prestation de striptease, TGI Paris, 8 nov. 1973 ; *D.*, 1975, janv.-juin, jur., p. 401, note PUECH M.

de nature sexuelle devraient pouvoir faire l'objet d'une libre détermination du prix. Pour certaines d'entre elles, cependant, il convient de constater que le prix fait l'objet d'un traitement particulier.

B. Les conséquences de la tolérance de l'activité prostitutionnelle sur le prix

552.- La distinction opérée entre la prostitution dans ces différentes formes et les autres activités de nature sexuelle se répercute sur l'encadrement du prix. Pour les secondes, l'activité est finalement ordinaire : le prix peut être convenu, exigé, perçu comme pour toute activité. Par conséquent, n'ayant pas vocation à s'inscrire dans un caractère d'exception, cette catégorie d'activité de nature sexuelle doit être exclue des développements suivants.

553.- S'agissant de la prostitution, force est de constater que le traitement du prix par le droit positif français s'inscrit, pour sa part, dans un régime d'exception. La justification de ce traitement dérogatoire ne peut assurément pas se trouver dans le seul raisonnement juridique. Elle cristallise des considérations d'ordre politique, religieux, éthique, moral… La prostitution, tel qu'elle est exercée et pratiquée, confronte le droit aux limites de ses critères et de ses catégories. Elle comporte en réalité une part importante de risques pour le corps, tant d'un point de vue de la santé que des violences qui peuvent être commises[1129]. Que penser alors du principe de libre interruption de l'activité à tout moment, à la lumière de telles pratiques ? Le client en achetant le consentement initial, paralyse bien souvent le pouvoir de la volonté. Dans les faits, la prostitution n'est pas une activité ordinaire[1130].

554.- Aussi, contrairement à certains pays voisins tels que l'Allemagne ou les Pays-Bas[1131], la France a opté pour l'adoption d'un régime abolitionniste. Après des siècles d'hésitations et de changements[1132], la

---

1129 AUBIN C., JOURDAIN-MENNINGER D., EMMANUELI J., *Rapport, Prostitution : les enjeux sanitaires,* Inspection Générale des Affaires Sociales, décembre 2012.

1130 CARRE J.-M., *Travailleu(r)ses du sexe et fières de l'être,* Editions du seuil, 2010, p. 85.

1131 Le modèle réglementariste est cependant aujourd'hui contesté par les hollandais eux-mêmes et en particulier à Amsterdam où le constat du développement d'une prostitution contrôlée par la mafia met à mal la liberté des personnes prostituées.

1132 Pour une évolution des politiques en matière de prostitution : MAUGERE A., *Les politiques de la prostitution, Du Moyen Age au XXIe siècle,* Dalloz, « Nouvelle bibliothèque de Thèses », 2009.

France a ainsi ratifié la Convention internationale des Nations Unies *pour la répression de la traite des êtres humains et de l'exploitation de la prostitution d'autrui* du 2 décembre 1949[1133] et a réaffirmé récemment encore, son attachement à la politique abolitionniste[1134].

Le choix d'une telle politique se manifeste par des conséquences importantes sur le prix du corps humain. S'il n'est pas interdit pour la personne qui se prostitue de percevoir un prix en contrepartie de cette activité (**1**), la simple tolérance, et non la reconnaissance d'un statut juridique semblable à toute activité, a pour vocation de limiter la perception du prix (**2**).

1. Du prix possible…

555.- La rémunération constitue un élément clef, assurant le passage de l'acte sexuel gouverné par le principe d'autonomie à l'acte prostitutionnel. Si le choix de l'acte sexuel relève de la liberté individuelle, il en va de même de l'acte sexuel rémunéré. De ce point de vue, comme le souligne Marie-Hélène Renaut, « *la prostitution n'est qu'une affaire de conscience individuelle, et non une question de droit* »[1135].

556.- L'abolitionnisme doit être distingué du prohibitionnisme, système dans lequel la personne qui se prostitue est elle-même susceptible d'être sanctionnée[1136]. En France, la dépénalisation de l'activité de prostitution est ancienne puisque les derniers textes sanctionnant la

---

1133 Ratification en 1960 par la France de la Convention Internationale des Nations Unies « pour la répression de la traite des êtres humains et de l'exploitation de la prostitution d'autrui » du 2 décembre 1949, qui énonce notamment que « *la prostitution et le mal qui l'accompagne, à savoir la traite des êtres humains en vue de la prostitution, sont incompatibles avec la dignité et la valeur de la personne humaine* ».

1134 L'Assemblée Nationale a voté le 6 décembre 2011 une résolution réaffirmant la position abolitionniste de la France en matière de prostitution.

1135 RENAUT M.-H., « L'ordre public et la prostitution ou l'Histoire n'est qu'un perpétuel recommencement », *RSC*, 2006, p. 293.

1136 Tel fut le cas en France sous le règne de Louis XIV par exemple ou dans les lois communistes interdisant la prostitution en raison des principes d'indignité et d'inadmissibilité de l'achat du corps humain. Certains Etats des Etats-Unis la sanctionnent aujourd'hui encore. OUVRARD L., *La prostitution, Analyse juridique et choix de politique criminelle,* L'Harmattan, « Logiques Juridiques », 2000, pp. 155 et s.

prostitution sont des ordonnances royales de Louis IX et Louis XIV[1137]. Des motifs moraux et religieux ont principalement justifié ces politiques, sans que ne soient pour autant négligés les objectifs de santé publique, en raison des risques de contaminations diverses par rapport sexuel[1138]. Au contraire, l'abolitionnisme ne vise pas à sanctionner la personne qui se prostitue. Cette absence de sanction se retrouve au sein de nombreux pays européens, qu'ils aient adopté un régime réglementariste ou abolitionniste[1139].

557.- Mais si, progressivement, la personne prostituée a quitté le statut de coupable, ce fut pour mieux intégrer la catégorie de victime[1140]. La prostituée devint ainsi, par principe, une personne à protéger et non plus à sanctionner[1141]. De ce point de vue, la Convention des Nations Unies du 2 décembre 1949 en son article 16 envisage les personnes prostituées comme des victimes, sans opérer de distinction entre la prostitution librement exercée et la prostitution forcée.

558.- Du seul point de vue de la personne prostituée, le prix ne soulève donc pas de difficultés particulières. Il peut être librement perçu. Cependant, le passage du prohibitionnisme à l'abolitionnisme s'est accompagné d'un changement de regard sur la prostitution. L'exercice de la prostitution apparaît alors comme une activité en quête constante d'équilibre. Si la personne est libérée de la sanction, elle est à présent considérée comme une victime à protéger des autres, mais aussi d'elle-même. Par conséquent, si le principe de liberté est affirmé, on sème dans le même temps, sur le chemin du prix, un ensemble conséquent de contraintes, contraintes renforcées par la loi du 13 avril 2016.

1137 Pour une évolution de la législation, v. OUVRARD L., *La prostitution, Analyse juridique et choix de politique criminelle,* L'Harmattan, « Logiques Juridiques », 2000, pp. 41 et s ; pour la sanction de la prostitution en France, v. pp. 165 et s.

1138 RENAUT M.-H., « L'ordre public et la prostitution ou l'Histoire n'est qu'un perpétuel recommencement », *RSC,* 2006, p. 293.

1139 Étude de la législation comparée, *La pénalisation de la prostitution et du racolage*, n° 233, 21 mars 2013. Sur l'ensemble des pays étudiés, à savoir l'Allemagne, la Belgique, le Danemark, l'Espagne, l'Italie, les Pays-Bas, le Royaume-Uni et la Suède, aucun d'entre eux ne sanctionne la personne qui se prostitue.

1140 Un auteur considère pour sa part que la politique abolitionniste française a été dévoyée par cette victimisation. CASADO A., *La prostitution en droit français : Etude de droit privé,* IRJS, « Bibliothèque de l'Institut de Recherche Juridique de la Sorbonne-André Tunc, 2015.

1141 OUVRARD L., *La prostitution, Analyse juridique et choix de politique criminelle,* L'Harmattan, « Logiques Juridiques », 2000, pp. 205 et s.

2. … au prix entravé

559.- « *La société peut de surcroît donner à la personne prostituée la possibilité d'accéder à une situation juridique, c'est-à-dire de prolonger sa liberté de comportement en un droit reconnu et protégé* »[1142].

Telle n'est assurément pas la solution retenue par le droit français. La perception du prix de l'activité prostitutionnelle est libre, cependant les règles juridiques qui entourent cet acte ne permettent en rien de favoriser le prix. La simple tolérance conduit à ne pas reconnaître un caractère professionnel à l'activité (**a**) tandis qu'aujourd'hui la personne qui se prostitue est privée des outils contractuels pour assurer l'exécution de l'obligation de paiement contrepartie de la prestation (**b**).

a. Le refus de la professionnalisation

560.- L'organisation d'un statut juridique reviendrait à rapprocher l'activité prostitutionnelle d'une activité ordinaire. Cette voie est loin d'être privilégiée en droit français. En effet, au contraire des régimes réglementaristes qui organisent les conditions d'exercice de l'activité de prostitution[1143] et nonobstant une décision discutée de la Cour de Justice de l'Union Européenne[1144], le droit français se refuse à consacrer un cadre juridique d'exercice de l'activité de prostitution. Cette tendance n'est clairement pas celle qui a été retenue ces dernières années comme en témoignent les différents rapports parlementaires[1145] et la consécration de

---

1142 OUVRARD L., *La prostitution, Analyse juridique et choix de politique criminelle*, L'Harmattan, « Logiques Juridiques », 2000, p. 37.

1143 *Ibid.*

1144 CJCE, 20 nov. 2001, aff. C-268/99, *Jany c/ Pays-Bas* ; RETTERER S., « L'activité de prostitution exercée à titre indépendant : une activité économique au sens du droit communautaire », *D.*, 2002, p. 2144.

1145 OLIVIER M., *Rapport d'information sur le renforcement de la lutte contre le système prostitutionnel*, Assemblée Nationale, Délégation aux droits des femmes et à l'égalité des chances entre les hommes et les femmes, n° 1360, 17 septembre 2013 ; BOUSQUET D., GEOFFROY G., *Prostitution : l'exigence de responsabilité. En finir avec le mythe du « plus vieux métier du monde »*, Rapport d'information n° 3334, Assemblée Nationale, Commission des Lois, Avril 2011 ; BOUSQUET D., GEOFFROY G., AYRAULT J.-M., JACOB C., SAUVADET F., COHET Y., BUFFET M.-G., BILLARD M. et ZIMMERMANN M.-J., *Proposition de résolution réaffirmant la position abolitionniste de la France en matière de prostitution*, n° 3522, Enregistré à la Présidence de l'Assemblée nationale le 9 juin 2011 3 : « *compte tenu de la contrainte qui est le plus souvent à*

la pénalisation du client de la personne qui se prostitue par la loi n° 2015- 444 du 13 avril 2016 visant à renforcer la lutte contre le système prostitutionnel et à accompagner les personnes prostituées.

561.- Dans ce contexte, les prélèvements fiscaux auxquels peuvent être astreintes les personnes qui se prostituent ne peuvent en aucun cas être interprétés comme des indices en faveur de la professionnalisation de la prostitution[1146]. Le droit fiscal n'apprécie pas la légitimité des ressources, il vise à imposer le plus largement possible tout type de valeurs économiques[1147]. L'administration fiscale se contente donc d'apprécier l'existence d'une activité prostitutionnelle et d'en imposer les revenus. La logique du droit fiscal – ou encore le réalisme du droit fiscal – est trop spécifique pour que l'on puisse en dégager des enseignements généraux. Le prélèvement des cotisations sociales ne constitue pas davantage un indice en faveur d'une reconnaissance de l'activité de prostitution. La personne qui se livre à la prostitution devra ainsi s'acquitter de la cotisation d'allocations familiales des employeurs et des travailleurs indépendants, de l'impôt sur le revenu ou encore, dans une certaine mesure, de la Taxe sur la Valeur Ajoutée[1148]. Avant la loi du 13 avril 2016, des remises pouvaient être accordées, mais un certain flou gouvernait la matière. En 2011, de l'aveu même du ministère des finances, « *en l'état actuel, il n'a pas été donné de directive spécifique aux services, relative aux personnes prostituées* »[1149]. L'article 5 de la loi précitée a apporté à la question fiscale un éclairage salutaire mais qui

---

l'origine de l'entrée dans la prostitution, de la violence inhérente à cette activité et des dommages physiques et psychologiques qui en résultent, la prostitution ne saurait en aucun cas être assimilée à une activité professionnelle ».

1146 Contra. V. MARRION B., « Profession : prostitué ! » in, *Le sexe et la norme*, DEFFAINS N., PY B. (dir.), Presses Universitaires de Nancy, « Santé, qualité de vie et handicap », 2010, pp. 371 et s.

1147 CEDH, 11 sept. 2007, *Tremblay c/ France* ; *RTD civ.*, 2007, p. 730, obs. MARGUENAUD J. P. ; *D.*, 2008, p. 1292, chron. GESLOT ; RASSAT M.-L., *Droit pénal spécial, Infractions du Code pénal*, Dalloz, « Précis Droit privé », 6ème éd., 2011, p. 689, n° 618 : « *Il convient cependant, de bien comprendre ce que signifie l'abolitionnisme français. Il veut dire qu'au regard de la loi pénale, les faits ne sont pas incriminés, mais il ne signifie pas que le comportement prostitutionnel n'existe pas, ni davantage qu'il doit être avantagé par rapport à d'autres activités. C'est la raison pour laquelle, lorsque les circonstances le permettent, les administrations qui identifient les prostitués et établissent le caractère stable et professionnel de leur activité, peuvent soumettre le produit de celle-ci à l'impôt et aux prélèvements sociaux, attitude validée par la Cour européenne des droits de l'homme* ».

1148 Soc., 18 mai 1995, n° 93-18.641, Inédit : « *la cotisation d'allocations familiales des employeurs et des travailleurs indépendants est due par toute personne physique exerçant, même à titre accessoire, une activité non salariée, telle que celle en litige* » (prostitution).

1149 *La situation fiscale des personnes prostituées, Note du ministère des finances*, 21 février 2011, Annexe 6 du rapport de l'assemblée, Rapport d'information n° 3334, Assemblée Nationale, Commission des Lois, avril 2011, p. 363.

ne concerne que les personnes qui se sont engagées dans le parcours « *de sortie de la prostitution et d'insertion sociale et professionnelle* » selon les termes même de la loi. Ce texte prévoit alors que cette personne est « *présumée satisfaire aux conditions de gêne ou d'indigence prévues au 1° de l'article L. 247 du livre des procédures fiscales.* Autrement formulé, la personne qui a tiré des profits de l'activité prostitutionnelle peut bénéficier d'une remise gracieuse de son imposition ainsi que des majorations et des pénalités qui y sont attachées[1150], dès lors qu'elle s'inscrit dans une démarche de sortie de l'activité. Cette précision était à notre sens souhaitable. Une forme de « proxénétisme d'État » avait pu être à plusieurs reprises critiquées et la CourEDH n'était pas davantage venue au secours des personnes qui se sont prostituées et qui souhaitent cesser cette activité[1151]. La volonté ne pouvait être entravée par une pression fiscale exercée sur une personne ne bénéficiant par ailleurs d'aucune protection sociale satisfaisante. Toutefois, cette forme de faveur fiscale pour les concerne les personnes qui souhaitent quitter l'activité et cette évolution ne contribue pas à clarifier le régime de celles qui volontairement continuent d'embrasser cette activité.

562.- Quelques voix s'élèvent pourtant en faveur d'une professionnalisation de la prostitution[1152], les arguments invoqués sont parfois teintés de fatalisme : à défaut de pouvoir empêcher l'existence de la prostitution, il serait préférable de réguler l'activité et de permettre aux personnes prostituées d'exercer cette activité dans les meilleures conditions possible[1153]. La reconnaissance et la consécration d'un véritable

---

1150 L'administration fiscale a intégré le 27 mars 2019 dans sa documentation ce changement imposé par le législateur, voir https://bofip.impots.gouv.fr/bofip/11696-PGP, en ligne (dernière consultation février 2020).

1151 Voir en ce sens CEDH, 2e section, 11 septembre 2007, req. n° 37194/02, *Tremblay c. France.* Dans cette affaire une justiciable française reprochait au fisc et aux juridictions internes de n'avoir pas retenu son argumentation tenant à reconnaître que l'obligation de régler une imposition liée à son ancienne activité prostitutionnelle entravait son projet de réinservation. Dans sa décision, la CourEDH refuse a son tour de considérer que le comportement de l'URSSAF puisse être analysé comme une contrainte.

1152 CABALLERO F., *Droit et sexe,* LGDJ-Lextenso, 2010. L'auteur envisage la création d'un ordre des « péripatéticien(ne)s » à l'image de l'ordre des médecins, permettant la reconnaissance des personnes prostituées en tant que « thérapeute sexuel ». En faveur également d'une professionnalisation, v. SOULIE J.-L., *La prostitution en droit, le droit à la prostitution*, Thèse Grenoble, 1999.

1153 Pour un plaidoyer en faveur d'une reconnaissance d'un statut de travailleur pour une application des règles du droit de la sécurité sociale en droit Belge, v. VIELLE P., « Pour un statut social des « travailleurs sexuels ». Plaidoyer pour une politique néo-réglementariste du traitement de la prostitution », *RD pén. crim.*, 1998, pp. 172-205.

rapport contractuel constitueraient ainsi un instrument de protection de la personne prostituée[1154]. Certains considèrent encore que la reconnaissance d'un contrat de travail permettrait aux personnes prostituées de s'émanciper du joug du proxénète[1155]. Cette revendication est notamment portée par des regroupements de personnes prostituées, à l'instar du syndicat des travailleurs du sexe[1156]. Mais en l'état du droit positif, l'activité salariée est refusée tandis que l'activité indépendante est semée de contraintes.

563.- ***Le prix non protégé par le droit du travail.*** Si la personne est libre de percevoir un prix, la rémunération ne peut être versée dans le cadre d'un travail salarié. L'interdiction du proxénétisme s'y oppose[1157]. En particulier, l'article 225-5 2° du Code pénal prévoit que le délit de proxénétisme peut être retenu dans le cas où la personne tire profit de la prostitution, partage les profits de cette activité ou encore perçoit à titre habituel des subsides. Le champ d'application de cet article est vaste, et s'il permet avant toute chose de sanctionner la personne qui perçoit directement des revenus en incitant autrui à se prostituer, il ouvre également la voie à la sanction du conjoint[1158] ou du concubin[1159], percevant indirectement les revenus tirés d'une activité prostitutionnelle. Certains auteurs qualifient les profits tirés de cette prostitution de « *recel avéré* », par opposition à celui de l'article 225-6 3° qu'ils qualifient de « *recel présumé* »[1160]. Que l'employeur soit une personne physique ou morale, la prostitution ne

---

[1154] CASADO A., *La prostitution en droit français : Etude de droit privé,* IRJS, « Bibliothèque de l'Institut de Recherche Juridique de la Sorbonne-André Tunc, 2015.

[1155] BRUNOTT L., « La prostitution comme travail », *Déviance et Société*, 1986, pp. 294-297 : « *Si l'on considère la prostitution comme un travail et qu'on laisse aux femmes la possibilité d'exercer librement leur profession [...] conduit à une situation où les femmes concernées peuvent prendre en main elles-mêmes l'organisation et l'exploitation de leur travail, où elles n'ont plus besoin de travailler pour des proxénètes qui les exploitent et les « protègent »* ».

[1156] PARENT C., « *De la honte aux revendications : la problématique de la vente des services sexuels* », *RD pén. crim.*, 1994, p. 987.

[1157] L'existence d'une rémunération est nécessaire pour caractériser l'infraction de proxénétisme. Crim., 22 juill. 1959 ; *D.*, 1959, J., p. 491 ; *RSC*, 1960, p. 80, obs. HUGUENEY L.

[1158] 1ère espèce : Crim., 22 oct. 1980, et 2ème espèce Crim., 4 juin 1980, *Bull. crim.*, n°174 ; *D.*, 1981, IR., p. 143, note ROUJOU DE BOUBEE G.

[1159] Crim., 18 oct. 1995 ; *Gaz. Pal.*, 1996, 1, p. 37.

[1160] PLANQUE J.-C., Droit pénal spécial, Bréal, 2ème éd., « Lexifac. Droit », 2011, p. 180 et s. ; CONTE P., *Droit pénal spécial,* LexisNexis, « Manuel », 4ème ed., 2013, p. 320, n° 487-488 ; PRADEL J., DANTI-JUAN M., *Droit pénal spécial, Droit commun, Droit des affaires,* Editions Cujas, 5ème éd., 2010, p. 459, n° 777 et s. et p. 462, n° 781 et s

peut donc s'exercer dans un rapport salarié.[1161]. Le prix ne peut dès lors bénéficier de la protection relative au paiement de la créance salariale[1162]. Si seule la personne se livrant à la prostitution peut exercer un contrôle de l'activité consistant à placer son intimité au cœur de la prestation, par conséquent, « *l'incrimination du proxénétisme limite la prostitution à être une activité indépendante ou du moins individuelle* »[1163].

564.- *Le prix contraint par les obstacles rencontrés dans l'exercice de l'activité indépendante.* Avant l'entrée en vigueur de la loi du 13 avril 2016, si la personne pouvait exercer par principe son activité librement, le premier obstacle rencontré tenait à la recherche du client : « *peut-on encore parler de liberté dès lors qu'il n'existe aucun moyen légal d'annoncer un service sexuel ?* »[1164]. En effet, depuis 2003, il était prévu à l'article 225 - 10- 1 du Code pénal que « *le fait, par tout moyen, y compris par une attitude même passive, de procéder publiquement au racolage d'autrui en vue de l'inciter à des relations sexuelles en échange d'une rémunération ou d'une promesse de rémunération est puni de deux mois d'emprisonnement et de 3750 € d'amende* ». Les objectifs d'une telle sanction du racolage, y compris passif, consacrée par la loi n° 2003-239 du 18 mars 2003 *pour la sécurité intérieure,* apparaissaient dans l'intitulé même de cette loi : la sanction du racolage visait tout d'abord à lutter contre le trouble qui serait causé à l'ordre public par une prostitution de rue. Mais il s'agissait également d'exercer une pression sur les personnes prostituées, afin que celles-ci dénoncent leur proxénète et permettent le démantèlement de réseaux[1165]. Sur ce dernier point, l'effet escompté était loin d'être probant[1166]. Aussi, il a été proposé de mettre fin à cette infraction. Ce fut chose faite grâce à l'article 15 de la loi du 13 avril 2016.

[1161] DANET J., *La justice pénale entre rituel et management,* PUR, « L'Univers des Normes », 2010, p. 247.

[1162] CABALLERO F., *Droit et sexe,* LGDJ-Lextenso, 2010, p. 487. L'auteur est favorable à un statut de profession libérale mais rejette l'application du droit du travail.

[1163] DANET J., *La justice pénale entre rituel et management,* PUR, « L'Univers des Normes », 2010, p. 247.

[1164] BORRILLO D., « Liberté érotique et « exception sexuelle » », *in La liberté sexuelle, Issu du colloque « Liberté, égalité, sexualité(s) au miroir du droit » organisé par le* CREDOF, *Centre de recherche et d'études sur les droits fondamentaux à l'Université de Paris X-Nanterre, le 14 novembre 2003,* BORILLO D., LOCHAK D. (dir.), PUF, 2005, p. 56.

[1165] BOUSQUET D., GEOFFROY G., *Prostitution : l'exigence de responsabilité, En finir avec le mythe du « plus vieux métier du monde »,* Rapport d'information n° 3334, Assemblée Nationale, Commission des Lois, avril 2011, p. 109

[1166] A titre d'exemple pour l'année 2009, 2315 personnes ont été mises en cause pour racolage actif et passif, alors que 465 personnes seulement ont été mises en cause pour proxénétisme et proxénétisme aggravé sans qu'aucune condamnation ne soit prononcée V. BENBASSA E., AÏCHI L., ANGO ELA K, ARCHIMBAUD A., BLANDIN M.-C., BOUCHOUX C.,

565.- Au-delà de ce premier obstacle qui n'est plus, tous les actes péri-prostitutionnels peuvent être l'objet d'une sanction pénale. En effet, n'est pas uniquement sanctionné l'enrichissement indirectement provoqué par la prostitution d'autrui, mais bien l'ensemble des actes perçus comme incitant à la prostitution. Le droit pénal fait ainsi le choix de sanctionner le plus grand nombre possible de ces comportements[1167]. À titre d'exemple, l'article 225-5 1° du Code pénal réprime le fait d'aider, d'assister ou de protéger la prostitution d'autrui, sans qu'un profit soit exigé[1168]. Le simple fait de se porter intermédiaire entre une prostituée et son client peut également être sanctionné[1169]. L'article 225-10 du Code pénal complète l'arsenal répressif en sanctionnant les personnes qui tireraient profit de la prostitution en créant ou en contribuant à créer un lieu où elles peuvent exercer, ou encore en louant ou en vendant un local ou un véhicule à des fins d'exercice de l'activité de prostitution. Il s'agit par là de sanctionner « le proxénétisme de soutien ». Cette sanction étendue du proxénétisme est l'objet de critiques de la part des partisans de l'assistance sexuelle. En effet, à la lumière de ce dispositif, les associations qui mettraient en relation des personnes déficientes et des assistants sexuels s'exposeraient à une sanction pénale. À ce titre, il a pu être proposé de consentir une exception spécifique dans ce cas[1170], qui nous paraît toutefois peu envisageable[1171].

566.- Plus encore, la pénalisation de la personne qui « *sollicite, accepte ou obtient des relations de nature sexuelle d'une personne qui se livre à la prostitution* » en vertu de l'article 611-1 du Code pénal renforce cette liste des obstacles

---

DANTEC R., DESESSARD J., GATTOLIN A., LABBE J., LIPIETZ H., PLACE J.-V.,*Proposition de loi visant à l'abrogation du délit racolage public,* Enregistrée à la Présidence du Sénat le 2 octobre 2012.

[1167] MALABAT V., *Droit pénal spécial,* Dalloz, « Hypercours », 5ème éd. 2013, n° 521.

[1168] Crim. 24 mai 1946, *Bull. crim.*, n° 125 ; D., 1946, p. 270 : « *ni la vénalité ni l'habitude n'entrent dans les éléments matériels dudit délit* (aide ou assistance au racolage*)* ». En l'espèce un garçon de café avait indiqué à un client une femme « *de mœurs faciles* ».

[1169] Crim 4 déc. 1958, *Bull. crim.*, n° 725 ; D., 1959, somm., p. 43 : « *se rend coupable du délit prévu et réprimé par l'art. 334-5° Code pénal, la femme qui sert d'intermédiaire, de façon habituelle, entre des clients de son établissement et des filles galantes qu'elle leur fait rencontrer et qui se prostituent moyennant rétribution. Vainement serait-il fait grief aux juges du fond d'avoir omis de préciser que le rôle d'intermédiaire était rémunéré, alors que l'art. 334-5° n'exige pas la vénalité de celui qui sert d'intermédiaire à un titre quelconque entre les personnes se livrant à la prostitution ou à la débauche rémunérées et les individus qui exploitent ou rémunèrent la prostitution ou la débauche d'autrui* ».

[1170] Le député Jean-François Chossy souhaitait ainsi exclure du champ pénal les accompagnants seuls, les professionnels de l'accompagnement ou les proches d'une personne en situation de handicap.

[1171] BOUSQUET D., GEOFFROY G., *Prostitution : l'exigence de responsabilité. En finir avec le mythe du « plus vieux métier du monde »,* Rapport d'information n° 3334, Assemblée Nationale, Commission des Lois, avril 2011, p. 282.

venant sensiblement contraindre le déploiement d'une activité indépendante librement exercée. Est-on encore libre lorsque tous autour de nous peuvent être sanctionnés s'ils participent à l'exercice de cette liberté ?

En l'absence d'un cadre juridique spécifique permettant un exercice professionnel reconnu, le droit commun des contrats pourrait néanmoins être voué à protéger le prix. Mais après une période d'incertitude, la loi de 2016 conduit à rendre inefficiente les sanctions de l'inexécution en matière contractuelle.

b. Le recours impossible au droit commun des contrats en cas d'inexécution

567.- Avant 2016, en l'absence de paiement volontaire de la dette née de la prestation, la personne prostituée pouvait déjà difficilement compter sur le secours du juge. La validité même du contrat était sujette à caution. Si la personne qui se prostitue peut librement percevoir une rémunération, une symétrie parfaite voudrait que le client soit autorisé à la lui verser. En réalité, le client pouvait déjà, dans certaines situations particulières, faire l'objet d'une sanction, le contrat s'exposant alors à l'illicéité. En toute hypothèse, un doute sur le caractère immoral du contrat et ses conséquences demeurait. Le mérite de la loi de 2016 est de le lever : le contrat est à présent non plus seulement touché par l'immoralité mais bien marqué du sceau de l'illicéité.

568.- ***L'incertitude relative à l'immoralité de la convention avant la loi de 2016.*** Avant la loi de 2016 et à défaut d'une illicéité touchant tous les contrats portant sur une prestation de prostitution, la convention pouvait très certainement être considérée comme immorale par le juge civil, privant ainsi le créancier de ses garanties classiques de paiement du prix de l'activité[1172]. Le déclin des bonnes mœurs en droit civil[1173], et plus spécifiquement le rejet de toute immoralité dans les libéralités consenties entre concubins adultères, pouvaient cependant constituer un premier

---

1172 Dans un arrêt ancien, la promesse de legs consentie à un mari en contrepartie d'une prestation sexuelle de sa femme a été frappée de nullité : Req., 4 mars 1914 ; *D.*, 1916, 1, p. 127 ; *S.*, 1914, 1, p. 430.

1173 FENOUILLET D., « Les bonnes mœurs sont mortes ! Vive l'ordre public philanthropique ! », *Le droit privé français à la fin du XXe siècle, Etudes offerts à Pierre Catala*, Litec, 2001, pp. 487-528.

infléchissement en faveur de la reconnaissance des conventions portant sur des prestations de prostitution[1174]. En effet, en 1999, la Cour de cassation considéra que « *n'est pas contraire aux bonnes mœurs la cause de la libéralité dont l'auteur entend maintenir la relation adultère qu'il entretient avec le bénéficiaire* »[1175]. En 2004, la Cour de cassation réunie en Assemblée plénière affirma plus généralement que n'est pas contraire aux bonnes mœurs la cause de toute libéralité consentie à l'occasion d'une relation adultère[1176]. Enfin, l'arrêt rendu par la première chambre civile relatif au courtage matrimonial tendait à confirmer le déclin des bonnes mœurs en droit civil[1177]. Cette réflexion portant sur l'immoralité perd toutefois une partie de son intérêt dès lors que l'une des parties au contrat encourt une sanction pénale.

569.- ***La sanction du client et l'illicéité de la convention.*** Avant 2016, si l'enfant mineur ne pouvait lui-même être sanctionné du fait de l'acte prostitutionnel, tel n'était pas le cas du client qui, en vertu de l'ancien article 225-12-1 du Code pénal, s'exposait à une condamnation à 3 ans d'emprisonnement et 45 000 euros d'amende. La loi n° 2003-239 du 18

1174 AMOURETTE C., *La prostitution et le proxénétisme en France depuis 1946 : Etude Juridique et systématique,* Thèse Montpellier I, 2003.

1175 Civ 1re, 3 févr. 1999, n° 96-11.946, *Bull. civ.* I, n° 43, R., p. 307 ; *D.*, 1999, p. 267, rapp. SAVATIER X., note LANGLADE-O'SUGHRUE J.-P. ; *D.*, 1999, chron., p. 351, LARROUMET C. ; *D.*, 1999, somm., p. 307, obs GRIMALDI M. ; *D.*, 1999, p. 377, obs. LEMOULAND J.-J. ; *JCP*, 1999, II, 10083, note BILLAU M. et LOISEAU G. ; *JCP*, 1999, I, p. 143, n° 4, obs. LABARTHE F. ; *JCP*, 1999, I, 152, étude LEVENEUR L. ; *JCP*, 1999, I, 160, n° 1, obs. BOSSE- PLATIERE H. ; *JCP*, 1999, I, 189, n° 8, obs. LE GUIDEC R. ; *JCP N.*, 1999, p. 1430, note SAUVAGE F. ; *Gaz. Pal.*, 2000, 1, p. 70, note PIEDELIEVRE S. ; *JCP N.*, 1999, p. 646, note CHABAS F. ; *Dr. fam.*, 1999, n° 54, note BEIGNIER B. ; *Defrénois*, 1999, p. 680, obs. MASSIP J. ; *Defrénois*, 1999, p. 738, obs. MAZEAUD D. ; *Defrénois*, 1999, p. 814, obs. CHAMPENOIS G. ; *LPA*, 17 nov. 1999, note MESTROT M. ; *RTD civ.*, 1999, p. 364 et p.817, obs. HAUSER J. ; *RTD civ.*, 1999, p. 892, obs. PATARIN J.

1176 Ass. plén., 29 oct. 2004,n°03-11.238 *Bull. civ.* n° 12, R., pp. 203 et 208 ; BICC, 1er févr. 2005, rapp. BIZOT J.-C., concl. ALLIX D. ; *GAJC*, 12e éd., n° 28-29 (II) ; *D.*, 2004, p. 3175, note VIGNEAU D. ; *JCP*, 2005, II, 10011, note CHABAS F. ; *JCP*, 2005, I, 187, n° 7, obs. LE GUIDEC R. ; *Gaz. Pal.*, 2004, p. 3786, concl. ALLIX J.-C. ; *Defrénois*, 2004, p. 1732, obs. LIBCHABER R. ; *Defrénois*, 2005, p. 234, note PIEDELIEVRE S. ; *Defrénois*, 2005, p. 1045, note MIKALEF-TOUDIC V. ; *AJ fam.*, 2005, p. 23, obs. BICHERON F. ; *Dr. fam.*, 2004, n° 230, note BEIGNIER B. ; *CCC*, 2005, n° 40, note LEVENEUR L. ; *RLDC*, 2004/11, n° 466, note LARMARCHE M. ; *LPA*, 7 juin 2005, note PIMONT V. ; *RTD civ.*, 2005, p. 104, obs. HAUSER J.

1177 Civ. 1re, 4 nov. 2011, n°10-20.114 ; *D.*, 2012, p. 59, note LIBCHABER R. ; *D.*, 2012, 971, obs. LEMOULAND J.-J. et VIGNEAU D. ; *AJ fam.*, 2011, p. 613, obs. CHENEDE F. ; *RTD civ.*, 2012, p. 93, obs. HAUSER J. ; *RTD civ.* p. 113, obs FAGES B. ; *JCP*, 2011, n° 9, note BAKOUCHE D. ; *Dr. fam.*, 2012, n° 21, obs. VIGNEAU D. ; *RDC*, 2012, p. 383, note LAITHIER Y.-M ; *RDC*, 2012, p. 473, note FENOUILLET D. ; *RLDC*, 2012/94, n° 4703, note BERNARD XEMARD C.

mars 2003 a également prévu une telle sanction si le client recourait aux services d'une personne qui présente « *une particulière vulnérabilité, apparente ou connue de son auteur, due à une maladie, à une infimité, à une déficience physique ou psychique ou à un état de grossesse* ». Dans ces hypothèses, le contrat était donc susceptible d'être frappé de nullité pour illicéité.

570.- Récemment, une extension de la sanction du client à l'ensemble des rapports prostitutionnels a été envisagée[1178] puis consacrée par la loi du 13 avril 2016. Le modèle suédois notamment a fait l'objet, en France, d'une attention toute particulière ces dernières années. En effet, l'article 11 de la section 6 du Code pénal suédois sanctionne le fait de se procurer des services sexuels en contrepartie d'une rémunération de quelque nature qu'elle soit. Cette loi entrée en vigueur en 1999 aurait, selon une étude suédoise, permis de diminuer sensiblement la prostitution de rue[1179]. Après un rapport favorable, une proposition de loi fut ainsi déposée puis adoptée par l'Assemblée nationale française[1180], laquelle proposition prévoyait en son article 16 la pénalisation générale du client[1181]. Le texte fut transmis au Sénat, mais un amendement visant à la suppression de cet article fut adopté en commission, laissant ainsi planer une grande incertitude quant au devenir de cette infraction. Finalement, l'article 20 de la loi du 13 avril 2016 est venu consacrer une sanction pénale pour toute personne qui sollicite, accepte ou obtient des relations de nature sexuelle d'une personne qui se livre à la prostitution. On pourra relever que la chapitre V de cette loi intitulé « interdiction de l'achat d'un acte sexuel » témoigne d'une conception critiquable de la prostitution[1182]. Davantage que l'achat d'un acte, il s'agit plus précisément à notre sens du paiement d'une prestation. Quoi qu'il en soit, au regard de cette disposition, nous voilà confrontés à une curieuse asymétrie en droit français. Une personne est libre de se prostituer tandis que l'autre peut être sanctionnée pour contribuer à l'exercice de cette liberté. La sanction du client de la personne qui se prostitue conduit, au regard de l'illicéité du contrat qu'elle induit, à priver

---

1178 OLIVIER M., *Rapport d'information sur le renforcement de la lutte contre le système prostitutionnel*, Assemblée Nationale, Délégation aux droits des femmes et à l'égalité des chances entre les hommes et les femmes, n° 1360, 17 septembre 2013.

1179 Étude de la législation comparée, *La pénalisation de la prostitution et du racolage*, n° 233, 21 mars 2013, p. 44.

1180 *Proposition de loi renforçant la lutte contre le système prostitutionnel*, n° 1437, enregistrée le 10 octobre 2013.

1181 MISTRETTA P., « Requiem pour la non-pénalisation du recours à la prostitution », *JCP G.*, 2013, n° 42, 1874.

1182 En ce sens voir QUESNE A., « Le contrat de prostitution : entre ombre et lumière », *Cahiers de la recherche sur les droits fondamentaux*, 15, 2017, p. 65.

la personne d'une action paiement en cas d'inexécution. Le choix opéré par le législateur est donc celui de conférer une particularité plus grande encore qu'alors à l'activité prostitutionnelle.

571.- La catégorie des activités de nature sexuelle est donc protéiforme. Les activités visant à la création d'un bien se trouvent placées au même rang que les activités rémunérées librement exercées. Le plaisir rémunéré n'est alors pas procuré par l'usage du corps, mais par la projection de celui-ci. Au contraire, l'activité prostitutionnelle repose sur l'usage du corps d'autrui, en contrepartie d'une rémunération. Ni prohibé ni protégé, le prix de cette activité est seulement toléré mais de plus en plus entravé. Entre les ombres et la lumière, l'activité se maintient dans un entre-deux exposé à la critique. La particularité de cette activité trouve sans doute dans cet équilibre précaire sa plus juste traduction.

Section II. Le prix interdit

572.- Peut-on monnayer toutes les activités si, selon la formule d'un auteur, c'est ainsi « *que l'on entend mener sa vie* » [1183] ? La réponse est assurément négative toutes les fois où l'activité elle-même se trouve prohibée. Toute activité, qu'elle soit vénale ou gratuite, peut être prohibée en vertu de la protection de la liberté ou des droits d'autrui. Le droit joue dans cette hypothèse son rôle de régulateur des intérêts en présence (**§I**). Mais peut-on tout aussi légitimement prohiber certaines activités afin de protéger la personne d'elle-même, sans porter une atteinte injustifiée à sa liberté ? L'exemple de la gestation pour autrui est une parfaite illustration des difficultés posées par cette interrogation (**§II**).

[1183] Reprenant une formule de la Cour européenne : FABRE-MAGNAN M., « Les "vraies" et les "fausses" libertés du travailleur salarié. Réflexions à partir du droit français », *in Libertés individuelles et relations de travail : le possible, le permis et l'interdit ? Eléments de droit comparé*, AUVERGNON P. (dir.), Presses Universitaires de Bordeaux, « Droit social », 2011, p. 56.

§I. L'atteinte portée à autrui par l'activité rémunérée

573.- Lorsque l'exercice d'une activité porte atteinte à autrui, cet exercice est susceptible d'encadrement et de sanctions. Ce n'est donc pas l'activité pour elle-même qui se trouve prohibée, mais bien les modalités dans lesquelles elle s'exerce. L'activité rémunérée est donc limitée dès lors qu'elle porte atteinte à l'intégrité ou plus généralement aux droits d'autrui, dépassant le simple rapport de soi à soi[1184]. Cette limite classique doit être accompagnée d'une autre limite, à la définition plus subtile, mais néanmoins indispensable. Dans certaines hypothèses, l'interdit ne repose pas sur une atteinte effective au corps d'autrui, mais elle est constituée indirectement. Ainsi, l'activité se doit d'être prohibée lorsqu'elle constitue une exploitation d'un handicap ou d'une particularité physique, ayant des répercussions au-delà de la personne elle-même.

574.- Ainsi, dans le célèbre arrêt Morsang-sur-Orge rendu par le Conseil d'État, il était bien question d'interdire à un individu une activité rémunérée, pourtant librement choisie par lui[1185]. En autorisant des individus à le projeter en l'air, dans des conditions qui n'étaient pas sans rappeler les arènes antiques, le salarié de petite taille acceptait finalement que toutes les personnes souffrant de la même pathologie puissent être mises en scène en raison de leur « particularité ». Dans ses conclusions, le commissaire du gouvernement, Patrick Frydman avait ainsi particulièrement insisté sur le caractère dégradant de l'activité qui conduisait à stigmatiser une catégorie tout entière d'individus[1186].

1184 FABRE-MAGNAN M., « Le domaine de l'autonomie personnelle, indisponibilité du corps humain et justice sociale » *D.*, 2008, p. 33.

1185 Pour des raisons pécuniaires, les personnes concernées utilisées en tant que projectile revendiquaient la possibilité de poursuivre cette activité. BAKOUCHE D., *Droit civil, Les personnes, La famille*, Hachette, « Hu droit », 2005, p. 16.

1186 FRYDMAN P., « L'atteinte à la dignité de la personne humaine et les pouvoirs de police municipale. A propos des « lancers de nains » Conclusions sur Conseil d'État, Assemblée, 27 octobre 1995 », *RFDA*, 1995 p. 1204. Ce passage nous semble particulièrement éclairant : « *En outre, ce n'est pas n'importe quelle personne qui est lancée, mais, spécifiquement et exclusivement, un nain. Or, cet état de fait ne s'explique pas seulement, bien entendu, par le faible poids d'un tel individu, qui rend possible l'exercice. Il tient essentiellement, ainsi qu'en attestent d'ailleurs sans fard les documents publicitaires de présentation du spectacle, à l'intérêt que suscite, chez un certain public, la mise en évidence d'anomalies physiques telles que l'achondroplasie ou d'autres formes de nanisme. Aussi cette attraction renvoie-t-elle - fût-ce, chez la plupart des spectateurs, inconsciemment - au sentiment obscur et profondément pervers selon lequel certaines personnes constitueraient, du fait de leur handicap ou de leur apparence physique, des êtres humains de second rang et susceptibles, dès lors, d'être traités comme tels* ».

575.- Dans un passé si proche, l'on pouvait de même se distraire en contemplant le quotidien « d'indigènes » arrachés à leur pays[1187] ou encore exhiber, dans des fêtes foraines ou aux cirques, des individus difformes. Entre les zoos humains et le lancer de nain il est un lien commun, il existe une crainte similaire : l'exhibition stigmatisante des corps. La sanction d'un tel engagement contractuel doit donc être son anéantissement[1188]. À travers la limitation de cette activité de lancer d'êtres humains de petite taille, on refuse de considérer qu'en raison de son appartenance à une catégorie d'individus, la personne puisse être stigmatisée. Ce n'est pas uniquement une personne de petite taille en particulier que les juges protègent à travers la jurisprudence de Morsang-sur-Orge, mais bien toutes les personnes de petite taille dont on méprise l'humanité à travers ce spectacle. Ainsi, l'activité étant elle-même critiquée, a fortiori elle ne peut conduire à la détermination d'un prix pour le corps ainsi exhibé.

576.- On peut aujourd'hui, à titre de profession ou de loisir[1189], choisir d'exhiber un corps, de le mettre en scène ou encore de le sculpter comme dans le cadre du culturisme et concourir afin d'en faire apprécier la beauté selon des critères strictement imposés par une fédération nationale[1190]. Mais cette mise en scène ne peut conduire à exhiber et donc stigmatiser les différences d'une catégorie de personnes. Le corps peut légitimement se mettre au service d'une activité, d'une démonstration pour soi, mais non pour dénigrer une particularité liée à un handicap ou à une origine ethnique. Le consentement à montrer son corps n'engage alors plus uniquement l'individu en ce qu'il stigmatise le corps des autres, « *le corps n'étant plus une perception de soi, mais une perception réalisée par une conscience collective* »[1191].

577.- Dès lors, si le spectacle consistait à projeter toute personne consentante, sans considération de ses particularités physiques, l'activité devrait être permise. Mais elle ne présenterait assurément plus la même

---

1187 BAUCEL N., BLANCHARD P., BOETSCH G., DEROO E., LEMAIRE S., *Zoos humains : de la Vénus Hottentote aux reality shows,* Éditions la découverte, « Collection textes à l'appui/histoire contemporaine », 2002.

1188 Déjà en ce sens : DECOCQ A., *Essai d'une théorie générale des droits sur la personne,* LGDJ, « Bibliothèque de droit privé », t. XXI, 1960, p. 38, n° 47.

1189 A notre avis, la solution du Conseil d'État aurait pu (dû) être identique si la personne n'était pas rémunérée.

1190 V. les conditions spécifiques dans le déroulé des épreuves et la présentation du corps dans le règlement sportif du culturisme et Culturis-form Saison 2011/2012.

1191 FOYER J., MAZEAUD P., PUIGELIER C., « La conscience du corps (Remarques sur les libertés et droits corporels) », *in Le monde du droit, Ecrits rédigés en l'honneur de Jacques Foyer,* Economica, 2008, p. 389.

attractivité pour les organisateurs. En revanche, dès lors que l'activité, y compris librement choisie par l'individu, porte atteinte directement ou indirectement à autrui, alors le droit se doit de jouer son rôle classique de régulation de l'ordre social. On pourra sur ce point regretter qu'à la géométrie variable de la dignité on substitue les contours prétendument incertains de l'exhibition stigmatisante. Il nous semble pourtant qu'une définition de cette notion, plus aisée à mettre en œuvre, est possible. Ainsi pourrait être prohibée toute activité humaine à titre gratuit ou rémunérée, consistant à exhiber un corps, à des fins de divertissement ou d'exposition, notamment en raison d'un handicap, d'une spécificité culturelle ou ethnique. L'utilisation pour des activités avilissantes de certains corps conduit à les considérer comme inférieurs. Cette définition protégerait les corps humains de dérives scandaleuses en permettant au juge de sanctionner des hypothèses de réification du corps et de mépris de l'humain manifestes. Si certaines personnes sont recrutées en vertu d'un don spécifique, tel qu'une ouïe particulièrement fine ou un odorat développé afin d'exercer certaines activités, on comprend évidemment la différence majeure qu'il y aurait à recruter uniquement des personnes qui sont de petites tailles, d'une certaine couleur ou d'une certaine origine afin d'accomplir des tâches dangereuses ou avilissantes. Le raisonnement est identique en l'absence même de rémunération. Ce n'est pas uniquement la rémunération qui rend l'activité critiquable, mais l'activité elle-même. Ainsi, cette exception nécessaire vient tempérer le principe de liberté de tirer un prix de son corps.

578.- La nécessité économique d'exercer une activité rémunérée ne doit pas contribuer à la reconnaissance d'activités qui profitables pour les uns se transformeraient en atteinte pour les autres. Les prohibitions classiquement reconnues afin de garantir une coexistence entre les individus doivent accueillir en leur sein un interdit plus spécifique, mais nécessaire. En se fondant sur la dignité humaine, les juges avaient ainsi pu interdire la pratique d'une activité rémunérée qui conduisait à stigmatiser une catégorie tout entière de la population. La finalité nous paraît légitime, cependant la solution gagnerait à la reconnaissance d'un principe d'interdiction autonome, caractérisé par le refus de « l'exhibition stigmatisante ». Le prix peut ainsi être purement interdit, afin de protéger la personne d'elle-même, mais également afin de préserver des intérêts concurrents.

§II. La gestation pour autrui

579.- La gestation pour autrui suscite des débats passionnés et virulents. D'un côté, les partisans de sa légalisation reprochent au droit son manque d'humanité[1192] et le « *bricolage juridique* » induit par l'interdit, s'inquiètent de l'existence d'un *forum shopping* de la conception d'enfant conduisant à l'exploitation des femmes étrangères, s'interrogent encore sur les conséquences en matière de filiation. De l'autre côté, les partisans de la prohibition refusent de voir consacrer un « *abandon d'enfants* »[1193] et craignent les effets d'une inévitable commercialisation du corps des femmes[1194]. Certains considèrent même que les parents ayant recours à cette pratique ne sont que des « *acheteurs* », des « *commerçants de matière humaine* », et non des parents[1195].

580.- Si la gestation pour autrui laisse apparaître un abîme sans fin de questions juridiques[1196], la question du prix du corps humain conduit à restreindre le champ de l'étude. Ainsi, la gestation pour autrui fera l'objet dans les lignes qui suivent uniquement d'un traitement sous l'angle de l'usage de son corps par la femme, laissant de côté la délicate question de l'établissement de la filiation de l'enfant né de la gestation pour autrui, notamment à l'étranger[1197]. Aussi, il convient dans un premier temps de constater que le prix du corps humain se trouve confronté à la prohibition légitime de l'activité de gestation pour autrui (**A**). Cependant, en dépit de cette interdiction par le droit positif, il nous paraît opportun, sous un angle prospectif, d'envisager la question du prix dans l'hypothèse d'une reconnaissance éventuelle de l'activité de gestation pour autrui (**B**).

A. Le droit positif : la prohibition d'une activité rémunérée

581.- L'utilisation de son corps par une femme en vue de permettre le développement d'un embryon, suivi de la remise de l'enfant aux parents

---

1192 MENNESSON S et D, *Interdits d'enfants,* Michalon, 2008.

1193 FABRE-MAGNAN M., *La gestation pour autrui,* Fayard, 2013.

1194 AGACINSKI S., *Corps en miettes,* Paris, Flammarion, « Café Voltaire », 2009.

1195 LEVY-SOUSSAN P., *Destins de l'adoption,* Fayard, « Psy », 2010, p.34.

1196 FABRE-MAGNAN M., *La gestation pour autrui,* Fayard, 2013.

1197 Voir en ce sens pour l'état du droit positif la dernière décision de la Cour de cassation Civ 1e, 18 décembre 2019, n°18-11.815.

d'intention après l'accouchement, est une activité prohibée. Cette affirmation appelle un premier constat : la gestation pour autrui relève du domaine de l'activité et non de la cession de matériel biologique (**1**). Mais sa particularité aboutit, en droit français, à son interdiction (**2**).

1. La gestation pour autrui envisagée comme une activité

582.- La gestation est par principe une activité mobilisant le corps et le dépassant puisqu'elle contribue à la naissance d'un enfant. Elle est une activité particulière, en ce qu'elle implique un usage intégral du corps de la personne. Une distinction s'opère néanmoins selon que la gestation a une visée de « reproduction pour soi-même » ou au contraire qu'elle s'inscrit dans une perspective d'une « reproduction pour autrui ». Cette distinction permet le passage d'une grossesse pour soi à une grossesse pour autrui.

583.- Comme pour la prostitution, les qualifications de vente ou de « *location d'utérus* » sont souvent employées à tort[1198]. Pas davantage la notion de « *don de gestation* » ne nous paraît opportune, car elle préfigure un rattachement de la gestation pour autrui aux règles relatives à la cession du matériel biologique[1199]. La gestation pour autrui ne peut être réduite à la mise à disposition temporaire d'une partie précise du corps, la gestatrice étant davantage qu'une personne prêtant « *l'enveloppe et l'aliment de son corps* »[1200]. Les conséquences de la gestation se manifestent sur l'ensemble de l'organisme : problèmes circulatoires, diabète, fatigue générale,

---

1198 CAMPAGNA N., *Prostitution et dignité*, La Musardine, « L'attrape-corps », 2008, p. 95 : « *la personne prostituée ne vend-elle pas une fonction corporelle spécifique, à savoir la fonction sexuelle, ou du moins l'usage temporaire de cette fonction ? Ne peut-on pas, en ce sens, la comparer à la mère porteuse ? Et si on refuse de parler de vente [...] ne peut-on pas au moins parler de location ?* » ; ROCHEFELD J., *Les grandes notions du droit privé*, PUF, « Thémis droit », 2011, p. 34 ; FABRE-MAGNAN M., *La gestation pour autrui, Fictions et réalité*, Fayard, 2013, p. 80 : « *L'expression fréquente de « location d'utérus » sous-entend que l'utérus pourrait être un élément détachable de la femme elle-même et dissimule le fait que c'est tout le corps de la femme et, plus encore, toute sa personne et toute sa vie qui sont en réalité impliqués dans l'opération* ».

1199 Tout en employant le terme de « *don d'engendrement* », le groupe de travail dirigé par Irène Théry et Anne-Marie Leroyer prend soin de préciser qu'il ne s'agit pas d'un « *don d'éléments du corps humain comme les autres* ». V. THERY U., LEROYER A.-M. (dir.), « Annexe au chapitre 7, Deux questions sur la gestation pour autrui », *in Filiation, Origine, parentalité, Le droit face aux nouvelles valeurs de responsabilité générationnelle*, Rapport du groupe de travail Filiation, origines, parentalité, Ministère des affaires sociales et de la santé, Ministère délégué chargé de la famille, 2014, p. 187.

1200 BANDRAC M., « Réflexions sur la maternité », *in Mélanges offerts à Pierre Raynaud*, Dalloz-Sirey, 1985, p. 37.

vomissements… L'inventaire met en avant une implication générale du corps et non d'un simple élément de celui-ci. Lorsqu'une femme accepte de concevoir et de porter un enfant pour le remettre à un tiers à la naissance, c'est la personne entière qui s'engage et non pas seulement une « *partie objectivable et détachable de soi* »[1201].

584.- Il ne nous semble pas davantage opportun de réduire la gestation pour autrui à une vente d'enfant. La rémunération éventuellement perçue l'est en contrepartie de l'usage du corps de la femme[1202]. Cela est d'autant plus vrai lorsque la gestatrice n'est pas la génitrice[1203]. La généralisation de la notion de « gestation pour autrui » aux dépens de celle de « mère porteuse » témoigne également de cette réalité : il n'est pas question d'être mère, mais bien plutôt de mettre l'intégralité de son corps au service d'une activité. Par conséquent, si la gestation pour autrui est bien une activité, elle devrait par principe pouvoir faire l'objet d'une rémunération. Cependant, la prohibition de l'activité elle-même constitue un obstacle radical à la détermination d'un prix du corps humain dans cette hypothèse.

2. La prohibition de la gestation pour autrui

585.- L'activité de gestation pour autrui est source d'infinies controverses. À travers le monde, les positions diffèrent. La France a pour sa part fait le choix d'interdire la gestation pour autrui, paralysant ses effets en matière contractuelle et sanctionnant dans une certaine mesure sa pratique en matière pénale (**a**). Cette interdiction trouve son sens, une fois éclairée par les enjeux de protection du corps de la femme et de déploiement de la volonté (**b**).

1201 FAGOT-LARGEAULT A., « Autonomie, don et partage dans la problématique de l'expérimentation humaine », Communication présentée dans le cadre du 2ème Congrès annuel de la société canadienne de bioéthique, Québec, 23-24 nov. 1990.

1202 PATEMAN C., *Le contrat sexuel,* Editions la Découverte, « Genre & sexualité », 2010, p. 293.

1203 Pour cette distinction v. notamment IACUB M., *L'empire du ventre. Pour une autre histoire de la maternité,* Fayard, « Histoire de la pensée », 2004, p. 202.

a. Bref rappel de l'état du droit

586.- Si la gestation pour autrui relève de la catégorie des activités, elle est néanmoins prohibée par le Code civil. Cette interdiction est renforcée par les sanctions encourues en droit pénal.

587.- ***La prohibition de la gestation pour autrui par le droit civil.*** À l'heure où la protection du corps humain faisait enfin son entrée dans le Code civil, la loi n° 94-653 du 29 juillet 1994 consacrait dans le même temps l'interdiction de la gestation pour autrui à l'article 16-7. Cette confirmation légale des positions jurisprudentielles[1204] ne connaît, depuis, aucun infléchissement : « *toute convention portant sur la procréation ou la gestation pour le compte d'autrui est nulle* ». Dès lors, l'illicéité de la convention constitue un rempart à la rémunération de l'activité.

588.- ***La sanction de la gestation pour autrui par le droit pénal.*** La femme qui accepte de porter l'enfant, les parents d'intention, mais également les tiers s'exposent à des sanctions pénales. Il n'existe pas d'infraction visant spécifiquement la gestatrice, mais celle-ci peut faire l'objet d'une condamnation au titre de l'article 227-13 du Code pénal relatif à la simulation ou dissimulation ayant entraîné une atteinte à l'état civil d'un enfant. Pour le couple d'intention, l'article 227-12 du Code pénal réprime « *le fait de provoquer soit dans un but lucratif, soit par don, promesse, menace ou abus d'autorité, les parents ou l'un d'entre eux à abandonner un enfant né ou à naître* ». La peine encourue est alors de six mois d'emprisonnement et 7 500 euros d'amende[1205]. Enfin, la loi n° 94-653 du 29 juillet 1994 a intégré à cet article un nouvel alinéa incriminant spécifiquement « *le fait de s'entremettre entre une personne ou un couple désireux d'accueillir un enfant et une femme acceptant de porter en elle cet enfant en vue de le leur remettre* ». La peine encourue est alors d'un an d'emprisonnement et de 15 000 euros d'amende, peine susceptible d'être doublée lorsque les faits ont été commis à titre habituel ou dans un but lucratif. L'intermédiaire peut donc

---

[1204] Ass. plén., 31 mai 1991, n° 90-20105, *Bull. civ.*, n° 4, R., p. 247 ; *GAJC*, 12e éd., n° 50 ; D. 1991, p. 417, rapp. CHARTIER Y., THOUVENIN D. ; *JCP*, 1991, II, 21752, communication BERNARD J., concl. DONTENWILLE, note TERRE F. ; *Defrénois*, 1991, p. 948, obs. MASSIP J. ; *RTD civ.*, 1991, p. 517, obs. HUET-WEILLER D. ; *RRJ*., 1991/3. 843, note BARTHOUIL. La cour d'appel avait pu témoigner d'un accueil plus favorable à l'égard de cette pratique : CA Paris, 15 juin 1990 ; *JCP*, 1991, II, 21653, note EDELMAN B. et LABRUSSE-RIOU C. ; *RTD civ.*, 1990, p. 457, obs. RUBELLIN-DEVICHI J.

[1205] Selon certains auteurs la rédaction initiale de cet article pouvait permettre de sanctionner toute personne qui aurait concouru à la rédaction d'un contrat de mère porteuse. V. ATIAS C., « Le contrat de substitution de mère », D., 1986, chron., p. 67.

être plus sévèrement sanctionné que la gestatrice elle-même. Un parallèle peut ainsi être établi avec la prostitution. Si l'activité n'est pas pénalement sanctionnée pour la personne qui se prostitue, les intermédiaires s'exposent quant à eux à des sanctions pénales[1206].

589.- Une mobilisation originale des dispositions du Code de la santé publique appelle également une analyse. Le Tribunal correctionnel de Saint-Brieuc a ainsi pu condamner un couple ainsi qu'une gestatrice pour avoir violé les dispositions relatives à l'insémination artificielle par sperme frais[1207]. Cette utilisation des textes se justifie au regard de la particularité des faits qui, à ce titre, méritent d'être brièvement exposés. Un couple ne pouvant avoir d'enfant avait contacté une femme, qui se proposait de fournir aussi bien ses gamètes que son corps pour mener à terme la grossesse. Le père d'intention devait remettre à la « candidate gestatrice » une quantité de ses propres gamètes. À l'issue de la gestation, il était convenu qu'elle accoucherait sous X tandis que le père procéderait à une reconnaissance prénatale de paternité. Cependant, il semble que la gestatrice n'ait jamais eu l'intention de remettre l'enfant à la naissance, souhaitant au contraire le concevoir pour elle-même. Le tribunal de Saint-Brieuc se fonda sur les dispositions relatives à la prohibition de l'insémination artificielle par sperme frais, prévues aux articles 511-12 du Code pénal, L. 1273-5 et L.1244-3 du Code de la santé publique et réprimée par les articles 511-12, 511-27 du Code pénal et L. 1274-1 du Code de la santé publique. La « mère porteuse » fut ainsi condamnée au versement de 5 000 euros d'amende, dont 4 000 euros avec sursis, tandis que les parents d'intention furent quant à eux condamnés, en qualité de complices, au versement de la somme de 5 000 euros chacun.

590.- ***L'effectivité limitée des sanctions pénales.*** La sanction de l'activité de gestation pour autrui par la loi pénale n'est pas toujours aisée. Les situations de gestation pour autrui s'avèrent souvent difficiles à identifiées et sont souvent révélées grâce aux soupçons du personnel hospitalier ou par suite de litiges entre les parties. Dans cette dernière

---

[1206] Un auteur va ainsi jusqu'à envisager la qualification de proxénète pour les intermédiaires dans le cadre de la gestation pour autrui. V. ATIAS C., « Le contrat de substitution de mère », *D.*, 1986, chron., p. 67 : « *selon certains interprètes, la qualification de proxénétisme ne serait pas exclue ; il suffirait de remarquer que la mère, pendant sa grossesse, traite son propre corps comme un objet utilisable au profit d'autrui. La prostitution n'est-elle pas l'attitude qui consiste à employer son propre corps comme un objet utilisable au profit d'autrui ?* ».

[1207] TGI St Brieuc, 4 juill. 2013, n° minute 1309.2013, n° parquet 11332000116. Le jugement ne fait pas l'objet d'un appel et a donc acquis force de chose jugée au 4 septembre 2013.

hypothèse, les parents d'intention craignant d'être pénalement sanctionnés, il n'est pas dans leur intérêt de poursuivre la gestatrice qui refuserait de remettre l'enfant[1208].

591.- L'application effective de la loi pénale connaît un autre obstacle majeur, logé au sein même du Code pénal. En vertu de l'article 113-6 du Code pénal, la loi pénale française est en effet applicable à tout français hors du territoire de la République mais, s'agissant d'un délit seulement si les faits litigieux sont également punis par la législation du pays où ils ont été commis. Or, de nombreux contrats de gestation pour autrui sont conclus et intégralement exécutés à l'étranger. Face à l'interdit français, la tentation est grande de traverser les frontières pour rejoindre des terres plus favorables à la gestation pour autrui : les États-Unis, par exemple, pour les couples plus aisés, l'Inde ou encore l'Ukraine pour les autres[1209]. Dès lors que la gestation pour autrui est légale dans ces pays et que tous les actes ont lieu sur le territoire étranger, il devient impossible de sanctionner les parents d'intention, la gestatrice ou les intermédiaires sur le fondement des textes pénaux français. Le Tribunal de grande instance de Créteil eut l'occasion de le rappeler en 2004, constatant que « *toutes les démarches entreprises par les époux M. l'ont été aux États-Unis, pays où de tels faits ne sont pas constitutifs d'une infraction* »[1210]. Dans cette affaire, du recueil d'ovocytes jusqu'à l'établissement des actes de naissance, tous les actes avaient été valablement établis ou réalisés sur le territoire des États-Unis. Cette décision illustre la difficulté d'application d'un droit qui, au-delà des frontières françaises, se trouve contrarié par des droits concurrents, légitimant la pratique. D'aucuns considèrent ainsi que les dispositions pénales françaises sont inapplicables et inefficaces[1211]. L'hypothèse d'un renforcement des sanctions pénales et d'une dérogation au principe de territorialité fut envisagée par le groupe de travail dirigé par Irène Théry et

---

[1208] Par exemple, un couple a pris le risque d'une condamnation, en portant plainte contre une femme qui ayant accepté de porter l'enfant après insémination par l'un des hommes du couple, aurait finalement vendu cet enfant à un autre couple après leur avoir indiqué qu'il était décédé.

[1209] Il est étonnant de ce point de vue de constater que certains sites internet dressent de véritables inventaires et compératifs des pays dans lesquels il est plus ou moins favorable pour des personnes françaises d'avoir recours à la gestaiton pour autrui. Voir par exemple Babygest, en ligne https://babygest.com/fr/meilleurs-pays-de-gpa-francais/, dernière consultation février 2020.

[1210] TGI Créteil, 20 sept. 2004, *D.*, 2005, p. 476, note DEPADT-SEBAG V.

[1211] V. DEPADT-SEBAG, note sous TGI Créteil, 20 sept. 2004, *D.*, 2005, p. 476.

Anne-Marie Leroyer[1212] ainsi que par une proposition de loi notamment déposée par le député Jean Léonetti[1213], mais ne fut finalement pas retenue.

L'interdiction de la gestation pour autrui en droit français constitue donc un obstacle évident à la rémunération de cette activité. Au regard du principe de libre détermination du corps dans le cadre de l'activité, une telle prohibition est-elle toutefois justifiée ?

b. Une proposition de justification du droit positif

592.- La question de la gestation pour autrui est souvent appréhendée à travers le prisme de la filiation[1214]. Ce point assurément délicat suscite d'intenses débats et conduit à des prises de position peu nuancées. C'est d'ailleurs cette question que le juge est, à la lumière de l'intérêt de l'enfant, généralement appelé à trancher. Mais, puisque le prix du corps humain constitue l'objet de notre étude, il nous paraît opportun de rechercher la justification de la prohibition de la gestation pour autrui spécifiquement du point de vue de la protection du corps de la femme.

593.- ***L'insuffisance de l'argument du risque.*** L'usage du corps dans la gestation suscite le constat d'un risque couru par la femme. La grossesse constitue, dans la vie de la femme, une expérience particulièrement éprouvante pour le corps, si particulière qu'il est bien difficile de la classer ou de la comparer à d'autres activités[1215] : « *la grossesse ne peut être considérée comme une activité normale* »[1216]. De surcroît, cette activité ne saurait être réduite au seul fait de porter un enfant pour autrui. L'accouchement en est l'issue nécessaire. Tout au long de la gestation et

---

[1212] THERY I., LEROYER A.-M. (dir.), « Annexe au chapitre 7, Deux questions sur la gestation pour autrui », in *Filiation, Origine, parentalité, Le droit face aux nouvelles valeurs de responsabilité générationnelle,* Rapport du groupe de travail Filiation, origines, parentalité, Ministère des affaires sociales et de la santé, Ministère délégué chargé de la famille, 2014, p. 197. Déjà en ce sens : BELLIVIER F., BRUNET L., « Le contrat de mère porteuse : émancipation ou aliénation ? », *RDC*, 1er avril 2008, p. 553.

[1213] *Proposition de loi de M. Jean Léonetti et plusieurs de ses collègues visant à lutter contre les démarches engagées par des Français pour obtenir une gestation pour autrui,* n° 2277, déposée le 14 oct. 2014 et rejetée en 1ère lecture par l'Assemblée nationale le 4 déc. 2014.

[1214] Pour l'état du droit positif sur cette question voir la dernière décision de la Cour de cassation Civ 1re, 18 décembre 2019, n°18-11.815.

[1215] AGACINSKI S., *Corps en miettes,* Paris, Flammarion, « Café Voltaire », 2009.

[1216] HENRION R., BERGOIGNAN-ESPER C., *La Gestation pour autrui*, Rapport de l'Académie nationale de médecine, 10 mars 2009, p. 10, § 6-1-2.

plus particulièrement au moment de l'accouchement, des risques d'atteinte au corps existent. Ainsi, entre 2001 et 2006, entre 60 et 100 femmes sont décédées chaque année, en France, des suites de leur grossesse[1217]. Pour la période 2010-2012, 256 décès ont pu être identifiés et rattachés à une grossesse, à un accouchement ou à ses suites[1218]. Mais le risque ne suffit pas à justifier l'interdit de la gestation pour autrui. En effet, nombre d'activités rémunérées comportent également des risques d'accidents graves, voire mortels, sans pour autant qu'elles ne soient prohibées[1219]. Un auteur envisage également une comparaison entre l'activité de gestation pour autrui, prohibée, et la transplantation hépatique, présentant davantage de risque et néanmoins encadrée[1220]. La multiplication des exemples ne peut ainsi que nous convaincre de l'insuffisance de l'argument relatif au risque lorsqu'il est question de justifier la prohibition de la gestation pour autrui.

594.- ***L'insuffisance de l'argument relatif aux contraintes particulières imposées au corps.*** On pourrait également arguer que la surveillance imposée au corps de la femme dépasse le strict cadre de l'activité classique : contrôle de son alimentation, de ses rapports sexuels, de ses activités…[1221] Cependant, ils existent d'autres activités, librement rémunérées, bien que contraignantes pour le corps. De ce point de vue, l'exemple de l'activité sportive est particulièrement révélateur. L'activité sportive, en particulier lorsqu'elle est exercée à titre professionnel[1222], impose de fortes contraintes sur le corps de la personne en vue de la

---

1217 *Rapport du Comité national d'experts sur la mortalité maternelle (CNEMM) 2001-2006*, Institut de veille sanitaire, janvier 2010, p.4, disponible sur : www.invs.sante.fr.

1218 Les morts maternelles en France : mieux comprendre pour mieux prévenir, 5e rapport de l'Enquête nationale confidentielle sur les morts maternelles (ENCMM) 2010-2012, septembre 2017, en ligne http://www.xn--epop-inserm-ebb.fr/grandes-enquetes/enquete-nationale-confidentielle-sur-les-morts (dernière consultation février 2020).

1219 SEMAT E., Association Santé et médecine du travail, *Femmes au travail, Violences vécues*, La Découverte et Syros, 2000, p. 207.

1220 CATTO M.-X, « La gestation pour autrui : d'un problème d'ordre public au conflit d'intérêts ? », in *Séminaire Droit des femmes face à l'essor de l'intérêt de l'enfant*, *La Revue des Droits de l'Homme*, n° 3, juin 2013, p. 140.

1221 BELLIVIER F., BRUNET L., « Le contrat de mère porteuse : émancipation ou aliénation ? », *RDC*, 1er avril 2008, p. 553 ; DIJON X., « Les présupposées philosophiques de la gestation pour autrui », *in La gestation pour autrui : vers un encadrement ?*, SCHAMPS G., SOSSON J. (dir.), Bruylant, 2013, p. 90.

1222 Avant tout associée à des vertus de puissance, de force morale et physique, la pratique du sport s'accompagne aujourd'hui incontestablement de sa rémunération. V. BOURDIEU P., « Comment peut-on être sportif ? », *in Questions de sociologie,* Les Editions de Minuit, 2002, p. 173.

réalisation d'une performance. Le corps est le « *vecteur de la performance sportive* »[1223], ce qu'illustre parfaitement la définition du contrat de travail posée par la convention collective nationale, selon laquelle l'objet du contrat de travail du sportif consiste à mettre à disposition de son employeur, contre rémunération, « *ses compétences, son potentiel physique et ses acquis techniques et tactiques, le temps de préparer et de réaliser une performance sportive dans le cadre d'une compétition ou d'un spectacle sportif de façon régulière ou occasionnelle* »[1224]. Cette définition place ainsi la condition physique de l'employé au cœur du contrat. Des contraintes corporelles s'imposent souvent aux sportifs, en dehors même du temps effectif de travail : contraintes alimentaires, temps de repos imposés, contraintes sur les activités de loisir…[1225] Dans le cadre de la détermination des heures hebdomadaires de travail, le temps consacré à la musculation, à l'entretien de la forme physique ou le temps de repas « *post et pré compétition pris en commun à la demande de l'employeur* » sont ainsi considérés comme des temps de travail. L'entretien même du corps est ainsi un élément fondamental de l'activité sportive, qui consiste en l'accomplissement d'une performance[1226]. Aux côtés de la performance, l'esthétique du corps est également imposée par certaines activités. Le culturisme, qui peut être envisagé comme une activité sportive[1227], illustre l'importance de l'apparence. Les canons de forme exigés par cette activité constituent une véritable contrainte pour le corps[1228]. Le terme anglais *body-building* évoque l'idée de construction ou reconstruction du corps au service de l'activité[1229].

1223 SIMON G. (dir.), *Les contrats des sportifs, L'exemple du football professionnel*, PUF, 2003, p. 166.

1224 Art. 12.3.1.1 de la Convention collective nationale du sport du 7 juillet 2005 étendue par arrêté du 21 novembre 2006.

1225 Article 612 de la charte du football professionnel : « *Les joueurs sous contrat ne peuvent, sans l'accord écrit du club, ni exercer une autre profession, ni se livrer à une autre activité pouvant nuire ou faire concurrence à leur activité sportive ou à leur formation* ».

1226 SIMON G., CHAUSSARD C., ICARD P., JACOTOT D., DE LA MARDIERE C., THOMAS V., *Droit du sport*, PUF, « Thémis droit », 1ère éd., 2012, p. 239, n° 328.

1227 La pratique du culturisme et l'encadrement des compétitions relevant de la « Fédération Française d'Haltérophilie, Musculation, Force Athlétique et Culturisme ».

1228 Des règles très précises sur l'habillement, sur la façon de maquiller le corps sont imposées aux participants. L'article 3 du Règlement Sportif du Culturisme et Culturis-form 2011-2012 adopté au Comité Directeur du 25 juin 2011 va jusqu'à prévoir une obligation d'épilation pour les femmes, condition pouvant entraîner la disqualification de l'athlète ; Voir notamment MAZZOLI R., *Le grand livre du body building*, De Vecchi, 1997.

1229 Le corps modelé doit l'être en vue d'une présentation et, comme le souligne l'article 6 du règlement sportif du Culturisme et Culturis-form, la catégorie de poids choisie par l'athlète doit permettre de « *retranscrire la santé du corps de l'athlète en lui permettant d'exprimer*

595.- Dans le cas de performances artistiques, des contraintes sur l'apparence s'observent aussi dans les relations de travail. À titre d'exemple, les danseurs et danseuses de revue ou de cabaret peuvent se voir imposer des obligations telles que de maintenir leur poids dans une limite de 3 kg à la hausse ou à la baisse. Il s'agit alors d'une condition essentielle et déterminante, puisqu'il est précisé que les qualités plastiques, esthétiques, artistiques et techniques doivent demeurer celles qui ont présidé à l'engagement de la personne[1230]. Or, ces conditions ne se limitent pas au temps de l'activité réalisée, mais rejaillissent dans la sphère privée. Pourtant, loin d'être sanctionnées, ces activités sont permises et même valorisées. Par conséquent, les critères du risque ou des contraintes particulières pour le corps ne peuvent, à eux seuls, justifier l'interdiction de la gestation pour autrui. Il est ainsi fréquemment invoqué le fait que, dans toute activité, nous utilisons notre corps, cet argument de l'usage du corps ne pourrait donc pas fonder l'interdit de la gestation pour autrui[1231].

596.- ***L'argument décisif de l'atteinte au rôle actif de la personne dans l'activité.*** Le rôle joué par la volonté dans l'exercice d'une activité a pu précédemment être mise en lumière. L'activité pour autrui, *a fortiori* lorsqu'elle fait l'objet d'une rémunération, est en effet légitime dès lors que la personne dispose de la liberté de l'exercer, mais également de l'interrompre, par le seul effet de sa volonté. Une simple abstention de la personne met ainsi fin temporairement ou de manière permanente à l'usage de son corps dans le cadre de l'activité. Cette faculté confère à la personne un rôle actif, nécessaire à la légitimité de l'activité pour autrui[1232].

597.- Or, force est de constater qu'une telle interruption n'est pas possible dans le cadre de la gestation. S'il s'agit bien d'une activité, la femme dispose d'un faible pouvoir de contrôle sur son corps. Dès lors que l'embryon se développe au sein du corps de la femme, celle-ci perd la faculté d'interrompre le fonctionnement du corps par sa seule volonté. L'interruption de grossesse volontaire peut certes être provoquée, mais uniquement par suite d'un acte positif, matériel, sur le corps. Il ne suffit plus alors d'une simple volonté d'interruption, mais d'une volonté doublée d'une action. La volonté ne peut donc plus jouer son rôle classique de

---

au mieux sa force physique et/ou son volume musculaire ». V. Règlement Sportif du Culturisme et Culturis-form 2011-2012 adopté au Comité Directeur du 25 juin 2011.

1230 Pour des raisons de confidentialité, il n'est pas possible de préciser la source.

1231 V. notamment, GENICOT G., « Autonomie personnelle et maîtrise corporelle », *in La gestation pour autrui : vers un encadrement ?*, SCHAMPS G., SOSSON J. (dir.), Bruylant, 2013, p. 166.

1232 V. *supra* n° 410

garantie d'interruption de l'usage du corps à tout moment. Le rôle actif de la personne est paralysé dans la gestation pour autrui. Cette faculté constitue pourtant la garantie majeure de protection de la personne plaçant son corps au service d'autrui. La prohibition de la gestation pour autrui trouve là sa justification.

598.- Dès lors, au regard du droit positif et de sa justification, on pourrait être tenté d'écarter toute interrogation relative au prix. Si l'activité est interdite, le prix du corps humain ne peut prospérer. Cependant, eu égard aux nombreuses interrogations relatives à la légalisation de la gestation pour autrui, il nous semble opportun d'envisager la question du prix, dans l'hypothèse où la gestation pour autrui serait autorisée en France.

B. L'hypothèse d'une remise en cause de la prohibition et ses conséquences sur le prix

599.- L'activité de gestation pour autrui étant interdite en elle-même, la question du prix du corps humain ne se pose pas en l'état. S'il nous semble opportun de maintenir un principe de prohibition afin de préserver le corps de la femme, les revendications diverses et la pression provoquée par les droits étrangers plus permissifs nous conduisent néanmoins à envisager l'hypothèse d'une reconnaissance de la gestation pour autrui[1233]. Parmi les questions juridiques nombreuses que cette pratique ne manquerait pas de poser, au regard de notre champ d'étude seule celle relative à la rémunération de l'activité sera évoquée[1234].

[1233] Les récentes décisions de la CEDH sanctionnant la France pour ne pas reconnaître la filiation paternelle conforme à la réalité biologique dans les cas des gestations pour autrui, ont ainsi provoqué une véritable « *onde de choc* » et ne manqueront pas de relancer le débat. V. CEDH, 5e sect., 6 juin 2014, requête n° 65941/11, *Labassée c/ France* et CEDH, 5e sect., 26 juin 2014, requête n° 65192/11, *Mennesson c/France* ; *D.*., 2014, p. 1376 ; *AJ fam.*, 2014, p. 396, obs. DIONISI-PEYRUSSE A. ; *AJ fam.*, 2014, p. 499, note LEVILLAIN N. ; *JCP*, 2014, n° 877, obs. GOUTTENOIRE A. ; FULCHIRON H., BIDAUD-GARON C., « Ne punissez par les enfants des fautes de leurs pères, Regards prospectif sur les arrêts Labassée et Mennesson de la CEDH du 26 juin 2014 », *D.*, 2014, p. 1773 ; BONFILS P., GOUTTENOIRE A., « Droit des mineurs, juin 2013-juin 2014 », *D.*, 2014, 1789 ; D'AVOUT L., « "La reconnaissance" de la filiation issue d'une gestation pour autrui à l'étranger, après les arrêts Mennesson et Labassée », *D.*, 2014, p. 1806.

[1234] Pour les questions juridiques posées par cette pratique, v. notamment HAUSER J., « La gestation pour autrui : aspects juridiques et éthiques », *in La liberté de la personne sur son corps*, MUZNY P. (dir.), Dalloz, « Thèmes, Commentaires, Actes », 2010, p. 95.

600.- Si l'on considère que la gestation pour autrui constitue une activité, et dans l'hypothèse d'une légalisation de la pratique en France, une interrogation s'impose : l'activité de gestation pour autrui doit-elle relever d'un principe de gratuité complète, d'une logique d'indemnisation des frais réels, ou d'un principe de libre rémunération ? La réponse ne peut être que nuancée. Les opposants à la gestation pour autrui se refusent généralement à réfléchir aux conditions de détermination de la rémunération, précisément parce que la gestation pour autrui est en elle-même prohibée. Pour ses partisans, le développement d'une « gestation pour autrui éthique », reposant notamment sur une absence de rémunération, est souvent envisagé[1235]. Les pays reconnaissant la validité de la convention de gestation pour autrui réservent quant à eux un sort divers à cette problématique de rémunération de la gestatrice[1236]. De ces différentes réflexions et des modèles juridiques existants, il nous semble que plusieurs voies sont susceptibles d'être dégagées. Peuvent être ainsi alternativement envisagées la gratuité de la gestation pour autrui (**1**), l'indemnisation des frais réels exposés (**2**) ou encore sa rémunération (**3**).

1. L'hypothèse de la gratuité

601.- La première solution consisterait à ne reconnaître la gestation pour autrui qu'à condition de consacrer un principe de gratuité. La gratuité doit alors être entendue dans son sens strict, à savoir que la mère porteuse devra supporter toutes les conséquences financières de cette grossesse : les achats de vêtements, les frais médicaux non couverts par la sécurité sociale... Cette solution présenterait l'assurance que la gestatrice n'est animée que par des motifs altruistes mais elle présente néanmoins des faiblesses. Comme nous avons pu le développer à propos de la cession du matériel biologique, s'il peut être préférable de ne pas rémunérer la personne, il est pour autant critiquable de laisser à sa charge l'intégralité des coûts induits par son acte généreux. Le poids financier ajouté à la

---

[1235] MERCHANT J., « Une gestation pour autrui éthique est possible », *in Variations France/Etats-Unis*, *Travail, Genre et Sociétés*, n° 28, 2012, pp. 183-189.

[1236] V. notamment BRUNET L., « De l'art d'accommoder la gestation pour autrui au droit français », *RGDM*, n° 27, 30 juin 2008, p. 155 ; WILLEMS G., SOSSON J., « Légiférer en matière de gestation pour autrui : quelques repères de droit comparé et de droit international », *in La gestation pour autrui : vers un encadrement ?*, SCHAMPS G., SOSSON J. (dir.), Bruylant, 2013, p. 239.

contrainte physique laisse présager le peu d'attractivité de cette activité[1237]. Par conséquent, la gratuité risque de ne pas permettre d'attirer un nombre suffisant de candidates, les parents continuant alors de se tourner vers des pays étrangers, certains d'entre eux étant peu respectueux des droits de la femme[1238].

Il convient donc d'envisager l'hypothèse plus vraisemblable d'une indemnisation des frais réellement exposés par la femme pour mener à bien sa grossesse pour autrui.

2. L'hypothèse de l'indemnisation des frais réels

602.- La seconde voie réside dans la possibilité de permettre une indemnisation des frais réels exposés. Il pourrait être envisagé que les frais engagés par la gestatrice fassent l'objet d'une prise en charge partagée entre la sécurité sociale, qui supporterait les frais habituellement couverts en cas de grossesse, et les parents d'intention, sur qui pèserait la charge des frais habituellement supportés par toute mère menant sa propre grossesse. Mais comment déterminer les élèments susceptibles d'être pris en charge ? Les vêtements sans doute, mais jusqu'à quel prix ? Des médecines de confort pour la mère, des soins pour soulager les douleurs peuvent-ils également s'inscrire dans cette prise en charge ? Faudra-t-il finalement strictement lister les éléments qui devront être financièrement assumés par les parents d'intention ou au contraire les laisser à la libre appréciation de ces derniers ou de la gestatrice ? Mais dans ce cas comment convenir de la limite entre ce qui relève de la seule prise en charge des frais habituellement exposés par une femme enceinte et une forme indirecte de rémunération de la part des parents d'intention ?

603.- Sous réserve de cette difficulté non négligeable, à la différence de la gratuité, l'indemnisation des frais réels permettrait ainsi à la gestatrice

---

[1237] MIRKOVIC A., « A propos de la maternité pour autrui », *Droit de la famille,* juin 2008, p. 10 ; BELLIVIER F., BRUNET L., « Le contrat de mère porteuse : émancipation ou aliénation ? », *RDC*, 1er avril 2008, p. 545.

[1238] GENICOT G., « Gestation pour autrui, autonomie personnelle et maîtrise corporelle : plaidoyer pour un droit neutre et libéré », *in La gestation pour autrui : vers un encadrement ?*, SCHAMPS G., SOSSON J. (dir.), Bruylant, 2013, pp. 159-160 ; A propos notamment des conclusions de contrat de gestation en Inde : WILLEMS G., SOSSON J., « Légiférer en matière de gestation pour autrui : quelques repères de droit comparé et de droit international », *in La gestation pour autrui : vers un encadrement ?*, SCHAMPS G., SOSSON J. (dir.), Bruylant, 2013, pp. 264 et s.

de ne pas s'appauvrir en raison de son acte généreux. En revanche, l'indemnisation des seuls frais réellement exposés garantit que l'activité ne s'inscrit pas dans une finalité lucrative, permettant probablement d'assurer une meilleure répartition sociale des candidates. En effet, la gestation pour autrui ne serait alors pas menée à des fins rémunératrices par des femmes dans une situation de dépendance économique. Ce modèle est celui retenu par la Grande-Bretagne, où le choix a été fait d'autoriser uniquement le remboursement des frais exposés[1239]. Cependant, il a pu être souligné que la jurisprudence retenait une conception extensive de la catégorie des dépenses. La somme de 12.000 livres a ainsi pu être considérée comme le paiement des dépenses occasionnées par la grossesse et non comme une rémunération[1240]. Pour pallier cette difficulté de détermination de la somme relevant ou non de la rémunération, le droit hellénique a pour sa part admis le contrat de gestation pour autrui et fixé à une somme d'environ 10. 000 euros le plafond de l'indemnité susceptible d'être versée en vue de la couverture des frais[1241]. En 2004, la *loi sur la procréation assistée* a pour sa part interdit, en droit fédéral canadien, les contrats de mère porteuse à titre onéreux, tout en prévoyant le versement possible d'une compensation. Par ailleurs, la validité des contrats altruistes relève du droit provincial[1242]. Les solutions varient alors d'un État à l'autre[1243].

1239 STEINER E., « Angleterre, Maternité pour le compte d'autrui entre prohibition et permission », *in Gestation pour autrui : Surrogate Motherhood, XVIIIe Congrès, Washington D.C., les 25-31 juillet 2010,* MONEGER F. (dir.), Société de législation de droit comparé, « Collection colloque », vol. 14, 2010, p. 43.

1240 *Ibid.*

1241 PAPACHRISTOS A., « Le don d'utérus et le droit hellénique », *in Gestation pour autrui : Surrogate Motherhood, XVIIIe Congrès, Washington D.C., les 25-31 juillet 2010,* MONEGER F. (dir.), Société de législation de droit comparé, « Collection colloque », vol. 14, 2010, p. 170 ; Cette solution avait été également envisagée par le professeur Jean Hauser, v. HAUSER J., « La gestation pour autrui : aspects juridiques et éthiques », *in La liberté de la personne sur son corps,* MUZNY P. (dir.), Dalloz, « Thèmes, Commentaires, Actes », 2010, p. 97.

1242 LANGEVIN L., « Vers la reconnaissance juridique de la pratique des mères porteuses : état du droit canadien et québecois », *in Gestation pour autrui : Surrogate Motherhood, XVIIIe Congrès, Washington D.C., les 25-31 juillet 2010,* MONEGER F. (dir.), Société de législation de droit comparé, « Collection colloque », vol. 14, 2010, p. 89.

1243 LANGEVIN L., « Vers la reconnaissance juridique de la pratique des mères porteuses : état du droit canadien et québecois », *in Gestation pour autrui : Surrogate Motherhood, XVIIIe Congrès, Washington D.C., les 25-31 juillet 2010,* MONEGER F. (dir.), Société de législation de droit comparé, « Collection colloque », vol. 14, 2010, pp. 90 et s. ; Pour un état de la question en droit québécois, v. MOORE B., « Maternité de substitution et filiation en droit québécois », *in Mélanges en l'honneur de Camille Jauffret-Spinosi,* Dalloz, 2013, p. 859.

604.- Cette deuxième possibilité doit cependant être confrontée à la question de l'anonymat. Si les parents connaissent la mère porteuse, comment alors s'assurer que ne s'instaurera pas une relation pécuniaire officieuse entre ces différentes personnes ? En l'absence d'anonymat, il paraît difficile de s'assurer que l'engagement ne fera pas l'objet d'une contrepartie occulte. Afin de préserver le consentement de la mère à cet engagement et de s'assurer de l'absence de pression financière, il conviendrait alors d'opter pour un principe d'anonymat, associé à celui d'une indemnisation des frais réels exposés en raison de la grossesse. Un intermédiaire entre le couple d'intention et la gestatrice serait ainsi en charge du remboursement desdits frais, afin que n'existent pas de relations patrimoniales entre eux.

605.- Mais cette anonymisation peut faire craindre une banalisation, voire une perte de sens, de cet usage si particulier du corps de la femme. L'anonymat est ainsi répandu dans les pays les plus mercantiles et où les droits des femmes sont les plus contraintes lors de la grossesse[1244]. Par ailleurs, l'intérêt des femmes pour une activité non rémunérée, contraignante et non valorisée auprès d'un couple identifié par elles, risque de limiter sensiblement le nombre de candidates[1245]. À défaut d'anonymat, il nous semble donc qu'une troisième possibilité doit être envisagée, celle de la rémunération de la gestatrice.

3. L'hypothèse de la rémunération encadrée

606.- La rémunération de la gestatrice constitue la troisième possibilité, conférant alors un véritable prix au corps humain. Cette hypothèse d'une rémunération, qui serait davantage qu'une prise en charge des frais réels exposés, se retrouve dans plusieurs pays. Aux États-Unis, et nonobstant un accueil divergent selon les États, la gestation pour autrui

---

1244 Avis du Conseil d'orientation de l'Agence française de la biomédecine, *La gestation pour autrui*, Séance du 18 septembre 2009, délibération n° 2009-CO-38 ; THERY I., LEROYER A.-M. (dir.), « Annexe au chapitre 7, Deux questions sur la gestation pour autrui », *in Filiation, Origine, parentalité, Le droit face aux nouvelles valeurs de responsabilité générationnelle,* Rapport du groupe de travail Filiation, origines, parentalité, Ministère des affaires sociales et de la santé, Ministère délégué chargé de la famille, 2014, p. 187.

1245 FIELD M., *Surrogate Motherhood,* Harvard University, Press Cambridge Massachusetts, 1988, p. 20.

peut être rémunérée[1246]. Il n'est pas véritablement fait référence à « un salaire » ou une « rémunération », mais le terme de « compensation » apparaît de manière récurrente, afin de désigner l'indemnité forfaitairement versée à la gestatrice[1247]. Ce terme se retrouve également dans les conditions tarifaires des cliniques ukrainiennes[1248]. En sus de cette « compensation », les dépenses diverses générées par la grossesse sont également prises en charge. Par conséquent, la compensation ne peut être réduite à la seule prise en charge des frais réels. Derrière le terme de compensation, la réalité d'une rémunération, et donc d'un prix du corps humain, apparaît.

607.- Aussi, l'hypothèse d'une telle rémunération en droit français doit à présent être envisagée. Il nous semble que la particularité de la gestation pour autrui doit conduire à un encadrement strict de cette activité et de son prix, à l'instar de l'expérimentation et de la prostitution. Cette rémunération impose alors de déterminer le ou les débiteurs du prix. La sécurité sociale devrait assurément prendre en charge, comme elle le fait pour toute grossesse, une partie des frais médicaux. Si la mère d'intention avait eu la possibilité de mener elle-même cette grossesse, une partie de ce coût aurait bien reposé sur la solidarité nationale. Plus délicate, en revanche, serait la question de la rémunération versée à la gestatrice. Il pourrait être argué que la procréation médicalement assistée fait d'ores et déjà l'objet d'une prise en charge par la sécurité sociale. L'assistance médicale nécessaire à l'implantation d'un embryon dans le corps de la gestatrice pourrait connaître pareil sort. Pour autant, par delà cette aide à la procréation, une « aide à la gestation » devrait-elle également être reconnue ? À défaut, d'une telle reconnaissance, la rémunération de la mère porteuse incomberait aux parents d'intention.

1246 Ainsi la Cour Suprême du New Jersey a eu l'occasion de considérer que le paiement de la gestatrice rendait sa décision moins libre (traduit par nous), Supreme Court of New Jersey, 1988, In the Matter of Baby M. 109 NJ 396, 537 A. 2 D. 1227 ; v. FIEDL M., *Surrogate Motherhood,* Harvard University, Press Cambridge Massachusetts, 1988, pp. 1 et s. ; v. DAMELIO J., SORENSEN K., « Enhancing autonomy in paid surrogacy », *Bioethics*, 2008, vol. 22, n° 5, p. 269 ; SPIVACK C., « U.S.A », *in Gestation pour autrui : Surrogate Motherhood, XVIIIe Congrès, Washington D.C., les 25-31 juillet 2010,* MONEGER F. (dir.), Société de législation de droit comparé, « Collection colloque », vol. 14, 2010, p. 257.

1247 Pour un exemple, v. Annexe n° 8. L'expression de « consideration for services » est également employée dans un modèle type de contrat de gestation pour autrui proposé à cette adresse : http://www.surromomsonline.com/articles/#contracts (dernière consultation 26 février 2018).

1248 GOANEC M., « La gestation pour autrui en Ukraine », *Grande Europe,* n° 22, juillet 2010, La Documentation française, DILA. V. Annexe n° 7

608.- Il faudrait, en outre, s'interroger sur la nature de la relation juridique unissant les parents d'intention et la mère porteuse. Il nous semble que toute hypothèse de relation salariée doit, à l'instar de l'expérimentation et la prostitution, être exclue. À la particularité de l'activité, il ne s'agit pas, en effet, d'ajouter un rapport de subordination juridique. La gestatrice pourrait donc exercer cette activité à titre indépendant, tout en veillant à ce qu'elle ne puisse l'être à titre professionnel. Là où certaines cliniques américaines valorisent le caractère habituel de la gestation pour autrui, la « gestatrice expérimentée » pouvant prétendre à une rémunération plus importante que la « gestatrice débutante », il nous semble que l'activité doit conserver un caractère exceptionnel[1249]. La conduite d'une grossesse pour autrui unique conforterait ce caractère. Par ailleurs, il a pu être proposé que le contrat passé entre les parents fasse l'objet d'un contrôle par une commission pluridisciplinaire instituée au plan national, ce qui pourrait être opportun[1250]. D'autres critères relatifs à l'âge de la femme, à ses projets à venir ou réalisés, de mener des grossesses pour elle-même devront incontestablement être envisagés[1251].

609.- La gestation pour autrui est une activité bien singulière. Une activité en ce qu'elle mobilise l'intégralité de la personne et de sa force reproductive, dépassant ainsi un simple usage intime du corps ; singulière néanmoins en ce qu'elle échappe en grande partie, dans sa mise en œuvre, au pouvoir de la volonté. Le temps de l'activité n'est plus marqué par l'alternance entre vie privée et vie professionnelle, entre mouvement et repos. Le simple pouvoir de la volonté ne peut plus agir sur le cours de l'activité. Une telle aliénation du corps, sans discontinuation, ne peut dès lors être approuvée. Mais si, au regard de la seule protection du corps de la femme, il nous semble aujourd'hui que la prohibition de cette activité est légitime, il ne peut être exclu qu'elle fasse l'objet, demain, d'une reconnaissance. Le principe de gratuité peinerait alors à convaincre.

1249 Les différences de rémunération entre les femmes « expérimentées » et « non expérimentées », bien que variables selon les établissements, sont incontestables. v. le site suivant : https://www.fertilitysourcecompanies.com/surrogacy/surrogate-compensation/ (dernière consultation février 2020).

1250 GENICOT G., « Autonomie personnelle et maîtrise corporelle », *in La gestation pour autrui : vers un encadrement ?*, SCHAMPS G., SOSSON J. (dir.), Bruylant, 2013, p. 179 ; Pour une critique de la possibilité d'utiliser les règles de la régulation en matière de gestation pour autrui, v. FRISON-ROCHE M.-A., « L'impossibilité de réguler l'illicite : la convention de maternité de substitution », *D.*, 2014, p. 2184.

1251 GENICOT G., « Autonomie personnelle et maîtrise corporelle », *in La gestation pour autrui : vers un encadrement ?*, G. SCHAMPS G., SOSSON J., (dir.), Bruylant, 2013, p. 288.

L'indemnisation des frais réels constituerait sans doute une juste mesure, qui s'avérerait néanmoins insuffisante pour attirer en nombre des candidates. La question de la rémunération ne manquerait pas, enfin, de se poser. Ses modalités auraient à être longuement réfléchies, mais il nous semble en toute hypothèse que l'exercice de cette activité devrait absolument être préservée de la professionnalisation.

610.- À travers l'exercice de l'activité, un prix du corps humain apparaît. Ce prix, contrepartie de la force de travail, n'est pas en lui-même critiquable. Il nous semble au contraire que son existence contribue à la protection de la personne et de ses besoins primaires. Le droit, non content de le légitimer, se doit de surcroît de protéger un montant minimum au service du corps humain. Le montant nécessaire à la satisfaction des besoins physiologiques, essentiels à la survie de la personne, doit ainsi constituer un socle de référence pour la détermination d'un prix minimum.

611.-Cette reconnaissance d'un prix n'occulte pas cependant les dangers que peut présenter l'activité. Le choix de l'activité engage pour un temps, voire pour tout le temps de la vie professionnelle. La distinction entre volonté et consentement doit être mobilisée afin de distinguer les conséquences juridiques de l'engagement et l'absence de contrainte corporelle. L'activité doit ainsi pouvoir, en fait, être interrompue à tout moment. Cet élément nous semble fondamental. Il permet de préserver la liberté de mouvement de la personne, sans que la contrainte juridique ne puisse jamais véritablement peser sur le corps. Aussi, parce que la volonté d'interruption doit être doublée d'une action, d'un acte matériel sur le corps, la gestation pour autrui fait l'objet d'une prohibition que nous jugeons légitime.

612.- Mais alors même que l'interruption par l'effet de la volonté n'est pas contrariée, le principe d'un libre prix de l'activité peut faire l'objet de restrictions importantes. Du point de vue des personnes, le choix est ainsi fait de restreindre très sensiblement l'activité pour l'enfant. La vulnérabilité du jeune âge, la construction du corps comme de l'esprit, invitent à cette restriction. D'autres personnes subissent au contraire une difficulté réelle à pouvoir conférer un prix à leur corps. L'accès à l'activité rémunérée est ainsi bien souvent contrarié pour les personnes déficientes, comme pour les personnes incarcérées. Si le droit tente de maintenir la réalité d'un prix pour ces corps exerçant une activité, la réalité sociale érige des obstacles bien difficiles à franchir. Du point de vue de l'activité, et outre le cas particulier de la gestation pour autrui, il est difficile de déterminer la cohérence des règles destinées à limiter le prix. Protection d'intérêts concurrents, protection de la santé et des corps, le droit se teinte aussi, parfois, de nuances politiques, sociales, culturelles, religieuses ou morales. La tolérance du prix de la prostitution est, à cet égard, particulièrement révélatrice. N'est-ce pas l'aveu que certaines mobilisations du corps au service de l'activité s'opposent à une stricte catégorisation ?

Titre II.
Le prix, compensation de la déficience du corps humain

613.- Là où la science pèche, là où la faiblesse du corps triomphe, l'indemnité est un instrument permettant de compenser la déficience du corps. En effet, lorsque le fonctionnement du corps est altéré, le prix, sans céder à « *l'illusion que le versement de sommes d'argent peut constituer une réponse d'ensemble à l'ensemble du problème des risques et des besoins* »[1252], constitue toutefois un allié nécessaire. Cette rencontre, fruit du mauvais sort, ne doit donc pas être remise en cause.

614.- Plutôt qu'en quête de légitimité, le prix dans le cas de la déficience est à la recherche de son *quantum*. La déficience peut avoir des répercussions variées sur la vie de la personne, ce que trahit la diversité des conséquences indemnisées. Toutes les sommes perçues ne peuvent pas être nécessairement considérées comme la reconnaissance d'un prix du corps humain. La définition de ce prix a en outre vocation à transcender la particularité des différents régimes d'indemnisation. Si les conditions d'indemnisation peuvent varier en fonction du système concerné, la définition doit, elle, demeurer fixe.

615.- Une fois le prix du corps défini, il nous faut mesurer son existence concrète. Le prix apparaît alors marqué par une absence d'uniformité : tantôt nié, partiellement ou intégralement reconnu, le prix, unifié dans sa définition, laisse place à la variété des montants.

L'appréciation du prix du corps appelle ainsi des précisions quant à sa définition (**Chapitre I**), pour être ensuite confrontée à son existence (**Chapitre II**).

[1252] LABORDE J.-P., « Garantie de ressources et garanties de revenu(s), Brève tentative d'identification d'un couple », *Dr. soc.*, 2012, p. 75.

Chapitre I. La définition d'un prix du corps humain déficient

616.- Pour parvenir à définir le prix, il convient de mieux cerner la situation qu'il vise à compenser. Au contraire de la mise en circulation, la rémunération ne vise pas à encourager, en amont, une atteinte au corps, mais elle vise, en aval, à compenser les effets de cette atteinte. Le choix de la notion de déficience résulte du constat de ses qualités fédératrices. La variété des systèmes d'indemnisation ne doit pas constituer un obstacle dans la recherche du prix du corps humain, ce qui justifie l'emploi d'une terminologie commune. Car si le droit crée une variété de prix pour des situations identiques de déficience, des éléments communs d'appréciation existent. Surtout, dans toutes les situations, le constat de la déficience est un préalable à la reconnaissance d'une indemnisation. Ce n'est qu'une fois la déficience cernée qu'il est alors permis d'envisager le prix du corps humain. Dans les différents postes d'indemnisation qui peuvent être reconnus, certains seulement constituent à proprement parler un prix du corps humain.

Par conséquent, après avoir apprécié la déficience du corps humain (**Section I**), il nous sera permis d'en révéler le prix (**Section II**).

Section I. Le constat de la déficience

617.- Les dysfonctionnements du corps peuvent être soignés, réduits, disparaître ou au contraire perdurer toute une vie. Les fonctionnalités du corps peuvent être altérées par différents phénomènes : maladie, lésion, amputation, malformation génétique… Cette situation de fait doit alors être caractérisée avant même que le prix puisse être déterminé, car si des disparités existent dans le montant même, un point commun s'impose néanmoins dans toutes les hypothèses : le constat préalable d'un corps atteint dans son fonctionnement.

Afin d'appréhender la diversité des situations, il est opportun de les réunir sous un terme unique, englobant toutes les difficultés biologiques. Le terme « déficience » s'est révélé comme le plus approprié (**§I**). Une fois cette précision terminologique opérée, il conviendra d'envisager les modalités d'appréciation de la déficience (**§II**).

§I. Précisions terminologiques

618.- Dans un certain nombre de situations, un dysfonctionnement provisoire ou permanent du corps contribue à la consécration nécessaire d'un prix. Selon les différents régimes, des termes distincts sont employés pour qualifier cette situation de fait. Ainsi, sans prétendre à l'exhaustivité, sont utilisés les termes de « dommage », « préjudice », « lésion », « handicap », « incapacité », « invalidité », « atteinte » ou encore « déficience »[1253]. Afin de mieux cerner les liens entre le corps et son prix, il nous est apparu nécessaire de recourir à une terminologie commune, visant à désigner toute situation de fait correspondant à une atteinte au bon fonctionnement du corps. Un premier choix terminologique s'offrait, puisé au sein du droit de la responsabilité (**A**). Nous avons cependant préféré opter pour un terme plus neutre et général, celui de « déficience » (**B**).

A. Le dépassement des notions de « dommage » et de « préjudice »

619.- Les termes de « dommage » et « préjudice » associés au terme « corporel » désignent une atteinte causée au corps et à son fonctionnement[1254]. Certains auteurs opèrent une distinction entre ces

---

[1253] Pour les définitions de ces différents termes, v. LAMBERT-FAIVRE Y., PORCHY-SIMON S., *Droit du dommage corporel, Systèmes d'indemnisation*, Dalloz, « Précis droit privé », 7ème éd., 2012, p. 385, n° 340.

[1254] LAMBERT-FAIVRE Y., PORCHY-SIMON S., *Droit du dommage corporel, Systèmes d'indemnisation*, Dalloz, « Précis droit privé », 7ème éd., 2012.

deux termes[1255] tandis que d'autres ne font pas de différence[1256], voire se montrent réservés quant à sa pertinence[1257].

620.- La distinction remonterait au droit romain. Les jurisconsultes, confrontés à l'absence d'un principe général de responsabilité, fondent alors leur décision sur la loi Aquilia, qui énonce un principe de responsabilité pour les atteintes aux choses et, en particulier, pour les atteintes aux animaux et aux esclaves. Dépassant le champ traditionnel de cette loi, ils consacrent peu à peu un principe de réparation des atteintes physiques[1258]. C'est ainsi que naît la notion de *damnum,* entendu comme le dommage causé à toute personne ou à toute chose. Mais, partant du

---

[1255] La distinction entre ces deux termes est revendiquée par plusieurs auteurs. V. notamment MAZEAUD H., L. et J., TUNC A., *Traité théorique et pratique de la responsabilité civile délictuelle et contractuelle, Tome I,* Montchrestien, 6ème éd., 1965, p. 261, n° 208, note 1 ; CADIET L., *Le préjudice d'agrément,* Thèse pour le doctorat, Université de Poitiers, 1983, pp. 321 et s. ; ROUXEL S., *Recherche sur la distinction du dommage et du préjudice en droit privé français,* Thèse Grenoble II, 1994 ; LAMBERT-FAIVRE S., PORCHY-SIMON S., *Droit du dommage corporel, Systèmes d'indemnisation*, Dalloz, « Précis droit privé », 7ème éd., 2012, p. 21, n° 25 ; LE TOURNEAU P., *Droit de la responsabilité et des contrats*, Dalloz, « Dalloz action », 2012/2013, p. 523, n° 1305 ; BOURDOISEAU J., *L'influence perturbatrice du dommage corporel en droit des obligations,* LGDJ, « Bibliothèque de droit privé », vol. 513, 2010, p. 10, n° 6 ; CORMIER C., *Le préjudice en droit administratif français, Etude sur la responsabilité extra-contractuelle des personnes publiques,* LGDJ, « Bibliothèque de droit public, t. 228, 2002, pp. 40 et s ; LAPOYADE DESCHAMPS C., « Le préjudice, quelle(s) réparation(s) », *RCA,* n° spécial, 2001, p. 6 ; BRUN P., *Responsabilité civile extracontractuelle,* LexisNexis, « Manuel », 3ème éd., 2014, p. 117, n° 175. Dans le projet Catala, il est distingué entre le dommage désignant « *l'atteinte à la personne ou aux biens de la victime* » et le préjudice constitué par la « *lésion des intérêts patrimoniaux ou extrapatrimoniaux qui en résulte* ». V. *Avant Projet de réforme du droit des obligations et de la prescription, Exposé des motifs,* La documentation française, 2006, p. 173, note n° 2. Le rapport Terré reprend également cette distinction, v. TERRE F. (dir.), *Pour une réforme du droit de la responsabilité civile,* Dalloz, « Thème, Commentaires, Actes », 2011, p. 83.

[1256] CARBONNIER J., *Droit civil, Les biens, Les obligations, vol. II,* PUF, 2004, p. 2269, n° 1121 ; STARCK B., ROLAND H., BOYER L., *Obligations, Responsabilité délictuelle,* Litec, 5ème éd., 1996, p. 51, n° 96 ; MALINVAUD P., FENOUILLET D., *Droit des obligations,* LexisNexis, « Manuel », 12ème éd., 2012, p. 439, n° 560 ; FABRE-MAGNAN M., *Droit des obligations, 2- Responsabilité civile et quasi-contrats,* PUF, « Thémis droit », 3ème éd., 2013, p. 176 ; PRADEL X., *Le préjudice dans le droit civil de la responsabilité,* LGDJ, « Bibliothèque de droit privé », t. 415, 2004, p. 10, n° 15.

[1257] LEDUC F., « Faut-il distinguer le dommage et le préjudice : point de vue privatiste », *RCA,* 2010, n° 3, p. 16 ; VINEY G., JOURDAIN P., CARVAL S., *Les conditions de la responsabilité,* LGDJ, Lextenso éditions, « Traité de droit civil », 4ème éd., 2013, p. 3, n° 246-1 ; BACACHE-GIBEILI M., *Les obligations, La responsabilité civile extracontractuelle, Tome 5,* Economica, « Corpus droit privé », 2ème éd., 2012 ; TERRE F., SIMLER P., LEQUETTE Y., *Droit civil, Les obligations,* Dalloz, « Précis Dalloz », 11ème éd., 2013, p. 755, n° 697.

[1258] La sacralité du corps étant néanmoins un obstacle à la généralisation d'un principe de réparation du préjudice corporel de l'homme libre.

constat que tout dommage n'est pas réparable, les jurisconsultes tentent alors de développer la notion de *praejudicium* afin de faire le départ entre la « *constatation d'une atteinte matérielle à une chose (damnum)* », d'un côté, et le « *préjudice subi de ce fait par le propriétaire* », de l'autre[1259]. Ainsi, les Professeuses Lambert-Faivre et Porchy-Simon soutiennent que cette distinction doit être conservée et renouvelée en droit positif. Pour ces auteurs, les dommages relèvent de l'ordre des faits tandis que les préjudices relèvent de l'ordre du droit et « *expriment l'atteinte aux droits subjectifs, patrimoniaux ou extrapatrimoniaux, de la personne juridique* »[1260]. Dans cette conception, le dommage désigne « *finalement la lésion subie tandis que le préjudice, qui est la conséquence de la lésion, apparaît comme l'effet ou la suite du dommage* »[1261]. Par conséquent, à suivre cette distinction, si le terme « dommage » aurait pu être retenu, tel n'est en revanche pas le cas de celui de préjudice.

621.- Devant tant de discordances, la tentation est grande de proposer une redéfinition complète de cette distinction. Ainsi, le dommage en matière corporelle pourrait être synonyme d'un dysfonctionnement du corps, quelle qu'en soit la cause, tandis que le préjudice serait quant à lui limité au domaine de la responsabilité. Mais, aussitôt énoncée, l'hypothèse est confrontée à ses limites. En effet, si certains auteurs plaident en faveur d'un statut spécifique du préjudice corporel[1262], le droit civil français, au contraire du droit québécois[1263], n'opère pas de distinction entre les préjudices corporels, matériels ou encore moraux[1264]. Aussi, la distinction entre le dommage, qui serait entendu comme un dysfonctionnement du corps, et le préjudice, qui désignerait les conséquences en droit de la responsabilité de ce dommage, ne peut assurément pas s'appliquer pour les préjudices matériels et moraux. Une telle distinction terminologique,

---

[1259] MAZEAUD H ET L, TUNC A., *Traité théorique et pratique de la responsabilité civile délictuelle et contractuelle, T. I et T. II*, Montchrestien, 6ème éd., 1965, p. 34, n° 23.

[1260] LAMBERT-FAIVRE Y., PORCHY-SIMON S., *Droit du dommage corporel, Systèmes d'indemnisation*, 7ème éd., 2015, p. 21.

[1261] LE TOURNEAU P., *Droit de la responsabilité et des contrats*, Dalloz, « Dalloz action », 2014/2015, p. 1304, n° 1305.

[1262] STARCK B., *Essai d'une théorie générale de la responsabilité civile considérée en sa double fonction de garantie et de peine privée*, L. Rodstein, 1947 ; PRADEL X., *Le préjudice dans le droit civil de la responsabilité*, LGDJ, « Bibliothèque de droit privé », t. 415, 2004.

[1263] Article 1607 du Code civil du Québec : « *Le créancier a droit à des dommages-intérêts en réparation du préjudice, qu'il soit corporel, moral ou matériel* » ; TURGEON-DORION L., *La qualification du préjudice en droit civil québécois*, Maîtrise en droit, Université de Laval, 2014.

[1264] Selon que l'on opte pour une classification tripartite ou bipartite. Pour un historique éclairant de cette distinction V. CADIET L., *Le préjudice d'agrément*, Thèse pour le doctorat, Université de Poitiers, 1983, pp. 349 et s.

en l'absence d'une divergence de traitement des préjudices par le Code civil lui-même, paraît dès lors difficilement justifiable[1265].

622.- Par ailleurs, contrariant l'objectif fixé, « dommage » et « préjudice » ne permettent pas de couvrir la variété des situations de dysfonctionnements du corps, trop marqués par leur utilisation en droit de la responsabilité. Ce choix terminologique constitue un obstacle à une réflexion plus générale, visant à tracer les liens entre le corps et le prix au-delà du seul droit de la responsabilité. Une analyse transversale impose donc le choix d'un terme moins connoté. Plutôt que d'ajouter une nouvelle note aux discordances, nous préférons donc réserver l'usage des termes « dommage » et « préjudice » à leur domaine privilégié que constitue le droit de la responsabilité. En revanche, la notion de « déficience » nous semble plus à même de recouvrir toutes les situations de fait, peu important leurs sources.

B. Le choix du terme de déficience

623.- Au-delà du droit de la responsabilité, il existe une grande variété de termes, tant en droit que médicalement, permettant, lorsque le fonctionnement du corps est contrarié, de désigner cette situation de fait aux conséquences juridiques. Au terme d'une analyse des différentes terminologies rencontrées, la déficience apparaît comme la plus susceptible de recouvrir l'ensemble des situations.

624.- Pour l'OMS, la déficience est relative à « *toute altération du corps ou de l'apparence physique, ainsi qu'à une anomalie organique ou fonctionnelle, quelle qu'en soit la cause* »[1266]. La déficience peut ainsi conduire à la reconnaissance d'incapacités physiques, intellectuelles, sensorielles, ayant des répercussions sur la vie quotidienne comme professionnelle de la

---

1265 La loi n° 85-677 du 5 juillet 1985 relative aux accidents de la circulation opère cependant dans son article 3 une distinction entre les atteintes à la personne et les atteintes aux biens. A travers le développement des fonds d'indemnisation et de garantie, on peut également souligner la meilleure prise en charge des victimes d'accidents corporels ; MORLET-HAÏDARA L., « Vers la reconnaissance d'un droit spécial du dommage corporel », *RCA*, déc. 2010, étude 13.

1266 Institut national de la santé et de la recherche médicale, World Health Organization, *Classification internationale des handicaps : déficiences, incapacités et désavantages, un manuel de classification des conséquences des maladies*, INSERM, 1988, p. 10.

personne. La déficience se mesure à l'aune de la capacité de la personne à interagir avec son environnement.

625.- D'autres terminologies auraient pu être retenues[1267], à l'instar de la notion de « handicap » définie par la loi n° 2005-102 du 11 février 2005 *pour l'égalité des droits et des chances, la participation et la citoyenneté des personnes handicapées*[1268], ou de la notion « d'invalidité », aussi employée pour les personnes de moins de 60 ans privées de leur capacité de travail (partiellement ou totalement), et percevant, à ce titre, une pension de la sécurité sociale[1269]. Mais ces notions nous semblent trop marquées par des régimes spécifiques. Au contraire, le terme de déficience peut être utilisé de manière générale pour désigner toute limitation que subit une personne en raison des dysfonctionnements de son corps, et cela sans considération d'un régime juridique spécifique.

La déficience a donc vocation à englober toutes les situations, sans que disparaisse pour autant leur diversité. Le choix du terme de déficience s'imposant, il convient de préciser les modalités de sa reconnaissance.

§II. Modalités d'appréciation : la place de l'expertise

626.- L'existence d'un prix du corps humain découle du constat préalable de la déficience. Quel que soit le système d'indemnisation, le droit est ainsi intimement lié à l'appréciation médicale de la déficience : l'expert fournit les éléments médicaux nécessaires à la caractérisation de la déficience (**A**). Cette appréciation, tout en s'appuyant sur des barèmes préétablis, doit cependant conserver un regard individualisé sur la personne (**B**).

1267 Pour un inventaire des différentes terminologies, v. LAMBERT-FAIVRE Y., PORCHY-SIMON S., *Droit du dommage corporel, Systèmes d'indemnisation*, Dalloz, « Précis droit privé », 7ème éd., 2012.

1268 L'article L. 114 CASF définit ainsi le handicap comme « *toute limitation d'activité ou restriction de participation à la vie en société subie dans son environnement par une personne en raison d'une altération substantielle, durable ou définitive d'une ou plusieurs fonctions physiques, sensorielles, mentales, cognitives ou psychiques, d'un polyhandicap ou d'un trouble de santé invalidant* ». La définition du handicap dans la loi du 11 février 2005 *pour l'égalité des droits et des chances, la participation et la citoyenneté des personnes handicapées* constitue un pas important en faveur de l'amélioration des droits des personnes handicapées.

1269 HUREAU J., POITOUT D., *L'expertise médicale, En responsabilité médicale et en réparation d'un préjudice corporel*, Masson, 3e éd., 2010.

A. L'appréciation de la déficience par l'expert

627.- Quel que soit le payeur, l'expertise médicale constitue un passage obligé[1270]. Qu'elle soit « privée » ou « officieuse », « contradictoire amiable » ou encore « judiciaire », l'expertise a pour objet de déterminer la déficience[1271].

628.- Dans la procédure judiciaire, l'expert peut être défini comme un individu « *expérimenté qui donne son opinion sur un point de fait* »[1272]. Il est désigné par le juge en vue d'éclairer sa propre décision d'une analyse technique[1273]. L'expert médical ne détermine pas le prix du corps, il se cantonne à apprécier médicalement l'état de la victime, « *la tradition française sépar[ant] nettement la fonction expertale de la fonction juridique de fixation des dommages et intérêts* »[1274]. Le juge tire donc souverainement les conséquences de ce constat en droit[1275]. L'expert est cependant un associé indispensable de la décision judiciaire, permettant au juge de disposer des éléments nécessaires à la qualification juridique des faits. À ce titre, certaines exigences propres au procès peuvent lui être appliquées[1276]. L'intervention conjuguée des gens de l'art et des gens du droit permet *in fine* la détermination d'un prix à la mesure de la déficience.

1270 LAMBERT-FAIVRE Y., PORCHY-SIMON S., *Droit du dommage corporel, Systèmes d'indemnisation*, Dalloz, « Précis droit privé », 7ème éd., 2012, p. 71, n° 55.

1271 Pour une distinction entre ces différentes formes d'expertise, v. LAMBERT-FAIVRE Y., PORCHY-SIMON S., *Droit du dommage corporel, Systèmes d'indemnisation*, Dalloz, « Précis droit privé », 7ème éd., 2012, p. 73, n° 58.

1272 TESTU F.-X., « Présentation générale », *in L'expertise*, FRISON M.-A., MAZEAUD D. (dir.), Dalloz, 1995, p. 3.

1273 LE ROY M., LE ROY J.-D., BIBAL F., *L'évaluation du préjudice corporel*, LexisNexis, 19ème éd., 2011 ; MOR G., *Evaluation du préjudice corporel, Stratégies d'indemnisation, Méthodes d'évaluation*, Editions Delmas, 2ème éd., 2014, p. 276, n° 111.11.

1274 PIEDELIEVRE S., « Barèmes médico-légaux et missions d'expertise : évolutions », *Gaz. Pal.*, 9 nov. 2012, n° 314-315, p. 17.

1275 Civ. 2e, 20 déc. 1966, *Bull. civ.* II, n° 979 ; D., 1967, p. 669, note LE ROY M. ; Civ. 2e, 21 déc. 2006, n° 04-13.567, *Bull. civ.* II, n° 357 ; Crim., 27 mai 2006, n° 05-82.957.

1276 Notamment pour la communication des pièces aux parties, v. LECLERC O., *Le juge et l'expert, Contribution à l'étude des rapports entre le droit et la science*, LGDJ, « Bibliothèque de droit privé », t. 443, 2005, p. 322. Sur les difficultés rencontrées par les parties dans la mise en œuvre de ce principe, v. DELEVOYE J.-P., « L'expertise judiciaire dans le domaine médical : diagnostic et propositions de réforme », *in Responsabilité, assurance et expertise médicales*, PELLET R. (dir.), Dalloz, « Thèmes, commentaires », 2008.

629.- Hors de toute procédure contentieuse[1277], le médecin-conseil d'assurance joue un rôle important, bien que parfois critiqué, dans l'évaluation du dommage[1278]. En outre, le médecin est l'un des acteurs principaux au sein d'une équipe pluridisciplinaire lorsqu'il s'agit de déterminer la déficience en vue de l'allocation d'une aide sociale[1279]. En droit de la sécurité sociale, l'appréciation du médecin permet également de déterminer la déficience ayant un impact sur la vie professionnelle. La détermination de la déficience à l'origine de l'ouverture des droits fait ainsi l'objet de contrôles médicaux réguliers[1280].

Si le rôle et l'intervention d'un spécialiste ne peuvent faire l'objet d'une contestation, les modalités d'appréciation sont davantage sujettes à caution.

B. Les modalités d'appréciation de la déficience

630.- « *L'expertise médicale a donc un domaine bien déterminé d'investigation : le corps dans toutes ses données physiques, anatomiques, fonctionnelles, psychiques... Mais comment mesurer les atteintes du corps, et que mesurer ?* »[1281]. Afin de répondre à cette interrogation de la professeuse Lambert-Faivre, il convient de préciser que l'évaluation par l'expert médical peut s'appuyer sur des barèmes (**1**) mais, ce faisant, ne doit aucunement sacrifier une appréciation plus individualisée (**2**).

[1277] Un auteur soulignait en 2001 que 90 % des indemnisations des préjudices corporels intervenaient hors d'un cadre contentieux. DREYFUS B, « La guerre des barèmes », *Gaz. Pal.,* 7 juill. 2001, n° 188, p. 5.

[1278] LAMBERT-FAIVRE Y., PORCHY-SIMON S., *Droit du dommage corporel, Systèmes d'indemnisation*, Dalloz, « Précis droit privé », 7ème éd., 2015, p. 77, n° 60.

[1279] Depuis la loi n° 2005-109 du 11 février 2005, une Commission des Droits et de l'Autonomie des Personnes Handicapées existe au sein des Maisons départementales du handicap. Elle est chargée d'évaluer les droits de la personne en fonction de son handicap (Art. L. 146-9 CASF).

[1280] BORGETTO M., LAFORE R., *Droit de l'aide et de l'action sociales,* Montchrestien, « Domat droit public », 8ème éd., 2012, pp. 551 et s., n° 746 et s.

[1281] LAMBERT-FAIVRE Y., « Unicité et diversité de l'expertise du dommage corporel », *J. Réadapt. Méd.,* 1999, vol. 19, n° 4, p. 118.

1. L'expertise, un regard « barèmisé » sur le corps

631.- Afin de permettre aux juges ou à celui qui le mandate de déterminer le prix du corps, l'expert doit évaluer l'étendue de la déficience. En Grande-Bretagne, la méthode descriptive a été privilégiée, consistant en la description de l'ensemble des séquelles et des conséquences fonctionnelles[1282]. La France a quant à elle fait le choix d'expertises s'appuyant sur des barèmes médicaux. Si l'existence de ces barèmes constitue un point d'ancrage pour les experts, limitant les dérives d'une appréciation excessive ou au contraire insuffisante de la déficience, leur pluralité fait aujourd'hui l'objet de vives critiques (**a**). La question d'un barème médical unique permettant d'apprécier la déficience se pose légitimement (**b**).

a. La diversité des barèmes médicaux

632.- Historiquement, plusieurs barèmes se sont succédé, sans être pourvus d'une quelconque valeur impérative[1283]. Outre les barèmes de droit commun, il est des barèmes établis par les assureurs eux-mêmes, d'autres pour les accidents du travail et les maladies professionnelles. Les allocations pour les personnes handicapées sont également conditionnées à l'appréciation d'un certain taux d'incapacité, apprécié selon un barème. À titre d'exemple, l'incapacité de la personne conditionnant l'octroi de l'Allocation aux adultes handicapés est déterminée selon un guide barème[1284]. Certains de ces barèmes mettent davantage l'accent sur le caractère lésionnel de la déficience, tandis que d'autres au contraire insistent sur les conséquences fonctionnelles de celle-ci. Selon le barème choisi, des écarts sensibles peuvent ainsi être relevés : si l'amputation d'une main peut entraîner un taux d'incapacité de 100 % selon le barème d'accident du travail, le taux sera réduit à 70 % voire 40 % dans d'autres

---

[1282] MELENNEC L., « Le projet de barème international des invalidités », *Gaz. Pal.*, 1er oct. 1981, doct., p. 453.

[1283] Pour l'historique de ces barèmes, v. notamment PIEDELIEVRE S., « Barèmes médico-légaux et missions d'expertise : évolutions », *Gaz. Pal.*, 9 nov. 2012, n° 314-315, p. 17 ; LAMBERT-FAIVRE Y., PORCHY-SIMON S., *Droit du dommage corporel, Systèmes d'indemnisation*, Dalloz, « Précis droit privé », 7ème éd., 2015, p. 82, n° 63 ; MOR G., *Evaluation du préjudice corporel, Stratégies d'indemnisation, Méthodes d'évaluation,* Editions Delmas, 2ème éd., 2014, p. 505, n° 165. 68.

[1284] Annexe 2-4 CASF, modifiée par le décret n° 2007-1574 du 6 novembre 2007.

cas[1285]. D'aucuns soulignent par ailleurs que certains barèmes ne tiendraient pas même compte des évolutions médicales et pourraient être considérés comme obsolètes[1286]. À déficience égale, l'appréciation médicale diverge donc sensiblement. Une véritable « *guerre des barèmes* » peut alors s'engager[1287]. L'appréciation de la déficience à l'aune d'un barème unique doit-elle par conséquent être envisagée ?

b. Des barèmes médicaux au barème médical unique ?

633.- En droit de la responsabilité, une quête d'harmonisation a pu être observée ces dernières années. En 2003, la commission dirigée par la Professeuse Lambert-Faivre posa le principe et les fondations d'une nomenclature des divers postes d'indemnisation du préjudice corporel[1288]. Dans le cadre de ses travaux, le groupe s'était également prononcé en faveur d'une unification du barème médical, allant jusqu'à envisager un éventuel barème européen[1289].

634.- Par la suite, Jean-Pierre Dintilhac fut à son tour chargé, par la secrétaire d'État aux droits des victimes, Nicole Guedj, de présider à l'élaboration d'une nomenclature des préjudices corporels[1290]. Le groupe de travail consacra une véritable césure entre les préjudices corporels qualifiés de patrimoniaux et ceux qualifiés d'extrapatrimoniaux[1291], permettant ainsi la mise en œuvre du recours subrogatoire exercé poste par poste, tel que prévu par la loi n° 2006-1640 du 21 décembre 2006 de

---

1285 CORGAS-BERNARD C., « Les barèmes, un instrument pertinent d'harmonisation du droit de la réparation du dommage corporel ? », *RGDM*, n° 31, juin 2009, p. 171.

1286 MELENNEC L., *L'indemnisation du handicap, Pour l'instauration d'un régime unique de l'invalidité et de la dépendance*, Desclée de Brouwer, 1997, p. 22.

1287 DREYFUS B., « La guerre des barèmes », *Gaz. Pal.*, 7 juill. 2001, n° 188, p. 5.

1288 LAMBERT-FAIVRE Y. (dir.), *Rapport sur l'indemnisation du dommage corporel*, Service de l'accès au droit et à la justice et de la politique de la ville, Bureau de l'aide aux victimes et de la politique associative, Conseil National de l'Aide aux Victimes, Groupe de travail n° 2, juin 2003.

1289 LAMBERT-FAIVRE Y., (dir.), *Rapport sur l'indemnisation du dommage corporel*, Service de l'accès au droit et à la justice et de la politique de la ville, Bureau de l'aide aux victimes et de la politique associative, Conseil National de l'Aide aux Victimes, Groupe de travail n° 2, juin 2003, p. 11.

1290 Lettre du directeur de cabinet de la Secrétaire d'Etat aux droits des victimes du 19 novembre 2004 à Monsieur le Premier président de la Cour de cassation.

1291 DINTILHAC J.-P. (dir.), *Rapport du groupe de travail chargé d'élaborer une nomenclature des préjudices corporels*, Ministère de la justice, 2006.

financement de la Sécurité sociale pour 2007[1292]. Au sein de chacune de ces catégories, des sous-catégories furent également distinguées, telles que les dépenses de santé actuelles, les dépenses de santé futures, les frais de logement ou de véhicule adapté, les frais tenant à l'assistance d'une tierce personne, le préjudice esthétique temporaire et définitif ou encore le déficit fonctionnel temporaire ou permanent.

635.- Cette nomenclature, bien que non consacrée pour l'instant par le législateur[1293], fait aujourd'hui l'objet d'une prise en compte scrupuleuse, tant de la part du juge judiciaire que progressivement du juge administratif. Pour le juge judiciaire, l'application de la « nomenclature Dintilhac » s'imposa rapidement au lendemain de la loi du 21 décembre 2006[1294]. Sur recommandation du ministère de la Justice[1295], les juridictions du fond se sont « *emparées des propositions de la nomenclature Dinthilhac pour, sans attendre, chercher à mettre en place l'articulation de ces nouvelles règles d'indemnisation poste par poste imposées par la loi nouvelle* »[1296]. Le juge administratif fit preuve de moins d'empressement. Dans son avis rendu en 2007[1297], le Conseil d'État préférait distinguer six postes uniquement, l'un d'eux étant consacré à la réparation du préjudice dit personnel ou extrapatrimonial[1298]. Mais

---

1292 Avant cette loi, le droit applicable trouvait sa source dans la loi du 27 décembre 1973, relative aux recours de la Sécurité sociale. Seuls les préjudices qualifiés de personnels étaient alors exclus du recours subrogatoire. V. notamment BAKOUCHE D., « Le dommage corporel (première partie) », *Lexbase Hebdo édition privée*, n° 284, 6 déc. 2007. V. *infra* n° 685.

1293 En ce sens, on pourra souligner que le dernier projet de réforme de la responsabilité civile de 2017 prévoit en son article 1269 la consécration d'une telle nomenclature pour l'évaluation des préjudices patrimoniaux et extrapatrimoniaux résultant d'un dommage corporel.

1294 ROBINEAU M., « Le statut normatif de la nomenclature Dintilhac », *JCP G.*, 2010, doctr., 612 ; ADIDA-CANAC H., « Le contrôle de la nomenclature Dintilhac par la Cour de cassation », *D.*, 2011, n° 22, chron., p. 1497.

1295 *Circulaire de la DACS n° 2007-05 du 22 février 2007 relative à l'amélioration des conditions d'exercice du recours subrogatoire des tiers payeurs en cas d'indemnisation du dommage corporel*, Bulletin officiel du ministère de la Justice, 3 avril 2007, JUSTICE 2007/2-Texte 2/38- p. 2.

1296 BIZOT J.-C., « Quelle typologie des postes de préjudices ? La nomenclature des postes de préjudices : point de vue du juge judiciaire », *RCA*, 2010, n° 3, p. 38.

1297 CE, avis, 4 juin 2007, n°s 303422 et 304214, *JCP A.*, 2007, 1897, GUETTIER C. ; *RTD civ.*, 2007, p. 577, JOURDAIN P. ; *AJDA*, 2007, p. 1800, BOURCHER J. et BOURGEOIS-MACHUREAU B. ; *RDSS*, 2007, p. 680, concl. DEREPAS L. ; V. également CE, 5 mars 2008, n° 272447, *AJDA*, 2008, p. 941, concl. THIELLAY J.-P. ; *Gaz. Pal.*, Rec. 2008, note BERNFELD C. et BIBAL F.

1298 DELANDE J.-M., « Quelle typologie des postes de préjudices ? La nomenclature des postes de préjudices : point de vue du juge administratif », *RCA*, 2010, n° 3, p. 36 ; TRAVARD J., « Une autre approche de la réparation du dommage corporel : la pratique du juge administratif », *Gaz. Pal.*, 24 déc. 2011, n° 358, p. 15.

finalement, le Conseil d'État marqua un net rapprochement en faveur de l'adoption de la nomenclature, en reconnaissant la possibilité pour le juge administratif d'y recourir[1299] puis en reprenant la terminologie et les postes dans deux décisions successives[1300]. Cette convergence nous semble souhaitable, l'expert pouvant ainsi s'appuyer sur cette répartition des préjudices pour apprécier les différentes conséquences de la déficience. Loin de figer le pouvoir de l'expert, comme celui par ailleurs du juge, cette nomenclature permet d'ordonner et de « *ventiler* » le préjudice en différents postes[1301].

636.- Par-delà cette évolution, l'existence d'un barème unique apparaît de plus en plus plébiscitée[1302]. La volonté d'uniformiser les procédures apparaissait ainsi nettement dans la proposition de loi adoptée par l'Assemblée nationale le 13 juillet 2011[1303], qui, en son article 56-II, 4°, prévoyait de rajouter à la loi du 5 juillet 1985 la possibilité, pour les juridictions saisies de demandes de réparation de préjudices corporels, de retenir des « *missions types adaptables d'expertise médicale* ». Le texte a néanmoins fait l'objet d'une censure par le Conseil Constitutionnel dans sa décision n° 2011-640 du 4 août 2011. En faveur d'une uniformisation, le projet de réforme du droit de la responsabilité dirigé par le professeur François Terré prévoit pour sa part un article 56 affirmant que « *sauf disposition particulière, les atteintes à l'intégrité physique ou psychique de la personne sont mesurées selon un barème médical unique dont les modalités d'élaboration et de révision sont fixées par voie réglementaire* »[1304]. Le rapport Catala prévoyait déjà, en son article 1379-1, l'existence d'un barème d'invalidité unique, fixé par

---

1299 CE, 7 oct. 2013, n° 337851 et CE, 7 oct. 2013, n° 338532, *AJDA*, 2014, p. 295, note LELEU T. ; *AJDA*, 2014, p. 1942, obs. DE MONTECLER C. ; *RTD civ.*, 2014, p. 131, note JOURDAIN P. ; *JCP A.*, 2014, 2212, note LOGEAT C.

1300 CE, 16 déc. 2013, n° 346575, *AJDA*, 2014, p. 524, concl. LAMBOLEZ F. ; *RFDA*, 2014, p. 317, note LANTERO C. ; CE, 28 mai 2014, n° 351237, Inédit ; GUEGUAN A., « Vers une nomenclature des préjudices corporels enfin commune aux deux ordres de juridictions », *Gaz. Pal.*, 4 sept. 2014, n° 247, p. 6 ; RADE C., « Panorama de responsabilité médicale (mars 2014-août 2014) (seconde partie) », *Lexbase Hebdoédition privée*, 25 sept. 2014, n° 584.

1301 PREVOST J.-B., « L'évaluation du préjudice en droit du dommage corporel : entre décision et calcul », in *Le droit mis en barèmes ?* SAYN I. (dir.), Dalloz, « Thèmes, Commentaires & Actes », 2014, p. 191.

1302 V. notamment PORCHY-SIMON S., « Plaidoyer pour une construction rationnelle du droit du dommage corporel », *D.*, 2011, p. 2742.

1303 Proposition de loi modifiant certaines dispositions de la loi n° 2009-879 du 21 juillet 2009 portant réforme de l'hôpital et relative aux patients, à la santé et aux territoires, Texte adopté par l'Assemblée Nationale n° 723, « Petite loi », 13 juill. 2011.

1304 TERRE F. (dir.), *Pour une réforme du droit de la responsabilité civile,* Dalloz, « Thème, Commentaires, Actes », 2011, pp. 10 et 84.

décret, afin de déterminer le préjudice fonctionnel de la personne[1305]. C'est également cette voie que suit l'article 1270 de la dernière version du projet de réforme de la responsabilité civile en date du 13 mars 2017. L'appréciation de la déficience à la lumière d'un barème médical unique, indifférent à la source et à la logique du régime indemnitaire, pourrait donc s'imposer. Cependant, l'existence d'un barème ne doit en aucun cas lier irrémédiablement l'expert. Guide d'appréciation de la déficience, le barème n'a pas vocation à anéantir la singularité de chaque corps confronté à la déficience.

2. L'expertise, un regard individualisé sur le corps

637.- Unique ou multiple, le barème ne doit pas entraver l'expert qui serait désireux de s'en émanciper. L'expert médical doit pouvoir conserver une certaine liberté dans son appréciation de la déficience, afin qu'il puisse être tenu compte de la singularité des cas. L'atteinte à un même élément du corps peut en effet avoir des répercussions très différentes d'une personne à l'autre, selon l'âge ou les antécédents par exemple. Une même pathologie, une même atteinte peuvent avoir des conséquences diverses sur la vie de la personne.

638.- En outre, si certaines conséquences de la déficience, telles que la perte fonctionnelle d'un membre par exemple, peuvent être constatables, d'autres sont en revanche plus difficiles à apprécier et, partant, à objectiver. La douleur, ressentie dans le for intérieur, constitue un exemple topique des difficultés d'appréciation auxquelles peut se trouver confronté l'expert. Le barème proposé par le Docteur Thierry et réactualisé par ses soins avec l'assistance du docteur Nicourt, dont l'utilisation fut préconisée par le ministère de la Justice, permet d'inscrire l'intensité de la douleur sur une échelle allant de 1 à 7[1306]. Cette classification chiffrée vise ainsi à remplacer les qualificatifs précédemment employés par les experts, désignant la douleur comme « légère », « très légère », « modérée », « moyenne », « assez importante » ou « très importante »[1307]. Le choix d'un qualificatif

---

1305 CATALA P. (dir.), *Avant-projet de réforme du droit des obligations (Articles 1101 à 1386 du Code civil) et du droit de la prescription (Articles 2234 à 2281 du Code civil)*, Rapport à Monsieur Pascal CLEMENT, Garde des Sceaux, Ministre de la Justice, 22 septembre 2005, p. 165.

1306 THIERRY M., NICOURT B., « Réflexions sur les souffrances endurées », *Gaz. Pal.*, 29 oct. 1981, doct., p. 480.

1307 LE ROY M., LE ROY J.-D., BIBAL F., *L'évaluation du préjudice corporel*, LexisNexis, 19ème éd., 2011, p. 123.

pour désigner la douleur peut être mal vécu par la victime, qui se sent ainsi peu considérée. Le choix d'un chiffre a donc semblé plus neutre et permet, partant d'un cadre objectif, de préserver une analyse subjective de la douleur.

639.- De même, la constatation du préjudice sexuel peut s'avérer délicate. De l'aveu même d'avocats spécialisés en contentieux du préjudice corporel, il est très fréquent que la question du préjudice sexuel ne soit pas abordée par le médecin. La victime demeure quant à elle bien souvent discrète sur cette conséquence intime de la déficience[1308]. Mais lorsque sa parole se délie, l'expert peut être incité à approfondir l'analyse, notamment en désignant un sapiteur[1309]. Certaines déficiences peuvent néanmoins ramener la question du préjudice sexuel au cœur de l'expertise. Cela est particulièrement vrai dans les cas de lésions subies par les organes sexuels, qui facilitent dans ce cas l'évaluation du préjudice sexuel[1310].

640.- L'appréciation de la déficience doit donc être le fruit d'un regard individualisé sur le corps[1311]. Selon les termes du Code de la sécurité sociale, le médecin doit conserver, « *lorsqu'il se trouve devant un cas dont le caractère lui paraît particulier, l'entière liberté de s'écarter des chiffres du barème* »[1312]. Si l'uniformisation des barèmes nous paraît souhaitable, ce même barème doit néanmoins être cantonné au rôle de guide, préservant une faculté d'émancipation du médecin. Au terme « barème médical », le terme de « référentiel indicatif médical » pourrait à cet égard être préféré.

641.- La notion de déficience a vocation à recouvrir l'ensemble des situations de dysfonctionnements du corps, sources d'une gêne quotidienne, temporaire ou permanente, légère ou intense, dans la vie de la personne. Ce terme unique de déficience ne vise pas à masquer l'existence de systèmes d'indemnisation distincts, mais elle constitue le préalable d'une réflexion commune sur le prix du corps humain. Si la diversité des systèmes d'indemnisation est le résultat d'un processus historique, difficile à balayer d'un revers de main, la trop grande variété des barèmes médicaux est davantage sujette à révision. L'édiction d'un

---

1308 CARAYON L., DUGUE M., MATTIUSSI J., « Réflexions autour du préjudice sexuel, Analyse de jurisprudence sous l'angle du genre, *D.*, 2017, 2257.

1309 BOURRIE-QUENILLET M., « Le préjudice sexuel : preuve, nature juridique et indemnisation », *JCP G.*, n° 51-52, 3986.

1310 AMEDOC (Association des Médecins Experts en Dommage Corporel), *Le préjudice sexuel, Eléments médico-légaux à l'usage du juriste et du médecin*, Editions ESKA, 2001, p. 74.

1311 LAMBERT-FAIVRE Y., PORCHY-SIMON S., *Droit du dommage corporel, Systèmes d'indemnisation*, Dalloz, « Précis droit privé », 7ème éd., 2015, p. 119, n° 104.

1312 Annexe I à l'art. R 434-32 CSS.

barème médical unique, outil guidant l'expert et non le contraignant, pourrait contribuer à une reconnaissance plus égalitaire de la déficience. Une fois la déficience appréciée, le prix peut alors être déterminé.

Section II. La découverte du prix du corps humain

642.- Si la déficience, grâce aux soins apportés au corps, peut être réduite, voire vaincue, les conséquences qu'elle a pu avoir ou qu'elle continue de produire doivent faire l'objet d'une indemnisation. Quel que soit le système d'indemnisation, la déficience entretient donc un rapport étroit avec l'argent, forme privilégiée de l'indemnisation. Peut-on pour autant considérer que toute indemnisation des conséquences de la déficience revient à déterminer un prix du corps lui-même ? Afin de se déterminer sur la nature du prix, il nous faut dans un premier temps préciser ce qu'il n'est pas (**§I**) afin d'éclairer ce qu'il est (**§II**).

§I. Exclusion du prix du corps humain

643.- Afin de mieux cerner les contours du prix du corps humain, il convient tout d'abord d'exclure de son champ l'indemnisation des conséquences économiques de la déficience (**A**) ainsi que l'indemnisation du préjudice d'établissement (**B**). `

A. Les conséquences économiques de la déficience

644.- Il n'existe pas de liste exhaustive et commune aux différents régimes des conséquences économiques de la déficience susceptible d'indemnisation. Ainsi, en droit de la responsabilité, la nomenclature Dintilhac identifie trois postes[1313] s'agissant des préjudices temporaires, c'est-à-dire avant consolidation[1314], et sept s'agissant des préjudices

---

[1313] A savoir les dépenses de santé actuelles, les frais divers et les pertes de gains professionnels actuels.

[1314] La consolidation est une étape clef du processus indemnitaire en ce qu'elle permet de définir le passage d'un état temporaire à un état permanent et, ainsi, de procéder à l'évaluation des préjudices. Ce rôle fondamental fait l'objet d'une attention particulière au

permanents[1315]. Dans le cadre de l'indemnisation des préjudices occasionnés par un accident du travail ou une maladie professionnelle, l'article L. 431-1 du Code de la sécurité sociale identifie uniquement quatre catégories de conséquences économiques[1316]. En matière d'aides sociales, l'allocation de compensation du handicap, introduite en droit français par la loi de 2005[1317], est conditionnée à la preuve de charges issues d'une liste limitative posée par le législateur[1318]. Nonobstant cette absence d'unité, deux catégories de conséquences économiques semblent émerger : les pertes subies par la victime (*damnum emergens*) et son manque à gagner (*lucrum cessans*). Inscrite dans le Code civil du Québec, cette distinction est absente du Code civil français[1319]. Cependant, elle marque de son empreinte le droit de la responsabilité.

Ainsi, tant que les sommes allouées le sont au titre des frais occasionnés par la déficience (**1**) ou en vue de remplacer les revenus préexistants ou absents (**2**), il ne peut être question de la détermination d'un prix du corps humain.

1. Le remboursement des conséquences économiques

645.- Certains frais, occasionnés par la déficience, sont susceptibles d'une prise en charge. Le flux pécuniaire vise dans ce cas à préserver le

---

sein de la nomenclature Dintilhac, une distinction au sein des catégories de préjudices extrapatrimoniaux et patrimoniaux étant opérée entre les préjudices temporaires et les préjudices permanents.

1315 Les dépenses de santé futures, les frais de logement adapté, les frais de véhicule adapté, l'assistance par tierce personne, les pertes de gains professionnels futurs, l'incidence professionnelle et le préjudice scolaire, universitaire ou de formation.

1316 Les frais médicaux et frais afférents, les conséquences sur l'activité en octroyant une indemnité journalière et/ou pour les victimes d'une incapacité permanente, l'allocation d'une indemnité en capital ou sous forme de rente, ainsi que les prestations autres que les rentes, dues en cas d'accident suivi de mort.

1317 Loi n° 2005-102 du 11 février 2005 pour *l'égalité des droits et des chances, la participation et la citoyenneté des personnes handicapées*.

1318 L'article L. 245-3 du Code de l'action sociale et des familles distingue les besoins liés à l'aide humaine, les besoins d'aide technique, les aménagements du logement et du véhicule de la personne handicapée, des charges spécifiques ou exceptionnelles « *comme celles relatives à l'acquisition ou l'entretien de produits liés au handicap* » ainsi que les charges liées à l'attribution et à l'entretien des aides animalières.

1319 L'article 1611 du Code civil du Québec précise que « *les dommages-intérêts dus au créancier compensent la perte qu'il subit et le gain dont il est privé* ».

patrimoine d'un appauvrissement et ne peut être assimilé à un prix du corps humain.

646.- Cela ne signifie pas pour autant que cette indemnisation n'a aucun rôle à jouer dans la protection du corps. La prise en charge des frais de santé est de ce point de vue particulièrement révélatrice. Il s'agit assurément du poste le plus nécessaire et le plus directement bénéfique au corps. Dans certains systèmes, l'indemnisation est plus généreuse, prévoyant une prise en charge sans avance de frais par le patient ni paiement du ticket modérateur. Pour tout système, l'existence d'une couverture universelle[1320] permet une prise en charge, au moins pour une partie, des soins nécessaires au corps. De même, s'agissant de l'indemnisation des frais relatifs à l'adaptation du logement, du véhicule ou de l'assistance à tierce personne, palliatifs matériels aux difficultés physiques, elle permet à la personne d'améliorer son quotidien, de conserver une faculté de déplacement, de sécurité, d'aucuns diront une dignité[1321].

Toute confusion entre l'indemnité conférant un prix au corps et l'indemnité au service de celui-ci doit donc être écartée. Le remplacement des ressources tirées de l'activité ne constitue pas davantage une reconnaissance du prix du corps humain.

2. Le remplacement de la rémunération de l'activité

647.- La déficience peut rejaillir sur les capacités de la personne à exercer une activité rémunérée. La conscience de cette entrave à l'exercice de l'activité et la nécessité de son indemnisation figuraient au cœur des premières lois relatives aux accidents du travail et se retrouvent naturellement dans la nomenclature Dintilhac. Pour autant, en indemnisant l'activité qui ne peut plus être exercée, le droit reconnaît-il ainsi un prix au corps humain ?

648.- Nous avons pu considérer que la rémunération de l'activité constituait un prix du corps humain. Mais, lorsque l'activité ne peut plus être exercée, ce n'est plus l'usage du corps qui fait l'objet d'une rémunération, mais l'impossibilité de cet usage qui est l'objet de

---

1320 Art. L. 380-1 CSS.

1321 LAMBERT-FAIVRE Y., PORCHY-SIMON, *Droit du dommage corporel, Systèmes d'indemnisation*, Dalloz, « Précis droit privé », 7ème éd., 2015.

l'indemnisation. L'indemnisation permet de compenser les effets du flux pécuniaire interrompu. Ainsi, dans le régime de droit commun comme dans celui des accidents du travail et des maladies professionnelles, le montant de l'indemnisation repose en grande partie sur le montant des rémunérations perçues avant que le corps ne soit atteint par la déficience. L'indemnisation vise alors à remplacer un flux pécuniaire préexistant ou possible. En cas de handicap avéré depuis la naissance ou l'enfance, la personne peut n'avoir jamais accompli d'activité. La notion de revenus de remplacement peut néanmoins être mobilisée[1322]. Elle indemnise alors « *le potentiel d'énergie, la force de travail* » [1323] dont est privée la personne, ne pouvant mobiliser son corps pour subvenir à ses besoins.

649.- L'indemnisation assure ainsi le maintien de la consistance du patrimoine. Dans cette mesure, l'indemnisation est également au service d'une protection du corps sans que l'on puisse pour autant considérer qu'elle en constitue le prix. Au-delà des conséquences économiques du préjudice corporel, pour lesquelles l'indemnisation ne peut être assimilée au prix du corps humain déficient, certains préjudices extrapatrimoniaux ne se prêtent pas davantage à sa définition.

B. Le prix de « la famille »

650.- La distinction issue de la nomenclature Dintilhac n'est pas suffisante pour découvrir les frontières entre ce qui relève ou non de la détermination du prix du corps humain. En effet, au sein de la catégorie des préjudices extrapatrimoniaux, le « préjudice d'établissement » également qualifié de « préjudice familial » ne conduit pas à convenir d'un prix du corps[1324]. Le préjudice d'établissement a été défini par le groupe de travail dirigé par Jean-Pierre Dintilhac comme la « *perte d'espoir, de chance ou toute possibilité de réaliser un projet de vie familiale normale en raison de la gravité du*

1322 LABORDE J.-P., « Garantie de ressources et garanties de revenu(s), Brève tentative d'identification d'un couple », *Dr. soc.*, 2012, p.75.

1323 NERSON R., *Les droits extrapatrimoniaux* , Bosc Frères & L. Riou, 1939, p. 111 : « *Alors qu'en cas d'accident quelconque, le dommage physique est réparé en tant que tel, avec ou sans dommage matériel concomitant, dans la réparation du dommage causé par un accident du travail, seul est compensé le potentiel d'énergie, la force du travail qui faisait vivre l'ouvrier et sa famille ; nous nous trouvons en face d'un élément facilement évaluable pécuniairement, d'où le calcul des indemnités et rentes en fonction du salaire reçu antérieurement à l'accident ; la réparation a un caractère alimentaire* ».

1324 MOR G., *Evaluation du préjudice corporel, Stratégies d'indemnisation, Méthodes d'évaluation,* Editions Delmas, 2ème éd., 2014, p. 505, n° 165.68.

handicap permanent dont reste atteinte la victime après consolidation»[1325]. L'indemnisation du préjudice d'établissement revient à convenir d'un prix visant, notamment, à compenser la séparation effective avec un partenaire, l'impossibilité ou la difficulté à en rencontrer un, ou encore l'altération de la place ou du rôle de la personne au sein de la structure familiale[1326]. Ainsi, l'indemnisation perçue à ce titre ne peut être considérée comme un prix conféré au corps.

651.- L'autonomisation de ce poste de préjudice traduit sa particularité. Avant même la consécration d'un poste spécifique au sein de la nomenclature Dintilhac, les juges opéraient déjà une distinction entre le préjudice d'établissement et le préjudice d'agrément[1327]. Au contraire, les préjudices sexuels et d'établissement étaient plus souvent confondus. En 2005, la Cour de cassation s'avança néanmoins sur la voie d'une séparation entre ces deux postes[1328]. Cette autonomie du préjudice d'établissement, tant à l'égard des préjudices sexuels et d'agrément[1329], que du déficit fonctionnel permanent[1330], a été entérinée par la Cour de cassation.

652.- L'indemnisation des conséquences économiques de la déficience exclut la découverte d'un prix du corps. Qu'il s'agisse de la prise en charge des frais exigés par la déficience ou du remplacement des ressources liées à l'activité, l'indemnisation vise à garantir une neutralité patrimoniale. Par ailleurs, au sein même des préjudices extrapatrimoniaux, le préjudice d'établissement ne confère pas un prix au corps en tant qu'il indemnise les répercussions de la déficience sur la vie familiale de la personne.

1325 Cette définition retenue dans le rapport Dintilhac est celle retenue par le Conseil national de l'aide aux victimes, v. DINTILHAC J.-P. (dir.), *Rapport du groupe de travail chargé d'élaborer une nomenclature des préjudices corporels*, Ministère de la justice, 2006, p. 40.

1326 MOR G., *Evaluation du préjudice corporel, Stratégies d'indemnisation, Méthodes d'évaluation,* Editions Delmas, 2ème éd., 2014, p. 506, n° 165.68 ; LE ROY M., LE ROY J.-D., BIBAL F., *L'évaluation du préjudice corporel,* LexisNexis, 19ème éd., 2011, p. 151, n° 156.

1327 V. Civ. 2e, 6 janv. 1993, n° 91-15.391, *Bull. civ.* II, n° 6 ; *RDSS*, 1993, p. 357, obs. KESSLER F. ; *RTD civ.*, 1993, p. 587, obs. JOURDAIN P. ; *RCA*, 1993. chron. 7, obs. GROUTEL H.

1328 Civ. 2e, 30 juin 2005, n° 03-19.817, *RTD civ.*, 2006, p. 130, obs. JOURDAIN P.

1329 Civ. 2e, 12 mai 2011, n° 10-17.148, *Bull. civ.* II, n° 106, *D.*, 2011, p. 2158, obs. ADIDA-CANAC H., BOUVIER O.-L. ; *Gaz. Pal.*, 13-16 juill. 2011, p. 34, obs. BERNFELD C. ; v. également BAKOUCHE D., « Quelques observations sur les différents chefs de préjudice consécutifs à un dommage corporel et sur l'autonomie du préjudice d'établissement », *Lexbase Hebdo édition privée,* n° 478, 22 mars 2012 ; BRUN P., GOUT O., « Responsabilité civile, novembre 2010 – novembre 2011 », *D.*, 2012, p. 47.

1330 Civ 2e., 13 janv. 2012, n°11-10224, *Bull. civ.* II, n° 9 ; *D.*, 2012, p. 281, obs. DA SILVA V. ; *RTD civ.*, 2012, p. 316, obs. P. JOURDAIN.

L'exclusion des postes qui ne confèrent pas un prix au corps doit à présent nous permettre de dégager les contours du prix du corps humain.

§II. Apparition du prix du corps humain

653.- Certains intérêts lésés se prêtent difficilement à la détermination d'un prix réparateur. Le préjudice corporel, dans sa dimension extrapatrimoniale, paraît ainsi inestimable.

654.- Selon la professeuse Emmanuelle Chevreau, le principe *corporum liberorum aestimationem nullam fieri posse* aurait limité la consécration d'une indemnisation du préjudice corporel en droit romain. Selon cet auteur, il existe une incompatibilité « *absolue entre le principe à valeur éthique (le corps humain n'est pas susceptible d'équivalent pécuniaire) et la structure de la procédure civile romaine fondée sur une estimation et une réparation exclusivement pécuniaire du dommage* »[1331]. La sacralité du corps et son caractère inestimable constituent ainsi un obstacle au développement d'un principe général de responsabilité[1332]. Le corps de l'homme libre étant la personne même, il ne peut être évalué en argent[1333]. Le droit positif s'est éloigné du droit romain consacrant un tel principe. L'absence d'équivalence pécuniaire ne doit plus être un obstacle au principe d'une réparation[1334].

655.- En réalité, lorsqu'il est question des préjudices non économiques, plutôt que de réparation, il serait plus opportun d'employer le terme de compensation. La réparation impose de « *remettre en état ce qui est détérioré* »[1335] ou de « *rétablir l'équilibre détruit par le dommage consistant à replacer, si possible, la victime dans la situation où elle serait si le dommage ne s'était*

[1331] CHEVREAU E., « *Liberum corpus nullam recipit aestimationem* : une insuffisance de la procédure civile romaine », Pulim, « Cahiers de l'Institut d'Anthropologie Juridique », n° 13, 2006, p. 23.

[1332] GAUDEMET J., CHEVREAU E., *Droit privé romain*, Montchrestien, 3ème éd., 2009, p. 283.

[1333] CARBONNIER J., *Introduction, Les personnes, La famille, l'enfant, le couple, vol. I*, PUF, « Quadrige », 2004, p. 383, n° 197.

[1334] Pour un rappel historique et la distinction entre les différentes thèses en présence lorsqu'il est question de la réparation de l'intérêt moral, v. DORVILLE A., *De l'intérêt moral dans les obligations, Étude de droit comparé sur le principe de réparation pécuniaire des dommages non-économiques*, Librairie Arthur Rousseau, 1901 ; MANTELET A., *La réparation du préjudice moral*, Librairie des Facultés A. Michalon, 1907 ; GANOT J., *La réparation du préjudice moral*, Thèse pour le doctorat, impr. Edoneur, Université Paris, 1924.

[1335] *Dictionnaire érudit de la langue française*, Larousse, 2009.

pas produit »[1336]. Or, lorsqu'il est question du corps, le principe d'un retour au *statu quo ante* relève plus que jamais de la fiction et non d'une réalité, faisant ainsi dire à un auteur qu'« *il n'existera jamais de réparation intégrale des préjudices extrapatrimoniaux* »[1337]. La réparation par le droit n'est pas la réparation du corps, « *réparer n'est pas effacer* »[1338], « *la victime n'est pas « réparée » par l'indemnisation* »[1339], l'indemnisation ayant seulement pour effet de permettre à la victime d'être « *au plus près de ce qu'elle aurait dû être si l'accident n'en avait pas bouleversé le cours* »[1340] ou encore de « *compenser financièrement la perte fonctionnelle* »[1341]. On ne peut réparer une douleur passée ou permanente, pas davantage qu'un membre amputé. Le prix du corps vise à compenser l'irremplaçable, à conférer une valeur à ce qui est paradoxalement inestimable. L'objectif n'est donc pas de rétablir la personne dans « *la situation extrapatrimoniale* » où elle se trouvait avant la déficience[1342].

656.- Plutôt que réparation, « *l'argent ne [pouvant] remplir sa fonction d'équivalence* »[1343], le prix du corps humain est en réalité une compensation de la déficience. Étant donné que la valeur du corps ne préexistait pas à la déficience, le prix ne peut constituer le remplacement ou le remboursement d'intérêts protégés. Le prix constitue plus humblement une « *satisfaction de remplacement* »[1344]. Privée d'exercer une activité de loisir qu'elle affectionnait, la personne déficiente peut ainsi mobiliser ce prix afin de lui substituer une autre activité, un autre plaisir. Le prix ne fait donc pas disparaître la conséquence non économique de l'atteinte, inestimable et irréparable, mais octroie de nouveaux possibles pour le corps et la

---

[1336] CORNU G. (Association Henri Capitant), *Vocabulaire juridique*, PUF, 2011.

[1337] MARGEAT H., « Préface », *in L'évaluation du préjudice corporel*, LE ROY M., Litec, 18ème éd., 2007.

[1338] BOURRIE-QUENILLET M., « Le droit, le juge et le prix de la vie humaine », *in La vie humaine a-t-elle un prix ? La société face à l'accident et au crime, Les XIVe rencontres de Béziers*, BOURRIE-QUENILLET M. (dir.), Presses Universitaires de Perpignan, « Collection Etudes », 2004, p. 100.

[1339] LAMBERT-FAIVRE Y., PORCHY-SIMON, *Droit du dommage corporel, Systèmes d'indemnisation*, 7ème éd., 2015.

[1340] MOR G., *Evaluation du préjudice corporel, Stratégies d'indemnisation, Méthodes d'évaluation*, Éditions Delmas, 2ème éd., 2014, p. 12, n° 01. 1.

[1341] GIBERT S., MARTIN D., « L'indemnisation des victimes d'accidents médiaux n'est pas un marché mais un contrat social », *RGDM*, 2006, n° 21, p. 166.

[1342] PRADEL X., *Le préjudice dans le droit civil de la responsabilité*, LGDJ, « Bibliothèque de droit privé », t. 415, 2004.

[1343] DORVILLE A., *De l'intérêt moral dans les obligations, Etude de droit comparé sur le principe de réparation pécuniaire des dommages non-économiques*, Librairie Arthur Rousseau, 1901, p. 3.

[1344] LEDUC F., « Faut-il distinguer le dommage et le préjudice : point de vue privatiste », *RCA*, 2010, n° 3, p. 16.

personne[1345]. Le droit, en reconnaissant le prix du corps humain, poursuit donc la recherche d'une compensation qui, aussi imparfaite soit-elle, présente l'immense mérite d'exister : « *certes l'argent ne pourra, hélas ! changer la suite naturelle de l'accident, mais il serait encore plus inique de ne rien accorder du tout* »[1346].

657.- Cette fonction du prix du corps précisée, il convient à présent d'apprécier la variété des manifestations. Si le prix du corps humain apparaît au sein de la catégorie des préjudices extrapatrimoniaux, il faut prendre quelques distances avec la nomenclature Dintilhac afin de découvrir deux facettes du prix du corps humain. Le prix vise tout d'abord à compenser l'action contrariée du corps (**A**) mais également le ressenti de la personne en son corps (**B**).

A. Le prix de l'action contrariée

658.- Confronté à la déficience, le corps instrument de toutes les actions les plus ordinaires comme des plus extraordinaires peut être contraint à l'impuissance. En indemnisant le déficit physiologique ou fonctionnel, le droit reconnaît ainsi un prix à ce corps atteint dans ses mouvements. Le professeur Philippe Le Tourneau emploie le terme révélateur de « *prix de l'invalidité* »[1347] afin de désigner cette réduction des capacités corporelles dans la sphère personnelle de la victime. Ce prix naît de la seule déficience et, contrairement à l'indemnisation des pertes de gain et salaire, ne vise pas à remplacer un flux pécuniaire préexistant. Aussi, la reconnaissance d'un déficit fonctionnel au sein de la catégorie des préjudices extrapatrimoniaux doit être approuvée. Elle permet à juste titre de distinguer le préjudice économique relatif à la perte d'activité rémunérée du préjudice personnel constitué par une atteinte aux moindres

---

[1345] A. DORVILLE, *De l'intérêt moral dans les obligations, Etude de droit comparé sur le principe de réparation pécuniaire des dommages non-économiques,* Librairie Arthur Rousseau, 1901, p. 11 ; RIPERT L., *La réparation du préjudice dans la responsabilité délictuelle*, Dalloz, 1933, p. 22 ; ESMEIN P., « La commercialisation du dommage moral », D., 1954, chron., p. 113 : « *Sans doute [la personne victime de la déficience] emploiera la somme comme il lui plaira. Elle pourra, à son gré, se procurer des distractions, venir en aide à d'autres souffrants, payer ses dettes, faire un placement. Dans tous les cas, c'est seulement parce qu'elle pourra faire un emploi qui la satisfait qu'il y aura quelque chose qui pourra être appelé réparation de sa souffrance* ».

[1346] NERSON R., *Les droits extrapatrimoniaux,* Bosc Frères & L. Riou, 1939, p. 107.

[1347] LE TOURNEAU P., *Droit de la responsabilité et des contrats, Régimes d'indemnisation*, Dalloz, « Dalloz action », 2014, p. 656, n° 1584.

gestes et actions quotidiens, dépourvus en eux-mêmes de valeur. Il est cependant regrettable que l'appréciation du déficit permanent continue, dans une certaine mesure, d'être marquée par son ancien rattachement à l'incapacité professionnelle[1348]. Ce poste n'a pas en pratique acquis toute l'autonomie que la particularité du préjudice qu'il compense exige.

659.- Le déficit fonctionnel (permanent ou temporaire) n'est pas le seul poste de préjudice contribuant à compenser l'atteinte aux facultés d'action de la personne. À ses côtés, la jurisprudence a pu développer la catégorie du préjudice d'agrément, appréhendé d'autant plus largement qu'il ne subissait pas les conséquences du recours du tiers payeur, étant considéré comme un poste personnel[1349]. Il était ainsi utilisé par les juges de manière de plus en plus extensive[1350], afin de compenser non plus uniquement les conséquences de la déficience sur la pratique d'une activité de loisir, mais plus généralement la perte de bien-être, « *les troubles ressentis dans les conditions d'existence* »[1351]. La nomenclature Dintilhac a renoué avec une conception plus stricte afin de ne pas faire doublon avec la compensation du déficit permanent[1352]. Le préjudice d'agrément vise donc à conférer un prix au corps en tant qu'il ne peut plus permettre l'exécution d'une activité de loisir ou sportive et cela aussi bien en droit commun qu'en matière d'accidents du travail[1353].

660.- Le prix du corps se manifeste encore à travers la reconnaissance d'un préjudice sexuel. Ce préjudice apparaît en jurisprudence au cours des années 1980. Gagnant en autonomie par rapport au préjudice d'agrément,

---

1348 LE ROY M., LE ROY J.-D., BIBAL F., *L'évaluation du préjudice corporel*, LexisNexis, 19ème éd., 2011 ; LAMBERT-FAIVRE Y., PORCHY-SIMON S., *Droit du dommage corporel, Systèmes d'indemnisation*, 7ème éd., 2015.

1349 Sur cette question, v. *infra* n° 727.

1350 Sur cette question, v. notamment CADIET L., *Le préjudice d'agrément*, Thèse de droit privé, Université de Poitiers, 1983 ; PRADEL X., *Le préjudice dans le droit civil de la responsabilité*, LGDJ, « Bibliothèque de droit privé », t. 415, 2004, pp. 454 et s.

1351 Cass., ass. plén., 19 déc. 2003, n° 02-14.783, *D.*, 2004. 161, note LAMBERT-FAIVRE Y.; *D.*, 2005. 185, obs. DELEBECQUE P., JOURDAIN P. et MAZEAUD D. ; *RTD civ.*, 2004, 300, obs. JOURDAIN P.

1352 DINTILHAC J.-P. (dir.), *Rapport du groupe de travail chargé d'élaborer une nomenclature des préjudices corporels*, Ministère de la justice, 2006, p. 38.

1353 Civ. 2e, 28 févr. 2013, n° 11-21.015, *Dalloz actualité*, 14 mars 2013, obs. KILGUS N. ; *D.* 2013. 2058, chron. ADIDA-CANAC H., SALOMON R., LEROY-GISSINGER L et RENAULT-MALIGNAC F ; *ibid.* 2658, obs. BACACHE M., GUEGAN-LECUYER A. et PORCHY-SIMON S. ; *Dr. soc.* , 2013. 658, obs. HOCQUET-BERG S. ; *RDSS* 2013. 359, obs. BADEL M. ; *RTD civ.*, 2013. 383, obs. JOURDAIN P.

l'atteinte à la sexualité de la personne constitue la reconnaissance d'une activité intime du corps dont la personne est privée.

661.- Par ailleurs, on peut se demander si le poste de préjudice permanent exceptionnel ne conduira pas à la découverte de nouveaux préjudices consécutifs de l'atteinte à l'activité du corps. Ainsi, le rapport Dintilhac envisage l'hypothèse d'une personne d'origine japonaise qui, victime en France d'un préjudice corporel, ne pouvait plus dans son propre pays effectuer de salutation traditionnelle. Un parallèle pourrait être envisagé avec le préjudice d'agrément, mais on perçoit une différence de nature. Au-delà de la privation d'un usage de son corps, on indemniserait de surcroît l'impossibilité de se prêter à une convention sociale. Cet exemple demeure cependant bien limité et l'évolution du préjudice permanent exceptionnel n'est pas venue, pour le moment, confirmer ce caractère individuel du préjudice[1354].

662.- Force est de constater que, plutôt que d'un prix du corps, la pluralité des prix apparaît. Ils permettent ainsi de recouvrir différentes facettes allant de l'atteinte physiologique, dans ses conséquences les plus ordinaires, aux plaisirs de la vie à travers la sexualité ou le choix d'une activité de loisir. Au-delà de ce prix de l'action, une deuxième catégorie de préjudice découlant de la déficience doit être envisagée.

B. Le prix du ressenti

663.- Le corps est un instrument pour la personne, mais il est avant toute chose le support matériel de l'être. Or, la déficience peut entraver la coexistence paisible entre la personne et son corps. Le prix du corps vise à compenser les peines ressenties. Au sein de cette catégorie, il convient de distinguer le préjudice esthétique (**1**) du préjudice causé par la douleur physique ou morale (**2**).

[1354] La jurisprudence tend plutôt à montrer la difficulté de caractériser l'autonomie de ce poste de préjudice, notamment au regard du préjudice esthétique ou du déficit fonctionnel permanent Civ 2ème, 16 janv. 2014, n°13-10.566.

1. Le prix de l'esthétique

664.- La déficience peut se répercuter sur l'apparence de la personne. La compensation de cet aspect physique perdu constitue un prix du corps atteint dans son esthétique[1355]. Plutôt qu'un « *prix de la beauté* »[1356], dont l'appréciation relève davantage de la philosophie que du droit, il nous semble en réalité qu'est déterminé un « prix de l'esthétique », notion plus neutre et moins subjective. En réalité, il n'est pas question de juger de la beauté passée pour estimer une laideur présente, mais il s'agit de déterminer un prix, compensation d'une apparence perdue du corps.

665.- L'appréciation de ce préjudice et la détermination du prix peuvent être complexes, car il doit être tenu compte à la fois d'une dimension objective, à travers le regard que l'autre peut porter sur le corps, et des conséquences sur « *l'attrait* » de la personne[1357]. Mais le ressenti de la personne, eu égard à son apparence, doit également être pris en considération.

666.- Pour que le prix du corps soit caractérisé, il faut cependant distinguer le préjudice esthétique des répercussions économiques que pourrait avoir une atteinte au physique. Dans cette seconde hypothèse, il ne s'agit pas de convenir d'un prix de l'esthétique du corps, mais de constater que la personne ne pourra plus exercer son activité professionnelle en raison des caractéristiques physiques requises.

Ainsi, comme pour l'action contrariée, si l'apparence du corps n'avait pas de valeur en amont, la déficience lui confère un prix en aval. De même, peut être dégagé un prix du corps à travers la compensation de la douleur.

2. Le prix de la douleur

667.- Les souffrances endurées par la victime, tant physiques que morales, furent longtemps et sont encore souvent désignées par la doctrine sous le terme *pretium doloris* ou *quantum doloris* . Ce « prix de la douleur » pouvait entraîner une confusion car, comme nous avons pu le souligner,

---

[1355] Pour un travail approfondi sur cette question voir Mattiussi J., *L'apparence de la personne physique, Pour la reconnaissance d'une liberté,* Collection Thèses, LEH Editions, 2018.

[1356] LE TOURNEAU P., *Droit de la responsabilité et des contrats*, *Régimes d'indemnisation*, Dalloz, « Dalloz action », 2014, p. 659, n° 1587.

[1357] T. civ. Nîmes, 22 déc. 1954, *D.*, 1954, somm., p. 12.

l'expert n'apprécie pas le prix de la douleur mais la douleur elle-même. Le montant du préjudice est estimé par le juge[1358]. Néanmoins, cette formulation présente un certain mérite en ce qu'elle souligne la proximité entre le prix et la douleur, et par là même avec le corps. La souffrance physique ou morale de la personne, provoquée par la déficience, peut donc bel et bien avoir un prix. On a pourtant pu en douter. D'âpres discussions sur la moralité d'une telle indemnisation animèrent pendant un temps la doctrine. L'article du Doyen Ripert intitulé « Le prix de la douleur » demeure symbolique de ce temps de l'interrogation[1359]. Monnayer ce qui semblait alors « *par nature réfractaire à l'argent* » ne s'imposa pas à tous[1360]. Les doutes aujourd'hui en grande partie dissipés, toutes les formes de la douleur peuvent faire l'objet d'une compensation. Une distinction entre la douleur physique (**a**) et la douleur morale (**b**) peut néanmoins être opérée.

a. Le prix de la douleur physique

668.- Définie comme « *la réponse de la conscience à une atteinte localisée portée à l'organisme par un agent externe* »[1361], la douleur physique est largement reconnue et, ce faisant, contribue à la détermination d'un prix du corps qui souffre. Paul Esmein, bien que réticent à la compensation de la douleur morale, reconnaissait en revanche une compensation de « *la souffrance qui résulte d'une infirmité corporelle entravant l'activité et privant des plaisirs qui font le charme de la vie* »[1362].

669.- La douleur physique peut s'inscrire dans un court laps de temps, mais elle peut également demeurer, et ce en dépit des soins apportés au corps. Alors même que les fonctions du corps peuvent être en partie recouvrées, grâce aux prothèses notamment, la douleur, elle, peut demeurer. La personne amputée d'une jambe peut ainsi retrouver progressivement la faculté de marcher, mais la douleur dite « du membre

---

[1358] LE ROY M., LE ROY J.-D., BIBAL F., *L'évaluation du préjudice corporel*, LexisNexis, 19ème éd., 2011, p. 118, n° 121.

[1359] RIPERT G., « Le prix de la douleur », *D.*, 1948, chron., p. 1.

[1360] « La réparation du préjudice extrapatrimonial », *in Les limites de la réparation du préjudice, Séminaire « risques, assurances, responsabilités »*, EWALD F., GARAPON A., MARTIN G. J., MUIR WATT H., MATET P., MOLFESSIS N., NUSSEMBAUM M. (dir.), Dalloz, « Thèmes, Commentaires & Actes », 2009, p. 399.

[1361] SAYAG A., *Essai sur le besoin créateur de droit*, LGDJ, « Bibliothèque de droit privé », t. 94, 1969, p. 20.

[1362] ESMEIN P., « La commercialisation du dommage moral », *D.*, 1954, chron., p. 114.

fantôme » peut s'avérer persistante[1363], invitant ainsi à reprendre l'amer constat d'un auteur : « *la canne rend de bons services, mais le bois ne remplacera pas mes jambes* »[1364]. Au-delà d'une souffrance physique, la déficience peut avoir des répercussions d'ordre moral.

b. Le prix de la douleur morale

670.- Le lien entre le corps et l'esprit dans la douleur est ténu, fragile et subtil : « *À chaque manière d'être de l'âme humaine correspond quelque chose de physique. À la tristesse correspond de l'eau salée dans les yeux...* »[1365]. Si l'esprit et le corps sont irrémédiablement liés, la compensation de la souffrance morale se situe à la jonction du corps et de l'esprit. Là encore, la compensation pécuniaire ne permet pas de supprimer cette souffrance, mais elle offre des moyens financiers utiles pour tenter de se distraire de cette souffrance. La compensation de la douleur morale confère donc un prix à la personne en souffrance dans son corps. Mais si la douleur physique comme la douleur morale sont classiquement le résultat d'une déficience avérée, l'on assiste à la reconnaissance grandissante d'une douleur morale qui ne serait plus le résultat immédiat d'une déficience présente, mais celui d'une déficience redoutée.

671.- Tel est le cas du préjudice d'angoisse ou d'anxiété qui tend de plus en plus à être reconnu comme une composante du préjudice moral. Il a ainsi pu être reconnu dans l'hypothèse d'un accident isolé, mais son développement est plus particulièrement exponentiel dans l'hypothèse d'accidents collectifs ou à l'occasion de crises intéressant la santé publique[1366]. Ainsi, la Cour de cassation a pu reconnaître le préjudice lié à la contamination au virus HIV ou à l'hépatite[1367]. Ce préjudice dispose aujourd'hui d'un poste spécifique dans la nomenclature Dinthillac.

1363 La douleur du membre fantôme peut perdurer plusieurs mois après l'amputation. Pour une étude de ce phénomène, v. FLOR H., BIRBAUMER N., SHERMAN R., « Douleurs de membres fantômes », Pain, Clinical Updates, International association for the Study of Pain, volume IX, n° 1, juin 2000, p. 1.

1364 BROYART B., *Le corps en miettes*, Editions du Rouergue, 1999, p. 11.

1365 WEIL S., *L'enracinement, Prélude à une déclaration des devoirs envers l'être humain*, Gallimard, 1949, p. 337.

1366 LACROIX C., *La réparation des dommages en cas de catastrophes,* LGDJ, « Bibliothèque de droit privé », t. 490, 2008, pp. 39 et s.

1367 Civ. 1re, 9 juillet 1996, n° 94-12.868, *Bull. civ.* I, n° 306, p. 214.

672.- Le préjudice d'anxiété connaît par ailleurs un développement très important s'agissant de l'indemnisation des travailleurs victimes d'une exposition à l'amiante. Deux situations se distinguent. Certaines personnes peuvent être victimes d'une déficience en raison de cette exposition et bénéficient alors de l'indemnisation intégrale, y compris de leur préjudice moral, par le fonds d'indemnisation des victimes de l'amiante créé en 2000[1368]. Mais, à côté de ce fonds d'indemnisation, a également été créée l'allocation de cessation anticipée d'activité des travailleurs de l'amiante. Cette allocation permet aux travailleurs de plus de 50 ans, ayant subi une exposition à l'amiante pendant leur carrière, d'obtenir une retraite anticipée. Cependant, le montant de l'allocation perçue ne peut alors excéder 85% des anciens revenus. Dans ce contexte, une action avait été engagée par d'anciens salariés afin de faire reconnaître le préjudice relatif à la perte de revenus. Refusant ce préjudice, la Cour de cassation reconnaissait toutefois un préjudice d'anxiété[1369]. En abandonnant l'exigence d'un suivi médical[1370], la Cour de cassation affirma que l'appréciation de ce préjudice se devait d'être objective[1371]. Dans le même temps, elle semblait délimiter les contours de ce préjudice d'anxiété, considérant que « *l'indemnisation accordée au titre du préjudice d'anxiété répare l'ensemble des troubles psychologiques, y compris ceux liés au bouleversement dans les conditions d'existence, résultant du risque de déclaration à tout moment d'une maladie liée à l'amiante* »[1372]. Plus récemment, le préjudice d'anxiété a connu dans ce domaine une extension majeure puisque par un arrêt d'assemblée plénière la haute juridique a admis sa possible réparation pour tout travailleur ayant été exposé à l'amiante[1373] avant de le reconnaître pour toute les substances

---

1368 Pour la construction de ce fonds, v. GUEGAN-LECUYER A., *Dommages de masse et responsabilité civile*, LGDJ, « Bibliothèque de droit privé », t. 472, 2006, pp. 159 et s.

1369 Soc., 11 mai 2010, n°s 09-42.241 à 09-42.257, *Bull. civ.* V, n° 106 ; *D.*, 2010. 2048, note BERNARD C., 2011. 35, obs. GOUT O., et 2012. 901, obs. LOKIEC P. ; *Dr. soc.*, 2010, p. 839, avis DUPLAT J. ; *RTD civ.*, 2010, p. 564, obs. JOURDAIN P. ; *Gaz. Pal.*, 21 déc. 2010, p. 46, obs. MEKKI M. ; n°s 08-44.952 et 08-45.222 (inédits). Sur les arrêts d'appel, v. JOURDAIN P., *RTD civ.*, 2009, p. 325.

1370 Soc., 4 déc. 2012, n°s 11-26.294 et 11-26.293 ; *D.*, 2012, p. 2973, et 2013, p. 2658, obs. PORCHY-SIMON S. ; *Gaz. Pal.*, 14 févr. 2013, p. 19, obs. MEKKI M., et 23 mars 2013, p. 32, obs. COLONNA J.

1371 Soc., 25 sept. 2013, n°s 12-20.912, 12-12.110, 12-20.157, 12-12.883, 11-20.948, 12- 17.667, 11-20.949, 12-18.365, 12-13.593 ; *D.*, 2013. 2229 ; *RCA*, 2013, étude 10, CORGAS-BERNARD C. ; *JCP S.*, 2013, 1458, obs. ASQUINAZI-BAILLEUX D. ; *D.*, 2013, p. 2954, note GUEGAN-LECUYER A. ; *D.*, 2013, p. 2658, obs. PORCHY-SIMON S. ; *D.*, 2014, p. 47, obs. BRUN P. ; *RTD civ.*, 2013, p. 844, obs. JOURDAIN P.

1372 *Ibid.*

1373 Ass. Plén, 5 avril, 2019, n° 18-17.442.

nocives ou toxique générant un risque élevé de développer une pathologie grave[1374].

673.- Enfin, on peut également s'interroger sur le poste aux contours incertains qu'est le préjudice permanent exceptionnel. À l'origine, ce poste de préjudice a été principalement envisagé pour les victimes de catastrophes collectives. Gisèle Mor souligne ainsi l'intérêt que pourrait présenter ce poste pour des personnes qui, bien que non atteintes physiquement par la catastrophe, ont pu en subir des conséquences traumatiques[1375]. Elle cite à ce titre l'exemple des riverains habitant près des lieux de l'accident du Concorde ou encore des passants présents lors de l'effondrement de la passerelle du Queen Mary. Dans ces hypothèses, il pourrait y avoir une véritable déconnexion entre le préjudice moral et l'atteinte au corps, ce que ne permet pas actuellement l'indemnisation des « souffrances endurées ». Cependant, la définition proposée par le rapport Dintilhac et sa reprise par la jurisprudence[1376] exigent l'existence d'un préjudice atypique directement lié aux handicaps permanents. En l'état du droit positif, cette ouverture est donc peu probable.

674.- Le prix du corps est donc par principe le prix de l'action contrariée et celui du ressenti. Ces deux axes majeurs reprennent des postes de préjudices déjà existant dans la nomenclature Dintilhac et plus particulièrement dans la catégorie des préjudices extrapatrimoniaux. Une chose est alors de reconnaître le principe du prix, véritable « *progrès dans l'humanisation du droit* »[1377], mais encore faut-il s'assurer de son existence.

1374 Soc. 11 sept. 2019, n° 17-24.879.

1375 MOR G., *Evaluation du préjudice corporel, Stratégies d'indemnisation, Méthodes d'évaluation,* Editions Delmas, 2ème éd., 2014, p. 508, n° 165.78.

1376 Civ. 2e, 15 déc. 2011, n° 10-26.386, Inédit ; *RCA,* 2012, n°3, p. 13, comm. 52. La Cour de cassation avait pu, par cette décision, approuver une cour d'appel qui, en vertu de son pouvoir souverain, ne constatait pas l'existence d'un préjudice exceptionnel distinct du déficit permanent par ailleurs indemnisé.

1377 BERAUD R., « Comment est évalué le préjudice corporel », Enseignement et perfectionnement techniques, « Comment faire », vol. 20, 1961.

Chapitre II. L'existence du prix du corps

675.- La détermination théorique d'un prix du corps humain doit être confrontée à sa portée concrète. Le prix du corps humain est-il reconnu et fait-il l'objet d'une protection particulière ? Le prix du corps étant la seule solution offerte afin de compenser les effets d'une situation qui ne peut être réparée en nature, on peut légitimement s'interroger sur les garanties qui l'accompagnent.

676.- En réalité, le prix du corps humain fait l'objet d'une reconnaissance fort variable. Si certains systèmes d'indemnisation nient tout simplement son existence, d'autres lui assurent un large déploiement. Cette inégalité de traitement doit être interrogée. S'il est sans doute impossible d'effacer toute forme d'inégalité entre les victimes d'une même déficience, un meilleur équilibre peut être espéré. Lorsque le prix est finalement reconnu et l'indemnité versée, reste cependant que cette somme intégrant le patrimoine demeure un bien ordinaire. À ce titre, le risque est grand de voir la personne privée *in fine* de la jouissance de cette somme destinée à améliorer son « bien être ».

Ainsi, le prix du corps humain fait l'objet d'une reconnaissance variable en fonction du système d'indemnisation (**Section I**). Le montant finalement versé bénéficie quant à lui d'une protection relativement limitée par le droit (**Section II**).

Section I. Les inégalités dans l'allocation du prix du corps humain

677.- La « *foule de débiteurs* »[1378] éloigne-t-elle la déficience du prix ou au contraire leur permet-elle de tisser des liens plus étroits ? Incontestablement, de nombreuses disparités existent aujourd'hui dans la détermination du montant de la compensation. Ces inégalités sont le fruit de constructions juridiques fondées sur des logiques différentes. Les causes de la déficience sont en effet diverses. De la naissance au travail, au bord d'un chemin piéton ou sur une voie de circulation, sur une place ou un terrain de sport, le corps qui vit est un corps exposé au risque d'être

[1378] SAVATIER R., « La surabondance des débiteurs de réparation autour de la victime d'accident et l'enchevêtrement de leurs dettes », *D.*, 1962, chron., p. 175.

atteint. S'appuyant sur cette diversité de sources plutôt que sur les traits communs des dysfonctionnements du corps, le droit de la compensation s'organise ainsi en plusieurs systèmes, qu'il nous faut brièvement distinguer. Pour ce faire, une classification tripartite peut être envisagée, selon que le prix est le fruit de la responsabilité, de la prévoyance ou de l'assistance.

678.- ***Le prix-responsabilité.*** Originairement issue de la faute, la responsabilité permettait de tisser des liens entre le patrimoine du responsable fautif et le patrimoine de la victime. Il apparut néanmoins que la sanction de la faute ne pouvait suffire à rétablir les intérêts de la personne lésée dans son intégrité physique. Les atteintes corporelles, intolérables parce qu'elles privent de capacité une personne, contribuèrent sensiblement à la mutation du droit de la responsabilité[1379]. La suite de l'histoire est connue. Si le droit de la responsabilité avait pu initialement privilégier la sanction du fautif, le droit de la victime à être indemnisée s'introduisit en effet progressivement au cœur du régime[1380]. D'aucuns regrettent alors une perte de cohérence et s'inquiètent du déclin de la faute. Cette évolution, qui consiste à replacer la victime au cœur du droit de la réparation, est pourtant louable[1381]. Le patrimoine engagé est toujours celui d'un responsable qui n'est plus nécessairement coupable. Le champ de la réparation s'étend ainsi considérablement. La faute ne fait pas l'objet d'un véritable abandon, mais d'« *un déplacement de l'accent mis naguère sur l'auteur présumé du dommage et posé aujourd'hui de préférence sur la victime* »[1382]. Cette évolution du droit de la responsabilité et du rôle joué par la faute étend donc le champ des patrimoines au service de la réparation. « *La réparation sanction se double d'une réparation-garantie* »[1383]. Dans cette évolution,

---

1379 Comme le souligne très justement René Savatier, « *C'est autour du dommage à la personne que toutes les grandes conquêtes récentes de la responsabilité civile se sont réalisées* ». SAVATIER R., « La surabondance des débiteurs de réparation autour de la victime d'accident et l'enchevêtrement de leurs dettes », *D.*, 1962, chron., p. 173.

1380 LAMBERT-FAIVRE Y., « L'évolution de la responsabilité civile d'une dette de responsabilité à une créance d'indemnisation », *RTD civ.*, 1987, p. 1.

1381 STARCK B., *Essai d'une théorie générale de la responsabilité civile considérée en sa double fonction de garantie et de peine privée*, L. Rodstein, 1947 ; DELMAS-MARTY M., *Pour un droit commun*, Seuil, « La librairie du XXe siècle », 1994, p. 26.

1382 RICOEUR P., *Le juste*, Editions Esprit, « Philosophie », 1995, p. 58.

1383 LAMBERT-FAIVRE Y., « L'évolution de la responsabilité civile d'une dette de responsabilité à une créance d'indemnisation », *RTD civ.*, 1987, p. 1.

l'assurance tout d'abord[1384], rejointe par les fonds d'indemnisation ensuite, jouent un rôle fondamental[1385].

679.- ***Le prix-prévoyance.*** Nombreuses sont les situations ne permettant pas la mise en œuvre du droit de la responsabilité. Dès lors, la prévoyance, l'anticipation du risque et l'organisation mutualisée de sa prise en charge conduisent à l'extension du champ des débiteurs : « *Être protégé n'est pas un état " naturel ". C'est une situation construite parce que l'insécurité n'est pas une péripétie qui advient de manière plus ou moins accidentelle, mais une dimension consubstantielle à la coexistence des individus dans une société moderne* »[1386]. Cette prévoyance peut être imposée à la personne ou lui être simplement suggérée. Cette prévoyance peut être prise en charge par des organismes publics, mais également au sein d'organismes privés. Si les filets de la responsabilité et de la prévoyance ne peuvent protéger la victime de la déficience, un dernier recours peut alors être trouvé dans l'assistance.

680.- ***Le prix-assistance.*** L'aide familiale et l'action sociale telles qu'elles existent aujourd'hui en France s'inscrivent dans la continuité de la charité[1387]. Contrairement aux dettes précédemment étudiées que l'on peut dans l'ensemble qualifier d'indemnitaires, la dette alimentaire n'est pas, quant à elle, réservée à la victime atteinte dans ses capacités corporelles. Le critère est plus général, qui réside dans la notion de « besoin »[1388]. Cette notion peut être définie comme « *un état de fait, comme un manque qui produit des effets de droit : bénéficier de prestations visant à faire cesser le manque* »[1389]. Ainsi, le Préambule de la Constitution de 1946 prévoit-il que l'aide est due à celui qui se trouve dans l'incapacité de travailler, notamment en raison de son état physique et mental[1390]. La déficience pouvant être génératrice de besoins, les débiteurs d'aliments prévus par le Code civil ainsi que les aides sociales lorsqu'elles sont spécifiques aux personnes atteintes d'une

---

1384 DELMAS-MARTY M., *Pour un droit commun,* Seuil, « La librairie du XXe siècle », 1994, p. 26.

1385 KNETSCH J., *Le droit de la responsabilité et les fonds d'indemnisation, Analyse en droits français et allemand*, LGDJ, « Bibliothèque de droit privé », t. 548, 2013.

1386 CASTEL R., *L'insécurité sociale, Qu'est-ce qu'être protégé ?,* Seuil, La République des idées, 2003, p. 15.

1387 BORGETTO M., LAFORE R., *Droit de l'aide et de l'action sociales,* Montchrestien, « Domat droit public », 8ème éd., 2012, p. 2, n° 1.

1388 Pour une analyse sociologique, économique et historique de cette notion, v. SAYAG A., *Essai sur le besoin créateur de droit,* LGDJ, « Bibliothèque de droit privé », t. 94, 1969.

1389 BORGETTO M., LAFORE R., *Droit de l'aide et de l'action sociales,* Montchrestien, « Domat droit public », 8ème éd., 2012, p. 108, n° 104.

1390 ALFANDARI E., TOURETTE F., *Action et aide sociales,* Dalloz, « Précis », 5ème éd., 2011, p. 84, n° 33.

déficience doivent être intégrés dans la typologie des débiteurs. L'assistance constitue le dernier filet de protection de la personne victime de la déficience. L'arbitrage à réaliser entre les solidarités familiales et la solidarité collective continue de marquer cette matière. L'action sociale est en effet envisagée à titre subsidiaire, lorsque la famille n'est pas en capacité de soutenir seule la personne victime.

681.- Cette diversité des systèmes constitue une garantie de prise en charge pécuniaire de la personne atteinte dans ses capacités corporelles. Cependant, une telle diversité contribue aujourd'hui grandement à la détermination d'un prix du corps inégalitaire selon les victimes et les origines de leur déficience. L'inégalité entre les systèmes conduit donc à paralyser le prix du corps (**§I**). La recherche d'une égalité entre les victimes, si elle peut alors sembler souhaitable, ne peut se faire au sacrifice du prix du corps (**§II**).

§I. Le constat de l'inégalité entre les différentes victimes de la déficience

682.- L'ampleur des inégalités entre les différents régimes est une réalité connue des spécialistes du préjudice corporel depuis de nombreuses années. La distinction proposée entre dette de responsabilité (**A**), dette de prévoyance (**B**) et dette d'assistance (**C**) permet d'éclairer le constat des inégalités.

A. La responsabilité ou la reconnaissance étendue du prix du corps humain

683.- La dette de responsabilité repose sur le principe clef de réparation intégrale du préjudice. La Cour de cassation a pu marquer son attachement à ce principe[1391] et veille à son respect, censurant les décisions des juridictions du fond ne lui permettant pas d'apprécier si le montant fixé n'excède pas le préjudice[1392], ou sanctionnant encore celles octroyant une indemnité qui le dépasse[1393]. Ce principe conduit à appréhender

---

[1391] Civ. 2 e, 28 oct. 1954, *JCP*, 1955, II, 8765.
[1392] Civ. 2e, 21 juin 1989, *Bull civ.* I, n° 134.
[1393] Civ. 1re, 9 nov. 2004, *Bull.civ.* I, n° 264.

l'intégralité des préjudices et à conférer une large portée au prix du corps humain.

684.- La difficulté tient davantage à la multiplication des postes de préjudice[1394], susceptible de faire naître entre eux un véritable « *risque de télescopage* »[1395]. Si cette multiplication a pu s'expliquer un temps par la volonté de reconnaître des préjudices personnels aux victimes afin de les protéger des recours des tiers payeurs, la réforme intervenue en 2006 interdit aujourd'hui de justifier pareil mouvement. La nomenclature Dintilhac en établissant une liste étendue, mais limitée de préjudices corporels, contribuera très certainement à freiner cette évolution. De ce point de vue, l'on peut sans doute regretter le choix de la consécration du préjudice permanent exceptionnel, lequel conduit à assouplir, de l'aveu même du groupe de travail, la rigidité de la nomenclature[1396]. En réalité, il nous semble que la multiplication des postes de préjudice n'est pas en elle-même problématique dès lors qu'elle a pour corollaire une meilleure indemnisation de la victime[1397]. Il ne s'agit alors pas de diviser pour moins indemniser.

685.- Le principe de réparation intégrale du préjudice gouverne également la réparation assumée par un certain nombre de fonds de garantie ou d'indemnisation. Ainsi en est-il notamment de l'indemnisation versée par le fonds de garantie des victimes des actes de terrorisme et d'autres infractions[1398]. Il en est de même pour l'Office national d'indemnisation des accidents médicaux (ONIAM), des affections iatrogènes et des infections nosocomiales qui, pour le cas général, indemnise intégralement les préjudices subis, tant au titre de la responsabilité pour faute que de la solidarité[1399]. Enfin, la création du fonds d'indemnisation des victimes de l'amiante, né de la loi n° 2000-1257 du 23 décembre 2000 *de financement de la sécurité sociale pour 2001*, s'est également inscrite dans la volonté de réparer intégralement les préjudices subis par les personnes ayant obtenu la reconnaissance d'une maladie professionnelle occasionnée par l'amiante, par les personnes ayant subi un

---

1394 FABRE-MAGNAN M., « Le dommage existentiel », *D.*, 2010, p. 2376.

1395 BRUN P., GOUT O., « Responsabilité civile, novembre 2010 – novembre 2011 », *D.*, 2012, p. 47.

1396 DINTILHAC J.-P. (dir.), *Rapport du groupe de travail chargé d'élaborer une nomenclature des préjudices corporels*, Ministère de la justice, 2006.

1397 GOUT O., « L'émergence de nomenclatures relatives au dommage corporel », *in Le droit mis en barèmes ?*, AYN I. (dir.), Dalloz, « Thèmes, Commentaires & Actes », 2014, p. 229.

1398 Art. 706-3 C. pr. pén.

1399 Art. L. 1142-17 à L. 1142-24 CSP.

préjudice résultant directement d'une exposition à l'amiante sur le territoire de la République française, ou encore par les ayant-droits de ces personnes.

Si le droit de la responsabilité conduit donc à une reconnaissance étendue du prix du corps humain, encore convient-il de souligner que les victimes ne bénéficient pas d'une indemnisation égale de leur déficience. Or, une telle disparité apparaît de plus en plus critiquée.

B. La prévoyance ou la reconnaissance relative du prix du corps humain

686.- Dans le cadre de la prévoyance, plusieurs régimes distincts peuvent être envisagés. Seront ainsi successivement abordées la reconnaissance du prix dans le cadre des accidents de travail et des maladies professionnelles (**1**), et la reconnaissance du prix dans le contrat d'assurance (**2**).

1. Les variations du prix en cas d'accident du travail ou de maladie professionnelle

687.- Dans le système établi pour les accidents du travail et les maladies professionnelles, le compromis historique de 1898 conduit à écarter le principe de réparation intégrale en contrepartie d'une automatisation de la réparation[1400]. Selon l'expression du professeur André Tunc, le « *changement d'étiquette* »[1401] ainsi opéré par cette loi éloigne du principe de réparation intégrale des milliers de victimes. En vertu de cette loi, le salarié renonce, par principe, à exercer tout recours contentieux[1402]. Ce sacrifice du prix doit toutefois être nuancé. En effet, la loi permet expressément l'exercice d'un recours dans les conditions de la responsabilité de droit commun en cas de faute intentionnelle de

---

1400 V. not. BOUILLOUX A., « Histoire de la réparation des accidents du travail et des maladies professionnelles, le passage au forfait », *in Le droit mis en barèmes ?*, SAYN I. (dir.), Dalloz, « Thèmes, Commentaires & Actes », 2014, p. 149.

1401 TUNC A., « Le droit en miettes », *in La responsabilité*, Sirey, *APD*, n° 22, 1977.

1402 GOUT O., « Le principe de la réparation intégrale des préjudices corporels… », *in Le droit mis en barèmes ?*, SAYN I. (dir.), Dalloz, « Thèmes, Commentaires & Actes », 2014, p. 252.

l'employeur ou d'un préposé, de faute d'un tiers ou en cas d'accident de trajet[1403].

688.- Par ailleurs, la réparation intégrale chassée par le législateur retrouve progressivement droit de cité grâce à l'œuvre du juge et en particulier du juge constitutionnel. En cas de faute inexcusable de l'employeur, les articles L. 452-2 et L. 452-3 du Code de la sécurité sociale prévoient en effet une majoration de rente, mais également la possibilité de « *demander à l'employeur devant la juridiction de sécurité sociale la réparation du préjudice causé par les souffrances physiques et morales par elle endurées, de ses préjudices esthétiques et d'agrément ainsi que celle du préjudice résultant de la perte ou de la diminution de ses possibilités de promotion professionnelle* ». Cette liste permet, dans une certaine mesure, de renouer avec le principe de la réparation intégrale. Mais son caractère limitatif a fait l'objet d'une contestation dans le cadre d'une question prioritaire de constitutionnalité, transmise par la Cour de cassation[1404]. Les requérants faisaient valoir que les dispositions des articles L. 451-1 et L. 452-1 à L. 452-5 du Code de la sécurité sociale étaient contraires au principe d'égalité devant la loi et les charges publiques, énoncé aux articles 1er, 6 et 13 de la Déclaration des droits de l'homme et du citoyen de 1789, ainsi qu'au principe de réparation, qui découle de l'article 4[1405]. Dans sa décision, le Conseil constitutionnel a considéré que le caractère limitatif de cette liste, en présence d'une faute inexcusable de l'employeur, portait effectivement une atteinte disproportionnée aux droits des victimes[1406].

689.- Le Conseil constitutionnel, en censurant cette disposition, a cependant laissé toute latitude aux juridictions dans la détermination des préjudices pouvant être indemnisés. S'il ne figure pas dans la liste énoncée à l'article L. 452-3 du Code de la Sécurité sociale, la Cour de cassation a pu reconnaître le prix du préjudice sexuel en cas de faute inexcusable de

---

1403 CHAUCHARD J.-P., KERBOUC'H J.-Y., WILLMANN C., *Droit de la sécurité sociale,* LGDJ, « Manuel », 6ème éd., 2013, pp. 418 et s, n° 609 et s ; MORVAND P., *Droit de la protection sociale,* LexisNexis, « Manuel », 6ème éd., 2013, pp. 165 et s., n° 207 ; DUPEYROUX J.-J., BORGETTO M., LAFORE R., *Droit de la sécurité sociale,* Dalloz, « Précis », 17ème éd., 2011, p. 656, n° 900.

1404 C. cass., arrêt n° 12005 du 7 mai 2010, n°09-87.288 (QPC).

1405 GOUT O., « Le principe de la réparation intégrale des préjudices corporels… », *in Le droit mis en barèmes ?,* SAYN I. (dir.), Dalloz, « Thèmes, Commentaires & Actes », 2014, p. 253.

1406 Cons. const., 18 juin 2010, QPC, n° 2010-8 ; *RCA*, 2010, p. 8, note GROUTEL H. ; *JCP*, 2010, 1015, n° 10, obs. BLOCH C. ; *Dr. ouvrier*, 2010, p. 612, obs. GUIOMARD F. ; *D.*, 2011, chron, p. 459, note PORCHY-SIMON S.

l'employeur[1407]. En 2010, déjà, et afin qu'il puisse être indemnisé, la Cour de cassation avait intégré le préjudice sexuel dans la définition du préjudice d'agrément, alors même qu'il n'est pas mentionné dans la liste limitative des préjudices personnels[1408]. Le procédé était critiquable en ce qu'il conduisait à définir différemment le préjudice sexuel de droit commun et celui retenu pour les accidents du travail et les maladies professionnelles. Avec la décision du Conseil constitutionnel, l'indemnisation du préjudice sexuel ne nécessite plus que soit maintenue une telle divergence.

690.- Dans la même décision, la Cour de cassation reconnaissait l'indemnisation du déficit fonctionnel temporaire, mais non celle du déficit permanent, considérant que ce dernier préjudice était d'ores et déjà pris en compte dans le calcul de la rente, tel n'étant pas le cas du déficit fonctionnel temporaire. En effet, selon les termes de la Cour, « *les indemnités journalières servies à la victime d'un accident du travail ou d'une maladie professionnelle n'assurent pas la réparation du déficit fonctionnel temporaire qui inclut, pour la période antérieure à la date de consolidation, l'incapacité fonctionnelle totale ou partielle ainsi que le temps d'hospitalisation et les pertes de qualité de vie et des joies usuelles de la vie courante durant la maladie traumatique* ». De ce point de vue, le professeur Patrick Morvan qualifie cette extension de la réparation, de « *réparation intégrale pas à tout à fait intégrale* »[1409]. Car certains frais, s'ils n'ont été pris en charge que partiellement, ne peuvent faire l'objet d'un supplément d'indemnisation. Tel est le cas pour le déficit permanent mais également pour les frais médicaux, chirurgicaux, de transport…La Cour de cassation a pu préciser que les souffrances physiques et morales non indemnisées au titre du déficit fonctionnel permanent sont susceptibles d'être indemnisées[1410].

691.- Par conséquent, si le compromis historique de 1898 avait écarté le juste prix du corps humain pour assurer l'indemnisation des conséquences pécuniaires du dommage corporel, la faute inexcusable de l'employeur permet de lui redonner une certaine vigueur. Une telle faute

---

1407 Civ 2e, 4 avril 2012, n° 11-14.311, *Bull. civ.* II, n° 67.

1408 Civ. 2e, 8 avr. 2010, n° 09-14.047 ; *D.*, 2010, 1086, obs. LAVRIC S. ; *D.*, 2010, 1089, point de vue, SARGOS P. ; *D.*, 2010, 2102, chron., SOMMER J.-M., LEROY-GISSINGER L., ADIDA-CANAC H. et GRIGNON-DUMOULIN S. ; *D.*, 2011, p. 35, obs. BRUN P. et GOUT O. ; *RTD civ.*, 2010, p. 559, obs. JOURDAIN P.

1409 MORVAND P., *Droit de la protection sociale,* LexisNexis, « Manuel », 6ème éd., 2013, p. 190, n° 233.

1410 *RTD civ.*, 2013. 383, obs. JOURDAIN *; Dr. soc.* 2013. 658, obs. HOCQUET-BERG *; RDSS* 2013. 359, obs. BADEL *; JCP S* 2013, n° 1221, obs. VACHET *; JS Lamy,* n° 342, 2013, p. 12, obs. BŒUF *; RJS* 5/2013, n° 408 *; RCA* mai 2013, Comm. 142, obs. GROUTEL.

inexcusable doit toutefois être caractérisée, limitant ainsi sensiblement les possibilités d'action des victimes.

À défaut d'être protégé par ce régime, le prix est cependant davantage considéré en droit des assurances.

2. La possibilité d'un prix contractuellement convenu

692.- La prise en charge par les assurances du prix du corps humain est assez limitée. En effet, les polices d'assurance tendent prioritairement à indemniser les conséquences pécuniaires, et donc objectivement évaluables, du dommage corporel.

693.- Des contrats d'assurance spécifiques permettent toutefois d'assurer telle ou telle partie du corps, en contrepartie de primes souvent très élevées. Les parties conviennent alors à l'avance de la somme qui sera versée à l'assuré en cas d'atteinte à la partie du corps visée au contrat. De tels contrats d'assurance semblent peu répandus en France, mais peuvent être recherchés auprès d'assureurs étrangers spécialisés, par l'entremise du marché Lloyd's à Londres par exemple[1411]. Ces contrats sont communément conclus par des personnalités du spectacle. L'acteur Ben Turpin serait ainsi considéré comme un pionnier en la matière, pour avoir assuré son strabisme. Les sportifs de haut niveau, et notamment les joueurs professionnels de football, sont également de plus en plus nombreux à recourir à ce type d'assurance[1412]. Le montant mensuel des rémunérations peut être si élevé que les polices classiquement proposées ne suffiraient pas à couvrir la perte de gain. Mais, au-delà des revenus, ces formes d'assurances reviennent finalement à convenir d'un prix du corps en cas de déficience, d'un montant forfaitaire qui emporte avec lui les différents préjudices. Cette forme d'assurance permet alors de convenir contractuellement du prix dont on pourra disposer en cas de déficience. Elle présente l'intérêt de la prévisibilité, mais demeure cependant réservée à des personnes fortunées. L'information sur les montants est difficile à

1411 « *Le Lloyd's est un marché où les membres (investisseurs et preneurs du risque) se regroupent en syndicats afin d'assurer des risques. Le Lloyd's est composé de 2 parties distinctes : le marché – qui inclut de nombreux intervenants indépendants notamment les Managing agents – et la Corporation qui supervise le marché* ». V. http://www.lloyds.com/lloyds/offices/europe/le-lloyds-en-france/un-apercu-du-marche-du-lloyds (dernière consultation le février 2020).

1412 « Lloyds Market-Good in parts », disponible à cette adresse: http://www.lloyds.com/lloyds/offices/europe/germany/news/2014/lloyds-market-good-in-parts, dernière consultation février 2020.

obtenir, seuls des échos font état de quelques millions d'euros pour certains membres du corps. Ces polices contribuent finalement à l'inégalité.

Si la réparation et la prévoyance révèlent des inégalités dans l'existence du prix, l'injustice est plus criante encore dans le cas de l'assistance.

C. L'assistance ou l'indifférence au prix du corps humain

694.- Dans le système d'assistance, le montant et les modalités d'octroi des obligations alimentaires ou subsidiairement des allocations prennent quasi exclusivement en considération les besoins vitaux et essentiels de la personne. L'aide familiale et l'action sociales telles qu'elles sont actuellement prévues en France s'inscrivent dans une logique de charité[1413], appelant une indemnisation *a minima* de la déficience par opposition au principe de réparation intégrale, indemnisant *a maxima*.

695.- Le terme d'obligation alimentaire laisse nécessairement envisager une obligation de fournir des aliments au sens premier du terme[1414]. Le Code civil précise ainsi que celui qui ne peut payer la pension alimentaire peut recevoir dans sa demeure le créancier de l'obligation qu'il « *nourrira et entretiendra* »[1415]. Au-delà de ce sens premier, l'obligation d'aliments prend en considération des besoins tels que ceux de se vêtir, de se chauffer, de s'éclairer, de disposer d'un logement, de pouvoir utiliser des transports ou encore de se soigner[1416]. Compris dans une acceptation plus large que ce qui est nécessaire à l'alimentation, le besoin d'aliment se

---

1413 BORGETTO M., LAFORE R., *Droit de l'aide et de l'action sociales,* Montchrestien, « Domat droit public », 8ème éd., 2012, p. 2, n° 1 ; CHOQUET L.-H., SAYN I., *Obligation alimentaire et solidarités familiales, Entre droit civil, protection sociale et réalités familiales,* LGDJ, « Droit et société », vol. 31, 2000.

1414 LORANT M., *Caractères juridiques de l'obligation alimentaire,* Jouve & Cie Editeurs, 1928 ; ALFANDARI E., *Le droit aux aliments,* Thèse de droit privé, Université de Poitiers, 1958 ; PELISSIER J., *Les obligations alimentaires, unité ou diversité,* LGDJ, « Bibliothèque de droit privé », t. 28, 1961 ; GABORIAU B., *L'obligation alimentaire,* Thèse de droit privé, Université de Bordeaux IV, 2003.

1415 Art 210 et 211 C. civ.

1416 T. civ. Seine, 8 fév. 1909, *DP*, 1909. 5. 17 ; Civ., 28 févr. 1938, *DH* 1938, p. 241 ; CA Lyon, 13 nov. 1952, *D.*, 1953, p. 755, note GERVESIE.

limite néanmoins « *aux choses nécessaires à la vie* » selon la définition du doyen Cornu[1417], laissant de côté le prix du corps humain.

696.- De même, l'allocation d'aide aux adultes handicapés (AAH) constitue exclusivement une garantie de ressources. Au 2 janvier 2020[1418], le montant maximum qui peut être attribué à la personne sans ressource et dont l'incapacité est reconnue[1419] est de 900 euros. Cette faible somme ne peut prétendre compenser les conséquences non économiques de la déficience, alors que les conséquences économiques sont à peine couvertes.

697.- Depuis la loi n° 2005-102 du 11 février 2005 *pour l'égalité des droits et des chances, la participation et la citoyenneté des personnes handicapées,* l'instauration de la prestation de la compensation du handicap (PCH) tente de réduire l'écart trop important qui existait jusqu'alors entre les personnes dont la déficience est imputable à autrui et celles pour lesquelles la déficience résulte de la naissance ou de la maladie. Cette prestation permet plus particulièrement de compenser les besoins liés à la perte d'autonomie de la personne. Le montant de cette allocation est donc fonction des besoins de la personne déficiente, besoins devant nécessairement s'inscrire dans les catégories déterminées à l'article L. 245-3 du Code de l'action sociale et des familles : besoin d'aides humaines, besoin d'aides techniques, charges liées à l'aménagement du logement ou du véhicule, acquisition ou entretien de produits liés au handicap ou encore aide animalière (chien guide d'aveugle). Ces besoins susceptibles d'une prise en charge correspondent finalement aux postes de nature économique dans le cadre de la responsabilité ou de la prévoyance. Cependant, la question des

---

[1417] CORNU G. (Association Henri Capitant), *Vocabulaire juridique,* PUF, « Quadrige », 9ème éd., 2011.

[1418] Décret n° 2019-1047 du 11 octobre 2019 relatif à la revalorisation de l'allocation aux adultes handicapés et à la modification du calcul du plafond de ressources pour les bénéficiaires en couple fixe le montant de cette allocation prévue à l'article L. 821-1 du Code de la sécurité sociale

[1419] Cette allocation, sous réserve de l'âge, des ressources, de la résidence de la personne, est accordée soit au titre de l'article L. 821-1 du code de la sécurité sociale, lorsqu'un taux d'incapacité permanente au moins égal à 80% est reconnu, soit au titre de l'article L. 821-2 du même code lorsque le taux est supérieur à 50% mais inférieur à 80%, cumulé à une restriction substantielle et durable pour l'accès à l'emploi, compte tenu du handicap. Pour les modalités de sa mise en oeuvre, v. notamment Circulaire n° DGCS/SD1/2011/413 du 27 octobre 2011 relative à l'application du décret n° 2011-974 du 16 aout 2011 relatif à l'attribution de l'allocation aux adultes handicapés aux personnes handicapées subissant une restriction substantielle et durable pour l'accès à l'emploi et à certaines modalités d'attribution de cette allocation.

conséquences non économiques et donc d'un prix du corps humain est ignorée par la prestation.

698.- La tristement célèbre « affaire Perruche » est révélatrice de cette inégalité criante entre les victimes de la déficience. L'origine de la déficience conditionne la mise en œuvre du régime applicable mais surtout le montant de l'indemnité finalement perçue. En raison de cette inégalité, les victimes de la déficience peuvent être tentées d'agir sur le terrain de la responsabilité. L'action menée par la famille de Nicolas Perruche est de ce point de vue significative. Comme le souligne le professeur Daniel Gardner à propos de la décision rendue par la Cour de cassation, « *l'arrêt Perruche peut être analysé comme un coup d'éclat des tribunaux visant à mettre l'État français devant ses responsabilités face au sort des enfants handicapés, la France étant très en retard en ce domaine par rapport au Québec* »[1420].

699.- S'il est vrai que *« seul l'argent a la plasticité suffisante pour que la réparation puisse être adéquate au préjudice* »[1421], des mesures permettant l'accès à la vie en société, aux loisirs ou à des activités pourraient toutefois se rapprocher de l'effet satisfactoire de l'indemnisation. Mais le système français demeure, de ce point de vue, encore nettement insuffisant. Face à la reconnaissance inégale du prix du corps humain, quelques pistes de réflexions et de renouvellement doivent être envisagées.

§II. Des solutions en faveur de la protection d'un prix du corps humain

700.- Plusieurs propositions ont été faites afin de remédier à la disparité dans l'indemnisation des victimes. Parmi celles-ci la question de l'unification des régimes (**A**) et la mise en place de barèmes pour éviter les disparités, ont pu être retenues pour étude (**B**).

[1420] GARDNER D., *Le préjudice corporel*, Editions Yvon Blais, 3ème éd., 2009, p. 93, n° 72.

[1421] RIPERT L., *La réparation du préjudice dans la responsabilité délictuelle*, Dalloz, 1933, p. 24.

A. Les partisans de l'unification des régimes d'indemnisation

701.- Face à tant d'inégalités entre les systèmes d'indemnisation, plusieurs formes de « révolutions » ont été envisagées par des auteurs. La plus radicale est sans doute celle envisagée par Louis Melennec qui propose de réunir tous les systèmes d'indemnisation de la déficience en un seul système pris en charge par la sécurité sociale[1422].

702.- En droit de la responsabilité civile René Savatier suggérait déjà en son temps de réfléchir à la refonte du système d'indemnisation du dommage[1423]. Une refonte des systèmes des accidents corporels a également été proposée le professeur Philippe Le Tourneau, qui souhaite engager, selon ses termes, une véritable « *révolution* » en matière de réparation du préjudice corporel[1424]. Plutôt que divers systèmes qui se juxtaposent pour indemniser les atteintes en cas d'accident, il souhaite ainsi ardemment la mise en place d'un système unique, automatique, à l'instar de celui qui existe pour les accidents de travail et les maladies professionnelles. Sa proposition a pu retenir l'attention de plusieurs auteurs, dont Julien Bourdoiseau qui, dans sa thèse de doctorat a proposé les contours d'un tel système d'unification de la réparation du préjudice corporel[1425] ou encore de Vincent Laurent qui envisage une unification, mais pour le champ plus limité du préjudice médical[1426]. Face à toutes les inégalités de prix constatées, la thèse d'une unification est séduisante, mais elle connaît des limites.

1422 MELENNEC L., *L'indemnisation du handicap, Pour l'instauration d'un régime unique de l'invalidité et de la dépendance*, Desclée de Brouwer, 1997.

1423 SAVATIER R., « La surabondance des débiteurs de réparation autour de la victime d'accident et l'enchevêtrement de leurs dettes », *D.*, 1962, chron., p. 178 : « *Nous avons seulement, par cette étude, marqué dans une série de leurs aspects, les heurts et les incohérences du fonctionnement d'institutions qui logiquement se complètent, mais qui, partiellement et pratiquement, se heurtent, parce qu'elles proviennent de législations dispersées. On peut, certainement envisager des réformes de détail remédiant aux plus graves de ces heurts et de ces incohérences. On peut aussi aller plus loin, et essayer de repenser largement et dans son ensemble, le problème. Ne faudra-t-il pas, de toute manière, après l'étude critique qui s'impose, envisager sérieusement une tentative de refonte ou même de reconstruction de tout notre droit réparateur des dommages aux personnes ?* ».

1424 LE TOURNEAU P., *Droit de la responsabilité et des contrats, Régimes d'indemnisation*, Dalloz, « Dalloz action », 2014, p. 91, n° 91.

1425 BOURDOISEAU J., *L'influence perturbatrice du dommage corporel en droit des obligations*, LGDJ, « Bibliothèque de droit privé », vol. 513, 2010.

1426 LAURENT V., La responsabilité médicale sans faute et les systèmes d'indemnisation, Thèse de Doctorat, Université de Toulouse I, 2008.

703.- À déficience unique répond une variété de montant d'indemnisation. Une uniformisation peut être souhaitable. Cependant, lorsqu'elle est envisagée cette unification s'accompagne ordinairement d'une réduction voire d'une suppression du prix du corps humain. Ainsi, dans le système proposé par Louis Melennec, il est avant tout question d'indemniser la perte de revenus, en assurant une garantie de ressources qui ne pourrait, selon l'auteur, être inférieure au montant du SMIC. Quelle que soit la source de la déficience, toute personne bénéficierait au minimum de ce montant, la progressivité de la somme étant fonction de sa contribution antérieure. Mais l'auteur ne se cache pas du sort qu'il réserve au prix du corps humain : *« Dans un tel système, la responsabilité civile et ses sous-produits étant éliminés…la notion de réparation intégrale…disparaîtra d'elle-même… Est-ce à dire que les chefs de préjudice qui ont fleuri depuis le début du siècle (souffrances éprouvées, préjudices esthétiques, d'agrément et autres préjudices sexuels) n'auront plus aucun rôle à jouer ? Certes, non ! Ils subsisteront toutes les fois que les intéressés, par un contrat librement conclu avec l'assureur de leur choix, en décideront ainsi. L'indemnisation de ces préjudices deviendra donc essentiellement contractuelle*[1427]*»*. Livré à l'assurance, le prix du corps humain se trouvera confronté à une autre forme d'inégalité[1428], celle occasionnée par les revenus. D'autant que dans le système proposé par cet auteur, la seule forme d'indemnisation, en dehors de la prise en charge des frais de santé, repose sur une inégalité originelle : le montant des revenus préexistants[1429].

704.- Le professeur Le Tourneau n'est pas davantage clément avec le prix du corps. Partant du principe que *« le préjudice moral ne devrait plus être indemnisé […] La monnaie ne [servant] à rien*[1430] *»*, l'auteur envisage la suppression des préjudices extrapatrimoniaux. Il consent cependant que, si la société se montrait peu encline à reconnaître cette suppression, un montant forfaitaire très faible pourrait être envisagé[1431]. Ainsi, l'inégalité entre les victimes trouverait selon ces auteurs une réponse satisfaisante dans l'unification. Mais cette unification se fait au sacrifice de la réparation intégrale. Il n'y a que Julien Bourdoiseau qui, bien que favorable à

1427 MELENNEC L., *L'indemnisation du handicap, Pour l'instauration d'un régime unique de l'invalidité et de la dépendance,* Desclée de Brouwer, 1997, p. 169

1428 GUEGAN-LECUYER A., *Dommages de masse et responsabilité civile,* LGDJ, « Bibliothèque de droit privé », t. 472, 2006, p. 272.

1429 VINEY G, MARKESINIS B., *La réparation du dommage corporel, Essai de comparaison des droits anglais et français*, Economica, « Etudes juridiques comparatives », 1985, p. 52.

1430 LE TOURNEAU P., *Droit de la responsabilité et des contrats, Régimes d'indemnisation*, Dalloz, « Dalloz action », 2014, p. 64, n ° 95.

1431 *Ibid.*

l'uniformisation, tente de préserver le principe d'une réparation intégrale[1432].

705.- Quand bien même l'unification ne conduirait donc pas nécessairement au sacrifice du prix, inévitablement la question du financement rejaillit. L'automatisation d'un système impose des compromis et il est à craindre, comme ce fut le cas pour la loi de 1898, que le prix du corps soit lésé dans cette négociation. Dans le cadre des travaux menés par André Tunc avant l'entrée en vigueur de la loi relative à la réparation des préjudices causés par un accident de la circulation, cette difficulté d'équilibre entre le financement et la reconnaissance du prix du corps humain apparaît nettement. Pour s'en convaincre, il suffit de relire ces quelques lignes de l'auteur : *« L'atteinte à l'intégrité corporelle est un cas limite. La victime, on le suppose, ne pourra plus désormais marcher qu'avec gêne, elle ne pourra plus nager, elle ne pourra plus faire de ski ; peut-être même a-t-elle perdu un bras ou une jambe ; ou encore, elle souffrira de maux de tête plus ou moins permanents. Et l'on suppose, pour simplifier la question, que cette atteinte à son intégrité corporelle n'ait aucune incidence financière. Faut-il lui accorder une compensation ? Là encore, et plus qu'en ce qui concerne le pretium doloris, une compensation n'est pas injuste. Elle est même souhaitable. Dans la première version de l'avant-projet, on s'était résigné à la refuser, craignant que ce refus ne soit financièrement indispensable. La solution a cependant paru trop sévère aux membres de la Commission. L'indemnisation est admise dans la seconde version de l'avant-projet. On ne peut que s'en réjouir »*[1433].

706.- Le sort du prix est donc souvent conditionné à la capacité de son paiement[1434]. Cette reconstruction se heurte à des problèmes qui dépassent le simple champ juridique. Les enjeux financiers constituent assurément un obstacle majeur à la refonte d'un système qui reposerait davantage sur une logique solidaire que sur une logique de responsabilité. Enfin, si la diversité des débiteurs peut être source de complexité, elle constitue également une complémentarité précieuse, en particulier du point de vue l'insolvabilité. De ce point de vue, la diversité des systèmes

---

[1432] BOURDOISEAU J., *L'influence perturbatrice du dommage corporel en droit des obligations*, LGDJ, « Bibliothèque de droit privé », vol. 513, 2010.

[1433] TUNC A., *La sécurité routière, Esquisse d'une loi sur les accidents de la circulation*, Dalloz, 1966, p. 46.

[1434] V. également VINEY G., MARKESINIS B., *La réparation du dommage corporel, Essai de comparaison des droits anglais et français*, Economica, « Etudes juridiques comparatives », 1985, p. 55 : « *en cas de dommage corporel, il est certainement plus important de compenser les dépenses de soins, les pertes de salaires et l'incapacité de gains que les dommages moraux. Il serait donc tout à fait concevable, dans le souci d'utiliser au mieux les disponibilités, par hypothèses limitées, que la collectivité est en mesure de consacrer à la réparation des dommages, de privilégier les premiers par rapport aux seconds* ».

d'indemnisation, si elle n'est pas pleinement satisfaisante, permet de garantir une couverture étendue et diversifiée de la prise en charge des préjudices, limitant ainsi les risques d'insolvabilité du débiteur. La multiplication des débiteurs n'est pas en elle-même problématique. En réalité, c'est la différence entre les systèmes d'indemnisation qui fait naître l'inégalité[1435].

Face aux difficultés d'unification des systèmes[1436], une autre voie doit être envisagée.

B. La détermination d'un prix objectif

707.- La compensation du préjudice corporel constitue, selon les termes du professeur Loïc Cadiet, un « *morceau de choix de la barémisation du droit* »[1437]. En effet, à défaut de pouvoir unifier et automatiser le système de compensation de la déficience ne pourrait-on pas envisager une uniformisation du calcul du prix ? L'histoire fournit quelques exemples d'une détermination objective du prix du corps humain (**1**), le présent lui est à l'hésitation (**2**) tandis que le futur pourrait être le temps de la proposition (**3**).

1. Regards passés sur le prix objectivement déterminé

708.- Dans les institutions des Royaumes barbares, la loi salique par exemple prévoyait un grand nombre de tarifications en fonction des atteintes[1438]. Différents critères permettaient de faire varier le montant : le sexe, la condition juridique, le titre de la victime...[1439] De même, la loi

---

1435 CADIET L., « Les faits et les méfaits de l'idéologie de la réparation », *in Le juge entre deux millénaires, Mélanges offerts à P. Drai*, Dalloz, 1999, p. 495.

1436 Prenant la mesure de ce vaste chantier, les auteurs réunis autour du projet de réforme de droit de la responsabilité avaient ainsi pris le parti de ne pas envisager cette unification ; v. TERRE F. (dir.), *Pour une réforme du droit de la responsabilité civile,* Dalloz, « Thème, Commentaires, Actes », 2011.

1437 CADIET L., « Introduction », *in Le droit mis en barèmes ?,* SAYN I. (dir.), Dalloz, « Thèmes, Commentaires & Actes », 2014, p. 185.

1438 LEVY J.-P., CASTALDO A., *Histoire du droit civil,* Dalloz, « Précis », 2ème éd., 2010, p. 909, n° 633.

1439 BART J., *Histoire du droit privé de la chute de l'Empire romain au XIXème siècle,* Montchrestien, « Domat droit privé », 2ème éd., 2009, p. 82.

wisigothe fixait pour chaque délit le montant que le coupable devait verser à la victime ou à ses parents[1440].

709.- Le principe de la composition pécuniaire se retrouvait également dans le droit coranique et constituait une avancée de taille face à l'arbitraire de la vengeance privée[1441]. À chaque membre, chaque lésion correspond un montant, déterminé en fonction de plusieurs paramètres. L'utile mais également le beau étaient pris en considération pour fixer le montant de l'indemnisation[1442]. Le sang cesse de couler en contrepartie de l'argent ou de biens dont la valeur vise à compenser l'atteinte.

710.- La notion d'utilité est utilisée davantage pour apprécier la valeur perdue par le groupe en raison de l'atteinte à la personne et moins en raison des conséquences concrètes pour la personne elle-même. La loi salique prévoyait ainsi que l'indemnisation du meurtre d'une femme devait être trois fois supérieure à celle d'un homme, le groupe étant privé des capacités de reproduction de la femme. Au contraire, dans le droit musulman, il était considéré que la valeur de la femme est de moitié de celle de l'homme sur ce fondement de l'utilité[1443].

L'atteinte au corps conduit donc à l'allocation d'un montant prédéterminé objectivement et qui ne tient pas véritablement compte des conséquences de la déficience dans la vie de la personne.

1440 ELLUL J., *Histoire des institutions, Le Moyen âge,* PUF, 2013, p. 43.

1441 BOISARD M.A., *L'humanisme de l'Islam,* Albin Michel, « Présence du monde arabe », 3ème éd., 1985, p. 127.

1442 TYAN E., *Le système de responsabilité délictuelle en droit musulman,* Université de Lyon, Imprimerie Catholique Beyrouth, 1926, p. 178 : « *Une règle générale est que si la perte d'un organe entraîne la disparition de l'utilité ou de la beauté complète que le corps tire de cet organe, la composition due de ce chef est égale à la composition même de l'homicide. Car, disent les auteurs, « c'est la perte de la personne, d'un coté. Il est dû une diya intégrale pour la perte du nez, de la langue, des lèvres, des yeux, des oreilles, de la barbe, des cheveux de la tête, des paupières, des sourcils, des mains, des pieds, de chacun des organes génitaux, des seins de la femme* ».

1443 TYAN E., *Le système de responsabilité délictuelle en droit musulman,* Université de Lyon, Imprimerie Catholique Beyrouth, 1926, p. 129.

2. Regards présents sur le prix objectivement déterminé

711.-La détermination d'un prix commun, fonction des déficiences et non plus des personnes, nécessiterait aujourd'hui le recours à des barèmes. Or, si de nombreux auteurs témoignent de leur faveur pour l'établissement d'un barème médical unique, la question d'un barème d'indemnisation est davantage controversée. L'appui d'un barème pour déterminer le pourcentage d'incapacité par exemple ne peut être assimilé à l'utilisation d'un barème pour obtenir le prix en fonction de cette même incapacité. Une étape supplémentaire doit être franchie, au mépris sans doute de la spécificité de chaque situation pour les victimes. La statistique peut ainsi conduire à dépouiller la victime de son individualité, car elle impose comme l'affirmait le statisticien Adolphe Quetelet de « *perdre de vue l'homme pris isolément* »[1444].

712.- En réalité, davantage que de l'existence d'un barème unique, il doit être discuté de son caractère impératif. La professeuse Porchy-Simon évoque ainsi la distinction, souvent niée en pratique et dans les discours, entre barème et référentiel[1445]. Le rapport dirigé par le professeur Lambert-Faivre prévoyait ainsi l'édiction d'un référentiel, non contraignant. Un référentiel méthodologique commun, qui est un référentiel intra-cours, partagé à l'origine entre les Cours d'appel d'Agen, de Bordeaux, de Toulouse, de Pau et de Limoges, et qui est aujourd'hui partagé par 17 Cours d'appel, existe d'ores et déjà[1446]. Ce barème référentiel propose des méthodes d'évaluation des préjudices patrimoniaux, mais également des réévaluations « *subjective références, c'est-à-dire des références jurisprudentielles, pour la plupart des préjudices extrapatrimoniaux ; la référence est parfois une fourchette, parfois un curseur* » [1447]. L'ONIAM a également pour sa part établi un

1444 QUETELET A., *Sur l'homme et le développement de ses facultés ou essai de physique sociale*, Bachelier, 1835, p. 5.

1445 PORCHY-SIMON S., « L'utilisation des barèmes en droit du dommage corporel au regard des principes fondamentaux du droit de la responsabilité civile », *in Le droit mis en barèmes ?*, SAYN I. (dir.), Dalloz, « Thèmes, Commentaires & Actes », 2014, p. 201 ; V. également, MORNET B., « Le référentiel indicatif régional d'indemnisation du préjudice corporel », *in Le droit mis en barèmes ?*, SAYN I. (dir.), Dalloz, « Thèmes, Commentaires & Actes », 2014, p. 213.

1446 MORNET B., « Le référentiel indicatif régional d'indemnisation du préjudice corporel », *in Le droit mis en barèmes ?*, SAYN I. (dir.), Dalloz, « Thèmes, Commentaires & Actes », 2014, p. 216.

1447 MORNET B., « Le référentiel indicatif régional d'indemnisation du préjudice corporel », *in Le droit mis en barèmes ?*, SAYN I. (dir.), Dalloz, « Thèmes, Commentaires & Actes », 2014, p. 216.

référentiel national, établi à partir du montant moyen d'indemnisation des Cours d'appel pour certaines blessures[1448]. De tels référentiels peuvent être approuvés pour tous les types de préjudices extrapatrimoniaux[1449].

713.- Le barème peut être pour sa part défini comme la technique « *qui attribue une valeur monétaire, déterminée par un barème, à un étalonnage médical des préjudices* »[1450]. Le barème contraignant constituerait une atteinte au principe de réparation intégrale et à l'appréciation subjective du préjudice.

714.- D'aucuns se montrent favorables à l'édiction de barèmes impératifs. Dans le projet de réforme du droit de la responsabilité dirigé par le professeur François Terré, l'article 56 témoigne d'une préférence pour un barème d'indemnisation unique s'agissant des préjudices extrapatrimoniaux. Le professeur Le Tourneau, dans la perspective d'un régime automatique et forfaitaire, témoigne aussi de son attachement à un barème impératif unique.

715.- Finalement, comme nous avons pu le constater, le prix du corps humain ne peut être défini en vertu d'une valeur préexistante ou en comparaison de la valeur d'échange du bien sur un marché. Par conséquent, la détermination comporte nécessairement une part d'arbitraire. Ce prix est utilisé pour obtenir une satisfaction de remplacement et non un bien identique. La distinction établie entre le prix du corps humain, compensation de l'action entravée, et le prix du corps humain, compensation du ressenti doit être ici mobilisée pour envisager une voie médiane entre le barème unique indicatif et le barème unique impératif.

3. Regard futur sur le prix objectivement déterminé

716.- L'emploi d'un barème peut être envisagé à la lumière de la distinction que nous avons précédemment posé entre les deux

---

1448 MARTIN D., « La politique d'indemnisation de l'ONIAM », Colloque sur l'indemnisation du dommage corporel : une réparation à géométrie variable, *Gaz. Pal.*, 19 avr. 2008, n° 110, p. 46.

1449 DINTILHAC J.-P., « Introduction », *in Le droit mis en barèmes ?*, SAYN I. (dir.), Dalloz, « Thèmes, Commentaires & Actes », 2014, p. 226.

1450 LAMBERT-FAIVRE Y. (dir.), *Rapport sur l'indemnisation du dommage corporel,* Service de l'accès au droit et à la justice et de la politique de la ville, Bureau de l'aide aux victimes et de la politique associative, Conseil National de l'Aide aux Victimes, Groupe de travail n° 2, juin 2003.

composantes du prix du corps humain. Le prix de l'action entravée sera envisagé (**a**) ainsi que la question du prix du ressenti (**b**).

a. Le prix de l'action entravée : entre barèmes et subjectivité

717.- S'agissant tout d'abord de l'atteinte à l'action du corps, une multiplication des postes de préjudices ne doit pas avoir pour effet pervers de diminuer le montant total du prix perçu pour cette conséquence de la déficience. Au sein de cette catégorie, deux sous-catégories doivent être à notre sens distinguées en vue de la détermination des prix du corps humain.

718.- Tout d'abord, le déficit fonctionnel. En l'état actuel de la nomenclature, une distinction entre le déficit fonctionnel permanent et le déficit fonctionnel temporaire est opérée. En elle-même, cette distinction semble légitime. Cependant, si le déficit temporaire n'intègre pas la souffrance dans sa définition, elle est incluse dans le déficit permanent. Cette confusion est regrettable. Le déficit fonctionnel ou physiologique doit être conçu comme une catégorie singulière, à part.

719.- Pour le déficit fonctionnel ou physiologique, il nous semble que l'hypothèse d'un barème est envisageable et même souhaitable. À présent que ce poste extrapatrimonial est détaché des conséquences économiques de la déficience, il ne paraît pas impossible d'envisager sa détermination par barème. En effet, dans l'hypothèse d'une main amputée, le montant de l'indemnité que doit percevoir le travailleur privé de l'exercice de son activité rémunérée doit, en vertu du principe de réparation intégrale, être fonction des revenus antérieurement perçus[1451]. La main, volée par la vie, n'a pas la même valeur économique en fonction du métier exercé. L'on connaît ainsi l'illustre exemple du pianiste dont la carrière est brisée en comparaison de celle de l'enseignant qui pourra, dans une certaine mesure, continuer d'exercer son activité. Mais si ce membre n'a pas la même valeur en raison de l'activité rémunérée précédemment exercée, ce raisonnement

[1451] Bien que favorable à l'instauration d'un régime unique d'indemnisation de la déficience, Louis Mélennec considère qu'au sein de ce régime, le montant de l'indemnisation perçue au titre de l'incapacité de gains doit être fonction des gains perdus, le plancher de l'indemnisation étant fixé à hauteur du SMIC. V. MELENNEC L., *L'indemnisation du handicap, Pour l'instauration d'un régime unique de l'invalidité et de la dépendance*, Desclée de Brouwer, 1997, p. 174 ; Contra, v. LE TOURNEAU P., *Droit de la responsabilité et des contrats, Régimes d'indemnisation*, Dalloz, « Dalloz action », 2014, p. 62, n° 92. L'auteur est favorable à l'adoption de barèmes nationaux impératifs.

ne peut être appliqué par analogie lorsqu'il est question de fixer la répercussion physiologique de cette déficience dans le quotidien de la personne. Pour tout individu, la perte de ce membre peut être objectivement déterminée, sans contredire en cela un quelconque principe de réparation intégrale. En fonction de la déficience, la détermination objective des conséquences physiologiques est possible, un barème unique pouvant en rendre compte.

720.- Cependant, afin d'appliquer cette règle du barème, il conviendrait de revenir à une définition stricte du déficit physiologique. Comme le soulignent les professeurs Brun et Gout, ce poste de préjudice devrait se limiter « *à une approche plus objective ou à un aspect purement physiologique* » [1452]. Par ailleurs, dans la perspective de l'édiction d'un tel barème, il conviendrait assurément de s'assurer qu'il n'existe pas un risque de sous-évaluation en comparaison des taux pratiqués.

721.- Faut-il prévoir un barème indicatif ou impératif ? En pratique, la Professeuse Porchy-Simon souligne que, s'agissant du déficit fonctionnel, le juge est souvent tributaire du médecin. Il existe déjà une forme de soumission inavouée du droit à la médecine[1453]. Dès lors, la reconnaissance d'un barème impératif présente le mérite de la transparence.

722.- Cependant, il nous semble opportun, confirmant en cela la distinction entre le déficit permanent et les préjudices d'agrément et sexuel, de ne pas étendre le choix d'un barème aux autres postes de préjudices. En effet, l'intérêt majeur de prévoir un préjudice d'agrément, distinct du déficit fonctionnel, est de pouvoir réduire les conséquences effectives sur la vie de la personne en raison des activités de loisir antérieurement pratiquées. De même, le préjudice sexuel se prête bien trop difficilement à l'utilisation d'un barème impératif. Il est un préjudice éminemment subjectif.

[1452] BRUN P., GOUT O., « Responsabilité civile, novembre 2011-octobre 2012 », *D.*, 2013, p. 40 ; V. également PORCHY-SIMON S., « Quelles améliorations pour la nomenclature Dintilhac ? », *in La réparation du dommage corporel à l'épreuve de l'unification des pratiques*, *Gaz. Pal.*, 23-24 déc. 2011, spéc. p. 19.

[1453] PORCHY-SIMON S., « L'utilisation des barèmes en droit du dommage corporel au regard des principes fondamentaux du droit de la responsabilité civile », *in Le droit mis en barèmes ?*, SAYN I. (dir.), Dalloz, « Thèmes, Commentaires & Actes », 2014, p. 202 ; LAMBERT-FAIVRE Y. , PORCHY-SIMON S., *Droit du dommage corporel, Systèmes d'indemnisation*, Dalloz, « Précis droit privé », 7ème éd., 2015, n° 169 et s.

Par conséquent, à notre sens, l'usage du barème doit être limité au déficit physiologique, temporaire ou permanent. Une définition stricte de celui-ci doit être posée, excluant la souffrance. Par suite, les préjudices d'agrément et le préjudice sexuel permettront d'opérer une détermination plus individualisée du prix. Le prix bénéficie ainsi d'un socle commun, commun à tous les individus, peu importan leur qualité, leur âge, leurs revenus… et d'une part variable, plus personnelle.

b. Le prix du ressenti ou la nécessité d'une détermination subjective

723.- Lorsqu'il est question du prix de l'esthétique ou du prix de la douleur, la question d'un barème apparaît différemment. À la différence de l'action qui est pourvue d'une dimension objective, le ressenti est intimement lié à la subjectivité de l'individu. Quand bien même des barèmes médicaux existent afin de hiérarchiser la douleur, guidant ainsi le praticien, le passage à un barème d'indemnisation commun nous paraît plus critiquable. L'évaluation du préjudice esthétique s'opère nécessairement en fonction de l'apparence antérieure. L'édiction même d'un barème commun nous paraît donc fort délicate. Par ailleurs, les relations entretenues avec le corps lorsqu'il est question de l'esthétique ou de la souffrance sont extrêmement variables d'un individu à l'autre.

724.- Par conséquent, il nous semble opportun de maintenir le principe d'une détermination subjective du prix du corps lorsqu'il s'agit du ressenti de la personne. Reste alors à s'en remettre à l'office du juge, guidé par l'expert, afin qu'il détermine, selon l'expression utilisée par les juges canadiens, une « *consolation raisonnable* »[1454].

Si la reconnaissance du prix du corps humain pose donc des difficultés certaines, reste à s'interroger à présent sur le sort des sommes perçues.

1454 Pour un exemple d'utilisation de cette notion, v. *J. G NADEAU* [2013] QCCS 410 (CanLII).

Section II. La protection du prix et ses limites

725.- Une fois le prix du corps déterminé, il convient de s'assurer que ce prix sera perçu par la victime de la déficience. Or, il s'avère que l'avance faite par les tiers-payeurs, dans l'attente du paiement par le responsable, eut longtemps pour effet de priver la victime d'une partie de son indemnité, perçue au titre des préjudices non économiques. Pour parer à cette atteinte, le droit organisa progressivement une séparation entre les préjudices économiques et non économiques, préservant ces derniers du recours des tiers payeurs. La perception effective du prix fut ainsi sensiblement améliorée (**§I**). Une fois versée, la compensation sous forme pécuniaire intègre le patrimoine comme un bien ordinaire. La personne peut alors librement en disposer (**§II**).

§I. Le prix protégé des tiers payeurs

726.- En cas d'accident, l'avance de sommes par un tiers-payeur est précieuse. En particulier, la prise en charge d'une partie des frais médicaux par la sécurité sociale permet à la victime, quelles que soient ses capacités financières, de se soigner. En contrepartie de cette avance, le tiers payeur peut exercer un recours qui, bien souvent, desservait la victime. En effet, le tiers-payeur pouvait exercer son action subrogatoire sur l'intégralité des sommes attribuées par le juge à la victime et, ce faisant, privait d'intérêt toute procédure contentieuse. Une évolution favorable à la personne déficiente permet aujourd'hui d'assurer, en droit commun, la protection du prix du corps humain.

727.- L'organisation du recours exercé par le tiers payeur connut un temps fort historique avec la loi n° 85-677 du 5 juillet 1985 *tendant à l'amélioration de la situation des victimes d'accidents de la circulation et à l'accélération des procédures d'indemnisation*, consacrant une solution déjà envisagée par la loi du 27 décembre 1973[1455]. Le prix du corps humain allait bénéficier d'un régime plus protecteur grâce à cette loi. En effet, l'ancien alinéa 3 de l'article L. 376-1 du Code de la sécurité sociale excluait de l'assiette du recours des caisses de sécurité sociale la réparation des souffrances

---

1455 PRADEL X., *Le préjudice dans le droit civil de la responsabilité*, LGDJ, « Bibliothèque de droit privé », t. 415, 2004, p. 426 ; v. également BRUAND C., *Les recours des tiers payeurs (loi du 5 juillet 1985)*, Thèse de droit privé, Université Paris I, 1993.

physique et morale ainsi que des préjudices esthétique et d'agrément[1456]. En revanche, le déficit physiologique et la perte des gains et salaires étant confondus dans une même indemnité, le recours des caisses pouvait s'exercer sur l'intégralité de ce montant. Pour étendre la protection des victimes, la Cour de cassation opéra progressivement une extension du champ des préjudices non économiques. En 2003, elle opta pour une définition très large du préjudice d'agrément, considérant qu'il devait être entendu comme « *le préjudice subjectif de caractère personnel résultant des troubles ressentis dans les conditions d'existence* »[1457]. La loi de 1985 ne protégeait donc que certains aspects du prix du corps humain. En outre, si le recours ne pouvait, en théorie, plus s'exercer sur les préjudices personnels, l'exercice du recours sur l'intégralité des sommes perçues au titre du préjudice économique pouvait *in fine* conduire la victime à utiliser les sommes versées au titre de son préjudice non économique pour payer ses frais médicaux, d'équipement ou encore d'adaptation du logement[1458]. Face à ces difficultés, la loi n° 2006-1640 du 21 décembre 2006 de financement de la sécurité sociale pour 2007, était attendue[1459].

728.- L'article 25 de la loi du 21 décembre 2006 prévoit que « *les recours subrogatoires des caisses contre les tiers s'exercent poste par poste sur les seules indemnités qui réparent des préjudices qu'elles ont pris en charge, à l'exclusion des préjudices à caractère personnel* »[1460]. Complétant cette protection de la victime, l'alinéa 4 de l'article 376-1 du Code de la sécurité sociale prévoit que l'assuré social, dont les préjudices n'auraient été que partiellement pris en charge par la caisse, peut exercer ses droits contre le responsable, par préférence à la caisse subrogée. Ce nouveau dispositif, plus protecteur du prix du corps humain, doit être approuvé. Les postes de préjudices ne doivent plus être étirés et artificiellement définis. La distinction entre la sphère économique et non économique est désormais mieux marquée.

729.- Si ce dispositif a vocation à s'appliquer largement, il n'en demeure pas moins qu'une difficulté subsiste pour certaines indemnités

---

1456 LABORDE J.-P., *Droit de la sécurité sociale,* PUF, « Thémis Droit public », 2005, p. 242, n° 527.

1457 Ass. plén. 19 déc. 2003, n°02-14783, *Bull. civ.*, n° 8 ; *RTD civ.*, 2004, p. 300, obs. JOURDAIN P. ; *JCP.*, 2004, II, 10008, note JOURDAIN P. ; *Gaz. Pal.*, 7-9 mars 2004, note BOYER A. ; *RCA*, 2004, chron. n° 9, par GROUTEL H. ; *LPA,* 10 oct. 2004, n° 182, p. 12, note DAGORNE-LABBE Y. ; *Dr. et patr.*, 2004, p. 104, CHABAS F.

1458 PRADEL X., *Le préjudice dans le droit civil de la responsabilité,* LGDJ, « Bibliothèque de droit privé », t. 415, 2004, p. 419.

1459 LIENHARD C., « Réparation intégrale des préjudices en cas de dommage corporel : la nécessité d'un nouvel équilibre indemnitaire », *D.*, 2006, chron. p. 2485.

1460 Art. 376-1 al 3. CSS

telles que les rentes servies au titre de la législation sur les accidents du travail ou les maladies professionnelles (AT-MP), ou certaines pensions d'invalidité[1461]. Pour la Cour de cassation la rente AT-MP a un caractère « *hybride ou mixte* »[1462]. Elle considère ainsi qu'elle indemnise à la fois les incidences professionnelles et personnelles de la déficience. Cette affirmation repose sur une interprétation de l'article L. 434-2 du Code de la sécurité sociale prévoyant que le « *taux de l'incapacité permanente est déterminé d'après la nature de l'infirmité, l'état général, l'âge, les facultés physiques et mentales de la victime ainsi que d'après ses aptitudes et sa qualification professionnelle, compte tenu d'un barème indicatif d'invalidité* ». Par ailleurs, le versement de cette rente en l'absence de perte de salaires effective vient au soutien de cette thèse du caractère hybride[1463]. Dans une décision du 19 mai 2009[1464], confirmée quelques mois plus tard[1465], la Cour de cassation a considéré que les tiers payeurs pouvaient exercer leur recours à la fois sur le poste du préjudice lié aux gains et salaires et sur le déficit fonctionnel permanent. Le Conseil d'État a refusé cette conception dans un arrêt du 2008[1466], refus maintenu dans un avis de 2013[1467]. Il considère pour sa part que « *eu égard à sa finalité de réparation d'une incapacité permanente de travail [...] et à son mode de calcul [...], la rente accident du travail doit être regardée comme ayant pour objet exclusif de réparer,*

1461 GROUTEL H., « Recours des tiers payeurs : enfin des règles sur l'imputation des rentes d'accident du travail (et prestations analogues) », *RCA*, 2009, étude 10 ; LE TOURNEAU P., *Droit de la responsabilité et des contrats, Régimes d'indemnisation*, Dalloz, « Dalloz action », 2014, n° 2626-3 ; PORCHY-SIMON S., « Le recours des tiers payeurs à l'épreuve de la politique jurisprudentielle de la Cour de cassation », *D.*, 2010, p. 593.

1462 MORVAND P., *Droit de la protection sociale*, LexisNexis, « Manuel », 6ème éd., 2013, p. 149, n° 181.

1463 PORCHY-SIMON S., « Imputation de la rente accident du travail : le divorce entre le Conseil d'État et la Cour de cassation est consommé », *D.*, 2013 p. 1258.

1464 Crim., 19 mai 2009, nos 08-82.666, 08-86.050 et 08-86.485 ; *D.*, 2009. p. 1767, chron. CHAUMONT P. et DEGORCE E. ; *D.*, 2010, p. 49, obs. BRUN P. et GOUT O. ; *RTD civ.*, 2009, p. 545, obs. JOURDAIN P.

1465 Civ. 2e, 11 juin 2009, nos 08-17.581, 07-21.472, 08-11.510, 08-16.089 et 07-21.786 ; *D.*, 2009, p. 1789, note JOURDAIN P. ; *D.*, p. 2714, obs. DELEBECQUE P., BRETZNER J.-D. et VASSEUR T. ; *D.*, 2010, p. 49, obs. BRUN P. et GOUT O. ; *D.*, p. 532, chron. SOMMER J.-M., LEROY-GISSINGER L., ADIDA H. et GRIGNON DUMOULIN S. ; *JCP*, 2009, n° 195, note PORCHY-SIMON S. ; BLOCH C., *JCP*, 2009, I, 248, n° 15 ; V. également Civ. 2e, 28 févr. 2013, n° 11-21.015 ; *D.*, 2013., p. 646 ; *RDSS*, 2013, p. 359, obs. BADEL M.

1466 CE, 5 mars 2008, req. n° 272447 ; *D.*, 2008, p. 921 ; *AJDA*, 2008, pp. 497 et 941, concl. THIELLAY J.-P. ; *Gaz. Pal.*, 2 avr. 2008, p. 8.

1467 CE, 8 mars 2013, n° 361273, *Rec. Lebon* ; SARGOS P., « La rente AT a pour objet exclusif de réparer les préjudices liés aux pertes de gains professionnels de l'incapacité », *JCP S*, n° 21, 21 mai 2013, 1220 ; PORCHY-SIMON S., « Imputation de la rente accident du travail : le divorce entre le Conseil d'État et la Cour de cassation est consommé », *D.*, 2013 p. 1258.

sur une base forfaitaire, les préjudices subis par la victime dans sa vie professionnelle ». Le Conseil d'État défend donc une protection plus étendue des préjudices personnels.

Si la ventilation des préjudices permet de protéger le prix du corps des recours des tiers payeurs cette distinction entre préjudices économiques et préjudices non économiques peut-elle toutefois être mobilisée à l'encontre de tous les créanciers ?

§II. Les limites d'une protection tenant à la libre disposition des sommes

730.- Une fois intégrée dans le patrimoine, l'indemnité devient un bien ordinaire susceptible d'être saisi par les créanciers de la victime (**A**). La somme perçue peut permettre de réaliser des projets ou être dépensée librement par la victime de la déficience. Cette somme peut être versée selon deux modalités distinctes que sont le capital ou la rente, l'opportunité de l'un ou de l'autre étant étroitement dépendante des circonstances (**B**).

A. La question de l'insaisissabilité du prix du corps

731.- La reconnaissance d'un prix du corps humain contredit le caractère inestimable du corps, pour reconnaître à la douleur, à l'atteinte physique ou encore au déficit physiologique une valeur pécuniaire. L'indemnité perçue intègre le patrimoine, s'y fondant sans distinction possible avec les autres biens. De ce point de vue, il nous semble que la terminologie de droit « extrapatrimonial » n'est pas pleinement satisfaisante. Elle permet certes de distinguer les conséquences de la déficience sur le patrimoine de celles qui n'en relèvent pas. Mais si l'action porte sur un droit extrapatrimonial, le produit de cette action intègre bien le patrimoine. Sans doute serait-il donc préférable de lui substituer une distinction entre les conséquences économiques et non économiques de la déficience[1468].

1468 La professeuse Yvonne Lambert-Faivre se montre favorable à l'emploi de la distinction entre les préjudices économiques et non économiques. V. intervention de Mme LAMBERT-FAIVRE devant le groupe de travail "Dintilhac" le 24 juin 2005, p. 1 et s., annexe II (document n°2.13).

732.- Certains auteurs ont pu contester ce caractère de bien ordinaire. Ainsi, Xavier Pradel considère que ces sommes, n'étant pas destinées à reconstituer un équilibre extrapatrimonial mais à « *procurer à la victime des satisfactions de remplacement* », devraient « *naturellement échapper au gage des créanciers* ». Pour cet auteur, l'indemnisation est finalement une forme de « *subrogation réelle à l'intérieur de la sphère d'extra-patrimonialité* »[1469]. Cet argument peine à convaincre. A notre sens, en dehors du patrimoine, la seule subrogation réelle est celle qui s'opère au sein de l'universalité de fait corporelle[1470].

733.- D'autres auteurs ont pu considérer que les indemnités destinées à la réparation d'un préjudice moral issu d'un dommage corporel sont exclusivement attachées à la personne du débiteur victime et qu'elles échappent à ce titre au créancier[1471]. En 1978, la Chambre commerciale de la Cour de cassation, dans le cadre du dessaisissement du débiteur en procédure collective, avait pu se montrer sensible à cette thèse, considérant que la cour d'appel aurait dû rechercher si les indemnités allouées à la victime en réparation de son préjudice corporel n'étaient pas, en raison de leur nature, exclusivement attachées à la personne[1472]. La résistance de la cour d'appel de renvoi conduisit alors l'Assemblée plénière à se prononcer contre cette conception : « *le dessaisissement [étant] général et [embrassant] l'intégralité du patrimoine sans considération de l'origine des biens, la cour d'appel énonce à bon droit que la seule exception à ce principe est contenue dans l'article 2092-2 du Code civil qui précise quels sont les biens exclus du droit de gage général du créancier dont le dessaisissement édicté au profit de la masse n'est qu'une application* »[1473]. Cette décision a pu être critiquée, d'aucuns appelant à davantage « *d'humanité* »[1474], s'insurgeant contre une solution archaïque[1475]. L'absence de spécificité de ces sommes a pourtant été confirmée par un arrêt du 23 novembre 1983 rendu à propos d'une saisie-arrêt. Cependant,

---

1469 PRADEL X., *Le préjudice dans le droit civil de la responsabilité*, LGDJ, « Bibliothèque de droit privé », t. 415, 2004, p. 418.

1470 V. *supra* n° 316 et s.

1471 AUDIER J., *Les droits patrimoniaux à caractère personne*, LGDJ, 1979, n° 214 et s.

1472 Com., 28 avr. 1978 ; *D.*, 1981, R., p. 220, note DERRIDA F.

1473 Ass. plén., 15 avr. 1983 ; *D.*, 1983, p. 461, concl. DONTEWILLE, note DERRIDA F. ; *Gaz. Pal.*, 31 août 1983, DUPICHOT P. ; *RTD civ.*, 1983, p. 799, obs. PERROT ; VERON M., « La saisie des indemnités réparatrices d'un préjudice corporel », *Gaz. Pal.*, 18 janv. 1984, doct., p. 5.

1474 Concl. DONTEWILLE, , Ass. plén., 15 avr. 1983, *D.*, 1983, p. 461.

1475 LAMBERT-FAIVRE Y., PORCHY-SIMON S., *Droit du dommage corporel, Systèmes d'indemnisation*, Dalloz, « Précis droit privé », 7ème éd., 2015, p. 284, n° 258.

si l'indemnité a un caractère partiellement alimentaire, elle peut être considérée comme insaisissable[1476].

734.- Les indemnités compensatrices de la déficience intègrent donc bien le patrimoine et sont des biens ordinaires. L'origine des biens ne suffit pas, en elle-même, à les exclure du droit de gage général des créanciers. Il appartiendrait au législateur de consacrer leur éventuelle insaisissabilité, comme le proposait notamment le professeur Loïc Cadiet[1477]. Une telle hypothèse invite finalement à s'interroger sur l'opportunité d'une exclusion des indemnités compensant le préjudice non-économique du droit de gage des créanciers. On peut regretter qu'une victime se trouve privée de sommes qui avaient vocation à compenser son préjudice corporel. Roger Nerson s'interrogeait à cet égard : « *puisque l'intégrité corporelle du failli n'était pas comprise dans le gage de ses créanciers, comment y mettre les dommages-intérêts qui représentent la diminution de cette intégrité corporelle ? Et ne paraît-il pas singulier que la douleur morale éprouvée par le failli du fait d'un tiers puisse devenir pour la masse un principe d'enrichissement ?* »[1478] Si nous partageons son doute, nous l'approuvons également sur sa conclusion : « *il ne faut pas oublier que le débiteur est obligé de tenir ses engagements : en les prenant, il s'est implicitement obligé à y faire honneur à l'aide de toutes les ressources qui pourraient lui advenir, de quelque manière que ce soit ; sans doute on laisse parfois à son appréciation personnelle le point de savoir s'il devra se procurer certaines ressources, mais du moment qu'il les a fait entrer dans son patrimoine, elles y deviennent le gage de ses créanciers* »[1479].

735.- Le prix du corps humain vise certes à compenser une atteinte qui ne peut l'être autrement, mais permet surtout de réaliser des projets. La victime peut souhaiter investir cet argent dans un projet qui finalement s'avérera infructueux. L'insaisissabilité pourrait avoir des conséquences néfastes sur ses facultés d'emprunt, un établissement bancaire pouvant, dans un tel contexte, se montrer réticent à octroyer un crédit.

736.- Un montant minimum de ressources doit toutefois pouvoir être légitimement préservé et, à ce titre, le caractère partiellement alimentaire de l'indemnité peut lui offrir une protection nécessaire. De même, les biens indispensables aux personnes handicapées ou destinés aux soins des malades restent insaisissables[1480]. En dehors de ces hypothèses, l'indemnité

1476 BACACHE-GIBEILI M., *Les obligations, La responsabilité civile extracontractuelle, Tome 5*, Economica, « Corpus droit privé », 2ème éd., 2012, p. 607, n° 535.

1477 CADIET L., *Le préjudice d'agrément*, Thèse de droit privé, Université de Poitiers, 1983, n° 479.

1478 NERSON R., *Les droits extrapatrimoniaux* , Bosc Frères & L. Riou, 1939, p. 490.

1479 *Ibid.*

1480 L. 112-2 C. pr. civ. exéc.

doit intégrer le patrimoine au même titre que toutes les créances susceptibles d'être saisies.

S'il ne paraît pas souhaitable d'affirmer une insaisissabilité du prix du corps humain, il convient néanmoins de réfléchir à la forme d'attribution la plus pertinente au regard de la déficience subie par la personne.

B. Les modalités de paiement : rente ou capital ?

737.- Les modalités d'allocation de l'indemnité varient selon le système d'indemnisation. Le droit de la responsabilité se caractérise par une très grande liberté du juge, allant de pair avec la libre disposition de la somme par la victime. Comme le résume très justement un auteur les juges « *réparent le dommage par l'allocation d'une somme d'argent, mais ne lui donnent pas une attribution déterminée. Celui qui reçoit cette somme est libre d'en faire ce qu'il lui plaît* »[1481]. Les modalités de paiement du prix relèvent de la libre appréciation du juge qui, selon les circonstances et sans être tenu par la demande de la victime, peut accorder une réparation sous forme de rente ou de capital[1482].

738.- A l'inverse, en matière d'accidents du travail et de maladies professionnelles, la loi du 9 avril 1898 prévoit en son article 7 que l'indemnité doit toujours être accordée sous forme de rente. Le choix se justifie au regard de l'objectif poursuivi, l'indemnité visant à réparer les conséquences économiques du dommage, lesquelles se font ressentir périodiquement[1483]. Le groupe de travail dirigé par le professeur François Terré propose aux alinéas 2 et 3 de l'article 59 du Projet de réforme du droit de la responsabilité, le versement sous forme de rente indexée de l'indemnisation due au titre des gains professionnels futurs ou de l'assistance d'une tierce personne[1484].

1481 GANOT J., *La réparation du préjudice moral,* Thèse pour le doctorat, impr. Edoneur, Université Paris, 1924, p. 57.

1482 Crim., 25 fév. 1928 ; *DH,* 1928, p. 239 ; *S.*, 1928, 1, p. 153 ; Civ 2e, 19 avril 1958, *Bull. civ.* II, n° 264, p. 177 ; Civ 2e, 22 nov. 1973, *Bull. civ.* II, n° 304, p. 244 ; JCP, 1974, II, 17897, note BROUSSEAU S. ; *RTD civ,* 1974, p. 821, obs. DURRY G. ; Civ 2e, 29 avril 1994, *RCA,* 1994, comm., n° 243 ; *JCP*, 1994, I, 3809, n° 12, obs. VINEY G.

1483 RIPERT G., *La réparation du préjudice dans la responsabilité délictuelle*, Dalloz, 1933, p. 204.

1484 TERRE F. (dir.), *Pour une réforme du droit de la responsabilité civile,* Dalloz, « Thème, Commentaires & Actes », 2011.

739.- Finalement, il est difficile d'affirmer qu'un mode de versement devrait prévaloir sur l'autre. Le choix du capital permet à la victime de se libérer de son débiteur et de disposer librement de la somme. Cependant, ce choix n'est pas toujours adapté, en particulier s'agissant des victimes d'accidents graves, atteintes d'une déficience permanente[1485]. La situation de déficience étant irrémédiable, les sommes ont vocation à compenser une atteinte au corps qui se prolonge dans le temps. Or, la personne mais aussi son entourage peuvent être tentés de dilapider trop rapidement le capital versé. Le capital peut en revanche présenter des vertus lorsque des aménagements importants sont à prévoir. On peut ainsi constater que si la prestation de compensation est généralement versée sous forme de rente en fonction des frais exposés, il est néanmoins possible de déroger à ce principe lorsqu'un besoin particulier le justifie. Lorsque la décision attributive de la prestation de compensation ouvre droit au bénéfice des éléments mentionnés aux 2°, 3°, 4° et 5° de l'article L. 245-3 du Code de l'action sociale et des familles (aides techniques, d'aménagement du logement ou du véhicule, aides spécifiques ou exceptionnelles), elle peut ainsi prévoir, à la demande de la personne handicapée ou de son représentant légal, que ces éléments donneront lieu à un ou plusieurs versements ponctuels.

Quel que soit le système d'indemnisation, il semble donc qu'une certaine individualisation soit souhaitable.

[1485] TERRE F., SIMLER P., LEQUETTE Y., *Droit civil, Les obligations*, Dalloz, « Précis Dalloz », 11ème éd., 2013, n° 905.

CONCLUSION SECONDE PARTIE

740.- Après avoir été fermement écarté, le prix se trouve au contraire accueilli lorsqu'il s'agit de rémunérer l'activité ou de compenser la déficience. Cette reconnaissance du prix apporte avec elle de nouvelles difficultés.

741.- Si le prix doit être reconnu, la protection de son montant doit également être assurée. Dans le cadre de l'activité, l'instauration d'un minimum de ressources permet, dans une certaine mesure, de garantir que la personne qui emploie son corps peut, en contrepartie, bénéficier des ressources nécessaires à ses besoins vitaux et essentiels. Dans le cadre de la déficience, la reconnaissance du prix du corps humain ne s'inscrit pas dans un caractère vital ou nécessaire, mais permet de compenser les conséquences sur le corps de la déficience. Elle vise à améliorer le sort de la personne atteinte. Si le droit de la réparation confère une large place à ce prix en vertu du principe de réparation intégrale, d'autres systèmes d'indemnisation lui réservent au contraire une place plus modeste, comme dans l'hypothèse de la réparation des accidents du travail et des maladies professionnelles, voire ne le reconnaissent pas, comme c'est le cas pour l'aide sociale. L'origine de la déficience continue ainsi de jouer une place importante dans la détermination du prix du corps humain. Une fois perçu, le prix de l'activité comme le prix de la déficience intègrent le patrimoine et peuvent être librement utilisés par la personne. Toutefois, il est possible de limiter les droits des créanciers sur ces sommes lorsqu'il s'agit d'assurer « un minimum de survie ».

742.- Enfin, plus spécifiquement pour le prix de l'activité, l'existence d'exceptions au principe de liberté doit être maintenue. Si le prix repose sur un usage qui peut être interrompu à tout moment et non sur une atteinte du corps, il n'en demeure pas moins que certaines activités, soit en raison de la personne, soit en raison de leur particularité, ne peuvent donner lieu à rémunération. S'il faut dans certains cas se résigner à l'existence d'une telle rémunération, il est alors encore possible d'exiger son plafonnement.

CONCLUSION

743.- À la lumière de cette étude, le prix du corps a pu révéler ses différentes facettes. Le prix n'est plus dans l'ombre du corps. Eclairé par lui et à ses côtés, il devient un allié. Le corps pèse le poids de sa valeur. Ce poids du corps peut naître de trois situations distinctes : la mobilisation de la matière corporelle mise en circulation, l'activité du corps ou le constat d'une déficience. Pour chacune d'elles, le prix du corps humain doit être désigné sous un vocable spécifique : vénalité pour la cession, rémunération pour l'activité ou compensation pour la déficience. De ces situations si singulières, il n'est pas permis de dégager un principe unique, assorti d'exceptions. Il convient, au contraire, de les envisager séparément pour concevoir un prix à la mesure de l'usage effectif du corps. De cette recherche, deux formes de relation entre le corps et le prix émergent.

744.- Le prix doit être écarté lorsqu'il s'agit de mettre en circulation le corps ou ses éléments et produits. Si le droit français a pu progressivement étendre le champ de la cession des éléments et produits du corps, une surveillance renforcée marque néanmoins cet usage du corps. En particulier, l'affirmation d'un principe, non de gratuité, mais de non-vénalité, doit être maintenu. Le corps entrant dans la circulation doit être privé de valeur pécuniaire cependant que le coût induit par cet acte généreux doit être intégralement indemnisé. La séparation entre le corps et l'argent est ainsi entière. La cession des éléments et produits n'est pas le temps de l'enrichissement et n'est pas pour autant celui de l'appauvrissement.

745.- Mais le prix, chassé de la cession afin de protéger le donneur d'un gain peu souhaitable, retrouve une certaine présence dans les suites de la mise en circulation. Il nous a paru essentiel de s'interroger sur la nature de ce prix. Le prix renaissant dans les chaînes de la circulation est-il celui du corps humain ? Incontestablement, la circulation du matériel biologique est marquée par la valeur pécuniaire qu'on lui reconnaît. Mais le prix finalement consacré est celui du travail, de la valorisation du matériel, et non du « matériel biologique brut » lui-même. Il n'en demeure pas moins que la quête du profit doit être jugulée. Des limites strictes telles que la prohibition des biobanques privées à vocation exclusivement autologue ou encore la non-brevetisation du corps de l'embryon jusqu'à celui du défunt, en ce compris les gènes de l'être humain, doivent être posées. Il ne saurait être question de protéger l'individu par la prohibition de la vénalité, d'une part, et d'autoriser un usage exclusif réduisant l'accès au matériel biologique comme aux connaissances, d'autre part.

746.- Ce principe posé, l'organisation juridique des règles relatives à la mise en circulation nous a semblé insatisfaisante. Il fallait en effet offrir à cette prohibition du prix du corps humain un cadre taillé à sa mesure. Classique, mais souple, la notion d'universalité de fait peut éclairer sous un jour nouveau les règles relatives à la mise en circulation. Le corps, dans cette approche nouvelle, peut être défini comme un ensemble de choses réunies et maintenues par la loi au sein d'un corps-contenant aux fins de protéger l'existence humaine. L'universalité permet d'encadrer la séparation des éléments mais également d'organiser leur accueil. Dépassant le strict champ de l'étude du prix, le potentiel de cette notion pourrait utilement servir dans d'autres contextes. Il pourrait par exemple être mobilisé pour permettre de mieux distinguer les règles relatives au corps de celles qui gouvernent les autres droits de la personnalité. Une réflexion pourrait également être menée à partir de la notion d'universalité de fait pour redéfinir le corps en matière de réparation du préjudice corporel. Dans le cadre d'une transplantation d'organes, par exemple, pourrait-on considérer en vertu d'une certaine conception de l'universalité de fait que l'organe prélevé, perdu en raison de la faute du praticien ou d'un tiers, constituait déjà un élément du corps du receveur ? Parce qu'elle est également une fiction, l'universalité de fait offre un champ vaste à la réflexion. Si l'universalité de fait peut aider à justifier l'éviction du prix du corps humain, il a fallu également envisager la possibilité d'un accueil plus favorable.

747.- En effet, le prix doit être reçu par le droit lorsqu'il se présente comme une contrepartie à l'activité humaine. Mobilisé dans un effort producteur ou dans le cadre d'une prestation de service, le corps est un instrument au service de la personne. Forte de sa volonté permettant d'interrompre cet usage à tout moment, la personne conserve un rôle actif à la différence de sa situation en cas de mise en circulation du corps, de ses éléments ou de ses produits. Le principe d'un prix s'accompagne toutefois d'exceptions pour lesquelles il est souvent vain de rechercher une ligne directrice commune. Plusieurs intérêts se mêlent tels que la protection du jeune âge, le refus de la professionnalisation d'une activité dont la légitimité est incertaine, une certaine conception sociale… Seule la gestation pour autrui constitue une exception cohérente au principe de libre activité. Si la volonté, seule, peut permettre l'interruption à tout instant de l'activité, tel n'est pas le cas de la gestation pour autrui.

748.- Le prix doit également être accueilli lorsqu'il permet, bien qu'imparfaitement, de compenser les conséquences physiques ou psychiques de la déficience. Le prix du corps humain ne vise pas l'intégralité des sommes perçues au titre de la réparation ou du handicap, mais de façon plus restrictive celles correspondant aux conséquences non économiques de la déficience. Plus précisément, le prix du corps humain est constitué de l'indemnité visant à compenser l'inaction du corps au quotidien, dans les activités de loisir ou par suite d'une atteinte à la sexualité, ainsi que de l'indemnité compensant l'atteinte au ressenti en raison des conséquences esthétiques ou de la douleur physique et morale.

749.- Contrepartie de l'activité ou compensation des conséquences physiques de la déficience, le prix du corps doit donc, dans ces deux situations, être préservé. Une garantie de ressources doit permettre à l'individu d'assurer sa survie. Quant à la reconnaissance du prix dans la déficience, elle doit permettre d'offrir les moyens d'une amélioration du quotidien.

750.- En délimitant les frontières du permis et de l'interdit, il est possible de réconcilier le corps et le prix. Cette démarche nous invite à plaider en faveur d'une intégration de leurs rapports au sein du Code civil. En particulier, les articles 16-5 et 16-6 ne permettent pas, dans leur rédaction actuelle, de saisir la variété des rapports entre le corps et le prix. L'interdiction, par l'article 16-5 du Code civil, des conventions ayant pour effet de conférer une valeur patrimoniale au corps ne comporte aucune nuance. L'article 16-6 appréhende pour sa part la rémunération du sujet de l'expérimentation et la rémunération du donneur d'éléments et produits à travers le même prisme. Aussi serait-il opportun de procéder à une meilleure prise en considération de la réalité de la valeur du corps par ces articles, lesquels pourraient alors se présenter dans les termes suivants :

Article 16-5 du Code civil

Est interdite toute mise en circulation vénale du corps humain ou de ses éléments et produits.

Article 16-6 du Code civil

Peuvent être allouées une rémunération en contrepartie d'une activité ainsi qu'une compensation pécuniaire en cas de déficience.

Toutefois, la rémunération allouée à celui qui se prête à une expérimentation sur son corps fait l'objet d'un plafonnement.

ANNEXES

Annexe n° 1

Formulaire de don du corps à l'institut de plastination

Annexe n° 2

Contrat type de transfert de matériel biologique de la EuroBiobank

Annexe n° 3

Budgets-types des besoins alimentaires et non alimentaires en 1954

Annexe n° 4

Bilan d'activité de l'AFFAPS sur les essais de médicaments

Annexe n° 5

Tableau récapitulatif des frais à payer pour les parents étrangers qui souhaitent avoir recours à une mère porteuse dans la clinique Ukrainienne NADYA.

Annexe n° 6

Tableau récapitulatif des coûts d'une gestation pour autrui dans le Center for Surrogate Parenting INC

Annexe n° 1

Institut de Plastination

Don de corps pour la plastination

Consentement du donneur

Vous pouvez procéder au don de votre corps pour la plastination après votre décès en suivant aux étapes suivantes :

1. Lisez attentivement la brochure d'information « Donner son corps à la plastination ».

2. Complétez ce formulaire en deux exemplaires et envoyez-nous ces derniers signés accompagnés de la carte de donneur et des procurations pour le transfert et – si vous êtes d'accord – pour la consultation des dossiers médicaux. S'il advenait que des proches s'opposent à votre décision de faire don de votre corps, il serait préférable que votre signature soit certifiée conforme par un notaire sur les deux formulaires.

3. Nous contresignons l'un des formulaires que nous vous retournerons à titre de confirmation. Conservez l'exemplaire contresigné pour vos dossiers personnels ou remettez-le à votre médecin. Nous vous retournerons également votre carte de donneur laminée. Vous devez, si possible, toujours avoir votre carte de donneur sur vous avec vos papiers d'identité.

Ce consentement n'est pas un contrat, mais une manifestation de volonté, qui peut être révoquée sans que vous deviez vous justifier.

Institut de Plastination
Bureau des dons de corps

Rathausstrasse 11 · 69126 Heidelberg, Allemagne
Tél.: +49 (0) 6221 331150 · Fax: +49 (0) 6221 331145
E-mail: koerperspende@plastination.com

Coordonnées du donneur/donneuse de corps

Nom:	Prénom:	
Nom de jeune fille:		
Date de naissance:	Lieu de naissance:	
Rue:	Code postal:	Ville:
Pays:	E-mail:	
Téléphone:	Portable:	Fax:

– Veuillez indiquer la nouvelle adresse en cas de changement de domicile –

Consentement au « don de corps pour la plastination »

Je souhaite qu'après mon décès, mon corps soit mis à disposition pour la plastination. Je déclare mon accord par ma signature. Je ne désire pas être inhumé(e) et aucune autopsie (ouverture du corps dans un institut de pathologie) ne sera pratiquée. En cas de décès, mon corps sera immédiatement transféré à l'Institut de Plastination (IfP), à l'adresse mentionnée sur ce formulaire, ou au PLASTINARIUM de Guben.

Mes proches ont été informés de ce don et l'approuvent. S'ils ne sont pas d'accord, ce don est soit certifié conforme par un notaire soit confirmé par la signature d'au moins un témoin.

Je réalise que l'IfP est un institut privé. Monsieur Gunther von Hagens, l'inventeur de la plastination, en assure la direction scientifique. L'IfP s'engage à remettre des spécimens humains uniquement à des « utilisateurs qualifiés ». Les utilisateurs qualifiés sont des personnes juridiques ou naturelles qui souhaitent utiliser des spécimens humains exclusivement à des fins de recherche, d'enseignement ou dans le cadre de professions médicales, diagnostiques et thérapeutiques, et les rendre convaincants. Ces personnes sont entre autres des établissements d'enseignement comme des universités, des hôpitaux, des écoles et des musées, mais aussi des médecins généralistes, des professeurs d'université, des chargés de cours ainsi que d'autres personnes qui participent à la réalisation de projets de recherche.

La préparation des plastinats comporte un coût élevé. Je consens à ce que les plastinats réalisés à partir de mon corps soient vendus à des établissements d'enseignement, à des médecins et à des établissements médicaux afin de financer les travaux de l'IfP. La facture qui sera remise à l'acquéreur des plastinats comportera la déclaration suivante : « Le plastinat facturé est uniquement disponible grâce à un don de corps réalisé à des fins de plastination. Nous tenons à remercier le donneur. Le spécimen en lui-même n'est pas facturé. Les coûts portent sur sa préparation. » Les recettes couvriront les coûts de préparation, de conservation et de plastination et permettront des innovations dans le domaine de la plastination, la formation d'experts en plastination qualifiés et la fondation d'un musée de la plastination.

Je peux révoquer mon consentement à ce que mon corps soit utilisé à des fins de plastination en tout temps sans fournir de justification. L'IfP a également le droit d'émettre une déclaration révoquant son consentement à accepter un corps pour la plastination.

Lieu, date .... Signature du donneur accompagnée du nom et prénom ....

Lieu, date .... Représentant de l'Institut de Plastination ....

Déclarations supplémentaires concernant le don de corps pour la plastination

Les questions suivantes ont pour but de nous aider à concilier nos activités avec les volontés du donneur. Si vous souhaitez exprimer votre opinion à propos des questions ci-dessous, nous vous invitons à compléter les champs correspondants et à signer cette déclaration au verso. Vous pouvez également faire part d'autres commentaires ou souhaits par écrit.

1. Existe-t-il un membre de la famille ou une personne en qui vous avez confiance et avec laquelle nous pouvons communiquer, le cas échéant, après votre décès ? Si oui, veuillez fournir les coordonnées ci-dessous :

   Nom: .... Prénom: .... Téléphone: ....

   Adresse: ....

   Nature de la relation (par ex. fille, frère): ....

2. Je suis également donneur d'organes. ❍ oui ❍ non

   (Le don d'organes à des fins de transplantation est compatible avec le don de corps pour la plastination. Le don d'organes a la priorité sur la plastination, car le corps peut être utilisé pour la plastination même après le prélèvement d'organes. Si vous souhaitez devenir donneur d'organes, veuillez vous adresser à la Croix-Rouge.)

3. Je suis également donneur d'organes. ❍ oui ❍ non

   (Le don d'organes à des fins de transplantation est compatible avec le don de corps pour la plastination. Le don d'organes a la priorité sur la plastination, car le corps peut être utilisé pour la plastination même après le prélèvement d'organes. Si vous souhaitez devenir donneur d'organes, veuillez vous adresser à la Croix-Rouge.)

4. La connaissance de maladies existantes peut nettement améliorer notre travail ainsi que le type de préparation et le résultat de la conservation. Les dossiers médicaux du donneur peuvent également se révéler un outil précieux pour la recherche et la formation.
   J'autorise la consultation de mes dossiers médicaux après mon décès. ❍ oui ❍ non

5. Je consens à ce que mon corps plastiné serve à parfaire les connaissances médicales des néophytes et, à cette fin, qu'il soit exhibé dans un endroit public (par ex. dans un musée). ❍ oui ❍ non

6. L'identité propre du donneur de corps est altérée au cours de la préparation anatomique. Le processus donne au visage et au corps une nouvelle apparence selon l'anatomie interne individuelle. C'est pourquoi un spécimen plastiné ne peut être reconnu à partir de ses traits externes. Ceci exigerait en fait de faire appel à des techniques de reconstruction complexes.
   Je souhaite que mon consentement au don de mon corps et la préparation de spécimens permanents provenant de mon corps demeurent anonymes (« demeurer anonyme » signifie que lors d'une exposition dans un musée, par exemple, le nom du donneur, son âge et sa profession ne peuvent pas être mentionnés.) ❍ oui ❍ non

7. Je consens à ne pas limiter l'usage qui peut être fait de mon corps pourvu que ce soit dans le domaine de la formation médicale, de la recherche médicale ou des traitements thérapeutiques assurés par des médecins ou autres établissements médicaux. Ceci est important s'il advenait que la décomposition de mon corps soit trop avancée pour permettre sa plastination, mais qu'il puisse encore servir à la préparation de spécimens anatomiques permanents comme des préparations humides, des squelettes et des compositions à base de vaisseaux. Cet état de mon corps peut également contribuer à la formation d'étudiants et au perfectionnement de médecins et de médecins spécialisés qui pourront se préparer sur de vrais corps ou pratiquer des opérations sur des cadavres avant d'opérer sur des personnes vivantes. ❍ oui ❍ non

8. Les préparations plastinées et les plastinats de corps entiers en particulier sont considérés comme des œuvres d'art anatomiques. Je consens à ce que mon corps devienne une œuvre d'art anatomique. ❍ **oui** ❍ **non**

9. Les gens nous demandent souvent, avec un certain degré d'admiration et de respect, ce qui motive les personnes à faire don de leur corps pour la plastination. Nous aimerions donc connaître les raisons qui sont à l'origine de votre décision.

Les raisons pour lesquelles je désire faire don de mon corps pour la plastination sont les suivantes (veuillez cocher toutes les réponses pertinentes) :

❍ J'aimerais faire don de mon corps pour une bonne cause.

❍ Je suis fasciné(e) à l'idée d'être conservé(e) pour la postérité.

❍ L'idée de funérailles conventionnelles, comme l'incinération ou l'inhumation, me déplaît.

❍ Comme la plastination ne comporte pas d'inhumation,
les membres de ma famille n'auront pas à se préoccuper de l'entretien de ma sépulture.

❍ Aucun membre de ma famille ne peut s'occuper de ma sépulture après mon décès.

❍ Je désire économiser des frais funéraires.

❍ Le potentiel de la plastination m'enthousiaste.

❍ Je suis fasciné(e) par les expositions publiques.

Autres motifs, avis ou commentaires : ....

....

....

....

....

....

....

....

....

....

....

....

....

Au cas où l'espace disponible ne suffirait pas pour votre commentaire, merci d'utiliser un feuillet séparé.

J'accepte que ce commentaire soit publié.

❍ **qui,** mais uniquement de manière anonym ❍ **qui,** même de manière non anonyme ❍ **non**

Juillet 2008

....

Lieu, date Signature du donneur accompagnée du nom et prénom

Annexe n° 2

EuroBioBank

MATERIAL TRANSFER AGREEMENT (MTA)

This Agreement is made the…………..day of ………. 2006 between …………………. whose registered office is situated at ………………………… (hereinafter called "Recipient")

and

…………………………., having its principal offices …………………………, (hereinafter "Provider")

in the frame of EuroBioBank network.

WHEREAS:

EuroBioBank (EBB) is a European network of biological banks, which provides human DNA, cell and tissue samples as a service to the scientific community conducting research on rare diseases.

Provider is a member of the EuroBioBank network and as such has adhered to the EuroBioBank Charter

Recipient is a ……….. whose principal object is to research and develop …………….. in the field of rare diseases.

Recipient acknowledge that this agreement is entered into in order to encourage scientific collaboration and exchange of data and material in the field of rare diseases.

NOW IT IS HEREBY AGREED AS FOLLOWS:

Pursuant to Recipient's request that certain research material be made available for research and/or testing purposes, Provider agrees to provide to Recipient this biological material under the following terms and conditions:

Supply of samples and information

1. The research material covered by this agreement, hereinafter "Biological Material" is identified in the Request Form *(Appendix A)*.

2. Within sixty (60) days from the date of this Agreement above, Provider shall provide Recipient with samples of the Biological Material, in good condition along with associated information and data developed by Provider as appropriate. The samples shall be sent to the attention of: ……………, or his designee, at Recipient's site; ………………… (address of the site for delivery). All custodianship of the Biological Material will pass to Recipient from the point of delivery of the sample to the Recipient' site. Recipient will then be responsible for its use, storage and disposal for the term of the Agreement. Recipient agrees not to take or send the Biological Material to any other location or to a third party without advance written approval of Provider

3. Recipient hereby accepts, upon the terms and conditions herein specified, the custodianship of the Biological Material to enable Recipient to use the Biological Material for the sole purpose of conducting experimental research to the exclusion of any commercial use of the Biological Material. The experimental research conducted by Recipient with the Biological Material, hereinafter the "Research", is described in *Appendix B*.

4. Recipient shall use the Biological Material in compliance with all applicable laws and government regulations. Under no conditions will the Material be used in human subjects.

5. The Biological Material has been collected and processed by Provider in compliance with all applicable laws, rules, regulations and other requirements of any applicable governmental authority, including without limitation those applicable to patient informed consent.

6. Prior to the transfer of the Biological Material to Recipient, Provider will ensure that the samples are either coded or anonymised, so that under no circumstances will Recipient be supplied with the identity of the patient, or any basic clinical information, that in Provider's opinion could identify the patient.

7. Recipient understands that the Biological Material delivered hereby is experimental in nature and should be used with prudence and appropriate caution since not all of its characteristics are known. Recipient

assumes all liability for damages, which may arise from the use, storage, handling or disposal of the Biological Material or its derivatives.

8. Provider makes no representations and extends no warranties of any kind, either expressed or implied. Provider and its directors, officers, employees, or agents assume no liability and make no representations in connection with the Biological Material or the derivatives or the information or their use by Recipient or its investigators. Recipient will defend, indemnify and hold harmless Provider, its directors, officers, employees, and agents from any damages, claims, or other liabilities which may be alleged to result in connection with the Biological Material, derivatives or information. There are no expressed or implied warranties of merchantability or fitness for a particular purpose, or that the use of the Biological Material and related information will not infringe any patent, copyright, trademark or other rights.

Research results/publication/acknowledgement of contribution

9. Recipient shall share the results of the Research obtained through use of the Biological Material with Provider. In particular, Recipient undertakes to send a copy of any such publication based on use of the Biological Material (or derivative), promptly after it is published, to Provider, and to EuroBioBank at the following e-mail address eurobiobank@eurobiobank.org

10. In accordance with scientific customs, the contributions of those who have made Biological Material available or of the EuroBioBank Scientists if appropriate, will be reflected expressly in all written or oral public disclosures concerning the Research using the Biological Material, by acknowledgment or co-authorship, as appropriate. The origin of the Biological Material must be included in such disclosures, as follows: "We thank [bank X] for providing the samples. [bank X] is a partner of the EuroBioBank Network established in 2001 thanks to EC funding (01/2003-03/2006), www.eurobiobank.org"

Publicity

11. Neither Recipient nor Provider shall use the name of the other party or any contraction or derivative thereof or the name(s) of the other party's faculty members, employees, contractors or students, as applicable,

in any advertising, promotional, sales literature, or fund-raising documents without prior written consent from the other party.

Confidentiality

12. Each of Recipient and Provider undertakes to retain in confidence and not disclose to any third party any confidential information and samples received from the other party. Such information may, however, be disclosed insofar as such disclosure is necessary to allow a party, or its employees to defend against litigation, to file and prosecute patent applications, or to comply with governmental regulations. Such obligation of confidentiality shall be waived as to information and samples which (i) is in the public domain; (ii) comes into the public domain through no fault of the receiving party; (iii) was known prior to its disclosure by the receiving party, as evidenced by written records; or (iv) is disclosed to the receiving party by a third party having a lawful right to make such disclosure. Such obligations of confidentiality shall continue for five (5) years from the completion or termination of the Research.

Costs

13. Recipient will make appropriate payment to cover reasonable administration costs in the supply and transport of the samples but will make no payments for the samples themselves.

Term and Termination

14. This agreement will terminate on the earliest of the following dates : (a) XXX years from the date of signing this agreement, or (b) on completion of the Recipient's current Research with the Biological Material, or (c) on thirty (30) days written notice by either party to the other.

15. On termination for any reason, Recipient agrees to return or dispose of any remaining Biological Material, in accordance with the Provider's directions.

Miscellaneous

16. This Agreement constitutes the complete and exclusive agreement between Provider and Recipient with respect to the subject matter hereof, and supersedes all prior oral or written understandings, communications or agreements not specifically incorporated herein. This Agreement may

not be modified. If any provision of this Agreement is held to be unenforceable for any reason, such provision shall be reformed only to the extent necessary to make it enforceable, and such decision shall not affect the enforceability (i) of such provision under other circumstances, or (ii) of the remaining provisions hereof under all circumstances.

In witness whereof, Recipient and Provider have executed this agreement as of the date below written.

PROVIDER

RECIPIENT

By :

By :

Name :

Name :

Title

Title :

Date

Date :

Documents attached :

-Request Form

-Project description

Annexe n° 3

Le budget type de la Commission supérieure des conventions collectives, in *Population,* 9e année, n°1, 1954, p. 131

TABLEAU I. BUDGET ALIMENTAIRE TYPE DE L'ADULTE

Produits	Quantités retenues (chiffres arrondis)			Calories journalières (résultats arrondis)		Coût mensuel au 15 oct. 1953 (en francs)	
	par jour	par semaine	par mois				
GROUPE I :							
Protides animaux							
Viande	125 gr.		3,750 kg.	275		2.245	
Poisson		240 gr.	1 kg.	28		316	
Œufs		3	12	27		318	
Fromage	35 gr.		1,050 kg.	122		577	
Lait	0,28 lit.		8,50 lit.	187		408	
Total du Groupe I					*610*		*3.864*
GROUPE II :							
Matières grasses							
Beurre		100 gr.	450 gr.			357	
Margarine		35 gr.	150 gr.			46	
Huile		100 gr.	450 gr.			148	
Saindoux		60 gr.	250 gr.			66	
Total du Groupe II			*1,300* kg.		*350*		*617*
GROUPE III :							
Protides végétaux							
Légumes	450 gr.		14 kg.				
Fruits	250 gr.		7,5 kg.				
Total du Groupe III			*21,5* kg.		*250*		*2.063*
GROUPE IV :							
Glucides							
Pain	360 gr.		10,640 kg.	870		730	
Pommes de terre	330 gr.		10,000 kg.	230		190	
Sucre			1,200 kg.	160		139	
Divers (1)			2,595 kg.	236		845	
Total du Groupe IV					*1.496*		*1.904*
ENSEMBLE DES ALIMENTS					**2.736**		**8.448**
Vin	0,56 lit.		17 lit.		*313*		*1.217*
ALIMENTS ET BOISSON					**3.049** (2)		**9.665**

(1) Légumes secs, riz, fruits secs, pâtes, farine, confiture, sel, café, condiments.
(2) Y compris les calories du vin.

TABLEAU I *bis*. BUDGET-TYPE D'UN ENFANT DE DIX ANS

Produits	Quantités retenues par jour	par semaine	par mois (chiffres arrondis)	Calories journalières (résultats arrondis)		Coût mensuel au 15 oct. 1953 (en francs)	
GROUPE I : *Protides animaux*							
Viande	80 gr.		2,500 kg.	173		1.494	
Poisson		150 gr.	600 gr.	19		212	
Œufs		2 1/2	10	23		265	
Fromage		125 gr.	500 gr.	59		266	
Lait	1/2 lit.		15 lit.	330		720	
Total du Groupe I					*604*		*2.956*
GROUPE II : *Matières grasses*							
Beurre		100 gr.	400 gr.			318	
Margarine		25 gr.	100 gr.			30	
Huile			370 gr.			122	
Total du Groupe II			*870* gr.		*230*		*470*
GROUPE III : *Protides végétaux*							
Légumes	200 gr.		6,000 kg.				
Fruits	125 gr.		3,750 kg.				
Total du Groupe III			*9.750* kg.		*117*		*955*
GROUPE IV : *Glucides*							
Pain	200 gr.		6,000 kg.	490		412	
Pommes de terre	200 gr.		6,000 kg.	140		114	
Sucre	40 gr.		1,200 kg.	160		139	
Divers (1)			1,460 kg.	169		453	
Total du Groupe IV					*959*		*1.168*
ENSEMBLE					**1.910**		**5.549**

(1) Riz, fruits secs, pâtes, confiture, chocolat, sel et condiments.

Tableau II. Budget-type individuel — Partie non alimentaire

Nomenclature	Quantité ou période d'amortis-sement	Coût mensuel (en francs)	
I. Habitation.			
Logement et charges		1.750	
Eau	1 m^3		
Gaz	15 m^3	555	
Electricité	7 kW.	180	
Charbon	25 kgs	679	
Mobilier (1)		180	
Entretien, assurance incendie		261	
Vaisselle et articles de ménage (2)		217	
Total			*3.861*
II. Habillement et linge de maison.			
Habillement (3)		3.611	
Linge de maison, literie (4)		289	
Total			*3.900*
III. Blanchissage, nettoyage, entretien du linge et des vêtements.			
Lavage draps et bleus de travail	1 mois	510	
Lavage et repassage du linge	1 mois	776	
Raccommodage (3 h. femme de ménage)	1 mois	405	
Nettoyage costume et pantalon	1 an	81,50	
Total			*1.772,50*
IV. Soins personnels.			
1 coupe de cheveux	1 mois	172	
50 douches	1 an	187,50	
Articles de toilette (5)		209	
Complément aux assurances sociales (6)		140	
Total			*708,50*
V. Dépenses diverses.			
Transports urbains (Métropolitain):			
— 1 carnet de tickets 2e classe	1 mois	200	
— 100 cartes hebdomadaires	1 an	1.333,30	
Congé annuel (13 jours):			
— Transport (500 kms)	1 an	182,30	
— Pension à 1.100 francs par jour (7)	1 an	847,20	
Loisirs, cotisations et autres dépenses		2.696,40 (8)	
Total			*5.259*
Total général		**15.501**	

(1) Tous les 25 ans : 1 lit, 1 sommier, 1 matelas, 1 traversin, 1 table de chevet, 1 armoire, 1 buffet de cuisine, 2 chaises, 1 table, 1 poêle, 1 réchaud à gaz.
(2) Nous ne donnerons pas l'énumération des articles supposés durer, pour la plupart, 5 ans, et dont le coût total est majoré de 15 %.
(3) Tous les 5 ans : 1 pardessus; tous les 3 ans : 1 ceinture; tous les 2 ans: 1 vêtement imperméable, 1 pull-over, 1 paire de gant de laine, 1 pyjama, 1 paire de chaussures de ville; tous les ans : 1 pantalon supplémentaire, 2 bleus de travail, 3 paires de chaussettes de coton et 2 de laine (renforcées en nylon), 1 béret basque, 2 cravates, 3 chemises de travail, 1 chemise de sortie, 2 maillots de corps, 3 caleçons courts, 6 mouchoirs, 1 paire de chaussures de travail, 1 paire d'espadrilles; tous les 18 mois : 1 ressemelage, 1 complet deux pièces.
(4) Tous les 24 ans : 2 couvertures; tous les 10 ans: 1 changement de toile à matelas; tous les 5 ans: 1 cardage de matelas, 1 toile cirée, 1 paire de rideaux; tous les 4 ans: 2 draps; tous les ans : 2 serviettes de toilette, 2 gants de toilette, 1 serviette de table, 2 torchons.
(5) Tous les 20 ans : 1 rasoir mécanique; tous les 5 ans : 1 blaireau; tous les ans : 1 brosse à dents, 1 peigne, 2 savons à barbe taille courante, 3 tubes de dentifrice; tous les mois : 5 lames de rasoir, 1 savonnette (100 gr.), 1 savon de Marseille (300 gr.).
(6) 4 consultations par an.
(7) A déduire le coût journalier de la nourriture retenu dans le budget alimentaire.
(8) 12 % du total des dépenses alimentaires et non alimentaires calculées.

Annexe n° 4

Essais cliniques de médicaments (hors thérapie cellulaire et thérapie génique)
BILAN D'ACTIVITE

Essais cliniques de médicaments (hors thérapie cellulaire et thérapie génique)	**2008**	**2009**	**2010**	**2011**
Caractéristiques des demandes				
Nombre de demandes d'autorisation d'essais cliniques (AEC)/Nombre d'essais cliniques	1050/1000	960/920	941/903	914/871
Nombre de demandes d'autorisation d'amendements substantiels (AMS)	1023	1440	1609	1791
Répartition par type de promoteurs				
Industriel :	74%	74%	73%	69%
Institutionnel :	26%	26%	27%	31%
Répartition par phase				
Phase 1 :	24,8%	20,33%	21,90%	21,80%
Phase 2 :	27,4%	31,63%	27,40%	31,70%
Phase 3 :	37,1%	37,39%	39,80%	35,80%
Phase 4 :	10,0%	10,11%	10,00%	9,70%
Répartition par domaine thérapeutique (les 4 plus importants)				
Oncologie et onco-hématologie	27%	27%	28%	28%
Système nerveux central	16%	16%	18%	18%
Infectiologie	7%	10%	10%	13%
Cardiovasculaire	10%	8%	7%	6%

Afssaps - avril 2012

Essais Cliniques menés en pédiatrie	72 (7,2%)	88 (9,5%)	90 (10%)	106 (12,2%)
Instruction par l'Afssaps				
Nombre d'AEC délivrées	790	753	723	704
Nombre de refus	0	0	1	0
Nombre de retraits des demandes	67	43	42	40
Nombre d'AMS délivrées	959	1232	1362	1624
Délais d'instruction par l'Afssaps				
Délai moyen d'AEC :				
• n'incluant pas la période de recevabilité (jours)	/	/	/	37
• incluant la période de recevabilité (jours)	41,9	42,1	39,9	41,3
Délai moyen d'AMS incluant la période de recevabilité (jours)	20,9	21,3	20,6	15,8
Vigilance				
Nombre de déclarations d'effets indésirables graves et inattendus *	51380	48562	48742	51844
DSUR/A63rapports annuels de sécurité	861	1070	1095	1391
VHP (procédure volontaire d'harmonisation)				
Nombre de dossiers (y compris thérapie cellulaire et thérapie génique) impliquant la France/nombre total de dossiers soumis à la VHP (%)		12	19/27 (70%)	66/83 (80%)
Nombre dossiers France Leading Member State			7	7
Délai d'autorisations nationales post CTFG incluant la période de recevabilité (jours)		4,3	4,1	5,9

* nombre total de rapports reçus (initiaux+suivi ; France+ étranger)

Afssaps – avril 2012

Annexe n° 5

Fees of IAAM for international clients

Services	Prices, USD*	Description
Organizational and consultation services		
Primary consultation	**free of charge**	• **introduction of surrogate motherhood program;** • **organizational questions;**
Screening and medical examination of a surrogate mother (SM)	**3300**	• **presentation from 1 to 3 surrogate mother candidates (according to intended parents' requirements);** • **complex medical examination of SM in clinic of reproductive medicine "NADIYA";** • **organization of meeting with SM candidates;** • **conclusion of psychologist;**
Organization and supervision of medical part of program	**400**	• **presentation of detailed information about medical program;** • **arrangement of appointment to doctor;** • **control of medicaments purchase and usage by SM for the entire period of pregnancy;**
Organization of delivery	**300**	• **selection of maternity hospital;** • **organization of medical support and stay of SM in maternity department;**
Legal services		
Legal counselling	**50/hour**	• **independent legal counselling;**
Legal support of surrogacy program before child's birth	**2500**	• **legal counselling concerning the surrogacy program;** • **obtaining SM Husband's consent in written for his wife's participation in the surrogacy program;** • **drafting and execution of contracts and other legal documents for the participants of the surrogacy program;** • **notary services;**
Legal support of surrogacy program after child's birth	**3500**	• **obtaining of medical birth certificate of a newborn;** • **execution of SM's consent for registration Intended parents as legal parents of a child;** • **notary services;** • **assistance in registration of a child in Vital Records Office, obtaining of birth certificate;**

Surrogate mother's compensation		
Compensation to SM	**from 12000**	• **negotiable compensation sum**
Extra compensation to SM	**3000**	• **in case of birth of twins**
Monthly allowance for SM	**400/month**	• **clothes for pregnancy period;** • **nutrition;** • **vitamins;**
Possible additional compensations and fees		
SM compensation for failed IVF attempt – pregnancy is not viable	**400**	• **payable to SM for every failed cycle**
Emergency deposit	**1000**	• **secured sum for unpredicted medical and organizational expenses in case of emergency (refundable in full or partially)**
Supervisor services	**negotiable**	• **escort to the clinic;** • **visiting SM at home;** • **supervision of fulfillment of obligations by SM;** • **reporting;**
Guest services		
Transfer from/to international airport «Boryspil» **(one way trip)**	**50**	• **meeting at the airport;** • **accompanying to the hotel, apartment, clinic;**
Transfer from/to bus, train station **(one way trip)**	**20**	• **meeting at the bus/train station;** • **accompanying to the hotel, apartment, clinic;**
Apartment rental	**from 50/night**	• **price depends on the district, conditions**
Search of apartment for SM	**from 250**	• **price for searching service**

**The payment is to be made in national currency of Ukraine, – hryvnya (UAH), at the rate established by National Bank of Ukraine on the day of payment..*

You can get acquainted with the price for medical services of our partner - clinic of reproductive medicine "NADIYA", using this link:

NADIYA
Clinic of Reproductive Medicine

Clinic of reproductive medicine «NADIYA»
(http://www.ivf.com.ua/en/Prices.html)

Annexe n° 6

Center for Surrogate Parenting, Inc.

Helping Create Families Since 1980

PARENTS LOG IN SURROGATE LOG IN

HOME > SURROGATE MOTHERS

SURROGATE MOTHER

- HOME
- ABOUT US
- SURROGATE MOTHERS
- STEP-BY-STEP
- SURROGACY VIDEOS
- SUCCESS STORIES
- CSP BLOG
- CONTACT US

Financial Compensation for Surrogate Mothers

0

Surrogate Mother Compensation:

	1st time surrogate	2nd time surrogate	3rd time surrogate
California	$28,000	$33,000	$35,000
All other states	$25,000	$28,000	$30,000

Surrogate Mother Expenses: (Paid from your Intended Parents' trust account)

$1,000 or $1,500	Embryo transfer fee per cycle includes: lost wages for surrogate mother and spouse, childcare, meals, parking, mileage and other misc. expenses. Amount determined by the distance to the fertility clinic.
$200-$400	Monthly expense begin when legal clearance is issued by attorneys and ends at 6th week of pregnancy. Cover surrogate mother personal expenses for match meeting, medical appointments/procedures, childcare, lost wages, mileage, etc.
$200/week	Childcare - starting at 34th week of pregnancy until 2 weeks after delivery or doctor ordered bed rest or hospitalization.
$200/week	Housekeeping - starting at 34th week of pregnancy until 2 weeks after delivery or doctor ordered bed rest or hospitalization.
$5,000	Surrogate mother travel includes airline travel, ground transportation and hotel accommodation.
$250	Attorney review and clearance of surrogate mother medical insurance policy.
$1,000	Surrogate's independent attorney fee. ($750 - contract review + $250 review of documents for finalization.)
$250-$400	Life insurance annual premium (Face value of term policy: $250,000)
$1,000	Maternity clothing allowance ($500 paid at 10th and 14th week)
$100	Group support meeting: if surrogate drives within 60 miles
$100 + mileage	Group support meeting: if surrogate drives more than 60 miles
$200 + mileage + hotel	Group support meeting: if surrogate drives more than 60 miles and stays 1 night
$200 + flight	Group support meeting: if surrogate flies to group
$300 + flight + hotel	Group support meeting: if surrogate flies to group and stay 1 night
Actual	Lost wages for surrogate mother: Doctor order only. First 30 days are included in surrogate compensation, thereafter actual net lost wages
Actual	Lost wages for surrogate's spouse: net wages not to exceed 5 days

NEED A SURROGATE MOTHER

APPLY TO BE A SURROGATE

Medical Procedure Fees:

• Twin fee:	$8,000
• C-section for singleton	$4,000
• Mock cycle:	$250
• Drop/cancelled cycle:	$500
• CVS:	$500
• Amniocentesis:	$500
• Selective Reduction:	$1000
• Termination:	$1000
• Miscarriage:	$500
• D & C:	$500 (per pregnancy lost)
• D & E:	$1,000 (per pregnancy lost & includes miscarriage fee)
• Loss of uterus:	$3,000
• Loss of tube(s):	$1,200

Financial Notes:

1. Surrogate compensation is reduced by $2,000 if Intended Parents pay for insurance premiums.
2. First 2 weeks/80 hours of lost wages are included in surrogate's compensation.
3. C-Section fee includes childcare and housekeeping.

Surrogate Mother Compensation: payments begin 6 weeks after a transfer that results in a pregnancy

COSTS AND FEES SUBJECT TO CHANGE WITHOUT PRIOR NOTICE

All fees quoted in US dollars and based on June 2014 estimate

West Coast Office:
Center for Surrogate Parenting, Inc.
15821 Ventura Blvd. Suite 625
Encino, California 91436
Phone: 818-788-8288
Fax: 818-981-8287

East Coast Office:
Center for Surrogate Parenting, Inc.
2661 Riva Road, Building 1000 Suite 1042
Annapolis, Maryland 21401
Phone: 410-224-0151
Fax: 410-224-0153

Bibliographie

Ouvrages généraux, traités, manuels et cours

ACOLLAS Emile, *Manuel de droit civil à l'usage des étudiants, contenant l'exégèse du Code Napoléon et un exposé complet des systèmes juridiques, Tome 1*, Germer-Baillière, 2ème éd., 1874

ALFANDARI Elie, TOURETTE Florence, *Action et aide sociales,* Dalloz, « Précis », 5ème éd., 2011.

ANDRE Christophe, *Droit pénal spécial,* Dalloz, « Cours Dalloz », 2ème éd., 2013.

ATIAS Christian, *Droit civil, Les biens,* Litec, « Manuel », 2011.

AUBRY Charles, RAU Charles, *Cours de droit civil français d'après la méthode de Zachariae, t. VI,* Cosse, Marchal, 4ème éd., 1879.

AUBY Jean-Marie, *Le droit de la santé,* PUF, « Thémis », 1981.

BACACHE-GIBEILI Mireille, *Les obligations, La responsabilité civile extracontractuelle, Tome 5,* Economica, « Corpus droit privé », 2ème éd., 2012.

BAKOUCHE David, *Droit civil, Les personnes, La famille,* Hachette, « Hu droit », 2005.

BEIGNIER Bernard, *Droit des assurances,* Montchrestien, « Domat droit privé », 2011.

BENABENT Alain,

- *Droit de la famille,* Montchrestien, « Domat droit privé », 2012.
- *Droit civil, Les contrats spéciaux civils et commerciaux,* Montchrestien, « Domat droit privé », 9ème éd., 2011.
- *Droit des obligations,* Montchrestien, « Domat droit privé, 16ème éd., 2017.

BERGEL Jean-Louis, BRUSCHI Marc, CIMAMONTI Sylvie, *Les biens,* LGDJ, 2ème éd., 2010.

BART Jean, *Histoire du droit privé de la chute de l'Empire romain au XIXème siècle,* Montchrestien, « Domat droit privé », 2ème éd., 2009.

BAUDRY-LACANTINERIE Gabriel, BARDE Louis, *Traité théorique et pratique de droit civil, Des Obligations, Tome Premier,* L. Larose, 1897.

BEIGNER Bernard, *Droit des assurances,* Montchrestien-Lextenso, « Domat droit privé », 22ème éd., 2011.

BEUDANT Charles, LEREBOURS-PIGEONNIERE Paul, VOIRIN Pierre, *Cours de droit civil français, t. IV, Les biens,* Librairie Arthur Rousseau, 2ème éd., 1938.

BIGOT Jean, BAILLOT Philippe, KULLMANN Jérôme, MAYAUX Luc, *Les assurances de personnes, Tome 4,* LGDJ, « Traité de droit des assurances », 2007.

BINCTIN Nicolas, *Droit de la propriété intellectuelle, Droit d'auteur, brevet, droits voisins, marque, dessins et modèles,* LGDJ, 2ème éd., 2012.

BORGETTO Michel, LAFORE Robert, *Droit de l'aide et de l'action sociales,* Montchrestien, « Domat droit public », 8ème éd., 2012.

BOULOC Bernard, *Pénologie*, Dalloz, « Précis », 3ème éd., 2005.

BRENNER Claude, *Procédures civiles d'exécution,* Dalloz, « Cours Dalloz », 7ème éd., 2013.

BRUGGEMAN Maryline, GLANDIER-LESCURE Nathalie, LACOUR Clémence, *Droit de la famille,* Ellipses, 2 ème éd., 2007.

BRUN Philippe, *Responsabilité civile extracontractuelle,* LexisNexis, « Manuel », 3ème éd., 2014.

CABRILLAC Rémy, FRISON-ROCHE Marie-Anne, REVET Thierry, *Libertés et droits fondamentaux,* Dalloz, 18ème éd., 2012.

CAMERLYNCK Guillaume-Henri, *Le contrat de travail, Traité de droit du travail sous la direction de G.H. Camerlynck, t. I,* Dalloz, « Droit du travail », 2ème éd., 1982.

CAPITANT Henri, *Introduction à l'étude du droit civil,* Dalloz, 5ème éd., 1919.

CAPITANT Henri, CUCHE Paul, *Précis de législation industrielle,* Dalloz, « Petit précis Dalloz », 5ème éd., 1939.

CARBONNIER Jean,

- *Introduction. Les personnes. La famille, l'enfant, le couple, vol. I,* PUF, « Quadrige », 2004.
- *Droit civil, les biens, les obligations, vol. II,* PUF, 2004.

CHAGNY Muriel, PERDRIX Louis, *Droit des assurances,* LGDJ, 2009.

CHAUCHARD Jean-Pierre, KERBOUC'H Jean-Yves, WILLMANN Christophe, *Droit de la sécurité sociale,* LGDJ, « Manuel », 6ème éd., 2013.

COEURET Alain, GAURIAU Bernard, MINE Michel, *Droit du travail,* Sirey, 2ème éd., 2009.

COEURET Alain, FORTIS Elisabeth, *Droit pénal du travail, Infractions, responsabilités, procédure pénale en droit du travail et de la sécurité sociale,* LexisNexis, 5ème éd., 2012.

COLLART DUTILLEUL François, DELEBECQUE Philippe, *Contrats civils et commerciaux*, Dalloz, 9ème éd., 2011.

CONTE Philippe, *Droit pénal spécial,* LexisNexis, « Manuel », 4ème éd., 2013.

CORNU Gérard,

- *Droit civil, Les biens,* Montchrestien, « Domat droit privé », 13ème éd., 2007.
- *Droit civil, Les personnes,* Montchrestien, « Domat droit privé », 13ème éd., 2007.
- *Droit civil, La famille,* Montchrestien, « Domat droit privé », 9ème éd., 2006.

COUTURIER Gérard, *Droit du travail. Les relations individuelles de travail,* PUF, 3ème éd., 1996.

COZIAN Maurice, VIANDIER Alain, DEBOISSY Florence, *Droit des sociétés,* LexisNexis, 25ème éd., 2012.

DE JUGLART Michel, IPPOLITOT Benjamin, *Traité de droit commercial, t.1,* 4ème éd. par Emmanuel du PONTAVICE et Jacques DUPICHOT, Montchrestien, 1988.

DEMOGUE René, *Traité des obligations en général*, Librairie Arthur Rousseau, 1923.

DEMELOMBE Charles, *Traité de la distinction des biens. De la propriété. De l'usufruit. De l'usage et de l'habitation,T. I,* Auguste Durand et L. Hachette, 1866, 3ème édition.

DEPADT-SEBAG Valérie, *Droit et bioéthique,* Larcier, « Droit des technologies », 2ème éd., 2012.

DROSS William, *Droit des biens,* Montchrestien, « Domat droit privé », 2012.

DUPEYROUX Jean-Jacques, BORGETTO Michel, LAFORE Robert, *Droit de la sécurité sociale,* Dalloz, « Précis », 17ème éd., 2011.

DUPONT Marc, BERGOIGNAN-ESPER Claudine, PAIRE Christian, *Droit hospitalier,* Dalloz, 8ème éd., 2011.

DUROCHE Jean-Philippe, PEDRON Pierre, *Droit pénitentiaire,* Vuibert, « Dyna'sup droit », 2011.

FABRE-MAGNAN Muriel, *Droit des obligations, 2- Responsabilité civile et quasi-contrats,* PUF, « Thémis droit », 3ème éd., 2013.

FAVENNEC-HERY Françoise, VERKINDT Pierre-Yves, *Droit du travail,* LGDJ, « Manuel », 4ème éd., 2014.

FLOUR Jacques, AUBERT Jean-Luc, SAVAUX Eric, *Droit civil, Les obligations, 2. Le fait juridique,* Sirey, « Université », 14ème éd., 2011.

GARDNER Daniel, *Le préjudice corporel,* Editions Yvon Blais, 3ème éd., 2009.

GAUDEMET Jean, CHEVREAU Emmanuelle, *Droit privé romain,* Montchrestien, 3ème éd., 2009.

GIRARD Paul Frédéric, *Manuel élémentaire de droit romain, Edition revue et mise à jour par F. Senn,* Dalloz, « La Bibliothèque Dalloz », 8ème éd., 2003.

GHESTIN Jacques, GOUBEAUX Gilles, FABRE MAGNAN Muriel, *Traité de droit civil, Introduction générale, LGDJ,* 1994.

GHESTIN Jacques, LOISEAU Grégoire, SERINET Yves-Marie,

- *La formation du contrat, tome 1 : Le contrat- Le consentement,* LGDJ, 4ème éd., « Traité de droit civil », 2013.
- *La formation du contrat, tome 2 : L'objet et la cause-Les nullités,* LGDJ, 4ème éd., « Traité de droit civil », 2013.

HAURIOU Maurice, *Leçons sur le mouvement social, données à Toulouse en 1898,* L.Larose, 2e appendice, 1899.

HERZOG-EVANS Martine, *Droit pénitentiaire,* Dalloz, « Dalloz Action », 2ème éd., 2012.

HIRSCH Emmanuel (dir), *Traité de bioéthique, T. I, T. II, T. III,* Editions Erès, 2010.

HUGUENEY Louis, *L'idée de peine privée en droit contemporain,* Arthur Rousseau Editeur, 1904.

HUMBERT Michel, *Institutions politiques et sociales de l'Antiquité,* Dalloz, « Précis », 10ème éd., 2011.

LABORDE Jean-Pierre, *Droit de la sécurité sociale,* PUF, « Thémis Droit public », 2005.

LAMBERT-FAIVRE Yvonne, PORCHY-SIMON Stéphanie, *Droit du dommage corporel, Systèmes d'indemnisation*, Dalloz, « Précis droit privé », 7ème éd., 2015.

LAMBERT-FAIVRE Yvonne, LEVENEUR Laurent, *Droit des assurances,* Dalloz, « Précis », 13ème éd., 2011.

LAROMBIERE Léobon, *Théorie et pratique des obligations, ou Commentaire des titres III et IV, livre III du Code civil, art. 1101 à 1386. Tome 1*, G. Pedone-Lauriel, 1885.

LAUDE Anne, MATHIEU Bertrand, TABUTEAU Didier, *Droit de la santé,* PUF, « Thémis droit », 3ème éd., 2012.

LAURENT François, *Principes de Droit civil français,* A. Durand et Pedone-Lauriel, 1869-1878.

LEBORGNE Anne, *Voies d'exécution et procédures de distribution*, Dalloz, « Précis droit privé », 2ème éd., 2014.

LE CANNU Paul, DONDERO Bruno, *Droit des sociétés,* Montchrestien, « Domat Droit privé », 4ème éd., 2011.

LE GOFF Jacques, *Droit du travail et société, 1. Les relations individuelles de travail,* PUR, 2001.

LE ROY Max, Le ROY Jacques-Denis, BIBAL Frédéric, *L'évaluation du préjudice corporel,* LexisNexis, 19ème éd., 2011.

LE TOURNEAU Philippe, *Droit de la responsabilité et des contrats, Régimes d'indemnisation,* Dalloz, « Dalloz action », 2014.

LEVY Jean-Philippe, CASTALDO André, *Histoire du droit civil,* Dalloz, « Précis », 2ème éd., 2010.

LOKIEC Pascal, *Droit du travail, t. I, Les relations individuelles du travail,* PUF, « Thémis droit », 2011.

LUCAS DE LEYSSAC Claude, PARLEANI Gilbert, *Droit du marché,* PUF, 2002.

LYON-CAEN Gérard, *Le salaire, Traité de droit du travail sous la direction de G.H. Camerlynck, T. II,* Dalloz, « Droit du travail », 2ème éd., 1981.

LYON-CAEN Gérard, TILLHET-PRETNAR Jeanne, *Droit social,* LGDJ, « Manuels », 5ème éd., 1995.

MALABAT Valérie, *Droit pénal spécial,* Dalloz, « Hypercours », 5ème éd., 2013.

MALAURIE Philippe, AYNES Laurent, *Les biens,* LGDJ- Lextenso éditions, « Droit civil », 5ème éd., 2013.

MALAURIE Philippe, AYNES Laurent, STOFFEL-MUNCK Philippe, *Les obligations,* LGDJ-Lextenso éditions, « Droit civil », 9ème éd., 2017.

MALAURIE Philippe, FULCHIRON Hugues, *La famille,* Lextenso éditions, « Droit civil », 4ème éd, 2011.

MALINVAUD Philippe, FENOUILLET Dominique, *Droit des obligations,* LexisNexis, « Manuel », 12ème éd., 2012.

MALLET Eric, *Enfant handicapé et protection juridique,* LexisNexis, 2ème éd., 2011.

MARCADE Victor-Napoléon, *Explication théorique et pratique du code napoléon, t. 6,* Cotillon, Libraire du Conseil d'État, 5ème éd., 1859.

MAZEAUD Henri, Léon et Jean, *Leçons de droit civil, Premier volume, Obligations, Théorie Générale,* Montchrestien, 4ème éd., t. 2, 1969.

MAZEAUD Henri, Léon et Jean, TUNC André,

- *Traité théorique et pratique de la responsabilité civile délictuelle et contractuelle, Tome II,* Montchrestien, 6ème éd., 1970.

- *Traité théorique et pratique de la responsabilité civile délictuelle et contractuelle, Tome I,* Montchrestien, 6ème éd., 1965.

MAZEAUD Henri, Léon et Jean, CHABAS François,

- *Traité théorique et pratique de la responsabilité civile délictuelle et contractuelle, Tome III, Vol II.,* Montchrestien, 6ème éd., 1983.

- *Traité théorique et pratique de la responsabilité civile délictuelle et contractuelle, Tome III, Vol I.,* Montchrestien, 6ème éd., 1978.

MAZEAUD Antoine, *Droit du travail,* Montchrestien, « Domat droit privé », 8ème éd., 2012.

MARTY Gabriel et RAYNAUD Pierre, *Les personnes,* Sirey, 3ème éd., 1976.

MERLE Roger, VITU André, *Traité de droit criminel, Problèmes généraux de la science criminelle, Droit pénal général, Tome I,* Editions Cujas, 7ème éd., 1997.

MESTRE Jacques, PUTMAN Emmanuel, BILLAU Marc, *Traité de droit civil sous la direction de J. Ghestin, Droit spécial des sûretés réelles,* LGDJ, 1996.

MORVAND Patrick, *Droit de la protection sociale,* LexisNexis, « Manuel », 6ème éd., 2013.

MOULY Jean, *Droit du travail,* Bréal, « Lexifac Droit », 6ème éd., 2012.

MURAT Pierre, *Droit de la famille,* Dalloz, « Dalloz action », 2013.

OURLIAC Paul, DE MALAFOSSE Jehan., *Histoire du droit privé, T. I, Les biens*, PUF, « Thémis », 1971.

PATAULT A-M, *Introduction historique au droit des biens,* PUF, 1989.

PERROT Roger, THERY Philippe, *Procédures civiles d'exécution,* Dalloz, 2000.

PLANIOL Marcel, RIPERT Georges,

- *Traité élémentaire de droit civil,* LGDJ, 11ème éd., 1928.
- *Traité pratique de droit civil français,* T.XI, LGDJ, 1932.

PLANQUE Jean-Claude, *Droit pénal spécial,* Bréal, 2ème éd., « Lexifac Droit », 2011.

PONCELA Pierrette, *Droit de la peine,* Thémis, PUF, 2ème éd., 2001.

POTHIER Robert-Joseph, *Œuvres de Pothier contenant les traités du droit français. Traité du contrat de constitution de rente, de change, de louage, de société, des cheptels, Nouvelle édition mise en meilleur ordre et publiée par les soins de M. Dupin*, Tome Ier, Béchet aîné, 1824-1825.

PRADEL Jean, DANTI-JUAN Michel, *Droit pénal spécial, Droit commun, Droit des affaires,* Editions Cujas, 5ème éd., 2010.

RASSAT Michèle-Laure, *Droit pénal spécial, Infractions du Code pénal,* Dalloz, « Précis Droit privé », 6ème éd., 2011.

RIVERO Jean, SAVATIER Jean, *Droit du travail,* PUF, « Thémis droit privé », 13ème éd., 1993.

ROCHEFELD Judith, *Les grandes notions du droit privé,* PUF, « Thémis droit », 2ème éd., 2013.

ROUAST André, DURAND Paul, *Précis de législation industrielle (Droit du Travail),* Dalloz, « Petit Précis Dalloz », 4ème éd., 1953.

SAINT-JOURS Yves, *Traité de la sécurité sociale, Le droit de la sécurité sociale, Tome I,* LGDJ, 2ème éd., 1984.

SAVATIER René et Jean, AUBY Jean-Marie, PEQUIGNOT Henri, *Traité de droit médical,* Librairies techniques, 1956.

SIMON Gérald, CHAUSSARD Cécile, ICARD Philippe, JACOTOT David, DE LA MARDIERE Christophe, THOMAS Vincent, *Droit du sport,* PUF, « Thémis droit », 1ère éd., 2012.

STARCK Boris, ROLAND Henri., BOYER Laurent,

- *Introduction au droit civil,* Litec, 5ème éd., 2000.
- *Droit civil, Les obligations, Contrat,* Litec, 6ème éd., 1998.
- *Obligations, Responsabilité délictuelle,* Litec, 5ème éd., 1996.

STRICKLER Yves, *Les biens,* PUF, « Thémis », 2006.

TANCELIN Maurice, *Des obligations, Contrat et responsabilité,* Wilson & Lafleur Itée, 1986

TERRE François, SIMLER Philippe, LEQUETTE Yves, *Droit civil, Les obligations,* Dalloz, « Précis Dalloz, 11ème éd., 2013.

TERRE François, SIMLER Philippe, *Droit civil, Les biens*, Dalloz, « Précis Dalloz », 8ème éd., 2010.

TERRE François, FENOUILLET Dominique,

- *Droit civil, Les personnes,* Dalloz, « Précis Dalloz », 8ème éd., 2012.
- *Droit civil, La famille,* Dalloz, « Précis Dalloz », 8ème éd, 2011.

TEYSSIE Bernard, *Droit civil, Les personnes,* Litec, 11ème éd., 2010.

TEYSSIE Bernard, CESARO Jean-François, MARTINON Arnaud, *Droit du travail, Relations individuelles,* LexisNexis, 3ème éd., « Manuel », 2014.

TOULLIER Charles-Bonaventure-Marie, *Le droit civil français, suivant l'ordre du Code, Tome 6,* Jules Renouard et Cie Libraires, 5ème éd., 1839.

TROPLONG Raymond Théodore, *De l'échange et du louage, commentaire des titres VII et VIII du Code civil, par M.Troplong, T.I et T.II*, Hingray, 3ème éd., 1859.

VERON Michel, *Droit pénal spécial,* Sirey, « Sirey Université », 2012.

VINEY Geneviève, JOURDAIN Patrice, CARVAL Suzanne, *Les conditions de la responsabilité,* LGDJ, Lextenso éditions, « Traité de droit civil », 4ème éd., 2013.

VINEY Geneviève, JOURDAIN Patrice, *Les effets de la responsabilité,* LGDJ, Lextenso éditions, « Traité de droit civil », 3ème éd., 2010.

ZENATI Frédéric, REVET Thierry,

- *Les biens* , PUF, 3ème éd, 2008.
- *Manuel de droit des personnes,* PUF, « Droit fondamental », 2006.

Ouvrages spéciaux, ouvrages collectifs, monographies, thèses

AGACINSKI Sylviane, *Corps en miettes,* Paris, Flammarion, « Café Voltaire », 2009.

AGAZZI Evandro, *Le bien, le mal et la science,* PUF, « Thémis Philosophie », 1996.

AGTHE DISERENS Catherine, VATRE Françoise, *Accompagnement érotique et handicaps, Au désir des corps réponses sensuelles et sexuelles avec coeur,* Chronique sociale, « Comprendre les personnes, 2006.

ALAPHILIPPE François, KARAQUILLO Jean-Pierre, *L'activité sportive dans les balances de la justice,* Dalloz, « Droit et économie du sport », 1985.

ALFANDARI Elie, *Le droit aux aliments,* Thèse de droit privé, Université de Poitiers, 1958.

ALZABADI Hamzeh, *Biomarkers of evaluation of complex environmental exposure : exposure assessment of sewage workers to genotoxicants,* Thèse en science de la vie et de la santé, Université Henri Poincaré, 2010.

AMIEL Philippe, *Des cobayes et des hommes, Expérimentation sur l'être humain et justice,* Les Belles Lettres, « Médecine & Sciences Humaines, 2011.

AMOURETTE Cédric, *La prostitution et le proxénétisme en France depuis 1946, Etude Juridique et systématique,* Thèse Montpellier I, 2003.

AMRANI-MEKKI Soraya, BOUJEKA Augustin (dir.), *Contentieux et handicap,* IRJS, t. 23, 2010.

ANDORNO Roberto,

- *La bioéthique et la dignité de la personne,* PUF, « Médecine et société », 1997.
- *La distinction juridique entre les personnes et les choses à l'épreuve des procréations artificielles,* LGDJ, 1996.

ARENDT Hannah, *La condition de l'homme moderne*, Calmann-Lévy, « Agora », 1961.

ARIES Philippe, *L'enfant et la vie familiale sous l'Ancien Régime,* Editions du Seuil, « Histoire », Réédition, 2014.

ARNAUD Camille, *Du livret d'ouvrier*, Camoin, 1856.

ARNOUX Irma, *Les droits de l'être humain sur son corps*, PUB, 1994.

ARTOUS Antoine, *Travail et émancipation sociale. Marx et le travail,* Editions Syllepse, 2003.

ATLAN Henri, *L'utérus artificiel,* Le Seuil, 2005.

AUBERT-MONPEYSSEN Thérèse, *Subordination juridique et relation de travail,* Editions du CNRS, 1988.

AUBY Jean-Marie, *Le sang humain et le droit,* PUF, « Que sais-je », 1997.

AUDIER Jacques, *Les droits patrimoniaux à caractère personnel,* LGDJ, 1979.

AULU-GELLE, *Les nuits attiques,* Les Belles Lettres, « Collection des universités de France », 1998.

AURENGE Joseph, *La subrogation réelle,* LGDJ, 1910.

AUTRET Alain, *Les effets placebo, Des relations entre croyances et médecines,* L'Harmattan, 2013.

AUVERGNON Philippe (dir.), *Libertés individuelles et relations de travail : le possible, le permis et l'interdit ? Eléments de droit comparé,* PUB, « Droit social », 2011.

AUVERGNON Philippe, GUILLEMAIN Caroline, *Le travail pénitentiaire en question,* La documentation Française, « Perspectives sur la justice », 2006.

AZEMA Jacques, *La durée des contrats successifs,* LGDJ, 1969.

BAILLON-WIRTZ Nathalie, *La famille et la mort*, Defrénois, « Bibliothèque doctorat et notariat », t. 17, 2006.

BAKOUCHE David, *L'excès en droit civil,* LGDJ, « Bibliothèque de droit privé », t.432, 2005.

BALESTON Roger, *De la protection de l'intérêt moral,* Thèse pour le doctorat, Université de Paris, 1906.

BARBIER Hugo, *La liberté de prendre des risques,* PUAM, « Collection de l'institut de Droit des Affaires », 2010.

BARROT Robert, *Le Dommage corporel et sa compensation : pratique médico-légale et judiciaire,* Litec, 1988.

BASCOULERGUE Adrien, *Les caractères du préjudice réparable,* Thèse de droit privé, Lyon III, 2011.

BATIFFOL Henri, *Aspects philosophiques du droit international privé,* Dalloz, 2002.

BAUCEL Nicolas, BLANCHARD Pascal, BOESTSCH Gilles, DEROO Eric, LEMAIRE Sandrine, *Zoos humains : de la Vénus Hottentote aux reality shows,* Editions la découverte, « textes à l'appui/histoire contemporaine », 2002.

BAUD Jean- Pierre, « *L'affaire de la main volée, une histoire juridique du corps* », Editions du Seuil, 1993.

BAUDOUIN Jean-Louis, LABRUSSE-RIOU Catherine, *Produire l'homme : de quel droit ? Etude juridique et éthique des procréations artificielles,* PUF, 1987.

BAUDOUIN Jean-Louis, BLONDEAU Danielle, « *Ethique de la mort et droit à la mort* », PUF, « Les voies du droit », 1993.

BAUDRAND, *La chirurgie esthétique et le droit*, Poitiers, 1938.

BAUZON Stéphan, *La personne biojuridique*, PUF., « Essais débats », 2006.

BAYER Elodie, *Les choses humaines,* Thèse de droit privé, Université Paris 1 Panthéon-Sorbonne, 2003.

BAYLE François, *Croix gammée contre caducée, Les expériences humaines en Allemagne pendant la deuxième guerre mondiale,* Neustadt Impr. Nationale, 1950.

BEAUTHIER Jean-Pol (dir.), *Justice et dommage corporel, Symbiose ou controverse,* Larcier, 2008.

BELHASSEN Patricia, *La crémation: le cadavre et la loi*, LGDJ., « Travaux et recherches », 1997.

BELLIVIER Florence, *Patrimoine génétique humain : étude juridique,* Thèse de droit privé, Université Paris I Panthéon-Sorbonne, 1997.

BELLIVIER Florence, NOIVILLE Christine,

- (dir) *La bioéquité, Bataille autour du partage du vivant,* Editions Autrement, Frontières, 2009.

- *Les biobanques,* PUF, « Que sais-je ? », 2009.

- *Nouvelles frontières de la santé, nouveaux rôles et responsabilité du médecin,* Dalloz, « Actes, Thèmes & Commentaires », 2006.

- *Contrats et vivant, Le droit de la circulation des ressources biologiques,* LGDJ, 2006.

BENABENT Alain, *La chance et le droit,* LGDJ, « Anthologie du Droit », 2014.

BENAICHE Lionel, GODEFROY Marie-Laure, *Droit pénal des produits de santé,* Litec, « Collection Pratique Professionnelle », 2002.

BERAUD Roger, *Comment est évalué le préjudice corporel,* Librairie du journal des notaires et des avocats, *« Comment faire »,* 1961.

BERNARD Claude, *Introduction à l'étude de la médecine expérimentale,* Pref. François DAGOGNET, Flammarion, 1984, p. 181.

BERNARD Jean, BESSIS Marcel, DEBRU Claude, *Soi et non-soi, des biologistes, médecins, philosophes et théologiens s'interrogent*, Seuil, « Science ouverte », 1990.

BERNARD Henri, *Le livret ouvrier,* Arthur Rousseau, 1903.

BERRA Daniel, L*e principe de libre disposition des biens en droit civil, Contribution à la notion d'indisponibilité juridique,* Thèse de droit privé, Nancy, 1969.

BERT Daniel, *Essai sur la droit de l'activité professionnelle indépendante,* LGDJ, Fondation Varenne, « Collection des thèses », n° 55, 2011.

BERTHELOT Anne-Caroline, *Les interaction de l'industrie pharmaceutique et des gouvernements autour des cellules souches humaines,* Thèse Professionnelle ESCP-Europe, Mai 2009.

BERTHOUD Gérald, *Vers une anthropologie générale, Modernité et altérité,* Librairie Droz S.A, 1992.

BEVIERE Bénédicte, *La protection de la personne dans la recherche biomédicale,* Université de Rennes I, 1996.

BIOY Xavier, *Le concept de personne humaine en droit public, Recherche sur le sujet des droits fondamentaux,* Dalloz, « Nouvelle Bibliothèque de Thèses », 2003, p. 481.

BLANC Alain (dir.), *L'insertion professionnelle des travailleurs handicapés, En France de 1987 à nos jours,* PUG, « Collection handicap vieillissement société », 2009.

BLANC Alain, *Les handicapés au travail, Analyse sociologique d'un dispositif d'insertion professionnelle,* Dunod, 1999.

BLANQUE Pascal, *La valeur, Substance, échange et prix,* Economica, 2012.

BLONDEL Charles, *Les auto-mutilateurs : étude psycho-pathologique et médico-légale,* J. Rousset, 1906.

BLONDEL Pierre, *La transmission à cause de mort des droits extrapatrimoniaux et des droits patrimoniaux à caractère personnel,* LDGJ, « Bibliothèque de droit privé », 1969.

BOES Dominique, *Prothèse dentaire et qualité de vie, Identification des patients potentiellement incapables d'intégrer une prothèse adjointe complète,* Mémoire de DEA, Université Paris V, 1999.

BOISARD Marcel A., *L'humanisme de l'Islam,* Albin Michel, « Présence du monde arabe », 3ème éd., 1985.

BONAH Christian, *Histoire de l'expérimentation humaine en France, Discours et Pratiques 1900-1940,* Les Belles Lettres, « Médecine & Sciences Humaines », 2007.

BONNECASE Julien,

- *Science du droit et romantisme : le conflit des conceptions juridiques en France de 1880 à l'heure actuelle*, Librairie du recueil Sirey, 1928.
- *Supplément au traité théorique et pratique du droit civil par G Baudry-Lacantinerie, t. IV,* Sirey, 1928.

BORRILLO Daniel, LOCHAK Danièle (dir.), *La liberté sexuelle, Issu du colloque « Liberté, égalité, sexualité(s) au miroir du droit » organisé par le CREDOF, Centre de recherche et d'études sur les droits fondamentaux à l'Université de Paris X-Nanterre, le 14 novembre 2003.* PUF, 2005.

BOST-LAGIER Véronique, *L'exceptionnel en droit civil,* Université Paris II Panthéon-Assas, 2002.

BOUDOT Olivier, *Transfusion sanguine, Une grande aventure humaine*, Anabole, « Mémoires d'Hommes, Histoire d'Entreprise », 2009.

BOUGRAB Jeannette, DE BROCA Arnaud (dir.), *Code du handicap,* Dalloz, 2ème éd., 2010.

BOULOCHER Véronique et FLAMBARD Sabine, *L'analyse d'un marche*, Vuibert, 3ème éd, 2009.

BOURDIEU Pierre, PASSERON Jean-Claude,

- *Les héritiers, Les étudiants et la culture,* Les Editions de Minuit, « Le sens commun », 1985.
- *La reproduction, Eléments pour une théorie du système d'enseignement,* Les Editions de Minuit, « Le sens commun », 1970.

BOURDIN Alain, *Le patrimoine réinventé,* Paris, P. U.F., 1984.

BOURDOISEAU Julien, *L'influence perturbatrice du dommage corporel en droit des obligations,* LGDJ, « Bibliothèque de droit privé », vol. 513, 2010.

BOURRIE-QUENILLET Martine (dir), *La vie humaine a-t-elle un prix ? La société face à l'accident et au crime, Les XIVe rencontres de Béziers,* Presses Universitaires de Perpignan, « Collection Etudes », 2004.

BOUSSARD Sabine (dir), *Les droits de la personne détenue après la loi pénitentiaire du 24 novembre 2009,* Dalloz, « Thèmes, Commentaires, Actes », 2013.

BRETON Michel, *De la saisissabilité des indemnités en réparation d'accidents,* Thèse de doctorat, Université de Paris, 1943.

BRIMO Sara, *L'Etat et la protection de la santé des travailleurs,* LGDJ, t. 273, « Bibliothèque de droit public », 2013

BRISSY Stéphane, LAUDE Anne, TABUTEAU Didier (dir.), *Refus de soins et actualités sur les droits des malades,* Presses de l'EHESP, « Observatoire des droits et responsabilités des personnes en santé », 2012.

BRUAND Colette, *Les recours des tiers payeurs (loi du 5 juillet 1985),* Thèse de droit privé, Université Paris I, 1993.

BRUNSWIC Henri, PIERSON Michel, *Initiation à l'éthique médical,* VUIBERT, 2ème éd., 2002.

BUY Frédéric, MARMAYOU Jean-Michel, PORACCHIA Didier, RIZZO Fabrice, *Droit du sport,* LGDJ, 3ème éd., 2012.

BUY Frédéric, *L'organisation contractuelle du spectacle sportif,* PUAM, 2002.

CABALLERO Francis, *Droit et sexe,* LGDJ-Lextenso, 2010.

CADIET Loïc, *Le préjudice d'agrément,* Thèse de droit privé, Université de Poitiers, 1983.

CADIET Loïc, LABRUSSE-RIOU Catherine, DE LAMBERTERIE Isabelle (dir), *Santé, marché, droits de l'homme,* Dalloz, « Thèmes et commentaires », 1996.

CADOT Laure, *En chair et en os : le cadavre au musée, Valeurs, statuts et enjeux de la conservation des dépouilles humaines patrimonialisées,* Ecole du Louvre, 2009.

CAILLE Alain, *Don, intérêt et désintéressement, Bourdieu, Mauss, Platon et quelques autres,* Editions la découverte, « Collection Recherches », « Bibliothèque du MAUSS », 1994.

CAILLE Yvanie, DOUCIN Michel, *Réflexions éthiques sur la pénurie d'organes en Europe,* L'Harmattan, « L'éthique en mouvement », 2010.

CAMBORIEUX Laure, SALOMON Eric (dir), *Un possible enfant, Témoignages,* SW Télémarque, 2010.

CAMPAGNA Norbert, *Prostitution et dignité,* La Musardine, « L'attrape-corps », 2008.

CAMPION-VINCENT Véronique, *La légende des vols d'organes,* Les Belles lettres, 1997.

CANGUILHEM Georges, *Idéologie et rationalité dans l'histoire des sciences de la vie : nouvelles études d'histoire et de philosophie des sciences,* Librairie Philosophique J.Vrin, 2ème éd., 2009.

CANTO-SPERBER Monique, FRYDMAN René, *Naissance et liberté, La procréation, Quelles limites ?,* Plon, 2008.

CANTO-SPERBER Monique, *Essai sur la vie humaine,* PUF, 2008.

CARBONNIER Jean, *Flexible droit, Pour une sociologie du droit sans rigueur,* LGDJ, 10ème éd., 2001.

CARRE Jean-Michel, *Travailleu(r)ses du sexe et fières de l'être,* Editions du seuil, 2010.

CARRIER Claire, *Le champion, sa vie, sa mort. Psychanalyse de l'exploit,* Bayard, 2002.

CARVAIS Robert, SASPORTES Maryline (dir.), *La greffe humaine, (In)certitudes éthiques : du don de soi à la tolérance de l'autre* , PUF, « Collection science, histoire et société », 2000.

CARVAL Suzanne,

- *La construction de la responsabilité civile*, PUF, « Doctrine juridique », 2001.
- *La responsabilité civile dans sa fonction de peine privée,* LGDJ., « Bibliothèque de droit privé », t..250, 1995.

CASADO Arnaud, *La prostitution en droit français : Etude de droit privé,* Thèse en droit privé, Université Paris 1 Panthéon-Sorbonne, 2013.

CASSON Philippe, *Les fonds de garantie, Accidents de la circulation et de chasse, infractions pénales, actes de terrorisme et contamination par le VIH,* LGDJ, 1999.

CASSVAN Elie, *Les clauses de non-responsabilité, Leurs applications et leur valeur,* Librairie de jurisprudence ancienne et moderne, Edouard DUCHEMIN, L. CHAUNY et L. QUINSAC, 1929.

CASTEL Robert, *L'insécurité sociale, Qu'est-ce qu'être protégé ?,* Seuil, La République des idées, 2003.

CATALA Pierre, « La transformation du patrimoine », *RTD civ,* 1966, p. 185.

CAVERNI Jean-Paul, GORI Roland (dir.), *Le consentement, Droit nouveau du patient ou imposture ?,* Press Editions, « Champs libre », 2005.

CAZELLES Pierre, *De l'idée de la continuation de la personne comme principe de transmission universelle,* Thèse Paris, 1905.

CICERON, *Traité du destin, Texte établi et traduit par Albert Yvon,* Les belles lettres, « Collection des universités de France », 1991, XII-28.

CHABAS François, *Les accidents de la circulation,* Dalloz, « Connaissance du droit », 1995.

CHAMAYOU Grégoire, *Les corps vils : expérimenter sur les êtres humains aux XVIIIe et XIX siècles*, La Découverte, « Les Empêcheurs de penser en rond », 2008

CHARAF Eldine, *Droit de la transplantation d'organes, Etudes comparatives*, Thèse Paris, 1975.

CHARNONNEAU Johanne, TRAN Nathalie, *Les enjeux du don de sang dans le monde, Entre altruisme et solidarité, universalisme et gestion des risques, (dir.),* Presses de l'EHESP, « Lien social et politique », 2012.

CHARDEAUX Marie-Alice, *Les choses communes*, LGDJ. , « Bibliothèque de droit privé », t. 464, 2006.

CHARTIER Yves, *La réparation du préjudice,* Dalloz, « Connaissance du droit », 1983.

CHENAUX Jean-Philippe, *Transplantation d'organes : sauver des vies : histoire, coûts, résultats, éthique, législations, menaces centralisatrices*, Centre Patronal, Etudes et Enquêtes, 2000.

CHATILLON Christine, *Les choses empreintes de subjectivité,* Thèse de droit privé, Paris 1, 2008.

CHAUDAT Pierre, MULLER Renaud, *Les nouvelles organisations du travail : entre souffrance et performance,* L'Harmattan, « Logiques sociales », 2011.

CHEMTOB-CONCE Marie-Catherine, *La brevetabilité des innovations biotechnologiques appliquées à l'homme,* Editions Tec & Doc, Lavoisier, 3ème éd., 2006.

CHIOCCARELLO Amélie, *Le matériel biologique humain, Etude juridique sur l'utilisation à des fins scientifiques des éléments et produits du corps humain,* Thèse de droit privé, Université Paris Descartes, 8 avril 2014.

CHIPPAUX Jean-Philippe, *Pratique des essais cliniques en Afrique,* IRD Editions, « Collection I Actiques », 2004.

CHOAY Françoise, *Allégorie du patrimoine,* Le Seuil, 1992.

CHOQUET Luc-Henry, SAYN Isabelle, *Obligation alimentaire et solidarités familiales, Entre droit civil, protection sociale et réalités familiales,* LGDJ, « Droit et société », Vol. 31, 2000.

CLAUX Pierre-Jean, *La continuation de la personne du défunt par l'héritier,* Thèse Paris, 1969.

CLARKE Robert, *Les enfants de la science,* Stock, 1984.

COLOMBAIN René, *La concurrence Pénitentiaire en France, Travail des prisons-Travail libre, Etude d'histoire économique,* Imprimerie Henri Jouve, 1904.

COLLARD David, *Altruism and Economy, A study in non-selfish economics,* Oxford, Martin Roberson, 1978.

COLLOMB Pierre (dir), *Les problèmes juridiques du sport, Responsabilité et assurance,* Economica, « Centre de droit du Sport », 1983.

COMMIN Virginie, *Biobanques et santé publique, Une analyse juridique,* Thèse de droit privé, Université Paris I, 2010.

COOPER, CUYLER, *The Price of Blood : an Economic Study of the Charitable and Commercial Principle*, London Institute of Economic Affairs, 1968.

CORMIER Christine, *Le préjudice en droit administratif français, Etude sur la responsabilité extra-contractuelle des personnes publiques,* LGDJ, « Bibliothèque de droit public, t. 228, 2002.

CORNU Gérard, *L'art du droit en quête de sagesse,* PUF, 1998.

CORNU Marie, CUENCA Catherine, FROMAGEAU Jérôme (dir), *Les collections scientifiques, de l'outil de connaissance à l'objet de patrimoine, Aspects juridiques et pratiques professionnelles et institutionnelles,* L'Harmattan, « Collection Droit du patrimoine culturel et naturel », 2010.

COULIBALY Alban Alexandre, *Droit au travail et handicap, L'obligation d'emploi entre mythe et réalité,* L'Harmattan, « Technologie de l'action sociale », 2003.

COULON Cédric, *L'obligation de surveillance,* Economica, « Recherche juridique », 2003.

COURTHEOUX Jean-Paul, *Le salaire minimum,* PUF, « Que sais-je ? », 1978.

COUTANT-LEPALUS Christelle, *Le principe de la réparation intégrale en droit privé,* PUAM, 2002.

CRIGNON DE OLIVEIRA Claire, GAILLE-NIKODIMOV Marie, *A qui appartient le corps humain ? Médecine, politique et droit,* Les Belles Lettres, « Médecine & Sciences humaines », 2004.

CULINE Laurence, *Mémento de la recherche biomédicale portant sur un médicament à usage humain,* Springer, 2ème éd., 2011.

DABIN Jean, *Le droit subjectif,* Dalloz, 1952.

D'ADLER Marie-Ange, TEULADE Marcel, *Les sorciers de la vie,* Gallimard, « Collection au vif du sujet », 1986.

DADOUN Armand, *La nullité du contrat et le droit pénal,* LGDJ, « Bibliothèque de droit privé », t. 529, 2011.

DANET Jean, *La justice pénale entre rituel et management,* PUR, « L'Univers des Normes », 2010.

DANIC Bruno, LEFRERE Jean-Jacques, *De vous à moi, donnez votre sang,* Medi Text Edictions, « La santé des actes », 2008.

DAVENPORT Russell W, *La dignité humaine,* Nouvelles Editions Latines, 1958.

DAVID Aurel,

- *Matière, Machines, Personnes,* BORDAS, « philosophie des sciences », 1973.
- *Structure de la personne humaine,* PUF, 1955.

DAVID Marcel, *Les travailleurs et le sens de leur histoire,* Editions Cujas, « Temps de l'histoire », 1967.

DECOCQ André, *Essai d'une théorie générale des droits sur la personne,* LGDJ., « Bibliothèque de droit privé »,t. 21, 1960.

DE KONINCK Thomas, *De la dignité humaine,* PUF, « Quadrige », 2002.

DELAHAYE Marie-Claude, *Histoire de l'allaitement,* Editions Trame Way, 1990.

DELAISI DE PARSEVAL Geneviève, *Une famille à tout prix,* Seuil, « La couleur des idées », 2008.

DELMAS Albert, *De la rémunération du travail pénitentiaire et du Pécule des Détenus,* Imprimerie F. Boisseau, 1935.

DELMAS-MARTY Mireille, *Pour un droit commun,* Seuil, « La librairie du XXe siècle », 1994.

DEL PONTE Carla, *La traque, les criminels de guerre et moi,* H d'Ormesson, 2009.

DELUMEAU Jean, LEQUIN Yves, *Les malheurs des temps : histoire des fléaux et des calamités en France*, Larousse, « Mentalités, vécus et représentations », 1988.

DEMOGUE René,

- *Les notions fondamentales du droit privé, Essai critique,* Editions la mémoire du droit, 2001.

- *Essai d'une théorie générale de la subrogation réelle*, Librairie Cotillon, F.Pichon, 1901.

DEMONT Bruno, *L'aléa dans le contrat d'assurance,* Institut Universitaire Varenne, « Collection des Thèses », 2013

DE MOY Jean-Marc, *L'exception en droit privé,* PUAM, « Centre Pierre Kayser », 2011.

DENAMIEL Isabelle, *La responsabilisation du détenu dans la vie carcérale,* L'Harmattan, « BibliothèqueS de droit », 2006.

DENIZOT Aude, *L'universalité de fait,* LGDJ, « Collection des Thèses » n° 23, 2008.

DEKEUWER-DEFOSSEZ Françoise, BLARY-CLEMENT Edith, *Droit commercial, Actes de commerce, fonds de commerce, commerçants, concurrence,* Montchrestien, 10éme éd., 2010.

DERNUSSON Philippe, *Traité de la subrogation de ceux qui succèdent au lieu et place des créanciers : où sont traitées les questions ardues et difficiles de cette matière,* La Compagnie des Librairies, 3ème éd., 1723.

DESCHIZEAUX Jean, *De l'influence du fait de la victime sur la responsabilité civile délictuelle,* Thèse Grenoble, 1934.

DESCOMBES Vincent, *Le complément de sujet, Enquête sur le fait d'agir soi-même,* Gallimard, « NRF Essais », 2004.

DE SCHUTTER Olivier, KAMINSKI Dan, *L'institution du droit pénitentiaire, Enjeux de la reconnaissance de droits aux détenus,* Bruylant-LGDJ, « La pensée juridique », 2002.

DESTUTT DE TRACY Antoine-Louis-Claude, *Eléments d'idéologie. Partie 4-5,* Courcier, 1800-1815.

D'HUMIERES Henry, *Pour un service civique obligatoire pour tous les jeunes français,* Lettres du Monde, 2011.

DICKENSON Donna,

- *Property in the Body: Feminist Perspectives,* Cambrige University Press, 2007.

- *Property, Women and Politics,* Polity Press, 1997.

DIERKENS Robert, *Les droits sur le corps et le cadavre de l'homme*, Masson et Cie Editeurs, « Collection de médecine légale et de toxicologie médicale »,1966.

DIJON Xavier,

- *La raison du corps,* Bruylant, « Droit et Religion », 2012.
- *La réconciliation corporelle, une éthique du droit médical,* Editions Lessius, « Donner raison », 1998.
- *Le sujet de droit en son corps,* Travaux de la faculté de droit de Namur, 1982.

DOCKES Emmanuel, LHUILIER GILLES (dir), *Le corps et ses représentations,* Litec, « Théories et droit », vol. 1, 2001.

DOMAT Jean, *Les lois civiles dans leur ordre naturel, Le droit public et « Legum delectus »,* Savoye, t. I., 1756.

DOMMAGES Roger, *Le corps humain dans le commerce juridique,* Thèse Paris, 1956.

DORAY Bernard, *La dignité, Les debouts de l'utopie,* La dispute, 2006.

DORVILLE Armand, *De l'intérêt moral dans les obligations, Etude de droit comparé sur le principe de réparation pécuniaire des dommages non-économiques,* A. Rousseau, 1901.

DROUET Henri-Antoine, *Nourrices sur lieu, Conseils aux jeunes mères,* Société d'éditions scientifique, Petite encyclopédie médicale, 1893.

DEFFAINS Nathalie, PY Bruno (dir.), *Le sexe et la norme,* Presses Universitaires de Nancy, « Santé, qualité de vie et handicap », 2010.

DUBOIS Maurice, *Pretium doloris,* LGDJ, 1935.

DUPICHOT Jean, *Des préjudices réfléchis nés de l'atteinte à la vie ou à l'intégrité corporelle,* LGDJ, 1969.

DUPUY François, THOENIG Jean-Claude, *La loi du marché, L'électroménager en France aux Etats Unis et au Japon,* L'Harmattan, « Logiques sociales », 1986.

DURAND Bernard, POIRIER Jean, ROYER Jean-Pierre (dir.), *La douleur et le droit,* PUF, 1997.

DURAND Paul,

- *La politique contemporaine de Sécurité sociale,* Dalloz, « La Bibliothèque Dalloz », 2005.
- *Des conventions d'irresponsabilité,* Librairie des juris-classeurs, Editions GODDE, 1931.

DUVAL-ARNOULD Domitille, *Le corps de l'enfant sous le regard du droit,* LGDJ, « Bibliothèque de droit privé », t. 228, 1994.

DUVIGNAUD Jean, *Le prix des choses sans prix,* Actes Sud, 2001.

EDDE Jean-Louis, *Les droits extracontractuels relatif au corps humain,* Thèse Paris, 1954.

EDELMAN Bernard,

- *Ni chose ni personne, Le corps humain en question* , Hermann Editeurs, 2009.
- *Quand les juristes inventent le réel,* Hermann Editeurs, « Le Bel Aujourd'hui », 2007.
- *La personne en danger,* PUF, « Doctrine juridique », 1999.
- *La maison de Kant, Conte moral,* Payot, 1984.

EDELMAN Bernard, HERMITTE Marie-Angèle, *L'homme, la nature et le droit*, Christian Bourgois Editeur, 1988.

ELSTER Jon,

- *L'irrationalité, traité critique de l'homme économique (II)*, Editions du Seuil, « Les livres du nouveau monde », 2010.

- *Le désintéressement, traité critique de l'homme économique (I)*, Editions du Seuil, « Les livres du nouveau monde », 2009.

- *Ethique des choix médicaux*, Actes Sud, « Changement social en Europe Occidentale », 1992.

ENNING Cornelia, *Le placenta, Rituels et usages thérapeutiques*, Editions du Hêtre, 2010.

ETIENNEY Anne, *La durée de la prestation, Essai sur le temps dans l'obligation*, LGDJ, « Bibliothèque de droit privé », t. 475, 2008.

EVEN Philippe, *La recherche biomédicale en danger*, Le Cherche midi, 2010.

EWALD François, GARAPON Antoine, MARTIN Gilles J., MUIR WATT Horatia, MATET Patrick, MOLFESSIS Nicolas, NUSSEMBAUM Maurice (dir.), *Les limites de la réparation du préjudice, Séminaire « risques, assurances, responsabilités*, Dalloz, « Thèmes, commentaires & Actes », 2009.

FABRE Alexandre, *Le régime du pouvoir de l'employeur*, LGDJ, « Bibliothèque de droit social », t. 52, 2010.

FABRE Cécile, *Whose body is it anyway ? Justice and the integrity of the person*, Clarendon Press, 2006.

FABRE-MAGNAN Muriel, *La gestation pour autrui, Fictions et réalité*, Fayard, 2013.

FAVRE-ROCHEX André, COURTIEU Guy, *Le droit des assurances obligatoires*, LGDJ, « collection droit des affaires », 2000.

FATKENHEUER Gerd, KOCH Hanns-Christoph, KOHLER Erich, PATER Siegfried, *Marchands de sang, un commerce dangereux*, P. M FAVRE, « Centre Europe Tiers-monde », 1986.

FAUCONNET Paul, *La responsabilité : étude de sociologie*, F. Alcan , 1920.

FAY-SALLOIS Fanny, *Les nourrices à Paris au XIXe siècle*, Payot & Rivages, « Histoire », 1997.

FENET Antoine, *Recueil complet des travaux préparatoires du Code civil*, Tome 13, Videcoq, 1936.

FERRETTE Henry, *Les accidents du travail. Commentaire de la loi du 9 avril 1898*, V. Giard & E. Brière Libraires, 2ème éd., 1901.

FEUILLET-LE MINTIER Brigitte (dir),

- *Normativité et biomédecine*, Economica, 2003.

- *Les lois « bioéthiques » à l'épreuve des faits, Réalités et perspectives*, PUF, 1999.

FIEDL Martha, *Surrogate Motherhood,* Harvard University, Press Cambridge Massachusetts, 1988.

FILDES Valérie, *Wet Nursing, A History from Antiquity to the Present,* Basil Blackwell Inc, 1988.

FLACH Jacques, *De la Subrogation réelle*, A. Durand et Pedone-Lauriel, 1870.

FLEISCHHAUER Kurt, *Transplantation in Germany : kidney, liver, heart,* Lund University, Department of medical ethics, Studies *in* medical ethics, 1998.

FONTAINE Marcel, VINEY Geneviève, *Les sanctions de l'inexécution des obligations contractuelles, Etudes de droit comparé,* Bruylant, LGDJ, n° 21, 2001.

FONTANEL Jacques, BENSAHEL Liliane, CHAIX Pierre (dir), *Regards sur l'économie et le management du sport et des sportifs professionnels,* L'Harmattan, « La librairie des Humanités », 2009.

FOUGEROL Henri, *La figure humaine et le droit,* Librairie Nouvelle de Droit et de Jurisprudence Arthur Rousseau Editeur, 1913.

FOUILLEE Alfred, *L'idée moderne du droit,* Hachette, 3ème éd, 1890.

FREY Bruno S., *Not just for the Money, An economic Theory of Personal Motivation,* Cheltenham, Edward Elgar, 1997.

FREUND Paul A. (dir.), *Experimentation with Human Subjects,* George allen and Unwin, 1972.

FRISON-ROCHE Marie-Anne, MAZEAUD Denis (dir.), *L'expertise,* Dalloz, 1995.

FROMION-HEBRARD Benoît, *Essai sur le patrimoine en droit privé,* Thèse de droit privé, Paris II, 1998.

GABORIAU Bertrand., L'obligation alimentaire, Thèse de droit privé, Université de Bordeaux IV, 2003

GAILLARD Emmanuel, *Le pouvoir en droit privé,* Economica, « Collection droit civil », 1985.

GALLOUX Jean Christophe, *Essai de définition d'un statut juridique pour le matériel génétique,* Thèse Bordeaux, 1988.

GARDES Delphine, *Essai et enjeux d'une définition juridique du travail*, Thèse de droit privé, Université de Toulouse, 2011.

GARY Robert, *Essai sur les notions d'universalité de fait et d'universalité de droit dans leur état actuel,* Librairie du recueil Sirey, 1932.

GASCON Suzanne, *L'utilisation médicale et la commercialisation du corps humain,* Les Editions Yvon Blais INC, 1993.

GASNIER Jean-Pierre, BRONZO Nicolas (dir.), *Les nouveaux usages du brevet d'invention entre innovation et abus*, PUAM, 2014.

GATEAU Valérie, *Enjeux éthiques des transplantations hépatiques avec donneurs vivants (THDV)*, Thèse Université Paris I, 2006.

GATSI Jean, *Le droit du sport*, PUF., « Que sais-je ? », 2ème éd., 2007.

GAUMONT-PRAT Hélène, *Droit de la propriété industrielle*, LexisNexis, 3ème éd., 2013.

GEERTS Achille, *L'indemnisation des lésions corporelles à travers les siècles*, Librairie Techniques, 1962.

GAZIN Henri, *Essai critique sur la notion de patrimoine dans la doctrine classique*, Thèse Paris, 1910.

GELIS Jacques, LAGET Mireille, MOREL Marie-France, *Entrer dans la vie, Naissances et enfances dans la France traditionnelle*, Gallimard/Julliard, « Collection Archives », 1978.

GENICON Jules, *De la règle nemo praecise potest cogi ad factum*, Y. Cadoret, Thèse Bordeaux, 1910.

GENY François, *Méthode d'interprétation et sources en droit positif*, Pichon et Durand-Auzias, 1ère éd., 1894 et 2ème éd., 1919.

GEREMEK Bronislaw, *La potence ou la pitié, L'europe et les pauvres du Moyen-Age à nos jours*, NRF Gallimard, « Bibliothèque des histoires », 1987.

GERMAIN Jean Claude, *Les sportifs et le droit*, Faculté de droit de Liège, « Collection scientifique de la faculté de droit de Liège », n° 40, 1975.

GIAMI Alain, PY Bruno, TONIOLO Anne-Marie (dir.), *Des sexualités & Des Handicaps, Questions d'intimités*, PUN, « Santé, qualité de vie et handicap », 2010.

GINOSSAR Samuel, *Droit réel, propriété et créance*, LGDJ, 1960.

GIRARD René, *Des choses cachées depuis la fondation du monde*, Grasset, « Biblio essai », 1978.

GIRARD Charlotte, HENNETTE-VAUCHEZ Stéphanie, *La dignité de la personne humaine, Recherche sur le processus de juridicisation*, PUF, « Droit et Justice », 2005.

GIVORD François, *La réparation du préjudice moral*, Thèse de droit privé, Université de Grenoble, Imprimerie Boissy & Colomb, 1938.

GLUCK Martin, *Etude sur l'organisation et l'activité d'un lactarium*, Thèse de médecine, Faculté de Genève, Imprimerie A. Mayor, 1954.

GOGOS-GINTRAND Amélie, *Les statuts des personnes, Etude de la différenciation des personnes en droit*, IRJS, « Bibliothèque de l'Institut de recherche juridique de la Sorbonne », tome 30, 2011.

GOLAY RAMEL Martine, *Les proches aidants*, Jouvence Editions, 2011.

GOLLAC Michel, VOLKOFF Serge, *Les conditions de travail*, La Découverte, « Collection Repères », 2007.

GOMBEAUX Edmond, *La notion juridique du fonds de commerce*, Librairie nouvelle de droit et de jurisprudence, Arthur Rousseau Editeur, 1902.

GRAND Emmanuelle, HERVE Christian, MOUTEL Grégoire, *Les éléments du corps humain, la personne et la médecine*, L'Harmattan, « L'ETHIQUE en mouvement », 2005.

GRARE Clothilde, *Recherches sur la cohérence de la responsabilité délictuelle, L'influence des fondements de la responsabilité sur la réparation,* Dalloz, « Nouvelle Bibliothèque de Thèses », 2005.

GRAS Laurent, *Le sport en prison,* L'Harmattan, « Sports en Société », 2004.

GRATTON Emmanuel, *L'homoparentalité au masculin, le désir d'enfant contre l'ordre social,* PUF, « Partage du savoir », 2008.

GROMB Sophie, *Le droit de l'expérimentation sur l'homme,* Litec, 1992.

GUASCH Gérard, *Quand le corps parle…, Introduction à l'analyse Reichienne,* Sully Editions, 1998.

GUEGAN-LECUYER Anne, *Dommages de masse et responsabilité civile,* LGDJ, « Bibliothèque de droit privé », t. 472, 2006.

GUIGUE Marion, *La personne handicapée, Contribution à l'étude de l'utilité de son statut,* Thèse de droit privé, Université de Montpellier, 5 décembre 2011.

GUINCHARD Serge, *L'affectation des biens en droit privé français,* LGDJ., « Bibliothèque droit privé », T 145, 1976.

HABASQUE François, *Notions historiques, géographiques, statistiques et agronomiques sur le littoral du département des Côtes-du-Nord,* Lafitte, 1980.

HABERMAS Jürgen,

- *L'avenir de la nature humaine, Vers un eugénisme libéral ?* Gallimard, 2001.
- *L'espace public,* Payot, « Critique de la politique Payot », 1997.

HACKING Ian, *Leçon inaugurale faite le jeudi 11 janvier 2001,* Collège de France, 2001.

HALLER Marguerite, *Essai sur l'influence du fait et de la faute de la victime sur son droit à réparation,* LGDJ, 1926.

HAYRY Matti, TAKALA Tuija, HERISSONE-KELLY Peter, *Ethics in Biomedical Research.International Perspectives,* Amsterdam-New York, Rodopi, « Value inquiry book series », 2007.

HEIDEGGER Martin, *Lettre sur l'humanisme,* Aubier éditions Montaigne, « Philosophie de l'esprit », 1957.

HELLENBRAND Marc, *La protection du corps humain face au progrès scientifique et a l'économie de marché ou la défense et l'illustration de la non-commercialisation du corps humain,* Thèse de droit privé, Université de Metz, 1994.

HENNEBELLE Diane, *Essai sur la notion de salaire,* PUAM, 2000.

HENNETTE-VAUCHEZ Stéphanie, *Disposer de soi ? Une analyse du discours juridique sur les droits de la personne sur son corps,* L'Harmattan, « Logiques Juridiques », 2004.

HENRI André, *De la subrogation réelle conventionnelle et légale,* Arthur Rousseau Editeur, 1913.

HERITIER Françoise, NANCY Jean-Luc, GREEN André (dir), *Le Corps, Le sens,* Seuil, « Fiction & Cie » 2007.

HERMITTE Marie-Angèle,

- *Le droit saisi au vif, Sciences, technologies, formes de vie, Entretiens avec Francis Chateauraynaud,* Editions Petra, « Pragmatisme », 2013.

- *Le sang et le droit, Essai sur la transfusion sanguine,* Editions du Seuil, 1998.

HERVE Christian, STANTON-JEAN Michèle, GRIMAUD Marie-Angèle (dir.), *Pour des recherches biomédicales communes avec les pays du Sud,* Dalloz, 2010.

HERZOG-EVANS Martine, *Allaitement maternel et droit,* L'Harmattan, « La Justice au quotidien », 2007.

HIEZ David, *Etude critique de la notion de patrimoine en droit privé actuel,* LGDJ., « Bibliothèque de droit privé », t. 399, 2003.

HOEYER Klaus, *Exchanging Human Bodily Material,* Springer, 2013.

HONORAT Jean, *L'idée d'acceptation des risques dans la responsabilité civile,* LGDJ, 1969

HOPPE Nils, *Bioequity, Property and the Human Body*, Ashgate, « Medical law and ethics», 2009.

HOUTCIEFF Dimitri, *Le principe de cohérence en matière contractuelle,* PUAM, t. 1, 2001.

HUNTER John, *Œuvres complètes, t. II, Des dents,* Labé Libraire, 1839.

HUREAU Jacques, POITOUT Dominique, *L'expertise médicale, En responsabilité médicale et en réparation d'un préjudice corporel,* Masson, 3e éd., 2010.

HYDE Alan, *Bodies of law*, Princeton University Press, 1997.

IACUB Marcela,

- *L'empire du ventre. Pour une autre histoire de la maternité,* Fayard, « Histoire de la pensée », 2004.

- *Penser les droits de la naissance*, PUF., « Questions d'éthique », 2002.

- *Le crime était presque sexuel et autres essais de casuistique juridique*, Champs Essais, 2002.

IACUB Marcela, JOUANNET Pierre (dir.), *Juger la vie, Les choix médicaux en matière de procréation,* La découverte, 2001.

IHERING Rudolph, L'esprit du droit romain dans les diverses phases de son développement, Trad O. de Meulenaere, A. Marescq aîné, 2ème aîné, t. 3, 1880.

JALLU Olivier, *Essai critique sur l'idée de continuation de la personne,* Thèse de droit privé, Paris, 1902.

JOLY Laurène, *L'emploi des personnes handicapées entre discrimination et égalité,* Thèse de droit privé, Université de Paris X, 2013.

JONAS Hans, *Le principe responsabilité, Une éthique pour la civilisation technologique,* Les Editions du Cerf, 1990.

KANT Emmanuel, *Critique de la raison pure, traduit par C.-J. TISSOT de la 7ème éd., t.I,*. Librairie de Ladrange, 1835.

KARAQUILLO Jean Pierre, *Le droit du sport*, Dalloz, « Connaissance du droit », 3ème éd, 2011.

KAZEMI-RACHED Ali, *L'islam et la réparation du préjudice moral*, Librairie Droz, 1990.

KENFACK Pierre-Etienne, *Essai sur la contribution du droit du travail à la théorie générale de la personne humaine*, Thèse de droit privé, Université Paris I , 2003.

KERROUMI Bachir (dir.), *Vers un emploi durable pour les personnes handicapées, Actes du Colloque au Senat le 11 mai 2009,* Conseil National du Handicap, 2010.

KESSLER Francis, KERSCHEN Nicole, *L'assurance maladie en Alsace-Moselle : Des origines à nos jours,* IIRJS Editions, t. 40, 2ème éd., 2013.

KNETSCH Jonas, *Le droit de la responsabilité et les fonds d'indemnisation, Analyse en droits français et allemand,* LGDJ, « Bibliothèque de droit privé », T. 548, 2013.

KLEIN Julie, *Le point de départ de la prescription,* Economica, 2013, p. 237.

KOUBI Geneviève, GUGLIELMI Gilles J. (dir.), *La gratuité, une question de droit ?,* L'Harmattan, « Logiques juridiques », 2003.

KUBLER Jacques, *L'origine de la perpétuité des offices royaux,* Thèse Nancy, Société d'Impressions Typographiques, 1958.

LABBEE Xavier, *Condition juridique du corps humain avant la naissance et après la mort,* Presses Universitaires du Septentrion, « Sciences juridiques et sociales », 2012, p. 264.

LABRUSSE-RIOU Catherine (dir.), *Le droit saisi par la biologie, Des juristes au laboratoire,* LGDJ, « Bibliothèque de droit privé », t. 259, 1996.

LACHEZE Jean, *La transfusion du sang au point de vue juridique,* Thèse de droit privé, Université de Toulouse, 1924.

LACROIX Caroline, *La réparation des dommages en cas de catastrophes,* LGDJ, « Bibliothèque de droit privé », t. 490, 2008.

LAFONTAINE Céline, *Le corps marché, La marchandisation de la vie humaine à l'ère de la bioéconomie*, Seuil, « La couleur des idées », 2014.

LAITHIER Yves-Marie, *Étude comparative des sanctions de l'inexécution du contrat*, LGDJ « Bibliothèque de droit privé, t. 419. 2004.

LAMENDIN Henri, *Petites histoires de l'art dentaire d'hier et d'aujourd'hui,* L'Harmattan, 2006.

LAMBERT-FAIVRE Yvonne, *La responsabilité encourue envers les personnes autres que la victime initiale : Le problème dit du « dommage par ricochet »,* Thèse de droit privé, Université de Lyon, 1959.

LAMMENS Henri, *Le Berceau de l'Islam, L'arabie occidentale à la veille de l'héigre, 1er volume, Les climat, les Bédouins,* Romae, Sumptibus Pontificii Instituti Biblici, 1914.

LANDREVILLE Pierre, GAGNON Astrid, DESROSIERS Serge, *Les prisons de par ici, Droits des détenus au Québec,* Editions Parti-Pris, « Collection aspects », n° 33, 1976.

LANEYRIE-DAGEN Nadeije, *L'invention du corps, La représentation de l'homme du Moyen Age à la fin du XIX siècle* , Flammarion, 2006.

LANOUZIERE Hervé, *Prévenir la sante et la sécurité au travail, Vol 1, Vol 2,* Lamy, « Lamy conformité », 2012.

LAPORTE Sylvie, *La vénalité des éléments du corps humain,* Mémoire de Master II, Université de Lille, 2004.

LARRALDE Jean-Manuel (dir.), *La libre disposition de son corps, Actes du colloques de Caen, les 16 et 17 octobre 2008,* Bruylant, « droit et justice », vol. 88, 2009.

LARSEN, SHOENWOLF, BLEYL, BRAUER, FRANCIS-WEST, *Embryologie humaine,* De boeck, 2011.

LAUDE Anne, TABUTEAU Didier (dir.), *Essais cliniques, quels risques ?,* PUF, « Droit et santé », 2007.

LAURENT Vincent, *La responsabilité médicale sans faute et les systèmes d'indemnisation,* Thèse de Doctorat, Université de Toulouse I, 2008.

LAURIOL Marc, *La subrogation réelle, T. I,* Librairie du Recueil Sirey, 1954.

LAVAUD-LEGENDRE Bénédicte,

- *Autonomie et protection des personnes vulnérables : Le cas des femmes nigérianes se prostituant en France,* Recherche réalisée avec le soutien de la mission de Recherche Droit et Justice, 2012.
- *Où sont passées les bonnes mœurs ?* PUF, « Partage du savoir », 2005.

LAVERNE-ACQUART Sophie, *Banque de cornée : 10 ans d'innovations en contrôle qualité du greffon cornéen et projets d'avenir,* Thèse de doctorat en biologie, Médecine, Santé, 17 octobre 2013.

LE BRETON David,

- *Anthropologie du corps et modernité,* PUF, 6ème éd, 2011.
- *La chair à vif, Usages médicaux et mondains du corps humain,* Métailié, 1993.

LECLERC Olivier, *Le juge et l'expert, Contribution à l'étude des rapports entre le droit et la science,* LGDJ, « Bibliothèque de droit privé », t. 443, 2005.

LECOURT Dominique, *Humain, posthumain,* PUF, « Quadrige essais débats », 2011.

LE FLOCH, *Le fonds de commerce, Essai sur le caractère artificiel de la notion et ses limites actuelles,* LGDJ, « Bibliothèque de droit privé », 1986.

LEGENDRE Pierre,

- *Les enfants du texte, Etude sur la fonction parentale des Etats, Leçons VI,* Fayard, 1992.
- *L'amour du censeur. Essai sur l'ordre dogmatique,* Editions du Seuil, 2005.
- *L'inestimable objet de la transmission, Etude sur le principe généalogique en occident,* Fayard, 1985.

LE GOFF Jacques, *Du silence à la parole, Une histoire du droit du travail des années 1830 à nos jours,* PUR, « L'Univers des normes », 2004.

LEGROS Bérengère, *Euthanasie, arrêt de traitement, soins palliatifs et sédation, L'encadrement par le droit de la prise en charge médicale de la fin de vie,* Les Etudes Hospitalières, 2011.

LEMAIRE François, RAMEIX Suzanne, GHANASSIA Jean Pierre, *Journée d'éthique médicale Maurice Rapin, Le corps à qui appartient il ?*, Flammarion, « Médecine-Sciences », 1996

LEMENNICIER Bertrand,

- *La morale face à l'économie,* Editions d'Organisation, 2006.
- *Economie du droit,* Editions Cujas, « Théories économiques », 1991.
- *Le marché du mariage et de la famille,* PUF., « Libre Echange », 1988.

LEMIRE Michel, FAYE Bernard, *Artistes et mortels,* Chabaud, 1990.

LEMOINE Patrick,

- *Le mystère du nocebo,* Odile Jacob, 2011.
- *Le mystère du placebo*, Odile Jacob, 2006.

LENOIR Noëlle, MATHIEU Bertrand, MAUS Didier (dir.), *Constitution et Ethique biomédicale,* La documentation française, Les cahiers constitutionnels de Paris I, 1997.

LERICHE René, *La chirurgie de la douleur,* Masson & cie, 2ème éd., 1940.

LEROUGE Loïc, *La reconnaissance d'un droit à la protection de la santé mentale au travail,* LGDJ, « Bibliothèque de droit social », t. 40, 2005.

LEVINE Eva, TOUBOUL Patricia, *Le corps,* Flammarion, 2002.

LEVY-SOUSSAN Pierre, *Destins de l'adoption,* Fayard, « psy », 2010.

LHUILIER Dominique, BELLENCHOMBRE Patrick, CANINO Rémi, FRIZE Nicolas, *Le travail incarcéré,* Editions Syllepse, « Le Présent Avenir », 2009.

LIBCHABER Rémy, *Recherches sur la monnaie en droit privé,* LGDJ, « Bibliothèque de droit privé », t. 225, 1992.

LOCKE John, *Deuxième traité du gouvernement civil,* Libraire Philosophique J. Vrin, « Bibliothèque des textes philosophiques », 1967.

LOISEAU Grégoire, *Le nom, objet d'un contrat,* LGDJ, « Bibliothèque de droit privé », vol. 274, 1997.

LOMBOIS Jean-Claude, *De l'influence de la santé sur l'existence des droits civils,* LGDJ, « Bibliothèque de droit privé », t. 48, 1963.

LOQUIN Eric, MARTIN Annie (dir), *Droit et marchandisation, Actes du colloque des 18 et 19 Mai 2009,* Litec, « CREDIMI », vol. 33, 2010.

LORANT Maurice, *Caractères juridiques de l'obligation alimentaire,* Jouve & Cie Editeurs, 1928.

LOUIS-LUCAS Paul, *Etude sur la vénalité des charges et fonctions publiques et sur celle des offices ministériels depuis l'Antiquité Romaine jusqu'à nos jours, T. 1 et 2*, Challamel Aint & Thorin, 1882.

LOUP Jean, *Les sports et le Droit*, Dalloz, 1930.

LUCAS Charles, *De la réforme des prisons ou de la théorie de l'enfermement*, Editions Legrand, 1838.

LUXEMBOURG Fanny, *La déchéance des droits, Contribution à l'étude des sanctions civile*, Editions Panthéon Assas, « Thèses », 2007.

LYON-CAEN Gérard, *Le droit du travail non salarié*, Editions Sirey, « Collection Sirey », 1990.

MCNEILL Paul, *The Ethics and Politics of Human Experimentation*, Cambridge University Press, 1993.

MAGNILLAT André, *De la subrogation réelle*, Imprimerie Paul Legendre & Cie, 1912.

MAITRE Grégory, *La responsabilité civile à l'épreuve de l'analyse économique*, LGDJ, « Droit & Economie, 2005.

MALAURIE Philippe, *Anthologie de la pensée juridique*, Editions Cujas, 2ème éd., 2001.

MALINVAUD Edmond, *Leçons de théorie microéconomique*, Dunod, 4ème éd, 2005.

MANCINI Jean-Gabriel, *Prostitution et proxénétisme*, PUF, « Que sais-je », 4ème éd., 1972.

MANIER Bénédicte, *Le travail des enfants dans le monde*, La Découverte, « Collection Repères », 3ème éd., 2011.

MANTELET André, *La réparation du préjudice moral*, Librairie des Facultés A. Michalon, 1907.

MARITAIN Jacques, *Les droits de l'Homme et la loi Naturelle*, Edition de la Maison Française, « Collection civilisation », 1942.

MARTIAL DES AIGAUX D., *Organisation du travail dans l'industrie du tailleur*, Imprimerie de A. Parent, 1868.

MARX Karl, *Manuscrits de 1844*, Flammarion, « Le Monde de la Philosophie », 2008.

MARZANO Michela, *Philosophie du corps*, PUF, « Que sais-je ? », 2007.

MARZANO Michela (texte), HUET Sylvie (photographies), *Nains et alors ?*, Buchet/Chastel, 2007.

MASLOW Abraham, *Devenir le meilleur de soi-même, Besoins fondamentaux, motivation et personnalité*, Eyrolles, 2008.

MATHIEU Bertrand, *La bioéthique*, Dalloz, « Connaissance du droit », 2009.

MATTEI Jean-François (dir.), *Question d'éthique biomédicale*, Flammarion, « Nouvelle bibliothèque scientifique », 2008.

MATTIUSSI Julie, *L'apparence de la personne physique, Pour la reconnaissance d'une liberté*, Collection Thèses, LEH Editions, 2018.

MAUGERE Amélie, *Les politiques de la prostitution, Du Moyen Age au XXIe siècle*, Dalloz, « Nouvelle bibliothèque de Thèses, 2009.

MAUSS Marcel, *Sociologie et anthropologie*, PUF, « Quadrige Grands Textes », 12ème éd., 2010.

MAYNZ Charles, *Cours de droit romain, Volumes I et II*, Librairie polytechnique d'Aug. Decq, Librairie A. Durand et Pedone, 3ème éd., 1870.

MAYRAND Albert, *L'inviolabilité de la personne humaine*, Wilson et LaFleur Limitée, 1975.

MAZEAUD Denis, *La notion de clause pénale*, LGDJ, « Bibliothèque de droit privé, t. 223, 1992.

MAZZOLI Roberto, *Le grand livre du body building*, De Vecchi, 1997.

MEHL Dominique, *Enfants du don, Procréation médicalement assistée : parents et enfants témoignent*, Robert Laffont, « Le monde comme il va », 2008.

MEKKI Mustapha, *L'intérêt général et le contrat, Contribution à une étude de la hiérarchie des intérêts en droit privé*, LGDJ, « Bibliothèque de droit privé », t. 411, 2004.

MELENNEC Louis,

- *Evaluation du handicap et du dommage corporel, Barème international des invalidités*, Masson, 2000.
- *L'indemnisation du handicap, Pour l'instauration d'un régime unique de l'invalidité et de la dépendance*, Desclée de Brouwer, 1997.

MEMMI Dominique, GUILLOD Dominique, MARTIN Olivier, *La tentation du corps*, Editions de l'E.H.E.S.S., 2009.

MENINGAUD Jean-Paul, PIRNAY Philippe, *La greffe de visage*, Bréal, 2011.

MENNESSON Sylvie et Dominique, *Interdits d'enfants*, Michalon, 2008.

MERLE Philippe, *Droit commercial, Sociétés commerciales*, Dalloz, « Collection Précis », 14ème éd., 2010.

MESTRE Achille, *Les personnes morales et le problème de leur responsabilité pénale*, Rousseau, 1899.

MESTRE Jacques, PANCRAZI Marie-Eve, *Droit commercial, droit interne et aspects de droit international*, LGDJ., 28ème éd., 2009.

MIGNON-COLOMBET Astrid, *L'exécution forcée en droit des sociétés*, Economica, « Recherches Juridiques », 2004.

MILGRAM Stanley, *Expérience sur l'obéissance et la désobéissance à l'autorité*, Editions La Découverte, « Zones », 2013.

MILL John Stuart, *Utilitarism*, Oxford University Press, 1998.

MILLET Florence, *La notion de risque et ses fonctions en droit privé*, LGDJ, Presses Universitaires de la Faculté de Droit de Clermond-Ferrand, « Collection des Thèses de l'Ecole Doctorale de Clermont-Ferrand », 2001.

MOINE Isabelle. *Les choses hors commerce : une approche de la personne humaine juridique*, LGDJ., « Collection bibliothèque de droit privé », t. 271, 1997.

MOLFESSIS Nicolas (dir.), *Les mots de la loi*, Economica, « Etudes juridiques », 1999.

MOLITOR Jean-Pierre, *Cours de Droit romain approfondi, t.1, Les obligation*, A. Durand, Paris, 1868.

MONEGER Françoise(dir.), *Gestation pour autrui : Surrogate Motherhood, XVIIIe Congrès, Washington D.C., les 25-31 juillet 2010,* Société de législation de droit comparé, « Collection colloque », Vol. 14, 2010.

MONESTIER Martin, *Les poils, histoire et bizarreries,* Le cherche midi, 2002.

MONTESQUIEU (Charles-Louis de Secondat), *De l'esprit des lois, Livres I à V*, 1749.

MOR Gisèle, *Evaluation du préjudice corporel, Stratégies d'indemnisation, Méthodes d'évaluation,* Editions Delmas, 2ème éd., 2014.

MOREAU Lise, *Les résistances françaises à la mise en place de l'assistance sexuelle pour les personnes en situation de handicap*, Mémoire réalisé dans le cadre du Master 1 Sciences Sociales Appliquées aux Métiers de l'Étude du Conseil et de l'Intervention (SSAMECI) de l'Université Paris 7 Paris-Diderot, 2009.

MORLET Lydia, *L'influence de l'assurance accidents corporels sur le droit privé de l'indemnisation,* Thèse de doctorat de droit privé, Université du Maine, 2003.

MORVAND Sylvia, *Les flux transfrontières des produits biologiques d'origine humaine, un aspect nouveau du droit du commerce international*, Les Etudes Hospitalières, « Collection Thèses », 2002.

MOUSNIER Roland, *La vénalité des offices sous Henri IV et Louis XIII,* PUF, « Collection Hier », 1971.

MUSARELLA Paul, JACQUEMART Pierre, *La thérapie placentaire selon Filatov,* Montorgueil, 1993.

MUZNY Petr, *La liberté de la personne sur son corps,* Dalloz, « Thèmes, Commentaires, Actes », 2010.

NADEAU Jean-Guy, *La prostitution, une affaire de sens. Etude des pratiques sociales et pastorales,* Fides, « Héritage et projet », n° 34, 1987.

NAGLE Jean, *Un orgueil français, La vénalité des offices sous l'ancien régime,* Odile Jacob, « Collection Histoire », 2008.

NEIRINCK Claire (dir.),

- « *Un enfant à tout prix ? Questions d'éthique et de droit* », La documentation Française, « Problèmes politiques et sociaux », n° 961, juin 2009.
- *De la bioéthique au bio-droit,* LGDJ, « Droit et société », vol. 8, 1999.

NERSON Roger, *Les droits extrapatrimoniaux* , Bosc Frères & L. Riou, 1939.

NETTER Francis, *La Sécurité sociale et ses principes,* Dalloz, « La Bibliothèque Dalloz », 2005.

NEYRET Laurent, *Atteintes au vivant et responsabilité civile*, LGDJ., « Bibliothèque de droit privé », t. 468, 2006.

NICOLLEAU Franck (dir), *Où va le sportif d'élite ? Les risques du star system,* Dalloz, « PRESAJE », 2006.

NIORT Jean-François, *Code Noir,* Dalloz, « Tiré à part », 2012.

NOIREAU Christiane, *L'esprit des cheveux, Chevelures, poils et barbes, Mythes et croyances,* L'apart du beau, « L'esprit de la création », 2009.

NOWENSTEIN Graciela, *The Generosity of the Dead, A Sociology of Organ Procurement in France,* Ashgate, 2010.

NUSS Marcel (dir.), *Handicaps et sexualités, Le livre blanc,* Dunod, 2008.

OGIEN Ruwen, *Le corps et l'argent,* La Musardine, « L'attrape-corps », 2010.

OKUN Arthur, *Equality and Efficiency : The Big Tradeoff,* Washington DC, 1975.

OROBON Frédéric, *Santé publique et libertés individuelles, L'exemple des conduites par lesquelles on peut se nuire à soi-même,* Institut Universitaire Varenne, LGDJ, « Collection des thèses », n° 83, 2013.

OURLIAC Paul, DE MALAFOSSE Jehan, *Histoire du droit privé, Les biens,* PUF, « Thémis », 2ème éd., 1971.

OUVRARD Lucile, *La prostitution, Analyse juridique et choix de politique criminelle,* L'Harmattan, « Logiques Juridiques », 2000.

PAGET DAVID, Contribution à l'étude du salariat sportif, Thèse en droit privé, Université de Montpellier, 2010.

PAILLISSER Jean-Bernard, *Le droit social du sport,* J. DELMAS et CIE, «Ce qu'il faut savoir », 1988.

PATEMAN Carole, *Le contrat sexuel,* Editions la Découverte, « genre&sexualité », 2010.

PAUL François, *Les choses qui sont dans le commerce au sens de l'article 1128 du code civil,* LGDJ, « Bibliothèque de Droit Privé », t. 377, 2002.

PAULMIER Edgard, *De la subrogation réelle en droit romain et en droit français,* Imprimerie de Georges Jacob, 1882.

PAUTOT Serge et Michel, *Les contrats de travail des sportifs,* PUS., 2007.

PAVIA Marie-Luce, REVET Thierry (dir.), *La dignité de la personne humaine,* Economica, 1999.

PEDRO Philippe (dir), *Ethique, Droit et Dignité de la personne,* Mélanges Chistian BOLZE, Economica, 1999

PEIGNE M.-A., *De l'organisation du travail des condamnés dans les maisons centrales en France, Extrait de la Revue Pénitentiaire,* Imprimerie E. Marc-Aurel, 1847.

PELISSIER Jean, *Les obligations alimentaires, unité ou diversité,* LGDJ, « Bibliothèque de droit privé », t. 28, 1961.

PELLET Rémi (dir.), *Responsabilité, assurance et expertise médicales,* Dalloz, « Thèmes, commentaires », 2008.

PERELMAN Charles,

- *Ethique et droit,* Editions de l'Université de Bruxelles, « UB Libre fondamentaux », 2ème éd., 2011.

- *Logique juridique, Nouvelle rhétorique,* Dalloz, « Bibliothèque Dalloz », 2ème éd., 1999.

PERRON Roger, *Genèse de la personne,* PUF., « Le psychologue »,1985

PEROT Morgane, *La pénibilité au travail,* Thèse en droit privé, Université Paris II, 2013.

PICHARD Marc, *Le droit à, Etude de législation française,* Economica, 2006.

PIERRE Philippe, LEDUC Fabrice (dir.), *La réparation intégrale en Europe, Etudes comparatives des droits nationaux,* Larcier, « Europe(s) », 2012.

PIPPI Félix, *De la notion de salaire individuel à la notion de salaire social,* LGDJ, 1966.

PLASTARA Georges, *La notion juridique du patrimoine,* A Rousseau, 1903.

POLLAUD-DULIAN, *La brevetabilité des inventions, Etude comparative de jurisprudence France-OEB,* Litec, « Le droit des affaires, Propriétés intellectuelles », n° 16, 1997.

PONCHON François, *Les prélèvements d'organes et de tissus humains,* Berger-Levrault, 1997.

PORUMB Ovid, *La rupture des Contrats à durée indéterminée par volonté unilatérale, Essai d'une théorie générale,* Librairie Nizet et Bastard, 1937.

POTTIER Olivier, *Armée-nation : Divorce ou réconciliation ?,* L'Harmattan, « L'histoire de la défense », 2005.

PRADEL Jean, *La condition civile du malade,* LGDJ, « Bibliothèque de droit privé », t. 39, 1963.

PRADEL Jean (dir), *Sang et droit pénal, A propos du sang contaminé,* CUJAS, « Travaux de l'institut de sciences criminelles de Poitiers », vol. XIV, 1995.

PRADEL Xavier, *Le préjudice dans le droit civil de la responsabilité,* LGDJ, « Bibliothèque de droit privé »,t. 415, 2004.

PRIEUR Michel, AUDRERIE Dominique (dir.), *Les monuments historiques, un nouvel enjeu ?,* L'harmattan, 2004.

PRIEUR Stéphane, *La disposition par l'individu de son corps,* Les Etudes Hospitalières, « Collection Thèses », 1999.

PROUDHON, *Traité du domaine de propriété ou de la distinction des biens, t.I,* Dijon, 1839.

PUFENDORF, *Le droit de la nature et des gens ou Système général des principes les plus importants de la morale, de la jurisprudence, et de la politique. T. 2,* Editeur H. Schelte, 1706.

PULMAN Bertrand, *Mille et une façons de faire les enfants, La révolution des méthodes de procréation »,* Calmann-Lévy, 2010.

QUEVAL Isabelle, *Le corps aujourd'hui,* Gallimard, « Collection folio essais », 2008.

RADE Christophe, *Droit du travail et responsabilité civile,* LGDJ, « Bibliothèque de droit privé », t. 282, 1997.

RADIN Margaret Jane, *Reinterpreting Property,* The University of Chicago Press, 1993.

RAND Ayn, *La vertu d'égoïsme,* Les Belles Lettres, « Collection Iconoclaste »,1993.

RANOUIL Véronique, *La subrogation réelle en droit civil français,* LGDJ, « Bibliothèque de droit privé », 1985.

RAYNAUD Pierre, *La nature juridique de la dote, Essai de contribution à la théorie générale du Patrimoine,* Sirey, 1934.

RAWLS John, *Théorie de la justice*, traduit de l'anglais par Catherine Audard, Editions du Seuil, 1997.

REIFEGERSTE Stéphan, *Pour une obligation de minimiser le dommage,* PUAM, « Institut de droit des affaires », 2002.

REINHARD Yves, THOMASSET-PIERRE Sylvie, *Droit commercial, Actes de commerce, Commerçants. Fonds de commerce. Concurrence. Consommation,* Litec, 7ème éd, 2008.

REMMELINK Myriam, *Ethique et biobanque, Mettre en banque le vivant,* Académie royale de Belgique, Vol. 16, 2012.

REMPLER Jean-Paul, *L'individu et son patrimoine,* Thèse de droit privé, Paris, 1910.

RENARD Alain, *La prohibition de l'engagement à vie, De la condamnation du servage à la refondation du licenciement, Généalogie d'une transmutation,* Bruylant, « Penser le Droit », 2009.

RETTERER Edouard, *Les phanères pileux et dentaires,* Impr. de Mellottée, 1924.

REVET Thierry, *La force de travail (Etude juridique),* Litec, « Bibliothèque de droit de l'entreprise », n° 28, 1992.

RIAUD Xavier, *Histoires de la médecine bucco-dentaire,* L'Harmattan, 2010.

RICHIR Marc, *Le corps, Essai sur l'intériorité,* Hatier, « Optiques philosophie », 1993.

RIFKIN Jeremy, *Le siècle biothech, Le commerce des gènes dans le meilleur des mondes*, Editions la Découverte, 1998.

RIGAUX François,

- *La protection de la vie privée et des autres biens de la personnalité*, LGDJ & Bruylant, 1990.
- *La vie privée, une liberté parmi les autres ?,* Maisons Larcier Editeurs, « Travaux de la faculté de droit de Namur », t. 17, 1992.

RIOT Cédric, *Le risque social,* Faculté de droit de Montpellier, « Collection thèses », 2005.

RIPERT Georges,

- *Les Forces créatrices du droit*, LGDJ, 1955.
- *Le déclin du droit,* LGDJ, 1949.
- *La règle morale dans les obligations civiles,* LGDJ, 4ème éd., 1949.
- *Aspects juridiques du capitalisme moderne,* LGDJ, 1946.

RIPERT Lucienne, *La réparation du préjudice dans la responsabilité délictuelle*, Dalloz, 1933.

ROBIN Michel, *L'expérimentation humaine en médecine,* Thèse pour le Doctorat en Médecine, Editions A.G.E.M.P, 1960.

RODRIGUEZ-ARIAS David, MOUTEL Grégoire, HERVE Christian, *Recherche biomédicale et populations vulnérables,* L'Harmattan, « L'ETHIQUE en mouvement », 2006.

ROHAINE Said, *Un paradoxe : la réticence au système de prix chez les économistes : faits et explications,* Thèse Université Paris II, 1995.

ROMAN Diane (dir.),

- *La justiciabilité des droits sociaux : vecteurs et résistances, Actes du colloque tenu au Collège de France à Paris, 25 et 26 mai 2011.*
- « *Droits des pauvres, pauvres droits ?* », *Recherches sur la justiciabilité des droits sociaux,* CREDOF, novembre 2010.

ROSSIAUD Jacques, *Amours vénales, La prostitution en Occident, XIIe -XVIe siècle ;* Aubier, 2010.

ROSTAING Corinne, *La relation carcérale, Identités et rapports sociaux dans les prisons de femmes,* PUF, « Le lien social », 1997.

ROUBIER Paul,

- *Droits subjectifs et situations juridiques,* Dalloz, « Bibliothèque Dalloz », 2005.
- *Théorie générale du droit, Histoire des doctrines juridiques et philosophie des valeurs sociales,* Dalloz, « Bibliothèque Dalloz », 2005.

ROUJOU DE BOUBEE Marie-Eve, *Essai sur la notion de réparation,* LGDJ, « Bibliothèque de droit privé », t. 27, 1974.

ROUSSEAU Frédéric, *Service militaire au XIXème siècle : de la résistance à l'obéissance, Un siècle d'apprentissage de la patrie dans le département de l'Hérault,* UMR 5609 CNRS-ESID, « Etats, Sociétés, Idéologies, Défense », 1998.

RUFFIE Jacques, SOURNIA Jean-Charles, *La transfusion sanguine,* Fayard, « Le temps des sciences », 1996.

RUSSO Chantal, *De l'assurance de responsabilité à l'assurance directe, Contribution à l'étude d'une mutation de la couverture des risques,* Dalloz, « Nouvelle bibliothèque de Thèses, 2001.

SAINCTELETTE Charles, *De la responsabilité et de la garantie, Accidents de transport et de travail,* Bruylant-Christophe & Comp, Librairie A. Marescq Ainé, 1884.

SAINT-BONNET François, *L'état d'exception,* PUF, « Léviathan », 2001.

SAINT-PAU Jean-Christophe (dir.), *Droits de la personnalité,* LexisNexis, « Traités », 2013.

SALA-MOLINS Louis, *Le Code Noir ou le calvaire de Canaan,* PUF, « Quadrige », 5ème éd., 2011.

SALAS Denis, *Sujet de chair et sujet de droit : la justice face au transsexualisme*, PUF, « Les voies du droit », 1994.

SALEILLES Raymond,

- *« Les accidents de travail et la responsabilité civile, essai d'une théorie objective de la responsabilité délictuelle »,* Librairie Arthur Rousseau, 1897.
- *De la personnalité juridique, vingt-cinq leçons d'introduction a un cours de droit civil comparé sur les personnes juridiques,* Editions de la mémoire du droit, 2003.

SAMBUC Cléa, *Les transplantations d'organes, De la réflexion éthique à l'analyse économique,* Thèse d'économie, Université Aix Marseille, 21 juin 2010.

SAMUELSON Paul, NORDHAUS William, *Economie,* Economica, 18ème éd., 2005.

SAND René, *L'économie humaine par la médecine sociale,* Rieder, 1934.

SAUVAT Christophe, *Réflexions sur le droit à la santé,* PUAM, « Collection du Centre Pierre Kayser », 2004.

SAUZET Marc, *Responsabilité des Patrons vis-à-vis des ouvriers dans les accidents industriels,* Librairie Cotillon, Extrait de la revue critique de législation et de jurisprudence, 1883.

SAVATIER René,

- « Le droit comptable au service de l'homme », Dalloz, 2006.
- *Les métamorphoses économiques et sociales du droit privé aujourd'hui, 3ème série, approfondissement d'un droit renouvelé,* Dalloz, 1959.

SAYAG Alain, *Essai sur le besoin créateur de droit,* LGDJ, « Bibliothèque de droit privé », t. 94, 1969.

SAYN Isabelle (dir.), *Le droit mis en barèmes ?,* Dalloz, « thèmes, Commentaires & Actes », 2014.

SCELLE Georges, *Le droit ouvrier, Tableau de la législation française actuelle*, A. Colin, 2ème éd., 1929

SCHAMPS Geneviève, SOSSON Jehanne (dir.) , *La gestation pour autrui : vers un encadrement ?*, Bruylant, 2013.

SEBAG Louis, *La condition juridique des personnes physiques et des personnes morales avant leur naissance,* Librairie du Recueil Sirey, 1938.

SELLIER François,

- *La confrontation sociale en France, 1936-1981,* PUF, 1984.
- *Stratégie de la lutte sociale, France 1936-1960,* Les Editions ouvrières, « Relations sociales », 1961.

SEMAT Eve, (Association Santé et médecine du travail), *Femmes au travail, Violences vécues,* La Découverte, Syros, 2000.

SERIAUX Alain, *Le droit naturel,* PUF., « Que sais je ? », 2ème éd., 1999.

SERRES Michel, *Variations sur le Corps,* Le Pommier, 2002.

SEVE Lucien,

- *Qu'est ce que la personne humaine ?*, La Dispute, 2006.
- *Pour une critique de la raison bioéthique,* Editions Odile Jacob, « Philosophie », 1994.

SHAKESPEARE William, *Le marchand de Venise,* GF Flammarion, 1956, p. 81.

SHAMOO Adil E. (dir.), *Ethics in Neurobiological Research with Human Subjects, The Baltimore Conference on Ethics,* Gordon and Breach Publishers, 1997.

SICARD Didier, *« L'alibi éthique »*, Plon, 2006.

SIMMEL Georg, *Philosophie de l'argent,* trad. Sabine CORNILLE, Philippe IVERNEL, PUF, « Quadrige », 1977.

SIMON Gerald (dir), *Les contrats des sportifs, L'exemple du football professionnel,* PUF, 2003.

SINTEZ Cyril, *La sanction préventive en droit de la responsabilité civile, Contribution à la théorie de l'interprétation et de la mise en effet des normes,* Dalloz, « Nouvelle bibliothèque de Thèses, vol. 110, 2011.

SIRI Françoise (dir.), *La fièvre du dopage, du corps du sportif à l'âme du sportif,* Editions Autrement, « Collection Mutations », n° 197, 2000.

SOULIE Jean-Louis, *La prostitution en droit, le droit à la prostitution,* Thèse Grenoble, 1999.

STARCK Boris, *Essai d'une théorie générale de la responsabilité civile considérée en sa double fonction de garantie et de peine privée,* L. Rodstein, 1947.

STARK Oded, *Altruism and Beyond, An Economic analysis of transfers and exchanges within families and groups,* Cambridge University Press, « Oscar Morgenstern memorial lectures », 1995.

STEINER Philippe, *La transplantation d'organes, un commerce nouveau entre les êtres humains »,* Gallimard, « Bibliothèque des sciences humaines », 2010.

STORA Charles, *De la subrogation réelle,* Arthur Rousseau Editeur, 1901.

SUEUR Philippe, *Histoire du droit public français, XV-XVIII siècle, T. I, La constitution monarchique,* PUF., « Thémis droit », 4ème éd., 2007.

SUPIOT Alain,

- *Le droit du travail,* PUF., « Que sais-je ? », 5ème éd., 2011.
- *Critique du droit du travail,* PUF, « Quadrige », 2007.
- *« Homo juridicus, Essai sur la fonction anthropologique du Droit »,* Seuil, « Collection la couleur des idées », 2005.

SUPIOT Alain (dir),

- *Au-delà de l'emploi, Transformations du travail et devenir du travail en Europe, Rapport pour la commission européenne avec la collaboration de l'université Carlos III de Madrid,* Flammarion, 1999, p. 90.
- *Le travail en perspective,* LGDJ, « droit et société », 1998.

SUTTERLIN Olivier, *L'évaluation monétaire des nuisances, Eléments de réflexion au carrefour des raisonnements juridiques et économiques en matière environnementale,* LGDJ, « Bibliothèque de droit privé », t. 541, 2012.

TABET Paola, *La grande arnaque, Sexualité des femmes et échange économico-sexuel,* L'Harmattan, « Bibliothèque du féminisme », 2004.

TCHAVDAROFF Lubomir, *De la notion des bonnes mœurs, Essai théorique sur la recherche d'un critérium,* J. Fournier, 1927.

TERRE François, *L'enfant de l'esclave, Génétique et droit,* Flammarion, 1987.

TESNIERE Alain, *Les yeux de Christophe, L'affaire d'Amiens,* Editions du Rocher, 1993.

TEYSSIE Bernard (dir.), *Standards, principes et méthodes en droit du travail,* Economica, « Etudes juridiques », 2011.

TISSIER Delphine, *La protection du corps humain,* L'Harmattan, « Le droit aujourd'hui », 2013.

N

TUNC André,

- *La responsabilité civile,* Economica, « Etudes juridiques comparatives », 2ème éd., 1989.
- *La sécurité routière, Esquisse d'une loi sur les accidents de la circulation,* Dalloz, 1966.

TURGEON-DORION Louis, *La qualification du préjudice en droit civil québécois,* Maîtrise en droit, Université de Laval, 2014.

TYAN Émile, *Le système de responsabilité délictuelle en droit musulman,* Université de Lyon, Imprimerie Catholique Beyrouth, 1926.

VACHER LAPOUGE George,

- *Du patrimoine en droit romain et en droit française,* Thèse Poitiers, 1879.
- *Théorie du patrimoine : essais de droit positif généralisé,* Thorin E, 1879.

VACQUIN Monette, *Main basse sur les vivants,* Fayard, 1999.

VAN DE KERCHOVE Michel, OST François, *Le système juridique entre ordre et désordre,* PUF, « Les voies du droit », 1988.

VANDENBORGHT Sandrine, THIEBAUD Marine, EDELMAN Anne-Catherine, *Garantir la qualité de vos ressources biologiques,* INSERM, 2013

VANUXEM Sarah, *Les choses saisies par la propriété,* I.R.J.S. Editions, « Bibliothèque de l'institut de Recherche Juridique de la Sorbonne-André Tunc », T.35, 2012.

VAUGEOIS A., *De la distinction des biens en droit romain et en droit français,* Thèse Caen, 1860.

VAVASSEUR Auguste, *De la responsabilité des accidents de fabrique,* Marchal-Billard, 1881.

VEGTING Wilhelm Gérard, Domaine public et res extra commercium, Etude historique du droit romain, français et néerlandais, Sirey, 1948.

VERNET Prosper, *Traité de la quotité disponible ou traité des diverses restrictions apportées dans l'intérêt de la famille du disposant au principe de la libre disposition des biens, suivant le droit romain, le droit coutumier, le droit intermédiaire et le code napoléon,* A.MARESCQ et E. DUJARDIN, Libraires-Editeurs, 1855.

VEYNE Paul, *La société romaine,* Editions du Seuil, « Points Histoire », 2001.

VIALLA François (dir), *Les grandes décisions du droit médical,* LGDJ-Lextenso, 2009.

VILLANI Dominique, *La protection des personnes qui se prêtent à des recherches biomédicales,* Thèse de droit privé, Université Lyon III, 1992

VILLERME Louis, *Tableau de l'état physique et moral des ouvriers employés dans les manufactures de coton, de laine et de soie, T. I & II,* J. Renouard, 1840.

VINCENSINI François-Xavier, *La commercialité, Recherche sur l'identification d'une activité,* PUAM, 1998.

VINEY Geneviève, MARKESINIS Basil, *La réparation du dommage corporel, Essai de comparaison des droits anglais et français,* Economica, « Etudes juridiques comparatives », 1985.

VINEY Geneviève, *Le déclin de la responsabilité individuelle,* LGDJ, 1965.

VIRALLY Michel, *La pensée juridique,* LGDJ, 1960.

VOIDEY Nadège, *Le risque en droit civil,* PUAM, 2005.

VON JHERING Rudolf, *La lutte pour le droit,* Dalloz, « Bibliothèque Dalloz »2006.

VON MISES Ludwig, *Human Action, A Treatise on Economics,* Yale University Press, 1949.

VOKO Nina Bénédicte, *Les aliments en droit privé,* Thèse de droit privé, Université de Strasbourg, 2012.

WALZER Michel, *Sphères de justice, Une défense du pluralisme et de l'égalité,* Seuil, « La couleur des idées », 1997.

WEIL Simone, *L'enracinement, Prélude à une déclaration des devoirs envers l'être humain,* Gallimard, 1949.

WEISSTUB David (dir.), *Les populations vulnérables,* L'Harmattan, 2001.

WERY Patrick, *L'exécution forcée en nature des obligations contractuelles non pécuniaires (Essai): une relecture des articles 1142 à 1144 du Code civil,* Kluwer Editions Juridiques Belgique, « Collection scientifique de la Faculté de droit de Liège », 1993.

XIFARAS Mikhaïl, *La propriété, Etude de philosophie du droit,* PUF, « Fondements de la politique », 2004

ZARKA Simone, *L'héritage moral,* Thèse de droit, 1954.

ZELIZER Viviana A.,

- *La signification sociale de l'argent,* trad. Christian CLER, Seuil, « Collection Liber », 2005.

- *Pricing the Priceless Child, The Changing Social Value of Children,* Basik Books, 1985.

ZYSBERG André, *Les galériens, Vies et destins de 60 000 forçats sur les galères de France, 1680-1748,* Editions du Seuil, « L'univers historique », 1987.

Articles, chroniques

ABBASI Mahmoud, « Etude comparative de la transplantation d'organes en droit iranien et français », *RGDM*, n° 28, 2008, p. 7.

ADAMS Frank A., BARNETT A. H., KASERMAN David L., « Market for Organs: The Question of Supply », *Contempory Economic Policy*, Vol. XVII, n° 2, 1999.

BUISSON Albert, « L'expérimentation humaine au cours des âges », *Cahiers Laënnec*, 1952, n° 1, p. 6.

ALBOUY Valérie, DEPREZ Muriel, « Mode de rémunération des médecins », Trésor-Eco, Direction générale du Trésor et de la Politique économique, sept. 2008, n° 42, p. 1.

ALFANDARI Elie, « Droits alimentaires et droits successoraux », *in Mélanges offerts à René Savatier*, Dalloz, 1965, p. 4.

ALLEGRE Guillaume, « RSA et lutte contre la pauvreté : quels effets sur les travailleurs pauvres ? », *Pol.soc.et fam.*, 2013, n° 113, p. 47.

ALLEN Anita L., « No Dignity in BODY WORLDS: a silent Minority speaks», *The American Journal of bioethics*, 2007, vol. 7, p. 24.

ALTAVILLA Annagrazia,

- « La recherche biomédicale : de l'éthique au droit », *in Questions d'éthique biomédicale*, Flammarion, « Nouvelle Bibliothèque Scientifique », 2008, p. 334.

- « Le droit européen de la bioéthique entre progrès scientifique, intérêt économiques et…principes éthiques ! », *RGDM*, n° 21, 2006, p. 87.

AMIEL Philippe, VIALLA François, « La vérité perdue du « code de Nuremberg » : réception et déformations du « code de Nuremberg » en France », *RDSS*, 2009, p. 673.

ANDORNO Roberto, « La notion de dignité humaine est-elle superflue en bioéthique », *RGDM*, n° 16, 2005, p. 95.

APPEL Jacob, FOX Mark D, « Organ solicitation on the Internet : Every Man for Himself ?», *Hasting Center Report*, vol. 35, n° 3, May-June 2005 p. 14.

ARAMESH Kiarash, « Iran's experience with surrogate motherhood : an Islamic view and ethical concerns », *Journal of medical ethics*, 2009-05, vol. 35, n° 5, p. 320.

ARBOUR Marie-Eve, LACROIX Mariève, « Le statut juridique du corps humain, Rapport Québécois », Journées Henri Capitant, Lausanne/ Genève/Neuchâtel, Suisse, juin 2009.

ARMENGAUD Jacques, BERTHET-MAILLOLS Elisabeth, « Du mauvais usage du droit des brevets en matière pharmaceutique, selon le rapport préliminaire de la Commission européenne », *RPI.*, avr. 2009, n° 31, p. 132.

ARON Emile, « Le devoir de santé », *Bulletin de l'Académie nationale de médecine*, 2004, vol. 188, n° 1, p. 109.

ATIAS Christian, « Le contrat de substitution de mère », *D.*, 1986, Chr, p. 67.

AUBIN Gérard, « La Réforme sociale et la réparation des accidents du travail (1881-1898) », *in Du Droit du travail aux droits de l'humanité, Etudes offertes à Philippe-Jean Hesse,* Y. LE GALL, D. GAURIER et P.-Y. LEGAL (dir), PUR, « L'univers des normes », 2003, p. 17.

AUBY Jean-Marie, « L'obligation à la santé », *Annales de la Faculté de Droit de l'université de Bordeaux*, Imprimerie Bière, 6ème année, n° 1, 1955, p. 7.

AUGUSTIN Jean-Marie, « Vacher de Lapouge Georges (1854-1936) aux origines de l'eugénisme », *RGDM*, n° 21, 2006, p. 109.

AUVERGNON Philippe,

- « Le travail en prison dans quelques pays européens : du non-droit au droit aménagé », Bulletin de droit comparé du travail et de la sécurité sociale, 2007, p. 1.

- « L'obligation d'emploi des handicapés », *Dr. soc.*, 1991, p. 596.

BACHELOT Annie, « De la pilule au bébé éprouvette. Choix individuels ou stratégies médicales ? » INED, 2008.

BAKOUCHE David,

- « L'autonomie du préjudice permanent exceptionnel : ce poste de préjudice est distinct du déficit fonctionnel permanent et du préjudice esthétique », *Lexbase Hebdo édition privée*, n° 557, 6 fév. 2014.

- « Quelques observation sur les différents chefs de préjudice consécutifs à un dommage corporel et sur l'autonomie du préjudice d'établissement », *Lexbase Hebdo édition privée*, n° 478, 22 mars 2012.

- « Le dommage corporel (première partie) », *Lexbase Hebdo édition privée*, n° 284, 6 déc. 2007.

- « Le transfert d'embryons *post mortem* », *Ruptures, mouvements et continuité du droit, Autour de Michelle Gobert,* Economica, 2004, p. 153.

BANDRAC Monique, « Réflexions sur la maternité », *in Mélanges offerts à Pierre Raynaud,* Dalloz-Sirey, 1985, p. 27.

BARILAN Michael, « Bodyworlds and the Ethics of using Human Remains: a preliminary discussion », *Bioethics*, 2006, vol. 20, n° 5, p. 233.

BATES Stephen, « Prenates, Postmorts, and Bell-Curve Dignity », *Hastings Center Report*, July-August, 2008, p. 21.

BAUD Jean-Pierre,

- « La propriété du corps », *in* LEMAIRE François, RAMEIX Suzanne, GHANASSIA Jean Pierre, *Journée d'éthique médicale Maurice Rapin, Le corps à qui appartient il ?*, Flammarion, « Médecine-Sciences », 1996, p. 9.

- « Le corps, personne par destination », *in Mélanges à la mémoire de D. HUET-WEILLER liber amicorum*, LGDJ, « Les publications de la Maison des sciences de l'homme de Strasbourg », 1994, p. 13.

BECKER Gary S., ELIAS Julio J., « Introducing Incentives *in* the Market for Live and Cadaveric Organ Donations », Communication au Colloque « On Organ Donation», Université de Chicago, 2003.

BEIGNIER Bernard, « L'ordre public et les personnes », *in L'ordre public à la fin du XXème siècle,* T. REVET (dir.), Dalloz, 1996, Coll. Thèmes et Commentaires, p. 25.

BELKHIRIA Rachida-Jelassi, « La gratuité de l'utilisation des éléments et produits du corps humain » *in Santé, argent et éthique, une indispensable conciliation ? Etude française et tunisienne*, L'Harmattan, « Collection logiques juridiques », 2005, p. 199.

BELLEY Jean-Guy, « La verdeur de l'ambition doctrinale », *in Mélanges Adrian Popovici, Les couleurs du droit,* M. GENEROSA BRAS, B. MOORE (dir.), Les Editions Thémis, 2010, p. 175.

BELLIVIER Florence,

- « Le droit de retrait en bioéthique sur la voie de l'émancipation », *Droits*, n°48, 2008, p. 131.

- « Réflexion au sujet de la nature et de l'artifice dans les lois de bioéthique », *LPA,* 18 fév. 2005, n° 35, p. 10.

BELLIVIER Florence, NOIVILLE Christine,

- « Banques de sang de cordon : à bas les contrats égoïstes ! », *RDC*, oct. 2011, n°4, p. 1351
- « De Freud au contrat : couper le cordon ! », *RDC*, 2008, juillet 2008, n° 3, p. 937.
- « Contribution des associations de patients à l'organisation, au fonctionnement et à la réglementation des collections d'échantillons biologiques », *Revue d'économie industrielle,* n° 120, 4ème trimestre 2007, p. 175.
- « La circulation du vivant humain : modèle de la propriété ou du contrat ? », *in Code civil et modèles, Des modèles du code au code comme modèle,* LGDJ, « Bibliothèque de l'Institut André Tunc », t. 6, 2005, p. 101.

BELLIVIER Florence, MORIN Anne-Laure, NOIVILLE Christine, « L'accord de transfert de matériel, du prêt-à-porter au sur-mesure ? », RDC, avril 2010, n° 2, p. 737.

BELLIVIER Florence, BRUNET Laurence, HERMITTE Marie- Angèle, LABRUSSE-RIOU Catherine, NOIVILLE Christine, « Les limitations légales de la recherche génétique et de la commercialisation de ses résultats : le droit français », *R.I.D.C*, 2006, Vol. 58, n° 2, p.275.

BELLIVIER Florence, BRUNET Laurence, « Le contrat de mère porteuse : émancipation ou aliénation ? », *RDC*, 1 avril 2008, p. 545.

BELLIVIER Florence, LABRUSSE-RIOU Catherine, « Les droit de l'embryon et du foetus en droit privé », *RIDC,* vol. 54, n° 2, avril-juin 2002, p. 579.

BELLIVIER Florence, SEFTON-GREEN Ruth, « Force obligatoire et exécution en nature du contrat en droits français et anglais : bonnes et mauvaises surprises du comparatisme », *in Etudes offertes à Jacques Ghestin, Le contrat au début du XXIe siècle*, LGDJ, p. 91.

BENABENT Alain, « L'hybridation dans les contrats », *in Prospectives du droit économique, Dialogues avec Michel Jeantin,* Dalloz, 1999, p. 27.

BERT Daniel, « La reconnaissance d'un trouble anormal de voisinage à raison de la décomposition d'un cadavre », *D.*, 2009, p. 1804.

BERTHIAU Denis, « Redéfinir la place du principe d'autonomie dans le prélèvement d'organes, Propositions de révision de certains aspects de la loi de bioéthique du 6 août 2004 », *Médecine & Droit*, 2010, n° 104, p. 150.

BERTIN Philippe, « Touchez pas aux brebis », *Gaz. Pal.*, 24 mars 1977, p. 311.

BERTRAND-MIRKOVIC Aude, Le cadre juridique du prélèvement, *RGDM*, n° 24, 2007, p. 29.

BERTHOUD Gérald, « La société contre le don ? Corps humain et technologies biomédicales », *in Ce que donner veut dire, don et intérêt,* M.A.U.S.S, Editions la découverte, « Textes à l'appui », 1993, p. 257.

BERTIN Philippe, « Un doigt de droit, deux doigts de bon sens… », *Gaz. Pal.*, 15 février 1986, p. 96.

BEVIEVRE Bénédicte, « La dignité du corps humain vivant » *in Séminaire d'actualité du droit médical, Le respect du corps humain pendant la vie et après la mort, Droit et culture*, A.-M. DUGUET et I. FILIPPI (dir.), Les Etudes hospitalières, 2005.

BIGOT Jean,

- « Le nouveau système de garantie en matière d'assurance-vie », *JCP. G,* 1999, act., 1501.
- « L'assurance et la loi relative à la sécurité financière », *JCP G,* 1999, I, 166.
- « Problématique de la mise en liquidation d'une société d'assurance-vie », *JCP G,* 1998, I, 134.

BINCTIN Nicolas, « Volonté et universalités de biens », *in Volonté et biens, Regards croisés,* Y. STRICKLER, F. SIRIAINEN (dir.), L'Harmattan, « Droit privé et sciences criminelles », 2013, p. 231.

BINET Jean-René, « "Bébé-médicament" : l'équilibre périlleux d'une solution extrême », Le Monde.fr, 22.02.2011

BIOY Xavier, « Vers une politique publique des « biobanques » », *RDSS*, 2010, p. 885.

BIZOT Jean-Claude, « Quelle typologie des postes de préjudices ? La nomenclature des postes de préjudices : point de vue du juge judiciaire », *RCA.,* 2010, n° 3, p. 37.

BLAKE Valarie K., « Ovaries, Testicles, and Uteruses, Oh My! Regulating Reproductive Tissue Transplants », William & Mary Journal of Women and the Law, 2012, vol. 19, p. 353.

BONDAZ Julien, « Mort de l'objet et vif du sujet, Des fétiches au Musée National du Mali », *in Déjouer la mort en Afrique, Or, orphelins, fantômes, trophées et fétiches,* M. CROS et J. BONHOMME (dir.), L'Harmattan, 2008, p. 129.

BONFILS Philippe, GOUTTENOIRE Adeline, « Droit des mineurs, juin 2013-juin 2014 », *D.,* 2014, 1789.

BONNECHERE Michèle,

- « Sante-sécurité dans l'entreprise et dignité de la personne au travail », *Dr. ouvrier*, nov. 2003, p. 453.
- « Le corps laborieux : réflexion sur la place du corps humain dans le contrat de travail », *Dr. ouvrier*, 1994, p. 173.

BORELLA François, « Le concept de dignité de la personne humaine », *in Ethique, Droit et Dignité de la personne*, Mélanges Chistian BOLZE, Economica, 1999, p. 31.

BOURDIEU Pierre, « Comment peut-on être sportif », *in Questions de sociologie.*, Les Editions de Minuit, 2002, p. 173.

BOURGEOIS Didier, « Etat limite et automutilation », *Santé Mentale*, n° 143, Déc. 2009, p. 33.

BOURGEOIS Didier, GRASSO Marie-Josée, « L'apotemnophilie : un destin social et personnel », *Santé Mentale*, Déc. 2009, n° 143, p. 60.

BOURRIE-QUENILLET Martine,

- « Droit du dommage corporel et prix de la vie humaine », *JCP G*, 2004, 941.

- « Le préjudice moral des proches d'une victime blessée : Dérive litigieuse ou prix du désespoir », *JCP G.*, n° 51, I, 186.

- « Le préjudice sexuel : preuve, nature juridique et indemnisation », *JCP G*, n°51-52, 3986.

BOUSIGES Annie, « Le droit des salariés de se retirer d'une situation dangereuse pour leur intégrité physique », *Dr. soc.*, 1991, p. 279.

BRIMO Sara, « De la nature et du régime juridiques des rémunérations versées aux détenus dans le cadre de la concession de main-d'oeuvre pénale », *RDSS*, 2014, p. 487.

BRISARD CHARLES, « Le refus d'opération bénigne », *Rec. Spécial acc. du trav.*, 1935, p. 209.

BRISSON Gilles, « La chimie pharmaceutique industrielle et la santé , *in Qu'est ce que l'humain ? Université de tous les savoirs,* Yves MICHAUD (dir), vol. 2, Editions Odile Jacob, 2000, p. 581.

BRISSY Stéphane,

- « Les définitions des catégories de recherches sur la personne et leurs évolutions », *Gaz. Pal.,* 29 mai 2009, p. 11.
- « Vers une extension de la notion de recherche biomédicale ? », *Gaz. Pal.*, 30 déc. 2008, n° 365, p. 34.

BRUEL Alain, L'exploitation de l'image de l'enfant en France, *LPA*, 30 nov. 1999 n° 238, p. 14.

BRUGGEMAN Maryline :

- « Des recherches biomédicales à "la recherche sur la personne" », *Dr. fam.,* n° 2, Fév. 2009, alerte 16.

- « Contribution à la réflexion sur la maternité pour autrui » : remise du rapport tant attendu ! », *Dr. fam.*, n° 9, Sept. 2008, alerte 77.

BRUN Philippe , GOUT Olivier,
- « Responsabilité civile, novembre 2012-novembre 2013 », .*D.*, 2014, p. 47.

- « Responsabilité civile, novembre 2011- octobre 2012 », *D.*, 2013, p. 40.

- « Responsabilité civile, novembre 2010 – novembre 2011, *D.*, 2012, p. 47.

BRUNET Laurence, THOUVENIN Dominique, « Recherches biomédicales, recherches sur l'embryon humain : un régime commun est-il envisageable ? », *in Droit, sciences et techniques, quelles responsabilités ?*, *Actes du colloque international organisé les 25 et 26 mars 2011 par le Réseau Droit, Sciences et Techniques au Palais du Luxembourg à Paris*, LexisNexis, Colloques & Débats, 2011, p. 139.

BRUNET Laurence,

- « La gestation pour autrui ou les vertus heuristiques de l'épreuve des limites », *Revue Politique et Parlementaire*, n° 1050, janv.-mars 2009, p. 76.

- « Un arrêt en trompe l'œil sur la gestation pour autrui : retour ou recul de la raison juridique ? » *D.*, 2009, p. 340.

- « De l'art d'accommoder la gestation pour autrui au droit français », *RGDM*, n° 27, 30 juin 2008, p. 155.

BRUNOTT Loes, « La prostitution comme travail », *Déviance et Société*, 1986, p. 294.

BUCHANAN James, « Individual choice *in* voting and the market », *Journal of Political Economy*, vol. 62, 1954, p. 334.

BURNS Lawrence, « Gunther von Hagens' BODY WORLDS : Selling Beautiful Education », *The American Journal of Bioethics*, 2007, vol. 7, p. 12.

BYK Christian,

- « Un pont vers le futur ? L'universalisme bioéthique en contexte historique », RGDMl, n° 22, 2007, p. 67.

- « The European Protocole on Organ transplant : Key issues », Journal international de bioéthique, vol. 20, n° 3, 2009, p. 119.

- « La recherche sur l'embryon », JCP G, 1996, n° 29, p. 293.

CADIET Loïc,

- « Sur les faits et les méfaits de l'idéologie de la réparation », Le juge entre deux millénaires, Mélanges offerts à Pierre DRAI, Dalloz, 2000, p. 495.

- « Les métamorphoses du préjudice, *in* Les métamorphoses de la responsabilité, Sixième Journées René SAVATIER, Poitiers, 15 et 16 mai 1997, PUF, t. 32, 1997, p. 37.

CADOT Laure, « Les restes humains : une gageure pour les musées ? », *La Lettre de l'OCIM* (En ligne), 109, 2007, mis en ligne le 17 mars 2011, consulté le 19 octobre 2012. URL : http://ocim.revues.org/800.

CAGNOLI Pierre, « L'obligation alimentaire est-elle une dette spécifique au regard du droit des procédures collectives d'entreprise », *in Dossier spécial, Les aliments, Colloque de Caen , les 8 et 9 octobre 2009*, *LPA*, n°125, 24 juin 2010, p. 37.

CALLAHAN Daniel, « Medicine and the Market: A Research Agenda », *Journal of Medicine and Philosophy*, 1999, vol. 24, n° 3, p. 224.

CAMBY Carine, « Don d'éléments du corps humain et gratuité » *in Bioéthique : entre loi, morale et progrès, Revue politique et parlementaire*, n° 1050, janv.-fév.-mars, 2009, p. 64.

CAMBILLAU Nathalie, « La protection du "patrimoine génétique humain", un exemple de méprise normative ou la désubstantialisation du droit annoncée », *RGDM*, n° 15, 2006, p. 65.

CAMHI Maurice, « Un prologiciel pour le calcul des taux d'IPP complexe. Pourquoi ? Comment ? », *RGDM*, 2005, n° 16, p. 125.

CAPRON Alexander M., « Experimentation with Human beings : Light or only Shadows ? », *Yale Journal of Health Policy, Law & Ethics*, Summer, 2006, p. 1.

CARAYON Lisa, MATTIUSSI Julie, « La concurrence normative dans le domaine de l'utilisation thérapeutique des éléments et produits du corps humain », *in La concurrence normative, Mythes et réalités*, SEFTON-GREEN Ruth, USUNIER Laurence (dir), Société de législation comparée, « Collection de l'UMR de droit comparé de Paris », 2013, p. 209.

CARRIER Claire, « Modèle de l'investissement sportif de haut niveau et risque de lien addictif au mouvement », Masson, *Annales Médecine Interne*, Supplément A, avr. 2000, vol. 151, p. 60.

CASSIER Maurice, « La tendance à la privatisation de la recherche génomique et quelques mesures de régulation et de correction », *in Propriété industrielle et innovation, « La nouvelle économie » fausse-t-elle l'enjeu ? »,* B. LAPERCHE (dir.), L'Harmattan, 2001, p. 127.

CATTO Marie-Xavière,

- « La gestation pour autrui : d'un problème d'ordre public au conflit d'intérêts ? *in* Séminaire Droit des femmes face à l'essor de l'intérêt de l'enfant, La Revue des Droits de l'Homme, n° 3, juin 2013.

- « Constitutionnalité de l'interdiction de conserver, à titre préventif, le sang de cordon dans un cadre intrafamilial », *in* Lettre « Actualités Droits-Libertés » du CREDOF, 3 juin 2012.

CAVAZZANA-CALVO Marina, « 20 ans de thérapie génique », *Biofutur*, n° 300, Juin 2009, p. 47.

CERE Jean-Paul, HERZOG-EVANS Martine, PECHILLON Eric, « Exécution des peines, mai 2013-avril 2014, *D.*, 2014, p. 1235

CHABAS François,

- « L'assurance de personne au secours du droit de la responsabilité civile », Risques, n°14, avril-juin 1993, p. 83.

- « Du lien de parenté ou d'alliance entre la victime et l'auteur du dommage », Mélanges dédiés à Gabriel Marty, Université des sciences sociales de Toulouse, 1978, p. 291.

CHAINEAUD Christel, « La difficile réparation du dommage pour les ayants droit de la victime en droit social (fin XIXe-début XXe), *in La victime, II. La réparation du dommage,* Jacqueline. HOAREAU-DODINEAU, Guillaume MATAIRIE, Pascal TEXISER (dir.), Cahiers de l'Institut d'Anthropologie Juridique, Pulim, n° 22, 2009, p. 391.

CHAJMOWICZ Marion , « « Breveter la vie » : une formule trompeuse », *Biofutur*, n° 300, Juin 2009, p. 44.

CHAMBONNAUD Claude, « L'indemnisation des victimes inconscientes, Rapport au colloque organisé par le TGI de Bordeaux le 10 mai 1990 *», Gaz. Pal. 1991,* Doct, p. 332.

CHAMPAUD Claude, « Contribution à la définition du droit économique », *D.*, 1967, 34ème cahier, p. 215.

CHEMTOB CONCE Marie-Catherine, « Réflexion sur l'extension du terme du brevet : Europe, Etats-Unis, Japon », *Médecine et Droit*, n° 98-99, 2009, p. 146.

CHEMTOB-CONCE Marie-Catherine, CAILLEUX Anne, « L'impact des nouvelles dispositions de la loi relative aux recherches impliquant la personne humaine », *Médecine &Droit*; n° 119, Mars-Avril 2013, p. 30.

CHEVALLIER Jacques, « L'ordre juridique », *in Le droit en procès,* PUF, « Centre universitaire de recherches administratives et politiques de Picardie », 1983, p. 7.

CHEVREAU Emmanuelle, « *Liberum corpus nullam recipit aestimationem* : une insuffisance de la procédure civile romaine », Pulim, « Cahiers de l'Institut d'Anthropologie Juridique », n° 13, 2006, p. 23.

CHEYNET DE BEAUPRE Aline, « Le bébé du double espoir », *D.*, 2011, p. 603.

CHUNYAN Ding, « Latest development of legal regulations of organ transplant *in* China», *Journal international de bioéthique*, 2008, vol. 19, n° 4, p. 61.

COHEN Cynthia B., « Selling Bits and Pieces of Humans to Make Babies : The Gift of the Magi Revisited », *Journal of Medicine and Philosophy*, 1999, vol. 21, n° 3, p. 288.

COMMIN Virginie, « Legal issues surrounding french research, Focused Biobanks », *Journal international de bioéthique*, 2009, vol. 20, n° 3, p. 69.

CORGAS-BERNARD Cristina,

- « Le préjudice d'angoisse consécutif à un dommage corporel : quel avenir ? », *RCA,* avril 2010, p. 5.

- « Les barèmes, un instrument pertinent d'harmonisation du droit de la réparation du dommage corporel ? », *RGDM,* n° 31, juin 2009, p. 171.

CORNU Gérard, « L'âge civil », *Mélanges en l'honneur de Paul Roubier, Tome II,* Dalloz & Sirey, 1961, p. 9.

CORNU Marie,

- « A propos de l'adoption du code du patrimoine, quelques réflexions sur les notions partagées », *D.*, 2005, p. 1452.

- « Le corps humain au musée, de la personne à la chose ? », *D.*, 2009, n° 28, p. 1907.

CORRIGNAN-CARSIN Danielle, « L'obligation de sécurité du salarié », *in Les droits et le Droit, Mélanges dédiés à Bernard Bouloc*, Dalloz, 2007, p. 233.

J.-P. COURTHEOUX, « Principes, fonctions complémentaires et dépassement du salaire minimum », *Dr. soc.*, 1978, p. 276.

COUTURIER Gérard,

- « De quoi le salaire est-il la contrepartie ? », *Dr. soc.*, 2011, p. 10.
- « Les techniques civilistes et le droit du travail, Chronique d'humeur à partir de quelques idées reçues », *D.*, 1975, Chr., p. 151.

COUTURIER Mathias, « L'individu est-il juridiquement responsable de sa santé ? », *RGDM.* 2010, n° spécial, p. 171.

CRAIPEAU Nicolas, « De « l'idée » au « principe » pour fonder l'acceptation des risques », *RRJ* 2009-2, n° 127, p. 641.

CREPIN Annie, BOULANGER Philippe, « Le soldat-citoyen : histoire de la conscription », *in 21 historiens expliquent la France contemporaine,* La documentation Française, 2005, p. 31.

CRONIN Antonia, PRICE David « Directed organ donation : is the donor the owner ? », *Clinical Ethics*, 2008, n° 3, p. 127.

CUTAS DANIELA E., « On a Romanian attempt to legislate on medically assisted human reproduction », *Bioethics*, 2009, vol. 22, n° 1, p. 56.

DANTI-JUAN Michel, « Les droits sociaux du détenu » *in La condition juridique du détenu*, J. PRADEL(dir.), Cujas, « Travaux de l'Institut de sciences criminelles de Poitiers », Vol. XIII, , 1994, p. 99.

DAMELIO Jennifer, SORENSEN Kelly, « Enhancing autonomy *in* paid surrogacy », 2008, vol. 22, n° 5, p. 269.

DAVID-CONSTANT Simone, « L'influence de la Sécurité sociale sur la responsabilité civile », *Mélanges offerts à René Savatier,* Dalloz, 1965, p. 235.

DAVID Franck, « Brevetabilité d'éléments isolés du corps humain et dignité de la personne en droit communautaire », *RDSS.*, 2004, p. 326.

D'AVOUT Louis, « " La reconnaissance" de la filiation issue d'une gestation pour autrui à l'étranger, après les arrêts Mennesson et Labassée », *D.,* 2014, p. 1806.

DECOCQ George « La réalité du principe de l'unicité du patrimoine, les objets insaisissables » *in, Sociologie du patrimoine : la réalité de la règle de l'unicité du patrimoine (dans la perspective de la fiducie) : rapport général de la recherche remis à la Chancellerie (et annexes)*, Laboratoire de sociologie juridique Paris II, 1995, p. 105.

DEFFERRARD Fabrice, « L'impression tridimensionnelle et le corps humain », *D.,* 2014, p. 1400.

DE GOUSTINE Patrick, « Le nouveau constat de la mort en cas d'utilisation du cadavre, *RDSS,* 1997, p. 524.

DELAISI DE PARSEVAL Geneviève, COLLARD Chantal, « La gestation pour autrui, un bricolage des représentations de la paternité et de la maternité euro-américaines », *L'homme*, 2007, n° 183, p. 29.

DELANDRE Jean-Michel, « Quelle typologie des postes de préjudices ? La nomenclature des postes de préjudices : point de vue du juge administratif », *RCA.*, 2010, n° 3, p. 34.

DELARUE Jean-Marie, « La loi et la pierre, Quelques considérations sur la prison », *Dr.soc.*, 2011, p. 1145.

DELMONICO Francis L., « Ethical Incentives- Not Payment-for Organ Donation », *New England Journal of Medicine*, 2002, n° 25, p. 2004.

DEMICHEL Francine, « Du corps occulté au corps exhibé : le droit et le corps, un itinéraire juridique louvoyant », *RGDM*, 2008, n° 28 p. 67.

DEMOGUE René, « La notion de sujet de droit », *RTD civ.*, 1909, p. 639.

DE MONTGOLFIER Sandrine, MIRKOVIC Aude, « Maternité pour autrui : du désir d'enfant à l'enfant à tout prix », *Médecine Sciences*, 2009, n° 4, vol. 25, p. 419.

DEMOTES-MAINARD Jacques, « ECRIN (European Clinical Research Infrastructures Network) et la structuration de la recherche clinique en Europe », *Bull. Acad. Nat. Méd.*, 2010, 194, n° 9, p. 1683.

DERRIEN Jean-Maurice, « Les pires formes de travail des enfants : violences, silences, résistances », *LPA*, 30 nov.1999, n° 238, p. 31

DESAIN Benjamin, BELJEAN Laurent, « Panorama de jurisprudence en matière de droit de retrait », *JS Lamy*, 2010, n° 286-1.

DESBARATS Isabelle, REYNÈS Brigitte, « Âge et conditions du travail », *Dr. soc.*, 2003, 1067.

DIAS Nélia, « Le corps en vitrine, Eléments pour une recherche sur les collections médicales », *Terrain*, mars 1992, n° 18, p. 72.

DICKENSON Donna,

- « Body Shopping, The economy Fuelled by Flesh and Blood », One world Publications, 2008.

- « Tissue economies, biomedicine and commercialization », *in Perspectives in biology and medicine*, The Jones Hopkins University Press, 2007, vol. 50, n° 2, p. 308.

- « The new French resistance: commodification rejected ? », *Medical Law International*, 2005, vol. 7, p. 41.

DIONISI-PEYRUSSE Amélie, « La loi du 5 mars 2012 relative aux recherches impliquant la personne humaine : à la recherche d'une conciliation entre protection de la personne et développement de la recherche en vue de progrès médicaux », *RJPF*, 2012, n°7-8, analyse 6.

DOCKES Emmanuel, « Le pouvoir dans les rapports de travail, Essor juridique d'une nuisance économique », *Dr.soc.*, Juin 2004, n° 6, p. 620.

DOLL Paul-Julien, « Des conséquences pécuniaires du refus par la victime d'un accident de se soumettre à une opération chirurgicale améliorante après consolidation des blessures », *JCP G.* 1970, doctr., 2351.

DON MARINO Raphaëlle, « Les prêts de sportifs », *JCP G.*, 2003, n° 20, p. 875.

DRABIAK Katherine, WEGNER Carole, FREDLAND Valita, HELFT Paul, « Ethics, Law, and Commercial Surrogacy: A Call for Uniformity », *Journal of Law, medicine & ethics*, vol. 35, Issue 2, 2007, p. 300.

DRAPERIE Catherine, « Le corps décrit, le corps vécu, le corps transformé : regards sur le corps », *Ethique et santé*, 2008, n° 5, p. 80.

DREYER Emmanuel, « La fonction des droits fondamentaux dans l'ordre juridique », *D.*, 2006, n° 11, p. 748.

DREYFUS Bernard,

- « La guerre des barèmes », *Gaz. Pal.*, 7 juill. 2001, n° 188, p. 5.
- « De l'indépendance et du rôle des médecins spécialisés dans l'évaluation du dommage corporel », *Gaz. Pal.*, 23 oct. 1998, n° 296, p. 28.

DUMONT-LEFRAND, Marie-Pierre, LISANTI Cécile, « Droit de la famille et procédures collectives », *Rev. Pro. Coll.*, 2009, n° 2, comm., p. 42.

DUPEYROUX Jean-Jacques, « L'âge en droit social », *Dr. soc.*, 2003, p. 1041.

DURAND Paul, « Rapport, La notion juridique de l'entreprise » *in Travaux de l'Association Henri Capitant pour la culture juridique française* », Dalloz, t. 3, 1948, p. 45.

DURRY Georges, « L'adéquation des notions classiques du droit de la responsabilité au fait sportif », *in Les problèmes juridiques du sport, Responsabilité et assurance,* Economica, « Centre de droit du sport », 1984, p. 19

DUPRAT Jean-Pierre, « Les comités d'éthique de la recherche : l'exemple français des comités de protection des personnes », *Journal International de Bioéthique*, vol. 32, 2012/2, p. 117.

EDELMAN Bernard,

- « Qu'est devenue la personne humaine ? », *Droits,* n° 55, 2012, p. 129.
- « Morts à crédit », *D.*, 2009, n° 29, p. 2019.
- « La dignité de la personne humaine, un concept nouveau », *D.*, 1997, p. 185.
- « La recherche biomédicale dans l'économie de marché », *D.*, 1991, p. 203.
- « L'homme aux cellules d'or », *D.*, 1989, p. 225.
- « Vers une approche juridique du vivant », *D.*, 1980, chr., p. 329.

EPSTEIN Miran, « The ethics of poverty and the poverty of ethics : the case of Palestinian prisoners *in* Isreal seeking to sell their kidneys *in* order to feed their children », *Journal of medical ethics*, 2007, vol. 33, n° 38, p. 473.

ESMEIN Paul,

- « Méditation sur les conventions d'irresponsabilité au cas de dommage causé à la personne », *in Mélanges offerts à Rene Savatier,* Dalloz, 1965, p. 271.
- « Le culte des morts », *in Mélanges en l'honneur de Jean DABIN, T. II,* Bruylant, Sirey, 1963, p. 541.
- « La commercialisatoin du dommage moral, *D.,* 1954, chron., p. 113.
- « L'idée d'acceptation des risques en matière de responsabilité civile », *RID. comp,* vol. 4, n°4, octobre-décembre 1952, p. 683.
- « De l'influence de l'acceptation des risques pour la victime éventuelle d'un accident », *RTD civ.,* 1938, p. 394.

ESQUERRE Arnaud, « Le bon vouloir des restes humains à être exhibés », *Politix,* 2010, vol. 23, n° 90, p. 71.

EYMERY Magali,

- « Le don de sang bénévole, historique en France et perspectives européennes », *Droit Déontologie et soin,* 2007, n° 7, p. 432.
- « Et si le « marché commun » du sang était pour demain ? », *ADSP,* déc 2007-mars 2008, n° 61/62, p. 10.

FABRE MAGNAN Muriel,

- « Le forçage du consentement du salarié », *Dr. ouvrier,* juill. 2012, n° 768, p. 459.
- « Le dommage existentiel », *D.*, 2010, p. 2376.
- « Le domaine de l'autonomie personnelle, indisponibilité du corps humain et justice sociale » *D.*, 2008, p. 31.
- « Propriété, patrimoine et lien social », *RTD civ.*, 1997, p. 583.
- « Le contrat de travail défini par son objet, *in Le travail en perspective,* A. SUPIOT (dir), LGDJ, « Droit et société », 1998, p. 101.

FAGOT-LARGEAULT Anne,

- « Thérapies cellulaires régénératives, questions éthiques et anthropologiques, colloque tenu à l'Académie des sciences de l'Institut de France du 6 au 8 septembre 2006 », La revue du Praticien Gynécologie et Obstétrique, Janv. 2008, n° 119, p. 12.
- « Ethique de l'investigation scientifique sur l'être humain » *in Qu'est ce que la vie ?,* MICHAUD Yves (dir.), Odile Jacob, « Université de tous les savoirs », 2000, p. 248
- « Le consentement éclairé, Historique du concept de consentement », *Médecine & Droit,* n° 6, mai-juin 1994, p. 55.
- « Does non-commercialisation of the Human Body Increase Graft Security ? », *in* Organ and tissue transplantation *in* the European union : management of difficulties and health risks linked to donors », *Kluwer Academic Publishers Group,* 1995, p. 9.

FARRELL Anne-Maree, « The need for a pragmatic approach to addressing organ shortage *in* the UK », *Clinical Ethics,* 2008, n° 3, p. 149.

FAUVARQUE-COSSON Bénédicte, « Regards comparatistes sur l'exécution forcée en nature », *RDC,* 2006, p. 529.

FAVOREU Louis, « Rapport introductif » *in Constitution et éthique biomédicale. Actes du colloque international tenu à Paris les 6 et 7 février 1997,* La documentation française, « Les cahiers constitutionnels de Paris I », 1998, p. 19.

FENOUILLET Dominique,

- « La nécessité d'une réglementation législative spécifique », *in Normativité et biomédecine,* FEUILLET-LE MINTIER Brigitte (dir), Economica, 2003, p. 79.
- « Les bonnes mœurs sont mortes ! Vive l'ordre public philanthropique ! », *in Le droit privé français à la fin du XXe siècle, Etudes offerts à Pierre Catala,* Litec, 2001, p. 47.

FEUILLET Brigitte,

- « Quel sort pour l'enfant né d'une gestation pour autrui pratiquée à l'étranger ? » *Responsabilité*, juin 2009, vol. 9, n° 34, p. 27.

- « Patrimonialité et corps humain » *in Santé, argent et éthique, une indispensable conciliation ? Etude française et tunisienne*, L'Harmattan, « Collection logiques juridiques », 2005, p. 174.

FEYDEAU Marie-Thérèse, « L'intimité de la personne », *LPA*, n° spécial 131, 1er juil. 2004, p. 39.

FIZE Michel, « Le travail dans les prisons (1873-1914) », *RSC,* 1990 p. 297.

FLOR Herta, BIRBAUMER Niels, SHERMAN Richard A., « Douleurs de membres fantômes », *Pain, Clinical Updates, International association for the Study of Pain*, vol. 9, n° 1, Juin 2000, p. 1.

FOURNIER Pierre, « La suppression progressive des zones de salaires », *Dr.soc.,* 1956, p. 281.

FOX Dov, « Paying for particulars in people-to-be: commercialisation, commodification and commensurability in human reproduction », *Journal Medical Ethics,* 2008, vol. 34, p. 162.

FOYER Jean, MAZEAUD Pierre, PUIGELIER Catherine, « La conscience du corps (Remarques sur les libertés et droits corporels) », *in Le monde du droit, Ecrits rédigés en l'honneur de Jacques Foyer,* Economica, 2008, p. 382.

FRAISSEIX Patrick, « La sauvegarde de la dignité de la personne et de l'espèce humaine : de l'incantation à la « judiciarisation » », *RRJ*, avr.1999, p. 1133.

FREEMAN Luke, « Voleurs de foies, voleurs de cœurs, Européens et Malgaches occidentalisés vus par les Betsileos (Madagascar) », *Terrain*, sept. 2004, n °43, p. 85.

FREY Bruno S., JEGEN Reto, « Motivation Crowding Theory », *Journal of Economic Surveys*, vol. 15, n° 5, 2001, p. 589.

FRIEDLAENDER Michael M., « The Right to Sell or Buy a Kidney: Are we Failing our Patients ? », *The Lancet*, n° 359, mars. 2002, p. 971.

FRIJA-ORVOËN Elisabeth, « La procédure d'avis des comités de protection des personnes », *Gaz. Pal.*, 23 mai 2009, n° 143, p. 25.

FRISON-ROCHE Marie-Anne,

- « L'impossibilité de réguler l'illicite : la convention de maternité de substitution »,

D., 2014, 2184.

- « Le contrat et la responsabilité : consentements, pouvoirs et régulation économique », *RTD civ.*, 1998 p. 43.

- « Remarques sur la distinction de la volonté et du consentement en droit des contrats », *RTD. civ.*, 1995, p. 573.

FRYDMAN René, « Contre la grossesse pour autrui », *Revue de Gynécologie Obstétrique et Fertilité*, 2010, n° 38, p. 224.

FULCHIRON Hugues, BIDAUD-GARON Christine, « Ne punissez par les enfants des fautes de leurs pères, Regards prospectif sur les arrêts Labassée et Mennesson de la CEDH du 26 juin 2014 », *D.*, 2014, p. 1773.

GABA Harold Kobina, « L'obligation de sécurité salariée : le malaise jurisprudentiel demeure », *D.*, 2005, p. 1758.

GALLOUX Jean-Christophe, GAUMONT-PRAT Hélène,

- « Droit et libertés corporels », *D.*, 2013, p. 663.

- « Droits et libertés corporels », *D.*, 2012, p. 308.

- « Droits et libertés corporels février 2008-Décembre 2009 », *D.*, 2010, p. 604.

GALLOUX Jean-Christophe,

- « La Cour Suprême des Etats-Unis revient sur la brevetabilité des gènes humains », *D.*, 2013, p. 1888.

- « Les dispositions de la loi du 6 août 2004 relatives aux inventions biotechnologiques », *RDSS*, 2005, p. 206.

- « Cellules souches humaines et brevetabilité », *RGDM*, 2007, n° 24, p. 71.

- « Le corps humain dans le Code Civil », *in le Code Civil : un passé, un présent, un avenir*, Dalloz, 2004, p. 381.

- « L'indemnisation du donneur vivant de matériels biologiques », *RDSS*, 1998, janv.-mars, p. 1.

- « De corpore jus, première analyse sur le statut juridique du corps humain, ses éléments et ses produits selon les lois numéros 94-653 et 94-654 du 29 juillet 1994 », *LPA*, 14 déc. 1994, n° 149, p. 18.

- « Ethique et brevet ou le syndrome bioéthique », *D.*, 1993, p. 83.

- « L'impérialisme du brevet », *in Nouvelles technologies et propriété, Actes du colloque tenu à la faculté de droit de l'Université de Montréal, les 9 et 10 novembre 1989*, Les éditions Thémis, Litec, 1991, p. 111.

- « Réflexion sur la catégorie des choses hors du commerce : l'exemple des éléments et produits du corps humain en droit français, *Les cahiers du droit*, 1989, p. 1016.

GAMALEU-KAMENI Christian, « Peut-on légiférer à propos de l'assistance sexuelle en France ? », *Médecine& droit*, vol. 2013, Issue 122, p. 181.

GANOT Jean, *La réparation du préjudice moral,* Thèse pour le doctorat, impr. Edoneur, Université Paris, 1924.

GARDNER Daniel, « La réparation : le point de vue nord-américain », *in Le droit français de la responsabilité civile confronté aux projets européens d'harmonisation*, Travaux du Groupe de Recherche Européen sur la Responsabilité Civile et l'Assurance (GRERCA), t. 36, Paris, Éditions IRJS, 2012, p. 943.

GARDNER Daniel, MOORE Benoît, « La responsabilité contractuelle dans la tourmente », *Les Cahiers de droit,* vol. 48, 2007, p. 543.

GAUMONT-PRAT Hélène,

- « La révision des lois de bioéthique face à l'évolution des modes de procréation : la maternité pour autrui », *RLDC*, 2008, n° 45, p. 39.

- « Pas d'adoption pour les enfants issus de conventions de mère porteuse », *RLDC*, 1 mai 2004, p. 31.

GAZZANIGA Jean-Louis, « Les métamorphoses historiques de la responsabilité », *in Les métamorphoses de la responsabilité,* Sixième Journées René SAVATIER, Poitiers, 15 et 16 mai 1997, PUF, t. 32, 1997, p. 3.

GENICOT Gilles, « La loi du 6 juillet 2007 relative aux procréations médicalement assistées », *Responsabilité*, 2008, vol. 8, n° 30, p. 29.

GIBERT Sabine, MARTIN Dominique, « L'indemnisation des victimes d'accidents médiaux n'est pas un marché mais un contrat social », *RGDM*, 2006, n° 21, p. 161.

GIRER Marion, « Le consentement contractuel : mythe et réalité, Pour une autre façon de penser les rapports patients-professionnels », *RGDM,* 2003, n° 13, p. 41

GISSIER François, « Réflexion en vue d'une réforme de la capacité des incapables mineurs, Une institution en cours de formation : la prémajorité », *JCP,* 1984, I, 3142.

GOANEC Mathilde, « La gestation pour autrui en Ukraine », La Documentation française, DILA, « Grande Europe », 22 juillet 2010.

GOBERT Michelle, « Réflexions sur les sources du droit et les « principes » d'indisponibilité du corps humain et de l'état des personnes (A propos de la maternité de substitution) », *RTD civ.*, 1992, p. 489.

GOFFI Jean-Yves, « Transhumanistes et bioconservateurs », *in La fabrique du corps humain : la machine modèle du vivant,* MSH-ALPES, 2010, p. 351.

GOUTAL Jean-Louis, « Ethique, bioéthique et droit des brevets », *in Ruptures, mouvements et continuité du droit, Autour de Michelle Gobert,* Economica, 2004, p. 169.

GOUTTENOIRE Adeline, « Les voies d'exécution au service de la famille : le recouvrement spécifique des pensions alimentaires », *AJ Famille,* 2006, p. 60.

GRIDEL Jean-Pierre, « L'individu juridiquement mort », *D.*, 2000, p. 266.

GRIMALDI Michel, « L'administration légale à l'épreuve de l'adolescence », *in L'enfant, la famille et l'argent*, *Actes des journées d'études des 13 et 14 décembre 1990* organisées par le Laboratoire d'études et de recherches appliquées au droit privé de l'Université de Lille II, », F. DEKEUWER-DEFOSSEZ (dir.), LGDJ, 1991, p. 101.

GROMB Sophie, « De la conscience dans les rapports végétatifs , Rapport au colloque organisé par le TGI de Bordeaux le 10 mai 1990 », *Gaz. Pal.*, 1991, Doctr., p. 326.

GUEGAN Anne, « Vers une nomenclature des préjudices corporels enfin commune aux deux ordres de juridictions », *Gaz Pal.*, 4 sept. 2014, n° 247, p. 6

GUESMI Amelle, « Volonté et réification du corps humain », *in Volonté et biens, Regards croisés,* Y. STRICKLER, F. SIRIAINEN (dir.), L'Harmattan, « Droit privé et sciences criminelles », 2013, p. 231.

GUIGNARD Laurent, « Les ambiguïtés du consentement à l'acte médical en droit civil », *RRJ.*, 2000, n° 82, p. 45.

GUTMANN Ernest, « Les modalités de la protection des innovations dans le domaine de la création végétale, Le système du brevet et ses limites », *in Le droit du génie génétique végétal,* M.-A. HERMITTE, Librairies Techniques Paris, vol. 12, 1987, p. 195.

HARICHAUX Michèle, « Le corps objet », *in Bioéthique et droit,* CURAPP, PUF, 1988, p. 139.

HARWOOD Karey, « Egg freezing : a breakthrough for reproductive autonomy ? », *Bioethics*, vol. 23, n° 1, 2009, p. 39.

HAUSER Jean,

- « Conflit de qualification : créances sociales et droit familial », *in De la terre à l'usine : des hommes et du droit, Mélanges offerts à Gérard Aubin,* GALLINATO-CONTINO Bernard, HAKIM Nader (dir.), Presses universitaires de Bordeaux, 2014, p. 175.
- « Les bornes de la personnalité juridique en droit civil », *Dr. fam.*, sept. 2012, p. 12.
- « La gestation pour autrui : aspects juridiques et éthiques », *in La liberté de la personne sur son corps,* P.Muzny (dir.), Dalloz, « Thèmes, Commentaires, Actes », 2010, p. 97.
- « Les difficultés de la recodification : les personnes », *in Le Code civil 1804-2004, Livre du Bicentenaire,* Dalloz-Litec, 2004, p. 201.
- « Une notion juridique de dépendance », *Analyse juridique et valeur en droit social, Mélanges en l'honneur de Jean Pélissier,* Dalloz, 2004, p. 296.
- « La notion de salaire et le droit privé », *Mélanges dédiés au président Michel DESPAX,* Presses de l'Université des sciences sociales de Toulouse, 2002, p. 373.
- « Une famille récupérée », *in Etudes offertes à Pierre Catala, Le droit privé français à la fin du XXe siècle,* Litec, 2001, p. 327.
- « La vie humaine est-elle hors du commerce ? » *LPA,* 5 déc. 2002, p. 19.
- « La mort en ce jardin ! », *RTD civ,* 2009 p. 501.

HEIDARY ROUCHI Alireza, MAHDAVI-MAZDEH Mitra, MAHNAZ Zamyadi, « Compensated Living Kidney Donation *in* Iran », *Iranien Journal of Kidney*, n° 1, janv. 2009, p. 34.

HERMANGE Marie-Thérèse, « Vers un cadre unique de contrôle pour l'ensemble des recherches sur la personne », *Médecine & Droit,* 2011, p. 34.

HERMITTE Marie-Angèle, « Le droit est un autre monde », *Enquête,* n° 7, 1999, p. 17.

HERZOG-EVANS Martine,

- « Loi pénitentiaire du 24 novembre 2009 : changement de paradigme pénologique et toute puissance administrative », *D.*, 2010, n° 1, p. 32.
- « Aspects juridiques de l'allaitement maternel de France », *RDSS*, 2001, p. 223.
- « Homme, homme juridique et humanité de l'embryon », *RTD civ*, 2000, p. 65.

HIPPEN Benjamin, « In Defense of a Regulated Market in Kidneys from Living Vendors », *Journal of Medicine and Philosophy*, vol. 30, 2005, p. 593.

HIPPEN Benjamin, FRIEDMAN ROSS Lainie, SADE Robert M., « Saving Lives Is More Important Than Abstract Moral Concerns : Financial Incentives Should Be Used to Increase Organ Donation », Ann Thorac Surg, 2009, n° 88, p. 1053.

HOCQUET-BERG Sophie,

- « Chose utilisée pour une activité sportive», *RCA*, n° 6, Juin 2012, comm.149.

- « Vers la suppression de l'acceptation des risques en matière sportive ? », *RCA*, n° 9, sept. 2002, chron. 15.

IACUB Marcela, « La construction de la mort en droit français », *Enquête*, 1999, n° 7, p. 39.

ISIDRO Lola, « Droit du travail en détention : Les détenus, des travailleurs libres ? », *in Lettre « Actualités Droits-Libertés » du CREDOF*, 14 mars 2013.

JACK Andrée, « Les conventions relatives à la personne physique », *Rev. crit. législ. et jurispr*, 1933, p. 362.

JACOBS Allan, « Seventy Ova », *Hastings Center Report*, 2001, vol. 31, n° 4, p. 12.

JANSEN Brigitte, Bio-Banking and Genetic Testing: A Comparaison between European Countries and India, *Journal international de bioéthique*, 2009, vol. 20, n° 3, p. 57.

JASMIN Claude, « Bioéthique et recherches thérapeutiques : éclairage d'un consentement », *Médecine/Sciences*, n° 5, vol. 7, mai 1991, p. 473.

JEANDIDIER Wilfrid , « L'exécution forcée des obligations contractuelles de faire », *RTD civ.*, 1976, p. 700.

JEOUABI Habib, « Les missions de la médecin sportive : préserver la santé du sportif et/ou participer à la réalisation de la performance », *RGDM*, n°22, 2007, p. 105.

JESTZAZ Philippe, « Qu'est-ce qu'un résultat en droit ? *», in Etudes offertes au professeur Philippe Malinvaud,* Litec, 2007, p. 293.

JOBIN Pierre-Gabriel, « Amputer la responsabilité contractuelle ? Une tourmente inutile et néfaste », *Les Cahiers de droit,* vol. 50, n° 1, 2009, p. 3.

JOHNSTON Josephine, « Paying Egg Donors: Exploring the arguments », *Hasting Center Report*, 2006, 01/02, vol. 36, n° 1, p. 28.

JORALEMON Donald, COX Phil, « Body values : the case against compensating for Transplant Organs », *Hastings Center Report*, 33, n° 1, janv.-févr. 2003, p. 27.

JOSSERAND Louis, « La personne humaine dans le commerce juridique », *D.*, 1932, p. 1.

JOUHAUD Yves, « Evolution de la jurisprudence en matière d'assurance », *Risques,* avril-juin 1992, n° 10, p. 59

JOURDAIN Patrice, « Quelques réflexions sur la notion de garantie en droit privé », *in Etudes offertes au professeur Philippe Malinvaud,* Litec, 2007, p. 303.

KARAQUILLO Jean Pierre, « Activité sportive et salariat », *Dr. soc.*, 1979, p. 22.

KASIRER Nicholas, « The Surrogate Motherhood Agreement a Proposed Standard Form Contract for QUEBEC », *Revue de droit de l'université de Sherbrooke*, vol. 16, n° 1, 1985, p. 351.

KATZ Jay, « Human sacrifice and Human Experimentation : Reflections at Nuremberg », *Yale Journal of International Law,* Summer, 1997, p. 401.

KATZ-BENICHOU Grégory, « Le cordon et l'embryon : analyse économique et bioéthique », *RGDM*, n° 24, 2007, p. 13.

KAYSER Pierre, « Les droits de la personnalité : aspects théoriques et pratiques », *RTD civ.*, 1971, p. 445.

KERBOUC'H Jean-Yves, WILLMANN Christophe, « Faut-il un droit du travail des jeunes ? », *RDT,* 2010, p. 342.

KISHORE R. R., « Human organs, scarcities, and sale: morality revisited », *Journal of medical ethics*, 2005, vol. 31, n° 6, p. 362.

KLEIN Noémie, « La justification des atteintes médicales du corps humain », *RGDM*, n° 39, juin 2011, p. 117.

KOUBI Geneviève, « Réflexions sur la gratuité dans le droit de la santé », *RDSS*, 1999, p. 1.

KULLMANN Jérôme, « Minimiser son dommage ? », *in Droit et économie de l'assurance et de la santé, Mélanges en l'honneur de Yvonne Lambert-Faivre et Denis-Clair Lambert,* Dalloz, 2002, p. 243

KUNIN J.D, « The search for organs : halachic perspectives on altruistic giving and the selling of organs », *Journal of medical ethics*, 2005, vol. 31, n° 5, p. 269.

LABBEE Xavier,

- « Le corps humain, le chercheur et la liberté », *Le Concours Médical*, t. 129, 12 janv. 2007, p. 29.
- « L'expérimentation médicale, Les conséquences de la loi Huriet sur le droit de la responsabilité », *Médecine & Droit*, n°11, mars-avril 1995, p. 10.

LABORDE Jean-Pierre,

- « Garantie de ressources et garanties de revenu(s), Brève tentative d'identification d'un couple », *Dr Soc.*, 2012, p.75.
- « Quelques réflexions à propos du projet de loi sur l'égalité des droits et des chances, La participation et la citoyenneté des personnes handicapées », *Dr. soc.,* 2004, p. 986.

LABRUSSE-RIOU Catherine,

- « Un simple témoignage », *Etudes offertes à Geneviève Viney*, LGDJ, 2008, p. 566.

- « Responsabilité, droit des personnes et Sciences de la vie », *in Droit et Cultures*, L'Harmattan, n° 31, 1996, p. 69.

- « La maîtrise du vivant : matière à procès », *Pouvoirs*, n° 56, 1991, p. 87.

LACROIX Xavier, « Procréations artificielles, sexualité et filiation », *Laennec*, 2008, vol. 56, n° 4, p. 32.

LAFERRERE Anne, *Les modèles de transmission intergénérationnelle,* INSEE, Centre de Recherche en Economie et statistique, n° 9724, p. 29.

LAGARDE Xavier, « Prix et salaire », *Etudes offertes à Jacques Ghestin, Le contrat au début du XXIe siècle,* LGDJ, 2001, p. 527.

LAMBERT Thierry, « Le brevet et la personne, Brefs propos sur un double rendez-vous manqué », *D.*, 2005, p. 2005.

LAMBERT-FAIVRE Yvonne,

- « Dommage corporel, Mieux réparer l'irréparable, L'article 25 de la loi du 21 décembre 2006 », *Etudes offertes à Geneviève Viney,* LGDJ, 2008, p. 566.
- « Unicité et diversité de l'expertise du dommage corporel », *J. Réadapt. Méd.,* 1999, vol. 19, n°4, p. 118.
- « Le droit et la morale dans l'indemnisation des dommages corporels », *D.* 1992, chron., p. 165.
- « Peut-on parler d'une dérive française de la jurisprudence en matière d'assurance ?», *Risques,* avril-juin 1992, n°10, p. 71.

- « Le sinistre dans l'assurance de responsabilité et la garantie de l'indemnisation des victimes », *RGDA*, 1987, p. 193.

- « L'évolution de la responsabilité civile d'une dette de responsabilité à une créance d'indemnisation », *RTD civ.,* 1987, p. 1.

LANE Robert E., « Le travail comme « désutilité » et l'argent comme mesure du bonheur ? Deux erreurs dans l'équation hédoniste des économistes », Editions la découverte, *Revue semestrielle du Mauss*, n° 3, 1994, p. 17.

LATTES Jean-Michel, « Le corps du salarié dans l'entreprise », *Mélanges dédiés au Président Michel Despax,* Presses de l'Université des sciences sociales de Toulouse, 2002, p. 333.

LAUDE Anne,

- « Le comportement du patient : une condition du remboursement des soins », *D.,* 2014, p. 936.

- « L'obligation de minimiser son propre dommage existe-t-elle en droit privé français ? », *LPA,* 20 nov. 2002, n° 232, p. 55.

LAUVERGNAT Ludovic, « Le solde bancaire insaisissable : mythe ou réalité ? », *JCP G,* n° 47, 22 nov. 2010, doctr., 1161.

LEBOIS Audrey, « Les obligations de faire à caractère personnel », *JCP G*, n° 47, 19 Nov. 2008, I, p. 210.

LEBORGNE Anne, GOUBAU Dominique, « La vigueur du principe de gratuité des éléments du corps humain », *RLDC*, n° 110, déc. 2013, p. 85.

LE COZ Pierre, Vers une « assistance libérale » à la procréation, Revue Politique et Parlementaire, n° 1050, Janv-Mars 2009, p. 84.

LEDUC Fabrice, « Faut-il distinguer le dommage et le préjudice : point de vue privatiste, *RCA.*, 2010, n° 3, p. 10.

LEFKOWITZ Ariel, EDWARDS Marcel, BALAYLA Jacques, « The Montreal Criteria for the Ethical Feasibility of Uterine Transplantation », *Transplant International*, 2012, 25, pp. 439-447.

LE GALL Yvon, « Le préjudice moral et l'argent, De la fin du XIXe siècle au milieu du XXe siècle, *in La victime, II. La réparation du dommage*, Jacqueline. HOAREAU-DODINEAU, Guillaume MATAIRIE, Pascal TEXISER (dir.), Cahiers de l'Institut d'Anthropologie Juridique, Pulim, n° 22, 2009, p. 119.

LEGENDRE Pierre,

- « Ce que nous appelons le droit, Entretien avec Pierre Legendre », *Le débat*, n° 74, mars-avril 1993, p. 980.

- « Revisiter les fondations du droit civil, *RTD civ.*, 1990, p. 639.

LE LANNOU Dominique,

- « Le don de gamètes anonyme et gratuit est-il possible ? », *Médecine de la Reproduction, Gynécologie Endocrinologie*, 2011, vol. 13, n° 3, p. 180.

- « Pour un don d'ovocytes à la française », *Gynécologie Obstétrique & Fertilité*, n° 38, 2010, p. 23.

LEMAIRE Fabrice, « Le droit de retrait dans la fonction publique », *AJFP*, 2013, p. 257.

LEMAIRE François, « Pourquoi faut-il encore réformer la législation de la recherche biomédicale ?, *Médecine & Droit*, 2011, p. 28.

LEMENNICIER Bertrand, « Le corps humain : propriété de l'état ou propriété de soi ? », *Revue française de théorie juridique*, « Collection biologie, personne et droit », n° 13, 1991, PUF, p. 111.

LEROYER Anne-Marie, « Embryon - Recherche - Cellules souches, Loi n° 2013-715 du 6 août 2013 tendant à modifier la loi n° 2011-814 du 7 juillet 2011 relative à la bioéthique en autorisant sous certaines conditions la recherche sur l'embryon et les cellules souches embryonnaires (JO 7 août 2013, p. 13449) », *RTD civ.*, 2013, p. 895.

LEVASSEUR Alain, « Quels dommages…en droit Louisianais ? », *Etudes offertes au professeur Philippe Malinvaud*, Litec, 2007, p. 353.

LEVY Alexandre, MALEVAL Jean-Claude, « L'apotemnophilie en question », *L'information Psychiatrique*, Oct. 2008, vol. 84, n° 8, p. 733.

LIBCHABER Rémy, « La recodification du droit de biens », *in Le Code civil 1804-2004, Livre du Bicentenaire*, Dalloz-Litec, 2004, p. 297.

LIENHARD Claude, « Réparation intégrale des préjudices en cas de dommage corporel : la nécessité d'un nouvel équilibre indemnitaire », *D.*, 2006, n° 36, p. 2485.

LOISEAU Grégoire,

- « Le respect des morts et l'ordre public virtuel : le jusnaturalisme de la Cour de cassation », *JCP G*, n° 46-47, 10 nov. 2014, 1170.

- « Vie personnelle et licenciement disciplinaire », *D.*, 2011, p. 1568.

- « Des cadavres mais des hommes », *JCP G*, n° 25, 15 juin 2009, p. 23.

- « Mortuorum corpus : une loi pour le respect », *D.*, 2009, p. 236.

- « Pour un droit des choses », *D.*, 2006, p. 3015.

- « Typologie des choses hors du commerce », *RTD civ*, 2000, p. 47.

LOKIEC Pascal, PORTA Jérôme, « Droit du travail : relations individuelles de travail, février 2013 - mars 2014 », *D.*, 2014, p. 1115

LOMBOIS Claude, « De l'autre côté de la vie », *Ecrits en hommage à Gérard Cornu, Droit civil, procédure, linguistique juridique*, PUF, 1994, p. 285.

LYON-CAEN Gérard,

- « L'argent du travail », *in L'argent et le droit*, Sirey, *APD*, t. 42, 1998, p. 31.

- « Du rôle des principes généraux du droit civil en droit du travail (première approche) », *RTD civ.*, 1974, LXXII, p. 229.

- « Défense et illustration du contrat de travail », *in APD*, *Sur les notions du contrat*, Sirey, n° 13, 1968, p. 9.

MCLEAN Sheila, CAMPBELL Alastair, GUTRIDGE Kerry, HARPER Helen, « Human tissue legislation and medical practice: a benefit or a burden? », *Medical Law International*, 2006, vol. 8, p. 1.

MCNEILL Paul, « A Response to Wilkinson and Moore, Paying people to participate in Research : Why not ? », *Bioethics*, vol. 11, n° 5, 1997, p. 390.

MACQUERON Jean, « L'intérêt moral ou d'affection dans les obligations délictuelles en droit romain », *Etudes offertes à André Audinet*, PUF, 1968, p. 173.

MADER Mélanie, « Les modèles pécuniaires entre éthique et droit », *in Emouvoir et persuader pour promouvoir le don d'organes ? L'efficacité entre éthique et droit,* A. FLUCKIGER (dir), Schulthess, 2010, p. 163.

M. G., « Le budget type de la Commission supérieure des conventions collectives, *Population,* 9e année, n° 1, 1954, p. 131.

MAGGI-GERMAIN Nicole , « La construction juridique du handicap », *Dr.soc.,* 2002, p. 1092.

MALAURIE Philippe, « La jurisprudence combattue par la loi », *in Mélanges offerts à René Savatier,* Dalloz, 1965, p. 603.

MALLET-BRICOUT Blandine, REBOUL-MAUPIN Nadège, « Droit des biens, mai 2008 - juillet 2009 », *D.*, 2009, p. 2300.

MANANGA Francisco, « Le statut du travailleur handicapé mental en Etablissement ou Service d'Aide par le Travail (ESAT) et l'application du droit du travail », *RDT*, 2008,p. 89.

MANAOUIL Cécile, « Faut-il instaurer une dérogation au secret médical vis-à-vis des sportifs de haut niveau », *RGDM*, n° 25, 2007 ?, p. 231.

MARLY Pierre-Grégoire, « La défaillance des entreprises d'assurance sur la vie », *Banque & Droit,* 2008, n° 122, p. 11.

MARTIN Stefan, « Lettre du Canada, La brevetabilité des formes supérieures de vie au Canada », *Prop. intell.*, oct. 2008, n° 29, p. 493.

MARTIN Dominique, « La politique d'indemnisation de l'ONIAM », Colloque sur l'indemnisation du dommage corporel : une réparation à géométrie variable », *Gaz. Pal.*, 19 avr. 2008, n° 110, p. 46.

MARVILLE Laurent, HAYE Isabelle, MARVILLE TORRE Reinhart, KATZ Grégory, « Quel statut pour les banques de sang de cordon ombilical ? », *Médecine & Droit*, 2010, n° 102, p. 81.

MAURER Béatrice, « Notes sur le respect de la dignité humaine », *in Le droit, la Médecine et l'Etre humain*, Presses Universitaires d'Aix-Marseille, 1996, p. 202.

MAZEAUD Léon, « Les contrats sur le corps humain (conférence prononcée le 4 novembre 1955 à l'Université de Montréal) », *La Revue du Barreau de la Province de Québec*, t. 16, n° 4, 1956.

MATHEY Nicolas, « L'encadrement de l'entrée dans le commerce juridique des cellules souches adultes », *RGDM*, n° 24, 2007, p. 53.

MATHIEU Bertrand,

- « De quelques moyens d'évacuer la dignité humaine de l'ordre juridique », *D.*, 2005, p. 1649.
- « La directive européenne relative à la brevetabilité des inventions biotechnologiques, le droit français et les normes internationales. », *D.*, 2001, p. 13.
- « La dignité de la personne humaine : quel droit ? quel titulaire ? », *D.*, 1996, chron., p. 282.

MAZEN Noël-Jean,

- « Ethique et méthodologie, *RGDM*, n°15, 2005, p. 295.
- « L'éthique de la recherche », *RGDM*, n°22, 2007, p. 303.
- « Ethique et politique », *RGDM*, n° 2, 2007, p. 235.
- « La culture de l'excès et la nécessité d'un encadrement », *RGDM,* n° 25, 2007, p. 309.
- « Ethique et démarche humanitaire », *RGDM*, n° 26, 2008, p. 265.

MEKKI Mustapha,

- « Retour aux sources du droit de la responsabilité civile », Revue de droit d'Assas, n° 5, Février 2012, p. 48.
- « Les fonctions de la responsabilité civile à l'épreuve des fonds d'indemnisation des dommages corporels », *LPA,* 12 janv. 2005, n° 8, p. 3.

MELENNEC Louis, « Le projet de barème international des invalidités », *Gaz.Pal.*, 1er oct. 1981, doct., p. 453.

MEMETEAU Gérard,

- « Une bioéthique en construction ?, de quelques efforts juridiques au XIXème siècle », *RGDM*, n° 30, 2009, p. 199.

- « De quelques droits sur l'homme : commentaire de la loi du 20 décembre 1988 relative à la protection des personnes qui se prêtent à des recherches biomédicales », *D.*, 1990., doct., p. 165.

MENARD Aline, « Protection de la santé et de la sécurité des travailleurs indépendants », *Travail&Sécurité*, sept. 2010, p. 48.

MERCHANT Jennifer, « Les féminismes américains face à la vente d'ovules », *Revue du Praticien, Gynécologie et obstétrique*, 2007, n° 118, p. 37.

MERLET Françoise, « Prise en charge du don d'ovocytes : réglementation du don, la face cachée du tourisme procréatif », *Gynécologie Obstétrique & Fertilité*, n° 38, 2010, p. 36.

MEULDERS-KLEIN Marie Thérèse, « La production des normes en matière bioéthique » *in De la bioéthique au bio-droit*, LGDJ, « Droit et société », 1994, p. 28.

MILLET Florence, « L'acceptation des risques réhabilitée ? Une application aux responsabilités du fait d'autrui », *D.*, 2005, p. 2830.

MIRKOVIC Aude, « A propos de la maternité pour autrui », *Droit de la famille*, juin 2008, p. 10.

MISTRETTA Patrick, « Requiem pour la non-pénalisation du recours à la prostitution », *JCP G*, 2013, n° 42, 1874.

MOLFESSIS Nicolas,

- « Force obligatoire et exécution : un droit à l'exécution en nature ? », *RDC*, 2005, p. 37.

- « Les exigences relatives au prix en droit des contrats », *LPA*, 5 mai 2000, n° 90, p. 41.

MONTAS Arnaud, « Le bon usage des mots », *in Le sens des mots en droit des personnes et droit de la santé*, *RGDM*, n° spécial, 2008.

MORLET-HAIDARA Lydia,

- « Un droit en miettes ou le millefeuille de la réparation du dommage corporel », *RGDM*, n° 31, juin 2009, p. 27.

- « Vers la reconnaissance d'un droit spécial du dommage corporel », *RCA*, déc. 2010, étude 13.

MOORE Benoît, « Maternité de substitution et filiation en droit québécois », *in Mélanges en l'honneur de Camille Jauffret-Spinosi*, Dalloz, 2013, p. 859.

MOORE Charleen M, BROWN Mackensie, « Experiencing Body worlds: Voyeurism, Education or Enlightenment ? », *Journal Medical Humanity*, 2007, vol. 28, p. 231.

MORIN Anne-Laure, « Assurer les échantillons biologiques humains; quand les assureurs flirtent avec les limites de l'assurabilité », *RDC*, mars 2014, n°1, p. 112.

MORVAN Patrick, « *Securitas omnia corrumpit* ou le principe selon lequel il incombe à l'employeur de protéger la sécurité et la santé des travailleurs », *Dr. soc.*, 2007, p. 674.

MOULY Jean,

- « Le nouvel article L. 321-3-1 du Code du sport : une rupture inutile avec le droit commun », *D.*, 2012, p. 1070.
- « L'abandon de la théorie de l'acceptation des risques en matière de responsabilité civile du fait des choses. Enjeux et perspectives », *D.*, 2011, p. 690.
- « La spécificité de la responsabilité civile dans le domaine du sport, légitime résistance ou inéluctable déclin », *RLDC.*, 2006, p. 29.

MURAT Pierre,

- « Gestation pour autrui : les palinodies de la cour d'appel de Paris », *Dr. fam*, n° 6, Juin 2009, comm. 75.

- « Réflexions sur la distinction être humain et personne juridique », *Dr. fam.*, n° 9, sept. 1997, p. 4.

NAU Jean-Yves, « Le respect dû au corps humain cesserait-il avec la mort ? », *Revue Médicale Suisse*, 6 octobre 2010, p. 1890 et 13 octobre 2010, p. 1934.

NELIA DIAS, « Le corps en vitrine, Eléments pour une recherche sur les collections médicales », *Terrain*, n°18, mars 1992, p. 72.

NERSON Roger, « L'influence de la biologie et de la médecine modernes sur le droit civil », *RTD civ.*, 1970, p. 661.

NEYRET Laurent, « Entre référentiels et barèmes », *Atelier la normalisation*, *Gaz. Pal.*, 16 juin 2012 n° 168, p. 40.

NISAND Israël, « Grossesse pour autrui : pour le cas par cas », *Revue de Gynécologie Obstétrique et Fertilité*, n° 38, 2010, p. 226.

NOTTE Gérard, « Loi de simplification et de clarification du droit et d'allègement des procédures, Protection des consommateurs, droit des affaires et fiducie », *JCP G*, 3 juin, 2009, n° 23, p. 3.

OFTINGER Charles, « L'évolution de la responsabilité civil et son assurance dans la législation suisse le plus récente », *Mélanges offerts à René Savatier*, Dalloz, 1965, p. 723.

OSSORIO Pilar N, « The Human Genome as Common Heritage : Common Sense or Legal Nonsense ? », *Journal of Law, Medicine & Ethics*, Fall 2007, p. 435.

OSSOUKINE Abdelhafid, « L'interdit matrimonial induit par le co-allaitement en droit musulman », *RID Comp.*, avr.-juin 2009, 61e année, p.359.

OSWALT R M, « A review of blood donor motivation and recruitment », *Transfusion*, n° 17 (2), 1977, p. 123.

PARANCE Béatrice, « Troubles anormaux de voisinage, *RLDC.*, 2009, p. 64.

PARENT Colette, « De la honte aux revendications : la problématique de la vente des services sexuels », *RD pén. crim.*, 1994, p. 975.

PECRESSE Valérie, « Le corps de la Personne », *LPA.*, n° 131, 1er Juil. 2004, p. 13.

PELISSIER Jean, « La liberté du travail », *Dr. soc.*, 1990, p. 19.

PERES Françoise, FOURCADE Olivier, « Greffes et sécurité sanitaire », *in Séminaire d'actualité de droit médical, L'obligation de sécurité dans les actes médicaux et de soins,* Les Etudes Hospitalières, 1998, p. 33.

PERREAU E.H , « Des droits de la personnalité », *RTD*, 1909, p. 505.

PERRIER Jean-Baptiste, « La gratuité des éléments du corps humain », *RLDC,* n°11, déc. 2013, p. 82.

PESSINA-DASSONVILLE Stéphane, « L'utilisation du corps, de ses éléments et produits à des fins patrimoniales », *RGDM*, n° 27, 2008, p. 101.

PICQ Marielle, « La prothèse et le droit », *LPA*, 7 oct. 1996, n° 121, p. 8.

PIEDELIEVRE Stéphane,

-« Barèmes médico-légaux et missions d'expertise : évolutions **»**, *Gaz. Pal.*, 9 nov. 2012, n° 314-315, p. 17.

- « Saisie des comptes bancaires et déclenchement du solde bancaire insaisissable », *RD bancaire et fin,* 1 juill. 2009, n° 4, p. 56.

PILIAVIN J A «Why do they give the gift of life ? A review of research on blood donors since 1977 », *Transfusion,* n°30 (5), 1990, p. 444.

POINSOT Olivier, « Travailler en ESAT après le 11 février 2005 », *Cahiers de l'Actif,* 2010, n°404/405, p. 41.

PORCHY-SIMON Stéphanie,

- « Imputation de la rente accident du travail : le divorce entre le Conseil d'État et la Cour de cassation est consommé », *D.*, 2013 p. 1258.

- « Plaidoyer pour une construction rationnelle du droit du dommage corporel », *D.*, 2011, p. 2742.

POSNER Richard, « An Economic Theory of Criminal Law », *Columbia Law Review*, oct.1985, vol. 6, n° 6, p. 1193.

POULIN Richard, « Le temps de la vénalité sexuelle, Prostitution, crime organisé et marchandisation », *Actuel Marx en Ligne,* n° 28, 11 nov. 2004.

PREVOST Jean-Baptiste « L'inéluctabilité de la réparation intégrale », *Gaz.Pal.*, 21 déc. 2010, n° 355, p. 18.

PROTHAIS Alain, « Un droit pénal pour les besoins de la bioéthique », *RSC*, 2000 p. 39.

PUIGELIER Catherine, « Qu'est ce qu'un droit à la vie ? », *D.,* 2003, p. 2781.

PUIG PASCAL, « Le refus de soin », *RJOI.* 2013, n° 16, p. 41.

QUIGLEY Muireann, « Property and the body : Applying Honoré », *Journal Medical Ethics*, 2007, n° 33, p. 631.

RADE Christophe,

- « Panorama de responsabilité médicale (mars 2014-août 2014) (seconde partie) », *Lexbase Hebdo, Ed. Privée Générale*, 25 sept. 2014, n° 584.

- « Responsabilité et solidarité, proposition pour une nouvelle architecture, *Resp.civ et assur.*, 2009, p. 26

RAMEIX Suzanne, « Statut du corps humain et métaphore organiciste de l'Etat », *Médecine & Droit*, n° 19, juill-août 1996, p. 5.

RAO Radhika, « Genes and Spleens : Property, Contract, or Privacy Rights *in* the Human Body ? », *Journal of Law medicine & Ethics*, Fall 2007, p. 371.

RASCHEL Loïs, « Le coup d'envoi de la réforme de la responsabilité civile ? A propos du nouvel article L. 321-3-1 du Code du sport, *RLDC*, 2012, n° 97, p. 17.

RASSAT Michèle-Laure, « Le statut juridique du placenta humain », *JCP.*, 1976, Chr., 2777.

RAVEAU François, « Approche psychosociologique du don du sang », *in Symposium asiatique sur le sang et ses dérivés organisé par l'ONUDI*, Le gouvernement français et la Fondation Mérieux, Macao, 1er-4 décembre 1986, t. III, p. 84.

RAVEZ Laurent « L'amour : continent oublié de l'assistance médicale à la procréation », *Ethiques et santé*, 2005, vol. 2, n° 1, p. 9.

RAVILLARD Patrick, « La décision du 30 août 2003 sur l'accès aux médicaments : une étape historique dans le processus des négociations de l'OMC », *Prop. intell.*, janv.2004, n° 10, p. 524.

RAVILLON Laurence, « Le statut juridique de la personne en état végétatif chronique », *RDSS*, 1999 p. 191.

REID Lynette, Ram Nathalie, BROWN Blake, « Compensation for Gamete Donation : The Analogy with Jury Duty », *Cambridge quarterly of healthcare ethics*, 2007, vol. 16, n° 1, p. 35.

RENAUT Marie-Hélène, « L'ordre public et la prostitution ou l'Histoire n'est qu'un perpétuel recommencement », *RSC*, 2006, p. 293.

RETTERER Stéphane, « L'activité de prostitution exercée à titre indépendant : une activité économique au sens du droit communautaire », *D.*, 2002, p. 2144.

REVET Thierry, « L'argent et la personne », *Mélanges Christian Mouly*, Litec, 1998, p. 141.

RICOEUR Paul, « Les trois niveaux du jugement médical », *Esprit*, déc.1996, p. 21.

RID A, BACHMANN L.M, WETTSTEIN V, BILLER-ANDORNO N., « Would you sell a kidney *in* a regulated kidney market ? Results of an exploratory study », *Journal Medical Ethics*, 2009, vol. 35, p. 558.

RIHAL Hervé, « Le statut des personnes handicapées employées par les ESAT, entre travailleurs et usagers d'un établissement social », *RDSS.*, 2014, p. 46.

RIPERT George, « Le prix de la douleur », *D.* 1948, chr., p. 1.

RIVERO Jean, « Les libertés publiques dans l'entreprise », *Dr.soc.*, 1982, p. 243.

ROBINEAU Matthieu, « Le statut normatif de la nomenclature Dintilhac », *JCP G,* 2010, doctr., 612.

ROCHFELD Judith,

- « Du patrimoine de dignité », *RTD civ.*, 2003, p. 743.

- « L'expérimentation en double aveugle sur des malades : légitimité juridique et méthode expérimentale », *in Le droit saisi par la biologie, Des juristes au laboratoire,* C. LABRUSSE-RIOU (dir.), LGDJ, « Bibliothèque de droit privé », t. 259, 1996, p. 289.

ROME Félix, « Dégâts des os... », *D.*, 2009, p. 1401.

ROMON Philippe, « Enquête sur un boom étrange et inquiétant : le commerce des ovules », *L'événement,* 16 au 22 septembre 1999, p. 69.

ROUBIER Paul, « Le rôle de la volonté dans la création des droits et des devoirs », *in Le rôle de la volonté dans le droit,* Sirey, *APD*, n° 3, 1957.

ROUSSEAU Vanessa « La mythologie de l'utérus artificiel, Entretien avec Henri Atlan », Cité : philosophie, politique, histoire, 2006, n° 28, p. 11.

ROSPABE Phillipe « Don archaïque et monnaie sauvage », *in Ce que donner veut dire, don et intérêt,* M.A.U.S.S, Editions la découverte, « Textes à l'appui », 1993, p. 46.

SAINT-JAMES Virginie, « Réflexions sur la dignité de l'être humain en tant que concept juridique du droit français », *D.,* 1997, chr., p. 61.

SAINT-JOURS Yves,

- « L'obligation de sécurité du salarié, prévention et responsabilité », *Dr. ouvrier*, 2007, p. 560.
- « Du salaire au revenu salarial », *in Les transformations du droit du travail, Etudes offertes à Gérard Lyon-Caen,* Dalloz, 1989, p. 317.

SAILLY-DI BELLA Charlotte, « La gratuité des éléments et produits du corps humain », *in Santé, argent et éthique, une indispensable conciliation ? Etude française et tunisienne*, L'Harmattan, « logiques juridiques », 2005, p. 219.

SAMUEL Julie, « Les médecins et le sport : les affres du dopage sportif », *in Evolution récente des actions en responsabilité médicale en France, XI° séminaire d'actualité du droit médical,* Les Etudes Hospitalières, 2008.

SARGOS Pierre,

- « La rente AT a pour objet exclusif de réparer les préjudices liés aux pertes de gains professionnels de l'incapacité », *JCP S*, n° 21, 21 mai 2013, 1220.

- « L'évolution du concept de sécurité au travail et ses conséquences en matière de responsabilité », *JCP G.*, 2003, I, 121.

SAVATIER Jean,

- « La liberté dans le travail », *Dr.soc.*, 1990, p. 49.

- « Contribution à une étude juridique de la profession », *Dix ans de conférences d'agrégation, Etudes offertes à J. Hamel,* Dalloz, 1961, p. 6.

SAVATIER René,

- « Les problèmes juridiques des transplantations d'organes humains », *D.*, 1969, I, doctr., p. 2247.
- « Les creux du droit positif au rythme des métamorphoses d'une civilisation » *in Les problèmes des lacunes en droit*, Etudes publiées par CH. Perelman, Bruylant, Bruxelles, 1968, p. 529.
- « Personnalité et dépersonnalisation de la responsabilité civile », *Mélanges de droit, d'histoire et d'économie offerts à Marcel Laborde-Lacoste,* Bière, 1963, p. 321.
- « La surabondance des débiteurs de réparation autour de la victime d'accident et l'enchevêtrement de leurs dettes », *D.*, 1962, chron., p. 173.
- « Le droit et l'échelle des valeurs », *in Mélanges en l'honneur de Paul Roubier*, Dalloz & Sirey, t. 1, 1961, p. 442.
- « Un attribut essentiel de l'état des personnes : la santé humaine », *D.*, 1958, chron., XVII, p. 95.
- « Le dommage et la personne », *D.*, 1955, Chr., p. 5.
- « De sanguine jus », *D.*, 1954, 35° cahier, chron. XXV, p. 141.
- *« La transmission des sépultures », Etude au Répertoire pratique du notariat*, 1928, n° 21707, p. 307.

SCHNEIDER Ingrid, « Oocyte donation for reproduction and research cloning, the perils of commodification and the need for European and international regulation », *Law and the humane genome review*, 2006, n° 25, p. 205.

SCHWARTZ GUY, « Sécurité et santé au travail, Hommes et femmes ne sont pas égaux », *Travail & Sécurité*, nov. 2004, p. 17.

SERIAUX Alain,

- « Maternité pour le compte d'autrui : la mainlevée de l'interdit ? », *D.*, 2009, n° 18, p. 1215.
- « Le principe d'ordre public de l'indisponibilité du corps humain », *in Le droit, la médecine et l'être humain. Propos hétérodoxes sur quelques enjeux vitaux du XXIème siècle*, PUAM, 1996, p. 147.
- « La notion juridique de patrimoine », *RTD civ.*, 1994 p. 801.
- « Droit naturel et procréation artificielle : quelle jurisprudence ? », *D.*, 1985, chron., p. 52.

SEUVIC Jean François, « Variations sur l'humain comme valeurs pénalement protégées », *in Ethique, Droit et Dignité de la personne, Mélanges Chistian BOLZE,* PEDRO Philippe (dir), Economica, 1999, p. 36.

SIMON Jürgen, ROBIENSKI Jürgen,

- « Property, personality, rights and Data protection with regard to Biobaks, A Layered System», *Journal international de bioéthique*, 2009, vol. 20, n° 3, p. 47.
- « Framewok for setting up and oparating biobanks », *Journal international de bioéthique*, 2009, vol. 20, n° 3, p. 17.

SIMONSTEIN Frida, « Artificial Reproduction Technologies and Ectogenesis », Eubios Journal of Asian and International Bioethics (Taiwan), 2005-01, V. 15, n° 1, p 13.

SINAY CITERMANN Anne, « La réforme du surendettement. Les innovations de la loi du 29 juillet 1998 de lutte contre les exclusions », *JCP G,* 1999, doctr., I, 106.

STAEGER Philippe, « Trafic d'organes et transplantations illégales : enjeux éthiques et responsabilité », *Revue médicale Suisse*, 2007, vol. 3, p. 490.

STEINEBERG David, « An « opting *in* » for Kidney Transplantation », *The American Journal of Bioethics*, vol. 4, n° 4, 2004, p. 4.

STEINER Philippe,

- « Le don d'organes : une typologie analytique », *Revue française de sociologie*, 47-3, 2006, p. 479.

- « Gifts of Blood ans Organs : the Market and « Fictitious » Commodities », *Revue française de Sociologie*, Supplément, p. 147.

STUNKEL Leanne, GRADY Christine, « More than the money: A review of the literature examining healthy volunteer motivations », *Contemporary Clinical Trials,* Vol. 32, Issue 3, May 2011, p. 342.

SUEUR Philippe, « La loi du 22 mars 1841, Un débat parlementaire : l'enfance protégée ou la liberté offensée », *Histoire du droit social, Mélanges en hommage à Jean Imbert,* PUF, 1989, p. 493.

SUPIOT Alain,

- « Les mésaventures de la solidarité civile, Pacte civil de solidarité et systèmes d'échanges locaux », *Dr. Soc.,* 1999, p. 64.

- « Pourquoi un droit du travail ? », *Dr. soc.*, 1990, p. 485.

SUREAU Claude, « De la biométrie à la filiation. A propos de l'avis 98 du CCNE et du rapport Cabanis, le Gall, Ardaillou de l'Académie Nationale de médecine », *Biométrie humaine et anthropologie*, 2008, vol. 26, n° 1-2, p. 7

TERRE François, « Génétique et sujet de droit », *APD*, 1989, n° 34, p. 159.

TERRIER Emmanuel, « Obligations de soins, autopsie de conflits juridiques », *RGDM,* 2010, n° 35, p. 187.

THERY Philipe, « Saisissabilité et limites », *in 10ème anniversaire de la loi du 9 juillet 1991 sur la réforme des procédures civiles d'exécution*, Coll. Passerelle, CNHJ colloque du 9 juillet 1991 à la Cour de cassation, EJT .2002

THERY René,

- « La condition juridique de l'embryon et du fœtus », *D.*, 1982, Chr. XXXV, p. 231.

- « De l'utilisation à la propriété des choses », *in Le droit privé au milieu du XXème siècle* », *Etudes offertes à G. Ripert*, vol. II, LGDJ, 1950, p. 17.

THIERRY Jean-Baptiste, « Quelle place pour la bioéthique en droit pénal ? », *RGDM,* n° 17, 2005, p. 167.

THIERRY Michel, NICOURT Bernard, « Réflexions sur les souffrances endurées », *Gaz. Pal,* 29 oct. 1981, doct., p. 480.

THOUVENIN Dominique,

- « Les banques de tissus et d'organes : les mots pour les dire, les règles pour les organiser », *LPA*, 18 févr. 2005, n° 35, p. 31.
- La loi du 20 déc.1988 : loi visant à protéger les individus ou loi organisant les expérimentations sur l'homme ?, *ALD*, 1989, 11e cahier, p. 113.
- « La référence au contrat de soins dans les expérimentations sur l'homme », *in Ethiques médicale et droit de l'homme,* Actes Sud, La fabrique du corps humain, 1988, p. 123.

THOMAS Yan,

- « La chose religieuse et le commerce », Micrologus, Sismel Edizioni Del Galluzzo, VII, 1999, p. 96.
- « Le sujet de droit, la personne et la nature, Sur la critique contemporaine du sujet de droit », Gallimard, *Le Débat*, n° 100, mai-août 1998, p. 85.
- « Le « ventre », Corps maternel, droit paternel », Le Genre Humain, n°14, avr.1986, p.211-236,
- « *Res*, chose et patrimoine (Note sur le rapport sujet-objet en droit romain) », *in La loi*, *APD,* t. 25, 1980, p. 411.

THOUVENIN Dominique,

- « A qui appartient mon corps », *Gestion hospitalières*, janvier 2006, p. 45.

- « Le rôle du consentement dans la pratique médicale », *Médecine & Droit,* n° 6, mai/juin 1994, p. 57.

- « De l'éthique biomédicale aux lois « bioéthiques » », *RTD civ.*, 1994 p. 717.

TOMASINI Floris, « Is post-mortem harm possible ? Understanding death harm and grief », *Bioethics*, 2009, vol. 1, n° 8, p. 441.

TOURATIER Christian, « La règle et l'exception : avant-propos », *in La règle et l'exception,* Université de Provence, « Cercle linguistique d'Aix en Provence », Travaux 6, 1988, p. 7.

TRAVARD Jérôme, « Une autre approche de la réparation du dommage corporel : la pratique du juge administratif », *Gaz. Pal.*, 24 déc. 2011, n° 358, p. 15.

TRUCHET Didier, « L'argent et la liberté », *in L'argent et le droit,* Sirey, *APD,* t. 42, 1998, p. 55.

TRUDEAU Gilles, « Libertés individuelles et relations de travail : un point de vue canadien », *in Libertés individuelles et relations de travail : le possible, le permis et l'interdit ? Eléments de droit comparé,* P. AUVERGNON (dir.), PUB, « Droit social », 2011, p. 233.

TUNC André,

- « Le droit en miettes », *in La responsabilité,* Sirey, *APD,* n° 22 1977.

- « Les récents développements des droits anglais et américains sur la relation de causalité entre la faute et le dommage dont on doit réparation », *RID comp.,* 1953, p. 29.

TURPIN Anthony, VIALLA François, « Gestation pour autrui : la réapparition du débat », *RGDM,* n° 27, 2008, p. 273.

VACHET Gérard, « La notion de rémunération au regard de la sécurité sociale », *Mélanges dédiés au président Michel DESPAX*, Presses de l'Université des sciences sociales de Toulouse, 2002, p. 359.

VAN LEEUWEN Flora, « Risk of ovarian malignancies after *in* vitro fertilization», *Human reproduction*, 2011, n° 26, vol. 12, p. 3456.

VARNEROT Valérie « Contribution de la Vénus Hottentote à l'édification du régime juridique des restes humains », *LPA*, 2 déc. 2004, n° 241, p. 5.

VEATCH Robert M., « Why Liberals Should Accept Financial Incentives for Organ Procurement », *Kennedy Institutes of Ethics Journal*, vol. 13, n° 1, mars 2003, p. 19.

VEDEL George, « La juridiction compétente pour prévenir, faire cesser ou réparer la voie de fait administrative », *JCP G*, 1950, I, doctr., 851.

VERKINDT Pierre-Yves,

- « Vivre dignement de son travail : entre salaire et revenu garanti », *Droit soc.*, 2011 p. 18.
- « La santé au travail, Quelques repères pour un droit en mouvement », *Dr. ouvrier*, mars 2003, p. 82.
- « Le droit des revenus professionnels du mineur », *in L'enfant, la famille et l'argent, Actes des journées d'études des 13 et 14 décembre 1990 organisées par le Laboratoire d'études et de recherches appliquées au droit privé de l'Université de Lille II*, F. DEKEUWER-DEFOSSEZ (dir.), LGDJ, 1991, p. 67.

VIALLA François, « Variations sur le corps humain à l'hôpital », *RGDM*, n° 15, 2005, p. 199.

VIELLE Pascal, « Pour un statut social des « travailleurs sexuels », Plaidoyer pour une politique néo-réglementariste du traitement de la prostitution », *RD pén. crim*, 1998, p. 172.

VIENS Gérard, « Transplantation et analyse économique, quelques réflexions, *in La transplantation greffes d'organes et de tissus*, Association du corps préfectoral et des hauts fonctionnaires, ministère de l'intérieur, 1996, p. 141.

VIGREUX Marcel, « L'industrie des nourrices morvandelles au XIX° siècle », *in Les nourrices,* Association Historique de Dun-Les-Places, 1991, p. 24.

VINEY Geneviève,

- « L'évolution du droit de l'indemnisation des victimes d'accidents du travail et de maladies professionnelles », *Dr. soc.*, n°9/10, sept-oct. 2011, p. 964.

- « Les difficultés de la recodification du droit de la responsabilité », *in Le Code civil 1804-2004, Livre du Bicentenaire* , Dalloz-Litec, 2004, p. 255.

- « La responsabilité et ses transformations (responsabilités civile et pénale), *in Qu'est ce que l'humain ? Université de tous les savoirs,* MICHAUD Yves (dir), vol. 2, Editions Odile Jacob, 2000, p. 144.
- « L'avenir des régimes d'indemnisation indépendants de la responsabilité civile », *Le juge entre deux millénaires, Mélanges offerts à Pierre DRAI,* Dalloz, 2000, p. 671.
- « L'interprétation et l'application du contrat d'assurance par le juge », *D.*, 1994, chron., p. 301.

- « L'autonomie du droit à réparation de la victime par ricochet », *D.*, 1974, chron., p. 3.

WEISSTUB David N., VERDUN-JONES Simon, « Pour une distinction entre l'expérimentation thérapeutique et l'expérimentation non thérapeutique », *Revue de Droit Université de Sherbrooke*, 1996, n° 27, p. 49.

WILKINSON Martin, MOORE Andrew,

- « Inducements revisited », *Bioethics*, vol. 13, n° 2, 1999, p. 114.
- « Inducement in Research », *Bioethics*, vol. 11, n° 5, 1997, p. 373.

WILLMANN Christophe, « Loi du 11 février 2005 : soins et ressources des handicapés », *Lexbase Hebdo, Edition sociale*, n° 156, 24 février 2005.

ZWART Hub, « Why should remunerated blood donation be unethical ? Ethical Reflections on Current Blood Donation Policies and Their Philosophical Origins », *Kluwer Academic Publishers*, 1998.

Encyclopédies, dictionnaires, répertoires

ANDRIANTSIMBAZOVINA Joël, GAUDIN Hélène, MARGUENAUD Jean-Pierre, RIALS Stéphane, SUDRE Frédéric, *Dictionnaire des droits de l'homme*, PUF, 2008.

ALAPHILIPPE François, KARAQUILLO Jean-Pierre, *Dictionnaire juridique. Sport*, Dalloz, 1990

BRUN Philippe (dir.), *Droit de la responsabilité*, Lamy, « Collection droit civil », 2008.

CORNU Gérard (Association Henri Capitant), *Vocabulaire juridique*, PUF, « Quadrige », 9ème éd., 2011.

DE FERRIERE Claude-Joseph, *Dictionnaire de droit et de pratique*, Bauche, 3ème éd., 1771.

GAUMONT-PRAT Hélène, *Brevetabilité du vivant : animal, végétal et humain, J.-CL. Brevets*, Fasc. 4240, sept. 2014.

HOTTOIS Gilbert, PARIZEAU Marie-Hélène (dir.), *Les mots de la bioéthique, Un vocabulaire encyclopédique*, De Boeck Université, « Sciences, Ethiques, Sociétés », 1993.

LIBCHABER Rémy, *Répertoire de droit civil, V° Biens*, Dalloz, 2009

MARZANO Michela (dir.), *Dictionnaire du corps*, PUF, 2007.

Avis, Projets, Rapports

- **Avis du CCNE**

Vie affective et sexuelle des personnes handicapées, Question de l'assistance sexuelle, Avis n° 118, 4 octobre 2012.

Utilisation des cellules souches issues du sang de cordon ombilical, Avis n° 117, 23 février 2012.

Avis sur les problèmes éthiques posés par l'utilisation des cadavres à des fins de conservation ou d'exposition muséale, Avis n° 111, 7 janv. 2010.

Avis sur les problèmes éthiques liés aux diagnostics anténatals : le diagnostic prénatal (DPN) et le diagnostic préimplantatoire (DPI), Avis n° 107, 15 nov. 2009.

Questionnement pour les Etats Généraux de la bioéthique, Avis n° 105, 9 octobre 2008.

Commercialisation des cellules souches humaines et autres lignées cellulaires, Avis n° 93, 22 juin 2006.

Accès aux origines, anonymat et secret de la filiation, Avis n° 90, 24 novembre 2005.

A propos de la conservation des corps des foetus et enfants mort-nés, Réponse à la saisine du Premier Ministre, Avis n°89, 22 sept. 2005.

Refus de traitement et autonomie de la personne, Avis n° 87, 14 avril 2005.

Performance et santé, Avis n° 81, 17 novembre 2005.

Problèmes éthiques posés par les collections de matériel biologique et les données d'information associées : « biobanques », « biothèques », Avis n° 77, 20 mars 2003.

Les banques de sang de cordon ombilical en vue d'une utilisation autologue ou en recherche, Avis n° 74, 12 décembre 2002.

La constitution de collections de tissus et organes embryonnaires humains et leur utilisation à des fins scientifiques, Avis n° 52, 11 mars 1997.

Avis sur la transfusion sanguine au regard de la non commercialisation du corps humain, Avis n° 28, 2 décembre 1991.

Avis sur la non commercialisation du génome humain, Avis n° 27, 2 décembre 1991.

Avis sur la non-commercialisation du corps humain, Avis n° 21, 13 décembre 1990.

Avis sur les expérimentations sur des malades en état végétatif, Avis n° 7, 24 février 1986.

Avis sur les problèmes éthiques, nés des techniques de reproduction artificielle, Avis n° 3, 23 octobre 1984

Rapport et Etudes du Sénat, de l'Assemblée Nationale et du Conseil d'État

La révision des lois de bioéthique, Etude du Conseil d'État, La documentation Française, 2009

Sciences de la vie, De l'éthique au droit, Etude du Conseil d'État, Documentation française, n° 4855, 1988

ANDRE Michèle, MILON Alain et DE RICHEMONT Henri, *Rapport d'information sur la maternité pour autrui*, Sénat, Rapport d'information au nom de la commission des lois et de la commission des affaires sociales, n°421, 25 juin 2008.

ANZIANI Alain, BÉTEILLE Laurent, *Rapport d'information relatif à la responsabilité civile*, Sénat, Rapport au nom de la commission des lois constitutionnelles, de législation, du suffrage universel, du Règlement et d'administration générale, n° 558, 15 juillet 2009.

BERDOATI Eric, *Rapport sur la proposition de loi visant à modifier le régime de responsabilité civile du fait des choses des pratiquants sportifs sur les lieux réservés à la pratique sportive*, Assemblée Nationale, Commission des affaires culturelles et de l'éducation, n° 4231, 31 janvier 2012.

BETEILLE Laurent, *Rapport sur la proposition de loi de M. Jean-Jacques HYEST portant réforme de la prescription en matière civile*, Sénat, n° 83, 14 novembre 2007.

BIGNON Jérôme, *Rapport sur le projet de loi, modifié par le Sénat, relatif au respect du corps humain*, Assemblée Nationale, n° 1062, 31 mars 1994.

BIZET Jean, *Rapport sur le projet de loi relatif à la protection des inventions biotechnologiques*, Sénat, Commission des Affaires économiques et du Plan, n° 30, Annexe au procès-verbal de la séance du 19 octobre 2004.

BOUSQUET Danielle, GEOFFROY Guy, *Prostitution : l'exigence de responsabilité. En finir avec le mythe du « plus vieux métier du monde »*, Rapport d'information n° 3334, Assemblée Nationale, Commission des Lois, Avril 2011.

BUR Yves, DUBERNARD Jean-Michel, *Rapport relatif à l'assurance maladie*, Assemblée nationale, n° 1703, 24 juin 2004.

CABANEL GUY, *Rapport sur le projet de loi, adopté par l'Assemblée Nationale, relatif au corps humain*, Sénat, commission des Lois constitutionnelles, de législation, du suffrage universel, du Règlement et d'administration générale, n° 230, Annexe au procès-verbal de la séance du 12 janvier 1994.

CAMPION Claire-Lise, *Rapport sur le projet de loi habilitant le Gouvernement à adopter des mesures législatives pour la mise en accessibilité des établissements recevant du public, des transports publics, des bâtiments d'habitation et de la voirie pour les personnes handicapées (Procédure accélérée)*, Sénat, Commission des affaires sociales, n° 460, 16 avril 2014.

CLAEYS Alain, *Rapport sur la brevetabilité du vivant*, Office parlementaire d'évaluation des choix scientifiques et technologiques, Assemblée Nationale n° 3502, Sénat n° 16, 20 décembre 2001.

CLAEYS Alain, VIALATTE Jean-Sébastien, *Rapport sur l'évaluation de l'application de la loi du 6 Août 2004 relative à la bioéthique*, Office parlementaire des choix scientifiques et technologiques, Assemblée-Sénat, nov-déc. 2008.

CLAEYS Alain, LEONETTI Jean, *Rapport d'information Sur la révision des lois de bioéthique*, Assemblée Nationale, n° 2235, 20 Janvier 2010.

ÉTUDE DE LEGISLATION COMPAREE, Sénat

- *La pénalisation de la prostitution et du racolage*, n° 233, 21 mars 2013.
- *L'anonymat du don de gamètes*, n° 186, septembre 2008.
- *La gestation pour autrui*, Sénat n° 182, 30 janvier 2008.
- *Le travail des détenus*, n° LC 104, mai 2002.

GOSSELIN Philippe, *Rapport relatif à la législation funéraire*, Assemblée Nationale, n° 664, 30 janvier 2008.

HURIET Claude, *La protection des personnes se prêtant à des recherches biomédicales, Le rôle des comités : un bilan et des propositions*, Les rapports du Sénat, Commission des Affaires sociales, n° 267, 2000-2001.

JARDE Olivier, *Rapport fait au nom de la commission des affaires sociales sur la proposition de loi, modifiée par le Sénat, relative aux recherches clinique ou non interventionnelle impliquant la personne humaine*, Assemblée Nationale, n° 2444, 7 avril 2010.

LECERF Jean-René, BORVO COHEN-SEAT Nicole *Rapport d'information sur l'application de la loi pénitentiaire n° 2009-1436 du 24 novembre 2009,* Sénat, n° 629, 4 juillet 2012.

LORRAIN Jean-Louis, *Rapport d'information sur l'adolescence en crise*, Sénat, Rapport au nom de la commission des Affaires sociales et du groupe d'études sur les problématiques de l'enfance et de l'adolescence, n° 242 3 avril 2003.

LOZACH Jean-Jacques, *Rapport sur la proposition de loi, adoptée par l'Assemblée nationale après engagement de la procédure accélérée, visant à modifier le régime de responsabilité civile du fait des choses des pratiquants sportifs sur les lieux réservés à la pratique sportive et à mieux encadrer la vente des titres d'accès aux manifestations sportives, commerciales et culturelles et aux spectacles vivants,* Sénat, 15 février 2012.

MERMAZ Louis, FLOCH Jacques (rapporteurs), *La France face à ses prisons, T. I & II,* Assemblée Nationale, n° 2521, 2000, 4 octobre

MILON Alain, *Rapport sur le projet de loi, adopté par l'Assemblée Nationale, relatif à la bioéthique*, Sénat, Commission des affaires sociales, n° 388, 30 mars 2011.

OLIVIER Maud, *Rapport d'information sur le renforcement de la lutte contre le système prostitutionnel*, Assemblée Nationale, Délégation aux droits des femmes et à l'égalité des chances entre les hommes et les femmes, n° 1360, 17 septembre 2013.

THERY Jean-François, SALAT BAROUX Frédéric, LE BIHAN GRAF Christine, *Les Lois de la bioéthique : cinq ans après : étude adoptée par l'Assemblée générale du Conseil d'État le 25 novembre 1999*, La documentation française, 1999.

Rapports et projets divers

ABALLEA Pierre, BURSTIN Anne, GUEDJ Jérôme, *Etat des lieux et perspectives du don d'ovocytes en France*, Inspection générale des affaires sociales, La documentation française, mars 2011.

AGEFIPH, *L'Agefiph en 2013, Rapport d'activité,* 2014.

Agence de la biomédecine,

- *Modalité de financement 2012, Des activités de prélèvement et de greffe d'organes et de cellules souches hematopoïetiques,* juin 2012.

- *Rapport Annuel,* 2011.

- *Rapport Annuel 2016*

- *Rapport sur l'application de la loi de bioéthique,* Janvier 2018.

Agence Nationale de Sécurité du Médicament et des Produits de Sante,

- *Rapport d'activité 2013.*

- *Essais cliniques de médicaments (hors thérapie cellulaire et thérapie génique)*, Bilan d'activité, 24 avril 2012.

- *Décision du 24 novembre 2006 fixant les règles de bonnes pratiques cliniques pour les recherches biomédicales portant sur des médicaments à usage humain.*

AMEDOC (Association des Médecins Experts en Dommage Corporel), *Le préjudice sexuel, Eléments médico-légaux à l'usage du juriste et du médecin,* Editions ESKA, 2001.

AMIEL Philippe, FAGOT-LARGEAULT Anne (dir.), *Enquête sur les pratiques et conceptions de l'information et du recueil du consentement dans l'expérimentation sur l'être humain,* Convention Mire, n° 15-97, Mission recherche (ministère de l'Emploi et de la Solidarité, direction de la recherche, des études, de l'évaluation et de la statistique), décembre 2000.

AUBIN Claire, JOURDAIN-MENNINGER Danielle, EMMANUELI Julien, *Rapport, Prostitution : les enjeux sanitaires,* Inspection Générale des Affaires Sociales, décembre 2012

BONNET Maurice (rapporteur), *Les personnes âgées dans la société,* Avis du Conseil économique et social, Séance du 23 mai 2001.

CATALA Pierre (dir.). *Avant-projet de réforme du droit des obligations (Articles 1101 à 1386 du Code civil) et du droit de la prescription (Articles 2234 à 2281 du Code civil),* Rapport à Monsieur Pascal CLEMENT, Garde des Sceaux, Ministre de la Justice, 22 septembre 2005.

Conseil d'analyse de la société, *Faut-il instituer un service civil obligatoire ?,* La documentation Française, Note n°3, septembre 2006

Cour de cassation, *Rapport annuel 2009, Les personnes vulnérables dans la jurisprudence de la Cour de cassation,* La documentation française, 2010.

DINTILHAC Jean-Pierre (dir.), *Rapport du groupe de travail chargé d'élaborer une nomenclature des préjudices corporels,* Ministère de la justice, 2006.

Direction de l'Administration Pénitentiaire *Rapport d'activité 2011,* Ministère de la Justice, 2012.

DORION Georges (dir.), *La modernisation de la réparation des accidents du travail et des maladies professionnelles,* Ministère des affaires sociales et de l'intégration, juillet 1991.

DUVIVIER Antony, *Organisation de l'instruction primaire, Projet de Loi,* P. Bégat, Imprimeur du Gouvernement, 1848

Etablissement Français du Sang,

- *Rapport d'activité 2012.*

- *Rapport d'activité 2011.*

FAGNIEZ Pierre-Louis, *Cellules souches et choix éthiques,* Rapport au Premier ministre, Juillet 2006.

FIPHFP-AGEFIPH, *Les personnes handicapées et l'emploi*, Chiffres Clés, Juin 2014.

INRS,

- *Statistiques Accidents du travail, accidents du trajet, maladies professionnelles,* 2010.

- *Statistiques accidents de travail et maladies professionnelles du BTP,* 2010.

Institut de Veille Sanitaire, *Rapport du Comité national d'experts sur la mortalité maternelle (CNEMM)*, 2001-2006, janvier 2010.

Institut national de la santé et de la recherche médicale, World Health Organization, *Classification internationale des handicaps : déficiences, incapacités et désavantages : un manuel de classification des conséquences des maladies*, INSERM, 1988.

HENRION Roger, BERGOIGNAN-ESPER Claudine, *La Gestation pour autrui*, Rapport de l'Académie nationale de médecine, 10 mars 2009.

LAMBERT-FAIVRE Yvonne (dir.), *Rapport sur l'indemnisation du dommage corporel*, Service de l'accès au droit et à la justice et de la politique de la ville, Bureau de l'aide aux victimes et de la politique associative, Conseil National de l'Aide aux Victimes, Groupe de travail n° 2, Juin 2003.

LO Seak-Hy, DOS SANTOS Séverine, *Les bénéficiaires de l'allocation compensatrice pour tierce personne et de la prestation de compensation du handicap : deux populations bien différentes*, Direction de la recherche, des études, de l'évaluation et des statistiques, n° 772, août 2011.

MATTEI Jean-François, *La vie en question : pour une éthique biomédicale, Rapport au premier ministre,* La documentation française, Collection des rapports officiels, 1994.

Ministère des affaires sociales et de la santé, *Aidant familial, Le guide de référence,* La documentation française, « Prévenir & accompagner », 2013.

TERRE François (dir.), *Pour une réforme du droit de la responsabilité civile,* Dalloz, « Thème, Commentaires, Actes », 2011.

THERY Irène, LEROYER Anne-Marie, *Filiation, Origine, parentalité, Le droit face aux nouvelles valeurs de responsabilité générationnelle,* Rapport du groupe de travail Filiation, origines, parentalité, Ministère des affaires sociales et de la santé, Ministère délégué chargé de la famille, 2014.

YILMAZ Engin, *Pénibilité du travail. Evaluation statistique,* Centre d'études de l'emploi, n°55, janvier 2006.

Rapports, résolutions, conventions européennes et internationales

MARTY Dick, *Traitement inhumain de personnes et trafic illicite d'organes humains au Kosovo,* Commission des questions juridiques et des droits de l'homme, Assemblée Parlementaire, Conseil de l'Europe, 12 décembre 2010

Steering Committee of Istanbul Summit, *Organ trafficking and transplant tourism and commercialism : the Declaration of Istanbul*, Lancet, volume 372, 2008, p. 5

Parlement Européen, *Résolution sur le commerce d'ovules humains*, 10 mars 2005.

The Ethics Committee of the American Society for reproductive Medicine, *Financial incentivesin recruitment of oocyte donors,* Fertility and Sterility; Volume 74, n°2, August 2000, pp. 216-220

Commission de réforme du droit du Canada, *L'expérimentation biomédicale sur l'être humain,* Document de travail 61, 1989.

Conseil de l'Europe, comité des ministres, recommandation sur le trafic d'organe, Rec. (2004) 7, 19 mai 2004.

Conseil de l'Europe, Recommandation 1611, *Trafic d'organe en Europe,* 2003.

GIROUX M., COURDURIES J., *Le recours transnational à la reproduction assistée avec don, Perspective franco-québécoise et comparaison internationale*, Rapport scientifique d'une recherche réalisée avec le soutien du GIP Mission de recherche Droit et Justice (convention n° 215.03.24.25 et n° 215.04.01.26 et Avenant n° 1 à la Convention n° 215.03.24.25), juillet 2017.

Rapport de la commission de l'environnement, de la santé publique et de la protection des consommateurs, *L'interdiction du commerce des organes à transplanter*, Parlement Européen, 25 février 1993.

Organisation internationale du travail, *Convention (n° 155) sur la sécurité et la santé des travailleurs*, 1981, entrée en vigueur le 11 août 1983.

TABLE DES DECISIONS FIGURANT DANS LA THESE

Classées par thématique et renvoyant aux notes et observations des auteurs (numéros de paragraphe)

INDEX

Numéros de paragraphe

SOMMAIRE

Structures éditoriales du groupe L'Harmattan

L'Harmattan Italie
Via degli Artisti, 15
10124 Torino
harmattan.italia@gmail.com

L'Harmattan Hongrie
Kossuth l. u. 14-16.
1053 Budapest
harmattan@harmattan.hu

L'Harmattan Sénégal
10 VDN en face Mermoz
BP 45034 Dakar-Fann
senharmattan@gmail.com

L'Harmattan Cameroun
TSINGA/FECAFOOT
BP 11486 Yaoundé
inkoukam@gmail.com

L'Harmattan Burkina Faso
Achille Somé – tengnule@hotmail.fr

L'Harmattan Guinée
Almamya, rue KA 028 OKB Agency
BP 3470 Conakry
harmattanguinee@yahoo.fr

L'Harmattan RDC
185, avenue Nyangwe
Commune de Lingwala – Kinshasa
matangilamusadila@yahoo.fr

L'Harmattan Congo
67, boulevard Denis-Sassou-N'Guesso
BP 2874 Brazzaville
harmattan.congo@yahoo.fr

L'Harmattan Mali
Sirakoro-Meguetana V31
Bamako
syllaka@yahoo.fr

L'Harmattan Togo
Djidjole – Lomé
Maison Amela
face EPP BATOME
ddamela@aol.com

L'Harmattan Côte d'Ivoire
Résidence Karl – Cité des Arts
Abidjan-Cocody
03 BP 1588 Abidjan
espace_harmattan.ci@hotmail.fr

L'Harmattan Algérie
22, rue Moulay-Mohamed
31000 Oran
info2@harmattan-algerie.com

L'Harmattan Maroc
5, rue Ferrane-Kouicha, Talaâ-Elkbira
Chrableyine, Fès-Médine
30000 Fès
harmattan.maroc@gmail.com

Nos librairies en France

Librairie internationale
16, rue des Écoles – 75005 Paris
librairie.internationale@harmattan.fr
01 40 46 79 11
www.librairieharmattan.com

Librairie l'Espace Harmattan
21 bis, rue des Écoles – 75005 Paris
librairie.espace@harmattan.fr
01 43 29 49 42

Lib. sciences humaines & histoire
21, rue des Écoles – 75005 Paris
librairie.sh@harmattan.fr
01 46 34 13 71
www.librairieharmattansh.com

Lib. Méditerranée & Moyen-Orient
7, rue des Carmes – 75005 Paris
librairie.mediterranee@harmattan.fr
01 43 29 71 15

Librairie Le Lucernaire
53, rue Notre-Dame-des-Champs – 75006 Paris
librairie@lucernaire.fr
01 42 22 67 13

www.ingramcontent.com/pod-product-compliance
Lightning Source LLC
LaVergne TN
LVHW021130061026
849535LV00002B/201